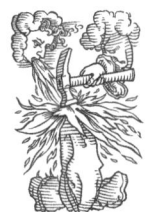

Heinrich Schmidinger

Toleranz – auch eine Geschichte Europas

Schwabe Verlag

Bibliografische Information der Deutschen Nationalbibliothek
Die Deutsche Nationalbibliothek verzeichnet diese Publikation in der Deutschen
Nationalbibliografie; detaillierte bibliografische Daten sind im Internet über http://dnb.dnb.de
abrufbar.

© 2024 Schwabe Verlag, Schwabe Verlagsgruppe AG, Basel, Schweiz
Dieses Werk ist urheberrechtlich geschützt. Das Werk einschliesslich seiner Teile darf ohne
schriftliche Genehmigung des Verlages in keiner Form reproduziert oder elektronisch verarbeitet,
vervielfältigt, zugänglich gemacht oder verbreitet werden.
Umschlagsgestaltung: icona basel gmbh, Basel
Layout: icona basel gmbh, Basel
Satz: Dorit Wolf-Schwarz, Innsbruck
Druck: CPI Books GmbH, Leck
Printed in Germany
Herstellerinformation: Schwabe Verlagsgruppe AG, Grellingerstrasse 21, CH-4052 Basel,
info@schwabeverlag.ch
Verantwortliche Person gem. Art. 16 GPSR: Schwabe Verlag GmbH, Marienstraße 28,
D-10117 Berlin, info@schwabeverlag.de
ISBN Printausgabe 978-3-7965-4440-8
ISBN eBook (PDF) 978-3-7965-4441-5
DOI 10.24894/978-3-7965-4441-5
Das eBook ist seitenidentisch mit der gedruckten Ausgabe und erlaubt Volltextsuche.
Zudem sind Inhaltsverzeichnis und Überschriften verlinkt.

rights@schwabe.ch
www.schwabe.ch

Inhalt

Vorwort 7

Das Thema 11
    Zum Titel 11
    Identität Europas? 16
    Wozu die Erzählung? 21

Faktoren der Entwicklung 27
    Räumliche Nähe 28
    Im Anfang die Intoleranz 30
    Menschenbild 33
    Von der Pflicht zum Recht 36
    Wissenschaft 39
    Durchbruch und Zäsur 42

Anknüpfungen in der Antike 47
    Humanismus 47
    Polytheismus – Monotheismus 49
    Biblischer Befund 54
    Antijudaismus 57
    Stoa 59
    Frühes Christentum 62

Die «Leute der Schrift» und das «Wetteifern um das Gute» 67
    Judenchristentum – Antijudaismus 69
    Duldung und Anerkennung 72
    Noachitische Gebote – am Ende der Zeiten 75
    Philosophie 79

Impulse aus dem christlichen Mittelalter ... 83

Religionsgespräche ... 84
Seelsorge ... 90
Kreuzzüge ... 96

«homo homini homo» – Toleranz zu Beginn der Neuzeit ... 109

Realpolitik ... 110
Erneuerungsbestrebungen ... 114
Friede durch Sprache ... 118
Neue Argumentationen ... 122
Dem Menschen ein Mensch ... 127

«Right of toleration» – Durchbruch im Zeitalter der Aufklärung ... 131

Kritik der Vernunft ... 133
Gewissens- und Meinungsfreiheit ... 137
Richtung Menschenrechte ... 144
«Ringparabel» ... 150

Von der Toleranz zur Anerkennung – 19. Jahrhundert ... 157

Ungute Voraussetzungen ... 159
«West-östlicher Divan» ... 166
Anerkennungs-Diskurse ... 172
Europa-Visionen ... 178

Weltethos Toleranz – 20./21. Jahrhundert ... 183

Europa als Toleranz-Projekt ... 188
«Joseph und seine Brüder» ... 191
Theologie interkulturell ... 195
Wissenschaft interdisziplinär ... 206

Als Nachwort – ein Blick auf heute ... 217

Anmerkungen ... 225

Abkürzungen sowie Verzeichnis häufig verwendeter Literatur ... 289

Personenregister ... 291

Vorwort

Von Tag zu Tag wird die Welt kleiner. Mit jeder ‹Vernetzung›, sei sie medialer, verkehrstechnischer, politischer, wirtschaftlicher, kultureller oder technologischer Natur, wächst die Menschheit enger zusammen. Zug um Zug entsteht so etwas wie eine weltumspannende Öffentlichkeit. Das Wissen darum, dass ‹wir alle› im selben Boot sitzen, dürfte bald im letzten Winkel der Erde durchgesickert sein. Daran ist zunächst nichts Neues. Dass es eine ‹Menschheit› oder ‹den Menschen› gibt, war wohl seit Beginn der Kulturen bewusst. Die künstlerisch-literarischen, religiösen, philosophischen, wissenschaftlichen, ideologischen Weltbilder zeugen jedenfalls davon. Neu am heutigen Wissen ist, dass sich die Menschheit inzwischen alltäglich erleben und erfahren lässt. War sie früher eine Vorstellung, eine Idee, eine Vision oder eine Art gedanklicher Fluchtpunkt, so rückt sie unterdessen ‹uns allen› mehr und mehr bis an den Leib und ist fast schon ein Synonym von ‹Öffentlichkeit› geworden. Mit diesem Gespür für ‹die Menschheit› hat sich zusätzlich ein Empfinden für die Dringlichkeit eingestellt, aus der Schicksalsgemeinschaft, wie sie nunmehr erlebbar ist, eine Weltgemeinschaft zu bilden. Von deren Gelingen, spüren wir, wird abhängen, was der Menschheit an Zukunft beschert sein mag. Angesichts dieser nicht zuletzt ethischen Herausforderung scheint die Menschheit erstmals ein Subjekt zu werden, das sich verwirklichen muss, will es dieser Verpflichtung zu sich selbst nachkommen und Verantwortung für Gedeih und Verderb unseres Planeten übernehmen.

Damit jedoch die Weltgemeinschaft eine ‹Gemeinschaft› im ernsten Sinne dieses Wortes werden kann, bedarf es eines Prinzips des gegenseitigen Verhaltens, zu dem es gehört, einerseits das Gemeinsame und Verbindende des Gemeinwesens zu schaffen, andererseits aber auch das Unterscheidende und Differierende seiner Mitglieder festzuhalten. Als dieses Prinzip gilt die Toleranz, sofern sie in der Begegnung von Menschen das gegenseitige Zugeständnis ist, unterschiedliche Weltanschauungen und Lebensformen zu haben. Dem Wortsinn des lateinischen ‹tolerantia› bzw. ‹tolerare› nach versteht man dieses gegenseitige Zugeständnis häufig als ‹Duldung› bzw. als ‹ertragen›. Es vermag jedoch auch die Bedeutung von ‹Achtung› bzw. ‹anerkennen› anzunehmen. Darin drückt sich aus, dass Toleranz weder beliebig noch um ihrer selbst willen geschieht. Toleranz wird geübt, weil es einen Wert gibt, um dessentwillen es dafürsteht und geboten erscheint, die herrschenden, nicht auflösbaren Unterschiede hinzunehmen und gelten zu lassen. War besagter ‹Wert› für lange Zeit das sogenannte ‹bonum commune› bzw.

der Friede nach Innen und nach Außen oder der Wille Gottes, welcher sich das letzte Wort über die Menschen und ihre Unterschiede für den Jüngsten Tag vorbehielt, so sind es seit der Aufklärung im 18. Jahrhundert die unantastbare Würde sowie die daraus resultierenden Rechte jedes Menschen. Erst dadurch, dass aus der Toleranz die Achtung vor der Menschenwürde sowie die Anerkennung von Menschenrechten spricht, um derentwillen die Unterschiede und Differenzen zwischen den Menschen, ihren Anschauungen und Lebensformen, zugestanden werden, ist Toleranz eine ethische Tugend. Auf diese Weise erhält auch die Weltgemeinschaft, die sich auf Toleranz verständigt und verpflichtet, eine ethische und rechtliche Basis. Im Hinblick auf sie steht zugleich fest, was nicht toleriert werden darf. Toleranz somit als Bedingung der Möglichkeit – als ‹conditio sine qua non› – einer Weltgemeinschaft.

Nimmt man dies ernst, kommt man angesichts der globalisierten Welt von heute nicht umhin, sie als vermutlich größte Herausforderung zu betrachten, vor welche sich die Menschheit gegenwärtig und wohl auch künftig gestellt sieht. Das ergibt sich schon allein aus der Zahl derer, denen gegenüber Toleranz zu üben ist. Längst sind es nicht mehr zählbare Gruppen von Menschen unterschiedlicher Herkunft, Traditionen, Konfessionen, Parteiungen, Orientierungen usw. innerhalb eines überschaubaren Gemeinwesens. Es sind unterdessen potenziell alle Menschen, die überall und jederzeit auf der Welt miteinander zu tun bekommen, wie unmittelbar oder indirekt auch immer – und dies in ständig wachsender, für viele in beängstigender Weise. Zugleich nimmt das, worin man einander tolerieren soll bzw. woraufhin es keine Toleranz geben darf, laufend zu. Waren die Menschenrechte, als sie Ende des 18. Jahrhunderts erstmals deklariert wurden, wenige, gerade einmal drei oder vier, so wurden daraus inzwischen einige Dutzend – addiert man dazu, was als Diskriminierungen nicht mehr zu tolerieren ist. Ganz zu schweigen von den nie enden wollenden Details in der Umsetzung der einzelnen Menschenrechte, worüber man in den Zweifel verfallen kann, ob ihre Realisierung am Ende nicht doch eine Utopie bleibt. Unheilvoll fügt sich an, dass in einigen gesellschaftlichen Diskursen Toleranz inzwischen exzessiv intolerant eingefordert wird und dadurch eine Perversion der Toleranz entsteht. So überrascht es nicht, dass Toleranz sowie das Nicht-Tolerieren von Menschenrechtsverletzungen zur Überforderung wird bzw. längst dazu geworden ist. Stellt für viele Menschen bereits die alltägliche Toleranz, ohne die sich nicht einmal das private Leben bestehen lässt, eine kaum zu bewältigende Hürde dar, so gilt dies im gemeinschaftlich-gesellschaftlichen Leben erst recht. Nicht allein, aber doch in einem beträchtlichen Ausmaß resultiert aus dieser Überforderung einiges an gesellschaftlicher Intoleranz, Fanatismus und Totalisierung. Sogar in intellektuellen Kreisen des sogenannten ‹Westens› nimmt unverkennbar das Phänomen eines Toleranz-Überdrusses zu – mit der kaum verwunderlichen Konsequenz, dass das Bemühen um Toleranz in vielfacher Hinsicht auf der Strecke bleibt. Dies alles angesichts dessen, dass eine Weltgemeinschaft, die sich durch Toleranz und nicht durch das Gegenteil davon – durch Ausgrenzung,

Unterdrückung, Gewalt, Terrorismus, Krieg – bildet, unabdingbar geworden ist, wenn die Menschheit weiter bestehen soll und die globalen Herausforderungen des Anthropozäns geschafft werden müssen.

Vor diesem Hintergrund besitzen die weltweit verbreitete und kaum einzudämmende Nicht-Anerkennung sowie Verletzung der Menschenrechte eine zusätzliche Dimension. Beides läuft nicht ‹allein› auf ein Verbrechen gegen die Menschlichkeit hinaus. Sofern die Zukunft der Menschheit von der Bildung einer Weltgemeinschaft abhängt, die sich zur Toleranz verpflichtet, bedeutet die Ignoranz bzw. Missachtung der Menschenrechte zusätzlich eine Absage an eine menschenwürdige Zukunft. Dem lässt sich entgegenhalten, dass ausgerechnet jene Staaten, die sich als Demokratien kraft ihrer Verfassungen zur Toleranz verstehen, in der gegenwärtigen Handhabung ihrer Staatsform ihrerseits kein Vertrauen erwecken, die heutigen und zukünftigen Weltprobleme bewältigen zu können. Vielmehr muss bezweifelt werden, ob sie dazu überhaupt noch in der Lage sind. So berechtigt diese Vorhaltung sein mag, sie rechtfertigt keinerlei Intoleranz als Prinzip der Politik. Sehr wohl aber mahnt sie die demokratischen Verfassungsstaaten, sich bewusst zu machen, was auf dem Spiel steht, wenn sie mit ihrer Demokratie fahrlässig und verantwortungslos umgehen. Sie unterhöhlen damit die Glaubwürdigkeit des Weltethos ‹Toleranz›, das allein imstande wäre, die Menschheit zu einer Gemeinschaft zu führen, deren Entstehung ihr zumindest die Hoffnung auf Zukunft vermittelte.

Aufgabe der Wissenschaft ist es, darüber Aufklärung zu verschaffen. In eins damit macht sie schon allein dadurch, dass sie die ihr zugrundeliegenden Regeln des argumentativen Diskurses einhält, das normative Ideal einer Kommunikationsgemeinschaft sichtbar, die – genau besehen – wiederum nur von Toleranz bestimmt sein kann. In diesem Buch möge dies anhand einer wissenschaftlichen Erzählung geschehen, die sich der Entwicklung des Toleranz-Gedankens bzw. der Forderung nach Toleranz in Europa widmet. Womit die Überzeugung einhergeht, dass sich Themen wie jenes der Toleranz am besten begreifen lassen, wenn man ihre Geschichte kennt. Angeregt zur Erzählung einer solchen Geschichte wurde ich, als ich anlässlich der Nominierung der Stadt Graz zur Kulturhauptstadt Europas im Jahr 2003 die Einladung erhielt, eine Anthologie zentraler Texte der europäischen Toleranz-Geschichte herauszugeben. Diese Anthologie erschien in Buchform unter dem Titel *Wege zur Toleranz. Geschichte einer europäischen Idee in Quellen* 2002 in der Wissenschaftlichen Buchgesellschaft in Darmstadt – ausführlich eingeleitet und kommentiert. Nach über zwanzig Jahren habe ich versucht, mich neu mit dem Thema auseinanderzusetzen. Das vorliegende Buch ist das Ergebnis dieses Versuchs.

Dass ich diesen Versuch nach gut 20 Jahren Absenz in der aktiven wissenschaftlichen Forschung – bedingt durch die universitären Funktionen, die ich so lange ausüben durfte – unternommen habe, verdanke ich der Ermunterung und Ermutigung durch meine Frau Katharina und meine Familie sowie durch einen

Freundeskreis. Aus letzterem kam zusätzlich wertvolle Unterstützung und Hilfe durch Gegenlesen und inhaltliche Anregung. Dankbar nennen möchte ich Christophe Büchi, Andrea Grill, Alois Halbmayr, Reinhold Margreiter und Dorothea Weber. Sie alle darf ich als Mitschuldige an diesem Buch bezeichnen. Gefreut hat mich darüber hinaus, dass sich der renommierte Schwabe Verlag in Basel, namentlich Herr Christian Barth, bereit erklärt hat, dieses Buch in sein Programm aufzunehmen. Zu danken habe ich schließlich Frau Dorit Wolf-Schwarz, meiner langjährigen Mitarbeiterin. Sie übernahm einmal mehr – nach Vorgabe durch den Verlag – die Gestaltung sowie die Layoutierung des Textes. Dass nun ‹alles› so gut da steht, wie es steht, wäre ohne all diese wertvolle Mithilfe nicht gelungen.

Das Thema

Heißt es nicht immer, dass Europa der Erzählungen bedürfe? Die Geschichte der Entwicklungen, die zu dem, was wir ‹Toleranz› nennen, geführt haben, bildet *eine* solche Erzählung. Auch wenn die Anstöße zu dieser Geschichte, die später, sehr viel später, mit Vorstellungen von Toleranz in Zusammenhang gebracht wurden, nicht einmal in Europa liegen, sondern im Alten Ägypten, in der Konstellation der sogenannten ‹Achsenzeit› und / oder im Vorderen Orient, im antiken Polytheismus,[1] und auch wenn die Toleranz als Grundprinzip einer Staatsverfassung erstmals außerhalb Europas, in Nordamerika, gesetzliche Realität wurde und so zum Durchbruch gelangte, war und ist es doch der europäische Kulturraum, der sich in ihr markant zum Ausdruck bringt. Sie bildet jedenfalls eine der bemerkenswertesten Sonderentwicklungen, die sich in diesem ergeben haben. Die Geschichte der Entstehung des Toleranz-Gedankens zu erzählen, bedeutet daher allemal, *auch* Europa zu erzählen.

Zum Titel

Der Titel ‹Toleranz – auch eine Geschichte Europas›[2] enthält die These, dass sich in der Entwicklung des Toleranz-Gedankens, wie wir ihn heute kennen und verbreitet diskutieren, die europäische Kulturgeschichte spezifisch niederschlägt. Dabei ist die ‹Toleranz›, um die es dabei geht, weniger jene alltägliche Gesinnung, Haltung, Strategie, manchmal sogar Tugend, die sich nahelegt, sobald im Zwischenmenschlichen das Aushalten oder Akzeptieren von Differenzen (in Ansichten oder Verhaltensweisen) angesagt ist, die sich nicht auflösen lassen, sondern als solche bestehen bleiben müssen, damit der Alltag des Lebens überhaupt seinen Fortgang nehmen kann.[3] Solche Toleranz kommt überall vor, wo menschliche Gemeinschaften nicht unter einem engmaschigen Zwang existieren, sondern im Zueinander ihrer Mitglieder eine gewisse Großzügigkeit herrscht. In ihr äußert sich Europäisches höchstens insofern, als die Art und Weise, in der sich ein Verhalten wie das ‹Tolerieren von etwas› konkretisiert, allemal kulturell konnotiert ist. Ganz anders liegen die Dinge bei jener ‹Toleranz›, zu der sich Gemeinschaften oder Gesellschaften, die in sich eine Pluralität der Weltanschauungen und Kulturen zu verkraften haben, als Bedingung ihrer Möglichkeit herausgefordert sehen. Hierbei zeigt sich, dass Toleranz keinesfalls ein Selbstzweck ist,[4] sprich um ihrer selbst willen geschieht, sondern im Hinblick auf ‹etwas›, im Namen eines ‹Woraufhin› bzw. eines

‹Worum-willen›. Dieses ‹Woraufhin› bzw. ‹Worum-willen› ermöglicht zunächst die bloße Existenz, das reine ‹Bestehen-Können› eines menschlichen Gemeinwesens. Schon allein darum willen gilt, dass sich seine Mitglieder zueinander tolerant verhalten, was bedeutet, dass sie ihre Gemeinschaft ‹pflegen›, indem sie sich gegenseitig die zwischen ihnen bestehenden Unterschiede in den Weltauffassungen und Lebensformen zugestehen, sie in ihrer Unterschiedlichkeit respektieren und nicht danach trachten, sie in irgendeiner Weise einzuebnen. Es liegt auf der Hand, dass sich eine solche Toleranz nicht von allein, quasi von selbst einstellt. Zu ihr bedarf es vielmehr einer Motivation. Diese aber – woher soll sie kommen, woraus kann sie entspringen? Offensichtlich genügt dazu nicht bloß die Absicht, das Gemeinwesen am Existieren und Bestehen zu erhalten. Diese Absicht lässt sich, wie wir aus der Geschichte sattsam wissen, auch ohne Toleranz befriedigen, in aller Regel sogar durch das schiere Gegenteil, durch krasse Intoleranz – sobald das Recht des Stärkeren zählt und abweichende Meinungen oder andere Verhaltensweisen eine Gefahr darstellen. Um gerade dies auszuschließen, hängt alles davon ab, dass es eine ‹Gemeinschaft-stiftende› Norm gibt, die zu Toleranz nicht nur motiviert, sondern zu ihr sogar sittlich verpflichtet. Toleranz wird erst durch diese Norm, was sie von Hause aus bekanntlich nicht ist, eine ethische Tugend. Ohne sie bliebe Toleranz eine Einstellung oder ein Verhalten, worin sich das Widersprüchlichste auszudrücken vermag: reiner Pragmatismus, simple Standpunktlosigkeit, berechnenden Strategie, böse Absicht, blanker Zynismus, ‹fröhliche Wissenschaft› und anderes mehr.[5] In Europa allerdings, aus der Vielfalt seiner Kulturen heraus, kam es so weit, dass Toleranz zum Ausdruck der Anerkennung jener Norm wurde, die mit dem Menschsein als solchem gegeben ist, besser: aus jedem Menschen *a priori* spricht. Diese Anerkennung resultiert aus dem spezifischen Bild vom Menschen, welches die europäischen Kulturen verbindet und sie von anderen Kulturen deutlich abhebt. Wobei der Ausdruck ‹Bild› hier weniger ‹Ansicht› oder ‹Interpretation› meint als vielmehr das ‹Vernehmen› eines Anspruchs, der dem Menschen ‹Würde› verleiht. In Anlehnung an Emmanuel Lévinas könnte man sagen, dass hier die Ethik der Ontologie zuvorkommt,[6] was bedeutet: Sobald etwas am Menschen begriffen wird, steht es bereits unter dem Anspruch der Würde, die jedem Menschen eignet. Einer Würde jedoch wird nicht durch Theorie entsprochen, durch eine Aussage über das ‹Wesen› des Menschen, sondern durch die Anerkennung von Rechten, die ihr entspringen. So hat schließlich Toleranz mit der Anerkennung dieser Rechte, der Rechte, die dem Menschen als Menschen zustehen, den Menschenrechten, zu tun. Sie ist, wie es Immanuel Kant klassisch formuliert,[7] Ausdruck der Achtung dieser Würde sowie der sich aus ihr ergebenden Rechte.[8] Man könnte auch sagen: Sie resultiert aus dem, was Heinrich August Winkler in der Einleitung zu seiner monumentalen *Geschichte des Westens* das «Projekt des Westens» genannt hat:

Zusammen mit den Ideen von den unveräußerlichen Menschenrechten, der Herrschaft des Rechts und der repräsentativen Demokratie gehört die Gewaltenteilung [als Bedingung der Möglichkeit von staatlich praktizierter Toleranz] zum Kernbestand dessen, was wir als das normative Projekt des Westens oder die westliche Wertegemeinschaft bezeichnen können.[9]

Im Titel ‹Toleranz – auch eine Geschichte Europas› ist sodann das Adverb ‹auch› bewusst gesetzt. Es lässt die darin enthaltene Aussage in zweifacher Hinsicht lesen: Einmal dahingehend, dass Toleranz die Geschichte Europas bestimmt habe, wie es in anderen Weltgegenden ebenfalls der Fall gewesen sei; das andere Mal in der Bedeutung, dass die Geschichte nicht nur, nicht ausschließlich, anhand der Entwicklung des Toleranz-Gedankens erzählt werden könne, aber doch in besonderer Weise. Beide Lesarten sind beabsichtigt, sie mögen die folgenden Gedankengänge grundieren. Was die erste Möglichkeit der Interpretation anbelangt, so sei durch sie von Anfang an das Missverständnis ausgeschlossen, es habe außerhalb Europas keine Toleranz gegeben bzw. es wäre in anderen Kulturen nicht gleichfalls zu Gesinnungen und Handlungen gekommen, die wir aus unserer Sicht als ‹tolerant› bezeichnen. Vor allem soll durch sie der Eindruck vermieden werden, es gehe hier um einen eurozentrischen Blick auf die Globalgeschichte. Angesichts der heutigen Notwendigkeit, ‹Toleranz› als eine globale Herausforderung im Hinblick auf eine Zukunft für die Menschheit zu betrachten, ist jeglicher Eurozentrismus ein Ding der Unmöglichkeit. Er würde abgesehen davon die Augen vor der Tatsache verschließen, dass sowohl die Forderung nach Toleranz als auch die Praktizierung von Toleranz weltweit, in den verschiedensten Kulturen und Religionen, vorkommt,[10] und er verleugnete darüber hinaus die eigene europäische Toleranz-Geschichte, die sich wesentlich daran entzündete, dass ein Erkennen und Anerkennen anderer Kulturen als Alternativen zur christlich-abendländischen Kultur einsetzte – beispielsweise während der Renaissance, als die alt-ägyptische Kultur neu entdeckt wurde und eine ungeahnte Wertschätzung erfuhr,[11] oder ab dem 18. Jahrhundert, als man auf die sogenannte Achsenzeit stieß, sprich zu der Erkenntnis gelangte, dass es zwischen dem 8. und dem 2. Jahrhundert v. u. Z. in China, Indien, dem Vorderen Orient sowie im Mittelmeerraum vergleichbare Kulturschübe gab, die in vielfacher Hinsicht als gleichrangig einzuschätzen sind.[12] Er würde in anderen Worten verkennen, dass die europäischen Toleranz-Diskurse *aus sich selbst heraus* den Eurozentrismus überwunden haben. Vor allem aber geriete er in den unvermeidlichen Selbstwiderspruch, intolerant über Toleranz sprechen zu müssen, ist es doch nicht zuletzt ethisch problematisch, eine Toleranz-Geschichte zu erzählen und sich dabei nicht zur Toleranz angehalten zu fühlen.

Dies alles darf umgekehrt nicht übersehen lassen, dass die heute verbreitet herrschenden Toleranz-Diskurse das Ergebnis einer bemerkenswerten Sonderentwicklung sind, die sich eben in Europa wie nirgends sonst ergeben haben. In keiner anderen Kultur erlangte die Toleranz einen vergleichbaren Stellenwert im Selbstverständnis der Gesamtkultur, nur hier avancierte sie zum Identitätsmerkmal einer ganzen Wertegemeinschaft. Was bekanntlich von jenen Seiten der heutigen Debatten, die nicht allein die Universalität der Menschenrechte infrage stellen, sondern in der Folge Toleranz als ethisches Grundprinzip des gesellschaftlichen und staatlichen Zueinander negieren, Bestätigung findet – heißt es doch, dass die Forderung nach Toleranz etwas typisch Europäisches oder ‹Westliches› sei, das sich nicht (‹imperialistisch›) auf andere Kulturen übertragen lasse. Lässt sich also die europäische Kulturgeschichte in ihrer Besonderheit durch eine Betrachtung der Entwicklung des Toleranz-Gedankens aufschlussreich erzählen, so möge damit – um auf die zweite Lesart des ‹auch› im Titel des Buches zurückzukommen – keineswegs gesagt sein, dass dieses Narrativ das alleinig zutreffende sei, quasi eine ‹Metaerzählung›, auf deren Nenner die Vielfalt der europäischen Kulturen gebracht werden könnte. Über Europa sind viele Erzählungen möglich, vermutlich zahllose – nicht zuletzt jene von der Intoleranz, die aufs Ganze gesehen viel dominierender war als jene von der Abkehr von ihr. Dass trotzdem *eine* von ihnen über die Entstehung des Ideals einer Gesellschaft, in der Toleranz als ethisches Grundprinzip ihres Zusammenhalts gilt, führt, macht sie umso bemerkenswerter – was das ‹auch› im Titel am nachdrücklichsten ausdrücken möge. Europa war überwiegend eine Geschichte der Intoleranz. Dass sie gleichzeitig zu einer Geschichte der Toleranz wurde und ist, kann nicht genug festgehalten und bedacht werden.

So thematisieren wir das Wort ‹Geschichte› im Titel ‹Toleranz – auch eine Geschichte Europas› – und nehmen dies gleichzeitig zum Anlass, ein Wort zur Textsorte, in der unsere Überlegungen verfasst sind, zu sagen. ‹Geschichte› ist bekanntlich (mindestens) zweideutig: Zum einen kann das gemeint sein, *was* erzählt werden möge – eben die Entwicklung des Toleranz-Gedankens samt der Vielzahl der Ereignisse und Prozesse, die darin zu berücksichtigen sind; zum anderen lässt sich ‹Geschichte› als die *Erzählung* von dem verstehen, was Darstellung finden soll.[13] Beides hängt von Haus aus eng zusammen: Eine Geschichte ‹an und für sich›, die nicht erzählt würde, *gibt* es nicht; ‹die› Geschichte *ist* in der Erzählung von ihr. Nur im Zusammen von beidem lässt sich ‹Geschichte› überhaupt denken. Das wirft in unserem Kontext sogleich die Frage auf, wie hier, wo es um die Entwicklung des Toleranz-Gedankens geht, ‹erzählt› werden muss. Um die Frage zu beantworten, gilt es zu berücksichtigen, dass sich die besagte Entwicklung von Anfang an in dem Spannungsfeld zwischen den konkreten Lebenswelten, denen die Kulturen entwachsen, einerseits und den sogenannt ‹rationalen Diskursen›, wie sie in den Wissenschaften, dem ‹öffentlichen Recht›, der Politik, der Literatur, der Kunst, der Religion und anderem mehr gepflegt werden, andererseits abspielt. Es waren wesentlich diese Spannungen zwischen den Lebenswelten und den rationalen Diskursen – manchmal ‹Expertenwelten› geheißen –, die die Geschichte vorangetrieben haben, ja für sie konstitutiv wurden. Man versteht warum: ‹Lebenswelt› meint jenes primäre Bezugssystem, mittels dessen sich eine menschliche Gemeinschaft durch Kommunikation auf die ihr begegnende und sie fordernde Wirklichkeit verständigt, sich praktisch auf sie versteht und sie vor allem auch bewertet. Insofern kommt ihr eine transzendentale Funktion zu; sie bildet die Bedingung der Möglichkeit menschlicher Wirklichkeitsbewältigung überhaupt.[14] Die Menschen, die in ihr leben, thematisieren dieses Bezugssystem in aller Regel nicht, sie wenden es in theoretischer, praktischer und wertender Hinsicht an.[15] In dieser Anwendung differenzieren sie wenig, zwischen Theorie und Praxis herrscht ein enges Junktim, nicht einmal die Grenzen zwischen ‹bewusst› und ‹unbewusst› lassen sich scharf ziehen. Angesichts dessen verändert sich mit jedem rationalen Diskurs die kommunikative Konstellation gravierend: Das intuitiv Gewisse und Geteilte kommt zu Bewusstsein, das Selbstverständliche verliert seine Plausibilität, das Nicht-Thematisierte wird ‹Gegen-stand› der Reflexion, die alltägliche (epistemische) Einstellung der Kommunikationsteilnehmer/innen, die in einem unmittelbaren theoretisch-praktischen Zueinander besteht, verwandelt sich in eine objektivierende, die Lebenswelt gewissermaßen einklammernde und zu ihr in Distanz tretende (diskursive) Einstellung. Ein rationaler Diskurs erzeugt somit *per se* eine Diskrepanz zu der Lebenswelt, der er ‹entwächst› und der gegenüber er sich ‹autonomisiert›.

Angesichts dessen stellt sich wiederum die Frage, wie ein literarisch-wissenschaftliches Genus beschaffen sein muss, damit die Geschichte der Entwicklung des Toleranz-Gedankens überhaupt in den Blick kommt, hat es doch beides gleichermaßen zu berücksichtigen – die Lebenswelten ebenso wie die rationalen, argumentativen Diskurse. Es ist wiederum die ‹Erzählung›, diesmal im engeren Sinne eines literarischen Genus, die eine Brücke zwischen den inner-lebensweltlichen Diskursen auf der einen Seite und den dezidiert argumentativen Diskursen auf der anderen Seite bildet, ja in gewisser Weise eine Art Scharnierfunktion zwischen beiden Seiten ausüben kann.[16] Warum? In der ‹Erzählung› scheint zumindest auf, was in den alltäglichen oder weniger alltäglichen Vollzügen der Lebenswelt ‹im Rücken› bleibt bzw. nur implizit bewusst ist, nämlich das genannte primäre Bezugssystem, mittels dessen eine Kommunikationsgemeinschaft die Wirklichkeit theoretisch, praktisch und auch wertend bewältigt. Durch diese implizite Thematisierung setzt eine Rationalisierung ein, welche die Erzählung bereits zu einem ‹rationalen Diskurs› macht, sofern sie die Kriterien desselben, die Nachvollziehbarkeit sowie die Beurteilbarkeit, erfüllt. Zugleich erweist sich diese Rationalisierung als in sich steigerbar – bis hin zur Abstraktion, zu einem wissenschaftlichen Diskurs im engeren Sinne. Auf diese Weise entsteht unter anderem die historische Wissenschaft, die Geschichtswissenschaft – samt dem, was man die Geistes- und Kulturgeschichte nennt. Es liegt auf der Hand, dass sich die vorliegenden und nachfolgenden Ausführungen zur Toleranz-Geschichte in diesem Sinne als *wissenschaftliche Erzählung* verstehen. Dies geschieht im Bewusstsein, dass ‹Wissenschaft› und ‹Erzählung› oft als etwas Gegensätzliches, Inkompatibles betrachtet werden, wobei besonders seitens der Wissenschaft – mit Bezug auf eine alte Tradition, die bis zu Platons Kritik an Dichtung und Kunst zurückreicht – die Erzählung dem bloß Ästhetischen und Literarischen zugewiesen wird. Dem halte ich entgegen, dass das Erzählen der Wissenschaft trotz ihrer Loslösung aus der Lebenswelt dieser inhärent bleibt. Das zeigt sich nicht nur dort, wo es im weitesten Sinne eine Geschichtswissenschaft wird, sondern auch dann, wenn die Wissenschaft veranschaulicht, plausibilisiert, anwendet und nicht zuletzt – über das bloße Argument hinaus – überzeugen will. Dergleichen ist nicht allein Beiwerk in ihrem Betrieb. Sie wechselt, sobald sie erzählt, auch nicht in ein anderes Genre, wird nicht plötzlich ‹ästhetisch› oder ‹literarisch›. Vielmehr gibt es, wie schon in der *Poetik* des Aristoteles nachzulesen,[17] *wissenschaftliches* Erzählen bzw. Wissenschaft *als* Erzählung. So gesehen unterscheidet sich wissenschaftliches Erzählen von dichterischem Erzählen nicht im Genre, sondern in der *Intentionalität*, in der erzählt wird: Während es der Dichtung (für sich) primär um das Zur-Sprache-Bringen der Wirklichkeit geht, zielt die Wissenschaft (für sich) auf eine Theoretisierung derselben, um sie verstehen und erklären zu können bzw. beurteilbar zu machen. Nichts spricht schließlich dagegen, beiderlei Intentionalität zusammenzuführen, so dass es sowohl ein wissenschaftliches Erzählen gibt als auch ein literarisches Erzählen, in dem sich dieses der Wissenschaft bedient.

Identität Europas?

‹Toleranz – auch eine Geschichte Europas› klingt fast zu schön, um wahr zu sein. Unwillkürlich drängt sich der Verdacht auf, dass genau das Gegenteil der Fall war und ist, nämlich Europa eine Geschichte der Intoleranz – nach innen ebenso wie nach außen. Die damit verbundene Frage lässt sich nicht einfach mit dem Hinweis abtun, dass alles zwei Seiten habe bzw. dass es zu allem eine Rückseite des Spiegels gäbe. Dazu war die Intoleranz, die sich durch die Geschichte Europas zog, viel zu übermächtig; und man hat alles andere als den Eindruck, dass sich ‹Toleranz› und ‹Intoleranz› darin die Waage gehalten hätten. Zumeist steht – worauf noch ausführlich zurückzukommen sein wird – am Anfang die Intoleranz. Toleranz bildet in aller Regel eine Reaktion auf erfahrene Intoleranz. Mit der Intoleranz fängt es aber nicht nur an, die Intoleranz scheint das anhaltende, kaum überwindbare Gegenüber zur Toleranz zu sein – und zu bleiben. Das trifft besonders auf Europa zu. Über all die Jahrhunderte hinweg, in denen Europa in die Welt expandierte und alles unternahm, um sie sich zu unterwerfen, sie zu *europäisieren*,[18] was im letzten Jahrzehnt des 15. Jahrhunderts mit der Eroberung Amerikas begann und erst mit dem Ende des Imperialismus im 20. Jahrhundert erlahmte, erschien Europa als der Inbegriff und Alptraum der krassesten Intoleranz. Selbst da, wo es seinen Kolonialismus damit rechtfertigte, dass es die weltweite Durchsetzung der Menschenrechte als Errungenschaft der europäischen Zivilisation betreiben wollte,[19] gab überwiegend – Ausnahmen bestätigen die Regel – nicht die Toleranz, sondern das pure Gegenteil davon den Ton an. Wie nach außen so nach innen: Alle jene Gruppen der Bevölkerungen, die sich in dem Selbstverständnis, welches sich Europa – das ‹Abendland›[20] – während des Mittelalters, spätestens ab der karolingischen

Renaissance, zulegte,[21] nicht wiederfanden, erlebten Europa – wie immer sie es bezeichnen mochten, in der Regel als ‹Christenheit› (*christianitas*) – als permanente Bedrohung, als kategorische Infragestellung ihrer Existenz.[22] Dazu zählten in erster Linie die Juden, bei weitem aber nicht nur sie, sondern so gut wie alle Bevölkerungsteile, die aus den unterschiedlichsten Gründen zu Minderheiten wurden – ganz besonders, wenn diese Gründe religiöser bzw. konfessioneller Art waren. Geradezu wundersam – und deshalb «buchenswert» –, dass es angesichts all dessen in diesem Europa dann doch zu einer Entwicklung des Toleranz-Gedankens bzw. zum Lautwerden der Forderung nach Toleranz kam, ja dass eines Tages Toleranz zu einem Identitätsmerkmal Europas werden konnte.

Das geschah freilich erst im 20. Jahrhundert, in der Zeit zwischen den beiden Weltkriegen – einmal mehr unter dem Eindruck zweier Ausbrüche von Intoleranz, des 1. Weltkrieges einerseits sowie der Machtergreifung der Nationalsozialisten andererseits. Vorboten gab es bereits im 19. Jahrhundert, als die Idee der «Vereinigten Staaten von Europa» auftauchte und journalistisch, literarisch, philosophisch und politisch um sich griff.[23] Bemerkenswert daran, dass sie gleichzeitig – ab Mitte des Jahrhunderts – in England, Frankreich, Deutschland und Italien ausgedacht wurde, von Leuten wie Charles Mackay (1814–1889), dem schottischen Schriftsteller und Journalisten, Arnold Ruge (1802–1880), dem Revolutionär im deutschen Vormärz und Abgeordneten zur Frankfurter Nationalversammlung, Giuseppe Mazzini (1805–1872), dem Vorkämpfer für die Einigung Italiens, zugleich international anerkannten Philosophen, Journalisten und Politiker, sowie Victor Hugo (1802–1885), dem französischen Dichter und Parlamentarier mit seinen vielzitierten Europa-Reden. In ihrer Vision von «Vereinigten Staaten von Europa» nach dem Muster der damals noch jungen USA setzten sie einen deutlichen Unterschied zu den wenig früher entstandenen Europa-Bildern des Novalis, Joseph Görres, François-René Chateaubriand, Claude Henri Saint-Simon, Heinrich Heine, Ludwig Börne und anderen. Das Vorbild USA bedeutete nämlich einen Verfassungsstaat auf Basis der Anerkennung der Menschenrechte. Am nachhaltigsten kommt dies bei Victor Hugo zum Ausdruck, der in Erinnerung an seine Europa-Rede anlässlich des *Congrès international de la Paix* am 21. August 1849 in Paris präzisiert, «que la révolution prochaine […] confirme le droit de l'homme, mais qu'elle proclame le droit de la femme et qu'elle décrète le droit de l'enfant; c'est-à-dire l'égalité pour l'une et l'éducation pour l'autre. […] que, par une immense réforme économique, par le droit du travail mieux compris, […] par l'abolition des douanes et des frontiers, […] par la suppressions des armées permanentes […]».[24] Sofern nun die Anerkennung der Menschenrechte das ‹Worum-willen› von Toleranz bildet, klingt in diesen Äußerungen erstmals das Junktim von ‹Europa› und ‹Toleranz› an. Es ist wohl gemerkt ein erstes Anklingen, denn mehr war damals, als überall in Europa gerade der Nationalismus zu blühen begann und der Imperialismus zur politischen Maxime avancierte, kaum drinnen. So bedurfte es, wie so oft in der europäischen Geschichte, abermals einer traumatischen Erfahrung, um den

Blick darauf zu schärfen, dass eine positive Zukunft für Europa nur darin liegen könne, sich über Toleranz zu definieren. Diese Erfahrung war die «Urkatastrophe des 20. Jahrhunderts» (G. F. Kennan) – der 1. Weltkrieg.

Es ist vor allem Stefan Zweig (1881–1942),[25] der jüdisch-österreichische Schriftsteller, schon zu Lebzeiten ein weltweit bekannter und international geschätzter Autor, der den Gedanken der «Vereinigten Staaten Europas» explizit aufgreift und in gewisser Weise zum Leitthema seines Schaffens und Wirkens macht.[26] In seiner 1932 (am 5. Mai, in Florenz) gehaltenen Rede *Der europäische Gedanke in seiner historischen Entwicklung* heißt es dazu:

> Wenn so schon vordem eine geistige Einheit innerhalb Europas in gewissen Augenblicken bestanden hatte, so waren dies doch nur gleichsam Stimmungen, persönliche Brudergefühle gewesen, gelegentliche Konstellationen, ein kosmopolitisches Empfinden – erst am Ende des neunzehnten Jahrhunderts aber wird der Gedanke der ‹Vereinigten Staaten Europas› eine politische und gleichsam überpolitische Forderung. Dass sich alle Länder dieses Kontinents zu einer wirtschaftlichen und seelischen Einheit, zu einem einzigen Organismus verbinden sollten, dieses Postulat ist nicht viel älter als fünfzig Jahre.[27]

Was Zweig hier «eine politische und gleichsam überpolitische Forderung» nennt, erläutert er unter Heranziehung seines Textes *Der Turm zu Babel*,[28] den er bereits 1916, mitten im 1. Weltkrieg, (zunächst auf Französisch) publiziert hatte und den er in seiner Rede von 1932 fast wörtlich übernimmt, weswegen dieser Text als «literarische Gründungsurkunde von Zweigs Europareflexionen» bezeichnet wurde.[29]

> So begann er allmählich auf Europas Boden wieder zu erstehen, der Turm zu Babel, das Denkmal der brüderlichen Gemeinschaft, das Monument der menschlichen Solidarität. […] Alles, was je die Menschheit getan, was der irdische Geist vollbracht, ward eingefügt in diesen Turm und er stieg empor. Jede Nation steuerte bei, was sie schuf zu diesem Denkmal Europas, junge Völker drängten sich heran und lernten von den alten, gaben ihre unberührte Kraft zu der weisen Erfahrung […] Nie waren die Nationen gegenseitig so sehr in ihren Geist eingedrungen, nie die Wissenschaften ähnlich innig verknotet, nie der Handel so sehr verwoben zu einem wundervollen Netz und nie hatten die Menschen Europas ihre Heimat und die ganze Welt so geliebt.[30]

Zweig ist inmitten des Krieges, den er anfangs begrüßt und durchaus parteiisch unterstützt, Zeuge der Zerstörung dieser Einheit in Seele und Geist, die er in das Europa des 19. Jahrhunderts hineinidealisiert. Fast zwangsläufig liegt daher der Akzent seines Appells, den «Turm von Babel, das große Denkmal der geistigen Einheit Europas,» neu zu versuchen, weniger in der Forderung nach Toleranz, obwohl diese darin naturgemäß enthalten ist, als in einem Pazifismus, zu dem sich Zweig unter dem Einfluss seines Freundes Romain Rolland (1866–1944), aber auch in Anlehnung an das pazifistische Engagement Leo Tolstois (1828–1910), Bertha von Suttners (1843–1914), Alfred H. Frieds (1864–1921), Richard Coudenhove-Kalergis (1894–1972) und anderer inzwischen durchgerungen hatte. Der

Akzent verschiebt sich in Richtung ‹Toleranz›, je mehr Zweig erkennen muss, dass jene zerstörerischen Kräfte, die im 1. Weltkrieg am Werk waren, nämlich Nationalismus und Rassismus, grundsätzlicher aber noch der Fanatismus, allen Friedensabkommen zum Trotz weiter ihr Unwesen treiben, sich sogar noch steigern und – in Gestalt des Faschismus und Nationalsozialismus – dabei sind, das geistige Projekt ‹Europa› endgültig zu vernichten, nicht zuletzt durch das Entfachen eines neuen Weltkrieges. Am eigenen Leib erfährt er, was es vor allem auch in Österreich, konkret in Salzburg, wo er von 1917 bis 1934 wohnt, heißt, als Jude und als Europäer unter faschistischer Diktatur leben zu müssen. Schon zwei Jahre bevor er sich entschließt, Salzburg zu verlassen, beginnt er sowohl sich selbst, sein Schicksal und den von ihm empfundenen Auftrag als auch die geistige Zukunft Europas und damit der Menschheit in der Begegnung mit den zentralen Gestalten der Toleranz-Geschichte der Reformationszeit sowie des 16. Jahrhunderts zu reflektieren – zunächst (1932) mit Erasmus von Rotterdam (1466/67/69–1536), sodann (1935) mit Sebastian Castellio (1515–1563) und schließlich (ab 1940) mit Michel de Montaigne (1533–1592), den Zweig übrigens «einen anderen (besseren) Erasmus, ganz einen tröstlichen Geist» nennt.[31] Jedem von diesen ist eine literarische Biografie gewidmet: *Triumph und Tragik des Erasmus von Rotterdam* (1935),[32] *Castellio gegen Calvin oder Ein Gewissen gegen die Gewalt* (1936)[33] sowie *Montaigne* (Fragment, entstanden 1941/42, erstmals 1960 bzw. 1990 publiziert).[34] Auch wenn Zweig mit dem Wort ‹Toleranz› wiederum sparsam umgeht, so lässt er keinen Zweifel daran, dass er genau sie meint – etwa in Bezug auf Castellio:

> Denn wenn Castellio [...] allen Sophismen Calvins das unsterbliche Wort entgegenschleudert: ‹Einen Menschen verbrennen heißt nicht eine Lehre verteidigen, sondern: einen Menschen töten›, wenn er in seinem Manifest der Toleranz (lange vor Locke, Hume, Voltaire und viel großartiger als sie) ein für allemal das Recht auf Gedankenfreiheit proklamiert, dann setzt dieser Mann für seine Überzeugung sein Leben als Pfand.[35]

Oder im Fragment über Montaigne:

> So mündet wie immer eines freien Denkers Lebenshaltung die Montaignes in Toleranz. Der für sich frei denken mag, gibt natürlich jedem andern das Recht dazu, und niemand hat es höher geachtet als er. [...] Es ist kein Glaube, keine Anschauung, die er von vornherein ablehnt, sein Urteil von keinem Vorurteil getrübt. Dies ‹ist› wichtig zu sehen, weil es ein Beweis ist, dass der Mensch immer frei sein kann, zu jeder Zeit. [...] Immer haben auch in Zeiten der Fanatiker die Humanen gelebt, zur Zeit des Hexenhammers die Chambre Ardente [...] und die Inquisition nicht einen Augenblick die Klarheit und Menschlichkeit eines Erasmus, eines Montaigne, eines Castellio verwirren können. Wer für sich selbst frei denkt, ehrt alle Freiheit auf Erden.[36]

Wie sich Stefan Zweig Europa unter dem Leitstern von Toleranz vorstellt, lässt sich aus seiner Erasmus-Deutung zitieren:

Dieses Imperium des Erasmus, das zum erstenmal – denkwürdige Stunde! – alle Länder, Völker und Sprachen Europas umfasste, war eine milde Herrschaft. Weil gewaltlos errungen, einzig durch werbende und überzeugende Kraft geistiger Leistung, verabscheut der Humanismus jede Gewalt. Weil einzig per acclamationem erwählt, übt Erasmus keinerlei rechthaberische Diktatur. Freiwilligkeit und innere Freiheit sind die Staatsgrundgesetze seines unsichtbaren Reiches. Nicht mit Unduldsamkeit, wie vordem die Fürsten und die Religionen, will die erasmische Geisteshaltung die Menschen ihrem humanistischen und humanitären Ideal untertänig machen, sondern wie ein offenes Licht [...], sanft überzeugend die noch Unwissenden und Abseitigen in ihre Klarheit ziehen. Der Humanismus ist nicht imperialistisch gesinnt, er kennt keine Feinde und will keine Knechte. Wer dem erlesenen Kreise nicht angehören will, möge draußen bleiben, man zwingt ihn nicht, man nötigt ihn nicht gewaltsam in dieses neue Ideal; jede Unduldsamkeit – die ja immer einem innern Unverstehen entstammt – ist dieser Lehre der Weltverständigung fremd. Aber anderseits wird niemandem der Zutritt in diese neue geistige Gilde versagt. Humanist kann jeder werden, der nach Bildung und Kultur Verlangen trägt; jeder Mensch jeden Standes, Mann oder Frau, Ritter oder Priester, König oder Kaufmann, Laie oder Mönch hat Zutritt zu dieser freien Gemeinschaft, an keinen wird die Frage nach Herkunft aus Rasse und Klasse, nach Zugehörigkeit der Sprache oder Nation gestellt. Damit erscheint ein neuer Begriff im europäischen Gedanken: der übernationale. [...] Alle [...] Zwistigkeiten innerhalb Europas sind für den humanistisch gesinnten Menschen nichts anderes als Missverständnisse, verschuldet durch ein zu geringes Verstehen, durch eine zu geringe Bildung, und die Aufgabe des kommenden Europäers soll es werden, statt auf die eitlen Ansprüche der Duodezfürsten, der Sektenfanatiker, der Nationalegoisten sich gefühlsmäßig einzulassen, immer das Bindende und Verbindende zu betonen, das Europäische über dem Nationalen, das Allmenschliche über dem Vaterländischen, und den Begriff der Christenheit als einer bloßen Religionsgemeinschaft zu verwandeln in den einer universalen Christlichkeit, einer hingegeben dienenden und demütigen Menschenliebe. Die erasmische Idee zielt also höher als auf eine bloße kosmopolitische Gemeinschaft, in ihr wirkt bereits ein entschlossener Wille zu einer neuen geistigen Einheitsform des Abendlands. [...] Bei Erasmus [...] erscheint Europa als eine moralische Idee, als eine vollkommen unegoistische und geistige Forderung; mit ihm beginnt jenes noch heute nicht erfüllte Postulat der vereinigten Staaten Europas im Zeichen einer gemeinsamen Kultur und Zivilisation.[37]

Man mag einwenden, dass Stefan Zweig in seinem Entwurf zu einer Montaigne-Biographie den Bezug zwischen ‹Toleranz› und ‹Europa› nicht mehr ausdrücklich herstellt. Dies lässt sich nicht bestreiten, es gilt jedoch zu beachten, dass Zweig in den Jahren 1941/42, als er kurz vor seinem Tod (am 23. Februar 1942) daran schrieb, den Glauben an Europa bereits verloren hatte. Unter dem Eindruck des 2. Weltkrieges sah er Europa sich unwiederbringlich aufgeben und vor allem seine geistig-moralische Mission mit Füßen treten:

> [...] Europa, ist mir verloren, seit es sich zum zweitenmal selbstmörderisch zerfleischt im Bruderkriege. Wider meinen Willen bin ich Zeuge geworden der furchtbarsten Niederlage der Vernunft und des wildesten Triumphes der Brutalität innerhalb der Chronik der Zeiten; nie [...] hat eine Generation einen solchen moralischen Rückfall aus solchen geistigen Höhen erlitten wie die unsere.[38]

[...] die innerste Aufgabe, an die ich alle Kraft meiner Überzeugung durch vierzig Jahre gesetzt, die friedliche Vereinigung Europas, sie ist zuschanden geworden. Was ich mehr gefürchtet als den eigenen Tod, der Krieg aller gegen alle, nun war er entfesselt zum zweitenmal.[39]

Wie Castellio «für seine Überzeugung sein Leben als Pfand setzt», scheidet Zweig freiwillig aus seinem Leben, «nachdem die Welt meiner eigenen Sprache für mich untergegangen ist und meine geistige Heimat Europa sich selber vernichtet».[40] Gerade dadurch, dass er an Europa verzweifelte, bestätigt er dessen innere Zusammengehörigkeit mit dem, wofür ‹Toleranz› Ausdruck ist – für einen Humanismus, dem die Achtung vor der Würde des Menschen, die in der Freiheit jedes Einzelnen liegt, sowie die Anerkennung der daraus entspringenden Rechte das Höchste ist.

Wozu die Erzählung?

‹Toleranz – auch eine Geschichte Europas› – warum soll diese einmal mehr erzählt werden, weshalb gerade heute? Nach dem Tod von Stefan Zweig, seit dem Ende des 2. Weltkrieges, ist die von ihm für Europa erträumte «Morgenröte» zumindest insofern aufgegangen, als Europa neu versucht wurde. Am sichtbarsten und bisher wohl auch wirksamsten geschah dies in Gestalt der Gründung des Europarates 1949 sowie der Europäischen Union 1992, deren wechselhafte Vorgeschichte bekanntlich in die frühen 1950er-Jahre zurückreicht.[41] Beide Einrichtungen stellen gewissermaßen eine Umsetzung der alten Idee von den «Vereinigten Staaten Europas» dar. Hinsichtlich des Junktims von ‹Europa› und ‹Toleranz› sind allem voran – in Anlehnung an die *Allgemeine Erklärung der Menschenrechte* von 1948 durch die Vereinten Nationen – die *Europäische Menschenrechtskonvention* (1950/53) sowie die *Charta der Grundrechte der Europäischen Union* (2000) zu nennen. Sie proklamieren und machen für die Mitgliedstaaten rechtlich einklagbar, was wir als das ‹Worum-willen› bzw. als das ‹Woraufhin› der Toleranz bezeichnet haben – den ethischen Grund, dessentwegen Toleranz bzw. Nicht-Toleranz (hinsichtlich der verkündeten Grundrechte) herrschen soll. Damit präsentieren sich die Mitgliedstaaten *deklariertermaßen* als eine Wertegemeinschaft, in der sich die Gesamtheit dessen, was zuvor als das «normative Projekt des Westens» bezeichnet wurde, gewährleistet sein soll – nämlich «zusammen mit den Ideen von den unveräußerlichen Menschenrechten, der Herrschaft des Rechts und der repräsentativen Demokratie [...] die Gewaltenteilung» (H. A. Winkler).[42] Der Akzent muss freilich auf ‹Projekt› liegen, sofern von einer Realisierung, geschweige denn Etablierung besagter Wertegemeinschaft wohl noch lange keine Rede sein kann. Vielmehr gilt auch für dieses normative Ideal einer auf Toleranz basierenden Völkergemeinschaft, *dass der Weg dorthin das Ziel bildet*, und dass alles, was auf diesem Weg bisher erreicht wurde, als eine Annäherung zu betrachten ist. Das wiederum hat nicht allein damit zu tun, dass es zum Wesen eines normativen Ideals gehört, zu seiner Verwirklichung in einer anhaltenden, *prinzipiell* nicht behebbaren Diskrepanz zu stehen. Mehr noch als darin liegt es im Projekt ‹Europa› als solchem, welches nichts Geringeres als den Zusammenschluss einer Pluralität von Lebenswelten, Kulturen, Nationen, Staaten intendiert. Hier wirkt sich einmal mehr die bereits angesprochene Spannung zwischen einer ‹Lebenswelt› und jeglicher Form von ‹rationalem Diskurs› aus, der sich überall äußert, wo öffentlich argumentiert und kritisch beurteilt wird. Auch diese Spannung herrscht *prinzipiell*, ‹Lebenswelt› und ‹rationaler Diskurs› gelangen nie zur vollständigen Deckung. Allemal gilt, dass es eines ist, etwas diskursiv zu definieren und zu begründen, was sich als rationaler Diskurs niederschlägt und gegebenenfalls eine rechtlich-institutionelle Gestaltung erfährt (wie im Falle von Europarat und EU), etwas ganz anderes hingegen, dasselbe in die Lebenswelten, denen es entwachsen ist bzw. denen es abgerungen wurde, zu integrieren. Was einer Expertenwelt plausibel erscheint, kann einer Lebenswelt fremd bleiben. In der Überbrückung dieses Zwiespalts, dieser Spannung, liegt zweifellos die größte Herausforderung jeglicher Form eines institutionalisierten Europas. Das illustriert die Geschichte der Europäischen Union sowie der Organisationen und Bemühungen, die ihr seit dem 2. Weltkrieg vorangegangen sind, vor allem dadurch, dass dies bis heute nur partiell gelungen ist. Wie konnte sich sonst der Eindruck verbreiten, anstelle Europas etabliere sich ‹Brüssel› als eine politische, jurisdiktionelle, ökonomische, technokratische und vor allem bürokratische Zentrale, die sich zumindest über die Lebenswelten vieler europäischer Bürger und Bürgerinnen hinwegsetze und so die ‹Toleranz› vermissen lasse, die man von ‹Europa› erwarte?[43] Wie anders kann die Unzufriedenheit vieler europäischer Bürger und Bürgerinnen mitunter so weit gehen, dass sie für Parteien und Bewegungen stimmen, die sich gegen Europa richten, Europa letztlich nur wollen, solange es ihren (wie immer gearteten) Interessen dient, oder sogar Regierungen in Mitgliedstaaten ‹tolerieren›, die *de facto* Menschenrechte missachten bzw. den Verfassungsstaat samt der Gewaltenteilung unterminieren?[44]

Umgekehrt liegt auf der Hand, warum eine Vermittlung zwischen der ‹Europa-Expertenwelt› und den ‹Lebenswelten› der europäischen Bürger und Bürgerinnen zustande kommen muss: Es wird anders keine Europäer und Europäerinnen geben oder jedenfalls viel zu wenige. Ohne dass das, was Europa bedeutet und wofür Europa steht, Integration in die Lebenswelten findet, kann Europa weder leben noch sich entwickeln. Anders formuliert: Auch ein (wie immer) institutionalisiertes Europa existiert nur, sofern und solange es so etwas wie den Grundkonsens seiner Bürger und Bürgerinnen gibt, Europäer und Europäerinnen sein zu wollen. Erst wenn ein solcher Grundkonsens entsteht bzw. besteht, machen Verträge oder Gesetzgebungen auf staatlicher und zwischenstaatlicher Ebene wirklich Sinn. Soll demnach Europa das Ergebnis eines *konsensuellen*, nicht eines erzwungenen Zusammenschlusses sein, durch den die Vielfalt an Lebenswelten, Kulturen, Nationen, Staaten nicht eingeebnet wird, sondern gewahrt bleibt, so erweist sich wiederum die *Toleranz* als die alleinige Gesinnung und Verhaltensform, als das alleinige Ethos und als die alleinige Ethik, in der sich Europa heranbilden und erhalten kann. Nur in ihr wird das Verbindende gerade dadurch gelebt, dass das Differierende als solches anerkannt ist, sprich Akzeptanz und Wertschätzung erfährt. Einzig durch sie lässt sich mit dem Paradox leben, dass die Einheit Europas nur in seiner Vielfalt zu haben ist, bzw. die Dialektik schaffen, Einheit und Vielfalt nicht als Gegensatz, sondern ihrerseits als Einheit zu gestalten. Was schließlich impliziert, dass Europa – im Hinblick auf seine Werte – nicht allein für Toleranz steht, sondern aus gelebter Toleranz heraus *wird*. In dieser beiderlei Hinsicht ist Toleranz Identitätsmerkmal Europas.

Ziel dieser Überlegungen möge nun sein, Europa aus dem heraus zu denken, was Toleranz bedeutet – sowohl in inhaltlicher als auch in normativer Hinsicht. Dazu bietet sich eine Erzählung der Geschichte der Entwicklung des Toleranz-Gedankens an, wie sie sich auf diesem Kontinent in besonderer Form ergeben hat – eine *Erzählung*, weil durch diese Textsorte die Dimensionen der Lebenswelten eher in den Blick kommen als durch eine ‹bloße› wissenschaftliche Theorie; eine Betrachtung der *Geschichte*, weil sich (nach meiner Überzeugung) Problemstellungen wie jene im Zusammenhang mit Toleranz am aufschlussreichsten verstehen lassen, wenn sie aus ihrer historischen Genese begriffen werden. Es bedarf keiner ausführlichen Begründung, dass all dies nicht um seiner selbst willen geschieht, aus der reinen Lust am Erzählen oder in ausschließlich historischem Interesse, sondern angesichts dessen, was es *heute* heißt, Toleranz als ethische Norm des persönlichen und gesellschaftlichen Handelns anzuerkennen und zu leben. Spätere Ausführungen vorwegnehmend sei schon an dieser Stelle skizziert, was es dabei anzusprechen gilt:

Das ist in erster Linie die Globalisierung, die in ungeahntem Ausmaß voranschreitet.[45] Mit jedem technologischen Fortschritt im Bereich der Kommunikation sowie im Bereich des Verkehrs wächst die aktuell lebende Menschheit weiter zusammen, von den damit einhergehenden politischen, ökonomischen, medialen, kulturellen und anderen Verflechtungen ganz zu schweigen. Nie zuvor in der Geschichte hat es eine ‹Weltgemeinschaft› in einem solchen Grad an Realität gegeben wie eben heute. Was man früher auf einem anderen Kontinent, fast auf einem anderen Stern wusste, ist nun unmittelbare Nähe, ja Nachbarschaft geworden. In jedem Eck der Erde stehen von Tag zu Tag immer mehr Menschen vor der Herausforderung, sich als Teil eines gemeinschaftlichen ‹Zusammenhanges› zu wissen, der scheinbar nichts als Unterschiede und Differenzen enthält – an Sprachen, an Kulturen, an Religionen, an ‹Ideologien›, an Geschichten. Und schon lange geht es nicht mehr allein darum, diese Unterschiede und Differenzen zu konstatieren oder einfach hinzunehmen. Die Menschheit, wie es sie gegenwärtig gibt, kann es sich nicht mehr leisten, eine reine Austausch-Gemeinschaft zu sein. Im Zeitalter des angebrochenen Anthropozäns,[46] welches sich dadurch auszeichnet, dass vom Menschen die Entwicklung, damit auch die Zukunft des Planeten Erde überhaupt abhängt, ist die Weltgemeinschaft zur Schicksalsgemeinschaft geworden, in der das Verhalten aller Menschen – der Einzelnen wie der Gemeinschaften – über die

Zukunft der Welt entscheidet. Erstmals in der Geschichte der Menschheit sind die gegenwärtig lebenden Generationen angehalten, dieses Ziel gemeinsam zu gewährleisten. Dass in diesem Kontext vor allem Europa, sofern es für Toleranz steht, eine herausragende Bedeutung zukommt, liegt auf der Hand. Das wiederum ergibt sich nicht allein daraus, dass Europa mit seiner kolonialistischen und imperialistischen Vergangenheit, in der die Globalisierung, wie wir sie derzeit erleben, wesentlich entfacht wurde, Verantwortung übernehmen muss, sondern dass es erneut nur die Toleranz sein kann, durch die sich ein globales Miteinander herbeiführen ließe. Welch ein anderes normatives Prinzip wäre sonst in der Lage, die Weltgemeinschaft in ihrer Vielfalt zu respektieren und in eins damit das Gemeinschaftliche zu gestalten? Das Subjekt, welches die Toleranz ausübte, wäre freilich nicht mehr ‹nur› das einzelne Individuum, obwohl es auf die gelebte Toleranz in der Gemeinschaft ‹vor Ort› nach wie vor ankommt, sondern die Weltgemeinschaft, die ihrerseits aus Subjekten wie Völkern, Nationen und Staaten besteht und auf Basis des Völkerrechts zusammenfinden muss.

Womit das zweite Thema angesprochen ist, welches im Kontext der heutigen Toleranz-Diskurse gleichermaßen dominiert – die Anerkennung der Menschenrechte. Nur im Hinblick auf sie ist Toleranz als Bedingung der Möglichkeit jeglicher pluralistischen Gemeinschaft motiviert und legitimiert – im Kleinen wie im Großen. Dass sie in dieser Funktion angesichts der Weltgemeinschaft gesteigert zum Tragen kommen, steht außer Zweifel. Herrscht hinsichtlich ihrer kein Konsens und darüber hinaus keine Bereitschaft, diesen Konsens völkerrechtlich abzusichern und somit auch einklagbar zu machen, bleibt das Ideal einer von Toleranz bestimmten Weltgemeinschaft eine reine Utopie – ähnlich jener, die Immanuel Kant in seinen Schriften *Idee zu einer allgemeinen Geschichte in weltbürgerlicher Absicht* (1784)[47] sowie *Zum ewigen Frieden. Ein philosophischer Entwurf* (1795) entwickelt hat. Nicht nur vor diesem Hintergrund, sondern ebenso im Hinblick darauf, dass von der Bildung einer Weltgemeinschaft auf rechtlicher Basis die Zukunft der Menschheit und möglicherweise des ganzen Planeten abhängt, erscheint es beängstigend, dass aller *Allgemeinen Erklärung der Menschenrechte* durch die Vereinten Nationen (1948) zum Trotz die Menschenrechte durch nicht wenige UNO-Mitgliedstaaten permanent und systematisch missachtet und verletzt werden, und dass abgesehen davon die Menschenrechte als solche durch immer mehr Staaten eine Hinterfragung oder gar Ablehnung erfahren – mit der Begründung, sie seien eine imperialistische Erfindung des Westens, die keine globale Gültigkeit beanspruchen dürfe.[48] Eine überzeugende Antwort auf die Frage, welche normativen Kriterien anstelle der Menschenrechte für eine Weltgemeinschaft darüber entscheiden lasse, was im Sinne derselben zu tolerieren und was nicht zu tolerieren sei, bleibt bislang aus. Die mehr durch Fakten als durch Argumente oder Gegenkonzepte dargelegten Alternativen laufen mehr oder weniger unverhohlen auf Intoleranz hinaus. Das erscheint nicht allein aus westlicher Perspektive als unmoralisch – wie eingangs betont ist Toleranz ein Anliegen vieler ethischer Traditionen der Welt –, es erweist sich darüber hinaus als unrealistisch, sofern eine Weltgemeinschaft, die den Namen ‹Gemeinschaft› verdient, kaum anders als durch einen Konsens zustande kommt, in dem die Unterschiede und Besonderheiten der Gemeinschaftsmitglieder Anerkennung und Wertschätzung finden.

Wenn es schon dem herrschaftsfreien Diskurs nicht gelingt, von der universellen Gültigkeit der Menschenrechte bzw. von der Toleranz als normativem Prinzip einer Weltgemeinschaft zu überzeugen, so bleibt immer noch die Möglichkeit des Beispielgebens, das sich durch gelebte Praxis zur Nachahmung empfiehlt. Europa, wo Toleranz in besonderer Weise die Bedingung seiner Möglichkeit bildet, sollte genau darin seine Mission in der heutigen Weltgemeinschaft sehen. Das setzt freilich voraus, dass Europa ‹seine› Toleranz kontinuierlich unter Beweis stellt – nach Innen und nach Außen, im Kleinen und im Großen, aufs Ganze gesehen und im Detail. Wie überwältigend diese Herausforderung ist, muss kaum gesagt werden. Es genügen Stichworte: die Angst erzeugenden und damit Aggressivität provozierenden Perspektiven hinsichtlich der Zukunft der Welt; die gegenwärtigen Flüchtlings- und Migrationsbewegungen; die Frage der Minderheitenrechte in etlichen europäischen Ländern; die Solidarität mit jenen Gebieten unserer Erde, welche unter den Ungerechtigkeiten des Nord-Süd-Gefälles sowie unter den von Europa wesentlich mitverursachten Klimafolgen leiden; der Umgang mit Regimen, die die Missachtung der Menschenrechte als strategisches Prinzip einsetzen. Nicht weniger gilt nach innen: Wie respektiert Europa seinerseits die Menschenrechte in ihrer wachsenden Zahl? Was tut es, um nicht nur deren Anerkennung, sondern ebenso deren Effektuierung zu gewährleisten? Wie geht es mit gesellschaftlichen Strukturen um, die alles andere als Toleranz fördern, nämlich Aggressionen, Rücksichtslosigkeit, Gewaltbereitschaft, Intoleranz in krasser Form?[49] Wie verhält es sich, wenn in einem oder mehreren seiner Mitgliedstaaten der soziale Grundkonsens abhandenkommt – wie jüngst erlebt in der Pandemie-Bekämpfung? Nicht zuletzt: Was unternimmt es, um dem wachsenden Überforderungs- und Überdrussgefühl vieler seiner Bürger und Bürgerinnen, tolerant sein zu müssen, entgegenzuwirken?

Angesichts all dessen, so meine ich, kann die Geschichte von der Entwicklung des Toleranz-Gedankens in Europa nicht oft genug erzählt werden.

Faktoren der Entwicklung

An dieser Stelle sollte eine Übersicht zur Geschichte des Begriffs ‹Toleranz›, wie sie sich in den europäischen Kulturräumen ergeben hat, geboten werden. Das kann jedoch unterbleiben, herrscht doch an Untersuchungen und Darstellungen der Begriffsgeschichte wahrlich kein Mangel. Es genügt ein Verweis drauf.[1] Als *ein* Resümee sei lediglich festgehalten, was der Mediävist Klaus Schreiner (1931–2015) einleitend zu seinem Artikel *Toleranz* im 6. Band des historischen Lexikons *Geschichtliche Grundbegriffe* festhält:

> Die Geschichte des Begriffs wurde maßgeblich bestimmt durch das Spannungsverhältnis zwischen passiver Geduld und aktiver Duldung, zwischen der Fähigkeit, Leiden zu ertragen, und der Anerkennung anderer in ihrem jeweiligen Anderssein. [...] Was die begriffsgeschichtliche Rekonstruktion erschwert, ist der enorme Abstand zwischen der zeitgebundenen Sprache der Quellen, und dem inflationären Gebrauch, den Wissenschaft und Publizistik von der Begriffen ‹Toleranz› und ‹Intoleranz› [später] machten. Weder im Toleranzedikt von Mailand (313) noch im Toleranzedikt von Nantes (1598) ist von ‹tolerantia› oder ‹tolerance› die Rede. [...] Der Begriff ‹Toleranz› taucht weder in den Religionsfrieden des 16. Jahrhunderts auf, noch kommt er im Grundgesetz der Bundesrepublik und in den Verfassungen der einzelnen Bundesländer vor. [...] Als Gebot, dem Grundsatz religiöser, gesellschaftlicher und politischer Pluralität Rechnung zu tragen, ist Toleranz im Grundgesetz präsent, nicht aber als Begriff. Der Befund zeigt, dass sich in Gegenwart und Vergangenheit Grundfragen sozialen Zusammenlebens nach dem Toleranzprinzip beantworten lassen, ohne dieses explizit zu benennen. ‹Toleranz› als begrifflich ausformulierter und rechtlich verankerter Ordnungsbegriff, der sprachlich benennt und normativ vorgibt, wie Sozialbeziehungen zwischen konfessionellen Mehr- und Minderheiten geregelt und gestaltet sein sollen, ist eine Errungenschaft der nachreformatorischen Zeit. [...] Erst als der frühneuzeitliche Staat dazu überging, an Stelle eines geschlossenen Glaubenssystems die natürliche Religion zum konsensbildenden vinculum societatis zu machen, gab er Handlungsräume frei, in denen Individuen und Gruppen ihr Recht auf Glaubens- und Gewissensfreiheit verwirklichen konnten.[2]

Statt einer abermaligen Begriffsgeschichte empfiehlt sich ein erster Überblick über die wesentlichen Faktoren, die für die Sonderentwicklung des europäischen Toleranz-Gedankens ausschlaggebend waren. Unter ‹Faktoren› seien sowohl Bedingungen als auch Entwicklungen sowie konkrete Auslöser verstanden, die am Anfang oder im Laufe dieses Prozesses markant wirksam wurden. Zu ihnen zählen ‹natürliche› Gegebenheiten wie die relative Kleinheit bzw. Kleinteiligkeit Europas, lebensweltliche Voraussetzungen wie jene der Intoleranz als unmittelbare Reaktion auf Verunsicherungen / Veränderungen aller Art, das dominierende Menschenbild sowie die Verrechtlichung desselben bis hin zum argumentativ-wissenschaftlichen Diskurs als Bedingung der Möglichkeit einer kritischen Reflexion intoleranter Verhältnisse und damit von Toleranz. Dadurch, dass diese Faktoren zur Sprache kommen, erhält die zu erzählende Geschichte wiederum einen Rahmen, der es – analog zur Begriffsgeschichte – gestattet, sie als Ganze zu betrachten. Dass es sich dabei um eine Aufzählung und nicht um eine Systematik handelt, tue der Sache keinen Abbruch, es unterstreiche vielmehr, dass es in dieser Darlegung nicht um eine Theorie der Toleranz geht, sondern um eine Erzählung ihrer Entwicklung.

Räumliche Nähe

Damit die Geschichte des Toleranz-Gedankens bis in ihre Anfänge, bei denen sich noch kaum eine verbalisierte Vorstellung, gar das Wort, geschweige denn eine Theorie von Toleranz ausmachen lässt, zurückverfolgt werden kann, liegt es zunächst nahe zu fragen, was in einer größeren oder kleineren Gemeinschaft Toleranz heraufbeschwört – wobei ‹Toleranz› als das zu nehmen sei, was wir heute *formal* darunter verstehen, nämlich eine Strategie zur Bewältigung von Konflikten, dergestalt, dass sich am Ende die Kontrahenten in ihren unterschiedlichen Positionen, unter Beibehaltung ihrer Differenzen, um eines gemeinsamen Wertes bzw. eines gemeinsamen Interesses willen gegenseitig respektieren. Die Situation, die Toleranz erfordert, ist jedenfalls eine besondere. Sie tritt ein, sobald die Lösung eines anscheinend unlösbaren Konflikts innerhalb einer Gemeinschaft unausweichlich wird und diese Lösung nur noch darin bestehen kann, das Unlösbare als solches zu belassen und anzuerkennen – im Hinblick auf etwas, was der Gemeinschaft vorrangiger erscheint. Dieses Vorrangige braucht nicht gleich der ‹Friede› im emphatischen Sinne zu sein, es kann sich um die bloße Existenz handeln, die im Interesse aller liegt. Und wie gesagt: das Ganze bedarf keiner expliziten Deklarierung, es genügt eine ‹Toleranz› als unbezeichneter Zustand, als Faktizität. Was aber ist es, das eine solche Situation herbeiführt und die ‹tolerante Lösung› unausweichlich macht? Es ist in einem hohen Maße die *räumliche Nähe*, die vor die Alternative stellt, entweder eine Form der Koexistenz zu finden oder die Existenz des Gemeinwesens (wie immer es gestaltet sein mag) aufs Spiel zu setzen. Vor diesem Hintergrund überrascht es schon weniger, dass Europa hinsichtlich ‹Toleranz› jene Sonderentwicklung genommen hat, von der hier die Rede ist. Mehr als auf den anderen Kontinenten trafen sich hier unterschiedliche Kulturen auf einem vergleichsweise kleinen, oft sogar kleinsten Raum wie einer Stadt oder einer Ortschaft. Das mag aus heutiger Sicht als der Reichtum Europas erscheinen – und der Eindruck besteht zurecht –, über die längste Zeit bedeutete dieser Umstand jedoch Konflikt, der in aller Regel nicht in Toleranz endet, sondern das jeweilige Gemeinwesen an den Rand seiner Existenz brachte.

Ein Beispiel dafür, wie sich aufgrund überschaubarer räumlicher Verhältnisse die Notwendigkeit ergab, pragmatisch bzw. als Überlebensstrategie dergleichen wie Toleranz zu pflegen, ist der südliche Teil der iberischen Halbinsel während des Mittelalters, konkret das Kalifat von Cordoba (929–1031) und einige Jahrzehnte danach das südspanische al-Andalus sowie die christliche Herrschaft Alfons' VI. in Toledo (ab 1085) samt einigen anschließenden Jahrzehnten des 12. Jahrhunderts.[3] Ohne diese beiden Phasen der Geschichte Spaniens romantisieren zu wollen (wie es häufig geschehen ist und anhaltend geschieht) und ohne darauf eingehen zu können, dass die Forschungsliteratur in der Beurteilung beider Phasen weit auseinander driftet, lässt sich doch sagen: Zwar fehlte von einer auch nur rudimentären Vorstellung von ‹Toleranz› da wie dort jegliche Spur. Nicht einmal aufgrund positiver Erfahrungen im Nebeneinander der Kulturen kam es zur Bildung eines äquivalenten Begriffs, geschweige denn zu Initiativen, die faktisch gelebte Toleranz rechtlich oder gar institutionell zu verankern. Dennoch darf bei aller Differenzierung, die geboten bleibt – im Hinblick darauf etwa, dass sich in Cordoba bereits nach Ende der Umayyaden-Dynastie und in Toledo schon zu Lebzeiten Alfons VI. eine Verschärfung des kommunikativen Klimas in Richtung ‹Orthodoxie› abzeichnete –, begründet behauptet werden, dass es selbst in Zeiten anhaltenden Krieges und umfassend angewandter Grausamkeit Zustände gab, die man mit dem modernen Etikett ‹tolerant› versehen kann. Es herrschte eine weitgehend friedliche Koexistenz der drei monotheistischen Buchreligionen, gewiss vor allem deshalb, weil es der jeweils Regierende so wollte und tyrannisch durchzusetzen verstand, aus welchen Gründen immer – aus pragmatischen oder aus religiösen. Jedenfalls blieb es nicht allein dabei. Im kulturellen und wissenschaftlichen Bereich, der seinerseits religiös konnotiert war, kam es zu gegenseitigen Wertschätzungen, die nicht nur für die damalige Zeit ihresgleichen suchen können. So fand man sich in einer gemeinsamen Kultivierung der arabischen Sprache, es kam zu einem Austausch künstlerischer Gestaltungsformen, das Übersetzungswesen blühte, Philosophie, Medizin und andere Wissenschaften betrachtete und behandelte man als transreligiöses Gemeingut, nicht zuletzt der Handel gedieh aufgrund dieses ‹toleranten› Klimas. Dass es schließlich Juden, aber auch Christen unter arabischen Herrschern zu höchsten politischen Ämtern brachten, verdankte sich wiederum der pragmatischen, letztlich jedoch ebenso weltanschaulich-großzügigen Einstellung derselben. Freilich blieb die Vorstellung einer Gleichberechtigung der Religionen völlig außerhalb der damaligen Weltbilder. Die Angehörigen der unterlegenen Glaubensgemeinschaften besaßen gegenüber der dominierenden Religion kein Recht. Alles, was ihnen zugestanden wurde, konnte ihnen jederzeit wieder entzogen werden. In dieser Hinsicht bedeutete ‹Toleranz› ausschließlich Duldung. Abgesehen davon hatten religiöse Minderheiten erhöhte Steuern zu entrichten und waren vor Enteignungen und Vertreibungen nie sicher. Dafür gab es keine Verfolgungen aus Glaubensgründen, die mit den Restriktionen gegenüber Juden und Muslimen unter den katholischen Königen Spaniens ab Ende des 15. Jahrhunderts vergleichbar wären. (Selbst das Martyrium von zahlreichen Christen zwischen 851 und 859 in Cordoba sowie das Judenpogrom von 1066 in Granada dürften überwiegend politisch motiviert gewesen zu sein.) Wie auch immer: Sowohl das Kalifat von Cordoba als auch die Regentschaft Alfons' VI. in Toledo sind ein Beweis dafür, dass sich Toleranz als ein bloßer Zustand einstellen kann, wenn es die Unausweichlichkeit der Koexistenz verschiedener Kulturen auf engem Raum erzwingt.[4]

Beispiele aus der Geschichte, wenngleich jeweils anders gelagert als im mittelalterlichen Andalusien oder Kastilien, ließen sich vermehren – aus derselben Zeit in den Kreuzfahrerstaaten Palästinas[5] oder im normannischen Königreich Sizilien,[6] später im Zeitalter der neuzeitlichen Territorialstaaten aus Frankreich, England, Deutschland, der Schweiz, den Niederlanden und Polen.[7] Allemal waren es nicht zuletzt räumliche Grenzen, die tolerante Zustände erzwungen haben. Aber auch unsere Gegenwart, so paradox es erscheinen mag, lässt sich anführen: Je mehr die Globalisierung voranschreitet, um so kleiner – auch im räumlichen Sinne – wird die Welt, und je mehr gleichzeitig die globalen Herausforderungen bzw. Überlebensfragen zunehmen, umso mehr erweist sich Toleranz als die einzige Möglichkeit, den eintretenden Situationen / Bedrohungen begegnen zu können. Selbst wer Toleranz nicht als ethisches Gebot betrachtet, wird sie angesichts dessen zumindest als naheliegende Strategie zur Bewältigung der globalen Probleme anerkennen müssen.

Im Anfang die Intoleranz

Die Entwicklung des Toleranz-Gedankens, besser die Entstehung der Forderung nach Toleranz ist sodann elementar mit Erfahrungen von Intoleranz verbunden. Wie schon gesagt, halten sich Toleranz und Intoleranz nirgends die Waage. Die Intoleranz überwiegt allemal und sie geht dem Erblühen von Toleranz in aller Regel voraus. Man übertreibt nicht, wenn man behauptet, dass das Europa der Toleranz traumatischen, alptraumartigen Erfahrungen mit Intoleranz entsprungen ist. Was sich nicht zuletzt daraus schließen lässt, dass zwischen einem ersten Erwachen in Richtung ‹Toleranz› und dem Begreifen, dass diese ein ethisches Grundprinzip gemeinschaftlichen Zusammenlebens ist, etliche Jahrhunderte vergingen. Traumatischen Erfahrungen, schon gar, wenn es sich dabei um gemeinschaftliche Erfahrungen handelt, entwachsen nicht von heute auf morgen die Einsichten, die sie überwinden helfen. Zunächst sind Verdrängungsmechanismen am Werk – nicht zuletzt das Vergessen[8] –, die schon allein deshalb funktionieren müssen, damit die Lebenswelt der Betroffenen einigermaßen erhalten bleibt. Was wiederum eine andere Tatsache der Toleranz-Geschichte mit-erklärt, dass nämlich der Toleranz-Gedanke den jeweiligen Lebenswelten dramatisch abgerungen werden musste, und dass er selbst dann, als er in rationalen Diskursen argumentiert wurde, noch lange keine verbreitete Anerkennung erfuhr, sondern im Gegenteil vor die neue Herausforderung stellte, das einmal dem Lebenswelten Abgerungene in diese neu zu re-integrieren. Vor diesem Hintergrund überrascht es schließlich nicht, dass es zu Beginn Einzelne sind, die aus einer traumatischen Erfahrung einen neuen Schluss ziehen.

Wie noch eingehend zu behandeln sein wird, kommt es dazu erstmals im Gefolge der Kreuzzüge ab Ende des 11. Jahrhunderts. Schon nach Ausrufung des ersten Kreuzzuges 1095 brachen in Teilen Frankreichs, Deutschlands und Mitteleuropas Judenpogrome aus, wie sie in Europa bislang unbekannt waren und sogar Christen entsetzten. Gleich danach ereigneten sich entlang der Kreuzfahrerrouten bis nach Jerusalem sowie im ganzen Nahen Osten Blutbäder unvorstellbaren Ausmaßes – und das über annähernd 200 Jahre. Unter diesem Eindruck entstanden einige wenige literarische, historisch-juridische sowie philosophisch-theologische Schriften, die aus unterschiedlichen Gründen die mörderische Intoleranz infrage stellten und auf diese Weise eine Idee von Toleranz zum Aufleuchten brachten. Zu den nächsten Gewaltausbrüche ähnlicher Dimension kam es während der konfessionellen Auseinandersetzungen im 16. und 17. Jahrhundert vor allem in Deutschland, Frankreich und England, die in den furchtbaren Religionskriegen endeten, welche alle betroffenen Staaten an den Abgrund ihres Zerfalls trieben – gleichzeitig, bekanntlich, wie die Genozide an den Ureinwohnern Amerikas durch christliche Eroberer. Nun waren es nicht mehr einige Wenige, die diese unfassbare Intoleranz als Trauma erlebten. Am Ende fanden (allmählich) sogar die Staaten zu der Erkenntnis, dass ihr Weiterbestand von einer zumindest faktisch-praktizierten Toleranz abhing. Vor allem aber stand mit den philosophischen, (völker-)rechtlichen und literarischen ‹Aufarbeitungen› dieser Erfahrungen die Idee von Menschenrechten im Raum. Dank ihrer richtete sich die Aufmerksamkeit auf eine weitere Katastrophe des neuzeitlichen Europas zwischen dem 16. und 18. Jahrhundert, wiederum verursacht durch ein Unmaß an Intoleranz – auf die Sklaverei. Sie wurde im Laufe des 19. Jahrhunderts wenigstens geächtet. Dies alles konnte die vielleicht größten traumatischen Erfahrungen, die beiden Weltkriege im 20. Jahrhundert nicht verhindern, wobei der Zweite Weltkrieg einherging mit dem Nationalsozialismus und dem Stalinismus, beides massenmörderische Totalitarismen, die die Intoleranz zu ihrem Programm sowie zur einzigen Maxime ihres politischen Handelns machten – in der unverhohlenen Absicht, die Würde des Menschen, das ‹Worum-willen› der Toleranz, abzuschaffen.[9] Bekanntlich verstanden sich die *Allgemeine Erklärung der Menschenrechte* von 1948 durch die Vereinten Nationen und alle an sie anknüpfenden Deklarationen als Antwort auf diesen Alptraum der Welt.

Dass im Anfang die Intoleranz war, wird schließlich durch die erst in den 1880er-Jahren ausgegrabene Amarna-Episode des alten Ägypten illustriert und bestätigt.[10] Diese Episode – sie dauerte kaum 20 Jahre, 1355–1336 v.u.Z. – stellt bekanntlich eine Revolution in der Religionsgeschichte der Menschheit dar. Nie und nirgends zuvor entstand aus heiterem Himmel eine vergleichbare «Gegenreligion»,[11] die auf einen einzigen Gott setzte und gleichzeitig (fast) alle bisherigen Götter und Göttinnen für falsch erklärte. Wie es bereits der neu zugelegte

Name von Pharao Amenophis oder Amenhotep IV., der sich seinem alleinigen Gott Atôn zuliebe «Ech-n-Atôn» nannte, ausdrückt, ersetzte die monotheistisch gedachte Sonne (Aton) die gesamte bisherige Götter- und Göttinnen-Welt, «aber nicht in Richtung der reinen Transzendenz [...], sondern in Richtung der reinen Immanenz. Sein Gott war die Sonne und nichts als die Sonne, und seine Theorie war rein kosmologisch.»[12] Daher der Vorschlag des Ägyptologen und Religionswissenschaftlers Jan Assmann (1938–2024), diesen Monotheismus als «Heliomorphismus» zu charakterisieren. Hinsichtlich der «Gedächtnisspur», die sich von dieser rein innerägyptischen Episode in die europäische Kulturgeschichte hinein verfolgen lässt, ist für unser Thema jedoch weniger diese Präzisierung relevant als vielmehr die Tatsache, dass die wenigen Jahre von Amarna, in denen der Atôn-Kult herrschte, für Ägypten und wahrscheinlich darüber hinaus als «Trauma» in Erinnerung blieben – als Trauma eines bis dahin unbekannten Gottesfrevels, als Trauma aber auch der *Intoleranz*. Die Verehrung des alleinigen Gottes Atôns ging nämlich nicht mit der «Verschonung» (Thomas Mann) oder Tolerierung des zuvor verbreiteten thebanischen Amun-Kultes einher, sondern im Gegenteil mit dessen Verbot und Eliminierung, was so weit führte, dass selbst die traditionellen und identitätsstiftenden Feste zu Ehren Amuns nicht mehr stattfinden durften. Die herrschende Amun-Religion sollte buchstäblich ausgelöscht werden. «So wurde die Amarnazeit von den meisten Ägyptern erlebt: als eine Zeit der Zerstörung, Verfolgung, Unterdrückung und Gottlosigkeit, der ‹Finsternis am Tage›. ‹Finsternis am Tage› ist die Formel für die Erfahrung der Gottesferne.»[13] Ein «Sinnentzug»[14] sondergleichen, der «die sinnweltliche Orientierung aufs schwerste erschüttert hatte».[15] Die Reaktion im Zuge der Rückkehr zum alten Amun-Kult, bald nach Echnatons Tod, war wiederum eine brutal intolerante: Die Erinnerung an die Amarnazeit wurde «vernichte[t], indem man die Spuren verwischte und die Geschichte umschrieb»,[16] und dies so nachhaltig, dass Echnaton mit seinem Monotheismus-Kult erst Ende des 19. Jahrhunderts u. Z. wieder zum Vorschein kam – sieht man von der kollektiven Verdrängungsgeschichte ab, durch die «das Trauma persistierte» als eine Art «‹Krypta› im kollektiven Gedächtnis [...], dem bewussten Zugriff kultureller Symbolisierung entzogen».[17] Das Ende der durch Assmann historisch-sozialpsychologisch rekonstruierten Gedächtnisgeschichte aus der zweiten Hälfte des 14. Jahrhunderts v. u. Z. ist damit nicht – wie in Thomas Manns *Josephsroman*[18] – die literarisch-fiktive Vision eines humanisierten Mythos, der den Geist des Humors und der «Schonung» und so den Geist der Toleranz atmet, sondern «das Trauma von Amarna», das wiederum verdrängt und vernichtet werden musste. Auf die Intoleranz Echnatons, die genau dem entspricht, was während der Moderne dem ‹Monotheismus› als solchem vorgeworfen wurde, folgte Intoleranz als schonungsloser Gegenschlag, so sehr, dass sich unmittelbar davon nicht einmal ansatzweise ein Weg in Richtung ‹Toleranz› bahnt – wenn überhaupt, dann allein in erinnerungsgeschichtlicher Hinsicht, auf einer «Gedächtnisspur» durch wenigstens zwei Jahrtausende.

Menschenbild

Wenn, wie schon mehrmals festgehalten, die Achtung vor der Würde der Person sowie die Anerkennung der daraus entspringenden Menschenrechte das ‹Worumwillen› bzw. das ‹Woraufhin› von Toleranz bilden, so liegt es auf der Hand, dass dafür ein spezifisches Menschenbild verantwortlich ist – eben das europäische Menschenbild. Was nun dieses anbelangt, so wurde die *Kombination* der biblischen Aussage vom Menschen als Ab- oder Ebenbild Gottes einerseits mit der Anwendung der aristotelischen Substanzlehre auf die Bestimmung des Menschen als Person bzw. als «ens morale» andererseits ausschlaggebend. Diese wiederum erfolgte in der ersten Hälfte des 13. Jahrhunderts innerhalb der mittelalterlichen Theologie, genauer in der scholastischen Christologie, wobei es schon Ansätze dazu im 11. und 12. Jahrhundert gab.[19] Dass dies ausgerechnet in der Christologie, der Lehre von der Person bzw. von den zwei Naturen (der göttlichen und der menschlichen) in Christus, geschah, ist kein Zufall. Es lässt sich verstehen, wenn man einen Blick auf die Geschichte der beiden Konstituenten – den biblischen und den philosophischen – wirft:

Zunächst zum biblischen,[20] der anhebt mit dem Schöpfungsbericht in Buch *Genesis*, in dem es heißt: «Dann sprach Gott: Lasst uns Menschen machen als unser Abbild, uns ähnlich [...] Gott schuf also den Menschen als sein Abbild; als Abbild Gottes schuf er ihn. Als Mann und Frau schuf er sie.»[21] Diese um 500 v. u. Z. verschriftlichte Aussage, die möglicherweise eine ältere, mündlich tradierte Formel aufnimmt, intendiert nichts weniger als eine Definition des Menschen – vergleichbar den Definitionen vom Menschen als ‹animal rationale›, als ‹λόγον ζῷον ἔχον›, als ‹ζῷον πολιτικόν›, als ‹schöpferisches Wesen›, als ‹zur Freiheit befähigtes Wesen›, als ‹Mängelwesen› und dergleichen. Sie steht im Kontext einer Erzählung, nach der Gott die Welt wegen des von ihm erwählten Volkes Israel erschafft und *daraufhin* den Menschen würdigt, sein Bundespartner zu sein.

Diese Würdigung durch Gott geht so weit, dass er den Menschen zum Ort seiner Gegenwart deklariert, denn nichts anderes bedeutet es nach altorientalischer, aber auch gesamtantiker Überzeugung, ein ‹Bild› oder ‹Abbild› – im Hebräischen wörtlich ‹Statue› – von jemandem zu sein. Öffentlich aufgestellte Bilder oder Statuen von Göttern oder Herrschern repräsentieren diese nicht nur, sie machen sie in einem eminenten Sinne anwesend. Wird nun der Mensch als solcher – das heißt auch *jeder* Mensch sowie der Mensch als Mann *und* Frau – zum Bild, Abbild oder Ebenbild Gottes, so enthält dieses Attribut keine ‹anthropologische Definition›, vielmehr ist in ihm die alles überragende *Würde* – Sakralität – des Menschen anerkannt.

Schon die biblischen Autoren müssen diese Würdigung, die sich in der sogenannten ‹Priesterschrift› des Pentateuchs findet, als ungeheuerlich empfunden haben. Zu sehr widersprach sie der gesellschaftlichen und sozialen Realität, nicht nur damals, in der Zeit ihrer Niederschrift, während oder nach dem babylonischen Exil, sondern über die weiteren beiden Jahrtausende hinweg, zu sehr konterkarierte sie darüber hinaus das absolute Bilderverbot in Bezug auf Gott, wie es in den deuteronomistischen Schriften *Exodus*[22] und *Deuteronomium*[23] steht, ganz zu schweigen von dem anhaltenden Bewusstsein um die Niedrigkeit und Sündhaftigkeit des Menschen.[24] Mir scheint es kein Zufall zu sein, dass die Rede vom Menschen als (Ab-)Bild Gottes in der Bibel kaum noch einmal aufscheint, sieht man von den neutestamentlichen Paulus-Briefen ab, worauf zurückzukommen sein wird. Dies zeigen nicht zuletzt die maßgeblichen Abmilderungen, die sowohl in jüdischen als auch in christlichen Traditionen zum Tragen kamen. Da wie dort musste das provokative Potential von Genesis 1, 26 f. entschärft werden, so man ihm nicht gleich direkt widersprach – wie beispielsweise angesichts der Gottesebenbildlichkeit der Frau[25] – oder es so wenig wie möglich erwähnte, indem man die philosophischen Definitionen des Menschen vorschob und dadurch allein ausschlaggebend werden ließ. Um nicht an den konkreten Menschen *hic et nunc* denken zu müssen, interpretierte man die biblische Aussage in eine zweifache Richtung: Zum einen galt der Mensch, der da (Ab-)Bild Gottes sein soll, als das *Urbild* oder als die *Idee* des Menschen, nach dem / der der individuelle, konkret existierende Mensch geschaffen oder gedacht ist, jedenfalls als der vom Sündenfall unberührte, paradiesische Mensch. Dies wiederum konnte sowohl nach dem platonischen Denkmuster von Urbild und Abbild als auch nach der gnostischen Vorstellung eines göttlichen Zwischenwesens zwischen Gott und Mensch konzipiert werden. (Ab-)Bild Gottes ist jeder einzelne Mensch – als Mann und Frau – somit nur *indirekt* über besagtes Urbild des Menschen ‹an sich›. Daraus ergibt sich zum anderen: Die Rede vom Menschen als Ebenbild Gottes meint nicht die Feststellung einer faktischen Gegebenheit, sondern ein *ethisches* Vorbild, eine *Norm*, die verpflichtet bzw. darauf hinweist, was jeder Mensch *sein könnte* bzw. *werden sollte*. Die Würde, (Ab-)Bild Gottes zu sein, kommt ihm somit nicht *hic et nunc* zu, sondern erst *in einer Zukunft*, in welcher sich ein Mensch ihrer würdig erwiesen haben bzw. von allem sündhaften Makel erlöst sein wird. Unter dieser Perspektive greift Paulus als einziger der biblischen Autoren die Rede von der Ebenbildlichkeit des Menschen zu Gott nachdrücklich auf – allerdings bezogen auf Christus. *Dieser* «ist das Ebenbild des unsichtbaren Gottes (ὅς ἐστιν εἰκὼν τοῦ θεοῦ τοῦ ἀοράτου), der Erstgeborene der ganzen Schöpfung. Denn in ihm wurde alles erschaffen im Himmel und auf Erden, das Sichtbare und das Unsichtbare [...] alles ist durch ihn und auf ihn hin geschaffen.»[26] Als zunächst alleiniges «Bild Gottes» (ὅς ἐστιν εἰκὼν τοῦ θεοῦ)[27] gibt er für jeden Menschen das Maß ab. Will umgekehrt ein Mensch (Ab-)Bild Gottes sein, muss er Christus «gleichförmig (σύμμορφος)»[28] werden und damit «den Christus anziehen» (Χριστὸν ἐνεδύσασθε)[29].

Gewiss lassen sich aus der christlichen Tradition Texte zitieren,[30] in denen daran erinnert wird, dass im Sinne von Genesis 1, 26 f. in *jedem* Menschen das (Ab-)Bild Gottes aufleuchte – sogar im Juden, im Heiden, im Sklaven, im Ureinwohner

Amerikas oder im Häretiker –, diese Texte sind jedoch bis tief in die Neuzeit hinein äußerst dünn gesät und lassen sich an den Fingern abzählen. Das fällt besonders anlässlich der Diskussionen rund um die Frage auf, ob Indios überhaupt Menschen seien. Selbst die beiden Protagonisten derselben – in Spanien um die Mitte des 16. Jahrhunderts, Francisco de Vitoria (um 1483–1546) und Bartolomé de Las Casas (1484–1566), die zu den Initiatoren des europäischen Menschenrechts-Diskurses bzw. zu den Begründern des modernen Völkerrechts zählen und die Genesis 1, 26 f. sogar ausdrücklich anführen –, greifen in der Beantwortung dieser Frage so gut wie ausschließlich auf die gängigen philosophischen Definitionen des Menschen zurück.[31] Deshalb darf es wiederum nicht verwundern, dass der Anstoß zur Rückbesinnung auf den ursprünglichen Sinn der biblischen Aussage aus der Philosophie kam. In der Auseinandersetzung mit ihr, genauer in der Anwendung des aristotelischen Substanz-Begriffs auf den Menschen fiel immer mehr auf, dass dieser in einer wesentlichen Hinsicht defizitär blieb, dort nämlich, wo es um die Anerkennung von dessen Würde (*dignitas*) als jeweils einzelner Mensch bzw. als Person in seiner Individualität ging. Wohl hatte Aristoteles (384–322 v. u. Z.) bei ‹Substanz› (ὑποκείμενον), bei dem anzeigbaren ‹Wesenskern› (τόδε τι) jedes Seienden, auf den hin (πρὸς ἕν) sämtliche Eigenschaften diesem zu- oder abgesprochen werden (κατηγορευεῖν), zwischen einer ersten und einer zweiten Substanz unterschieden, wobei die erste für ein Allgemeines (z. B. ‹Mensch›), die zweite hingegen für ein Individuelles (z. B. ‹Sokrates›) steht – auf beides lässt sich gleichermaßen zeigen –, so blieb er letztlich an den ‹Dingen› der Natur als Prototyp für ‹Seiendes› orientiert.[32] Man muss sagen ‹letztlich›, weil ihm zugleich bewusst war, dass sich der Substanz-Begriff streng genommen nur bei Lebewesen sinnvoll anwenden lässt, ist doch allein bei diesen hinsichtlich des Faktors ‹Zeit›, aber auch hinsichtlich des metaphysischen Prinzips der ‹Bewegung› (κίνησις) die anzeigbare Identität des Seienden durch einen sich durchhaltenden ‹Wesenskern› gewährleistet. Das ändert nichts daran, dass die ‹Naturdinge› maßgeblich bleiben – auch bei der Bestimmung des Menschen. Deshalb dient die Differenzierung zwischen erster und zweiter Substanz nicht etwa der Entdeckung der menschlichen Individualität (beispielsweise des Sokrates), sondern der charakterisierenden Differenzierung der Seienden insgesamt. In diese Richtung weisen selbst noch die klassischen Definitionen von ‹Person› bei Boethius (um 480/5–524)[33] und Richard von St. Viktor (1110–1173)[34].

Wenn es nun aber um einen konkreten Menschen, um den Menschen in seiner Individualität, geht, kann sich die Begegnung mit ihm nicht mehr im Zu- oder Absprechen von Eigenschaften erschöpfen. Jeder Mensch tritt in inkommensurabler Einmaligkeit auf, was etwas kategorisch anderes ist als das ‹Individuum›-Sein eines ‹Naturdinges› oder eines nicht-menschlichen Lebewesens. Davon unterscheidet er sich in seiner durch Freiheit bestimmten Qualifiziertheit. Die Scholastiker nannten diese Besonderheit zu *sein* «ens morale» bzw. «persona». So definiert Alexander von Hales (1185–1245): «Persona res moris est, quia dicit proprietatem dignitatis».[35] Nach ihm Philipp der Kanzler (1160–1236): «Esse personae est morale et respicit dignitatem».[36] Selbiges wurde ihnen zunächst – nicht von ungefähr – in juridischen Zusammenhängen bewusst.[37] Soll ein Mensch nach seinen Taten beurteilt werden, so reicht es nicht hin, ihm Eigenschaften zu- oder abzusprechen, vielmehr erfordert es eine *Würdigung seiner selbst*, was sowohl An- als auch Aberkennen bedeuten kann, jedenfalls auf ein *Wertschätzen* hinausläuft. Denselben Wechsel in der epistemischen Einstellung legte noch einmal die Christologie nahe: Der erhabenen und einmaligen Stellung Christi im gesamten Heilsgeschehen lässt sich nicht allein durch theoretische Differenzierung und Charakterisierung entsprechen, sondern durch die Anerkennung und Hochschätzung seiner (göttlichen) *Würde*. Je mehr umgekehrt ein Mensch durch sein Leben und Handeln Christus «gleichförmig» wird und «Christus anzieht», umso mehr partizipiert er an dessen Würde, wird er ihrer teilhaftig und drückt sie in seiner Individualität seinerseits aus. So gebührt ihm als Menschen dieselbe Achtung und Wertschätzung. Sobald sich nun die philosophische Substanz-Lehre dahingehend weiterentwickelte, dass als ‹Substanz› des Menschseins die inkommensurable Individualität bzw. Personalität des einzelnen Menschen in den Blick kam, die es nicht nur zu erkennen, sondern vor allem *anzuerkennen* und zu *würdigen* galt, bahnte sich auch unabhängig vom christologischen Kontext ein Weg in Richtung Achtung vor der unantastbaren Würde sowie Respektierung der unveräusserlichen Rechte jedes Menschen. Es war diese *Kombination* aus dem biblisch-theologischen Topos vom (Ab-)Bild Gottes und dem hinsichtlich Individualität weiterentwickelten Substanz-Begriff, die das an der Würde des Menschen orientierte europäische Menschenbild inaugurierte.

Von der Pflicht zum Recht

Zu fragen ist, wann sich dieses Menschenbild nicht nur in der theologisch-philosophischen Theorie, sondern ebenso in der Praxis, sprich innerhalb der konkreten Lebenswelten sowie im argumentierten und deklarierten Selbstverständnis der europäischen Kulturen durchzusetzen begann. Ab wann hatte in anderen Worten ‹Toleranz› als ethisches Grundprinzip eines Gemeinwesens eine Chance, gelebt zu werden?[38] Es überrascht nicht, dass der dazu hinführende Prozess ab dem 13. Jahrhundert wiederum Jahrhunderte benötigte, um überhaupt erst die Bedingung der Möglichkeit *dafür* zu schaffen: Kommunikative Akte wie jene des Anerkennens, des Achtens bzw. des Würdigens unterscheiden sich grundsätzlich von jenen des ‹blossen› Erkennens oder wissenschaftlichen Beurteilens. Die epistemische Einstellung ist hier eine von Hause aus andere. Geht es in der Wissenschaft primär um eine ‹ob-jektiv› theoretische Verständigung über die Wirklichkeit, so bedeuten die Akte von Anerkennung, Achtung und Würdigung ein praktisch-konkretes Handeln zwischen jenen Personen, die in die jeweilige kommunikative Situation involviert sind – sowohl in der Ich-Du-Beziehung als auch im gesellschaftlichen

Interagieren. Dieses Handeln wiederum geschieht nicht von allein, quasi *per se*, sondern erfordert zum einen die persönliche Entschlossenheit dazu, zum anderen aber auch eine gemeinschaftliche Regelung. Das impliziert sowohl die ‹Lebenswelt›, in der die Akteure unmittelbar agieren, als auch die daraus erwachsenden ‹Expertenwelten›, die auf Basis von öffentlichen, dem Prinzip nach argumentativen Diskursen allgemeine Verbindlichkeiten herstellen. Im Besonderen wird Verbindlichkeit bekanntlich dadurch erreicht, dass sie die Form von Gesetzen erhält und kraft dieser Durchsetzung erfährt. Letztere wiederum erfolgt nicht allein durch politisches Handeln, sondern vielmehr durch die Reintegration der Gesetze in die jeweilige Lebenswelt, innerhalb derer sie gelebt werden müssen, um Nachhaltigkeit zu gewinnen. Was also musste geschehen, dass seitens des Rechts, seitens der Gesetze, die Voraussetzung für die Durchsetzung des dargelegten theologisch-philosophischen Menschenbildes gegeben war?

Vor allem bedurfte es eines Paradigmenwechsels im Verständnis dessen, was man als ‹Naturrecht› (*lex naturalis* bzw. *lex naturae*), als Grundgesetz der Wirklichkeit überhaupt, bezeichnete.[39] Jedenfalls im 13. Jahrhundert, als besagte Kombination des biblischen Topos vom Menschen als (Ab-)Bild Gottes mit dem zum «ens morale» erweiterten philosophischen Begriff der Substanz zustande kam, spiegelte das Naturrecht noch die Ordnung der Schöpfung Gottes – die *lex aeterna* oder *lex divina* – wider. Jegliches menschlich gesetzte Recht – *lex humana* – bezog seine Legitimität daraus, Ausdruck der göttlichen Seinsordnung zu sein. Dieser hatte es als *Spiegel* (*speculum*) zu dienen, diese musste es Eins zu Eins wiedergeben und in diesem Sinne *abbilden*. Indem es das tat, deckte es die von Ewigkeit zu Ewigkeit bestehenden Gesetze auf, es schuf und setzte sie nicht. Wo Gesetze erlassen wurden, kam göttlicher Wille zum Vorschein, nicht menschliche Satzung. Entsprechend drückte sich im Gesetz das Recht Gottes aus, das es zu respektieren, sprich zu befolgen galt. Ihm gegenüber besaß weder der einzelne Mensch noch das Gemeinwesen einen Anspruch – es sei denn, ein solcher ergab sich aus der Schöpfungsordnung, war von Gott verfügt, wie er beispielsweise aus der Gottesebenbildlichkeit des Menschen resultierte (was freilich nur selten zum Tragen kam). Genauso wie diese wurde die gesamte Ordnung der Schöpfung als das Ideal betrachtet, *auf das hin* Gott sein Werk geschaffen und gestaltet hat, auf das hin es *teleologisch* angelegt war. Für den Menschen erschien sie daher als eine *normative* Ordnung, in die es ausschließlich galt, sich einzufügen und sie als *Verpflichtung* bzw. als ethisches Gebot zu erfüllen. Je mehr dies erfolgte, umso mehr leistete der Mensch als Individuum oder in Gemeinschaft dem *Recht Gottes an ihm* Genüge. Eine sündhafte Übertretung der Ordnung bedeutete umgekehrt eine Verletzung dieses göttlichen Rechtsanspruches und provozierte *seinen* Anspruch auf Sühne im zeitlichen wie im ewigen Gericht.

Dass die Finalität des alles fundierenden Naturrechts von der Verbürgung des Rechtes Gottes an seiner Schöpfung zur verbrieften Achtung der Würde jeder menschlichen Person bzw. zur Anerkennung der aus dieser Würde resultierenden

Rechte mutierte und damit einen Raum für Toleranz schuf, geht in erster Linie auf eine fundamentale Neuorientierung in der philosophischen Erkenntnistheorie zurück.[40] Mit dem im Laufe des 14. Jahrhundert auftretenden Nominalismus gewinnt eine Überzeugung an Boden, die nicht nur davon ausgeht, dass das jeweils Einzelne das alleinig Wirkliche ist, sondern zusätzlich behauptet, dass alles Darüber-Hinausgehende wie jeglicher Allgemeinbegriff sowie jegliche Systematisierung (alles Ordnung-Schaffende) ein Werk der *menschlichen* Gestaltungskraft ist. Wilhelm von Ockham (1287–1347) spricht in diesem Zusammenhang sogar ausdrücklich von Fiktion (*fictio*), die die menschliche Einbildungskraft *aus sich heraus* leistet: «Und so entsteht kein Allgemeines in der Weise des natürlichen Hervorgehens, sondern durch eine Abstraktion, die nichts anderes als eine Fiktion ist (*sed per abstractionem, quae non est nisi fictio quaedam*).»[41] Ausschlaggebend ist nicht mehr das aufdeckende ‹Lesen› im Inneren der Dinge – das «intus legere» im Wesen der Seienden[42] –, sondern das *menschliche Entwerfen* allgemeiner Zusammenhänge wie Allgemeinbegriffe, Systematisierungen oder Ordnungen. Das zieht die Konsequenz nach sich, dass die Schöpfungsordnung an sich für den Menschen unerkennbar wird, bzw. dass das, was als Schöpfungsordnung behauptet wird, nicht mehr eine objektive und allgemeingültige Satzung Gottes ist, sondern eine schöpferische Leistung des Menschen bzw. der menschlichen Gemeinschaft. So tritt an die Stelle der bisher herrschenden Theozentrik längerfristig die Anthropozentrik, was wiederum bedeutet, dass auch die Legitimation von Recht und Gesetz von Gott auf den Menschen übergeht. In der Folge verlagert sich die Finalität jeglicher Rechtsordnung von der Behauptung göttlicher Rechtsansprüche auf die Garantierung *menschlicher* Grundrechte. Dies gilt selbst dann, wenn anhaltend anderes im Munde geführt wird – wie beispielsweise in der Berufung auf ein ‹Gottesgnadentum› im Zeitalter des Absolutismus. Jedenfalls schlägt unter diesem Vorzeichen die Stunde, dass die biblische Rede von der Gottebenbildlichkeit des Menschen in ihrer ersten Formulierung in Genesis 1, 26 f. zum Tragen kommt. Die dabei angesprochene Würde jedes Menschen, sei sie noch so sehr von Gott verliehen, wird zur Legitimationsbasis aller Rechtsordnung. Mehr noch, die Würde des Menschen äußert sich genau darin, dass er – wie Kant es ausdrückt – *autonom* sich selbst Recht und Gesetz gibt. Indem er dies tut, sich in seiner Autonomie verwirklicht, nimmt er an sich selbst Maß, anerkennt er sich und Seinesgleichen in seiner unveräußerlichen Würde – die Geburtsstunde der Menschenrechte.

Der geschilderte Paradigmenwechsel im Verständnis von ‹Naturrecht› – fußend auf dem fundamentalen Wandel innerhalb der philosophischen Erkenntnistheorie – brachte nicht allein den Stein ins Rollen. Dazu bedurfte es vielmehr konkreter Prozesse, die innerhalb der lebensweltlichen Praxis Konsequenzen zeitigten, die sich aus den neuen Theorien entweder stimmig erklären oder motivationsbildend aufladen ließen. Dies traf beispielsweise auf das rasante Erstarken der Stadtstaaten in Italien infolge des ebenso schnellen Machtverfalls des *Sacrum Imperium* einerseits und des Papsttums andererseits ab Mitte des 13. Jahrhunderts zu.⁴³ Hier entstand ein großer unmittelbarer Bedarf an positivem Recht, sprich an flexiblen gesetzlichen Regelungen, die mit den politisch-ökonomischen Entwicklungen Schritt halten konnten und sie dadurch auch beförderten. Diesem Bedarf zu entsprechen bedeutete, Gesetze auf der Basis von *Vereinbarungen* zu erlassen, zu denen sich die Protagonisten der städtischen Szenerien untereinander verpflichteten – *nicht* durch Deduktion aus der Schöpfungsordnung bzw. durch Berufung auf die göttliche Rechtsautorität.⁴⁴ Kein Zufall, dass zur selben Zeit – in den Werken von Wilhelm von Ockham und Marsilius von Padua (1285/90–1342/3) – die Vorboten jener Theorien des sogenannten ‹Gesellschaftsvertrages› entstanden, die im 17. und 18. Jahrhundert entscheidend dazu beitrugen, ausschließlich die Menschenwürde als Legitimationsgrund jeglicher Rechtssetzung zu betrachten. Von noch größerer Tragweite und Wirkung waren wohl die Erfahrungen mit den Glaubensspaltungen und deren Folgen in der Zeit der Reformation und den Jahrzehnten nach ihr. Mit einem Mal stand ganz Europa vor Augen, dass sich die von Gott in Schöpfung und Offenbarung geschaffene Ordnung allen Seins durch den Menschen unterschiedlich deuten ließ, dass in anderen Worten Gottes Autorität als oberste Legitimationsinstanz nicht mehr eindeutig beansprucht werden konnte. Erst recht lösten angesichts ihrer Auswegslosigkeit die verheerenden Konfessionskriege Überlegungen aus, die Rechtsgrundlage für jegliche inner- und überstaatliche Koexistenz unterschiedlicher Religionsgemeinschaften nicht mehr in Gott und seiner Ordnung zu suchen – diesbezüglich herrschte ja keine Einigkeit mehr –, sondern in einer Konfessionen-überschreitenden Sakralität, als die sich wohl nicht gleich, jedoch zunehmend die Würde des Menschen herausstellte.⁴⁵ Es stimmt: Die unmittelbare Konsequenz der konfessionellen Auseinandersetzungen bildete alles andere als die Ausrufung der Toleranz im Hinblick auf die Menschenwürde. Wo nicht die bloße Pragmatik den Ton angab, wie beispielsweise beim Edikt von Nantes (1598), kam es sogar zu einer verstärkten Konfessionalisierung der einzelnen Staatsgebilde, wie es das Prinzip *cuius regio, eius religio* als Kompromiss-Ergebnis des Augsburger Religionsfriedens (1555) oder der Westfälische Friede (1648) als unumschränkte Anerkennung der Religionskompetenz der jeweiligen Landesfürsten illustrieren.⁴⁶ Die Erkenntnis jedoch, dass nur noch Toleranz als Achtung des Menschen in seiner Würde die friedliche Existenz einer multikonfessionellen Gesellschaft ermöglichen konnte, war nicht mehr zum Verstummen zu bringen und bahnte sich deshalb ihren Weg.

Wissenschaft

Waren es also vorwiegend politische Ereignisse, die zum Durchbruch dessen verhalfen, was sich theologisch und philosophisch herausentwickelt hatte, so darf dabei die Rolle der Wissenschaft nicht unterschätzt werden – faktisch und prinzipiell. Das sei hier weniger in dem Sinne gemeint, dass so weitreichende Prozesse wie die Umsetzung eines Menschenbildes allemal der Ideengeber bedürfen, um überhaupt in Gang zu kommen, als vielmehr hinsichtlich *des Vollzugs von Wissenschaft*, der wesenhaft besehen die Realisierung des skizzierten europäischen Menschenbildes *an sich selbst* verkörpert. Im Betreiben von Wissenschaft als solchem ist als *conditio sine qua non* eine Anerkennung des Menschen impliziert, die auf die Achtung seiner personalen Würde hinausläuft. Das Europäische am Toleranz-Diskurs äußert sich in anderen Worten sowohl im spezifischen Menschenbild als auch darin, dass er nicht zuletzt *wissenschaftlich* geführt wird. Dies mag unmittelbar einleuchten, weil doch die Entstehung der Wissenschaft in Gestalt der Philosophie – ab dem 6. Jahrhundert v. u. Z. in Griechenland – als eine Sonderentwicklung betrachtet werden darf, die es außerhalb Europas in dieser Form nicht gegeben hat. Um diese schon oft vorgebrachte These allein geht es aber nicht. Entscheidender sind die ethischen Implikationen, die dem aller Wissenschaft zugrundeliegenden argumentativen Diskurs innewohnen. Bereits an dem sogenannt ersten Philosophen Thales von Milet (624/3–548/4 v. u. Z.) lässt sich verdeutlichen, was gemeint ist.[47] Thales vertrat bekanntlich die Theorie, dass die Wirklichkeit in ihrer Gesamtheit aus dem Wasser hervorgehe und deshalb aus Wasser bestehe. Damit war er seinerzeit keineswegs originell. Verwandte Ansichten lassen sich in den zeitgenössischen Mythen und Dichtungen finden. Originalität besaß seine These durch die Form, in der er sie vortrug, nämlich argumentierend, was wiederum bedeutet: nachvollziehbare Gründe für sie anführend und der Beurteilung durch die Bürger von Milet anheimstellend. Diese sollten nicht nur erfahren, warum er seine Ansicht vertrat, sondern sich auch dazu äußern können, ob sie sich seiner Behauptung anschließen würden oder eben nicht. Diese Szene der Kommunikation unterscheidet sich wesentlich von jener, in der etwas künstlerisch dargestellt oder erzählt wird, das einem gefällt oder nicht bzw. das man glaubhaft findet oder auch nicht. Auszeichnend daran ist, dass in jedem argumentativen Diskurs die daran ernsthaft Teilnehmenden sich gegenseitig nicht nur Verständnis, sondern vor allem Beurteilungskompetenz auf Basis der ausgetauschten Argumente unterstellen. Auch wenn es im 6. Jahrhundert v. u. Z. noch lange keine Theorie des kommunikativen Handelns oder gar der idealen Kommunikationsgemeinschaft gab, so war doch schon bewusst, dass zur argumentierenden Auseinandersetzung – sowohl hinsichtlich Kompetenz als auch hinsichtlich Fähigkeit zu freier Meinungsäußerung – ebenbürtige Gesprächspartner gehören, die sich als solche achten und sich damit gleiche Rechte wenigstens im Rahmen ihrer Begegnung einräumen. Dass dies schließlich nicht ohne gegenseitige ‹Wertschätzung› als Menschen geschehen konnte, liegt auf der Hand. So spricht aus den Dialogen Platons (428/7–348/7 v. u. Z.),[48] die sich die humanistische Tradition Europas über die Jahrhunderte hinweg zum Vorbild nehmen sollte, nicht bloß das jeweilige ethische oder metaphysische Thema, das man sich gerade vornimmt, sondern bereits *aus dem Führen der Gespräche* eine Wertschätzung des Menschen, genauer des Menschen in seiner konkreten Menschlichkeit. Nichts anderes meint ‹Humanismus›.

Damit die in diesem humanistischen Geiste geführten Dialoge bzw. die mit ihnen einhergehenden wissenschaftlichen Disputationen die prädestinierten Orte für die Ausübung von Toleranz sein können, bedarf es schließlich der gemeinsamen Überzeugung aller, die an dieser besonderen Form der Kommunikation teilnehmen, dass sich jenseits aller lebensweltlich geprägten Weltanschauungen, jenseits aller Ideologien und Glaubensbekenntnisse, Gründe, Argumente und Rechtfertigungen vorbringen lassen, die dem Prinzip nach *jedem* Menschen zugänglich, nachvollziehbar und letztlich einsichtig sein können. Sowohl im Vorbringen als auch im Einsehen besagter Gründe äußert sich die allgemein-menschliche bzw. natürliche Vernunft, das, was die Griechen treffend λόγος bzw. λέγειν nannten – treffend deshalb, weil λόγος gleichermaßen ‹Vernunft›, ‹Sprache› und ‹Grund› bedeutet, bzw. weil als λέγειν (vernünftiges) Erkennen, Sprechen und Begründen auf dasselbe hinauslaufen. Dass darauf bezogen die Methode der Wissenschaft, sprich der Philosophie als der höchsten Gestalt derselben, διαλέγεσθαι – ‹Dialektik› – genannt wurde, ist nur eine Explizierung dieser Zusammengehörigkeit bzw. «Selbigkeit».[49] Die Überzeugung jedenfalls, dass dem Menschen als solchem, *allen* Menschen, von Natur aus ‹Vernunft› eignet – ist er doch das ζῷον λόγον ἔχον, das *animal rationale* –, beseelte in der Antike zumindest die Gebildeten. Es galt auch während der eineinhalb Jahrtausende, in denen das Christentum kulturell dominierte. Allerdings bedurfte es – freilich nicht nur in diesem, ebenso im Judentum und im Islam – einer Präzisierung dessen, was man unter ‹Philosophie› verstand. Allzu selbstverständlich war diese christlicherseits durch die Kirchenväter der Spätantike sowie durch die Klostertheologen des gesamten Frühmittelalters mit ihrer Glaubenswissenschaft, der Theologie, identifiziert worden. Die Begriffe ‹Philosophie› und ‹Theologie› kamen in aller Regel synonym zur Anwendung. Man sah nicht einmal mehr eine Notwendigkeit, diese Philosophie als ‹christliche› Philosophie zu charakterisieren. (*Philosophia christiana* bedeutete damals nichts Wissenschaftliches, sondern allgemein ‹die Lehre Christi›, ‹Nachfolge Jesu›, ‹das Leben eines Mönches›.[50]) Das änderte sich ab dem 11. Jahrhundert nicht so sehr unter dem Eindruck der jüdischen und islamischen Philosophien, die vor derselben Differenzierungs-Notwendigkeit standen, sondern durch ein ausgeprägteres Methodenbewusstsein. Die gängige Unterscheidung von ‹Glauben› und ‹Wissen› drängte dazu, zwischen zwei Arten von Vernunft (*intellectus*) zu unterscheiden – jener, die aus der übernatürlichen Offenbarung gnadenhaft resultierte, und jener, die dem Menschen von Natur aus zukam. Brachte man diese Differenzierung methodisch-wissenschaftlich zur Anwendung, wies man die Theologie der Vernunft aus dem Glauben, die Philosophie hingegen der Vernunft von Natur aus zu. Daraus folgte in Richtung dessen, was man sehr viel später ‹Toleranz› nennen sollte, dass als Basis für einen Dialog oder eine Disputation diesseits oder jenseits aller Religionsbekenntnisse nur die Philosophie als Inbegriff natürlicher Vernunft dienen konnte. Im Glauben, in der Theologie, war diese verbindende Gemeinsamkeit nicht gegeben. Ohne Wenn und Aber zog man diesen Schluss gewiss erst während der Neuzeit, vereinzelt drang diese Überzeugung jedoch schon während des Mittelalters durch – bei jüdischen, arabischen und christlichen Denkern. Es dürfte offensichtlich sein, dass das hier Dargelegte – unter anderem – von der *Theorie des kommunikativen Handelns*, wie sie Jürgen Habermas und Karl-Otto Apel entwickelt haben, inspiriert ist.[51] Von Habermas übernimmt es den Begriff von ‹Vernunft›, der nicht so sehr auf den Erkenntnisinhalt als auf das kommunikative Verfahren setzt, welches als argumentativer Diskurs – in der Vielfalt von Argumentationstypen – Erkenntnisse in Form von Behauptungen der rationalen Auseinandersetzung anheimstellt,[52] von Apel die Anknüpfung besagter Theorie an der humanistischen Sprachphilosophie[53] und vor allem von Rainer Forst die an beidem anschließende Toleranz-Theorie. Forst, dem wir das Standardwerk *Toleranz im Konflikt – Geschichte, Gehalt und Gegenwart eines umstrittenen Begriffs* (2003) verdanken, sieht die Achtung für den Menschen als Person, die sich in der Toleranz ausdrückt, grundsätzlich als Anerkennung «des moralischen Grundrechts auf Rechtfertigung», sprich «dass man es als Mensch, als rechtfertigendes Vernunftwesen, das Gründe geben kann und auf Begründung angewiesen ist, anderen Menschen ‹schuldet›, diesem Grundsatz entsprechend zu handeln».[54]

> Sich und andere als endliche, gleichermaßen verletzbare, rechtfertigende Wesen anzuerkennen, bedeutet, sich und ihnen ein *Recht auf Rechtfertigung* zuzuschreiben und eine entsprechende Pflicht – als *unbedingte Pflicht*, die keine weitere Begründung benötigt.[55]

Dieses Rechtfertigungsprinzip gilt theoretisch und praktisch gleichermaßen: «Die *vernünftige* Einsicht in die Geltung dieses Prinzips ist selbst eine *normative*.»[56] Der damit eröffnete Raum für kommunikatives Handeln ermöglicht ‹Toleranz› im engeren Sinne, nämlich als das gegenseitige Zugeständnis bzw. Respektieren von Überzeugungen und Praktiken, die sich nicht auf sämtliche Mitglieder einer Kommunikationsgemeinschaft verallgemeinern lassen, dennoch aber im Einklang bleiben mit dem *allgemein geteilten* Grundsatz der gegenseitigen Rechtfertigung, was wiederum impliziert, dass sowohl begründet wird, warum bestimmten Überzeugungen kein Anspruch auf Allgemeingültigkeit zugebilligt werden kann, als auch genau darüber auf Seiten jener, die diese Überzeugungen teilen, eine Einsicht darüber entsteht, warum dem so ist, und *genau dadurch* die Gültigkeit des Rechtfertigungsprinzips anerkannt und bekräftigt wird. Nur unter diesen Voraussetzungen schlägt Toleranz nicht *per se* in Intoleranz um, nur so lässt sich auch eine Grenze zu dem, was nicht tolerierbar ist, gemeinschaftlich ziehen.[57]

Durchbruch und Zäsur

Gebündelt wirken sich all die Faktoren, die zur Entwicklung des europäischen Toleranz-Gedankens beigetragen haben, im Zeitalter der Aufklärung aus. So kommt es zwischen der zweiten Hälfte des 17. Jahrhunderts und dem Ende des

18. Jahrhunderts zum *Durchbruch* – nicht nur in Gestalt eines Gedankens, sondern zugleich in Form einer politischen Forderung. Freilich stellte sich auch dieser Durchbruch nicht von selbst ein. Vielmehr bedurfte es einer gewaltigen Emanzipationsbewegung, als welche sich die ‹Aufklärung› verstand. Deren Ziel war es, nichts Geringeres als die Menschheit auf jene Implikationen des europäischen Menschenbildes hin zu *befreien*, wie sie in den vorangehenden Überlegungen dargelegt wurden. Diese Befreiung konnte nicht im rationalen Diskurs verbleiben – in der Philosophie, in der Wissenschaft, in der Staatstheorie oder in Rechtssprechung –, sie musste sich vor allem in den konkreten Lebenswelten verwirklichen, was bedeutete, dass sie sich nur gesellschaftlich-politisch und letztlich revolutionär herbeiführen ließ. So ist es kein Zufall, dass die beiden ersten Deklarationen der Menschenrechte als Basis eines Verfassungsstaates – die *Bill of Rights* von Virginia am 12. Juni 1776 sowie die *Déclaration des droits de l'homme et du citoyen* von Paris am 26. August 1789 – je einer Revolution bedurften, um überhaupt öffentlich-rechtliche Geltung zu erlangen. Eine kontinuierlich-evolutive Entwicklung hätte nicht zum Durchbruch geführt, was nicht zuletzt dadurch Bestätigung erfährt, dass es seit den beiden Deklarationen, bis zum heutigen Tag, alles andere als selbstverständlich ist, den Menschenrechten überall und in jeder Hinsicht Geltung zu verschaffen. Das hat viel mit der Intoleranz in all ihren Facetten zu tun, die auf der Ebene der Lebenswelt gegenüber der Toleranz das bei weitem Normalere und Stärkere zu sein scheint. Umso mehr beinhalten die Deklarationen und Verfassungen, die sich zu den Menschenrechten und damit zur Achtung der Würde jedes Menschen bekennen, die Anerkennung der Toleranz als des ethischen Grundprinzips, an dem sich ein staatliches Gemeinwesen orientiert und bemisst.

Angesichts dieses Durchbruchs mutet es paradox an, dass ausgerechnet in der Epoche der Aufklärung der Begriff ‹Toleranz›, kaum dass er sich etabliert hat, in den Hintergrund tritt, ja kritisiert und abgelehnt wird – mit so nachhaltiger Wirkung übrigens, dass er erst wieder ab Mitte des 20. Jahrhunderts, im Zuge der sich verstärkenden Globalisierung, an Konjunktur zurückgewinnt. Besonders fällt auf, dass von ‹Toleranz› weder in den Deklarationen noch in den Grundgesetzen seit der Aufklärungszeit jemals mehr explizit die Rede ist. Sie scheint allemal ‹nur› die selbstverständliche Implikation bzw. Konsequenz zu sein. Auch dies kein Zufall. Es hat zunächst damit zu tun, dass während der Aufklärungszeit das Wort / der Begriff ‹Toleranz› in Verruf geriet und deshalb auf eine dezidierte Zurückweisung stieß – klassisch bei Mirabeau[58], Kant,[59] Thomas Paine[60] und Goethe[61]. Man versteht gut warum: Zu sehr verband man damals noch ‹Toleranz› mit einem Recht des Fürsten, seinen jeweiligen Untertanen Religions- und Meinungsfreiheit zu *gewähren* oder nach Gutdünken auch wieder zu *entziehen*, noch keineswegs als ein Menschenrecht, das es staatlicherseits zu garantieren gilt. Was Ludwig XIV. von Frankreich am 18. Oktober 1685 mit der Widerrufung (*révocation*) des Edikts von Nantes (1598) durch den *Édit de Fontainebleau* vorexerzierte, warf seine Schatten nicht zuletzt auf die Toleranzpatente Kaiser Josephs II. 1781–1785, auf das Toleranzedikt König Friedrich Wilhelms II. von Preußen 1788 und erst recht auf jenes – wohl von Turgot (1727–1781) entworfene – Edikt Ludwigs XVI. im November 1787, unmittelbar vor Ausbruch der französischen Revolution.[62] Selbst diese, so sehr sie dem Geist der Aufklärung entsprungen sein mochten, wurden als jederzeit widerrufbare hoheitliche Gewährungsakte empfunden, nicht als Anerkennung unveräußerlicher Rechte jedes Menschen. Dergleichen lag auch tatsächlich nicht im Sinne von deren Erfindung. Die Tolerierung der Religionsausübung konfessioneller Minderheiten diente primär Interessen des Staates. Kants Grundsatz, «vernünftige Wesen stehen alle unter dem *Gesetz*, daß jedes derselben sich selbst und alle anderen *niemals bloß als Mittel*, sondern jederzeit *zugleich als Zweck an sich selbst* behandeln *solle*»,[63] fand darin nach wie vor keine Respektierung. Das Recht, das vom Volk ausgeht, hatte das Gottesgnadentum noch nicht ersetzt.

Es gibt aber noch einen tiefergehenden Grund, warum Wort und Begriff ‹Toleranz› in den Hintergrund traten.[64] Er liegt im ‹Wesen› von Toleranz, so diese als Ausdruck der Achtung der Würde der menschlichen Person sowie als Anerkennung der daraus resultierenden Menschenrechte gilt, bzw. beides ihr ‹Worum-willen› bzw. ‹Woraufhin› bildet. Sobald Menschenrechte deklariert sind[65] und Geltung erlangen, gibt es in Bezug auf sie nichts zu ‹tolerieren›. Rechte werden grundsätzlich anerkannt oder nicht anerkannt. Sie gelten oder sie gelten nicht. Toleranz ist erst im Spiel, sobald die Rechte im Leben einer Gemeinschaft zum Tragen kommen, sobald sie beansprucht werden bzw. ihre Anerkennung einer konkreten Umsetzung bedarf. Das lässt sich einfach nachvollziehen, wenn es um die Rechte auf Gewissens-, Religions- und Meinungsfreiheit geht, wie sie bis an die Schwelle des 19. Jahrhunderts im Mittelpunkt der Toleranz-Diskurse standen. Wie sieht es jedoch bei anderen Menschenrechten aus – beispielsweise bei jenen auf Freiheit oder Gleichbehandlung? Was sollte es angesichts ihrer noch zu tolerieren geben, sobald sie einmal anerkannt sind? Denken wir beim Menschenrecht auf Freiheit an das in ihm implizierte Verbot der Sklaverei oder beim Menschenrecht auf Gleichbehandlung an die Gleichstellung von Mann und Frau, wo wäre nach Anerkennung dieser Rechte noch Toleranz angebracht? Im Hinblick darauf ist offensichtlich weniger das Dulden bzw. Tolerieren als vielmehr das *Nicht-Dulden* bzw. *Nicht-Tolerieren* von Zuständen, Ansichten oder Taten angesagt, die Rechte, wie jenes auf Freiheit oder Gleichheit, infrage stellen. *Toleranz* erscheint angesichts dieser Rechte als *Nicht-Toleranz* gegenüber jeglicher Form von Nicht-Anerkennung derselben. In anderen Worten: Toleranz wird all jenen, denen elementare Menschenrechte verweigert werden – Frauen durch Männer, Kindern durch Erwachsene, Kranken oder Alten durch Gesunde und Jüngere, Homosexuellen durch Heterosexuelle oder Zölibatäre, Sklaven durch Herren, Minderheiten durch Mehrheiten, Migranten durch Staaten, Unterlegenen durch Sieger, Gefangenen durch Behörden, Ungebildeten durch Gebildete usw. –, gerade dadurch erwiesen, dass sie *durch das Nicht-Tolerieren* ebendieser Verweigerungen bzw. Diskriminierungen *in ihrem Recht auf diese Rechte*[66] anerkannt werden und so in die Lage gelangen, ihre

Rechte wahrnehmen zu können. Toleranz ist von da her gesehen ein Synonym für ‹Nicht-Diskriminierung›.[67] Dies bedenkend lässt sich an der Wende vom 18. zum 19. Jahrhundert eine *Zäsur* in der Geschichte des Verständnisses von ‹Toleranz› konstatieren: Vor allem durch die öffentlich-rechtliche Deklarierung und gesetzliche Handhabung der Menschenrechte gewinnt die Anerkennungskomponente, die der Toleranz wesenhaft eignet, eine so starke Akzentuierung, dass *sich der Begriff der Toleranz in jenen der Anerkennung aufhebt*. ‹Aufheben› sei hier im Sinne Hegels verstanden – nicht als ‹Zurücklassen› oder gar ‹Annullieren›, sondern vielmehr als ‹Bewahren› bzw. ‹Integrieren in einen höheren Gesichtspunkt›. Nach dem zuletzt Gesagten, dass sich die Anerkennung von Menschenrechten sowohl in der Toleranz als auch in der Nicht-Toleranz äußert, ließe sich dieser Zusammenhang sogar nach dem Dreischritt der Hegelschen Dialektik rekonstruieren, was ich hier allerdings nur andeuten, nicht ausführen will. Dass es allerdings zu besagter Zäsur gekommen ist, bestätigt die Philosophie- und Geistesgeschichte des 19. Jahrhunderts. Schon oft ist aufgefallen, dass es während dieser Zeit kaum eine intensivere explizite Beschäftigung mit dem Thema ‹Toleranz› gibt – vergleichbar jener am Ende des 17. Jahrhunderts oder während des gesamten 18. Jahrhunderts. Das darf nicht zu dem Schluss verleiten, dass das Thema weg gewesen wäre, es kam lediglich unter einem anderen Begriff zur Sprache – eben unter jenem der Anerkennung. Nicht zufällig setzt diese Begriffsverschiebung anlässlich der ersten kritischen Rezeptionen von Kants Theorie der «Achtung» vor dem moralischen Gesetz bzw. vor der Würde des Menschen als Person ein – in Johann Gottlieb Fichtes *Grundlage des Naturrechts nach Principien der Wissenschaftslehre* (1796) sowie in einigen *Jenaer Schriften* Hegels (1802–1804).[68] Von da an gewinnt sie an Selbstverständlichkeit, nicht nur innerhalb der Philosophie, sondern ebenso in der Öffentlichkeit.[69] Das geht heute oft so weit, dass zwischen ‹Toleranz› und ‹Anerkennung› nicht einmal mehr unterschieden wird (häufig der Fall im interreligiösen Dialog). Was nicht immer glücklich ist, scheint doch die Identifizierung von beidem da und dort so weit gegangen zu sein, dass vor lauter Anerkennung nichts mehr zu tolerieren übrigbleibt, was wiederum der Verwendung des Wortes ‹Toleranz› nicht guttut, sie vielmehr entbehrlich macht.

Das ist jedoch die geringere, in gewisser Weise ‹tolerierbare› Gefahr dieser Entwicklung. Bei weitem fataler erscheint die Gefahr, dass sich die Toleranz in die Anerkennung nicht im Sinne von ‹Bewahren› bzw. ‹Integrieren in einen höheren Gesichtspunkt› aufhebt, sondern im Sinne von ‹Auflösen› bzw. ‹Annullieren›. Die Folge davon besagt nämlich Intoleranz bzw., was auf dasselbe hinausläuft, Diktatur der Toleranz – ein Widerspruch in sich selbst. Genau dies geschieht häufig, wenn es darum geht, einer Form von Nicht-Diskriminierung gesellschaftlich und politisch Nachdruck zu verleihen. Dabei wird die Toleranz, die man im Hinblick auf bestimmte Menschenrechte zurecht einfordert, zugleich denen, von denen man sie verlangt, intolerant verweigert. Das diskreditiert die Ansage, dass Toleranz das ethische Grundprinzip einer pluralistischen Gesellschaft sein müsse, vollkommen.

Es trägt nicht erst heute wesentlich dazu bei, dass sich gegenüber der Toleranz ein Überdruss breit macht, der sich leicht in Richtung der Ablehnung von Toleranz steigern und instrumentalisieren lässt, was wiederum den demokratischen Rechtsstaat als den konsequentesten Versuch, der Toleranz als Grundprinzip einer Staatsform Wirklichkeit zu verschaffen, gefährdet und dergleichen wie einen demokratisch-gesellschaftlichen Grundkonsens permanent aufs Spiel setzt. In dieser Entwicklung tritt freilich etwas Prinzipielles zutage: das viel bedachte Paradox der Toleranz, welches darin besteht, dass Toleranz sich aufgibt, wenn sie auch noch ihr Gegenteil, die Intoleranz, toleriert, was zwangsläufig bedeutet, dass sie gegenüber Intoleranz intolerant sein muss. Dem ist *im Prinzip* nicht zu widersprechen. Trotzdem stellt sich im Hinblick auf den gesellschaftlichen Grundkonsens, der in einer *pluralistischen* Gesellschaft nur durch Toleranz zustande kommen kann, die Frage, wie sich mit dem besagten Paradox so leben lässt, dass die Toleranz das Sagen behält und nicht Intoleranz herrscht. Das wird nur möglich sein, solange es gesellschaftlich die Bereitschaft zu rationalen Diskursen gibt, in denen grundsätzlich Argumentationen gelten, die nachvollziehbar und überprüfbar sind, und in denen alle, die am jeweiligen Diskurs teilnehmen, das Recht zur freien Stellungnahme haben bzw. über den Anspruch auf eine argumentative Rechtfertigung erhobener Ansprüche verfügen. Diese prinzipielle Voraussetzung gilt ebenso für jeden Standpunkt der Toleranz. Was immer im Namen von Toleranz in Anspruch genommen wird, unterliegt demselben Begründungs- bzw. Rechtfertigungsgebot. Nur auf diese Weise kippt Toleranz nicht in Intoleranz, nur so bleibt die Freiheit aller an den Diskursen Beteiligten gewahrt – das Lebenselement der Toleranz. Schließlich findet Berücksichtigung, was in gegenwärtigen Diskussionen über die universelle Gültigkeit der Menschenrechte zur Debatte steht, dass diese nämlich – zumindest in ihrer Formulierung und Interpretation – ein ‹Produkt› der europäisch-westlichen Kulturgeschichte seien, was wiederum fast zwangsläufig nach sich zieht, dass auch dem Standpunkt der Toleranz eine Relativität anhaftet. In der Tat gewinnt Toleranz in einer Gemeinschaft bzw. Gesellschaft allein dadurch an Wirklichkeit, dass sie als weltanschaulich-ethische Position vertreten wird. Als solche bedarf sie jedoch der Begründung und Rechtfertigung. Das schwächt weder die Position als solche noch mindert es die Gültigkeit des Prinzips, dass nur Toleranz das ethische Grundprinzip einer pluralistischen Gesellschaft sein könne, im Gegenteil, gerade durch die Praktizierung des argumentativen Diskurses, der seinerseits bestimmt durch den Geist der Toleranz ist, eröffnet sich von Mal zu Mal die Möglichkeit, von der Notwendigkeit der Toleranz zu überzeugen.

Anknüpfungen in der Antike

Die Antike kennt die Toleranz-Thematik, so wie sie uns seit der Aufklärungszeit bis heute vertraut ist, nicht. Beginnt daher die Erzählung der Toleranz-Geschichte, wie sie sich für Europa ergeben hat, bei deren sogenannten Anfängen, so muss klar sein, dass in besonderem Maße zu rekonstruieren und an frühere Zeiten etwas heranzutragen ist, wozu diese selbst nicht nur nie gelangt sind, sondern nicht einmal gelangen hätten können, weil ihnen dafür jegliche Vorstellung, ja sogar jeder dahin drängende Impuls fehlte. Das bedeutet nicht, dass das erzählerische Rekonstruieren deshalb auf Phantasie oder Einbildungskraft angewiesen wäre. Es kann vielmehr unterstellen, dass eines Tages auftretende Diskurse – wie jener der Toleranz – nicht vom Himmel fallen, sondern das Ergebnis von kulturellen Entwicklungen bilden, die sich historisch-kritisch zurückverfolgen bzw. wissenschaftlich deuten lassen. In ihnen melden sich häufig Erinnerungen, die wiederum Verbindungslinien zu längst vergangenen Ereignissen und damit einhergehenden lebensweltlichen Herausforderungen gestatten. Unabhängig davon, woher solche Erinnerungen rühren, aus dem Unbewussten oder aus dem Bewussten, sie sind plus/minus wissenschaftlich analysierbar und somit verfolgbar – bis zu ‹Auslösern›, die als Anfänge einer Erinnerungs- oder Gedächtnisgeschichte gelten dürfen. An ihnen lässt sich anknüpfen, will man belegbar eine erzählerische Rekonstruktion leisten.

Humanismus

Der erste Impuls *in Richtung Toleranz* aus der Antike, den Europa erhält, erfolgt zu Beginn der Renaissance, im 14. Jahrhundert in Italien, mit der Neuanknüpfung am Humanismus – vor allem Ciceros (106–43 v. u. Z.),[1] aber auch anderer antiker Autoren, die man dem Humanismus zurechnete. ‹Toleranz-relevant› wird diese Wiederaneignung erst zwei Jahrhunderte später – angesichts der konfessionellen Spaltungen, angestoßen durch die Reformation in Deutschland, aber auch anlässlich der (gleichzeitigen) Entdeckung Amerikas und der Begegnung mit den dort lebenden Indios. Sowohl der Pazifismus des Erasmus von Rotterdam (1466/67/69–1536) oder des Juan Lluís Vives (1492–1540) als auch die Begründung des Völkerrechts durch Francisco de Vitoria (um 1483–1546) und Bartolomé de Las Casas (1484–1566), beides Meilensteine in der Entwicklung des europäischen Toleranz-Gedankens, fußen auf humanistischen Grundpositionen. Im Hinblick darauf erhebt sich die Frage: Was ist Humanismus?[2]

Humanismus ist zunächst weder eine Theorie noch eine spezifische weltanschauliche oder philosophische Position, sondern ein *Ethos*, eine geistige Haltung, eine moralische Gesinnung, die Grundeinstellung einer Person. Natürlich setzt ein Ethos eine Überzeugung, naheliegenderweise eine Ansicht über den Menschen und seine Stellung in der Welt / im Kosmos voraus, impliziert somit auch ein theoretisches Verständnis, besser Selbstverständnis des Menschen. Dabei geht es jedoch weniger um die Festlegung auf eine bestimmte Definition des Menschen, als vielmehr um eine Wertschätzung des Menschen in seiner Individualität. In dieser Wertschätzung treffen sich die unterschiedlichsten Weltanschauungen und philosophischen Positionen. Schon in der Antike, als der Humanismus erstmals konzipiert wurde, konnten Platoniker, Aristoteliker, Stoiker, Epikureer, Skeptiker gemeinsam Humanisten sein – ein Grund übrigens, warum man Cicero, dem großen Vordenker des gesamten europäischen Humanismus, Eklektizismus, sprich die Aneignung verschiedener Philosophien unter demselben Vorzeichen vorwarf. Genauso verhielt es sich später, während der Neuzeit: Unter dem Namen des Humanismus versammelten sich gleichermaßen florentinische Neuplatoniker, französische Moralisten, englische Empiristen wie Gelehrte im Umfeld der deutschen Klassik bzw. des deutschen Idealismus. Es ist noch nicht lange her, da hörte man von einem klassischen, einem ästhetischen, einem christlichen, einem atheistischen, einem marxistischen, einem bürgerlichen, einem revolutionären, einem kritischen, einem globalen Humanismus ... Ich betrachte es daher als ein Missverständnis, wenn Humanismus mit einer besonderen weltanschaulichen oder philosophischen Position verwechselt wird. Martin Heidegger scheint mir dem in seinem *Brief über den Humanismus* (1946)[3] genauso wie Jean-Paul Sartre in seinem Essay *L'existenzialisme est un humanisme* (1946)[4] erlegen zu sein.

Worin drückt sich das Ethos, das der Humanismus ist, aus? Vereinfacht gesagt in der Menschlichkeit – *humanitas* –, die das Miteinander der Menschen im persönlichen und im gemeinschaftlichen Umgang bestimmt. Das beginnt in der Wahrnehmung jedes / jeder Einzelnen in seiner / ihrer Menschlichkeit und setzt sich fort in der menschlichen Reaktion auf den Anderen / die Andere in dieser Menschlichkeit. Schon wenn wir das Wort ‹Menschlichkeit› hören, klingt in ihm nicht so sehr das Menschsein in seiner Idealität oder in der Erfüllung seines Wesens, als vielmehr das Menschsein in seiner konkreten, alltäglichen oder nicht alltäglichen, jedenfalls in seiner unmittelbaren, deshalb auch unvollkommenen, endlichen, ja defizitären Form an. *Humanitas*, wie die Lateiner das von Menschlichkeit geprägte Verhalten genannt haben, ist die Wertschätzung des jeweils einzelnen Menschen als Menschen, der mir, dir, uns begegnet, in seiner / ihrer Einmaligkeit und unmittelbaren Situation – im Wissen darum, dass Menschsein sich nur so und niemals anders verwirklicht. Worin aber äußert sich diese Wertschätzung? Es ist für mich kein Zufall, dass sich weder bei Cicero noch bei einem anderen der römischen Autoren, die den Begriff der *humanitas* einführten und verwendeten, eine Definition derselben findet. Jedes Mal, wenn die Sprache auf die *humanitas* kommt, wird sie sogleich konkretisiert in der ‹Güte› einer Person oder im konkreten Verhalten bzw. in einer konkreten Tugend, man könnte auch sagen: wird sie beispielhaft illustriert an einer Eigenschaft, Haltung oder Handlung, die sich in einer unmittelbaren Situation menschlicher Begegnung ergibt – als Milde, Empfindsamkeit, Freundlichkeit, Großzügigkeit, Freigebigkeit, Gastfreundschaft, Wohlwollen, Redlichkeit, Wahrhaftigkeit, Gerechtigkeit, Nachsicht, Großherzigkeit, Barmherzigkeit, Kulturalität, Bildung, Feinheit, Eleganz, Humor und vieles andere mehr.[5] Über Menschlichkeit lässt sich offenbar nicht abstrakt, abgehoben oder in Ausklammerung der konkreten Situation menschlicher Begegnungen sprechen, geschweige denn sie ausüben oder bewähren. *Humanitas* kann nicht definiert werden, sie kommt zum Tragen in dem spezifischen Ethos, das zwischen Menschen herrschen soll. Humanismus wiederum ist nichts anderes als die Formulierung und Postulierung eben dieses Ethos.

Eines der zentralen ethischen Prinzipien, welches im frühen 16. Jahrhundert sowohl die Humanisten im römisch-deutschen Reich[6] als auch die Dominikaner in Kastilien[7] zur Begründung von Toleranz anführen, lautet: *homo homini homo* – «dem Menschen ein Mensch sein». Dass sich darin eine zutiefst humanistische Gesinnung ausdrückt, ergibt sich nicht erst aus der expliziten Berufung auf Cicero oder andere antike Autoren, es ist offensichtlich. Damit sei nicht bestritten, dass sich im selben Prinzip auch das christlich-theologische Verständnis vom Menschen als Abbild Gottes[8] bzw. die ‹Goldene Regel› aus der Bergpredigt[9] kundtut. Das eine widerspricht dem anderen nicht, es handelt sich vielmehr um eine Koinzidenz zweier Traditionen, die zu dem geführt hat, was man einen ‹christlichen Humanismus› nennt.

Polytheismus – Monotheismus

Eine weitere Anknüpfung an die Antike ‹in Sachen Toleranz› sucht die Philosophie der Aufklärung unter dem Eindruck der Glaubenskriege, die während des 16. und 17. Jahrhunderts viele Länder Europas verheert hatten, aber ebenso aus Erfahrungen mit den inquisitorischen Instanzen, die zur selben Zeit überall und auf allen Seiten ihr unterdrückerisches Unwesen trieben. Sowohl die Kriege als auch die Inquisitionen erlebte und verband man mit dem Monotheismus – besonders mit jenem des Christentums, gefolgt von jenem des Islam und des Judentums. In jedem Monotheismus sah man denselben Anspruch auf Besitz der absoluten Wahrheit, der in keiner Weise ‹Toleranz› zuließ, sondern zu rücksichtsloser und brutaler Unduldsamkeit / Intoleranz verpflichtete. Dem gegenüber betrachtete man die Religionen der Antike – was immer man unter ‹Religion› verstand – als eine Alternative des Friedens, der Toleranz und der Heiterkeit. Besonders taten es Epikur (341–270 v. u. Z.) und dessen lateinischer Hauptschüler Lukrez (zw. 99/94 – zw. 55/53 v. u. Z.) an – mit ihrer Auffassung, dass die Götter und Göttinnen in einer selbstvergessenen Ferne lebten, in der sie für die Menschen keinerlei Eifer auf

Rechtgläubigkeit aufzubringen vermochten, und in ihrer Überzeugung, dass die menschliche Erkenntnisfähigkeit zu defizitär sei, um in göttlichen Dingen etwas ausrichten zu können. Grundsätzlich aber war es der antike Polytheismus, den man gegenüber dem Monotheismus als Inbegriff von Toleranz interpretierte. So stellte bereits Pierre Bayle (1647–1706) fest:

> Das Heidentum war in eine unendliche Zahl von Sekten gespalten, die ihre Götter in ganz unterschiedlichen Kulturen verehrten; und die Götter, selbst die Hauptgötter eines Landes waren nicht dieselben wie in einem anderen Land; gleichwohl erinnere ich mich nicht, jemals von einem Religionskrieg unter den Heiden gelesen zu haben [...] Weil die einen die Riten der anderen tolerierten. [...] Also ist Toleranz die Quelle des Friedens und Intoleranz die Quelle der Verirrung und des Gezänks.[10]

Klassisch formuliert 70 Jahre später David Hume (1711–1776):

> Die Intoleranz nahezu aller Religionen, die die Einheit Gottes behauptet haben, ist ebenso bemerkenswert wie das entgegengesetzte Prinzip der Polytheisten. [...] Der Polytheismus ist so verträglich, dass die heftigste Wut und Abneigung, auf die er in einer anders gearteten Religion stößt, kaum in der Lage ist, ihn abzustoßen und fernzuhalten. [...] Ich darf wohl die Behauptung wagen, dass wenige Entartungen des Götzendienstes und Polytheismus' verderblicher für die Gesellschaft sind als die auf die Spitze getriebene Entartung des [Mono-]Theismus.[11]

Ihm sekundiert fast 100 Jahre später (1857) Arthur Schopenhauer (1788–1860) – ein großer Verehrer Humes:[12]

> In der Tat ist Intoleranz nur dem Monotheismus wesentlich: ein alleiniger Gott ist, seiner Natur nach, ein eifersüchtiger Gott, der keinem andern das Leben gönnt. Hingegen sind die polytheistischen Götter, ihrer Natur nach, tolerant: sie leben und lassen leben: zunächst dulden sie gern ihre Kollegen, die Götter derselben Religion, und nachher erstreckt diese Toleranz sich auch auf fremde Götter, die demnach gastfrei aufgenommen werden und später bisweilen sogar das Bürgerrecht erlangen [...] Daher sind es die monotheistischen Religionen allein, welche uns das Schauspiel der Religionskriege, Religionsverfolgungen und Ketzergerichte liefern, wie auch das der Bilderstürmerei und der Vertilgung fremder Götterbilder, Umstürzung indischer Tempel und ägyptischer Kolosse, die drei Jahrtausende hindurch in die Sonne gesehen hatten; weil nämlich ihr eifriger Gott gesagt hatte: ‹Du sollst dir kein Bildnis machen› usw.[13]

Es ist bekannt, welch große Resonanz diese These bis zum heutigen Tage gefunden hat und findet. Sie zählt zu den meistdiskutierten Ansichten, die nicht allein die Wissenschaft, sondern ebenso eine breitere Öffentlichkeit beschäftigt. Im Zuge der sogenannten Postmoderne erfuhr sie sogar gesteigerte Popularität und (scheinbar) ungeahnte Bestätigung. Dank der Übersetzung der Begriffe ‹Monotheismus› und ‹Polytheismus› in jene von ‹Monomythie› und ‹Polymythie› avancierte sie zur Basisüberzeugung verschiedener Philosophien, die das Zeitalter der großen metaphysischen Erzählungen deshalb für definitiv passé halten, weil sich die Vielzahl der Möglichkeiten des Erzählens – nicht zuletzt aufgrund des Hervorgehens des erzählenden Subjekts aus dem jeweiligen Erzählvorgang – prinzipiell nicht mehr reduzieren lasse. Häufig zitiert in diesem Zusammenhang sind die beiden 1979 erschienenen Studien *La condition postmoderne* von Jean-François Lyotard[14] sowie *Lob des Polytheismus. Über Monomythie und Polymythie* von Odo Marquard[15] – jede auf ihre Weise ein umfassendes Plädoyer für Toleranz. Angesichts der Prominenz dieser Diskussion lohnt es sich, ins prinzipielle Detail zu gehen und zugleich die große These an den inzwischen erlangten Ergebnissen der historischen, religionswissenschaftlichen und bibelexegetischen Disziplinen zu verifizieren.

Aus heutiger Sicht hat es in der Antike immer wieder *Zustände* der Toleranz gegeben – ohne dass diese seinerzeit als solche reflektiert worden wären.[16] Häufig genannt wird die ‹Toleranz-Politik› der Perser nach ihrer Machtübernahme unter Kyros II. Mitte des 6. Jahrhunderts v. u. Z., der unter anderem dem Volk Israel nach seiner Rückkehr aus dem Babylonischen Exil gestattete, den (587 v. u. Z.) zerstörten Tempel in Jerusalem wieder zu errichten und seinen Jahwe-Kult zu pflegen.[17] Noch häufiger findet die römische Besatzungspolitik ab dem 2. Jahrhundert v. u. Z. Erwähnung, kam es doch in ihr zu einer erstaunlichen Duldung, ja Zustimmung zu angestammten religiösen Kulten in den unterworfenen Gebieten. Nicht zu vergessen die Interkulturalität und damit auch Interreligiosität in der ‹Ökumene (οἰκουμένη)› des Hellenismus,[18] in der die allgemeine kulturelle Integration jegliche Exklusion oder Abgrenzung bei weitem überwog. Bereits unter christlichem Einfluss, deshalb aber nicht weniger in antiker Tradition sollen sich schließlich die römischen Kaiser des 4. Jahrhunderts u. Z. um eine allseitige Kultfreiheit bemüht haben.[19] All dies führt man – wie gesagt – gerne auf den herrschenden Polytheismus zurück, den man im Unterschied zum Monotheismus für seine grundsätzlich tolerante Gesinnung lobt. In der Tat fungierte im Polytheismus «die Religion als ein Medium der Kommunikation, nicht der Ab- und Ausgrenzung. Das Prinzip der Übersetzbarkeit von Götternamen diente dazu, […] die Kulturen zueinander in Beziehung zu setzen und transparent zu machen.» Von Hause aus «wurde die Religion der anderen als grundsätzlich mit der eigenen vereinbar empfunden. Das bedeutet nicht, dass die entsprechenden Völker weniger gewalttätig miteinander umgingen […]. Es bedeutet nur, dass die politische Gewalt nicht theologisch begründet wurde, jedenfalls nicht in dem Sinne, dass es bei der Unterwerfung der anderen um die Bekehrung von Anhängern einer als falsch angesehenen Religion ginge.» (Jan Assmann)[20] Nicht zuletzt im Hinblick darauf stellt sich freilich die Frage, ob es im Falle des Polytheismus überhaupt sinnvoll ist, den Begriff der ‹Toleranz› anzuwenden.[21] Was nämlich steht zu tolerieren an? Kulturen, die selbst in Auseinandersetzungen auf Leben und Tod keinerlei Problem mit der jeweils anderen Religion haben, ja ihre eigenen Götter und Göttinnen mit jenen der gegenüberstehenden Seite für austauschbar halten, diese in jenen – *vice versa* – wiedererkennen, jedenfalls keine Notwendigkeit verspüren, in Sachen ‹Religion› aufeinander loszugehen oder grenzziehende Konsequenzen zu setzen, müssen in weltanschaulicher Hinsicht weder tolerant noch intolerant sein. Bei aller Unterschiedlichkeit sind sie *a priori* davon überzeugt, dass sie eine Weltanschauung teilen, und dass deshalb *in puncto* ‹Religion› von keiner Seite eine Gefahr ausgeht, die die jeweils eigene Identität infrage stellen würde. Man könnte einwenden: Das ‹Woraufhin› dieser ‹Toleranz› sei eben die gemeinsame Weltanschauung, um derentwillen man andere, fremde Religionen geduldet habe. Man stand allerdings weder *de iure* noch *de facto* je vor der Hausforderung, *hinsichtlich Religion* abweichende Ansichten dulden bzw. tolerieren zu müssen. Es gab einfach nichts, was man entschieden abzulehnen gehabt hätte bzw. womit man sich – wenigstens bis zu einem gewissen Grad – nicht hätte identifizieren können. In einer solchen Konstellation stellt sich das Thema ‹Toleranz› bzw. ‹Intoleranz› schlicht nicht. Daraus folgt, dass sich die Gleichung ‹Polytheismus = Toleranz› nur *aus dem Gegenüber* zur Gleichung ‹Monotheismus = Intoleranz› ergibt, sie macht anders keinen Sinn. Dem entspricht die historisch belegbare Tatsache, dass sich polytheistische Kulturen erst dann vor das Thema ‹Toleranz› bzw. ‹Intoleranz› gestellt sahen, als sie mit monotheistischen Religionen in Berührung kamen – wie es in der europäischen Antike zwischen dem 2. und 5. Jahrhundert u. Z. der Fall war, als die polytheistischen Religionen des Altertums mit dem monotheistischen Christentum koexistierten.[22]

Es gilt noch in weiteren Hinsichten zu differenzieren: Zum einen schließt Monotheismus nicht zwangsläufig Polytheismus aus, und zum anderen – umgekehrt – enthält Polytheismus monotheistische Elemente. Schon jener Monotheismus, mit dem die biblischen Schriften in den Propheten-Büchern *Amos* und *Hosea* im 8. Jh. v. u. Z. ansetzen und der seinen prominenten Niederschlag im Buch *Exodus* sowie in den deuteronomistischen Texten des Alten Testamentes findet, verbietet andere Götter und Göttinnen *nur* für Israel, *nicht* für die Völker rund um Israel. Jan Assmann hat diesen Monotheismus als «Monotheismus der Treue» charakterisiert und ihn deutlich von dem ebenfalls biblischen «Monotheismus der Wahrheit» unterschieden, der sich erst 200 Jahre später – während und nach dem babylonischen Exil – bei Jeremia, Deuterojesaja, Daniel, in einigen Psalmen, in der Weisheitsliteratur – herausbildet.[23]

> Im Sinnparadigma des Exodus […] geht es um den Monotheismus der Treue. Was Gott von seinem Volk verlangt, ist Liebe und unbedingte, absolute Treue, die sich im Einhalten seiner Gebote bewährt. Treu oder untreu kann man nur sein, wo es Alternativen gibt. Dem Schöpfer [der Welt] kann man nicht untreu sein, denn aus der Bindung der Geschöpflichkeit kommt man nicht heraus. Dem Befreier und Bundesherrn aber kann man untreu werden, indem man zurückgeht in die ägyptische Knechtschaft, zu anderen Göttern überläuft oder die Gesetze bricht. […] Im Gedanken des Bundes und der Treue liegt das Spezifische des biblischen Monotheismus.[24]

Umgekehrt illustriert wiederum Jan Assmann an jenem Polytheismus, wie er sich in Ägypten vor und nach Echnaton (1355–1336 v. u. Z.), dem Pharao des monotheistischen «Heliomorphismus»,[25] weithin etabliert hatte:

Eine Götterwelt steht der Welt aus Kosmos, Mensch und Gesellschaft nicht gegenüber, sondern ist ein *Prinzip*, das sie strukturierend, ordnend und sinngebend durchdringt. [...] Es geht um Vielheit, gewiss, aber nicht das numerische Prinzip ist entscheidend, sondern *die Nichtunterscheidung von Gott und Welt*, aus der sich die Vielheit mit Notwendigkeit ergibt. Das Göttliche ist der Welt in den drei Dimensionen der Natur, des Staats und des Mythos eingeschrieben. Polytheismus ist Kosmotheismus.[26]

Schließlich lässt sich (vor diesem Hintergrund) fragen, ob es den Monotheismus als *praktizierte Religion* je in Reinform gegeben hat. War er nicht vielmehr eine *Theologie*, die *lebensweltlich* als konkret vollzogene Religion nie vollständig Realisierung fand? Ist die religiöse Praxis nicht selbst in den streng monotheistischen Religionen durchlebt von Pluralitätselementen bzw. von Momenten, die sie aus der von ihnen als Heidentum verdrängten Religionen in sich aufnehmen? In aller Regel wird diesbezüglich auf das Christentum mit seiner Trinitätstheologie und seiner Heiligenverehrung verwiesen. Noch einmal Jan Assmann:

> Möglicherweise ist also der Monotheismus im strengen Sinne der ausschließlichen Verehrung eines einzigen Gottes eine niemals in letzter Konsequenz institutionalisierbare regulative Idee, die von einzelnen Köpfen wie Echnaton oder den biblischen Propheten oder einer Bewegung wie der Jahwe-allein-Bewegung bzw. der deuteronomistischen Schule vertreten wurde. Die Geschichte des Monotheismus ist die Geschichte monotheistischer Augenblicke, die auf der Grundlage der Mosaischen Unterscheidung [zwischen dem einen *wahren* Gott und den *falschen* Göttern] und ihres revolutionären Potentials große, weltverändernde Kraft entfaltet haben, aber sich niemals im Sinne einer irreversiblen, nicht wieder rückgängig zu machenden Errungenschaft haben auf Dauer stellen lassen. [...] Statt von Mono- und Polytheismen sollte man daher besser von exklusiven und nichtexklusiven Religionen sprechen, wobei aber auch hier der Begriff der Religion durch den der Theologie zu ersetzen ist. Es geht nicht um Religion, sondern um theologische Ideen. Der Monotheismus ist eine solche Idee, der Polytheismus nicht. Er ist erst in der Neuzeit zu einer Idee aufgebaut worden. [...] Meine Vermutung ist, dass sich der monotheistische Gedanke nie anders als in Form einer verschriftlichten Tradition hat etablieren können. Die monotheistische Idee lässt sich nur als Textkorpus, aber nicht als institutionalisierte Religion auf Dauer stellen, wenigstens nicht in letzter Strenge, Reinheit und Konsequenz. Zu dieser Form ‹Institutionalisierung durch Verschriftung› ist es in Ägypten nicht gekommen, sondern erst in Israel.[27]

Angesichts dessen wiederum stellt sich die Frage, ob der Monotheismus die ihm unterstellte Intoleranz nicht genau dann an den Tag legt, wenn er versucht, als Theologie Religion zu werden. Äußert sich in dieser Intoleranz nicht grundsätzlich eine unvermeidliche Begleiterscheinung bei der Umsetzung von etwas ‹theoretisch/prinzipiell› Geltendem in den Bereich des Faktischen, beim Übergang vom argumentativen Diskurs in die Lebenswelt? Vielleicht erklärt sich daraus auch das Umgekehrte, dass nämlich der Monotheismus – nicht erst ab dem europäischen Mittelalter, sondern bereits in der antiken Philosophie der Stoiker (worauf zurückzukommen sein wird) – statt der Anstiftung zur Intoleranz in eine Motivation für

Toleranz mutieren konnte. Theologisch ließ sich mit einem Mal die Idee fassen, dass der *eine*, sprich *derselbe* Gott *aller* Menschen gemeinsam verehrt werden müsse – unter Respektierung der Vielfalt der Kulte und Religionen.[28] In der Theologie schien dergleichen fassbar, in den religiösen Lebenswelten jedoch noch lange nicht.

Biblischer Befund

Differenzierung ist auch hinsichtlich jenes Monotheismus angebracht, an den jedenfalls die Aufklärung ihren Vorwurf der Intoleranz vor allem adressierte – an den jüdisch-christlichen und in ihm besonders an den ‹Ein-Gott-Glauben› des Alten Testaments. Vom ägyptischen Monotheismus der Amarna-Zeit wusste man vor Ende des 19. Jahrhundert noch nichts, er kam erst ab den 1880er-Jahren durch archäologische Ausgrabungen wieder ans Licht. Der ein halbes Jahrtausend nach dem ägyptischen Heliomorphismus zu datierende biblische Monotheismus[29] steht in keiner historisch nachweisbaren Verbindung zu diesem, auch wenn der *Große Sonnen-Hymnus* Echnatons unverkennbar im 104. Psalm nachklingt.[30] Gemeinsam ist beiden Formen des ‹Ein-Gott-Glaubens› lediglich – oder bezeichnenderweise? – ein Trauma, das mit ihrem jeweiligen Entstehen einhergeht – in Ägypten ausgelöst durch den Monotheismus selbst, in Israel hingegen durch ein weltgeschichtliches Ereignis, auf welches sein Monotheismus gewissermaßen die Reaktion bildet. 722 v. u. Z. fiel das sogenannte Nordreich Israel dem Ansturm der assyrischen Expansionspolitik zum Opfer und damit der Zerstörung anheim. Ein großer Teil der Überlebenden wurde aus- oder umgesiedelt, ein vermutlich kleinerer Teil konnte in das Südreich Juda fliehen. Da wie dort stellte sich die verzweifelte Frage, wie dies geschehen hatte können. War der gemeinsame Gott Jahwe ein schwacher, ein unterlegener Gott, der es mit den assyrischen Gottheiten nicht aufnehmen konnte? Gab es noch eine Zukunft für das Volk Israel, wenn sich sein Gott Jahwe als von anderen Göttern Geschlagener erwiesen haben sollte? Schon die Propheten Amos und Hosea – beide in der zweiten Hälfte des 8. Jahrhunderts v. u. Z. im Nordreich auftretend – hatten die Katastrophe befürchtet und die Schuld nicht bei Jahwe, sondern beim Volk Israel und seinen Königen gesehen. Diese seien Jahwe untreu geworden, nicht umgekehrt. Deshalb habe sich Jahwe von ihnen zurückgezogen und sie für ihre Untreue bestraft. Selbiges Narrativ wurde von den Propheten des Südreichs Micha und Jesaja – Zeitgenossen von Amos und Hosea – übernommen. Vor allem, aber nicht nur Jesaja wandte die Katastrophen-Deutung in Richtung Hoffnung und Zukunft: Aus einem Strafgericht resultiere nicht, dass Jahwe sein Volk ein für alle Mal verlassen hat, sondern dass er es strafen musste, um sich ihm neu zuwenden zu können. Jahwe, der sein Volk unter allen Völkern auserwählt habe, bleibe sich selbst treu, indem er zu seinem Volk stehe und sich als der allen anderen Göttern überlegene Gott erweisen werde – vorausgesetzt, sein Volk halte ihm die Treue, befolge seine Gebote, höre auf seine Propheten und opfere nicht anderen / fremden Göttern und Göttinnen. Die Geburtsstunde des «Monotheismus der Treue», wie ihn Jan Assmann bezeichnet hat.

Für das Südreich Juda gewann diese Theologie sogleich eine überlebenswichtige Relevanz, musste es doch damit rechnen, seinerseits einem assyrischen Ansturm zu unterliegen und dasselbe Schicksal wie Israel im Norden zu erleiden. Tatsächlich dürfte es unter dem Einfluss der Propheten Jesaja und (später) Jeremia vor allem zu Zeiten Königs Joschija (639–609 v. u. Z) zu entschlossenen Bemühungen gekommen sein, die ausschließliche Verehrung Jahwes als dem einzigen Gott des Volkes Israel durchzusetzen, indem Jerusalem als alleiniger Ort des ihm gebührenden Kultes deklariert wurde und zugleich eine Eliminierung aller anderen Kulte wenigstens aus Jerusalem stattfand. Obwohl sich dadurch das nächste Trauma, nämlich die Eroberung Judas und die Zerstörung Jerusalems durch die Babylonier 587 v. u. Z. sowie die anschließende Deportation eines großen Teils der Bevölkerung ins Babylonische Exil nicht mehr vermeiden ließ, entstanden (wahrscheinlich) doch schon vor diesem Ereignis die Urfassungen jener biblischen Textkorpora, welche die für den «Monotheismus der Treue» elementar werdende Bundes-Theologie formulierten und entwickelten – die zur sogenannten Priesterschrift des Pentateuch gehörende Exodus-Erzählung mit der Sinai-Perikope einerseits sowie das deuteronomistische Gesetzes- und Geschichtswerk andererseits.[31] Beide Textkorpora kamen plus/minus erst in der Zeit nach der Rückkehr der nach Babylonien Exilierten, im 6. und 5. Jahrhundert v. u. Z., in jene Fassung, in der sie schließlich in die Bibel Eingang fanden. Ihre Endredaktion, die sowohl aus Jerusalemer Priesterkreisen als auch aus «Laientheologen, [...] gebildeten Schreibern und städtischen Eliten»[32] heraus erfolgte, reflektierte die Erinnerungen an die Geschichte im Lichte der nun neuen Herausforderungen. Diese wiederum konnten für das politisch äußerst schwache, königslose Volk Israel nur lauten: Sicherung seiner Existenzfähigkeit und Wahrung der eigenen Identität. Dadurch kam der «Monotheismus der Treue» erst voll zum Tragen, denn was anderes als der jetzt – nach dem Muster assyrischer Vasallenverträge formulierte – offizielle Bund zwischen Jahwe und seinem von ihm herausgerufenen und befreiten Volk sollte dies sein? Dieser verpflichtete beide Seiten zur gegenseitigen Treue.[33]

> JHWH und Israel schließen einen förmlichen Bundesvertrag. Gott erwählt sich aus der Fülle der Völker das kleine Israel und überlässt die anderen Völker anderen Göttern, und Israel erwählt sich aus der Fülle der Götter den Gott JHWH, der es aus Ägypten herausgeführt hat, und enthält sich der Verehrung anderer Götter. Gott unter Göttern, Israel unter den Völkern, das ist die Grundlage, auf der dieses Bündnis gestiftet wird. (Jan Assmann)[34]

Aus diesem Treue-Bündnis folgt zwangsläufig die *absolute Intoleranz* hinsichtlich Untreue. Sie richtet sich ausschließlich auf das *Binnenverhältnis* der Vertragspartner und ist über die formal-rechtliche Beziehung desselben hinaus höchst emotional durchstimmt. Jahwe präsentiert sich als «eifernder» und «zürnender» Gott[35] im

Falle des Abfalls seines Volkes, wenn dieses sich anderen Göttern zuwendet oder/ und seine Gebote missachtet, vor allem das Verbot, sich ein Bild von ihm zu machen, was der Götzenanbetung gleichkommt.[36] Dies geschieht, wie schon Hosea verkündet,[37] aus «Liebe» und «Treue»:

> Nicht, weil ihr zahlreicher als die anderen Völker wäret, hat euch der Herr ins Herz geschlossen und ausgewählt; ihr seid das kleinste unter allen Völkern. Weil der Herr euch liebte und weil er auf den Schwur achtet, den er euren Vätern geleistet hat, deshalb hat der Herr euch mit starker Hand herausgeführt und euch aus dem Sklavenhaus freigekauft, aus der Hand des Pharao, des Königs von Ägypten.[38]

Das Volk seinerseits verhält sich nicht nur dadurch treu, dass es die Bundesbedingungen erfüllt, sondern vor allem auch dadurch, dass es *innerhalb seiner selbst* keinerlei Relativierungen derselben duldet. Mit dem Ziel, seine Existenz zu sichern und seine Identität als herausgehobenes und geheiligtes Volk unter den Völkern zu bewahren, kann es gar nicht anders, als Intoleranz gegenüber Untreue in den eigenen Reihen zu üben. Das führt, wie vor allem die religionskriegsartigen Konflikte während der Seleukiden-Herrschaft im 2. Jahrhundert v. u. Z. zwischen assimilierungsfreudigen und strenggläubigen Bevölkerungsgruppen illustrieren,[39] zu gewalttätigen Zerreißproben – Erscheinungen, die sich bis zur Zerstörung Jerusalems durch die Römer im Jahre 70 fortsetzten. Hinsichtlich anderer Völker und Religionen stellt sich diese Herausforderung nicht. Ihnen gegenüber scheint Jahwe sich tolerant zu verhalten, sofern er sich zu ihren Göttern in Indolenz übt. Indem Israel ihn darin nachahmt, muss es aufgrund seiner politischen Kleinheit und Schwäche allerdings damit rechnen, selbst *Opfer von Intoleranz* zu werden – der Intoleranz seitens der Völker, die seinen Anspruch auf die Auserwählung und Heiligung durch Jahwe weder verstehen noch respektieren und es deshalb ihrerseits aus der Gemeinschaft mit ihnen ausstoßen.[40] (Worüber unter dem Stichwort ‹Antijudaismus› eigens zu sprechen sein wird.) Dem scheinen einige Aufforderungen Jahwes im deuteronomistischen Textkorpus, die im Laufe der europäischen Geschichte unheilvolle Aktualisierung erfahren sollten, zu widersprechen.[41] In ihnen erhält das Volk den göttlichen Auftrag, jene Völker, die im gelobten Land Palästina siedeln, zu vernichten. Auch wenn es diesen Texten nicht ihren Schrecken nimmt und auch nicht die unheilvolle Wirkung, die von ihnen im Lauf der Geschichte ausging, abmildert, so bleibt doch zu beachten, dass sie zu einer Zeit entstanden sind, als es die angeführten kanaanäischen Völker nicht mehr gab, diese also nicht konkret, sondern symbolisch gemeint waren und als Symbolfiguren auf Abtrünnigkeitstendenzen in den eigenen Reihen zielten.[42]

Zu einer Intoleranz ‹nach Außen› – wenn dergleichen aufgrund seiner politischen Machtlosigkeit überhaupt möglich gewesen wäre – hätte sich Israel nicht auf seinen «Monotheismus der Treue», sondern auf den «Monotheismus der Wahrheit» berufen müssen, der sich offensichtlich unabhängig von jenem während des babylonischen Exils, möglicherweise unter persisch-zoroastrischen Einflüssen, herausentwickelte, seinen ersten klassischen Ausdruck beim Propheten Deuterojesaja⁴³ fand und anlässlich der nach-exilischen Redaktion des Pentateuchs in den Texten der sogenannten Priesterschrift zu stehen kam. In diesem Monotheismus der «Erkenntnis» bzw. der «Mosaischen Unterscheidung» zwischen Wahr und Falsch tritt Jahwe als der alleinige Schöpfer des Himmels und der Erde auf, neben dem es keine anderen Götter geben kann:

> Ich bin der Herr, und sonst niemand; außer mir gibt es keinen Gott. Ich habe dir den Gürtel angelegt, ohne dass du mich kanntest, damit man vom Aufgang der Sonne bis zu ihrem Untergang erkennt, dass es außer mir keinen Gott gibt. [...] Ich habe die Erde gemacht und die Menschen auf ihr geschaffen [...].⁴⁴

Gemessen an Jahwe ist jeder andere Gott, jede andere Göttin ein «Nichts»⁴⁵ – nicht einmal das Material wert, aus dem er / sie künstlich hergestellt wurde. Weder aus der jüdischen Bibel noch aus dem Judentum ergibt sich aus *diesem* Monotheismus eine prinzipielle oder konkrete Forderung nach Intoleranz gegenüber anderen Religionen. Im Gegenteil, sowohl im Buch *Genesis*⁴⁶ als auch im sogenannten Tritojesaja⁴⁷ ist eine universalistische Tendenz bemerkbar, die den Glauben an Jahwe mehr inklusivistisch als exklusivistisch erscheinen lässt, ihn eher in Richtung Toleranz als in Richtung Intoleranz rückt. Jahwe am Ende der Zeiten: «Ich aber komme, um alle Völker und alle Zungen zu versammeln; sie werden kommen und meine Herrlichkeit schauen.»⁴⁸ Nach der Kombination der beiden Stränge des biblischen Monotheismus im spätantiken Judentum sollte es erst das Christentum sein, das nach seinem Avancement zur Staatsreligion Ende 4. Jahrhundert daraus – nach heutigen Begriffen – ‹Intoleranz› generierte.

Antijudaismus

Wie kurz angeklungen, setzte sich das Volk Israel in der Treue zum Bund mit seinem Gott der Intoleranz seitens ‹der Völker› aus, sobald diese seine Auserwähltheit und Andersheit nicht anerkennen oder nicht ertragen konnten. Das allein erklärt freilich nicht die Exzesse des ‹Antisemitismus›, der bereits in der Antike, längst vor der Trennung von Judentum und Christentum, auftrat. Auch wenn dieser noch keinerlei Anzeichen hinsichtlich Rassismus aufwies – weshalb hier besser von ‹Antijudaismus› als von ‹Antisemitismus› gesprochen werden sollte –, so führte er doch schon 410 v. u. Z. zu ersten Gewalttätigkeiten in der ägyptischen Militärsiedlung auf der Nilinsel Elephantine und 38 u. Z. zu einem ersten Pogrom in der griechischen Stadt Alexandria an der Mittelmeerküste Ägyptens.⁴⁹ Beide Male scheint es unmittelbare politische Anlässe für den Ausbruch der Intoleranz gegeben zu haben – einmal die Parteinahme der Juden für die verhasste Besatzungsmacht Persien, das andere Mal Spannungen zwischen verschiedenen ethnischen Gruppen im Gefolge ungeschickter Maßnahmen seitens des römischen Statthalters. Dass diese jedoch derartige Folgen hatten, setzt tiefere Ursachen voraus, die in einer länger zurückliegenden Geschichte zu suchen sind. Jan Assmann vermutet sie im «Trauma von Amarna», das – 900 Jahre vor den Ausschreitungen auf Elephantine – im Gefolge des Monotheismus Echnatons ganz Ägypten befallen hatte.

> Wir haben [...] allen Grund, uns die Erfahrung von Amarna als traumatisch vorzustellen. Durch die systematische Verdrängung aller sichtbaren Spuren wurde der traumatische Charakter dieser Erfahrung noch verstärkt. Aus den Königslisten, dem Instrument der offiziellen Chronologie, wurden die Namen der Amarna-Könige gestrichen [...] Nachdem die Erinnerung ausgelöscht wurde, wurde auch noch die Tatsache der Auslöschung getilgt. Nur der Eindruck des Schocks blieb zurück, die vage Erinnerung an etwas im höchsten Maße Unreines, Gottloses und Zerstörerisches, eine Erinnerung, die sich nun, ortlos geworden, mit anderen Erfahrungen verbinden konnte.[50]

Diese Geschichte «zeigt nicht nur, wie ein Trauma über ein Jahrtausend hinweg als ‹Stabilisator der Erinnerung› wirken kann, sondern sie zeigt auch die Gefahren kultureller Verdrängung und traumatischer Verformung. Das ägyptische Phantasma des religiösen Feindes wurde erst mit den Asiaten im allgemeinen und dann mit den Juden im besonderen verbunden. Es nahm viele Züge des westlichen Antisemitismus vorweg, die sich jetzt auf ihren ursprünglichen Gehalt zurückführen lassen. Dieser Impuls hatte mit den Juden nichts zu tun, sehr viel dagegen mit der Erfahrung der Gegenreligion.»[51] Anhand eingehender Analysen der ägyptischen, griechischen und römischen Historiker – und Dichter wie Horaz oder Juvenal –, die sich seit dem 3. Jahrhundert v. u. Z. mit der Geschichte Ägyptens befasst hatten, aber auch in Auseinandersetzung mit dem biblischen Buch *Exodus* und seiner Schilderung des Auszugs aus Ägypten, konnte nicht nur Assmann, sondern ebenso der deutsch-amerikanische Judaist Peter Schäfer[52] illustrieren, wie sich die traumatischen Erinnerungen an die Amarna-Zeit im späthellenistischen Ägypten zunehmend an ein Volk hefteten, das wiederum einen Ein-Gott-Glauben vertrat, die Verehrung von Gottes-Bildnissen verbot und sich in Absonderung von seiner Umgebung Lebensweisen wie der Einhaltung des Sabbat-Gebots, der Verweigerung von Schweinefleisch, dem Brauch der Beschneidung und anderem mehr verschrieb, die es nicht nur markant von jenen der anderen ‹Völker› unterschieden, sondern – beispielsweise beim Verzehr als heilig verehrter (Opfer-) Tiere – in deren Augen ‹unrein› (‹aussätzig›) machten. Mit ‹Judentum› ließ sich der Vorwurf der «Menschenfeindlichkeit» (μισανθρωπία) genauso verbinden wie jener der «Gottlosigkeit» (ἀσέβεια).

Das genügte, um das jüdische Volk auf Dauer anrüchig zu machen und einen antijüdischen Affekt zu erzeugen. Selbst dort, wo es zu keinen gewalttätigen Ausschreitungen mehr kam, selbst in gebildeten Kreisen, die sogar Bewunderung für den jüdischen Monotheismus aufbrachten, blieb eine vorurteilsbesetzte Zurückhaltung vorherrschend. So vor allem in spätantiker, römischer Zeit, als Juden und Christen noch kaum unterschieden wurden. Kronzeuge dafür ist Tacitus, der römische Historiker, der kraft seiner überragenden Autorität das europäische Bild von ‹Judentum› maßgeblich mitbestimmen sollte.[53]

Tacitus ist das augenfälligste Beispiel für die Angst der römischen Oberschicht, dass die Juden trotz ihrer politischen Niederlage zu Siegern werden könnten. Da diese Angst nur allzu deutlich sichtbar macht, wie attraktiv das Judentum für die römische Gesellschaft war, ist es die Ambivalenz zwischen Anziehung und Abstoßung, die nicht nur für Tacitus, sondern insgesamt für die römische Einstellung zum Judentum charakteristisch ist. [...] Man würde es sich zu leicht machen, wenn man diese Haltung der Römer gegenüber den Juden – und besonders bei Tacitus, dem unverhülltesten Repräsentanten dieser Einstellung – als ‹Judenhass› oder gar ‹Judenhetze› bezeichnen würde. Das berücksichtigt nur die eine Seite der Medaille, nämlich den Hass, übersieht aber die andere Seite, nämlich Angst und Schrecken.» (Peter Schäfer)[54]

Lange Zeit hindurch stoßen Judentum und Christentum auf dieselbe Intoleranz. Beide erscheinen als Formen eines Aberglaubens (*superstitio*), welcher der römischen *Religio* genauso fremd ist wie der Kultur der hellenistischen Ökumene (οἰκουμένη). Mit der Zerstörung des Tempels in Jerusalem sollen sie gemeinsam «ausgerottet» werden, denn «die Christen stammen von den Juden ab; werde die Wurzel ausgerissen (*radice sublata*), sei der Sprössling leicht zu vernichten (*stirpem facile perituram*)».[55] Wie wenig sich diese Einschätzung bewahrheitete, ist aus dem weiteren Verlauf der römischen Geschichte bekannt. In einem allerdings bestätigte sich die Befürchtung von Tacitus und anderen, dass nämlich der unheimliche Aberglaube aus dem Osten des Imperiums die antike Kultur radikal umwälzen würde – mit dem Effekt freilich, dass sich die Intoleranz gegenüber den Juden (nun christlicherseits) in einem ungeahnten Ausmaß verschärfte.

Stoa

Vor allem auch die antike Philosophie der Stoa gehört in den Themenkomplex ‹Polytheismus – Monotheismus›. Man sieht dies, wenn man sich noch einmal vergegenwärtigt, was Jan Assmann als ‹Polytheismus› definiert:

> Eine Götterwelt steht der Welt aus Kosmos, Mensch und Gesellschaft nicht gegenüber, sondern ist ein Prinzip, das sie strukturierend, ordnend und sinngebend durchdringt. [...] Es geht um Vielheit, gewiss, aber nicht das numerische Prinzip ist entscheidend, sondern die Nichtunterscheidung von Gott und Welt, aus der sich die Vielheit mit Notwendigkeit ergibt. Das Göttliche ist der Welt in den drei Dimensionen der Natur, des Staats und des Mythos eingeschrieben. Polytheismus ist Kosmotheismus.[56]

Davon ausgehend liegt nämlich die Frage nahe, ob es nicht gerade das *Monotheistische am Polytheismus* – das Kosmotheistische – ist, das zur Toleranz führt, nicht das Prinzip der Vielheit als solches, wie es Bayle, Hume, Schopenhauer und viele andere vermutet haben. Die Stoa[57] illustriert und beweist genau dies. Denn es sind *monotheistische* Argumente, die diese klassisch kosmotheistische Philosophie anführt, sobald sie die *allgemeine* Menschenwürde – das ‹Worum-willen› der Toleranz nach moderner Vorstellung – sowie die völkerrechtlich relevante Vorstellung eines Kosmopolitismus postuliert.

Das kosmotheistische «Prinzip», von dem während aller drei Phasen der Stoa (ab dem 3. Jahrhundert v. u. Z. bis zum 4. Jahrhundert u. Z.) ausgegangen wird, ist der Λόγος, zu deutsch die ‹Vernunft›, die ‹Rationalität›, auch die ‹Sinnhaftigkeit›. Er bildet die ontologische Grundstruktur schlechthin; nichts, was in irgendeiner Form *ist*, erscheint anders denn Λόγος-haft. (Das trifft selbst für das Irrationale zu, das als ‹Ir-rationales› eine defiziente Form des Rationalen darstellt.) Als umfassend herrschendes Prinzip gilt der Λόγος als das Göttliche (θεῖον) schlechthin. In dieser Eigenschaft wiederum äußert es sich als eine schöpferische Kraft, die als Λόγος σπερματικός alles Sein mit Dynamik und Leben erfüllt – freilich nicht im Sinne einer Evolution nach moderner Vorstellung, sehr wohl aber im Sinne einer zielgerichteten Bewegung (τελεσμένη κίνησις), die in einer ewigen Wiederkehr des Gleichen immer wieder neu die Ordnung und den Glanz des Ganzen (beides κόσμος) hervorbringt und herstellt. Vermutlich an Heraklit von Ephesus anknüpfend, begreifen viele Stoiker den Λόγος daher als lebendig machendes Feuer (πῦρ), mehr aber noch als Geist (πνεῦμα), der alles, was da *ist*, durchdringt und lenkt. Für die Lateiner fasst Cicero zusammen: Die Stoa «behauptet nämlich, eine göttliche Kraft stecke in der Vernunft, in der Seele und dem Geist der gesamten Natur, und […] die Welt sei selbst ein Gott und die alles erfassende Ausgießung dieser Seele, dann aber auch die Lenkung dieser Welt selbst, die sich im Geist und in der Vernunft befinde, und die gemeinsame und alles umfassende Natur der Dinge, ferner der Schatten des Schicksals und die Zwangsläufigkeit der zukünftigen Ereignisse, außerdem das Feuer und der […] Äther, dann alles, was von Natur aus sich fließend und strömend ausbreite, wie das Wasser, die Erde, die Luft, die Sonne, der Mond, die Gestirne, die Gesamtheit der Dinge, in der alles enthalten ist, und auch die Menschen, die die Unsterblichkeit erreicht hätten.»[58]

Es überrascht nicht, dass bei dieser theologischen Kosmozentrik der Mensch eine zentrale Stellung einnimmt, ist doch seine Vernunft (λόγος), seine Seele (ψυχή), vom göttlichen Pneuma so sehr erfüllt, dass er als ‹Abbild Gottes› bezeichnet werden darf – *est igitur homini cum deo similitudo* (Cicero)[59] –, und sein Lebensziel darin liegt, Gott oder den Göttern ähnlich zu werden – «Darauf müssen wir lernen […], ihnen [den Göttern] möglichst gleich zu sein» (Epiktet);[60] «[…] auf dass sich die Vernunftwesen alle ihnen [den Göttern] ähnlich machen» (Marc Aurel).[61] Bemerkenswerter ist vielmehr, dass die Stoiker ‹den Menschen› ausdrücklich als *alle Menschen* denken und dies *ohne Unterschiede*. Cicero:

> Denn nichts ist einem anderen so ähnlich, so gleich (*tam simile, tam par*), wie wir selbst es alle untereinander sind. […] Deshalb gilt jede beliebige Definition des Menschen für alle gemeinsam (*itaque quaecunque est hominis definitio, una in omnes valet*). Das ist ein hinreichender Beweis dafür, dass es keine Unterschiede innerhalb der menschlichen Gattung gibt (*nullam dissimilitudinem esse in genere*). […] Denn die Vernunft (*ratio*) […] ist allen gemeinsam; obwohl sie dem Grad ihrer Ausbildung nach unterschiedlich entwickelt ist, so ist sie doch hinsichtlich ihrer Lernfähigkeit gleich. […] Und es gibt keinen Menschen auf dieser Welt, der nicht zur Entfaltung seiner

Möglichkeiten gelangen kann, wenn er nur in der Natur sein Leitbild gefunden hat (*qui ducem [naturam] nactus ad virtutem pervenire non possit*).⁶²

Die Unterschiede, die zwischen den Menschen aufscheinen, gehen nicht auf die Natur zurück, sondern auf die sozialen Verhältnisse sowie auf die sittliche bzw. unsittliche Lebensführung. Am deutlichsten drückt dies bekanntlich Seneca im Hinblick auf die verbreitete Sklaverei seiner Zeit aus:

> Wer bestreitet, dass ein Sklave seinem Herrn eine gute Tat erweisen kann, kennt das Recht des Menschen nicht (*ignarus est iuris humani*). Es kommt nämlich darauf an, welche Gesinnung ein Mensch hat (*cuius animi sit*), der eine gute Tat vollbringt, nicht welche soziale Stellung (*non cuius status*). Niemandem ist die Tugend verwehrt; allen steht sie offen, alle lässt sie zu, alle lädt sie ein, Freigeborene, Freigelassene, Sklaven, Könige, Verbannte: Sie fragt nicht nach Familie und Vermögen: Sie begnügt sich mit dem Menschen als solchem (*nudo homine contenta est*).⁶³

In Konsequenz dazu die oft zitierten Sätze in seinem *47. Brief an Lucilius*:

> Sklaven sind sie. – Nein, Menschen. (*Servi sunt. Immo homines.*) – Sklaven sind sie. – Nein, Hausgenossen. – Sklaven sind sie. – Nein, Freunde von geringem Rang. – Sklaven sind sie. – Nein, Mitsklaven, wenn du bedenkst, ebensoviel steht gegenüber dem einen wie dem anderen frei dem Schicksal. [...] Sklave ist er. – Aber vielleicht frei in der Seele. – Sklave ist er. – Das wird ihm schaden? Zeig, wer es nicht ist: Einer ist Sklave seiner Sinnlichkeit, ein anderer seiner Habsucht, ein anderer seines Ehrgeizes, alle der Hoffnung, alle der Furcht. [...] keine Sklaverei ist schimpflicher als die aus eigenem Willen (*nulla servitus turpior quam voluntaria*).⁶⁴

Nur konsequent, dass die Stoa die Utopie eines Kosmopolitismus entwickelt,⁶⁵ in dem die «Gemeinschaft *aller* Menschen» (*hominum inter ipsos societatem*),⁶⁶ jenseits der Unterscheidung von «Hellenen und Barbaren» (ἅπαν τὸ τῶν ἀνθρώπων πλῆθος εἴς τε Ἕλληνας καὶ βαρβάρους),⁶⁷ jenseits auch von ‹Polis› und ‹Imperium› angedacht ist, eine *res publica*, die mit dem Kosmos identisch wird. Seneca:

> Zwei Staatswesen (*duas res publicae*) wollen wir uns im Geiste vorstellen: das eine groß und wirklich allgemein, das Götter und Menschen umfasst, darin wir nicht auf diesen Winkel achten oder jenen, sondern die Grenzen unseres Staates mit der Sonne ausmessen (*sed terminos civitatis nostrae cum sole metimur*); das andere, dem uns als Bürger zugeordnet hat die Bedingung der Geburt [...], das nicht allen Menschen zugehört, sondern bestimmten.⁶⁸

Noch expliziter Marc Aurel:

> Wenn das Geistige uns gemeinsam ist (τὸ νοερὸν ἡμῖν κοινόν), so ist auch die Vernunft (λόγος), kraft derer wir vernünftig sind (λογικοί ἐσμεν), gemeinsam [...]; gilt dies, so ist auch das Gesetz gemeinsam (ὁ νόμος κοινός); gilt dies, so haben wir Anteil an einem Staatswesen (πολιτεύματός τινος μετέχομεν); gilt dies, so ist die Welt gemeinsam ein Stadtstaat (ὁ κόσμος ὡσανεὶ πόλις ἐστί). An was für einem gemeinsamen Staatswesen sonst, wird man fragen, hat das ganze Menschengeschlecht (τὸ τῶν

ἀνθρώπων πᾶν γένος) teil? Von dorther aber, von diesem gemeinsamen Stadtstaat (ἐκ τῆς κοινῆς ταύτης πόλεως), stammt in uns gerade auch das Geistige, das Vernünftige, das Gesetzliche?[69]

Deshalb «ist für mich als Antoninus Staat und Vaterland (πόλις καὶ πατρὶς) Rom, für mich als Mensch [jedoch] die Welt (ὡς δέ ἀνθρώπῳ ὁ κόσμος).»[70] Auf demselben Gedanken basiert Ciceros Idee eines Völkerrechts (*ius gentium*):

> Es besteht nämlich eine Gesellschaft (*societas*) [...], die sich am weitesten erstreckt, aller untereinander (*omnium inter omnes*) [...] Daher haben die Vorfahren (*maiores*) gewollt, dass ein anderes das Recht der Völker (*ius gentium*) sei, ein anderes das Bürgerrecht (*ius civile*). Das Bürgerrecht jedoch muss nicht sogleich auch ein Völkerrecht, das Völkerrecht aber zugleich auch Bürgerrecht sein. Aber wir haben keine feste und ausgeprägte Gestalt des wahren Rechts und der echten Gerechtigkeit: Schatten und Abbilder (*umbra et imaginibus*) verwenden wir. Wenn wir doch diesen wenigstens folgten! Rühren sie doch her von den besten Mustern der Natur und der Wahrheit (*feruntur enim ex optimis naturae et veritatis exemplis*)![71]

Bekanntlich hat weder diese Anerkennung der Gleichheit aller Menschen im Hinblick auf die ihnen allen gemeinsame λόγος-haftigkeit noch die Vision eines völkerumgreifenden Menschheitsstaates, in dem die Gerechtigkeit allumfassend gelten sollte, in jener Zeit, in der beides von den Stoikern erdacht worden ist, soziale Realisierung erfahren, ja nicht einmal die Gestalt einer öffentlichen, politischen Forderung angenommen, geschweige denn Überlegungen in Richtung ‹Toleranz› ausgelöst. Die Diskussionen darüber verblieben innerhalb der humanistisch-philosophischen Zirkel. Was an praktisch-ethischer Konsequenz aus ihnen gefolgert wurde, richtete sich so gut wie ausschließlich an das sittliche Verhalten des Einzelnen. Immerhin ließ sich, als der Diskurs über ‹Toleranz› in Gang kam, im Rahmen des Neuerwachens des antiken Humanismus zu Beginn der Renaissance- und Reformationszeit, an ihnen anknüpfen und so – ausgehend von ihnen – die Idee einer menschlichen Gemeinschaft auf den Weg bringen, in der mit Blick auf die allgemeine Menschenwürde die Toleranz als Prinzip des Miteinanders innerhalb der einzelnen Staaten, aber ebenso aller Staaten untereinander Geltung finden sollte.

Frühes Christentum

Die wirkmächtigste Anknüpfung in der Antike, sofern man das biblische Neue Testament und die erste Zeit seiner Rezeption als ein ‹Werk› der Antike betrachten darf,[72] ist wohl jene des Christentums. Sie betrifft das Neue Testament sowie die Äußerungen der Kirchenväter (bis ins 5./6. Jahrhundert) gleichermaßen. Das gilt auch hinsichtlich des Themas ‹Toleranz› bzw. ‹Intoleranz›.[73] Nicht nur das gesamte Mittelalter, auch die Neuzeit bis tief in die Aufklärungszeit hinein berufen sich in ihren jeweiligen Diskursen mit Vorliebe auf die Positionen des frühen Christentums – sowohl auf jene, die sich in Richtung ‹Toleranz› interpretieren, als auch jene, die sich für das Gegenteil, für die ‹Intoleranz› verwenden ließen. Im Fokus stand vor allem die Bedeutung des ‹Gewissens› als primärer Ort der Anwesenheit Gottes im Menschen und damit als zentrale Instanz der Sittlichkeit in jedem Einzelnen, sprich als Ursprung und Norm jener «Freiheit, zu der uns Christus befreit hat (τῇ ἐλευθερίᾳ ἡμᾶς Χριστὸς ἠλευθέρωσεν).»[74] Aus ihr sollte sich spätestens seit Martin Luther (1483–1546) das Prinzip der Glaubens- und Religionsfreiheit ableiten. Nicht weniger Anknüpfungen fanden jene Texte, die direkt oder indirekt empfahlen, wie man sich im Sinne einer christlichen Ethik gegenüber Andersgläubigen, vor allem Juden, Häretikern, Abtrünnigen oder einfach ‹Feinden› verhalten solle. Dass diese Anknüpfungen so zahlreich waren, erklärt sich nicht zuletzt daraus, dass die Texte zusammengenommen das Unterschiedlichste, sogar Widersprüchlichste zu empfehlen schienen, und sich so aus ihnen allemal das herauslesen ließ, was ins jeweilige Konzept passte.

Für das Neue Testament ist das menschliche Gewissen (συνείδησις, καρδία, πνεῦμα) als Ursprungsort ethischen Handelns zentral.[75] Das gilt nicht nur für gläubige Christen oder Juden, sogar die Heiden «zeigen [...], dass ihnen die Forderung des Gesetzes ins Herz (ἐν ταῖς καρδίαις) geschrieben ist; ihr Gewissen legt Zeugnis davon ab (συμμαρτυρούσης αὐτῶν τῆς συειδήσεως)».[76] Aus dem Gewissen spricht Gott: «mein Gewissen bezeugt es mir im Heiligen Geist (συμμαρτυρούσης μοι τῆς συνειδήσεως μου ἐν πνεύματι ἁγίῳ)»;[77] im Gewissen richtet Gott: «der Herr ist es, der mich zur Rechenschaft zieht (ὁ δὲ ἀνακρίνων με κύριός ἐστιν)».[78] Daher ist das Gewissen zu achten – mein eigenes und jenes der Anderen, selbst wenn es sich um ein «schwaches Gewissen (συνείδησις ἀσθενής)» handeln sollte: «Wenn ihr euch [...] gegen eure Brüder versündigt und ihr schwaches Gewissen verletzt, versündigt ihr euch gegen Christus».[79] Deshalb gilt als ethisches Gebot: «Die Überzeugung (πίστιν), die du selbst hast, sollst du vor Gott haben (ἐνώπιον τοῦ θεοῦ). Wohl dem, der sich nicht zu verurteilen braucht bei dem, was er für recht hält.»[80] Schon sehr früh schließen christliche Denker daraus, dass es die ‹Gewissensfreiheit› des Einzelnen in Glaubens- und Religionsfragen gibt, und sie nehmen sie gegenüber den römischen Kaisern, die sie ausgrenzen und verfolgen, sogleich in Anspruch – fordern für ihren Glauben Toleranz.[81] So hält bereits Ende des 2. Jahrhunderts Tertullian (ca. 160–220) fest: «Es ist ein Menschenrecht und ein Naturrecht (*humani iuris et naturalis potestatis est*), dass jeder anbeten kann, was er will.»[82] Einem Menschen «die Freiheit der Gottesverehrung zu nehmen», erscheint Laktanz (um 250 – ca. 325) als «Gottesfrevel (*irreligiositas*)». Er nennt «die Religion das Einzige, in dem die Freiheit ihren Wohnsitz erwählt hat. Mehr als alles andere ist sie vom Willen abhängig [...] (*religio sola est in qua libertas domicilium conlocavit. Res est enim praeter ceteras voluntaria nec imponi cuiquam necessitas potest, ut volat quod non vult.*)»[83] Dieselbe Toleranz hinsichtlich Religionsfreiheit fordern die Kirchenväter auch untereinander, sobald sie in der Auslegung des Evangeliums nicht mehr einer Meinung sind – beispielsweise Athanasius der Große (gest. 373):

> Es ist einer Religion nicht eigen, zu zwingen, sondern zu überzeugen. Der Herr hat niemand Gewalt angetan, er ließ jeden frei und sagte zu allen: ‹Wer mir nachfolgen will›, und zu seinen Jüngern: ‹Wollt etwa auch ihr fortgehen?› […];[84]

oder Hilarius von Poitiers (um 315–367):

> Gott hat uns gelehrt, ihn zu erkennen, er hat uns nicht gezwungen; er hat seinen Geboten Autorität verliehen, indem er uns seine himmlischen Werke bewundern ließ, er wollte keinen zwingenden Befehl![85]

Selbst Augustinus (354–430), obwohl in der zweiten Hälfte seines Lebens gegenüber Andersgläubigen nicht mehr tolerant gesonnen, bekennt sich in seinen Predigten zum Johannes-Evangelium, entstanden 407–417, zu dem Prinzip: *Credere non potest homo nisi volens*.[86] Der Vollständigkeit halber muss freilich erwähnt werden, dass die kirchliche Praxis nach dem sogenannten ‹Mailänder Toleranz-Edikt› der Kaiser Konstantin (306–337) und Licinius (308–325) vom 13. Juni 313 (besiegelt in Nikomedien) sich sehr rasch in Richtung Intoleranz entwickelte, was vor allem die Anhänger der paganen Religionen sowie die Juden, bald aber auch die als ‹Häretiker› bzw. als ‹Abtrünnige› empfundenen Glaubensbrüder betraf. Hatte das Edikt seine Verfügung, «dass […] den Christen ungehinderte und uneingeschränkte Freiheit in Ausübung ihrer Religion verliehen [sei]» noch unter der mehrfach geäußerten Voraussetzung erlassen, «dass die Religionsfreiheit nicht verwehrt werden dürfe, dass es vielmehr einem jeden gemäß seiner Gesinnung und seinem Willen verstattet sein solle, nach eigener Wahl sich religiös zu betätigen […], dass jeder Freiheit habe, gemäß seinem Willen eine Gottheit zu erwählen und zu verehren»,[87] was übrigens auch noch – möglicherweise unter dem Einfluss von Qu. Aurelius Symmachus (gest. 402) und dessen Einsatz für die Beibehaltung der religiösen Kulte des alten Roms – die Einstellung der Kaiser Julian Apostata (361–363) und Valentinian I. (364–375) war,[88] so geriet diese Anerkenntnis zunehmend in Vergessenheit. Das Beispiel des Presbyters Salvianus von Marseille (vor 400 – nach 480) aus der Ordensgemeinschaft von Lérins, der noch riet, Menschen, die «aufrichtig irren (*bono animo errant*) […] aus Liebe zu Gott (*affectu dei*) […] in rechter Frömmigkeit», zu respektieren und Gott «das gerechte Urteil» (*iusto iudicio*) zu überlassen,[89] wurde zur Ausnahme. Auf paganer Seite entstand sogar der erschreckende Eindruck, «dass es für die Menschen keine gefährlicheren Raubtiere gibt als die Christen für ihre Glaubensgenossen» (Ammianus Marcellinus).[90]

Was die ‹Toleranz› bzw. ‹Nicht-Toleranz› gegenüber Andersgläubigen, ‹Heiden›, Juden, Schismatikern, Häretikern und ‹Feinden› anbelangt, so sind es zwei Gleichnisse, die paradigmatisch für das eine wie für das andere stehen: Einerseits das ‹Gleichnis vom Unkraut und Weizen›,[91] andererseits das ‹Gleichnis vom Festmahl›[92] – das erstere für Toleranz, letzteres für Intoleranz. Keine anderen Texte werden in unserem thematischen Zusammenhang während des gesamten Mittelalters und der frühen Neuzeit so oft zitiert wie diese. Daneben gibt es freilich andere wie jene des Gebots der Nächstenliebe[93] und der Feindesliebe[94] sowie jene zum Vorbild des liebenden und duldenden[95] oder auch des unduldsamen und abweisenden Jesus,[96] nicht zu vergessen die ‹Goldene Regel› («Alles, was ihr also von anderen erwartet, das tut auch ihnen!»)[97] sowie der ‹Rat des Gamaliël› in der Apostelgeschichte.[98] Kaum einer findet jedoch so viel Beachtung und Interpretation wie die beiden genannten Parabeln. Während die eine dafür steht, das letzte Wort für die Wahrheit oder Unwahrheit eines Glaubens Gott am Ende der Zeiten, beim letzten Gericht, zu überlassen und sich deshalb ‹hiernieden› der Toleranz, Nachsicht und Duldsamkeit zu bemühen, scheint die andere zu rechtfertigen, zur Wahrheit und zum ‹Heil› auch nötigenfalls zwingen zu dürfen bzw. Intoleranz einsetzen zu müssen. Wie sehr das eine Gleichnis in das andere umkippen kann, und aus Toleranz Intoleranz wird, zeigt sich bei keinem Kirchenvater so eindrücklich wie bei Augustinus. Während er im sogenannten ‹Donatisten-Streit› (für ihn an der Wende vom 4. zum 5. Jahrhundert) zunächst eine zurückhaltende, tolerante Haltung einnimmt und diese mit dem ‹Gleichnis vom Unkraut und Weizen› begründet,[99] verhärtet sich seine Position bald in Intoleranz: Indem ihm zur Gewissheit wird, «dass ihr [die Donatisten] das Unkraut seid und euch, was noch ärger ist, vor der Zeit [des Jüngsten Gerichts] vom Weizen losgetrennt habt»,[100] scheint es ihm geboten, «die Strenge der Zucht» anzuwenden und «sich mit diesen Verbrechen zu beschäftigen», so wie es bei anderen Verbrechen geschieht, die zu ahnden der kirchlichen und weltlichen Macht jetzt schon zusteht.[101] Da zählt nicht mehr die Freiheit des Gewissens, gegebenenfalls auch die Freiheit des irrenden Gewissens, denn: «Gibt es denn einen schlimmeren Seelentod als die Freiheit des Irrtums? (*Quae est enim peior mors animae, quam libertas erroris?*)»[102] Abgesehen davon gilt es, «nicht [...] den Zwang als solchen zu betrachten, sondern ob die Qualität dessen, wozu gezwungen wird (*esse considerandum [...] quale sit illud quo cogitur*), gut oder schlecht ist».[103] So heißt es schließlich in deutlicher Anspielung auf Lukas 14:

> Wenn deshalb die Kirche kraft der Gewalt, die ihr Gott zu gegebener Zeit übertragen hat, mit Hilfe der religiösen und gläubigen Könige jene in ihren Schoß einzutreten zwingt (*coguntur intrare*), die sie auf den Wegen und an den Hecken findet, d. h. unter den Schismen und Häresien, so sollen sich jene nicht beklagen, dass man sie gezwungen hat, sondern sollen schauen, wohin man sie treibt (*quo cogantur*).[104]

In den Zusammenhang von ‹Toleranz und Intoleranz› gehört nicht nur diese Bibelexegese des Augustinus. Von ebenso großer und vielleicht noch unheilvollerer Wirkung auf die gesamte europäische Geistes- und Kulturgeschichte wurde seine Gnaden- bzw. Ungnaden-Theologie samt der damit einhergehenden Erbsünden- und Prädestinations-Lehre – so wie sie erstmals in der Quaestio I 2 seiner Schrift *Quaestiones ad Simplicianum* aus dem Jahr 397, einem Kommentar zu Römerbrief 9, 9–29, formuliert ist.[105] Augustinus vollzieht darin (wie er selbst mehrfach betont[106]) eine markante ‹Kehre› in seinem Denken – weg von der Anerkennung der Freiheit des Menschen, wie sie sich in seinen früheren Schriften *De libero arbitrio* (388) und *De vera religione* (390) findet, hin zum Glauben an einen alles vorausbestimmenden Gott, der willkürlich erwählt und verwirft, erlöst oder verdammt, egal was ein Mensch meint, aus eigenem Handeln zu seinem Heil beitragen zu können. Da alle Menschen, selbst unschuldige Kinder, in Adam gesündigt haben und deshalb verdammungswürdig sind, spielen sie im Heilsplan Gottes keine Rolle. Im sogenannten Heilsgeschehen lässt sich der Einzelne in seinem freien Willen und Gewissen vernachlässigen. Mit dieser Kehre in seinem Denken schuf Augustinus, wie Kurt Flasch meint, wohl «ein neues Konzept von Gott und der Welt, vom Menschen und vom christlichen Glauben» und entzündete eine «erfolgreiche Kulturrevolution», zugleich jedoch «entwertete [er] die gesamte antike Welt, vor allem ihre Ethik und Kultur», und setzte jene «Logik des Schreckens» in Gang, die das Christentum in Theorie und Praxis verdüsterte, indem es aus dem Gott Jesu einen undurchschaubaren, zürnenden Despoten machte, der Gnade und Verdammnis unergründlich verfügt, und gleichzeitig – aufgrund der Erbsünde – die Menschheit zu einer einzigen «massa peccati» bzw. «massa damnata» degradierte, aus der es für den Einzelnen kein Entrinnen gibt außer (wiederum) durch die Willkürgnade Gottes.[107] Augustinus wird damit zu einem Wegbereiter dessen, was Hannah Arendt (1906–1975) eine «totalitäre Herrschaft» nennt und folgendermaßen definiert:

> Totalitäre Herrschaft [...] rechnet überhaupt nicht mit handelnden Menschen und kann daher auch kein eigentliches Prinzip des Handelns, und sei es das Prinzip der Furcht, gebrauchen. An seine Stelle setzt sie etwas ganz und gar anders Geartetes, das mit dem menschlichen Willen zum Handeln nichts mehr zu tun hat, dafür aber seinem Bedürfnis nach Einsicht entgegenkommt und ihn lehrt, die Bewegungsgrenze zu verstehen, die der Terror vollstreckt und die ja angeblich von Geschichte und Natur über eine ihnen ausgelieferte Menschheit ohnehin verhängt worden sind. Innerhalb solcher über die Menschheit verhängten Prozesse, in die alle eingefangen sind und an denen sie nichts ändern können [...], kann es nur Vollstrecker und Opfer der ihnen inhärenten Gesetze geben.[108]

Im Verhältnis zwischen Vollstreckern und Opfern ist Toleranz keine Kategorie mehr.

Die «Leute der Schrift» und das «Wetteifern um das Gute»

Man mag unterschiedlicher Meinung darüber sein, ob der ‹Monotheismus› *per se* Intoleranz impliziere oder ob er nicht umgekehrt Motivation zu Toleranz auslösen könne, wie nicht allein der Polytheismus, der seinerseits ein kosmotheistischer ‹Monotheismus› war, illustriert, sondern ebenso der Monotheismus *sensu stricto*, wie er in den drei ‹Buchreligionen› Judentum, Christentum und Islam zum Tragen kam, die jede für sich immer wieder zu der Einsicht vorstieß, dass der eigene einzige Gott notwendigerweise auch der Gott der anderen Religionen sein müsse, und dass nicht zuletzt dies eine religiös-ethische Ansage an *alle* Menschen beinhalte. Was hingegen außer Streit steht, ist die Tatsache, dass diese drei Religionen – die «Leute der Schrift», wie der Koran (in den medinischen Suren) sie häufig nennt – den Toleranz-Diskurs, wie er sich in den europäischen Kulturen herausgebildet hat, gemeinsam über Jahrhunderte dominierten und in spezifischer Weise auf den Weg brachten.

Das kann nicht verwundern, stehen sich die drei Monotheismen doch geistig näher als die lange, leidvolle Geschichte ihrer Konfrontationen suggeriert. Schon allein die geistig-kulturellen Implikationen, die mit den von ihnen geteilten Grundüberzeugungen einhergehen, zeitigten von Mal zu Mal Effekte, die sich nicht nur auf das Verhältnis untereinander, sondern ebenso auf die Entwicklung des Toleranz-Diskurses insgesamt auswirkten.

Diese resultieren bereits aus dem Bekenntnis zu dem einen transzendenten, sprich mit der Welt völlig inkommensurablen Gott. Wird an diesem radikal festgehalten, lässt sich eine erfahrbare Anwesenheit Gottes innerhalb der Welt nur denken, wenn zum einen Gott selbst es ist, der *sich von sich aus* in der Welt anwesend macht – durch das, was man theologisch ‹Offenbarung› nennt –, und zum anderen diese seine Anwesenheit in der Welt nicht aufgeht bzw. zu etwas ‹Weltlichem› wird, das sich mit ihm auf irgendeine Weise identifizieren ließe. Letzteres führt zur absoluten Negation einer Abbildbarkeit Gottes durch etwas Weltliches, das diesen nicht bloß verbildlichen, sondern auch noch vergegenwärtigen können sollte. Es ruft vielmehr nach einem Medium, in dem seine, *durch ihn selbst* hergestellte Anwesenheit zugleich seine kategorische Nichtverfügbarkeit ‹offenbart›.[1] Dieses Medium ist grundsätzlich die Sprache, genauerhin das Wort. Anders als im bildnerischen oder plastischen Abbild, wie es zu Zeiten der Entstehung aller drei Monotheismen begriffen wurde,² bleibt in ihr / in ihm die Dialektik zwischen ‹Präsenz› und ‹Vorbehalt› nicht nur gewahrt, sondern wird durch sie / durch es wesentlich gesetzt. Sprache und Wort wiederum verstetigen sich in der Schrift.

> Schrift ist [so] das Schicksal des Monotheismus. Ohne sie gäbe es ihn nicht. [...] die Schrift [war] der entscheidende Katalysator für die Entstehung des biblischen Monotheismus. Der lag intellektuell in der Luft, früh schon in Echnatons Ägypten, in Persien, in Griechenland vor allem. Um ihn wirksam durchzusetzen, bedurfte es aber eines geeigneten Mediums. Das war die Schrift. Sie kann zaubern. Sie macht, dass in unserem Bewusstsein etwas Abwesendes auf eigentümliche Weise anwesend sein kann. Mit dieser Simultaneität von Abwesenheit und Da-Sein wird der monotheistische Punkt getroffen. (Eckart Nordhofen)³

Es genügte dazu freilich nicht die Verschriftlichung alleine, sondern früher oder später bedurfte es der institutionalisierten Form davon, sprich einer Kanonisierung. Erst dadurch gelangte die verschriftlichte Offenbarung zu Ehren einer ‹Heiligen Schrift› – einer Bibel (Tora), eines Neuen Testaments, eines Korans. Nicht zu übersehen dabei: Besagte Verschriftlichung erfolgt durch den «Hörer des Wortes»,⁴ durch den Menschen als Adressaten der göttlichen Offenbarung. Diese ‹Rolle› definiert diesen nicht weniger neu als Gott:

> Das Göttliche emanzipiert sich aus der symbiotischen Eingebundenheit in Kosmos, Gesellschaft und Schicksal und tritt der Welt als eigenständige Größe gegenüber. Im gleichen Zuge emanzipiert sich auch der Mensch aus seinem symbiotischen Weltverhältnis und entwickelt sich in Partnerschaft mit dem außerweltlichen, aber weltzugewandten Einen Gott zum autonomen bzw. theonomen Individuum. Darin liegt die entscheidendste aller psychohistorischen Konsequenzen des Monotheismus. Nichts anderes meint ‹Freiheit› im religiösen Verständnis. Der Monotheismus ist nicht nur eine Sache des Gottes-, sondern auch des Menschenbildes. (Jan Assmann)⁵

Was nun die Geschichte der Entwicklung des Toleranz-Gedankens anbelangt, so trug jede der drei Schrift- bzw. Buchreligionen das jeweils Ihrige, Spezifische und Unverwechselbare, bei. Das darf wie gesagt nicht übersehen lassen, dass der geistig-kulturelle Hintergrund dieser Beiträge bei aller Differenz ein gemeinsamer ist, der sowohl den Gottesbegriff als auch das damit einhergehende Menschenbild zu Brennpunkten hat. Er ergibt sich aus der historischen Tatsache, dass die drei Religionen auseinander hervorgehen, also eine gemeinsame Herkunftsgeschichte haben. Das Christentum ist und bleibt eine jüdische Religion, auch wenn es dieser schon wenige Jahrzehnte nach dem Auftreten Jesu ‹entwächst› und sich zu ihrem durch und durch intoleranten Gegner entwickelt. Ein halbes Jahrtausend später entsteht der Islam in enger Auseinandersetzung mit Judentum und Christentum und bleibt sich dessen – bei allem Anspruch, beides überboten und abgelöst zu haben – so sehr bewusst, dass er gegenüber den anders-bekennenden «Leuten der Schrift» toleranter als das Christentum auftritt, ja sich gemeinsam mit diesen zum «Wetteifer um das Gute»⁶ anspornt.

Gemeinsam ist den drei Religionen die Berufung auf Abraham als Urbild des Glaubens und damit als Begründer des Monotheismus. Sie tragen deshalb zu dritt den Namen ‹abrahamitische› bzw. ‹abrahamische› Religionen.[7] Wohl nehmen sie Abraham im Laufe ihrer Geschichte jeweils für sich immer exklusiver in Anspruch, dennoch bleibt er für sie alle der von Gott Berufene, mit dem dieser einen Bund schließt zum Segen der ganzen Welt, nicht nur des Volkes Israels. Er kann dieser Berufene nicht zuletzt deshalb sein, weil er selbst weder Jude noch Christ noch Muslim war, freilich auch kein «Heide» im Sinne eines Polytheisten, sondern ein «Knecht» und «Freund» Gottes,[8] ein «Ḥanīf», ein schlicht an den Einen Gott Glaubender.[9] Gewiss betrachtete sich das Volk Israel und später das Judentum als den alleinigen Erben der abrahamischen Bundesverheißung,[10] es fand je länger je mehr, besonders zu Zeiten der Endredaktion des Pentateuchs und anderer Schriften nach dem babylonischen Exil, seine Identität in Abraham – nicht weniger als in Mose, mit dem Jahwe den alles entscheidenden Bund am Sinai geschlossen hatte –, erst recht nach der Zerstörung des Tempels 70 u. Z. und der Niederschlagung aller jüdischen Aufstände unter Kaiser Hadrian (135 u. Z.), als sich das rabbinische Judentum herausbildete und aus Abraham der Erzpriester und ‹Urrabbi› wurde.[11] Gewiss sprach das Christentum dieses Erbe dem Judentum zunehmend ab, indem es trotz aller anderslautender Aussagen, wie sie sich vor allem in den Briefen des Paulus sowie im Hebräerbrief finden, als den eigentlichen Erben Jesus Christus und in diesem alle Menschen, die sich zu ihm bekennen, betrachtete[12] und so den Christus-Glauben zum alleinigen Kriterium für die Zugehörigkeit zu Abraham und dessen Verheißung machte.[13] Gewiss geschah Analoges im Islam, spätestens in Medina (ab 622 u. Z.), als Mohammed in eine immer radikaler werdende Konfrontation mit den dortigen jüdischen Gemeinden geriet und sowohl den jüdischen als auch den christlichen «Leuten der Schrift» jeglichen Anspruch auf Abraham verweigerte, schließlich sogar aus diesem einen vorbildlichen Muslimen machte,[14] der sich nicht nur durch seinen unbedingten Monotheismus, sondern ebenso durch die Befolgung der göttlichen Gebote im Glauben bewährte.[15] Trotzdem kommen alle drei Religionen darin überein, in Abraham das Vor- und Urbild des Glaubens zu sehen, bzw. verstehen sich Tora, Evangelium und Koran gleichermaßen als «Konkretionen des Glaubens Abrahams, [als] Wiederbelebungsversuche»[16] dieses Glaubensbeispiels.

Judenchristentum – Antijudaismus

Nicht nur Jesus selbst, auch die ersten Christen dachten nie daran, aus dem jüdischen Glauben auszubrechen, geschweige denn eine neue Religion zu gründen. «Denkt nicht», hält Jesus zu Beginn der von Matthäus überlieferten ‹Bergpredigt› fest, «ich sei gekommen, um das Gesetz und die Propheten aufzuheben. Ich bin nicht gekommen, um aufzuheben, sondern um zu erfüllen. Amen, das sage ich euch: Bis Himmel und Erde vergehen, wird auch nicht der kleinste Buchstabe des

Gesetzes vergehen, bevor nicht alles geschehen ist. Wer auch nur eines von den kleinsten Geboten aufhebt und die Menschen entsprechend lehrt, der wird im Himmelreich der Kleinste sein. Wer sie aber hält und halten lehrt, der wird groß sein im Himmelreich.»[17] Während der ersten Jahrzehnte nach dem Tode Jesu gab es deshalb im Großraum Palästina sogenannte *judenchristliche* Gemeinden, in denen sich deren Mitglieder wohl zu Jesus als dem von den Propheten verheißenen Messias bekannten, zugleich aber als ‹Tora-treue› Juden verstanden und entsprechend lebten. Selbst der ‹Völkerapostel› Paulus, der als Adressaten der christlichen Botschaft *alle* Menschen betrachtete, nicht nur das Volk Israel,[18] somit den Schritt über die Grenzen des Judentums hinaus setzte, gab sein persönliches Judentum nie auf,[19] stellte Jesus in die *anhaltend gültige* Heilsgeschichte Israels hinein und berief sich ausdrücklich auf die *universelle* Dimension der Bundesverheißung an Abraham:

> Und da die Schrift vorhersah, dass Gott die Heiden aufgrund des Glaubens gerecht macht, hat sie dem Abraham im voraus verkündet: *Durch dich sollen alle Völker Segen erlangen*. Also gehören alle, die glauben, zu dem glaubenden Abraham und werden wie er gesegnet.[20]

Seitens der Christen ging es in den frühen Jahren somit nicht um Toleranz, die sie den Juden, die sie selber waren, hätten entgegenbringen müssen, sondern um Identifizierung mit diesen – streng genommen um ihre eigene Identität als Juden. Anders sah es von offiziell jüdischer Seite aus.[21] Diese befand sich nicht erst zur Zeit Jesu in der kritischen Situation, durch das energische Festhalten an ihrer eigenen Identität das politisch-kulturelle Überleben des Volkes sichern zu müssen. Schon unter der Seleukiden-Herrschaft im 2. Jahrhundert v. u. Z. war daher Intoleranz in eigenen Reihen angesagt, sobald eine Assimilation an die herrschende hellenistische Kultur angestrebt wurde. Erst recht stellte die innerjüdische Zersplitterung unter römischer Herrschaft (an der Zeitenwende) eine existenzgefährdende Bedrohung dar. Jüdischerseits konnte vor allem der christliche Anspruch, dass in Jesus der erwartete Messias aufgetreten sei, kaum toleriert werden – zumal der ‹Messias›-Titel stark politisch konnotiert war. Einen weiteren Stein des Anstoßes bildete der christliche Umgang mit den Proselyten, der keine zwingende Konversion zum Judentum und seinen Lebensformen mehr vorsah. So kam es zwangsläufig zu Konflikten, die nicht erst nach der Zerstörung Jerusalems in den Jahren 70 und 135 u. Z., sondern bereits davor damit endeten, dass Christen innerhalb jüdischer Gemeinden nicht mehr geduldet wurden – und dies nicht nur in Palästina, sondern überall im römischen Reich, wo sich Synagogen befanden.

Die neutestamentlichen Schriften reflektieren diese Auseinandersetzungen – neben den Paulus-Briefen vor allem das Matthäus-Evangelium, das lukanische Doppelwerk, der Hebräerbrief und abschließend, gewissermaßen kulminierend, das Johannes-Evangelium als einer der spätesten Texte des Neuen Testaments.[22] Diese Reflexionen resümierend wird man mit Karl-Josef Kuschel theologisch sagen dürfen:

> Allen Christen der nachpaulinischen Zeit, von denen hier die Rede war (Matthäus und der Verfasser des Hebräer-Briefs als Judenchristen sowie Lukas als Heidenchrist), ging es in Sachen Abraham um das eine: die Geschichte Jesu Christi nicht als Ereignis der Beerbung oder Ersetzung eines definitiv verworfenen Israels zu erzählen, sondern als *Teil, ja als neuen Gipfelpunkt der Bundes- und Segensgeschichte Gottes* mit seinem Volk und für sein Volk. Mag der Konflikt der ersten christlichen Gemeinden mit dem ‹gegenwärtigen Jerusalem›, mit dem Israel ‹dieser Generation› auch noch so bitter gewesen sein, Gottes überraschend neues Handeln in Jesus Christus soll nach wie vor auch Israel zugutekommen, selbst wenn Israel dieses Angebot (noch) nicht erkannt hat. Denn die Verheißungen Gottes an Israel sind auch nach dem Christus-Ereignis nicht rückgängig gemacht, der Bund ist nicht gekündigt. Zwar gibt es eine Scheidung innerhalb Israels selber, aber keine definitive Verwerfung von ganz Israel. [...] Der neue Bund in Jesus Christus ist der von Gott erneuerte Bund mit Israel – für Israel und die Völker, ist der neue Bund im alten.[23]

Ton und Aussage verschärfen sich allerdings und sind bald an Intoleranz kaum mehr zu überbieten. Das beginnt bei Matthäus, in dessen – nach dem Jahr 70 verfassten – Evangelium, das auf Abgrenzungen setzt, Israel Glaubensverweigerung vorwirft und seine Enterbung aus den Verheißungen, jedenfalls das Gericht Gottes in den Raum stellt, und gipfelt in dem wohl ‹unheil-vollsten›[24] Text der Bibel – dem 8. Kapitel des Johannes-Evangeliums mit den Jesus-Worten:

> Wenn ihr Kinder Abraham wärt, würdet ihr so handeln wie Abraham. Jetzt aber wollt ihr mich töten, einen Menschen, der euch die Wahrheit verkündet hat, die Wahrheit, die ich von Gott gehört habe. So hat Abraham nicht gehandelt. [...] Warum versteht ihr nicht, was ich sage? Weil ihr nicht imstande seid, mein Wort zu hören. Ihr habt den Teufel zum Vater, und ihr wollt das tun, wonach es euren Vater verlangt. Er war ein Mörder von Anfang an [...] und ist der Vater der Lüge. [...] Wer aus Gott ist, hört die Worte Gottes, ihr hört sie deshalb nicht, weil ihr nicht aus Gott seid.[25]

Deutlicher kann der Bruch nicht markiert werden: Ausdrücklich im Hinblick auf *das Gemeinsame, woraufhin* Judentum und Christentum sich hätten tolerant begegnen können, auf den Glauben Abrahams, wird Israel als von Gott verworfen und enterbt betrachtet; es ist sogar außerstande, ja nicht mehr berechtigt, seine eigene Glaubensgeschichte «in Wahrheit» zu interpretieren. Damit kündigt sich an, was ab dem späten 2. Jahrhundert – erstmals bei Melito von Sardes[26] – zu dem unerhörten Vorwurf des «Gottesmordes» führt und die Juden insgesamt zu «Gottesmördern» (κυριόκτονοι) stempelt – mit den furchtbaren Konsequenzen, die der christliche Antijudaismus bis in die Moderne hinein heraufbeschwören sollte. Was nach der sogenannten ‹Konstantinischen Wende› ab 313 Realität wurde – die laufende Entrechtung der Juden sowie die Verwüstung von Synagogen, verbunden mit pogromartigen Auswüchsen, oft geschürt von Bischöfen –, war theologisch vorbereitet: Seit der Niederschrift des Johannes-Evangeliums «ist die frühchristliche Literatur von einer konsequenten Judenfeindlichkeit durchzogen, die alles übertrifft, was ältere und gleichzeitige heidnische Schriften in dieser Hinsicht bieten, und die als eine offizielle Ideologie gelten kann. [...] Mit Anbruch des 4. Jh. tritt uns diese Ideologie [...] als konsistentes System universaler Geltung entgegen.» (Nicholas R. M. de Lange)[27] Innerhalb dieses Systems war ‹Toleranz› gegenüber dem Judentum ausschließlich als Duldung, nicht mehr als Anerkennung denkbar.

Duldung und Anerkennung

Differenziert ist – was das Verhältnis von Toleranz und Intoleranz anbelangt – auch das Zueinander der drei abrahamischen Religionen in den Anfangszeiten des Islam, zu Lebzeiten des Propheten Mohammed (570[?] – 632), zu betrachten.[28] Zweifellos stammt die Anregung zu dessen rigorosem Monotheismus aus den biblischen Schriften, aus Tora und Neuem Testament gleichermaßen. Judentum und Christentum hatten sich in Arabien ab dem 2. Jahrhundert stark verbreitet und weithin großen Einfluss errungen. Sogar in Mekka, der Stadt Mohammeds, verdrängten sie die altarabischen (polytheistischen) Kulte.

> Verehrt wurde [hier] mit dem schwarzen Stein und später auch mit der *Ka'ba* ein Gott altarabischen Typs, *Allāh*. Um 600 war dieser Allāh für die meisten Verehrer ein Gott im monotheistischen Sinn, ein ‹Hochgott› geworden. [...] Juden, Christen und Muslimen kennen arabisch kein anderes Wort für ‹Gott› als Allāh. (Anton Schall)[29]

Mohammed selbst steht zum sowohl jüdischen als auch christlichen Einfluss auf seine Offenbarungslehre. Mehr noch, er identifiziert sich mit Judentum und Christentum, indem er sich in die Herkunftsgeschichte Israels und in die Glaubenstradition einreiht, die von Adam über Noah, Abraham samt seiner Familie – vor allem seinem Sohn Ismael –, über Moses, Maria und Jesus bis zu ihm selbst reicht. Im Glauben weiß und fühlt er sich einig mit Juden und Christen. Deshalb seine Empfehlung an alle Muslime:

> Disputiert nicht mit den Schriftbesitzern [Juden und Christen], es sei denn in freundlicher Weise [...] und sprecht: Wir glauben an das, was auf uns und was auf euch herabgekommen ist, unser Gott und euer Gott ist einer, und wir sind ihm ergeben.[30]

Und an die Schriftbesitzer:

> Ihr Leute der Schrift! Kommt her zu einem Wort des Ausgleichs [?] zwischen uns und euch! (Einigen wir uns darauf), dass wir Gott allein dienen und ihm nichts (als Teilhaber an seiner Göttlichkeit) beigesellen, und dass wir (Menschen) uns nicht untereinander an Gottes Statt zu Herren nehmen. [...] Bezeugt, dass wir (Gott) ergeben sind [arabisch *muslimūn*].[31]

Entsprechend ist der Koran als Heilige Schrift des Islam zu lesen. Der Anspruch an die Lektüre, die sich aus diesem Buch selbst ergibt, lautet, es einerseits als unmittelbare göttliche Offenbarung an Mohammed, den Gesandten, zu respektieren, es andererseits aber auch als ‹Schrift› zu betrachten, die aus den ihr vorangegangen Heiligen Schriften der Tora und des Neuen Testaments erwächst:

> Durch die Geschichte hindurch war der Koran faktisch stets beides: eine Schrift transzendenter Herkunft *und* diesseitiges Zentrum einer Lebensform und damit Gegenstand weitgefächerter theologischer Reflexion. Vor allem widerspricht die Monopolisierung der transzendenten Herkunft für den Koran allein dem Text selbst, der gerade auf der gemeinsamen Herkunft aller drei monotheistischen Schriften insistiert und auch Juden und Christen als die älteren ‹Schriftbesitzer›, ahl al-kitāb, einlädt, die gemeinsame Genealogie der monotheistischen Religionen anzuerkennen, die dem späteren Zeugnis der Koran zufolge ja alle ein und derselben Urschrift entstammen. Der Koran nimmt hier sogar eine Sonderstellung ein, denn [...]: Zahllose Verse sprechen nicht nur von der himmlischen Schrift, *kitāb*, sondern auch von ihren bereits im Diesseits etablierten Erscheinungsformen, den ‹Schriften›, *kutub*, anderer Religionen, der Juden und Christen. (Angelika Neuwirth)[32]

Der Koran setzt sich von Judentum und Christentum freilich auch ab. Schon der Anspruch «als einzig wahre Religion gilt bei Gott der Islam»[33] sowie die Deklarierung Mohammeds als «Siegel der Propheten»,[34] sprich als endgültiger Gesandter Gottes in der gesamten Heilsgeschichte der Menschheit, drückt aus, dass die göttliche Offenbarung des Korans alle vorangegangenen Offenbarungen Gottes *überbietet* und damit *hinter sich lässt*. Deshalb bedeutet das Nicht-Akzeptieren der koranischen Botschaft grundsätzlich Unglauben bzw. Ablehnung Gottes. Was daher für alle gilt, «die frei und ungezwungen dem Unglauben in sich Raum geben», dass nämlich «Gottes Zorn über sie kommt und [...] eine gewaltige Strafe»,[35] bezieht sich in letzter Konsequenz auch auf Juden und Christen, zumal «viele von den Leuten der Schrift euch [die Muslime] gern, nachdem ihr gläubig geworden seid, wieder zu Ungläubigen machen möchten».[36] Dabei trifft es die Juden mehr als die Christen[37] – möglicherweise, weil Mohammed Jesus zeit seines Lebens verehrte,[38] wahrscheinlich aber auch, weil die Christen (vor allem in Medina, der Stadt der muslimischen Machtergreifung) politisch weniger bedeutend waren als die Juden. Dass es dabei nicht bei der toleranten Haltung blieb, die einige Suren suggerieren,[39] ist aus den Zeiten nach Mohammeds Auswanderung (*Hidschra*) von Mekka nach Medina (622 u. Z.) bekannt: Die dort lebenden jüdischen Stämme der Qainuqāʿ sowie der Nadir wurden vertrieben und als Tributpflichtige *geduldet*, der Stamm der Banū Quraiẓa hingegen wurde in einem «Massenmord ausgerottet».[40] Sicherlich war nicht das machtpolitische Kalkül alleine für diese Exzesse an Intoleranz verantwortlich. Ein wichtiger Grund lag wohl darin, dass sich das Selbstverständnis Mohammeds zu ändern begonnen hatte:

> [Er] gehört [...] nicht mehr dem Lager der ‹sich Lassenden› (*Muslim*) an, er ist vielmehr sich selbst Herr und Gott. Seine in der anfänglichen Phase oft so ansprechenden, tiefsinnigen, oftmals den Menschen mitten ins Herz treffenden Verkündigungen werden zu Äußerungen nicht selten brutaler, ungezügelter Machtbesessenheit im Namen Gottes. (Anton Schall)[41]

Was sich nicht zuletzt in den medinischen Suren niederschlägt:

> Zugleich erscheint der Prophet in diesen Suren, die in einigen Fällen [...] stereotyp durch Psalmen-evozierende hymnische Anfangsformeln eingeleitet werden, mit einer neuen Aura. Bezeichnet als *al-nabī*, ist er nicht mehr bloßer Überbringer der Botschaft, sondern tritt nun in den Text ein. Erst jetzt trägt er den Namen *Muhammad* [...], der als Ehrentitel ‹Der Gepriesene›, zu verstehen sein dürfte. Er wird von Gott persönlich angesprochen mit der Formel, *yā aiyuhā l-nabī*, ‹Du Prophet!›, er ist zu einem Akteur geworden, der synergetisch mit der göttlichen Person wirkt und dann in der Kombination *Allāhu wa-rasūluhu*, ‹Gott und sein Prophet›, erwähnt wird. (A. Neuwirth)[42]

Im Hinblick darauf löste die Ablehnung, die Mohammed sowohl von jüdischer als auch von christlicher Seite erfuhr, die beide seinen Anspruch nicht akzeptieren konnten und in seinen Offenbarungen weniger Verbindendes als Trennendes erblickten, nicht nur eine tiefe persönliche Enttäuschung aus, sondern stellte prinzipiell seine gesamte Verkündigung und zugleich seine Autorität als endgültiger Prophet Gottes infrage.

Trotzdem bleibt Mohammed bei seiner Anerkennung der ‹Schriftleute›. Die berühmten Sure 5 *Der Tisch* zählt zu den Verkündigungen derselben radikaleren medinischen Zeit und lautet:

> Wir haben (seinerzeit den Kindern Israels) die Tora herabgesandt, die (in sich) Rechtleitung und Licht enthält, damit die Propheten, die sich (Gott) ergeben haben, für diejenigen, die dem Judentum angehören, danach entscheiden, und damit die Rabbiner und Gelehrten nach der Schrift Gottes entscheiden, soweit sie ihrer Obhut anvertraut worden ist [...] / Und wir ließen ihnen (d. h. den Gottesmännern der Kinder Israels) her Jesus, den Sohn Marias, folgen, dass er bestätige, was von der Tora vor ihm da war [...] Und wir gaben ihm das Evangelium, das (in sich) Rechtleitung und Licht enthält, damit es bestätige, was von der Tora vor ihm da war [...] Die Leute des Evangeliums (d. h. die christlichen Schriftgelehrten?) sollen (nun) danach entscheiden, was Gott herabgesandt hat. Diejenigen, die nicht nach dem entscheiden, was Gott (als Offenbarungsschrift) herabgesandt hat, sind die (wahren) Frevler. / Und wir haben (schließlich) die Schrift (d. h. den Koran) mit der Wahrheit zu dir herabgesandt, damit sie bestätige, was von der Schrift vor ihr da war, und darüber Gewissheit gebe. Entscheide nun zwischen ihnen (d. h. den Juden und Christen?) nach dem, was Gott (dir) herabgesandt hat [...] Für jeden von euch (die ihr verschiedenen Bekenntnissen angehört) haben wir ein (eigenes) Brauchtum (?) und einen (eigenen) Weg bestimmt. Und wenn Gott gewollt hätte, hätte er euch zu einer einzigen Gemeinschaft gemacht. Aber er (teilte euch in verschiedene Gemeinschaften auf und) wollte euch (so) in dem, was er euch [...] gegeben hat, auf die Probe stellen. Wetteifert nun nach den guten Dingen! Zu Gott werdet ihr (dereinst) allesamt zurückkehren. Und dann wird er euch Kunde geben über das, worüber ihr (im Diesseits) uneins ward.[43]

Die Wirkung dieses Textes war groß. Als Verkündigung Mohammeds trug er dazu bei, dass sich der Islam gegenüber Judentum und Christentum weitgehend tolerant bzw. vor allzu massiver Repression zurückhaltend verhielt. Er beeinflusste darüber hinaus die Durchsetzung des europäischen Toleranz-Gedankens während der Aufklärung. Lessings ‹Ringparabel› in seinem «dramatischen Gedicht in fünf Aufzügen» *Nathan der Weise* (1779, uraufgeführt 1783), ein Grundtext des gesamten europäischen Toleranz-Diskurses, bezieht sich (unter anderem) auf diese Aussage des Korans. Man muss freilich berücksichtigen: Die aus der Sure 5, 44–48 sprechende Toleranz bezieht sich ausschließlich auf die beiden Traditionen der Schrift, *nicht* auf andere Religionen, vor allem nicht auf irgendeine Form des Polytheismus. Dieser gegenüber herrscht rigorose Intoleranz. Genauso wenig ändert die Konzilianz gegenüber Judentum und Christentum etwas an der Überzeugung, dass der Islam beides überholt und insofern an Endgültigkeit übertroffen hat. Die Anerkennung hält sich somit in Grenzen.[44] Dennoch muss bei all diesen Vorbehalten konstatiert werden, dass von Koran, Sure 5 – im Kontrast zu Johannes-Evangelium, Kapitel 8 – unverkennbar Impulse in Richtung Toleranz ausgegangen sind.

Noachitische Gebote – am Ende der Zeiten

Aufgrund des gegenseitigen Auseinanderlebens bzw. des Sich-Absetzens der drei monotheistischen Buch-Religionen voneinander ab dem 2. bzw. 7. Jahrhundert u. Z. überrascht es nicht, dass es in jeder von diesen zu Sonderentwicklungen kam, die sich wohl immer wieder überschnitten, lange Zeit hindurch jedoch getrennt verliefen. Traurig feststellen zu müssen, dass in Sachen ‹Toleranz bzw. Intoleranz› über Jahrhunderte die offenkundigste Gemeinsamkeit darin bestand, keinerlei Toleranz *innerhalb* der jeweils eigenen Religion zuzulassen. Im Jahr 385 wurden die ersten christlichen Häretiker / Ketzer – der spanische Bischof von Ávila, Priscillianus (um 340–385) samt einiger seiner Anhänger – als solche in Trier hingerichtet.[45] Im Judentum standen immer wieder die Anhänger der Mystik bzw. der Kabbala unter Häresie-Verdacht – mit entsprechenden Konsequenzen für die Betroffenen.[46] Die bekannten Ausschließungen aus der Synagoge – von Uriel da Costa (1633) und Baruch de Spinoza (1656) – verweisen auf eine weit zurückreichende Tradition. Im Islam bestand auf sogenannten Glaubensabfall rücksichtslos die Todesstrafe. Dann und wann sorgten ‹orthodoxe› Reformbestrebungen – wie jene der Fatimiden in Ägypten (969–1171) oder jene der Almohaden in Spanien (1130–1269) – für Verfolgungen und Vertreibungen in den eigenen Reihen. Unabhängig davon stellte sich jedoch für jede der drei monotheistischen Gemeinschaften früher oder später die Frage, wie damit umzugehen sei, dass drei ‹Religionen› mit dem Glauben an denselben Gott und mit der Berufung auf eine gemeinsame Heilsgeschichte auftreten, jede von ihnen mit demselben Anspruch auf absolute Wahrheit – und dies angesichts dessen, dass ‹man› in etlichen Gebieten koexistieren musste.

Als erste sahen sich die Juden – und mit ihnen die Judenchristen – gezwungen, diese Frage zu beantworten. Nach der endgültigen Zerstörung ihres religiösen Zentrums in Jerusalem – im Jahr 135 u. Z., nach der Niederschlagung des letzten großen Aufstandes unter Bar Kochba durch die Römer unter Kaiser Hadrian – gab es für sie nur noch die Möglichkeit, ‹verstreut unter den Völkern› zu leben.

Die Diaspora war für sie zur fast ausschließlichen Normalität geworden. Zudem etablierte sich neben ihnen immer mehr das Christentum als die monotheistische Alternative, die im gesamten römischen Reich zunehmend auf Resonanz stieß und an Macht gewann. So kamen sie nicht umhin, sich selbst darüber klar zu werden, wie sie die vielen Menschen ‹unter den Völkern›, die sich nicht zum Judentum bekannten, aus ihrem jüdischen Glauben heraus einschätzen und ihnen entsprechend begegnen sollten. Im Zuge dessen interpretierte bereits Mitte des 2. Jahrhunderts die Rabbinerschule des Rabbi Aqiva (Märtyrertod 135 u. Z.) die biblische Geschichte von Noah, mit dem Gott nach der großen Flut – noch vor Abraham – einen Bund zugunsten der *gesamten* Menschheit geschlossen habe,[47] als Einbeziehung *aller* Menschen, die Gottes Willen nachkommen, in die Heils- und Erlösungszusage an das Volk Israel.[48] Die Erfüllung des göttlichen Willens bedeutet die Beachtung der sogenannten *Noachidischen Gebote,* die in ihrer Siebenzahl lauten: kein Götzendienst, keine Gotteslästerung, kein ungerechtes Blutvergießen eines Menschen, keine sexuelle Perversion, kein Raub von Menschen und fremdem Eigentum, kein Verzehr von Fleisch lebender Tiere sowie das Gebot, eine geordnete Rechtsprechung einzurichten.[49] Der neukantianische Philosoph Hermann Cohen (1842–1918), der in seinem Werk *Religion der Vernunft aus den Quellen des Judentums* (1919)[50] das Thema nachdrücklich aufgreift, erblickt in den Noachidischen Geboten bzw. Verboten «Vorläufer des Naturrechts für den Staat und auch für die Gewissensfreiheit […] und der Toleranz»[51] sowie «das Recht für die allgemeine menschliche Sittlichkeit».[52] Wer jedenfalls diese allgemein-menschlichen Gebote befolgt, gilt als ein «Gerechter» – unabhängig davon, welchem Volk und welcher Religion er / sie angehört. Ihm / Ihr gegenüber Toleranz zu üben, erscheint damit als ein *Gebot,* ist es doch *Gott selbst,* der diese «Gerechtigkeit» in *jedem* Menschen, der sie verwirklicht, würdigt.

Bestätigung erfährt diese Lehre durch den bedeutendsten und einflussreichsten jüdischen Gelehrten des Mittelalters Moses Maimonides [Mosche ben Maimon] (1135/38–1204). Er hält fest:

> Wer die sieben Gebote übernimmt und gewillt ist, sie zu tun, / der gehört zu den Frommen der Weltvölker / und hat Anteil an der kommenden Welt; / dies gilt für jenen, der sie übernimmt und tut, weil Gott in der Tora so geboten und durch unseren Lehrer Mose bekannt gemacht hat, dass die Nachkommen Noahs auf diese Gebote verpflichtet wurden.[53]

Noch deutlicher:

> Wisse, dass der barmherzige Gott das Herz sucht und nach der Ausrichtung des Herzens verlangt; / darum geht es, / und dies meinen unsere Lehrer, die wahrhaft Weisen: / Die Frommen der Weltvölker haben Anteil an der kommenden Welt, / wenn sie erreichen, was erreicht werden kann an Erkenntnis des Schöpfers, gepriesen sei er, / und wenn sie ihr Leben nach guten Eigenschaften ausrichten. / Darüber soll kein Zweifel bestehen: Jeder Mensch, der sein Leben ausrichtet nach den rechten Eigenschaften

und der rechten Weisheit im Glauben an den Schöpfer, gepriesen sei er, / gehört mit Gewissheit zu den Kindern der kommenden Welt.[54]

Freilich macht Maimonides einen theologischen Vorbehalt:

> Wenn jemand sie [die Gebote] aufgrund der Überzeugung durch den eigenen Verstand tut, / ist er kein *ger toschav* [Fremdling, Schutzbedürftiger, Mitbewohner] und kein Frommer der Weltvölker / und keiner ihrer Weisen.[55]

Der Grund hierfür:

> Die Noahtora steht in theo-logischer Perspektive. Sie geht nicht im Begriff eines auf natürlichem sittlich-ethischem Empfinden beruhenden Völker- oder Menschenrechts auf; sie ist primär *Gottes* Recht für die Menschheit und hat als Stück *theologischer Ethik* letztlich mit der Beziehung zu Gott zu tun. (Klaus Müller)[56]

Dies scheint eine Einschränkung der universalen Perspektive auf alle Menschen, eine Reduktion auf die Empfänger der biblischen, an Israel gerichteten Offenbarung zu sein – eine unverkennbare Rücknahme des in den Noachidischen Geboten implizierten Toleranz-Standpunktes.

Hier bleibt zunächst zu beachten, dass es auch Maimonides – tausend Jahre nach Rabbi Aqiva, fünfhundert Jahre nach Beginn der islamischen Expansion – noch darum geht, die Frage nach der Stellung der nicht-jüdischen Menschen *innerhalb der eigenen* Glaubensperspektive zu beantworten, Christen, Moslems und Angehörige anderer Religionen ‹unter den Völkern› in die *jüdische* Sicht der Heilsgeschichte einzuordnen. Allerdings durchbricht Maimonides, der sein ganzes Leben in Städten unter muslimischer Herrschaft – in Cordoba, Fez (Marokko) und al-Fustat/Kairo – verbrachte, zeitweise sogar als Arzt im persönlichen Dienst des Sultans Saladin stand, diesen Rahmen.[57] Um dies zu sehen, gilt zunächst festzuhalten, was für Maimonides der Sinn jeglicher Befolgung von Geboten bzw. Gesetzen sein muss. Wie vor allem aus den letzten Kapiteln seines späteren (auf Arabisch mit hebräischen Buchstaben verfassten) Hauptwerkes *Führer der Unschlüssigen* (1176–1190 bzw. 1200) hervorgeht,[58] liegt der Sinn darin, in die Lage zu kommen, Gott *nachzuahmen*, sprich in der *imitatio Dei* leben zu können. Die Einhaltung des Gesetzes, der Tora, führt dazu, dass dies dem Menschen gelingt. Sobald er dieses Ziel erreicht hat, tritt er in den Zustand dessen ein, was auch das Ziel der Philosophie ist: er erkennt Gott, er ‹schaut› im Sinne der *contemplatio Dei* und erlangt dadurch Weisheit, was vor allem *Leben* in dieser Erkenntnis bedeutet – *vita contemplativa*. Befindet er sich in dieser, bedarf er des Gesetzes, der Tora, nicht mehr; wie eine Leiter, die nicht mehr dienlich ist, lässt er sie hinter sich zurück, und durchschaut gleichzeitig *jegliches* Gesetz, nicht nur die Tora, als *vorläufig* im Hinblick auf den Zustand der Weisheit. Das impliziert nun alles andere als Gesetzlosigkeit, vielmehr gestattet die jetzt erlangte Erkenntnis Gottes *dessen* Nachahmung. Womit wiederum gesagt ist, dass die Gotteserkenntnis nicht in eine mystische Schau (*visio Dei*) mündet – die Maimonides für prinzipiell unerreichbar hält –, sondern dazu anleitet, die «Wege Gottes», die aus den «*Wirkungen* seiner Eigenschaften» – der «dreizehn *Middot*» – ersichtlich sind, einzuschlagen und darin Gott nachzuahmen.[59] So wie Gott vor allem durch Gnade, Recht, Barmherzigkeit, Vergebung und Treue wirkt, so soll von den erkennenden Menschen «Gnade, Recht und Tugend auf Erden ausgehen». Dass dazu nicht zuletzt *Toleranz* gehört, dass in anderen Worten der Mensch *Gott* nachahmt, wenn er sich in Toleranz übt, wird ersichtlich, sobald man das eben Gesagte in einen Zusammenhang stellt, der auch Christentum und Islam vertraut ist – in jenen vom Ende der Zeiten. Interpretiert doch die christliche Tradition Jesu vielzitiertes Gleichnis «Vom Unkraut und vom Weizen»[60] ganz aus dieser Perspektive, und heißt es doch im *Koran* immer wieder: «Gott ist unser und euer Herr. Uns kommen [beim Endgericht] unsere Werke zu, und euch die euren. [...] Gott wird uns allesamt bei sich versammeln. Bei ihm wird es (schließlich alles) enden.»[61]

Für das Judentum steht das Ende der Zeiten unter dem Zeichen des Messias, sofern dieser es herbeiführen wird. Maimonides kommt darauf in seinem ersten (auf Hebräisch verfassten) Hauptwerk *Mischneh Torah – Wiederholung des Gesetzes* (1178 oder 1180), im 14. Kapitel darauf zu sprechen.[62] Darin entwickelt er derart unerhörte Thesen – mit beachtlichen Konsequenzen für das Thema ‹Toleranz› –, dass einschlägige Passagen daraus über Jahrhunderte zensuriert bzw. in den Textausgaben ausgemerzt wurden.[63] Das Unerhörte besteht *zum einen* darin, dass er das Ende der Zeiten mit jenem Zustand der Weisheit identifiziert, der mit dem der Befolgung bzw. Erfüllung des Gesetzes einhergeht:

> In jener [messianischen] Zeit wird keine Hungersnot, kein Krieg, kein Neid und kein Wettstreit sein, denn das Gute wird in Fülle kommen und es wird Leckerbissen geben wie Staub. Und es wird kein anderes Geschäft mehr in der Welt geben als allein die Gotteserkenntnis. Deshalb wird Israel aus großen Weisen bestehen. Sie werden die verhüllten Dinge erkennen und die Erkenntnis ihres Schöpfers erfassen, soweit ein Mensch dies vermag, wie es heißt: (Jesaja 11, 9) ‹... denn voll ist das Land von Erkenntnis des Herrn, wie von Wassern, die das Meer bedecken›.[64]

Daraus ergibt sich:

> Dass unsere Weisen von der künftigen Welt reden, bedeutet nicht etwa, dass sie jetzt noch nicht existiere und erst dann existierte, wenn diese Welt vernichtet ist [...], sondern sie existiert und steht schon da [...].[65]

Somit können jene Menschen, die durch das Gesetz zur Weisheit gelangt sind, bereits in dieser Welt so leben, als sei der Messias gekommen. Zum anderen brüskiert Maimonides dadurch, dass er – wie dargelegt – das Gesetz (die Tora) für ‹aufgehoben› betrachtet, sobald der Zustand der Weisheit erreicht ist bzw. die Gesetzesbefolgung zur Nachahmung der «Wirkungen» Gottes wird, und eben dies in Verbindung bringt mit der Absage an jegliche Möglichkeit, über das messianische Zeitalter zu spekulieren: «[...] aber die Gedanken des Schöpfers der Welt zu erfassen, hat kein Mensch Kraft genug, denn nicht die Wege der Menschen sind die göttlichen, und nicht die Gedanken der Menschen sind die Gottes [...] So müssen auch alle dergleichen Ausdrücke, die in Bezug auf den Messias ausgesprochen wurden, nur als Symbole betrachtet werden, und in der messianische Zeit wird es allen bekannt werden, was eigentlich unter [...] prophetischen Gesichten verstanden wurde [...]. Sie sind sogar bei den Propheten dunkel [...].»⁶⁶ Aus dieser Perspektive räumt er selbst Jesus und Mohammed eine Vorläuferrolle im Hinblick auf den Messias ein – nicht anders als Moses, dem die Juden die Tora verdanken. War vor allem Jesus trotz aller Prophezeiung etwa durch den Propheten Daniel (11, 14) keinesfalls der Messias – «Gibt es denn einen größeren Fall als diesen!» –, so «dienen [dennoch] alle Dinge, die Jesus, den Nazarener betreffen und jenen Ismaeliten [Mohammed], der nach ihm aufstand, nur dem Zweck, dem König Messias den Weg zu ebnen und die ganze Welt einzurichten, Gott einmütig zu dienen, wie es heißt (Zephania 3, 9): ‹Denn alsdann will ich den Völkern reine Lippen geben, dass alle den Namen des Herrn anrufen und ihm einträchtig dienen›.»⁶⁷ Beidem, sowohl dem, dass Gott im messianischen Zeitalter, beim letzten Gericht, das alles entscheidende Wort über Moses, Jesus und Mohammed bleibt, als auch dem, dass der messianische Zustand schon jetzt für die Gerechten und Weisen der Völker gegeben ist, entspringt das Gebot zur Toleranz der drei Buchreligionen – wenigstens dieser – untereinander. Sie haben gegenseitig tolerant zu sein, weil *zuerst* Gott es ist, den sie in den Wirkungen seiner Eigenschaften (*Middot*) nachahmen, und weil *zuletzt* Gott es sein wird, dem – im Sinne eines eschatologischen Vorbehalts – die Entscheidung über alle obliegt.

Philosophie

Nicht unabhängig davon kam in allen drei Buchreligionen die Überzeugung auf, dass in der Toleranz untereinander nicht nur Gott nachgeahmt werden solle, sondern dass Toleranz – zuvor – ein Gebot der Vernunft sei. Dies hängt naturgemäß mit der Rezeption der antiken Philosophie zusammen, die alle drei intensiv betrieben. Wie bekannt führte dies – spätestens ab der ersten Jahrtausendwende u. Z. – zur vermutlich stärksten gegenseitigen Beeinflussung. Das darf nicht zu der Ansicht verleiten, alle drei Religionen hätten in der Philosophie so etwas wie einen gemeinsamen Nenner erblickt. Vielmehr vereinnahmte jede von ihnen diese auf ihre Weise und sah sich jeweils selbst von ihr präludiert bzw. bestätigt. Deshalb kündigt sich im ersten Anlauf auch nirgends so etwas wie eine ‹Vernunft-Religion› an. Für jede der drei Seiten stand *a priori* fest, dass ‹die› Vernunft allemal die je eigene Überzeugung beinhalte und somit exklusiv den je eigenen Glauben stütze. Trotzdem und immerhin: weniger hinsichtlich ‹Inhalt›, sicherlich aber hinsichtlich Fähigkeit (Vermögen) und Verfahren (Methode) traute man der Vernunft eine Religions-unabhängige Kompetenz zu – primär was Argumentation bzw. die Beurteilung von behaupteten Erkenntnissen anbelangt. Vernunft im Sinne von argumentativer Diskursivität, nicht im Sinne von Erkenntnis oder Schau ‹wahrer Inhalte› wurde somit zu einem Ausgangspunkt für Toleranz unter den drei Monotheismen.

Was gemeint ist, geht erstmals aus dem ca. 1130 verfassten *Dialogus inter Philosophum, Iudaeum et Christianum* hervor, in dem der christliche Mönch Petrus Abaelard (um 1079–1142) «*in visu noctis*», in einem Traumgesicht, ein Gespräch zwischen einem «Heiden *(gentilis)*», den man «Philosophen» nennt, «weil er mit dem natürlichen Sittengesetz zufrieden ist *(naturali lege contentus est)*», und «Zweien, die Schriften haben *(duo Scripturas habent)*», einem Juden und einem Christen, fingiert.⁶⁸ Abaelard selbst ist in das Gespräch in der Rolle eines «Schiedsrichters» (*arbitrium, iudicium*) eingebunden, weil in ihm «der Schatz [der] Erinnerung von philosophischen und theologischen Sätzen überquillt (*quantum philosophicis et divinis sententiis memoriae tuae thesaurus abundet*)», er also den gesamten Dialog kritisch zu begleiten und zu bewerten vermag.⁶⁹ Obwohl Christ, also Partei, wird ihm zugetraut, in einer Art ‹Supervision› prüfen zu können, ob alle Beteiligten – der Philosoph, der Jude, der Christ – in dem nicht enden könnenden «Streit» (*altercatio*) untereinander ihre jeweilige Rolle richtig spielen, sprich der Philosoph sich streng an die Regeln der Argumentation hält, und seine beiden konfessionellen Gesprächspartner ihre Sache *argumentativ* überzeugend vertreten. Abaelard muss nicht feststellen, wer am Ende recht oder die Wahrheit auf seiner Seite hat:

> Weil ihr dies […] aus einer verabredeten Einigung von gleich zu gleich heraus so beschlossen habt (*hoc ex condicto et pari statuistis consensu*) und ich sehe, dass jeder einzelne von euch auf seine Kräfte vertraut, wird unsere Zurückhaltung (*nostra erubescentia*) eurem Wagnis keinerlei Abbruch tun, zumal ich daraus beträchtliche Belehrung (*doctrinam*) zu empfangen glaube. / […] keine Disputation halte ich für so abwegig, dass sie nicht irgendeine Beweiskraft (*documentum*) enthielte.⁷⁰

Auch wenn im letzten Teil des *Dialogus* dann noch so sehr durchklingt, dass die christliche Position jener der (eigenen) praktischen Philosophie am meisten entspricht, obliegt ihm, den Weg als das Ziel hochzuhalten und auf diese Weise die Toleranz nicht an einer Art – *per se* unerreichbaren – Konsens festzumachen, sondern zu attestieren, dass es im Dialog mit rechten Dingen zugeht. Dass überhaupt ein *Religions*gespräch (mit einem Philosophen) stattfindet, nicht ‹nur› eine Disputation zwischen Vertretern unterschiedlicher philosophischer Positionen, wie sie seit Platon gang und gäbe waren, und dass diesem Gespräch zugetraut wird, auf die Ebene der natürlichen Vernunft zumindest Verständnis zu bewirken – das weist in Richtung Toleranz.

Ein Jahrhundert später entsteht in Bagdad, der damaligen Metropole des Islam, ein dem *Dialogus* des Abaelard vergleichbares Werk – die *Untersuchung über die drei Religionen*,⁷¹ diesmal Islam inklusive. Autor ist der gebürtige Jude, im Laufe seines Lebens sich dem Islam stark annähernde Gelehrte Saʿd Ibn Mansur Ibn Kammuna (ca. 1215 – ca. 1284), der am 10. Februar 1258 die Eroberung seiner Geburtsstadt durch die Mongolen und das anschließende unvorstellbare Blutbad erlebt hatte. Stark von Maimonides beeinflusst, möglicherweise auch beeindruckt von der vergleichsweise toleranten Religionspolitik der mongolischen Eroberer,[72] bemüht er sich um eine nüchterne philosophische Analyse der drei Buchreligionen, in der deren Ansprüche auf ihre logische und argumentative Begründetheit überprüft werden.

> Die Auseinandersetzungen der letzten Zeit haben mich dazu bewegt, diesen Traktat als eine kritische Untersuchung der drei Glauben, das sind Judentum, Christentum und Islam, zu verfassen. [… Dazu] habe ich für jede von ihnen [Religionen] die zentralen Überzeugungen dargelegt […] Dem ließ ich eine Darstellung der Argumente der Gläubigen für die Wahrhaftigkeit des Prophetentums ihres jeweiligen Religionsstifters folgen. Darüber hinaus fügte ich die üblicherweise erhobenen Einwände sowie deren Überlegungen hinzu. Indem ich [dabei] zwischen gültigen und ungültigen Argumenten unterschied, lenkte ich die Aufmerksamkeit auf die zentralen Punkte. / Ich habe mich weder von rein persönlicher Neigung beeinflussen lassen, noch habe ich [mir] erlaubt, einen Glauben den anderen beiden vorzuziehen, sondern ich habe [lediglich] die Untersuchung eines jeden Glaubens in möglichst weitreichender Ausführlichkeit betrieben. […] Es sind nun viele Argumente und Gegenargumente dargelegt worden. Das ganze Thema würde weiterer Untersuchungen bedürfen. Ich beabsichtige aber nicht dem, was ich vorgestellt habe, noch etwas hinzuzufügen.[73]

Genauso wie Abaelard geht es Ibn Kammuna nicht darum, über die Wahrheit einer Religion bzw. über die Berechtigung ihres Anspruches auf Alleinstellung zu entscheiden. Absicht ist, die innere Konformität der jeweiligen Religion mit den Prinzipien der Vernunft zu durchleuchten. Dass es dabei auch zu Kritik kommt, liegt auf der Hand. Ibn Kammuna gelangt sowohl hinsichtlich des Christentums als auch hinsichtlich des Islams zu einem gemischten Resümee – was ihm seitens der Muslime, die seinerzeit in Bagdad wieder dominierten, beinahe das Leben gekostet hätte. Nichtsdestoweniger beschränkt sich seine *Untersuchung* auf das neutrale Abwägen von Lehrmeinungen und Argumentationen. Dass allein dies im Namen der natürlichen Vernunft möglich zu sein scheint, spielt der Philosophie fast ‹naturgemäß› die Rolle zu, für die Religionen zu einem Forum zu werden, auf dem sie sich immerhin theoretisch mit Toleranz begegnen können.

Entschieden weiter geht der arabische Philosoph, Theologe, Arzt und Richter Abu al Walid Muhammed Ibn Ahad Ibn Ruschd, bekannt unter dem lateinischen Namen Averroes (1126–1198), der große ‹Kommentator› des Aristoteles für den gesamten Aristotelismus des Mittelalters und der frühen Neuzeit, Zeitgenosse von Moses Maimonides, der wie er aus Cordoba stammt. Im letzten Kapitel seines Werkes *Widerlegung der Widerlegung (tahafut al-tahafut, Destructio destructionum)*,[74] das er um das Jahr 1180 als Antwort auf die Schrift *Widerlegung der Philosophen (tahafut al-falasifa)* des persisch-islamischen Philosophen al-Ghazali (1055/56–1111) verfasst und sich mit dessen These auseinandersetzt, dass der Philosophie als streng rationaler Erkenntnis angesichts des religiösen Glaubens keinerlei neutrale Selbstständigkeit zukomme, geschweige denn das Potenzial einer Alternative zu diesem enthalte. Averroes widerspricht der Behauptung al-Ghazali's, «dass die Philosophen die leibliche Auferstehung leugnen würden», und betont,[75] dass «gerade die Philosophen – und das ist nur natürlich so – diese Lehre [der Auferstehung] für die wichtigste halten und am festesten an sie glauben», weil es ihnen genauso wie «allen Religionen» um das dem Menschen «größtmögliche, ihm angemessene Glück» geht. Im Blick auf dieses Ziel konkurrieren Philosophie und Religionen nicht, sondern ergänzen sich. Erstere respektiert, dass «die ethischen Tugenden […] nur durch die Kenntnis und Verehrung Gottes, [konkret] durch die von den Gesetzen der verschiedenen Religionen vorgeschriebenen Dienste wie Opferungen, Gebete und demütige Bitten […] stark werden», bzw. dass sie «nur eine begrenzte Zahl begabter und gebildeter Leute zur Kenntnis des Glücks führt […], während die Religionen prinzipiell auf die Unterweisung aller Menschen setzen», was die Philosophen schon allein deshalb anerkennen müssen, weil sie «sowohl in der Zeit ihrer Jugend und ihres Heranwachsens, was niemand bezweifelt, als auch in der Zeit, in der sie die Vortrefflichkeit, die sie auszeichnet, erreicht haben», zu ‹allen Menschen› zählen. Sie hält sich darüber hinaus an den Grundsatz, «dass man über die allgemeinen religiösen Fragen [Prinzipien] weder positiv noch negativ etwas sagen dürfe», weil diesen zum einen «göttliche Eingebung» zugrunde liege, und zum anderen ihre Beantwortung durch die Religionen erheblich differierte. Was die Philosophie jedoch für sich beansprucht, ist zum einen, die Religionen hinsichtlich ihrer Lehren miteinander vergleichen zu können, zumal «jede Religion […] sich verbindet mit der Vernunft», zum anderen in der Lage zu sein, die Religionen zu qualifizieren, was Averroes so ausdrückt:

> Er [der Philosoph] ist des weiteren verpflichtet, für sich die beste der Religionen seiner Zeit zu wählen, selbst wenn in seinen Augen alle [Religionen] gleichermaßen wahr sind. Er muss glauben, dass die beste [der Religionen] durch die Einführung einer noch besseren abgelöst werden wird.

Das beweise die zusammenhängende Geschichte der drei Buchreligionen – von den Propheten Israels über Jesus zu Mohammed.[76] Hinsichtlich des Themas ‹Toleranz› hängt alles am zweiten Satz des Zitats. Dieser stellt auch den Islam, auf den alles argumentativ hinzudeuten scheint, sofern er für Averroes Judentum und Christentum als endgültigere, «bessere» Religion übertroffen hat, unter den Vorbehalt einer weiteren, späteren Religion. Das relativiert *jeglichen* Anspruch; *keine* Religion vermag zu behaupten, die letztgültige, absolut geltende zu sein. Wieder liegt das letzte Wort bei Gott. Was in der Begegnung der Religionen bedeutet, dass sie sich *dergestalt* zu betrachten haben und *daraufhin* entsprechend tolerant behandeln sollten.

Impulse aus dem christlichen Mittelalter

Auch für das Mittelalter – wie immer man dieses definieren und zeitlich abgrenzen mag – gilt: Ein ähnliches Verständnis von ‹Toleranz› wie jenes, das sich im Zeitalter der Aufklärung herausentwickelt und bis heute bestimmend geblieben ist, lässt sich in der gesamten Epoche zwischen Antike und Neuzeit nirgends ausmachen. Sehr wohl tauchen in den mittelalterlichen Chroniken, Urkunden, Korrespondenzen und theologischen Traktaten die Wörter ‹Toleranz› (*tolerantia*) und ‹tolerieren› (*tolerare*) häufiger auf, als man meinen würde, und dienen dann auch dazu, Denk- und Verhaltensweisen gegenüber religiöser, kultureller und sozialer Andersheit zu bezeichnen.[1] Was jedoch mit denselben Worten angesprochen wird, bedeutet – unter dem (wie so oft) prägenden Einfluss von Augustinus – kaum anderes als ‹Ertragen› und ‹Erdulden› sowohl von Zuständen, wie jenem der Erbsünde oder der unvermeidlichen Konvivenz von ‹Unkraut und Weizen› im Zeitalter des «Erdenstaates» (*civitas terrena*), als auch von konkreten Zeitgenossen wie falschen Brüdern, Ketzern, Schismatikern und feindlichen Ungläubigen – dies wiederum im Hinblick auf das Gebot der Nächsten- und Feindesliebe, im Bemühen um die Bewahrung der Einheit der (kirchlichen) Gemeinschaft (*vinculum concordiae*) sowie die Herstellung des Friedens (*fundamentum pacis*), im Bewusstsein um die Verantwortung für das ‹Seelenheil› der Anvertrauten, die mitunter Geduld (*patientia*), Milde (*clementia*), Barmherzigkeit (*misericordia*), ja Liebe (*caritas*) erfordert, schließlich zur pragmatischen Vermeidung noch größerer Übel in gewöhnlichen und außergewöhnlichen Situationen.[2] *Tolerantia* speziell gegenüber den Juden scheint geboten, denn: «Dass sie nur zerstreut, nicht vernichtet wurden, hatte den Sinn, dass sie unfreiwillig den Christen als Zeugen der Wahrheit des Christentums dienen» (Isidor von Sevilla). Deshalb «soll man die Juden nicht verfolgen, nicht sie totschlagen, nicht einmal sie verjagen. [...] Lebendige Schrift sind sie für uns, die uns beständig die Leiden des Herrn darstellen; deswegen sind sie ja in alle Gegenden zerstreut, damit sie überall Zeuge unserer Erlösung sind, während sie die Strafe ihrer Missetat leiden» (Bernhard von Clairveaux).[3] Ein solches Verständnis von ‹Toleranz› ließ kaum zu, «dass Verschiedenheit des Denkens, des Glaubens und der Lebensführung gemeinhin [...] als kulturelle Bereicherung empfunden wurde, sondern eher als Last, die duldsam hingenommen und getragen werden musste», schon gar nicht die «Relativierung und Zurücknahme des eigenen Wahrheitsanspruches» bzw. die Anerkennung eines «eigenen Rechts [...] auf religiöse Andersheit» (Klaus Schreiner).[4] Vor allem Letzteres, dass es jeder

der drei monotheistischen Religionen völlig unmöglich war, die absolute Gültigkeit der je eigenen Glaubensüberzeugung infrage zu stellen, oder letztlich einer anderen religiösen Weltanschauung eine prinzipielle Berechtigung einzuräumen, trennt das mittelalterliche Toleranz-Verständnis von jenem der Aufklärungszeit markant. Was nicht bedeutet, dass es nicht auch unter diesen Vorzeichen zu Impulsen, ja zur Bildung von Voraussetzungen für Entwicklungen in Richtung neuzeitlicher Toleranz-Begriffe kam.

> Der Übergang vom Toleranzkonzept eines Augustin oder Thomas geschah langsam und lässt sich nicht mit festen Zügen versehen. Aber dass das moderne Toleranzkonzept spätestens seit dem 12. Jahrhundert wirksam war, scheint mir keine Frage. Es war wirksam in nicht nur zeitlich, sondern auch räumlich unterschiedlicher Weise […] Es war wirksam in einer Weise, wie sie Joachim von Fiore in seinem 3-Zeitalter-Schema formulierte: Eine Ära kenne drei Perioden, führt er aus: initiatio, fructificatio, perfectio. Für den pluralistischen Toleranzbegriff der Moderne ist das Mittelalter gewiss erst die Zeit der initiatio – die aber ist sie! Die Toleranzvorstellung der Moderne ist in ihren Grundelementen mittelalterlich! (Alexander Patschovsky)[5]

Dieses ‹Initiieren› deckt sich mit dem, was ein Impuls bewirkt: Es wird erstmals etwas auf den Weg gebracht – durch eine neue Einsicht, eine besondere Erfahrung, eine gesellschaftspolitische Maßnahme, eine pragmatische Konzession –, mehr nicht. Meist herrscht im Augenblick der Initiation nicht einmal ein Bewusstsein darüber, dass das Beginnen von etwas Neuem eingesetzt hat, schon gar nicht gibt es eine Ahnung hinsichtlich der Folgen und Konsequenzen, die sich aus diesem Beginnen ergeben werden. Das alles erscheint in der Regel erst aus einer Retrospektive, die sich später, im Falle der Toleranz-Idee Jahrhunderte danach, eingestellt haben wird. Was sich so gesehen von einer Behandlung des Themas ‹Toleranz im christlichen Mittelalter› erwarten lässt, ist die Explizierung des im Zeitalter der Aufklärung gewonnenen Verständnisses von Toleranz im Zuge einer historischen Rekonstruktion seiner Anfänge, die *nachweislich* im Mittelalter zu finden sind – vereinzelt, ansatzhaft und untergründig wohl, deshalb jedoch nicht weniger folgenreich.

Religionsgespräche

Aus dieser Perspektive legt es sich nahe, dem Thema zuerst dort nachzuspüren, wo man mit ‹Toleranz› am ehesten rechnen dürfte – bei den sogenannten Religionsgesprächen, die vor allem aus dem Hoch- und Spätmittelalter reichlich dokumentiert sind, zum Teil in Form von Berichten über tatsächliche Ereignisse, zum Teil in Gestalt von Fiktionen, eingebaut als «Disputationen» in philosophisch-theologische Traktate. Auf besonderes Interesse stoßen naturgemäß die «Gespräche» bzw. «Dialoge» zwischen den monotheistischen Religionen, die wohl nur literarisch zu dritt stattfanden, faktisch hingegen allemal bilateral. Es gab jedoch auch innerkonfessionelle Gespräche – zwischen der orthodoxen und der römisch-katholischen

Kirche ab der Kirchenspaltung 1054 bis an die Schwelle der Neuzeit, zwischen den ‹häretischen› Katharern und Waldensern einerseits und der katholischen Kirche andererseits im 12./13. Jahrhundert (vor allem) in Südfrankreich. Wie schon bei der Behandlung des *Dialogus inter Philosophum, Iudaeum et Christianum* von Petrus Abaelard (um 1130) festgehalten, liegen die Toleranz-relevanten Aspekte dieser Religionsgespräche fast ausschließlich darin, dass sie überhaupt stattfanden bzw. überhaupt imaginiert wurden, und dass man darüber hinaus die natürliche Vernunft als das *alle* Menschen verbindende Vermögen betrachtete, das ein Diesseits und Jenseits der Grenzen und Differenzen gewährleisten konnte. Dass in Richtung ‹Toleranz› anderes kaum möglich war, hängt wohl mit den Ausgangslagen zusammen, unter deren Vorzeichen sich die Religionsparteien trafen. Hier gilt es berücksichtigen:

> *Die Symmetrie ist schief*: Wohl haben Juden im Mittelalter in christlichen und muslimischen Ländern gelebt, aber als eine Minderheit, die sich und ihren Glauben gegenüber einer Mehrheit zu verteidigen hatte [...]. Demgegenüber haben Muslime so gut wie nie in einem jüdischen Land gelebt, [...] und in den christlichen Herrschaftsbereichen wurden sie ängstlich verfolgt oder hochmütig bespöttet: Muhammad als der große Betrüger. Christen wiederum gab es nur in muslimischen Gebieten, und dort auch nur als Minderheiten. [...] *Die Gewichte sind unregelmäßig verteilt*: Die Juden bildeten nicht nur Minderheiten in muslimischen und christlichen Ländern, sondern sie vertraten auch die älteste der drei Religionen, die sich gegenüber den beiden neuen, aus ihr hervorgegangen, gerade dafür zu rechtfertigen hatte, dass sie bei ihrer alten Religion geblieben und sich nicht die neue oder neueste anverwandelt hatten. Die Juden mussten den Christen als ‹verstockt› gelten, Juden *und* Christen den Muslimen als unbelehrbar, gerade weil sie an ihrem ‹alten› Glauben weiterhin hingen. Die Christen sahen sich ihrerseits mit einem zweifachen Problem konfrontiert: einerseits hatten sie den Auftrag, alle Welt von ihrem Glauben zu überzeugen, andererseits war der sich schnell und erfolgreich ausbreitende Islam eine Erscheinung, die die Richtigkeit ihrer Überzeugung und die Verwirklichung ihres Missionsauftrages in Frage stellen musste. [...] so provozierten die Muslime bei den Christen ein trotziges ‹dennoch› oder einen zornigen Kreuzzug – und antworteten damit auf das, was die Muslime schon lange zuvor praktiziert hatten: den heiligen Krieg. Die Muslime endlich – nach ihrem Selbstverständnis war der Islam die toleranteste der drei Religionen – brauchten eigentlich an Religionsgesprächen gar nicht interessiert zu sein: Sie hingen dem Glauben an, der nicht nur aus den zwei früheren hervorgegangen war und diese in ihrem mit hineingetragen hatte, sondern sie hatten auch die neueste und letzte, und somit die beste, Religion [...] den Muslimen war ein Missionsauftrag fremd. Ihre Haltung gegenüber Juden und Christen konnte indifferent sein, war allein eine Frage der Anerkennung ihrer Hoheitsrechte durch Tributzahlungen von Juden und Christen. (Bernhard Lewis / Friedrich Niewöhner)[6]

Vor diesem Hintergrund darf bezweifelt werden, ob sich Religionsgespräche, soweit es sie tatsächlich gegeben hat, überhaupt als ‹Gespräche› bezeichnen lassen – keinesfalls als ‹Begegnungen› oder ‹Dialoge›, allenfalls als ‹Auseinandersetzungen›. Nicht unerwartet illustrieren dies die drei (bekanntesten) jüdisch-christlichen Disputationen, die 1240 in Paris, 1263 in Barcelona sowie 1413/14 in Tortosa offiziell abgehalten wurden.[7] Sie sind weit mehr Beispiel für krasse Intoleranz als für Toleranz, hatten eher den Charakter von Prozessen als von Disputationen und verfolgten als Ziel ausschließlich «den Erweis der christlichen Wahrheit gegenüber dem jüdischen Irrglauben, und [… die] Absicht, Anhaltspunkte für eine Entrechtung des jüdischen Glaubens zu finden».[8] Von Gleichberechtigung der beiden Seiten keine Spur: Die Juden sahen sich vorgeladen, verfügten über keinerlei Redefreiheit, durften lediglich antworten, nichts von sich aus fragen und mussten bei dem von Hause aus feststehenden Ausgang des Verfahrens jedenfalls mit Repressalien rechnen – in dem für sie ‹günstigsten› Fall (wie 1242 in Frankreich) mit der Verbrennung ihrer heiligen Bücher, vor allem des Talmud. Gewiss ging es nicht überall und jederzeit dermaßen intolerant zu, vor allem dürfte es auf nicht-offizieller Ebene, unter Gelehrten, Geistlichen und Rabbinern, Händlern und Reisenden, zu mehr gegenseitiger Wertschätzung gekommen sein, auch kam es in Gegenden, wo sich die religiösen Kulturen anhaltender berührten und beeinflussten (in Südspanien, auf Sizilien, im byzantinisch-arabischen Grenzbereich), zu prominenten Begegnungen oder Briefwechseln – wie 1219 zur Audienz des Franz von Assisi bei Sultan al-Malik al Kamil in Kairo oder 1229 zur Vereinbarung Kaiser Friedrichs II. mit demselben Sultan über den Status von Jerusalem –, eine Periode ausgesprochener Toleranz zwischen den drei monotheistischen Religionen, wie sie sich unter mongolischer Herrschaft in Bagdad in der zweiten Hälfte des 13. Jahrhunderts kurze Zeit lang einstellte, bildete jedoch die große Ausnahme. Bezeichnend ist, dass sich letztere einem Druck von außen verdankte, aus sich heraus wären die drei Religionen nicht dazu gelangt, was wiederum beweist, dass es mit der Toleranz in Bagdad sogleich vorbei war, als sich die mongolischen Herrscher zum Islam bekannten.

Ebenso mag vor dem skizzierten Hintergrund dahingestellt bleiben, ob selbst die ‹literarisch› fingierten Religionsgespräche als Beispiele für Toleranz herangezogen werden dürfen. Sieht man von jenen Disputationstexten ab, die lediglich der Polemik oder der Apologetik dienten, so drängt sich doch fast durchgehend der unverkennbare Eindruck auf, dass der jeweilige «Dialog» von vornherein darauf angelegt ist, spätestens am Ende die alleinige Gültigkeit der Glaubensüberzeugung seines Verfassers bzw. deren alleinige Vernunft-Gemäßheit zu erweisen. Jegliche Toleranz, die im Zuge des Gespräches zum Vorschein kommen mag, ist davon eingeklammert bzw. nur bis zu jenem Punkt eingeräumt, an dem sich die Wahrheit, die die jeweils eigene ist, herausstellt. Das trifft selbst auf jene drei «Dialoge» zu, die in der gesamten Fachliteratur die meiste, fast regelmäßige Beachtung finden: neben dem bereits zitierten und berücksichtigten *Dialogus inter Philosophum, Iudaeum et Christianum* des Petrus Abaelard (ca. 1130) der *Llibre del gentil e dels tres savis* (arabisch/katalanisch 1274/76, lateinisch um 1300) des Ramon Llull (auch Lull bzw. Raimundus Lullus, 1232–1316) sowie *De pace fidei* (1453) des Nikolaus von Kues (1401–1464). Wie hinsichtlich Abaelards *Dialogus* bereits erwähnt, geht aus seinem Text unmissverständlich hervor, dass seinem Konzept von praktischer Philosophie das Christentum am vollkommensten entspricht. Daran ändert nichts, dass das Gespräch ‹unentschieden› endet, da dies nicht in der Absicht Abaelards gelegen haben dürfte, sondern dem Umstand geschuldet ist, dass das Werk nicht fertiggeschrieben wurde. Anders liegen die Dinge in dem *Buch vom Heiden und den drei Weisen* des Ramon Llull, das nach meiner Beurteilung dem modernen Verständnis von Toleranz nahekommt wie kein anderer Text des ganzen Mittelalters.[9]

Dies ergibt sich bereits aus der geschilderten Stimmung, in der das Gespräch zwischen einem verzweifelnden Philosophen und jeweils einem Weisen aus den drei monotheistischen Religionen – begleitet von der «Dame Intelligenz» – stattfindet. Es spielt sich nicht nur in idyllischer Umgebung, in einem «paradiesischen Wald» ab, in dem jeder Baum seine eigene (philosophisch-ethische) Bedeutung hat, sondern in einer Atmosphäre friedvoller Gelassenheit, jenseits jeglicher Polemik oder apologetischen Eifers, durchgehend in der Zuversicht, auf dem richtigen Weg zu sein – mit dem Ziel, «in einem einzigen Gesetz und einem einzigen Glauben zusammen [zu] finden», so dass «auf diese Weise Streit und Hass zwischen den Menschen verschwänden, die wegen der verschiedenen Glaubensüberzeugungen und der gegensätzlichen Gesetze der Völker entstehen […], sich somit die Menschen gemeinsam auf den Weg des Heils begäben; und wir nur noch einen Glauben und eine Religion hätten, durch die wir gemeinsam unseren Herrn und Gott, den Schöpfer alles Guten, lobten und rühmten!»[10] Vor allem aber ist das gesamte Gespräch geprägt vom Geist gegenseitiger Wertschätzung und Hochachtung – was sicherlich daher rührt, dass Ramon Llull jedenfalls die islamische Kultur gut kannte; er sprach und schrieb in Arabisch, nicht zuletzt die Urfassung seines *Llibre*, und trat prinzipiell dafür ein, dass die Gebildeten mehrere Sprachen erlernten. Die drei Gläubigen verstehen sich gegenseitig als «Weise», sie trauen sich gemeinsam zu, «durch zwingende Vernunftgründe [nicht mit Hilfe von Autoritätsbeweisen] eine Übereinstimmung versuchen» zu können,[11] sie stellen dies auch unter Beweis, indem sie «dem Heiden» gemeinsam sowohl die Existenz Gottes als auch die Auferstehung nach dem Tod beweisen.[12] Am Ende «bat jeder die anderen um Verzeihung für den Fall, dass er irgendein beleidigendes Wort gegen ihre Religion gesagt haben sollte [,] und sie verziehen einander».[13] Es ist für sie nicht einmal wichtig zu erfahren, welche «Wahl der Religion» durch die Philosophie, den heidnischen Philosophen, getroffen werde. Sie «wollten es nicht wissen, damit ein jeder von ihnen glauben könne, er habe seine Religion gewählt».[14] Als sie schließlich «voller Dankbarkeit auf freundschaftliche Weise» Abschied nehmen, erwägen sie:

> Wie wäre es, […] wenn sich unsere Diskussion so lange fortsetzte, bis wir alle drei uns zu einem einzigen Glauben und einer einzigen Religion bekennen und bis wir einen Weg finden, wie wir einander am besten ehren und dienen können, so dass wir zur Eintracht gelangen? Denn Krieg, Wirrsal, Missgunst, Unrecht und Schande hindern die Menschen daran, sich auf einen Glauben zu einigen.[15]

Und «sie vereinbarten Zeit und Ort für die Streitgespräche und legten die Verhaltensregeln für einen respektvollen Umgang miteinander in der Diskussion fest.»[16]

So wie es im *Llibre del gentil e dels tres savis* dasteht und zu lesen ist, erreicht Ramon Llull damit die Grenze dessen, was ein Autor des Mittelalters über Toleranz auch nur *denken* konnte. Kein anderer Autor dieses Zeitalters ist so weit gegangen. Das Werk lässt sich allerdings nicht isoliert betrachten, weder hinsichtlich der Biographie Ramon Llulls noch hinsichtlich seiner sonstigen Schriften, unter denen sich mehrere vergleichbare Dialoge und Disputationen befinden.[17] Aus diesem Kontext ergibt sich, dass Llull auch in seinem «einzigartigen und außergewöhnlichen» *Llibre* «von der Wahrheit des Christentums wie von der Beweiskraft seiner Lehre» überzeugt war. «Wenn er sich später auf das *Libre del Gentil* beruft, dann verrät sich darin die Überzeugung, dass sich in diesem Werk eine Apologie des Christentums verbirgt.» (Eusebio Colomer)[18] Man wird «in Lulls Leben zwei genau abgegrenzte Zeitabschnitte unterscheiden [müssen], die der Zwie- und die der Streitgespräche. Als Meilenstein dazwischen steht das Jahr 1293, Datum der ersten Reise nach Tunis, d. h. seinem wirklich intensiven Kontakt mit den Andersgläubigen. Man könnte sogar [...] zwischen zwei literarischen Kategorien unterscheiden: dem apologetischen Streitgespräch, dessen Absicht es ist, die Überlegenheit des christlichen Glaubens zu beweisen, welches aber die Lehrsätze der Andersgläubigen respektiert, und die eigentliche Polemik, die manchmal ungerecht und respektlos ist. Vorbilder für einen aufrichtigen und offenen Dialog sind vor allem das *Liber del Gentil* und das *Liber de Sancto Spiritu* [um 1282]. Beispiele für das apologetische Streitgespräch sind das *Liber Tartari et christiani* [gegen 1285] und das *Liber de quinque sapientibus* [1294]. Schließlich müssen wir die *Disputatio Raymundi christiani et Hamar saraceni* [1308] als Modell für die Polemik zitieren.»[19]

Fast 170 Jahre nach dem *Llibre*, schon an der Schwelle zur Neuzeit, entsteht 1453 – unter dem Eindruck der Eroberung Konstantinopels durch die Türken – das Gespräch *De pace fidei* des Nikolaus von Kues.[20] Wie bereits der Titel sagt, geht es dem Kardinal Cusanus, der in seinem ganzen Denken, wohl auch in dem *Gespräch über den Frieden im Glauben*, stark beeinflusst von Ramon Llull ist,[21] ebenso um die Herstellung des Friedens. Angesichts des menschlichen Leids, das vor allem «wegen der verschiedenen Religionsausübung (*ob diversum ritum religionum*) mehr denn je wüte», erwartet er sich von «der Erfahrung weniger Weiser, die mit all den verschiedenen Gewohnheiten (*talium diversitatum*), welche in den Religionen über den Erdkreis hin beobachtet werden, wohl vertraut sind», einen «ewigen Frieden in der Religion (*in religione perpetuam pacem*)»,[22] ja die Realisierung der Vision des Buches Jesaja:

> Daraufhin sollten sie [die Weisen der Religionen] sich, mit Vollmacht für alle ausgestattet, in Jerusalem als dem gemeinsamen Zentrum aller (*quasi ad centrum commune*) versammeln und im Namen aller den einen Glauben annehmen (*unam fidem acceptent*) und auf ihm den ewigen Frieden aufbauen (*super ipsam perpetuam pacem firment*), damit der Schöpfer aller, der in Ewigkeit gepriesen sei, in Frieden verherrlicht werde.[23]

Zu dieser Vision (*visio*) wird «der Mann, der jene Gebiete [um Konstantinopel] einstmals sah», plötzlich «entrückt (*raptus*)», konkret an «einen Ort geistiger Höhe (*ad quandam intellectualem altitudinem*), wo unter den aus dem Leben Abgeschiedenen in der Ratsversammlung der Himmlischen (*in concilio excelsorum*), welcher der Allmächtige vorstand (*praesidente cunctipotenti*)» die aufgezeichnete «Prüfung (*examen*)» stattfindet.[24] Allein schon die Aufstellung der Gesprächspartner sowie der Ablauf der Szene lassen – anders als in den Dialogen des Abaelard und des Ramon Llull – von vornherein erkennen, dass die alleinige Wahrheit der Religionen im Christentum liege. Die Regie führt neben Gott, «dem König des Himmels und der Erde», sein Sohn, das «Wort, das Fleisch geworden ist», die Engel und Erzengel sowie die Apostel Petrus und Paulus. Die 17 Weisen aus allen «Nationen und Sprachen [...], die bedeutsamsten Männer dieser Welt», sind in diesen Konzils-Himmel geladen und werden «wie in Ekstase versetzt [...] zu dem fleischgewordenen Wort (*quasi in extasim rapti [...] ad verbum caro factum*)» geführt.[25] Den Ausschlag gibt freilich die Argumentation, die einem platonischen Muster folgt – jenem nämlich, dass jeglicher Vielheit eine Einheit vorausgehe und zugrunde liege.[26] Auf die Vielheit der Religionen angewandt: Diese setze eine gemeinsame Religion (*religio una*) voraus, die aufgrund ihrer Ursprünglichkeit zugleich die eine und wahre ist (*in unam fidem orthodoxam*).[27] Die unterschiedlichen Religionen, dieser gegenüber abkünftig, partizipieren an ihr und sind nur dank ihrer überhaupt Religionen. Die Unterschiede bilden akzidentelle Äußerlichkeiten, reduzieren sich auf die bloßen Formen der Verehrung, auf die Riten – so dass schließlich gilt: *cognoscent omnes, quomodo non est nisi religio una in rituum varietate*.[28] Diese Einsicht sei keine Glaubensfrage, zu der im Sinne des *compelle intrare* gezwungen werden müsste, vielmehr könne jede Religion «in ihrem eigenen freien Urteil zu einer Erkenntnis ihrer selbst gelangen», sprich rational auf ihre je eigenen Voraussetzungen reflektieren und so – wie «jeder freie Geist» – zu demselben Schluss kommen. In Anwendung dieser philosophischen Methode lasse sich sogar beweisen, dass im Wort (*Verbum, Logos*), sprich in Christus die gesamte Wahrheit ein- und ausgefaltet sei – *in quo complicantur omnia et per quod omnia explicantur*.[29] Die weitreichende Folgerung, die Nikolaus Cusanus daraus zieht, lautet nicht bloß, dass sich das Christentum der menschlichen Ratio als einzig wahre Religion darstelle, sondern dass darüber hinaus jeglicher Wahrheitsgehalt einer anderen Religion bereits in sich christlich sei. In der gleichzeitig mit *De pace fidei* entstandenen Predigt *Tu es Petrus*[30] heißt es explizit im konkreten Bezug auf «Juden und Heiden (*tam per Judaeos quam gentiles*)»: «Alles Vernünftige einer Religion findet sich in Christus (*omnis enim ratio culturae in Christo reperitur*)».[31] Sofern (beispielsweise) «der jüdische Glaube immer schon implizit Christus enthalten hat (*ob hoc fides Judaica implicite semper Christum continebat*, [...] glaubt ein Jude, ob er will oder nicht, an Christus (*credit igitur, sive velit, sive nolit Christum*)»[32] – und dies so sehr, dass er «in der Ablehnung Christi vom wahren Kult der Juden abfällt (*si quis ex Judaeis, qui Christum non recipit, hic a vero cultu Judaeorum longe abest)*»[33]. In anderen Worten: Alle nicht-christlichen Religionen sind in dem, was sie an Wahrheit beanspruchen können, immer schon – *implicite* – christlich, modern ausgedrückt: ‹anonymes Christentum›.

Gemessen am neuzeitlichen Verständnis von ‹Toleranz› lässt sich diese inklusivistische Position kaum ‹tolerant› nennen, bezieht sich ihre Anerkennung des Anderen doch nicht auf diesen in seiner Andersheit, sondern vielmehr auf das Eigene, das dem Anderen unterstellt bzw. in ihm gefunden wird. Es erhebt sich zugleich aber auch die Frage, ob eine Religion, die einen absoluten Wahrheitsanspruch impliziert, anderen Religionen gegenüber jemals mehr an Respektierung entgegenzubringen vermag als im Rahmen eines Inklusivismus. Nikolaus Cusanus, der als Kind seiner Zeit den eigenen Glauben niemals hätte relativieren können, ging an eine Grenze des ihm Möglichen. Mehr an ‹Toleranz› aufzubringen, war selbst an der Schwelle zur Neuzeit noch nicht denkbar. Irritierend freilich, dass Cusanus seine eigenen, ihn so auszeichnenden philosophischen Einsichten – wie jene, dass angesichts Gottes das menschliche Nicht-Wissen gegenüber dem Wissen prinzipiell überwiegt,[34] oder jene, dass menschliche Erkenntnis grundsätzlich mehr auf Mutmaßungen als auf Sicherheit angewiesen ist[35] – in *De pace fidei* kaum einbringt, obwohl er sie anspricht. Wären sie in seine Argumentation konsequent eingeflossen, hätten sich vielleicht andere Schlussfolgerungen abgezeichnet – jene nämlich, die in den neuzeitlichen Religionsgesprächen zum Tragen kommen sollten und den modernen Toleranz-Diskurs tatsächlich anstoßen werden.

Seelsorge

Nachhaltiger, weil grundsätzlicher als die ‹Religionsgespräche›, wurde die Entstehung des europäischen Toleranz-Gedankens durch das mittelalterliche Konzept der ‹Seelsorge›, der *cura animarum*, befördert. Aus ihm sollte eines – neuzeitlichen – Tages die Forderung nach Anerkennung jedes Menschen als Inhaber natürlicher Rechte resultieren. Niemand wäre damals freilich auf die Idee verfallen oder hätte auch nur geahnt, dass diese für die Toleranz so essentielle Forderung seinem theozentrischen Weltbild entspringen könnte. Dennoch lassen sich – rekonstruktiv – nicht nur geistige, sondern gesamtkulturelle Aufbrüche benennen, die seit der Spätantike die europäischen Kulturen in deren Richtung drängten und dabei Europa mit seinem Menschenbild hervorbrachten. Dazu gehört prominent das spezifisch christliche Verständnis von ‹Seele› als der eigentlichen Mitte des Menschen mit samt den Konsequenzen, die daraus hinsichtlich Anthropologie, Spiritualität, Ethik, Recht, Politik und anderer Kulturbereiche erwuchsen.

Es wäre unsinnig zu behaupten, dass Christentum habe die Seele im Menschen ‹entdeckt›. So diese überhaupt hätte ‹entdeckt› werden müssen, geschah es bekanntlich früh in der griechischen Literatur und Philosophie, zeitgleich mit der Entstehung des Christentums in den philosophischen Schulen der Römerzeit.

Richtig ist allerdings, dass unter seinem Einfluss die menschliche Seele neu und in gewisser Hinsicht stärker als zuvor in den Blick geriet. Vor allem zwei Aspekte erfuhren eine besondere Akzentuierung: zum einen, dass jeder Mensch dank seiner Seele ein frei handelndes Individuum – eine Person – sei, zum anderen, dass jeder Mensch in seiner Seele Gott begegne, sofern mir als Einzelnem dieser – nach einer berühmten Formulierung des Augustinus – «innerer ist als ich mir selbst bin (*interior intimo meo*)»[36]. Ersteres liest man freilich auch bei den Stoikern, etwa bei Seneca und Marc Aurel, die sich in ihren ethischen Briefen und Selbstbetrachtungen an konkrete Adressaten oder an sich selbst als frei handelnde Individuen richten, oder (in anderer Hinsicht) bei Plotin, der deutlicher als die ihm verwandten Denker die Seele als das Vermögen des Zu-sich-selbst-Seins bzw. des Selbstbewusstseins bestimmt.[37] Von Letzterem scheint wiederum die Stoa überzeugt, betrachtet sie doch die Seele als einen zeugenden Lebensfunken des göttlichen Geistes, der den gesamten Kosmos erfüllt und lenkt. An beidem konnten bekanntlich die Kirchenväter anknüpfen, als sie sich darum bemühten, die antike Philosophie auch in diesem Punkt in christliche Theologie umzumünzen. Dennoch unterscheiden sich beide Seiten im Grundsatz:

Bleibt die gesamte antike ‹Seelenlehre› einem kosmotheistischen bzw. pantheistischen Kontext verbunden, so dass sich in der Seele des einzelnen Menschen das Göttliche selbst vergegenwärtigt, und umgekehrt jede Seele sich in das Göttliche hinein ‹aufzuheben› trachtet, so resultieren die vordergründig gleichlautenden Aussagen der christlichen Autoren aus einem gänzlich anderen Sinnzusammenhang. Hier offenbart sich ein personaler Gott, der wohl als Schöpfer der Welt gilt,[38] der jedoch in Jesus dem Christus «nicht daran festhielt, wie Gott zu sein, / sondern sich entäußerte / und wie ein Sklave wurde / und den Menschen gleich. / [...] der sich erniedrigte [...] / bis zum Tod am Kreuz»[39]. Ziel dieser einmaligen, in der Geschichte stattfindenden göttlichen Selbsterniedrigung ist nicht so sehr das Eingehen Gottes in die Seele, auch wenn durch die Offenbarung das Innere des Menschen angesprochen wird, als vielmehr die Herstellung einer neuen Gemeinschaft des Menschen mit Gott. Diese Gemeinschaft bedeutet nicht die ‹Aufhebung› der Seele in Gott, sondern primär die Befreiung des Menschen zu sich selbst: «Zur Freiheit hat uns Christus befreit (τῇ ἐλευθερίᾳ ἡμᾶς Χριστὸς ἠλευθέρωσεν).»[40] Deshalb impliziert die Gemeinschaft von Gott und Mensch, so spirituell-mystisch sie «in Christus» gedacht sein mag, nicht ein Ineinander-Aufgehen, sondern gegenseitige Freiheit. Seitens des Menschen vollzieht sich diese im Glauben (πίστις), der der Seele, genauer hin dem Geist (πνεύματι) in ihr, nicht dem Äußeren, dem Leiblichen (σαρκί), entspringt.[41] Im Inneren tut sich «das ins Herz geschriebene Gesetz (τὸ ἔργον τοῦ νόμου γραπτὸν ἐν ταῖς καρδίαις)», die Stimme des «Gewissens (τῆς συνειδήσεως)», kund.[42] Nach ihr richtet sich, wer «aus reinem Herzen und gutem Gewissen (καθαρᾶς καρδίας καὶ συνειδήσεως ἀγαθῆς)» handelt.[43] Angesprochen in seinem Inneren ist *jeder* Mensch, was in einem besagt: jeder Mensch als einmaliges und singuläres Individuum, sowie: jeder Mensch unabhängig von seinem Geschlecht, seiner Herkunft, seiner sozialen Stellung, seiner naturbedingten Ausstattung.⁴⁴

Unmittelbar und nachhaltig wirksam wird hingegen die christliche Anknüpfung an die Lehre von der «Sorge um die Seele (ἐπιμέλεια, μέριμνα bzw. θεραπεία ψυχῆς, *cura animae*, auch *cura sui*)», die wohl auf Sokrates zurückgeht,⁴⁵ ihre für das Christentum relevante Ausprägung jedoch erst bei Autoren der mittleren und späteren Stoa, besonders bei Seneca, Marc Aurel und Epiktet, aber auch bei Plutarch fand.⁴⁶ Die Sorge um die Seele erwächst der Einsicht, dass das wesentliche und eigentliche Menschsein, damit auch das Glück und die Sinnhaftigkeit des Lebens, entscheidend von der Kultivierung der Seele abhängt. ‹Seele› steht *für* ‹Mensch›. Nur in ihr gibt es für ihn dergleichen wie Ewigkeit, Unsterblichkeit, Vergöttlichung. Nichts kann deshalb wichtiger sein als die Bekümmerung um sie. Diese jedoch geschieht ausschließlich durch die Erkenntnis der Wahrheit und durch das Streben nach dem Guten. Beides zeigt sich wiederum in der Seele selbst – in der Vernunft, im Gewissen. Weshalb Augustinus abermals in klassischer – an Plotins *Enneaden*⁴⁷ angelehnter – Formulierung rät:

> [...] kehr ein bei dir selbst (*in te ipsum redi*)! Im inneren Menschen wohnt die Wahrheit (*in interiore homine habitat veritas*). [...] Dorthin trachte, von wo der Lichtstrahl kommt, der deine Vernunft erleuchtet. So möge denn der innere Mensch (*ipse interior homo*) mit ihr [der Wahrheit], die bei ihm Wohnung genommen hat, [...] übereinstimmen.⁴⁸

Anders als die hellenistischen und römischen Autoren, die die ἐπιμέλεια τῆς ψυχῆς, die *cura animae*, überwiegend beim Individuum ansetzen, haben die Christen freilich die kommunikative und soziale Dimension dieses Themas von Anfang an mit im Blick. Was nicht überraschen kann, ist doch mit dem christlichen Verständnis von ‹Individuum› auf der Stelle eine soziale Sprengkraft verbunden: «Es gibt nicht mehr Juden und Griechen, nicht Sklaven und Freie, nicht Mann und Frau; denn ihr alle seid ‹einer› in Christus Jesus».⁴⁹ Die ‹Sorge um sich› bzw. die ‹Sorge um die eigene Seele› erscheint daher im christlichen Kontext immer auch als ‹Sorge um die Anderen›, um die kirchliche Gemeinschaft, grundsätzlich um jeden, um alle Mitmenschen – ganz nach dem Vorbild der ersten Gemeinden:

> Und alle, die gläubig geworden waren, bildeten eine Gemeinschaft und hatten alles gemeinsam. Sie verkauften Hab und Gut und gaben davon allen, jedem so viel, wie er nötig hatte. Tag für Tag verharrten sie einmütig im Tempel, brachen in ihren Häusern das Brot und hielten miteinander Mahl in Freude und Eintracht des Herzens. Sie lobten Gott und waren beim ganzen Volk beliebt. Und der Herr fügte täglich ihrer Gemeinschaft die hinzu, die gerettet werden sollten.⁵⁰

Aus der *cura animae* wurde die *cura animarum*, aus der ‹Sorge um sich› die ‹Seelsorge› (im späteren, bis heute geltenden Sinne).

Die christlichen Gemeinschaften definieren sich früh über das Prinzip der Seelsorge.⁵¹ Dadurch schaffen sie eine markante Alternative zu den Gemeinschaftsformen, wie sie in der Antike und im gesamten späteren Feudalismus herrschten. Schon das Ziel jeglichen Gemeinwesens sehen sie neu – nicht mehr in der weltimmanenten Sicherung des Friedens und Wohlergehens der Angehörigen einer Gemeinschaft, sondern in der Beförderung des gottgefälligen Lebens ‹aller Seelen›, die sich am Jüngsten Tag, bei der Wiederkunft Christi, vor dem Weltenrichter zu verantworten haben werden. «Das Ziel war, ‹nach der gemeinschaftlichen Bürgerschaft im Himmelreich zu streben› [*Regula Benedicti*].»[52] Eine solche Gemeinschaft, die tatsächlich *jedem* Menschen offensteht, bildet kein Schicksal, sondern erfordert die freie (Gewissens-)Entscheidung – aus der Sorge, ein ‹Seelen-Leben› zu wählen, das rein und gerecht vor Gott bestehen kann. Wer immer diese Gemeinschaft leitet und führt, ist wiederum vor Gott angehalten, den ihm anvertrauten Seelen als jeweils Einzelne sowie als Gemeinschaft ihren Glaubensweg zu gewährleisten und sie darin zu stärken; er wird seinerseits dafür Rechenschaft ablegen müssen. In dieser Seelengemeinschaft kann er nichts anderes als ‹Seelsorger› sein. Ihm diese Rolle zuzubilligen und ihm so das Amt zuzutrauen, ist Aufgabe und Zuständigkeit der Gemeinschaftsmitglieder. Ihnen obliegt es, ihre Leitung zu bestellen. So eignet diesen christlichen Gemeinschaften im Prinzip und im Idealfall ein gleichermaßen egalitärer wie individualistischer Charakter. Nicht von ungefähr wurde in ihnen immer wieder eine Ur- oder Vorform der Demokratie gesehen.

Was sich in der Zeit ihrer Entstehung utopisch ausnahm und wohl auch blieb, gewann doch schon in frühen Jahrhunderten eine immerhin zeichenhafte Realisierung – in den Mönchsgemeinschaften und Klöstern.

> Das Bild der Gesellschaftsordnung, das die Klosterbewegung bewahrte, entsprach nicht der antiken Welt. Vielmehr ließ es auf eine neue Grundlage der Gesellschaftsordnung schließen. Denn trotz seiner vielen Fehler und Unzulänglichkeiten verband das Mönchtum das Prinzip von Gesetz und Gehorsam nicht mit gedankenlosem Brauchtum oder äußerer Gewalt, sondern mit individuellem Einverständnis und Beteiligung des Gewissens. Das Mönchtum vermittelte den Eindruck von einer ‹anderen Welt›, einer Welt, die zumindest eine Näherung an die moralischen Anschauungen des Christentums darstellte. (Larry Siedentop)[53]

Seine weithin revolutionierende Wirksamkeit entfaltete das christliche Gemeinschaftsideal, als sich die ‹weltliche Herrschaft› das klösterliche Seelsorge-Prinzip zu eigen machte – zum Kern ihres Selbstverständnisses und zur Richtlinie ihres politischen Handelns. Im großen Stil geschah dies erstmals im Westen Europas, im Frankenreich Karls des Großen (747/8–814).[54] Er verstand sich als Kaiser des (unter ihm) wiederentstandenen römischen Reiches sowohl als weltlicher Herrscher wie auch als Schutzherr der abendländischen Kirche, dem im Bereich des *Imperiums* genauso wie im Bereich des *Sacerdotiums* die von Gott verliehene Souveränität samt der daraus abgeleiteten Jurisdiktion zustand. Kraft dieser Doppelwürde löste er einen starken Christianisierungs-Schub in Europa aus, der sich nicht allein in einer Neu- oder Wiedererrichtungswelle zahlreicher Klöster und Bistümer manifestierte, sondern vor allem zu einer Bildungs- und allgemeinen

Kulturreform führte, die das christliche Seelsorge-Konzept mit seinen Implikationen hinsichtlich Menschenbilds und Selbstverständnis von Gemeinschaft bzw. Herrschaft über die Klostergrenzen hinaus verbreitete. Als es bald nach dem Tod Karls infolge der Implosion der Zentralmacht des *Imperiums* zu einer faktischen Rücknahme etlicher Reformen bzw. zu einer Wiedereinführung der vorkarolingischen Macht- und Rechtsverhältnisse kam – mit entsprechendem Rückfall in die alten Gebräuche und Denkgewohnheiten –, war es die Kirche, die erneut das ‹Klosterwesen› verallgemeinerte, indem es dieses als Ideal christlichen Lebens auf sich selbst bzw. auf die Kirche als Ganze übertrug. Bekanntlich geschah dies unter dem Pontifikat Gregors VII. (1073–1085), der kraft seiner päpstlichen Autorität die Gesamtkirche auf die Klosterreform von Cluny einschwor.[55] In diesem «revolutionären» Akt grenzte er zwar die Kirche als autonomen Jurisdiktionsbereich von allen weltlichen Machtbereichen ab, indem er aber als «Stellvertreter Christi (*Vicarius Christi*)» seine rechtliche Zuständigkeit auf «alle Seelen» der Christenheit behauptete, universalisierte er das Seelsorge-Konzept und mit diesem das, was es implizierte: die Gleichheit aller Menschen («Seelen») vor Gott sowie die Betrachtung jedes Menschen als Individuum, das sich kraft seines freien Willens («Gewissens») wiederum vor Gott zu verantworten haben wird. Anders als zu Zeiten Karls des Großen erfuhr besagte Universalisierung in der «päpstlichen Revolution» diesmal eine ungeahnte Nachhaltigkeit – durch die Neugestaltung der Kirche als eines Rechtskörpers (*universitas*) sowie durch die dazugehörige Schaffung eines Rechts – des Kirchenrechts (*corpus iuris canonici*).[56] Dieser Schritt erwies sich für die gesamte europäische Rechtsentwicklung als unerhört bedeutsam und folgenreich. Im Unterschied nämlich zu den bis dahin geltenden Rechtstraditionen – dem römischen Recht, den kirchlichen Gesetzgebungen, den Rechtsordnungen der Franken, Angelsachsen, Langobarden, Normannen, Westgoten u. a.[57] – entstand dabei ein *Rechtssystem*, das auf klar definierten Begriffen sowie auf philosophisch-theologischen Grundsätzen aufbaute und so einen argumentativ-fundierten Zusammenhang in die Welt der damals überkommenen, geltenden und neu zu erlassenden Gesetze brachte.[58] Damit einher ging die Durchsetzung einer *Rechtskultur*, die alles verwirklichte, was mit einer solchen verbunden ist – die Klärung der Rechtssouveränität sowie der entsprechenden Jurisdiktionen, beginnend beim Erlassen, Fixieren und Verlautbaren von Gesetzen, endend bei der Installierung von Gerichten samt dem dazugehörigen ‹Justizpersonal›, Richtern, Advokaten, Fachexperten sowie der zuarbeitenden Verwaltung. Nicht zu übersehen die *Rechtswissenschaft*, die das Rechtssystem *ex officio* reflektierte und die Geltung des gesamten *Corpus iuris* methodengeleitet und objektiv begründete. Kein Zufall, dass Ende des 12. Jahrhunderts die erste europäische Universität in Bologna aus den dortigen prominenten Juristenschulen hervorging und sich ausschließlich der Rechtswissenschaft widmete.[59]

Um endlich die Relevanz dieser kulturgeschichtlichen Entwicklung im mittelalterlichen Westeuropa für die Entstehung des Toleranz-Gedankens zu erkennen, ist darauf zurückzukommen, dass jedenfalls mit dem Kirchenrecht erstmals ein *Recht* formuliert wird, das prinzipiell für *jeden* Menschen – für «*alle* Seelen» – gilt, und zwar für alle *gleichermaßen*. Bezeichnend dafür der Beginn des berühmten *Decretum Gratiani*, des kanonischen Grundlagenwerkes aus dem Jahr 1140 mit dem Titel *Concordantia discordantium canonum*, verfasst von Gratian von Bologna (gest. um 1150) – es beginnt mit der ‹Goldenen Regel›:

> Das Naturrecht, wie es in Gesetz und Evangelium erscheint, weist jeden an, andere so zu behandeln, wie er selber behandelt sein will, und verbietet andere zu behandeln, wie man selbst nicht behandelt werden will. (*Ius naturae est, quod in lege et evangelio continetur, quo quisque iubetur alii facere, quod sibi vult fieri, et prohibetur alii infere, quod sibi nolit fieri.*) So sagt es Christus im Evangelium: ‹Alles, was ihr von anderen erwartet, das tut auch ihnen! Darin besteht das Gesetz und die Propheten.› (Mt 7, 12).[60]

Dazu Larry Siedentop:

> Hier ist die biblische ‹Goldene Regel› der antiken Theorie des Naturrechts aufgepfropft worden, sodass Gleichheit und Gegenseitigkeit zu den wichtigsten Elementen der Gerechtigkeit werden. Vielleicht ohne, dass es ihm wirklich bewusst war, vereinigte Gratian hier christliche Moralvorstellungen mit einem Begriff [‹Natur›], den er aus der griechischen Philosophie und dem römischen Recht übernommen hatte.[61]
>
> Aber das war nicht mehr die ‹Natur›, wie sie die antiken Stoiker postulierten. Die egalitäre Ausrichtung der Kirchenrechtler an dem individuellen Gewissen und dem freien Willen veranlasste sie nach und nach, das Naturrecht in ein System von natürlichen Rechten zu verwandeln: vorsoziale oder moralische Rechte, die dem Individuum innewohnen. Auf diese Weise übersetzten die Kirchenrechtler die christliche Konzentration auf die ‹Innerlichkeit› in die Sprache des Rechts. […] Gratian und die Dekretisten erklärten, alle Menschen würden mit einer moralischen Natur geboren und seien daher mit legitimen vorsozialen Forderungen ausgestattet, die allen Gewohnheitsrechten und Bestimmungen des positiven Rechts vorausgingen. […] Das Ergebnis war ein Begriff des Naturrechts, der die menschliche Freiheit in den Blickpunkt rückte.[62]

Trotzdem kam es während des Mittelalters nirgends zu einer expliziten Formulierung von Menschenrechten, dem letzten ‹Woraufhin› toleranten Verhaltens. Allenfalls wurden da und dort «subjektive Rechte» (*dominia*) jedes Menschen, wie beispielsweise jenes auf Eigentum – im Zusammenhang mit dem kirchlichen Streit um das Armutsideal des Franziskanerordens im 13./14 Jahrhundert[63] –, auf Selbstverteidigung, auf bestimmte Handlungen in Notsituationen oder auf das Sakrament der Ehe, angedacht.[64] Der tiefere Grund lag – wie bereits erörtert – darin: Das Recht, dem sich Kirche und Staat sowohl in der Bildung ihrer jeweiligen Rechtsordnung als auch in deren Verwirklichung unterordneten, «leitete sich aus einer Wirklichkeit ab und war in ihr verwurzelt, die über das bestehende Gefüge der politischen Macht hinausreichte», nämlich aus «der göttlichen und der natürlichen Gerechtigkeit», die aus der Offenbarung Gottes und aus der ebenfalls von Gott sichtbar gemachten Schöpfungsordnung – dem Naturrecht – resultierte.[65]

Jegliche Rechtsordnung (*lex humana*) konnte und durfte nichts anderes sein als ein «Spiegel (*speculum*)» des göttlichen Gesetzes (*lex divina, lex aeterna*). Dergestalt enthielt sie in erster Linie die *Rechte Gottes am Menschen*, die dieser in Form der *cura animae* bzw. der *cura animarum* zu wahren und über deren Wahrung er am Jüngsten Tag, vor dem Angesichts Gottes, Rechenschaft abzulegen hatte. Dass aus derselben Theozentrik doch auch Impulse in Richtung ‹Menschenrechte› hervorgingen, zeigt sich bereits während des Spätmittelalters an Themenstellungen, die jedenfalls ankündigten, in gewisser Weise sogar vorwegnahmen, was in der Neuzeit ins Zentrum der Debatten hinsichtlich ‹Toleranz› rücken sollte. Dazu gehören neben der angesprochenen Frage nach dem Stellenwert der Gewissensfreiheit des / der Einzelnen sowie neben der ebenfalls genannten Frage nach den angeborenen ‹subjektiven Rechten› vor allem auch die revolutionären Überlegungen einiger Theologen, Philosophen und Juristen – Duns Scotus, Wilhelm von Ockham, Marsilius von Padua und anderer –, die Konstituierung, jurisdiktionelle Ausgestaltung und Exekutierung von Rechtskörpern, die der *lex humana* zuzuordnen sind, der *universitas civium*, der Gesamtheit der Angehörigen des jeweiligen Rechtskörpers, zur Entscheidung zu überlassen.[66]

Kreuzzüge

Man würde es nicht für möglich halten, aber auch die Kreuzzüge, die vom ausgehenden 11. Jahrhundert bis in die angehende Neuzeit hinein nicht nur Palästina, den ganzen Vorderen Orient und Nordafrika, sondern vor allem etliche Teile Europas in Atem hielten, haben viel mit dem zu tun, was seinerzeit als *cura animae*, als ‹Seelsorge› galt. Es ergibt sich aber, wenn man sich vergegenwärtigt, dass die Kreuzzüge ‹heilige Kriege› waren, die – was die westliche Christenheit betrifft – vom Papst als Stellvertreter Christi auf Erden legitimiert wurden, und dass sie allen Menschen, die sich daran *aus Gewissensgründen freiwillig* beteiligten, dasselbe Ziel wie bei Pilgerfahrten, besonders *Bußwallfahrten*, verhießen, nämlich die Reinigung ihrer Seelen vor Gott, sprich die Abtragung der persönlichen Sündenschuld. Selbst das Führen von Kriegen, schon gar von ‹heiligen Kriegen›, ordnete sich dem unter, was den cluniazensischen Reformern vor Augen stand:

> Sie wollten das christliche Abendland in ein einziges großes Kloster verwandeln und träumten von einem Klerus, der – zölibatär und unbefleckt von den Wertmaßstäben dieser Welt – die Seelsorge einer Laienschaft auf sich nahm, die so weit wie möglich ihre Lebensführung und ihren Kultus ganz den klösterlichen Idealen angepasst hatte.[67]

> [...] der Kreuzzug erschien den gebildeten Zeitgenossen, die ja zumeist Mönche waren, als eine Art wanderndes Kloster. Die teilnehmenden Laien hatten Gelübde abgelegt, die [...] Ähnlichkeiten mit den ewigen Gelübden der Mönche aufwiesen. Zudem erlegten die Sachzwänge des Kreuzzuges ihnen ein Leben in Armut auf sowie

– theoretisch – ein Leben in Keuschheit. Die Kreuzfahrer waren, wie auch die Mönche, ‹Exilanten› der normalen Welt. Sie hatten das Kreuz genommen, um Christus nachzufolgen, sie hatten um Gottesliebe ihre Frauen, Kinder und ihre Heimat verlassen und sich aus Liebe zu ihren Brüdern selbst in Lebensgefahr gebracht. Sie waren ‹Nachfolger Christi›. Wie die Mönche in ihren Klöstern nahmen auch sie an regelmäßigen gemeinsamen Gebeten und anderen frommen Ritualen teil, und während die Mönche eine ‹innere Reise› nach Jerusalem unternahmen, reisten sie persönlich dorthin. [...] Tatsächlich gab es einen bemerkenswert raschen Transfer von Begriffen und Bildern, die traditionell mit dem Klosterleben verknüpft gewesen waren und nun auf den Kreuzzug bezogen wurden: die Ritterschaft Christi, der Kreuzweg, der Weg in das himmlische Jerusalem, der geistliche Kampf. (Jonathan Riley-Smith)[68]

Aus dieser ‹Seelsorge› erwuchs freilich keinerlei Toleranz, ganz im Gegenteil: Das politische Ziel, nämlich Jerusalem und das Heilige Land bzw. Gebiete allerorts, welche die Christenheit als ihr zustehenden Besitz betrachtete, vor allem von den muslimischen Herrschern (aber nicht nur von diesen) zurückzuerobern, dadurch die Ehre Jesu Christi wiederherzustellen und bei dieser Gelegenheit Rache zu üben an allen, die ihr diese streitig gemacht hatten, sei es durch den ‹Gottesmord› der Juden oder die Verbreitung des ‹Heidentums› seitens der Muslime, dominierte von Anfang in einem Ausmaß, dass diese Unternehmungen zu einem Inbegriff brutalster Intoleranz mutierten. Nie zuvor wurde im Namen eines religiösen Glaubens so viel an Blutbad, Auslöschung und Unterdrückung nicht bloß ‹theo-logisch› legitimiert, sondern geradezu gefordert – im Namen Gottes (*Deus vult*) und im Namen des Kreuzes Jesu (*in hoc signo vinces*). Gleich nach dem Aufruf zum Kreuzzug durch Papst Urban II. beim Konzil von Clermont – am 27. November 1095 – brachen in etlichen Teilen Frankreichs, Deutschlands und Mitteleuropas bislang ungekannte Judenpogrome aus, die selbst bei christlichen Zeitgenossen auf Entsetzen stießen. Als die Kreuzfahrer am 15. Juli 1099 Jerusalem «befreit» hatten, «folgte ein Blutbad, welches Ausdruck einer Strategie war, die sich während des Kreuzzuges entwickelt hatte. Immer wenn ein religiös oder strategisch bedeutender Ort eingenommen wurde, erlaubte man den Christen aller Konfessionen zu bleiben, Nicht-Christen wurden jedoch niedergemetzelt oder vertrieben.»[69] Im ‹günstigsten› Fall standen Andersgläubige vor der Entscheidung, entweder zum christlichen Glauben zu konvertieren oder zu emigrieren. So verhielt es sich während der gesamten Zeit und an so gut wie allen Orten, wo kriegerische Gewalt als ‹Kreuzzug› deklariert und gutgeheißen wurde – in Syrien und Palästina ebenso wie in Spanien, Frankreich, Nord-, Ost- und Südeuropa. Dass es nun ausgerechnet in Zeiten solcher Intoleranz zu vereinzelten, leisen Ansätzen von geistiger Toleranz kam, mag einerseits verblüffen, weil tatsächlich keinerlei Rahmenbedingungen für dergleichen gegeben zu sein schienen, andererseits aber auch plausibel werden, wenn man bedenkt:

Zum einen brachten die Kreuzzüge nicht nur Konfrontation mit den ‹Heiden› und ‹Abtrünnigen›, gegen die man zu Felde zog, sondern auch Begegnung mit deren Kultur. Diese wiederum erfolgte fast zwangsläufig, sobald sich nach den Schlachten und Eroberungen die Notwendigkeit der Konvivenz von Siegern und Besiegten, ja sogar die Unausweichlichkeit einer faktisch-pragmatischen ‹Toleranz› herausstellte. So unter anderem der Fall in der Südhälfte Spaniens sowie im Königreich Jerusalem, beide Male über Jahrhunderte – in Andalusien von 711–1492, in Palästina von 1099–1291.[70] Da wie dort ging es darüber hinaus darum, sich untereinander arrangieren zu müssen, um eine gewisse Normalität des alltäglichen Lebens mit all seinen Herausforderungen zu erreichen. Wenn auch nicht auf religiöser Ebene, so doch im einen oder anderen Bereich der gemeinsamen Lebenswelt kam es zu einem kulturellen Austausch, den es wohl nicht gegeben hätte, wenn nicht ein gewisses Maß an gegenseitiger Anerkennung und Schätzung vorhanden gewesen wäre – vor allem in der Sprache, aber ebenso im Brauchtum, im Handel, im Wissen, in den Künsten. Zumindest in der persönlichen Begegnung konnte dies dazu führen, dass dergleichen wie weltanschauliche ‹Toleranz› sich anbahnte. *Zum anderen* fällt die Periode der Kreuzzüge in dieselbe Zeit, in der europaweit eine große Neu- bzw. Wiederentdeckung der Antike einsetzte – dies vor allem im Bereich der Literatur, der Kunst, der Wissenschaften sowie des Rechts.

> Die [...] hochmittelalterliche ‹Renaissance› des 11.–13. Jahrhunderts ist mehr ein kulturelles als ein politisches Phänomen, das in seiner Breite die vorausgehende karolingische Phase um vieles übertrifft. Die Mediävalisierung der antiken Tradition wird [...] ausdifferenziert und vollendet. Die Interpretationsverfahren – vor allem der antiken Mythologie – werden weiterentwickelt, Philosophie und Historiographie finden zu einer Systematisierung, die sich einerseits in einem philosophischen Synkretismus aus christlich-neuplatonischen und christlich-aristotelischen Konzeptionen niederschlägt, die andererseits zu einem konzisen weltchronistischen Konzept führt, das der Profangeschichte zunehmendes Interesse entgegenbringt. (Manfred Kern)[71]

Ein hinsichtlich ‹Toleranz› nicht unwesentliches Ergebnis dieser Entwicklung, die sich *nota bene* auch in den Übersetzungen der Werke des Aristoteles aus dem Arabischen ins Lateinische (in Spanien) sowie in der Neubefassung mit dem römischen *Corpus iuris civilis* im damals wiederentdeckten *Codex Iustinianus* aus dem Jahr 534 (in Italien) manifestiert, besteht in einer unvermuteten Hochschätzung des ‹Heidentums›. Dies äußert sich nicht nur in der intensiven Befassung mit antiken Philosophen und Dichtern, die alle ‹Heiden› waren, sondern ebenso in der literarischen Rezeption der polytheistischen Mythenwelt sowie in der Schaffung des Bildes vom ‹edlen Heiden›, der besonders in mittelalterliche Epen und Romane Eingang findet. Im ‹edlen Heiden› begegnet der Mensch als Mensch bzw. der Mensch in der Verwirklichung höchster Sittlichkeit.[72] Als solcher wird er gleichermaßen *erkannt* und *geachtet* – unabhängig von seiner religiösen Konfession. Das geschieht ausdrücklich wohl nur selten und punktuell, wo es jedoch dazu kommt, scheint es Ausdruck eines sich anbahnenden Gesinnungswandels zu sein, der breiter ist, als man auf den ersten Blick annehmen würde. Ein Beleg dafür mag der große Erfolg des Kreuzritter-Romans *Willehalm* des Wolfram von Eschenbach (entstanden zwischen 1210 und 1220) sein. *Willehalm*, eines der meistgelesenen Werke des deutschsprachigen Mittelalters,[73] steht nämlich nicht allein für eine unverhohlene Kritik an der aggressiven Kreuzzugsideologie der damaligen Zeit, sondern zugleich für einen unüberhörbaren Aufbruch in Richtung ‹Toleranz›.

Wolfram von Eschenbach, über dessen Biographie kaum etwas bekannt ist – sein Leben fällt in die zweite Hälfte des 12. sowie in die erste Hälfte des 13. Jahrhunderts in Franken und Thüringen –, siedelt die Geschichte seines 13.988 Verse umfassenden *Willehalm*-Epos im 9. Jahrhundert in der Provence an. Den historischen Hintergrund bilden die Kriege zwischen Christen und Heiden («Sarazenen [*Sarrazîn*]») des 8. und 9. Jahrhunderts in Südfrankreich und Nordspanien, die von Ersteren als ‹Kreuzzüge› verstanden werden. Anlass zu den allen Seiten unendlich viel Leid bringenden Auseinandersetzungen ist die Liebe der heidnischen Königin Arabel zu Willehalm, dem christlichen Markgrafen von Orange. Seinetwegen verlässt sie ihre Familie, Mann und Kinder, und tritt zum christlichen Glauben über, wobei sie den Namen Giburg annimmt. Ihre muslimischen Verwandten, allen voran ihr mächtiger Vater Terramêr, beginnen daraufhin einen Rachefeldzug, der zunächst zu einer furchtbaren Niederlage Willehalms auf dem Feld von Alischanz führt. Nachdem es diesem aber nicht nur zu fliehen gelingt, sondern auch ein neues Heer aufzustellen und Unterstützung bei König Ludwig zu finden, kommt es zu einem Gegenschlag, bei dem die Heiden verlieren. Ausschlaggebend dafür ist der Einsatz von Rennewart, einem Sohn des Heidenkönigs Terramêr und somit Bruder Giburgs, der als ‹edler Heide› unerkannt auf der Seite der Christen kämpft. Nach der Schlacht gestattet der Sieger Willehalm die Überführung der gefallenen heidnischen Könige. An dieser Stelle bricht der Roman ab.

Dass es in dieser Geschichte in Richtung ‹Toleranz› geht, zeigt ein Vergleich mit dem um 1170 verfassten *Rolandslied des Pfaffen Konrad*, einer deutschen Nachdichtung des *Chanson de Roland*, dem zentralen Werk der französischen Heldenepik der ‹Chançons de geste›, auf das sich Wolfram zweifellos bezieht.[74] In diesem erscheinen die Heere der Muslime einfach als «Horden des Teufels» (*des tiuveles geswerme*), «Teufelsdiener» (*des tiuveles hîgen*) oder «Heiden» (*die haiden*), die auf dem «Schlachtfeld / wie Hunde»[75] fallen und nun ewig «Herodes / Gesellschaft leisten müssen»[76]. Ihr «Stolz» (*grôz übermuot*) und ihr «Hochmut» (*grôzer hôchvart*) nützen ihnen vor den «wahren Gottesstreitern» (*die wâhren gotes kemphen*) nichts. «Unwissend» (*haiden, die tumben*) und «vermessen» (*vermezzenlîchen*) wie sie sind, handeln sie von vornherein als «Verdammte» (*unsaelige*).[77] Nicht einmal ihre «siebenhundert Götzen, / als höchster unter ihnen Mahomet» (*siben hundert apgot, / Machmet was der hêrest unter in*)[78] können sie davor bewahren, «Todgeweihte» zu sein,[79] die zur ewigen gnadenlosen Verdammnis bestimmt sind. «Der Himmelsrichter / lässt sie zuschanden werden.»[80] «Der Teufel nahm die Seelen mit sich.»[81] Dem gegenüber ist in Wolframs *Willehalm* zu lesen: «Dass man die erschlug wie Vieh, / das nenn ich eine große Sünde: / sie alle sind von Gottes

Hand gemacht (*ez ist gar gotes hantgetât*) [...]»⁸² Damit fällt ein gänzlich anderes Licht auf dieselben «heiden».

Im Roman erscheinen sie grundsätzlich als *Verwandte*, zunächst im familiären Sinne: Giburgs erster Mann, Tîbald von Arâbî, kämpft gegen ihren zweiten Mann, Willehalm; ihre Brüder treffen auf die Brüder Willehalms; Rennewart zieht für seine Schwester und seinen Schwager gegen seinen Vater und seine Brüder in die Schlacht; Terramêr umgekehrt führt den Krieg gegen seine Tochter.

> Jetzt muss es laufen, wie es läuft: [...] Terramêr hatte beschlossen, / nach Alischanz zu ziehen, / wo seine Truppen einen Kampf bekamen, / der ihn nie wieder froh sein ließ. / Wie konnte dieser kluge Mann (*der wise man*) so etwas tun? / Sie waren ihm gleich nah verwandt, / Wilhelm, der Hochgerühmte, / und Tibald, Arabels Mann, / für den er Herzens-Leid erlitt / aus Schmerz um seinen Bruder / und viele edle Sarazenen (*und mangen werden Sarrazîn*) / als Tribut dem Tod bezahlte. / Ein Herz aus / Donnerstein / müsst das erweichen.⁸³

Schon allein diese Verwandtschaft erwirkt eine gegenseitige Achtung, die im Feind einen Menschen erblickt – einen Menschen, der gleichermaßen leidet,⁸⁴ und einen Menschen, der aus ebensolcher (ritterlicher) Gesinnung heraus lebt – «Ritterlicher Sinn wich nie aus eurem Herzen (*iuwer herze tugende nie verliez*)»⁸⁵ – und zur Tugend fähig ist. Verwandtschaft verbindet darüber hinaus Christen und Heiden *vor Gott*: Beide sind im selben Ausmaß dessen Kinder – so der Zentralgedanke des ganzen Romans, wie er in der Rede Giburgs vor dem «Fürstenrat (*vürsten rât*)», in dem sie als Frau zu schweigen gehabt hätte, zum Ausdruck kommt:⁸⁶

> Hört auf die Lehre einer ungelehrten Frau (*eines tumben wîbes rât*): / schont die Geschöpfe aus Gottes Hand (*schônet der gotes hantgetât*)! Ein Heide war der erste Mensch, / den Gott erschuf (*got machen began*). / [...] Wir wissen: / alle Kinder, die die Mütter seit Evas Zeit / geboren haben, sind ohne Zweifel / als Heiden auf die Welt gekommen: / [...] Wir waren doch einst alle Heiden (*wir wâren doch alle heidnisch ê*). / Wer im Heil ist, leidet / unter dem Gedanken, dass der Vater seine Kinder / zum Verlust der Seligkeit verdammt: / es steht in seiner Macht, sich ihrer zu erbarmen, / der zu allen Zeiten wahre Barmherzigkeit besaß. / [...] Wenn Gott euch dort den Sieg gewährt, habt im Kampf Erbarmen!

Willehalm beherzigt diesen Aufruf, indem er nach der für ihn siegreichen Schlacht gestattet, «die gefallenen Verwandten Giburgs / [...] königlich auf[zu]bahren, / als ob jeder / daheim gestorben wär in seinem Reich»,⁸⁷ und zu Terramêr zu bringen, «dessen Gnade, dessen Huld / ich [Willehalm] gern verdiente (wagte ich darum zu bitten)»⁸⁸. Tut er dies auch vor allem seiner Frau Giburg zuliebe («um ihretwillen»), so achtet er über die Verwandtschaft des Gegners hinaus vor allem dessen Tugendhaftigkeit:

Vorbildlich / habt ihr so gelebt: / nie gab es ein gekröntes Haupt / über eines Königs Herzen, / die beide weit vor allen andern / so viel Ruhm erwarben. / Ich kann euch in allem loben: / Freigebigkeit, die nichts bereut, / Beharrlichkeit, die niemals wankt. / Ich sag euch, hochgelobter Mann, / was ich will, um was ich bitte [...][89]

Zurecht ist angesichts dieser Achtung vor dem ‹Heiden› vermerkt worden:

> Nicht die Gemeinsamkeit der Religion, sondern das gemeinsame Standesethos und die Erfüllung und Beachtung eines Kodexes feiner, höfischer Sitten und ethischer Normen indiziert die Zugehörigkeit zur höfischen Schicht. [...] Die Freude über heidnischem Edelmut harmoniert keineswegs mit einer etwaigen ideologischen Annäherung oder auch nur einem Verständnis für die religiöse Situation des Heidentums. [...] Höfische Toleranz gilt allein dem edlen und ritterlichen Menschen, seiner Religion gegenüber ist sie intolerant [...][90] (Rainer Schwinges)

In der Tat lässt darüber auch der *Willehalm*-Roman keinen Zweifel: Schon im ‹Prolog› bildet die christliche Taufe die *conditio sine qua non* zur ewigen Seligkeit;[91] im ‹Religionsgespräch› zwischen Vater Terramêr und Tochter Arabel/Giburg stellt sich in Glaubensfragen keinerlei Annäherung ein;[92] bei aller Bewunderung heidnischer Tugendhaftigkeit zum ‹Schluss› vermag sich nicht einmal Willehalm dazu durchzuringen.[93] Zugleich ist aber nicht zu übersehen, dass Wolfram dieser «höfischen Toleranz» in Giburgs Rede ein *theologisches* Fundament gibt, das den gesellschaftlich-konventionellen Rahmen derselben sprengt. Die Überzeugung von der Verwandtschaft *aller* Menschen in Gott, dessen Kinder sie alle *gleichermaßen* sind, enthält zumindest im Keim die Idee einer umfassenderen ‹Toleranz›, die selbst die religiösen Überzeugungen einbezieht. «Das wäre ein theologisch gefasster Toleranz-Gedanke, der weit über das hinausginge, was dem Mittelalter und seiner Theologie sonst möglich wäre.»[94]

Gut fünfzig bis sechzig Jahre vor dem Roman *Willehalm* entsteht im Umkreis des bayerischen Benediktinerklosters Tegernsee ein Sakralspiel, das ebenso Kritik an der christlichen Kreuzzugsideologie übt und sich seinerseits zu einer Achtung von Andersgläubigen, in diesem Falle der Juden, durchringt.[95] Der sogenannte *Ludus de Antichristo (Das Spiel vom Antichrist)*,[96] das aller Wahrscheinlichkeit nach Mitte des 12. Jahrhunderts entstanden ist – entdeckt wurde es erst 1721, den Titel trägt es seit 1882 –, gilt als erstes mittelalterliches Drama, das nicht bloß als Lesedrama, sondern für eine wirkliche Aufführung gedacht war. Es ist ein lateinisches Versdrama, das je nach überlieferter Handschrift 414–635 rhythmische Verse enthält, darüber hinaus aber auch zahlreiche Regieanweisungen in Prosa aufweist, die vor allem wortlose Szenen regeln. Der Verfasser, vermutlich ein Benediktinermönch, darf als ein dichterisch hochstehender und überaus selbständiger Autor angesehen werden, der keine Scheu hat, mit seinem Stück auf unverkennbare Distanz zu herrschenden Überzeugungen seiner Zeit zu gehen – zur Kreuzzugsideologie einerseits, zum Antisemitismus andererseits. Mit Sicherheit steht er bereits unter dem Eindruck des furchtbaren Desasters des zweiten Kreuzzuges, der vor allem durch die Predigten und Einflussnahmen von Bernhard von Clairveaux zustande gekommen war und 1147/48 mit den Niederlagen der christlichen Könige Konrad III. und Ludwig VII. geendet hatte. Ebenso gewiss ist, dass er um die entsetzlichen Pogrome an den Juden wusste, die anlässlich des zweiten Kreuzzuges in Flandern sowie in Deutschland (besonders in Würzburg und Regensburg) ausgebrochen waren. Beides lehnt der Dichter ab, indem er es zu Werken des Antichristen erklärt. So geht es aus der Struktur des *Spiels* hervor:

In diesem gibt es zwei parallel aufgebaute und antithetisch aufeinander bezogene Teile, von denen der erste die von Gott eingesetzte Weltordnung darstellt, der zweite hingegen die vom Antichristen geschaffene Gegenordnung in Szene setzt. Die Akteure, die in ihnen handeln, sind neben dem Antichristen und seinen Getreuen (vor allem der Heuchelei und Ketzerei) der (deutsche) Kaiser der Endzeit mit seiner Ritterschaft, die Kaiser / Könige von Frankreich, Byzanz, Babylon und Jerusalem mit ihren jeweiligen Völkern, der Papst mit dem Klerus, die Christenheit (*Ecclesia*), die Heiden (*Gentilitas*) und die Juden (*Synagoga*) mit den Propheten (Elias und Enoch). Aus dem Drama, das diese Protagonisten untereinander verbindet, ergibt sich, dass sowohl die so genannte Heidenmission (die Kreuzzüge) als auch die Ermordung der Juden Werke sind, die *der Antichrist* befiehlt. So wird nicht nur deutlich, dass Kreuzzüge in den Augen des Dichters reine Aggressionskriege sind, denen jede religiöse Legitimation fehlt – der Papst tritt im Stück bezeichnenderweise schweigend auf und handelt nicht –, sondern ebenso, dass die Tötung der Juden die Vernichtung von Menschen bedeutet, die sich zwar als letzte Gruppe (*nach* den Heiden und den Christen) gleichfalls dem großen Widersacher zuwendet, die sich aber als *erste* und *einzige* wieder von ihm abwendet und dafür ihre Vernichtung in Kauf nimmt. Wie in unzähligen künstlerischen und literarischen Darstellungen trägt die Synagoge gewiss auch in diesem Spiel eine Binde vor den Augen, weshalb sie die Wahrheit in Christus nicht erkennen kann, doch entstammt der Antichrist wohl gemerkt nicht, wie es die apokalyptische Literatur des Mittelalters kolportiert, ‹aus den Juden›, sondern aus dem Schoß der Kirche. Darüber hinaus zeichnet der Dichter die Juden weniger als ein verstocktes, bösartiges und von Gott verworfenes als vielmehr als ein tragisches Volk, das zwar nicht sehend ist, sehr wohl aber seinem Glauben treu bleibt. Für eine Zeit, in der als oberste Christenpflicht gilt, gegen die Heiden in den Krieg zu ziehen und an den Juden den ‹Gottesmord› zu rächen, sind dies Aussagen, die nicht nur ein hohes Maß an christlicher Selbstkritik implizieren, sondern zugleich eine Achtung Andersgläubiger – der Juden – enthalten. Auch das ein Schritt in Richtung Toleranz.

Aus der klassischen Phase des sogenannten Kreuzzugszeitalters stammen schließlich zwei historische Werke, die in unserem thematischen Zusammenhang ebenfalls Beachtung verdienen – zwei Darstellungen der Geschichte der Araber von der Zeit Mohammeds bis in die jeweilige Zeitgeschichte: die *Historia de gestis orientalium principum* (fertiggestellt 1184) des Wilhelm von Tyrus (ca. 1130–1186)[97] sowie die *Historia Arabum* (entstanden 1243) des Rodrigo Ximénez de Rada (ca.

1170–1247)⁹⁸. So weit die Orte der Entstehung der beiden Werke auseinanderliegen mögen – Jerusalem einerseits, Toledo andererseits –, so nahe sind sie sich, was folgende Eigenschaften betrifft: Beide werden in Ländern bzw. Städten geschrieben, in denen Christen und Muslime neben- und miteinander leben, gezwungenermaßen wohl, zugleich aber zu einer gewissen gegenseitigen kulturellen Respektierung bereit. Beide Autoren sind des Arabischen mächtig – Wilhelm mit Sicherheit, Rodrigo aller Wahrscheinlichkeit nach. Jedenfalls liegen ihren Werken arabische Quellen, sprich Geschichtsdarstellungen aus muslimischer Hand zugrunde. Schon allein das macht ihre Leistungen über die Maßen bemerkenswert: Entgegen der damaligen Überzeugung, dass ‹heidnische› Völker keinerlei Relevanz in der Geschichte der Menschheit besäßen und folglich von keinem historischen Interesse seien,⁹⁹ setzen sich beide Autoren über diese Ansicht hinweg, anerkennen die ‹welt›-geschichtliche Rolle der Muslime und trauen ihnen darüber hinaus sogar zu, ihre eigene Geschichte selbst reflektieren und darstellen zu können. Die Gemeinsamkeiten von Wilhelm und Rodrigo gehen aber noch weiter: Beide verfügen über eine hohe Bildung, die sie an den renommiertesten Hochschulen ihrer Zeit erworben haben – Kanonistik in Bologna, die *septem artes liberales* mit Theologie und Philosophie in Paris, Wilhelm von 1145 bis 1165 (auch in Orléans), Rodrigo zwischen 1195 und 1207/8. Beide stehen im politischen Mittelpunkt ihrer jeweiligen Königreiche – Wilhelm 1175–1184 als Erzbischof von Tyrus und königlicher Kanzler von Jerusalem unter Balduin IV., Rodrigo ab 1208 als Erzbischof von Toledo, damit auch (dem Anspruch nach) als Primas von ganz Spanien und Kanzler von Kastilien sowie als enger Berater der Könige Alfons VIII. und Ferdinand III. In diesen Funktionen können sie gar nicht anders, als die Kreuzzugsideologie nicht bloß mitzutragen, sondern sie zugleich zu propagieren und zu realisieren. Dem entsprechend lassen sie *offiziell* keinen Zweifel daran, dass es in religiöser Hinsicht gegenüber dem Islam null Toleranz geben dürfe: «Für Wilhelm von Tyrus war der Islam *doctrina pestilens* und *superstitio*, Mohammed der *primogenitus Sathanae*. Für Rodrigo war Mohammeds Lehre eine infame, eine erlogene Offenbarung (*mentita revelatio*) und ein *virus pestiferum* und er selbst ein Betrüger und dafür in der Hölle begraben.»¹⁰⁰ Wohl aufgrund ihrer hohen Bildung, möglicherweise aber auch aus Erfahrungen, die sie in unmittelbaren Begegnungen mit Muslimen gemacht haben, gelangen sie *in ihren Werken* zu einer differenzierteren Beurteilung – der Erzbischof von Tyrus viel deutlicher als der Erzbischof von Toledo.

Was Rodrigo Ximénez de Rada anbelangt, so zeigt vor allem die jüngere Forschung, dass seine *Historia Arabum* zwar «einen in der lateinischen Literatur des Mittelalters einzigartigen Text» darstellt.

> Kein anderes erhaltenes Werk dieser Zeit schenkte der muslimischen Lebenswelt in vergleichbarer Weise seine Aufmerksamkeit; kein anderer Autor gestand den Muslimen eine Geschichte zu, der ein eigener, von der christlich konzipierten Heilsgeschichte unabhängiger Sinn innewohnte. Lediglich Rodrigo würdigte die *gens Arabum* als Subjekt ihrer eigenen Historie. (Matthias Maser)¹⁰¹

Besonders in der Darstellung des Lebens Mohammeds (in den Kapitel I–VI seiner *Historia*) «ist seine Leistung anzuerkennen, die ablehnende Haltung gegenüber der fremden Religion nicht aus den abstrusen Fabeleien der christlichen Tradition heraus begründet, sondern sich mit dem genuin islamischen Bild vom Propheten und seinem Wirken auseinandergesetzt zu haben.»[102] Bemerkenswert in diesem Zusammenhang auch seine Bemühungen um eine Übersetzung des Korans und anderer islamisch-religiöser Texte – durch den Kanoniker Marcus von Toledo in den Jahren 1209 bis 1216, mehr als ein halbes Jahrhundert nach der ersten Koran-Übersetzung in der so genannten *Collectio Toletana* (1142) des Robert von Ketton auf Betreiben von Petrus Venerabilis (1092/94–1156), Abt von Cluny.[103] So groß diese Transfer-Leistung einzuschätzen ist, kann die *Historia Arabum* trotzdem «nicht als Zeugnis einer bewusst ‹toleranten› christlichen Darstellung der Muslime und ihrer Lebenswelt gewertet werden. Rodrigo übertrug [nämlich] über weite Passagen seines Werkes lediglich in sprachlicher Hinsicht die historiographische Selbstbeschreibung der muslimischen Gemeinschaft von al-Andalus ins Lateinische.»[104] «Als lediglich sprachliche Adaptation einer fremden Geschichtserzählung ist diese kaum als aussagekräftige Quelle für Rodrigos eigene Wahrnehmung und Darstellung der fremden Lebens- und Glaubenswelt der Muslime zu nutzen.»[105] Abgesehen davon bleibt zu bedenken, dass Rodrigo ein unermüdlicher Betreiber der Reconquista war. Er besaß einen maßgeblichen Anteil an der Vorbereitung und Durchführung des Kreuzzugs ‹gegen die Mauren› in Las Navas de Tolosa (1212), sechs Jahre später führte er selbst zwei ‹Kreuzzüge› gegen das muslimische al-Andalus, noch später erscheint er als regelmäßiger Teilnehmer weiterer Reconquista-Kriege und nimmt 1231 von sich aus die Stadt Quesada ein. Die Rückeroberung Toledos 1085 sowie der Fall Córdobas 1236 figurieren für ihn als Schlüsselereignisse der gesamten spanischen Geschichte. In die so gedeutete Geschichte, wie sie in seinem Hauptwerk *Historia de rebus Hispaniae* zum Ausdruck kommt, ist nicht zuletzt die *Historia Arabum* einbezogen. Diese «stellt nach Rodrigos Geschichtsbild einen integralen Bestandteil der spanischen Nationalgeschichte dar.»[106] So gesehen ordnet sie sich, auch wenn es in ihr *expressis verbis* nicht zu lesen ist, derselben heilsgeschichtlichen Interpretation der spanischen Geschichte unter, die in den anderen Werken Rodrigos den Ton angibt, dass nämlich die vollständige Re-Christianisierung ganz Spaniens und der entsprechende Sieg über die Andersgläubigen (*infideles*) bzw. ‹Heiden› (*pagani, gentiles*) das unausweichliche Ziel der gesamten geschichtlichen Entwicklung bilden.

Obwohl Wilhelm von Tyrus vom christlichen Konzept der Heilsgeschichte ebenfalls überzeugt ist, setzt er in Richtung ‹Toleranz› doch deutlich andere Akzente. So geht es aus seiner zwischen 1169 und 1182 verfassten Kreuzfahrerchronik *Historia rerum in partibus transmarinis gestarum* hervor, die gleichzeitig mit seiner *Historia de gestis orientalium principum* entstanden ist und als Pendant zu dieser betrachtet werden darf. Da sich das Werk über die arabischen Fürsten nicht erhalten hat, «so dass man es heute wohl zu den großen Verlusten der Kulturgeschichte rechnen muss»,[107] bleibt auch nur die Kreuzfahrerchronik, um daraus den Geist der Geschichtsschreibung Wilhelms zu erschließen.[108] Zu Hilfe kommt dabei eine altfranzösische Übersetzung derselben (aus unbekannter Hand, in der ersten Hälfte des 13. Jahrhunderts), *L'Estoire de Eracles*, die zwar «eine im Mittelalter durchaus nicht übliche Toleranz an den Tag gelegt hat»,[109] das Original jedoch an ‹Toleranz-relevanten› Stellen unverkennbar entschärft, korrigiert, in gewisser Weise sogar zensuriert und genau dadurch die tolerante Gesinnung Wilhelms umso deutlicher herausstreicht. Verfolgt man diese Spuren, fällt sogleich auf, dass Wilhelm in seiner Geschichtsschreibung die Klischees und Stereotypen in der Beurteilung der Muslime grundsätzlich damit durchbricht, dass er sich einen Blick auf das Individuelle bewahrt und so den einzelnen Menschen als solchen wahrnimmt. Dies wiederum befähigt ihn, Christen und Muslime sowohl im Hinblick auf ihre menschlichen Qualitäten und Schwächen als auch im Hinblick auf ihre Religiosität als *gleich* zu betrachten. Rainer Schwinges weist beispielhaft auf Wilhelms Charakterisierung und Einschätzung von Nur ad-Din, dem muslimischen Herrscher von Aleppo und Damaskus (1118–1174), hin, dem er nicht nur Klugheit, Ideenreichtum, Tatkraft, Führungsqualität und Gerechtigkeit (*iustus*) attestiert, sondern ihn ebenso als glücklichen, gesegneten Menschen (*felix, religiosus*) bezeichnet, der in seinem Glauben (*secundum gentis suae traditiones*) gottesfürchtig (*timens Deum*) ist.[110] Umgekehrt tadelt und verurteilt er Christen und Muslime gleichermaßen, wenn sie nicht nur gegen die Sittlichkeit verstoßen, sondern das Naturrecht verletzen, das *allen* Menschen zusteht und das *alle* Menschen zu beachten haben.

> Muslimische und christliche Menschen (Fürsten) waren in diese Perspektive grundsätzlich gemeinsam und gleichwertig einbezogen. […] Auch für Wilhelm waren die Muslime Feinde seines Landes und Glaubens, aber er anerkannte dennoch ihre personale Besonderheit. Ihn interessierte nicht der Krieger allein, sondern der ganze Mensch mit seinen Tugenden und Untugenden, Fähigkeiten und Leistungen, selbst wenn diese zum Nachteil seiner Heimat Jerusalem verwendet wurden. In den gleichen Kategorien, in denen die Christen seit Augustinus ihr positives und negatives Handeln verstanden, mit den gleichen ethischen Kriterien begriff Wilhelm von Tyrus auch das Handeln der Muslime. Die Glaubensfeinde wurden in die christliche Weltordnung einbezogen. (Rainer Schwinges)[111]

Letzteres gilt sogar in rechtlicher Hinsicht, was weitreichende Konsequenzen nach sich zieht. Wilhelm räumt mit Bezug auf die Ordnung der Natur allen Menschen, also auch den Muslimen, das Recht ein, sich zu verteidigen und einen gerechten Krieg (*bellum iustum*) zu führen. Er respektiert deren «völkerrechtliche Gleichstellung und Souveränität […] Er zögerte nicht, den Mohammedanern gerade auch dann das Recht auf Heimat, Eigentum und Familie zuzugestehen, wenn die territoriale Hoheit des muslimischen Gemeinwesens durch ein christliches Heer bedrängt und verletzt wurde. Die Muslime besaßen […] das Recht, sich sowohl gegen christliche *iniuriae* zur Wehr zu setzen als auch selbst zur Rache für erlittenes Unrecht ein *bellum iustum* zu führen. Dieses Recht war absolut, d. h. es galt auch dann, wenn die christliche Seite ein gleiches geltend machte.»[112] Angesichts dieses ‹Menschen- und Völkerrechts› wird die christliche Ideologie der Kreuzzüge obsolet. Sie reicht zur Begründung eines *bellum iustum* nicht mehr aus, die *iusta causa* liegt auf christlicher wie auf muslimischer Seite – *ex utraque parte*. Der daraus resultierende, durch kein *ius humanum* lösbare Konflikt zwischen gleichen Rechtsansprüchen verschärft sich für Wilhelm noch in religiöser Hinsicht. Er sieht im Islam kein Heidentum, sondern ähnlich wie im Judentum eine Form von fehlgeleiteter Gläubigkeit. Geflissentlich vermeidet er es deshalb, je einen Muslim *paganus* zu nennen. Wie einen Juden bezeichnet er ihn als *infidelis*.[113] Die von seinem älteren Zeitgenossen Petrus Venerabilis offen gelassene Frage (in der Streitschrift *Liber contra sectam sive haeresim Saracenorum* um 1142/43), ob die Mohammedaner als Häretiker oder als Heiden zu betrachten seien, beantwortet er unmissverständlich.[114] Möglich, dass er dabei von der östlich-byzantinischen Theologie beeinflusst ist, erlebte er doch 1179 bei einem monatelangen Aufenthalt in Konstantinopel die diesbezügliche Auseinandersetzung zwischen dem damaligen Kaiser Manuel I. Komnenos (1143–1180) und dessen theologischen Kontrahenten hautnah.[115] Es bedeutet jedenfalls, dass er im Gott des Korans denselben Gott wie jenen der Bibel erblickt, und nicht nur das: Der Islam steht für ihn in derselben, auf Abraham zurückgehenden Glaubens- und Heilsgeschichte, die Juden,[116] Christen und Muslime verbindet. Nur vor diesem Hintergrund erscheint es ihm möglich, einerseits die islamische Glaubenslehre zu verwerfen, andererseits aber im einzelnen Muslim einen Gläubigen anzuerkennen, der echte Frömmigkeit und Gottesfurcht lebt – wie beispielsweise Nur ad-Din. Umso mehr muss schließlich auch er am Ende Gott überlassen, was kein *ius humanum* zu lösen vermag: die Abwägung der Rechtsansprüche der drei Glaubensgemeinschaften, die *in ihm* miteinander verbunden sind.[117]

> Wilhelm von Tyrus freilich brachte sich [...] in ein Dilemma, das mit irdischen Mitteln nicht mehr zu lösen war, aber doch zeigt, wie weit seine persönliche Wahrnehmung der anderen gehen konnte: Eine Schlacht zwischen Jerusalem und Damaskus, beide Gegner führen sie als *bellum iustum*, tobte schon den ganzen Tag, ohne dass sich ein Sieg der einen oder anderen Seite abzeichnen wollte. [...] Da endlich, unterstützt durch *divina clementia* griff der Apostel Paulus, der *doctor gentium* ein, nicht aber, um den Christen direkt zu Sieg zu verhelfen, sondern um die Muslime [...] gleichsam als *protector gentium* vor Niederlage und Vernichtung zu bewahren. (R. Schwinges)[118]

Die Toleranz, die daraus spricht, richtet sich – noch einmal – nicht auf die islamische Glaubenslehre bzw. Dogmatik – diese bleibt für Wilhelm angesichts des von ihm niemals aufgegebenen Absolutheitsanspruchs des Christentums *doctrina pestilens, dogma pestiferum, traditiones superstitiosae* –, sie gilt vielmehr dem einzelnen Menschen, der als Muslim in seinem Glauben das Mensch-sein verwirklicht und auf die Anerkennung seiner von Gott verbürgten Rechte dringen darf.[119]

Wilhelm von Tyrus erzielte mit seinen Werken und seiner darin sich ausdrückenden Haltung bei weitem nicht dieselbe Resonanz, wie sie etwa dem *Willehalm*-Roman des Wolfram von Eschenbach zuteilwurde. Seine Geschichte der arabischen Fürsten dürfte schon Anfang des 14. Jahrhunderts vergessen worden sein; seine Kreuzzugschronik erlebte wohl zahlreiche Abschriften und sogar Übersetzungen, geriet daher nie in Vergessenheit, kam jedoch in ihrer Relevanz für die Entwicklung des toleranten Denkens in Europa kaum in den Blick.[120] Wo dies punktuell einmal geschah, wie anlässlich der Übersetzung ins Französische – in *L'Estoire de Eracles* –, wurde der Vorstoß in Richtung ‹Toleranz› sogleich um seine Brisanz gebracht. Angesichts dessen lässt sich spekulieren, ob die fehlende bzw. mangelhafte Resonanz von Wilhelms Werken nicht vielleicht darauf zurückzuführen ist, dass ihre Brisanz sehr wohl registriert und sie gerade deshalb ‹aus dem Verkehr› gezogen wurden. Das könnte bedeuten, dass in seinem Denken beispielhaft zum Ausdruck gelangt, was provoziert durch die Geschehnisse der mittelalterlichen Kreuzzüge da und dort seinen Anfang nimmt, nämlich eine neue Wahrnehmung des Anderen und – damit einhergehend – eine Neuentdeckung dessen, was jenseits aller Alteritätsmerkmale Mensch-sein bedeutet.

«homo homini homo» –
Toleranz zu Beginn der Neuzeit

Mit Beginn der Neuzeit erhält der europäische Toleranz-Diskurs eine neue, alle weiteren Entwicklungen prägende Qualität. Drei Faktoren sind dafür verantwortlich: *Zunächst* die Erfindung des Buchdrucks, der eine bis dahin ungekannte mediale ‹Publizistik› heraufbeschwört. Ihr verdankt sich nichts Geringeres als die Entstehung einer neuen Öffentlichkeit und damit eines neuen Spielraums des Politischen. Öffentlichkeit bestand zuvor überwiegend aus dem, was staatliche und kirchliche Instanzen nach Innen und nach Außen ‹re-präsentierten› und was allgemein zur Kenntnis genommen wurde. Durch das neue Medium ‹Druckwerk›, das den Kreis der Adressaten besagter Repräsentation ungeahnt erweiterte, veränderte sich nicht nur das ‹Subjekt› der Öffentlichkeit, sondern auch deren Realität. ‹Subjekt› der Öffentlichkeit waren plötzlich alle, die lesen oder zumindest am Lesen teilhaben konnten. Was wiederum für die Rolle der Öffentlichkeit im gesellschaftlichen Geschehen bedeutete, dass sie sich nun nicht mehr nur darin äußerte, das ihr Repräsentierte passiv entgegenzunehmen, sondern ebenso darin, sich vermehrt aktiv einzubringen, indem sie das ihr Gebotene hinterfragte und unter den Vorbehalt ihrer Zustimmung oder Ablehnung stellte – ein früher Anstoß zur Bildung der bürgerlichen Gesellschaft.[1] Nicht zuletzt der Toleranz-Diskurs wird dadurch erstmals *öffentlich* und zugleich *politisch*. Es sind *sodann* die Glaubensspaltungen der Reformationszeit, die nicht zufällig durch Bücher (schon im ersten Anlauf mit beachtlichen Auflagenzahlen), durch schriftliche Anschläge und religiös-politische Pamphlete zumindest mit-ausgelöst wurden. In ihrem Gefolge gewinnt der Toleranz-Diskurs an nie zuvor dagewesener *Brisanz*, sofern sich nun das, was es zu tolerieren gilt, nicht mehr in den überkommenen Mustern von Häresie-Bekämpfung oder Heiden-Mission bewältigen lässt.[2] Beschränkte sich früher das, was ‹Toleranz› oder ‹Intoleranz› erforderte, auf kleine Gruppen am Rande der Kirche bzw. auf das Außerhalb der Kirche im Falle von Judentum und Islam, so sah sich in Folge der Reformation die Christenheit *als solche* vor mehrere Alternativen ihres eigenen Selbstverständnisses und somit ihrer Identität gestellt. Die Frage nach ‹Toleranz› oder ‹Intoleranz› traf sie mit einem Male *in ihrem Verhältnis zu sich selbst*, konkretisiert im Zu- und (vor allem) Gegeneinander der konfessionellen Alternativen. Da es aufgrund der damals herrschenden Entsprechung von Religion, Staat und Gesellschaft neben diesen Alternativen keine andere – neutrale, konfessionslose, ‹säkulare› – Alternative gab, hing für die jeweilige Konfession von der Wahl zwischen ‹Toleranz› und ‹Intoleranz› – zumindest im jeweiligen ‹vor Ort› – meist ihre Existenz ab. Diese Wahl war deshalb nicht nur in höchstem Maße politisch, sondern zugleich *unausweichlich*. Ebenso unabsehbar stand *schließlich* vor allem Spanien im Zuge der Eroberung des gerade neu entdeckten Amerika vor der Frage, ob Menschen, die noch nie mit dem Christentum zu tun gehabt hatten, jetzt aber Untertanen des obersten weltlichen Beschützers der Christenheit waren, sich überhaupt als Menschen betrachten ließen. Wenn ja, kamen ihnen dann *als Menschen* Rechte zu, die es an sich sowie im Namen des Christentums anzuerkennen galt? Der Toleranz-Diskurs wurde durch diese Fragestellung immer offensichtlicher zu einem *rechtlichen* Diskurs. Jedenfalls sah sich das Christentum auf den Weg geschickt, sich ein neues Selbstverständnis anzueignen – nicht zuletzt bezogen auf die Alternative von ‹Toleranz› und ‹Intoleranz›.

Realpolitik

Es dauerte bekanntlich lange – Jahrhunderte lang –, bis sich dieses neue Selbstverständnis herausbildete. Was zuerst den Ton und nicht nur den Ton, sondern die Marschrichtung angab, war in den jeweils dominierenden Konfessionen krasse Intoleranz nach Außen (gegenüber den je anderen Glaubensgemeinschaften) und nach Innen (gegenüber den als Häretiker empfundenen ‹Abtrünnigen›). Mochte es auch anfangs nicht intendiert gewesen sein, und sollte es auch immer wieder Bemühungen gegeben haben, die Gräben zu überwinden bzw. nicht abgründig werden zu lassen, die Zeichen standen – je länger, je mehr – auf Spaltung und Versöhnungslosigkeit, ja gegenseitige Vernichtung.[3] Analoges herrschte in den spanisch-portugiesischen Kolonien Latein- und Südamerikas vor:[4] Trotz der Bulle *Veritas ipsa* Papst Pauls III. (2. Juni 1537) sowie der *Leyes nuevas* Karls V. (20. November 1542), die jegliche Versklavung der Indios im Hinblick darauf, dass sie ebenso Geschöpfe des einen Gottes seien, verboten, gingen die Unterwerfung, Verelendung und Ausrottung der indigenen Bevölkerung fast flächendeckend weiter.[5] Kaum ein Versuch, wie er von Missionaren dann und wann unternommen wurde, die Kultur der angestammten Völker zu achten und wertzuschätzen, hatte auch nur im Ansatz Erfolg. Ein Beispiel neben anderen:[6] die *Historia general de las cosas de Nueva España* des Franziskaners Bernardino de Sahagún (um 1500–1590), eine der eindrucksvollsten Dokumentationen der aztekischen Kultur, entstanden zwischen 1569 und 1577, verfasst in Náhuatl und Spanisch.[7] Nachdem der Consejo de Indias in Abstimmung mit der Inquisition 1575 jegliches Schrifttum in Indianersprache untersagt hatte, durfte das Werk nicht erscheinen und wurde beschlagnahmt, so dass es erst zweihundert Jahre später – 1793 in der Medici-Bibliothek von Florenz – wieder auftaucht. Intoleranz, wenngleich in verschiedener Hinsicht, somit auch hier. Da wie dort verhallen Stimmen, die aus religiöser oder theologischer Überzeugung Toleranz nahelegen, Vermittlung und Versöhnung zwischen den Konfessionen fordern, bzw. daran erinnern, dass jeder Mensch in seiner Abstammung von Gott anzuerkennen sei.[8] In der Praxis der Politik finden sie so gut wie keinen Widerhall. Was wiederum nicht überrascht, bilden doch Religion, Staat und Gesellschaft noch lange eine Einheit, die sich erst im weiteren Verlauf der Neuzeit ausdifferenzieren wird. So sind es kirchliche und staatliche Politik, die aus prioritär machtpolitischen Motivationen die Intoleranz zur Zentralmaxime gesellschaftlichen Handelns erheben.

Vor diesem Hintergrund kann es nicht überraschen, dass ‹tolerante Verhältnisse› auf staatlicher Ebene bis weit in die Zeit der Aufklärung hinein die völlige Ausnahme bilden. In Amerika, wo «die Indianer […] nicht nur christianisiert […], sondern zugleich damit kulturell eine weitgehende Europäisierung erfahren sollten»,[9] die ausschließlich ‹Katholisierung› bedeutete, kamen sie a priori nicht infrage. Was wäre von einem katholischen Königshaus, das in den eigenen Ländern seit 1492 die Vertreibung der Juden und Muslime betrieb, sich der kirchlichen Inquisition bedingungslos fügte und in den eigenen Provinzen – den Niederlanden – eine gnadenlose Unterdrückung alles Nicht-Katholischen durchzog, anderes zu erwarten gewesen? Verstreut über Europa lassen sich jeweils kürzere Phasen *gewisser* Toleranz an den Fingern abzählen: Erstmals 1526 kommen katholische und zwinglianische Gemeinden in Graubünden in der sogenannten ‹Tagsatzung von Ilanz› darin überein, in Frieden miteinander leben zu wollen – freilich unter Ausschluss anderer reformierter Bekenntnisse.[10] 1568 gewährt Kaiser Maximilian II. (1564–1576) in seinen nieder- und oberösterreichischen Erblanden den adeligen Grundherren, den Rittern und ihren Untertanen die freie Ausübung der «Augsburger Konfession» in ihren Schlössern, Dörfern und Kirchen – «zum ersten Male ein offizielles Dekret der Ziviltoleranz».[11] Im selben Jahr einigt man sich im multinationalen und multikonfessionellen Siebenbürgen auf dem Landtag von Thorda, «es werde niemandem gestattet, dass er jemandem mit Gefangenschaft oder Entziehung seiner Stelle wegen seiner Lehre bedrohe, da der Glaube Gottesgeschenk sei».[12] Oft apostrophiert sodann die Warschauer Konföderation vom 28. Januar 1573, in der sich die unterzeichnenden Mitglieder des polnischen Adels verpflichten: «[…] wir *dissidentes de Religione* verpflichten uns, gemeinsam für uns und unsere Nachfolger in Ewigkeit auf unseren Eid und Glauben, unsere Ehre und unser Gewissen untereinander Frieden über die religiösen Unterschiede und die in die Kirchen eingebrachten Änderungen zu wahren […]».[13] In Anerkennung dieser Konföderation kam es in Polen unter den Königen Stefan Barthory (1576–1586) und Sigismund III. (1587–1632) zu einer Praktizierung der Kult- und Religionsfreiheit wie nirgends sonst in Europa – wenngleich nicht uneingeschränkt, herrschte doch hier eine besonders harte Leibeigenschaft, die dazu führte, dass die leibeigenen Bauern trotz der geltenden Regelungen religiös unterdrückt blieben.[14] Eine vergleichbare tolerante Konstellation sollte es im Deutschen Reich erst unter dem Großen Kurfürsten Friedrich Wilhelm (1620–1688) in Brandenburg und Preußen, ab dessen Regierungsantritt 1644, geben.[15] Bemerkenswert schließlich die «tolerante Gangart der Konfessionalisierung, die in der Oberlausitz ganz anders verlief als im übrigen Europa [...] – zwischen dominanten Lutheranern und einer beachtlichen Minderheit von Katholiken, dazu mit den Böhmischen Brüdern in Niesky und der Brüdergemeinde in Herrenhut, schließlich selbst dem unkirchlich-unkonfessionellen Spiritualismus eines Jakob Böhme und seiner Anhänger».[16] Auslöser für diese einmalige Konstellation einer «frühen toleranten Kulturlandschaft» war allerdings «weniger Toleranz und ökumenischer Geist [...] als die besonderen politischen, rechtlichen und gesellschaftlichen Verhältnisse [...] einer *staatsfreien* Konfessionslandschaft».[17]

Selbst an diesen Ausnahmen wird deutlich: Wo immer sich dergleichen wie ‹Toleranz› überhaupt oder in gewissem Maße einstellt, geschieht dies nicht auf Basis eines vorangegangenen religiösen oder theologischen Dialogs, geschweige denn Konsenses zwischen den gegeneinander kämpfenden Parteien. Mag auch im einen oder anderen Fall die persönliche religiöse Einstellung der handelnden Personen eine Rolle gespielt haben, ausschlaggebend wurde sie nie. So etwas wie eine interkonfessionelle Verständigung auf theologischer Basis, die offiziell und öffentlich ‹Toleranz› begründet oder gar bewirkt hätte, gibt es in der fraglichen Zeit schlicht nicht.[18] Was zu sogenannt toleranten Verhältnissen – in der einen oder anderen Hinsicht – führte, war in aller Regel die Einsicht, dass die interkonfessionellen Kriege sich von keiner Seite gewinnen ließen und das gesamte Gemeinwesen an den Rand des existenziellen Ruins trieben. Schon der *Augsburger Religionsfriede* vom 25. September 1555 entwuchs dem resignativen Eingeständnis, dass die kriegerischen Auseinandersetzungen zwischen katholischem Kaiser und protestantischen Fürsten letztlich nichts entschieden, jedenfalls keinen dauerhaften Frieden herbeiführten. Er ist daher weniger als Schritt in Richtung ‹Toleranz› denn als Tribut an die realpolitische Situation in Deutschland Mitte des 16. Jahrhunderts zu interpretieren.[19] Wie wenig Toleranz dabei im Spiel war, zeigt nicht allein der Umstand, dass der sogenannte Friedensschluss lediglich «die friedliche Koexistenz der Konfessionen, der katholischen und der lutherischen, unter Ausschluss einer jeden anderen, selbst der calvinistischen und der zwinglianischen Konfession regelte»,[20] sondern ebenso, dass die religiöse Gewissensfreiheit prinzipiell nur den Fürsten zustand – was als «das eigentliche Grundprinzip des Friedens [...] erst dreißig Jahre später von den evangelischen Kirchenrechtslehrern Joachim und Matthias Stephani in den lapidaren Satz ‹Cuius regio eius religio› gefasst [wurde]».[21] Mag es auch nicht gering zu schätzen sein: Die allgemeine Gewissensfreiheit, deren Anerkennung das Fundament jedes Toleranz-Diskurses bildet, schlägt sich allein darin nieder, dass den Untertanen – man muss wohl sagen: zynisch – das Recht eingeräumt wurde, ihr Land zu verlassen, wenn sie sich dem Glauben ihres Fürsten aus Gewissensgründen nicht anschließen wollte. «Das harte ‹jus reformandi›, auf dem nun einmal der Religionsfriede beruhte, wurde so durch das jus emigrandi gemildert.»[22]

Aus der Geschichte, die in Frankreich nach grausamen Religionskriegen, zum *Édit de Nantes* (13. April 1598) unter König Henri IV (1572–1610) führt, ergibt sich dasselbe Fazit noch deutlicher: Allein aus der bitteren Erfahrung, dass eine friedliche Verständigung von altgläubigen Katholiken und calvinistischen Hugenotten nicht möglich und ein Ende der gegenseitigen Verfolgungen nicht absehbar erscheint, entsteht aus der schieren Not, das französische Königreich erhalten zu müssen, die Idee eines ‹konfessions-neutralen› Staates, der in sich beide Religionsgemeinschaften zulässt und diesen sowohl ihre Existenz als auch ihre Entfaltung garantiert. Ausdrücklich formuliert findet sich diese Idee in den Äußerungen der sogenannten ‹Politiques› – jener katholischen Mittlerpartei, die sich ab Mitte des 16. Jahrhunderts um einen Ausgleich mit der protestantischen Seite bemüht. 1561 heißt es in der *Exhortation aux Princes et Seigneurs du Conseil privé du Roy, pour obvier aux séditions qui semblent nous menacer pour le fait de la Religion*, die vermutlich aus der Feder des katholischen Juristen und Historiker Estienne Pasquier (1529–1615) stammt:

> [Damit] haben wir einen Fingerzeig auf den Willen Gottes, dass man nicht mit Verwüstung oder todbringender Wut gegen die einen oder die anderen [Konfessionen] vorgehen soll. Deshalb gibt es zur Befriedung der Unruhen kein geeigneteres und tauglicheres Mittel, als in Eurem Staat zwei Kirchen zuzulassen: eine für die Katholiken und die andere für die Protestanten. […] Meine Herren, ich bitte, hört meine Gründe an: ich behaupte, es *ist* möglich, weil es schon anderen Orts möglich war, und ich wage die Feststellung, dass die jetzige Lage in Frankreich diese Maßnahme sogar notwendig macht. Und schließlich behaupte ich, dass Ihr mit diesem Zugeständnis der Herrschaft unseres Königs keinerlei Abbruch tut.[23]

Ebenso klar fordert der französische Kanzler Michel de L'Hôpital (um 1505–1573) in seiner Rede vom 3. Januar 1562 vor der Versammlung der Parlamentsdelegierten in Saint-Germain:

> Ich will hier nicht die Streitpunkte betreffend die Religion zur Diskussion stellen; das Urteil darüber ist Sache der Kirchenmänner. […] Nur was die öffentliche Ordnung angeht, die Ruhe und den Frieden unter der Bevölkerung, steht hier zur Debatte. […] Der König will auf keinen Fall, dass Ihr hier die Diskussion darüber eröffnet, welcher Glaube der bessere ist. Es handelt sich hier nicht darum, über Religionsangelegenheiten Beschluss zu fassen, sondern über Staatsangelegenheiten. Und (nach römischem Recht) können mehrere ‹Bürger sein, auch wenn sie nicht Christen sind›: sogar ein Exkommunizierter verliert sein Bürgerrecht nicht.[24]

In diesen Zusammenhang passt schließlich das vor allem in den Niederlanden gängig werdende ‹ökonomische› Argument zugunsten der Toleranz. So heißt es 1566 in einem *Brief discours envoyé au Roy Philippe nostre sire et souverain Seigneur, pour le bien et profit de sa majesté et singulièrement de ses Pais Bas*:

> Es ist kaum zu glauben, wieviel Schaden die Verfolgungen seit vierzig Jahren der Tuchweberei, der Wollweberei und der Teppichwirkerei zugefügt haben. Dieses in den Niederlanden bodenständige Handwerk, seine Besonderheit, hat man damit nach England, Frankreich und zu anderen Völkern vertrieben. Ich spreche nicht einmal von

einer Unzahl anderer guter, nutzbringender Handwerker, die sich in fremde Länder zurückgezogen haben, um die Gewissensfreiheit zu genießen.[25]

Nicht von ungefähr berichtet der spanische Thronfolger Don Juan an seinen Vater Philipp II. über Wilhelm von Oranien (1533–1584), die zentrale Figur des niederländischen Widerstands gegen Spanien, zugleich (wenigstens bis 1580) ein Verfechter des religiösen und politischen Friedens zwischen den Konfessionen:[26]

> Der Fürst von Oranien ließ es sich immer angelegen sein, dem Volk weiszumachen, dass für die Erweiterung des Handels, vom dem es lebt, die Gewissensfreiheit notwendig sei, und gemäß ihren Interessen gehen sie gewöhnlich auf jene Seite, die mit ihren Interessen im Einklang steht, ohne an Gott noch an Eure Majestät zu denken.[27]

So bleibt resümierend festzuhalten: Wie öffentlich und politisch das Thema ‹Toleranz› in der frühen Neuzeit auch werden mag, seine inhaltliche Reflexion, die über die bloße, aus der Not geborene Forderung nach ihr bzw. über die resignative, pragmatische Einwilligung in sie hinausgeht, findet nach wie vor nicht in öffentlichen Debatten, sondern in kleinen intellektuellen bzw. überschaubaren religiösen Kreisen statt. Aus diesen heraus gewinnen sie durchaus Einfluss, allerdings nur indirekt und vereinzelt, jedenfalls nicht ausschlaggebend, was die weitreichenden gesellschaftlichen Entwicklungen anbelangt bzw. die große kirchen-politische Bühne betrifft. Letzteres geschieht nachhaltig erst im Zuge der Säkularisation ab Mitte des 18. Jahrhunderts, sobald den Wissenschaften, allen voran der Philosophie, innerhalb der Gesellschaft eine gegenüber Religion und Staat emanzipatorisch-aufklärerische Funktion zuzuwachsen beginnt. Vorerst, am Anfang der Neuzeit, sind es schwerpunktmäßig vier Kontexte, in denen das Thema ‹Toleranz› theologisch-philosophische, aber auch rechtliche Reflexionen erfährt. Diese wären: die an die mittelalterliche Spiritualität der ‹cura animae› anknüpfenden *religiösen Erneuerungsbestrebungen*, der sich in ganz Europa ausbreitende *Humanismus*, neu aufkommende Diskurse innerhalb von *Theologie und Philosophie* zugunsten der Toleranz sowie neu sich ergebende Debatten hinsichtlich ‹*Menschenwürde*› *und* ‹*Völkerrecht*›.

Erneuerungsbestrebungen

Vorweggenommen sei, dass die auf theologischer Reflexion fußende Forderung nach Toleranz nicht von den tonangebenden Konfessionsgemeinschaften – von der ‹alt-gläubig› katholischen Kirche, vom Protestantismus nach Augsburger Bekenntnis, vom Calvinismus, vom Zwinglianismus oder von der anglikanischen Staatskirche – ausgeht. In deren Rahmen bleiben es einzelne Exponenten, die sich diesbezüglich prominent hervortun – auf katholischer Seite beispielsweise Erasmus von Rotterdam oder dessen Freund Thomas More, auf evangelischer Seite unter anderen Martin Luther, der 1523 in seiner Schrift *Von weltlicher Obrigkeit, wie weit man ihr Gehorsam schuldig sei* ungewohnt stark eine Lanze für die Gewissensfreiheit jedes Menschen bricht,[28] vor allem aber Sebastian Castellio (auf den noch ausführlich zurückzukommen ist). Da wie dort wird der Ruf nach Toleranz laut, solange sich eine der beiden Seiten als die politisch unterlegene erfährt bzw. die eine Seite durch die jeweils andere unterdrückt und verfolgt wird. Ändert sich die jeweilige Lage – besonders zu beobachten in den Niederlanden im Hin und Her zwischen Katholiken und Calvinisten, oder in England an der Situation der Katholiken gegenüber der anglikanischen Staatskirche –, kehrt die gewohnte Intoleranz in die jeweils eine oder andere Richtung zurück. Bezeichnend darüber hinaus, dass die Toleranz-Bereitschaft der eben Genannten ihre Grenzen hat: Gegenüber Juden, ‹Heiden›, Atheisten, Sozialreformern oder ‹Sekten› wie den Wiedertäufern herrscht selbst bei ihnen Ablehnung bis hin zu militanter Haltung.[29] Die führenden Konfessionsgemeinschaften als solche nähern sich allesamt der ‹Toleranz› lediglich so weit an, als es die – zuvor geschilderten – realpolitischen Verhältnisse erfordern. Ganz anders in den Kreisen der kleineren religiösen Gruppierungen, bei den diversen Richtungen der Wiedertäufer, bei den sogenannten ‹Spiritualisten›, bei den Antitrinitariern, Sozinianern, Mennoniten, Arminianern sowie (später) bei den mit diesen verwandten Puritanern und Quäkern in England und Nordamerika. Die meisten von ihnen gehören während des ganzen 16. Jahrhunderts zu den ständig und in fast allen Ländern gnadenlos Verfolgten. Doch nicht dies allein lässt sie nach religiöser und sozialer Toleranz rufen, bei ihnen sind es ebenso *religiöse* Überzeugungen, die sie dazu inspirieren. Genau deretwegen werden sie von den jeweils herrschenden Konfessionen als häretisch eingestuft und entsprechend unterdrückt.

Ihre geistigen Wurzeln liegen in den spirituellen Erneuerungsbewegungen des späten Mittelalters, von denen jene der ‹Gemeinsamen Brüder und Schwestern› (*fratres et sorores communis vitae*) wohl die einflussreichste war. Ende des 14. Jahrhunderts in den Niederlanden entstanden verbreitete sich diese Bewegung, die schon 1420 von Henri Pomerius (1382–1469) als «*Devotio moderna*» bezeichnet wurde, vor allem im Rheinland und im Elsass, ihre Spuren lassen sich jedoch bis ins 16. Jahrhundert – vermittelt durch die Ordensgemeinschaften – in ganz Europa nachweisen. Besonderes Charakteristikum der *Devotio moderna* ist, dass sie auf die persönliche Frömmigkeit *jedes* Einzelnen zielt und deshalb prinzipiell *allen* Christenmenschen offensteht, Männern wie Frauen, sich demnach nicht auf klösterliches Leben konzentriert, sondern mitten in der alltäglichen Welt gleichermaßen von Geistlichen und Laien gelebt wird. In den daraus entwachsenen neuartigen Gemeinschaften geht es zwar primär um die konkret-praktische, spirituell gepflegte *Imitatio Christi*,[30] nicht um theologische Spekulation oder Wissenschaft. Trotzdem liegt ein wichtiger Akzent auf Bildung, was sich unter anderem darin äußert, dass die Lektüre religiöser Literatur, allem voran der Bibel, einen zentralen Stellenwert besitzt.[31]

Als ebenso einflussreich in Richtung ‹Toleranz› erweist sich die Lektüre der Predigten, Traktate und Meditationen der sogenannten deutschen und niederländischen Mystik des späten Mittelalters, wobei es vor allem der Dominikaner Johannes Tauler (ca. 1300–1361) ist,[32] der im Anschluss an Meister Eckhart (ca. 1260–1328) bzw. neben Heinrich Seuse (ca. 1295/7–1366), Jan von Ruysbroeck (1293–1381), Margareta Ebner (ca. 1291–1351), Rulman Merswin (1307–1382), Heinrich von Nördlingen (gest. nach 1379) und anderen eine ‹Seelen-Mystik› entfaltet, die – ganz in der mittelalterlichen Tradition der *cura animae* – prinzipiell *jeden* Menschen *gleich nah* zu Gott sieht. Besagte Mystik[33] formt den antikstoischen Gedanken, dass der vernunfthafte und göttliche Geist (λόγος, πνεῦμα, νοῦς), welcher den gesamten Kosmos, alles Sein, bedingt und sich in ihm gestaltet, samenartig (σπερματικός) bzw. lichtfunkenhaft (πυρώδης) in jeder menschlichen Seele (ψυχή) enthalten ist, in eine Aussage über *die Inkarnation Gottes in jedem Menschen* um. Sie erblickt in anderen Worten die Menschwerdung Gottes nicht mehr ausschließlich in dem einen Christus Jesus am Wendepunkt der Zeitrechnung, sondern in grundsätzlich jedem Menschen. Gott wird somit nicht nur einmal in der Geschichte geboren, sondern gebiert sich in der Seele jedes Einzelnen und bleibt in einem «Seelenfünklein» in ihm anwesend.[34] Auf diese Weise ist nicht mehr allein Christus das Abbild Gottes und der einzelne Mensch indirekt über ihn, indem er ihn nachahmt und sich ihm gleichgestaltig macht. Vielmehr bildet sich jetzt Gott in *jedem* Menschen ein. Dadurch ist jeder Einzelne von Hause aus (Ab)Bild Gottes. Die Überbrückung zwischen Transzendenz und Immanenz findet demnach in jeder Seele statt, ja hat immer schon stattgefunden, sobald ein Mensch da ist. Meister Eckhart: «Dieses Bild [der Seele] ist der Sohn des Vaters, und dieses Bild bin ich selbst, und dieses Bild ist die Weisheit.» (*Ista ymago est filius patris, et ista imago sum ego. Illa ymago est sapientia patris et illa sum ego ymago.*)[35]

> [...] dies hat Gott sich allein vorbehalten, dass, worein immer er sich erbildet, er seine Natur und alles, was er ist und aufzubieten vermag, gänzlich darein unwillkürlich erbildet. [...] Ihr sollt wissen, dass das einfaltige göttliche Bild, das der Seele eingedrückt ist im Innersten der Natur [*in dem innigesten der natûre*], unvermittelt empfangen wird; und das Innerlichste und das Edelste, das in der göttlichen Natur ist, das erbildet sich ganz eigentlich in das Bild der Seele [...]. Hier ist Gott vermittelt in dem Bilde, und das Bild ist unvermittelt in Gott. [...] Dies ist ein natürliches Bild Gottes [*diz ist ein natiurlich bilde gotes*], das Gott in alle Seelen naturhaft eingedrückt hat.[36]

Es ist diese ‹Seelen-Mystik›, die – in Verbindung mit der Theologie des menschlichen Gewissens, wie sie der frühe Martin Luther vertritt – den geistigen Hintergrund der vielzitierten Forderungen nach ‹Toleranz› abgibt, die sich in den Schriften der Spiritualisten sowie der Wiedertäufer finden.[37] Unübersehbar kommt dies im vielseitigen Werk von Sebastian Franck (um 1500–1542) zum Ausdruck, der Gott so ausschließlich im Inneren jedes Menschen, in dessen Seele, dessen Geist, verortet, dass er alles Äußerliche, Körperhafte, Zeichenartige, Buchstäbliche, Zeremonielle radikal entwertet. Diese Entwertung geht so weit, dass er nicht nur der Bibel (als Buch und Text) eine bloß sekundäre Funktion im Heilsgeschehen zuerkennt – in unverhohlener Kritik an Luthers ‹*sola scriptura*-Prinzip› –, sondern selbst der Inkarnation eine untergeordnete Rolle beimisst, wodurch der historische Christus «nicht Gottes Wort [ist], sondern allein ein Schatten und eine Figur desselben (wie aller äußerlichen Dinge Art die ist, nur zu deuten, zu figurieren und einzuleiten in die Wahrheit, welche Geist und Leben und kein Buchstaben oder eine äußerliche Zeremonie ist)».[38] Ähnlich wie für Meister Eckhart «spricht Gott noch täglich dieses Wort, und es wird doch nimmer recht ausgesprochen, sonst wäre es (zugleich) endlich und vollkommen».[39] Dem entsprechend erscheint «die Kirche […] nicht etwa als ein besonderer Haufen und eine mit Fingern zu zeigende Sekte, gebunden an ein Element, eine Zeit, Person und Stätte, sondern als ein geistlich unsichtbarer Leib aller Glieder Christi, aus Gott geboren, und in einem Sinn, Geist und Glauben; aber nicht in einer Stadt oder etwa einem Ort äußerlich versammelt, dass man sie sehen und mit Fingern zeigen könnte, sondern (eine Gemeinschaft), die wir glauben und nicht anders sehen, als mit gleich geistlichen Augen des Gemüts und des inneren Menschen: die Versammlung und Gemeinde aller recht gottesfürchtigen und gutherzigen, neuen Menschen in aller Welt, durch den heiligen Geist in dem Frieden Gottes mit dem Band der Liebe verbunden, (eine Gemeinschaft), außer der kein Heil, kein Christus, kein Gott, Verstand der Schrift, heiliger Geist noch Evangelium ist.»[40] Der so verstandenen «Kirche» gehören wohl gemerkt *alle* Menschen an. Deshalb resultiert für Franck aus diesem Verständnis von «Kirche» nicht nur für ihn selbst,[41] sondern *prinzipiell* die Forderung nach umfassender Toleranz.[42] Kirche wird ihm zur Gemeinschaft der Menschen diesseits und jenseits aller ideologischen, religiösen und konfessionellen Ausrichtungen – der Ort, wo «ich billig ein Mensch einem Menschen bin».[43] Denn «wer einen natürlichen Menschen sieht, der sieht sie alle. Alle Menschen Ein Mensch. Es ist alles Adam. […] Darum bleiben alle Menschen Ein Mensch, der Unterschied ist nur äußerlich, im Angesichte und Ansehen vor der Welt; die innere Wahrheit ist bei ihnen allen Eins und gleich.»[44] So gesehen markiert schließlich ‹Christus› nicht Differenz zwischen Menschen oder Glaubensgemeinschaften, im Gegenteil, er bildet das einigende, integrierende *Prinzip*, damit auch Basis und Motiv jeglichen Strebens nach Toleranz:

> Summa suchet Christum nit hie oder dort / oder gedencket auch nit das er mehr bey uns / denn bei euch sey. Er ist kein außnemer der Personen / wir stehen im gleich theur. Er ist allem volck eben nahe / ob es schon eußerlich Heiden / Jüden / Türcken oder Christen genant werden. Wer nur recht und wol lebt / den laß dir ein rechter bruder / fleisch und blut sein in Christo.[45]

Friede durch Sprache

Zumindest im deutschsprachigen und niederländischen Raum stehen die religiösen Erneuerungsbewegungen in einer engen Verbindung mit dem Humanismus, der sich seit dem 14. Jahrhundert in ganz Europa Bahn bricht. Nicht wenige Protagonisten der führenden Konfessionen, aber auch der verstreuten Bekenntnisse sind zugleich Humanisten – was wiederum nicht überraschen kann, ging doch die gesamte ‹Renaissance› des religiösen Lebens am Beginn der Neuzeit von neuen Lektüren des biblischen Textes aus, die vor allem durch den Einsatz philologischer Methoden zustande kamen. Aber nicht nur deshalb lässt sich diese Tatsache nicht als Zufall betrachten. Gerade im Hinblick auf die neu erwachende Forderung nach ‹Toleranz› bekundet sich darin eine Konvergenz zweier Anliegen, die sich wie von selbst ergänzten: die (beschriebene) Neu-Spiritualisierung bzw. Neu-Evangelisierung der Christenheit einerseits sowie die Befriedung weltanschaulicher Konflikte bzw. konfessioneller Gegensätze durch unermüdlichen Dialog andererseits. Letzteres darf als besonderes Charakteristikum des Renaissance-Humanismus betrachtet werden. Es trug ihm die Bezeichnung «dritte Kraft» zwischen den konfessionellen Konfliktparteien ein.[46]

> Diese christlichen Humanisten […] blieben ganz dem Ideal der religiösen Einheit verpflichtet, sie stellten sich jedoch deren Verwirklichung anders vor, als dies bei den Scholastikern der Fall war. Statt der Anwendung von Gewalt, um die Gegensätze auf dem Gebiet der Lehre zu beseitigen, befürworteten sie eine Begegnung, die die Gemeinsamkeit und alles, was geeignet war, die Menschen in religiöser Hinsicht einander näher zu bringen, hervorkehrte. Obwohl sie die Gewaltakte der Behörden gegenüber den Abtrünnigen missbilligten, lag ihr endgültiges Ziel nicht in der Duldung des Irrtums und im religiösen Pluralismus, sondern in der stetigen Verringerung der theologischen Divergenzen mittels einer ehrlichen, auf Aussöhnung gerichteten Bemühung in einer irenischen Atmosphäre. (Roger Aubert)[47]

Es wäre jedoch zu kurz gegriffen, diese Einstellung allein auf ein besonderes Ernstnehmen des Gebots der Nächsten- und Feindesliebe bzw. des jesuanischen Friedensgeschenkes[48] zurückzuführen. Das mag eine große Rolle gespielt haben, ausschlaggebend war jedoch das grundsätzliche Vertrauen in die Fähigkeit der menschlichen Sprache, grenzenlos Verständigung und Frieden zwischen den Menschen zu schaffen. Diese Zuversicht wiederum, die den europäischen Humanismus insgesamt kennzeichnet, nährt sich aus der Überzeugung, dass der Mensch in und durch die Sprache *ethisch genau dazu gefordert* ist.

Anders nämlich als die tonangebende Sprachphilosophie seit Platon und Aristoteles betrachtet der Humanismus die Sprache nicht als ein bloßes Anhängsel (ἀδιάφορον) der Erkenntnis, dessen Funktion sich darauf beschränkt, einmal Erkanntes zu benennen, zu etikettieren und dadurch zu ordnen, als ein simples Addendum, das zur Erkenntnis nichts beiträgt und somit hinsichtlich Wahrheit keine konstituierende Rolle spielt. Im Umgang mit den konkreten, lebendigen Sprachen – nicht zufällig beim Übersetzen von einer Sprache in eine andere – gelangt er vielmehr zu der Einsicht, dass menschliches Erkennen aus dem menschlichen Sprechen hervorgeht, dass Sprache *Erkenntnis konstituiert* und so den Raum freigibt, innerhalb dessen es sowohl Wahrheit als auch das sittlich Gute geben kann.[49] Zu beidem ist der Mensch durch die Sprache *a priori* aufgerufen. Was hinsichtlich *Wahrheit* bedeutet, zu umfassender Verständigung angehalten zu sein. Verständigung jedoch stellt sich nach humanistischer Überzeugung ein, sobald der jeweilige Erkenntnisinhalt in der ihm entsprechenden *Form* artikuliert und ausgedrückt wird.[50] Nicht jede Form korrespondiert passend zu jedem Inhalt; auf die «*bonae* litterae», die guten, treffenden Worte / Ausdrücke kommt es an. Erst wo diese gegeben sind, gewinnt Wahrheit an Wirklichkeitsrelevanz. Wer sie beherrscht, erscheint als *weise* – nicht (wie für Platoniker und Aristoteliker) der Philosoph, der über vermeintlich ‹reine› Erkenntnisse verfügt. An dessen Stelle tritt der «weise Redner (*orator doctus*)»[51] oder der «weise Dichter (*poeta doctus*)»[52], der das Wahre aus der entsprechenden Form ‹sprechen› lässt. Damit wird keinem ‹Ästhetizismus› das Wort geredet, erhebt sich in der Sprache doch zugleich die Forderung nach dem sittlich *Guten*, dem es durch wiederum (spezifisch) *geformtes* Handeln nachzukommen gilt.[53] Nun ist Sprache an sich selbst Handlung, sofern sich in ihr allemal Menschen begegnen, die in einem ursprünglichen Sinne ‹interagieren›, ‹kommunikativ tätig› sind. Anders ausgedrückt: Wo Menschen miteinander sprechen und dabei zu- bzw. aneinander handeln, stehen sie unter einem *ethischen* Anspruch. Wie immer dieser Anspruch im Einzelnen formuliert sein mag, er impliziert grundsätzlich die gegenseitige Achtung der ‹Sprechenden› als Menschen – in ihrer Würde, von Gott selbst in ihrem Gewissen verpflichtet und so zur Ebenbildlichkeit mit ihm berufen zu sein. Nach humanistischer Überzeugung geschieht dies *in Form des Dialogs* als der höchsten und tiefsten Gestalt menschlicher Begegnung. Womit schließlich *der Friede* angesprochen ist, der sowohl die Bedingung der Möglichkeit des Dialogs als auch das Ziel bzw. Ergebnis dessen abgibt, was der Dialog hervorbringt.

Der ‹Friede aus dem Dialog› bildet den Titel, unter dem der frühneuzeitliche Humanismus das Thema ‹Toleranz› denkt – ohne den Begriff im heutigen Sinne je zu verwenden.[54] Der Geist, der sich in diesem Denken ausdrückt, beseelt so gut wie alle Werke, die in diesem Zusammenhang häufig zitiert werden – die am platonischen Dialog *Symposion* nachgebildeten Philosophie der Liebe des Marsilio Ficino (1433–1499),[55] die – Nikolaus von Kues' *De pace fidei* nahestehend – sogar einen Friedensdialog der Religionen für möglich hält;[56] das von Giovanni Pico della Mirandola (1463–1494) für 1487 erträumte Gelehrtenkonzil in Rom, bei dem 900 zusammengestellte Thesen aus sämtlichen der damals bekannten Religions- und Weisheitstraditionen öffentlich diskutiert werden sollten;[57] der *Ratschlag* Johannes Reuchlins (1455–1522) an Kaiser Maximilian I. (1511), «die Bücher der Juden nicht zu verbrennen, [sondern] diese durch vernünftige Disputationen sanftmütig und gütlich zu unserem Glauben mit Gottes Hilfe zu überreden»;[58] der visionäre Entwurf einer friedliebenden Gemeinschaft des Thomas More (1478–1535) in seiner Schrift *De optimo statu rei publicae deque nova insula Utopia* (1516);[59] die zahlreichen Briefe des Erasmus von Rotterdam nebst dessen einschlägigen Schriften *Institutio principis christiani* (1515) und *Querela pacis* (1517), die sich in den Dienst eines gesamteuropäischen Friedens auf der Grundlage des Bildungsideals der ‹studia humanitatis› stellen;[60] der an Karl V. gerichtete Traktat *De concordia et discordia in humano genere* sowie der *Liber de pacificatione* (beide 1529) des marranischen Katalanen Juan Lluís Vives (1492–1540) ganz im Geiste des Erasmus,[61] und vieles andere mehr.

Der Friede als einziges ‹Worum-willen› von Toleranz trägt allerdings eine nicht zu unterschätzende Problematik in sich. Er kann nämlich ebenso zum ‹Worum-willen› von Intoleranz werden, sobald Andersdenkenden unterstellt wird, den gemeinschaftlichen Frieden nicht zu wollen, sondern zu gefährden. Widerfahren ist dies während der gesamten europäischen Geschichte vor allem den Juden, in der Reformationszeit aber auch den Ketzern, Häretikern, Atheisten und sonstigen Abtrünnigen. Um sie zu diskriminieren und zu bekämpfen, bildete das Argument, der gesellschaftliche Friede stünde durch sie auf dem Spiel, eine regelmäßige Rechtfertigung der Intoleranz – selbst wenn die Betroffenen, wie unter anderen die Wiedertäufer, nichts anderes als den Frieden propagierten und unter sich praktizierten. Sogar Humanisten der frühen Neuzeit dachten in diese Richtung. Johannes Reuchlin sah bei allem Respekt für die hebräisch-jüdische Buchtradition die Juden in «Teufelsgefangenschaft», deshalb als «unseres glaubens fiendt», mit denen entsprechend zu verfahren sei, wenn sie sich weigerten, sich vom Christentum überzeugen zu lassen.[62] Thomas More ließ in seiner utopischen Inselwelt «nicht nur mit Rücksicht auf den Frieden» jegliche «Religion» zu – außer die atheistische Auffassung, «die Welt treibe aufs Geratewohl und ohne göttliche Vorsehung ihren Lauf». Diese nämlich setze den Menschen «auf die niedere Stufe einer elenden tierischen Körperlichkeit» herab, so dass er nicht «unter die Bürger zu rechnen [sei,] würden ihm doch alle bürgerlichen Einrichtungen und moralischen Grundsätze keinen Pfifferling gelten [...]. So gerate er überall als ein von Natur unbrauchbarer und aussichtsloser Mann in Verachtung.»[63] In seinem *Dialogue concerning heretics* (1528) gesteht More denn auch dem Staat zu, verstockte und aufrührerische Häretiker zu töten.[64] Ähnlich wie bekanntlich Martin Luther, der sich 1524 bis 1526 nicht nur gegen die aufständischen Bauern,[65] sondern je länger, je mehr gegenüber den Juden militant intolerant verhielt,[66] kennt selbst Erasmus von Rotterdam keine Duldung des Judentums[67] – der «verderblichsten Plage und dem bittersten Feind der Lehren Jesu Christi».[68] Vielmehr bekennt er: «Wenn Judenhass der Ausweis echter Christen ist, so sind wir alle vorzügliche Christen.»[69] Aber nicht nur Juden, auch humanistische Weggefährten sowie Wiedertäufer und Spiritualisten, die in seine Nähe nach Straßburg, Freiburg, Löwen oder Basel flohen, bekamen seine kalte Schulter zu spüren.[70]

Dies wiegt bei Erasmus umso schwerer, als man ihm mit guten Grund das Verdienst zuschreiben konnte, «dem Humanitätsgedanken literarisch den Weg in die Welt gewiesen zu haben, diesem einfachsten und zugleich ewigen Gedanken, dass es höchste Aufgabe der Menschheit sei, immer humaner, immer geistiger, immer verstehender zu werden [...] zugunsten einer allverstehenden Toleranz»,[71] ja in ihm «eine gemeinsame europäische Kultur im Werden», einen «Gedanken europäischer Einigung im Gedanken der Humanität» erblicken durfte, der «dieses Verlangen der Geistigen, sich im Geiste zu binden, der Sprachen, sich in einer Übersprache zu verständigen, der Nationen, sich im Übernationalen endgültig zu befrieden», für eine «kurze und vergängliche Weltstunde» erfüllte (Stefan Zweig).[72] Angesichts dieses Widerspruchs erscheint es mir wichtig, bei Erasmus nicht ausschließlich zu berücksichtigen, was er unter ‹Friede› verstanden, empfunden und verfolgt haben mag, sondern ebenso zu beachten, welchen Stellenwert *Ironie* und *Humor* bei ihm erlangten. Beides bildet nicht ein bloßes Stilmittel – meisterhaft eingesetzt in der 1511 erschienenen und Thomas More gewidmeten Schrift *Stultitiae Laus / Lob der Torheit*[73] –, sondern vergegenwärtigt eine Weltanschauung, die wesentlich dadurch geprägt ist, dass sie jeglichen Anspruch auf Wahrheit relativiert, *vor allem auch den eigenen*, und so gesehen von Hause aus zu Toleranz ansetzt. Nicht von ungefähr wurde Ironie von der christlichen Tradition bis zu Erasmus als Sünde betrachtet, und nicht weniger zufällig trug ihm ihre Verwendung seitens Luthers den Vorwurf ein, er sei «ein vollkommenes Konterfeit und Ebenbild Epicuri und Luciani».[74] Erasmus ist jedoch weit davon entfernt, Ironie als Prinzip der reinen Negativität anzusetzen, so dass Toleranz auf einen völligen Relativismus, auf die bloße Beliebigkeit aller Standpunkte, hinausliefe. Vielmehr verbindet er sie im Sinne des jesuanischen ‹Gleichnisses vom Unkraut unter dem Weizen› mit dem Vertrauen darauf, dass in der «Zeit der Ernte» Gott selbst den Weizen von der Spreu trennen werde. Dazu kommt die Überzeugung, dass Ironie zugleich die «Torheit in Gott» ist, von der der Apostel Paulus schreibt:

> Denn das Törichte an Gott ist weiser als die Menschen, und das Schwache an Gott ist stärker als die Menschen [...] das Törichte in der Welt hat Gott erwählt, um die Weisen zuschanden zu machen, und das Schwache in der Welt hat Gott erwählt, um das Starke zuschanden zu machen. Und das Niedrige in der Welt und das Verachtete hat Gott erwählt: das, was nichts ist, um das, was etwas ist, zu vernichten, damit kein Mensch sich rühmen kann vor Gott.[75]

Die Relativierung durch Ironie zielt somit nicht auf Negation als solche, sondern geschieht im Gegenteil in Richtung eines Glaubens. Sie enthält nicht Destruktives, vielmehr Aufbauendes, «Wärmendes» (wie Thomas Mann formuliert). Deshalb empfiehlt es sich im Anschluss an Sören Kierkegaard, der den Humor im Unterschied zur Ironie im «Konfinium zur Religiosität» ansiedelt und gerade nicht als «Selbstbehauptung» betrachtet, von Humor zu sprechen.[76] Jedenfalls werden durch Erasmus Ironie und Humor einmal mehr zu Stilformen, in denen sich Toleranz literarisch auszudrücken vermag – nach meiner Ansicht mehr als in seinen Friedensappellen.

Neue Argumentationen

Mit der Wiederbelebung antiker literarischer Paradigmen gehen in den humanistischen Kreisen der frühen Neuzeit auch neue Argumentationen zugunsten der Toleranz einher, die sich von den (überwiegend) an der Botschaft Jesu orientierten Diskursen unterscheiden – sowohl im philosophischen Ansatz als auch in der daraus resultierenden Methode. Sie sind prominent verbunden mit den Namen Sebastian Castellio (1515–1563), Jean Bodin (1529/30–1596) und Michel de Montaigne (1533–1592). Obwohl schon zu Lebzeiten bekannt und umstritten, gewinnen ihre drei ‹Toleranz-relevanten› Denkansätze erst postum an Bedeutung und Einfluss, inspirieren dann aber bis tief in die europäische Aufklärung hinein nachhaltig. Bei aller Unterschiedlichkeit ihrer jeweiligen Wirkungsgeschichte lässt sich dies als Gemeinsamkeit festhalten. Verbindend ist ebenso die hohe humanistische Bildung, die sie in ihren jeweiligen Tätigkeiten prägt – bei Castellio in der theologischen Professur an der Universität Basel, bei Bodin in seiner Laufbahn als Jurist, Advokat und ‹Politologe› in Paris und Laon, bei Montaigne in seiner Funktion als Richter und Bürgermeister von Bordeaux und als ‹Privatgelehrter› im Familienansitz von Montaigne. Ihr verdankt sich bei jedem von ihnen der Mut zu einem neuen Denken.

Castellio – auch er Thema einer weltweit verbreiteten Biographie von Stefan Zweig[77] – knüpft in seinem Hauptwerk *De haereticis an sint persequendi et omnino quomodo sit cum eis agendum ...* (1554)[78] an dem drei Jahre vor seiner Ankunft in Basel (1545) ebenda verstorbenen Sebastian Franck und dessen Werk *Chronica, Zeitbuch und Geschychtbybell* (Ulm 1536) an, um prinzipiell den Begriff des ‹Häretikers› zu problematisieren.[79] Hegt Franck schon grundsätzliche Zweifel, ob nicht unter jenen, «die mit Dreck aus des Papstes römischen Kessel beworfen» wurden, «viele teure, gottgefällige Menschen sind, die mehr Geist in einem Finger haben als der Antichrist in all seinen Gliedern und im ganzen Körper; [...] wohl wert [...] in den Papstes heiligem Kalender zu stehen [...]», und umgekehrt, ob sich nicht unter jenen, die «die Welt heiligt und rechtfertigt», etliche Seelen befinden, die «in der Hölle gepeinigt und gemartert werden»,[80] so gelangt Castellio zu dem lapidaren Schluss:

> Nachdem ich oft danach geforscht habe, wer ein Ketzer sei, habe ich nichts anderes herausgefunden als dass der für einen Ketzer gehalten wird, der mit unserer Meinung nicht übereinstimmt. Dies folgt aus der Tatsache, dass es unter all den zahllosen Sekten unserer Zeit kaum eine gibt, die die andere nicht als Ketzer bezeichnet, so dass man, wenn man in einer Stadt oder Gegend orthodox ist, in der nächsten für einen Ketzer gehalten wird. Wer heute leben will, muss so viele Glaubensüberzeugungen und Religionen haben, wie es Staaten oder Sekten gibt. Es geht ihm gerade so wie dem,

durch die Länder zieht und sein Geld immer wieder wechseln muss, da das, was hier gültig ist, dort nicht angenommen wird, es sei denn, es wäre Gold.[81]

Toleranz ist demnach schon allein deshalb geboten, weil sich nicht einmal angesichts einer göttlichen Offenbarung und der in ihr verkündeten Wahrheit definitiv sagen, geschweige denn beurteilen lässt, wer ein Ketzer ist und wer nicht. So sehr sowohl Franck als auch Castellio die gesamte theologische Tradition von den Anfängen bis zu ihrer Gegenwart bemühen, um jeglichem Begriff von ‹Ketzerei› seine vermeintliche Eindeutigkeit abzusprechen, so sehr appelliert jedenfalls Castellio zugleich an die *Vernunft*, genauer gesagt an die *allen Menschen gemeinsame* Vernunft, denn was für die christlichen Konfessionen untereinander gilt, trifft ebenso für die drei monotheistischen Religionen zu. Seine Schlussfolgerung daher:

> Die Streitigkeiten haben ihren Ursprung einzig und allein in der Unkenntnis der Wahrheit; [...] Die Juden oder Türken [Muslime] sollen daher nicht die Christen verdammen, aber die Christen ihrerseits sollen die Türken oder Juden auch nicht verachten, sondern sie vielmehr belehren und durch wahre Frömmigkeit und Gerechtigkeit gewinnen. Genauso sollen auch wir Christen einander nicht richten. Sind wir weiser als jene, so lasst uns auch besser und barmherziger sein. Denn dies ist gewiss: je besser einer die Wahrheit kennt, desto weniger neigt er dazu, andere zu verurteilen. [...] Wenn wir uns so betragen würden, könnten wir miteinander im Frieden leben.[82]

Man darf an Lessings *Ringparabel* denken, wenn Castellio sein Bild von der «Goldmünze» auf die Religionen bzw. Konfessionen anwendet:

> So wollen wir auch in der Religion eine Goldmünze benutzen, die ungeachtet ihrer Prägung überall angenommen wird. [...] Diese Münze zeigt aber bis jetzt verschiedene Einprägungen und Bilder, je nachdem, wie die Menschen über [...] Dinge dieser Art verschiedener Meinung sind. Lasst uns daher duldsam sein zueinander und nicht fortwährend den in Christo gegründeten Glauben des anderen verurteilen.[83]

Noch prinzipieller, zugleich radikaler wird Jean Bodin in seinem Dialog *Colloquium heptaplomeres de rerum sublimium arcanis abditis*, der vermutlich 1588 fertiggestellt vorlag, jedoch bis 1857 nur in Manuskriptform die Runde machte.[84] Bodin zieht nicht bloß einen Begriff wie jenen der ‹Ketzerei› in Zweifel, er geht darüber hinaus und hält es grundsätzlich für unmöglich, dass sich diskursiv, ‹auf dem Forum der Vernunft›, eine Versöhnung der unterschiedlichen Religionen oder Konfessionen überhaupt herstellen, geschweige denn eine Entscheidung über deren Wahrheitsgehalt herbeiführen lasse. Was Petrus Abaelard, Ramon Llull und Nikolaus von Kues in ihren Religionsdialogen und darüber hinaus der gesamte Humanismus in seinen Friedensgesprächen noch für möglich und erstrebenswert gehalten haben, sieht Bodin als ausgeschlossen an:

> [...] angesichts der umfassenden und tiefgreifenden theologischen Differenzen besteht keine Aussicht mehr auf Versöhnung, wie sie der christliche Humanismus vorsah. *Diese* Basis für ein Denken der Toleranz ist vergangen. Der Sinn von Bodins

Religionsgespräch ist daher ein anderer, nämlich die *Sinnlosigkeit* solcher Gespräche zu zeigen: die Sinnlosigkeit der Versöhnungshoffnung *und* des Streits um die wahre Religion gleichermaßen. Dies ist die wichtige Toleranzbotschaft des *Colloquiums*. (Rainer Forst)[85]

In einem ersten Schritt des Dialogs scheint sich noch das Gegenteil abzuzeichnen: Die Gesprächspartner beschwören die alte Metapher von der Harmonie in und aus Gegensätzen. Könnte nicht die Unterschiedlichkeit ihrer religiösen Bekenntnisse die «von dem unsterblichen Gott durch wunderbare Weisheit gemäßigte Entgegensetzung» sein, die «höchste Anmut der Harmonie» oder gar «die Wohlfahrt dieser Welt» bedeutet?[86] Mag dies im Angesicht Gottes auch der Fall sein, «die besagte Harmonie stellt sich gerade nicht in den Augen der Einzelnen her, sondern erst aus einer göttlichen Perspektive, die nicht die der Gläubigen in ihrem endlichen Erkenntnisvermögen ist.»[87] Diese gelangen über die Entgegensetzungen nicht hinweg, sie bleiben daran haften, kommen über den Glauben (*fides*) nicht hinaus, der wiederum keinerlei Wissen (*scientia*) impliziert, sondern «reine Zustimmung ohne Beweis (*fidem in assensione pura, sine demonstratione*)».[88] Die Gesprächsteilnehmer erwägen deshalb, über Religion nicht mehr zu debattieren, stellt dies doch möglicherweise einen Akt des Gottesfrevels dar, sofern der rationale Diskurs bloße freie Zustimmung ausschließt.[89] Nachdem sie sich – ihren Dialog trotzdem fortsetzend – schließlich gegenseitig vorexerziert haben, dass und wie sich keine Einigung in ‹religiösen Dingen› herbeiführen lässt, «gehen sie unter gegenseitigen, liebreichen Umarmungen auseinander», um – ganz anders als im ‹paradiesischen Wald› des *Llibre del gentil e dels tres savis* des Ramon Llull – «in bewundernswürdiger Eintracht die Frömmigkeit und Unbescholtenheit durch gemeinschaftliche Studien und Zusammenleben [zu pflegen], jedoch keine Disputation über die Religion mehr [zu halten], obwohl ein jeder seine Religion in höchster Heiligkeit der Lebensführung hochhielt.»[90] Toleranz somit aus Einsicht in die prinzipielle Unmöglichkeit diskursiver Verständigung in ‹religiösen Dingen› – einhergehend mit der rein praktischen Folgerung, hinsichtlich Religion bzw. Konfession friedlich zu koexistieren, sprich einander zu *dulden* ohne jeglichen Versuch, sich gegenseitig zu missionieren.

Ähnlich wie bei Erasmus und seiner Intoleranz gegenüber Juden würde man kaum glauben, dass derselbe Jean Bodin, der in seinem Klassiker *Les six livres de la République* (1576) den Begriff der ‹Souveränität› als Grundbestimmung der neuzeitlichen Staatsauffassung einführte und sich zugleich der Toleranz-Vorstellung der sogenannten *Politiques* (siehe oben) im Interesse der Staatserhaltung anschloss, als energischer Betreiber der Hexenverfolgung auftrat – wie sein einflussreiches Werk *De la Démonomanie des Sorciers* (1580) dokumentiert. Widersprüche dieser Art in ein und derselben Person sind es, die Michel de Montaigne zu seinem Bild vom Menschen, zu seiner Einschätzung hinsichtlich der Fähigkeiten desselben, aber auch zu seiner Anleitung zum Leben veranlassen. Er wusste, worüber er in seinen *Essais* (1572–1592) schrieb,[91] war er doch selbst nicht frei von solchen Widersprüchen. So tolerant und dialogbereit er als Schriftsteller und Philosoph dachte, so kompromisslos-intolerant handelte er als katholischer Politiker und Verfechter der Gegenreformation – bis hin zu der Überzeugung:

> Unser Geist ist ein unzuverlässiges und gefährliches, da bedenkenlos gehandhabtes Instrument; es fällt schwer, ihm Maß und Ordnung beizubringen. [...] Man tut recht daran, dem menschlichen Geist so enge Schranken wie nur möglich zu setzen. Im Studium und in allem übrigen muss man ihm seine Schritte vorzählen und lenken, man muss ihm die Grenzen seines Jagdreviers planmäßig abstecken.[92]

Nicht zuletzt deshalb verbietet er sich Reformen oder gar neue Konfessionen:

> Ich verabscheue Neuerungen, welches Gesicht sie auch tragen mögen, und ich habe Grund dazu, weil ich äußerst verhängnisvolle Auswirkungen hiervon erleben musste. [...] Doch das alles geschieht, um unser Gewissen und unseren Glauben zu läutern – *wie ehrenwert das doch klingt!* Selbst der beste Vorwand für Neuerungen bleibt höchst gefährlich: *Es gibt keine Änderung des Althergebrachten, die zu billigen wäre.* [...] Die christliche Religion hat alle Kennzeichen äußerster Gerechtigkeit und Nützlichkeit; keines aber ist unmissverständlicher als die Ermahnung, der Obrigkeit zu gehorchen.»[93]

Bemerkenswert an dieser Haltung Montaignes ist, dass sie aus derselben philosophischen Überzeugung resultiert, die ihn in seinen *Essais* zu der unbedingt toleranten Aufforderung an jeden Einzelnen veranlasst, *er selbst zu sein*. «Die größte Sache der Welt ist, dass man sich zu gehören weiß.»[94] In ausdrücklicher Gefolgschaft der skeptischen Philosophie der Antike, wie sie bereits von Epikur, dann aber vor allem von Lukrez, in gewisser Weise auch von Cicero, bestimmt jedoch in der pyrrhonischen Skeptiker-Schule, besonders von Diogenes Laertius und Sextus Empiricus, sowie in der Geschichtsschreibung durch Plutarch vertreten wurde, traut Montaigne der menschlichen Erkenntnisfähigkeit wenig zu.[95] Für die Erlangung allgemeingültiger, vor allem überzeitlich haltender Wahrheiten fehlt ihr jegliche Bedingung der Möglichkeit.

> Es gibt überhaupt kein Dasein, das beständig wäre – weder das unsre ist es, noch das der Dinge. Samt Verstand rollen und fließen wir wie alle sterblichen Wesen ohne Unterlass dahin. So lässt sich nichts Sicheres von einem aufs andre schließen, befinden sich Urteilender wie Beurteiltes doch in fortwährendem Wechsel und Wandel. Wir haben keinerlei Anteil am wahren Sein, denn die ganze Natur des Menschen bleibt immerdar an Geburt und Sterben gebunden und tritt dazwischen nur dunkel in Erscheinung: ein Schatten und ein ungewisses, vages Wähnen.[96]

Daraus ergibt sich nicht bloß eine *irreduzible Vielheit* der menschlichen Meinungen über die Wirklichkeit: «Auf der Welt hat es noch nie zwei gleiche Meinungen gegeben – so wenig wie zwei gleiche Haare oder Samenkörner. In nichts ist sich alles gleicher als in der Ungleichheit.»[97] Es ist vor allem auch das Verhältnis des Menschen zu sich selbst, das sich in eine *nicht überwindbare Vielheit*, Differenziertheit und Nicht-Identität auflöst: «Wir bestehen alle nur aus buntscheckigen Fetzen, die so locker und lose aneinanderhängen, dass jeder von ihnen jeden Augenblick flattert, wie er will; daher gibt es ebenso viele Unterschiede zwischen uns und uns selbst wie zwischen uns und den anderen.»[98] Dass es überhaupt noch Sinn macht, von einer Einheit des Ich zu sprechen, verdankt sich einzig und allein dem Umstand, dass wohl «keiner, der, falls er sich ausforscht, nicht in sich eine ihm eigene [Lebens-] Form entdeckte, eine Grundform (*une forme sienne, une forme maitresse*)»,[99] die ihn quasi individualisiert, dass zugleich aber «jeder Mensch die *ganze* Gestalt des Menschseins in sich trägt»[100], was auf die Natur als dem «*ordre universelle des choses*» verweist, die «uns auf sanfte Art, freilich nicht sanfter als weise und gerecht, führt»[101] und so eine Ganzheit des Ich vorsieht.

Wie gesagt: Davon ausgehend zieht Montaigne sowohl eine Konsequenz in Richtung ‹Intoleranz› als auch eine Konsequenz in Richtung ‹Toleranz›. Erstere propagiert er, wo es um die Gesellschaft sowie um den Staat geht. Es ist nicht allein seine konservative Geisteshaltung, die ihm nichts anderes geheuer erscheinen lässt, sondern ebenso die Ansicht, dass auf der praktisch-politischen Ebene der Vielfalt und Unübersichtlichkeit der Meinungen nur dadurch Paroli geboten werden kann, dass eine bewährte Form der gesellschaftlichen Ordnung unbedingte Geltung besitzt. Diese Überzeugung ist ausschließlich pragmatischer Natur, inhaltlich-weltanschauliche Überlegungen können aufgrund der nicht behebbaren Glaubensvielfalt keine Rolle spielen. Unbedingte Toleranz hingegen empfiehlt Montaigne einerseits jedem Menschen *sich selbst* gegenüber, andererseits jedem Menschen in der *persönlichen Begegnung mit dem Anderen*. Toleranz sich selbst gegenüber bedeutet grundsätzlich das *gelassene*, ruhige, ja heitere, in den Lauf der Natur *einstimmende Akzeptieren* dessen, was jeder Einzelne nun einmal ist: eine kaum sich erschöpfende Vielheit des Ich, ein anhaltender Wechsel im Sich-Erleben bis zur Stunde des Todes, alles andere als eine harmonische Ganzheit, vielmehr eine grenzenlose Diversität (*la plus universelle qualité*), die den Widerspruch, ja den Selbstwiderspruch inkludiert. Angesichts dessen gibt jedoch nicht Resignation den Ton zur Toleranz an, vielmehr ist es die Motivation, durch sie – die Toleranz – «mit der Natur im Einklang zu sein»[102], sprich darin sich selbst zu gehören und darüber hinaus die unendliche Vielfalt des Lebens zu erschließen.[103] Nicht die ‹Sorge um sich› (*cura sui*) steht dabei im Vordergrund, sondern das gelassene Vertrauen in die Ordnung der Natur, die den Menschen genauso umfängt wie alle Lebewesen.[104] Analoges gilt in der Toleranz dem Mitmenschen gegenüber. Sie zielt nicht so sehr darauf, die Gewissensfreiheit jedes Einzelnen zu respektieren – dies wohl auch, jedoch nicht primär. Viel wichtiger erscheint der Schutz des Selbstseins, das jedem Menschen zusteht, das von ihm ‹Natur-gemäß› angestrebt wird und in der dialogischen Begegnung der Einzelnen ermöglicht sein soll.[105] Angesichts des ausgeprägt individualistischen, auch elitären Ansatzes, den Montaigne mit den meisten seiner antiken Vorbilder teilt, kann es nicht überraschen, dass es schließlich die *Freundschaft* ist, in der sich die Toleranz dem Anderen gegenüber am nachhaltigsten verwirklicht. Wie die gesamte Antike in der Nachfolge des Aristoteles[106] schätzt Montaigne Freundschaft höher ein als Liebe: «Bei der Freundschaft [...], von der ich spreche, verschmelzen zwei Seelen und gehen derart ineinander auf, dass sie sogar die Naht nicht mehr finden, die sie einte.» Das, was durch Freundschaft geschieht, ist genau das wechselseitige Selbstsein: «Weil er er war, weil ich ich war.»[107] Freundschaft ist somit ein anderer Name für ‹Toleranz› – um des je ‹Sich-selbst-Gehörens› willen.

Dem Menschen ein Mensch

«*ich bin billig ein mensch einem menschen*» – Dieses Zitat aus dem *verbüthschiert mit siben Sigeln verschlossen Buch* von Sebastian Frank (1539)[108] könnte ebenso gut als Motto über den *Essays* von Montaigne stehen. Mit seiner Konzentration auf sich selbst und darin auf den Menschen *diesseits und jenseits* seiner religiösen bzw. weltanschaulichen Überzeugungen, *völlig unabhängig* auch von seiner gesellschaftlich-sozialen Stellung, nimmt er in den Blick, was sich gerade in den konfessionellen Auseinandersetzungen seiner Zeit immer mehr Bahn bricht – *den Menschen schlicht als Menschen*, den Menschen *vor* jeglicher Qualifizierung durch Kultur, Religion und Gesellschaft, in die er als Individuum hineingeboren ist. Bereits bei Erasmus von Rotterdam ist zu lesen:

> Einer ist ein Ehebrecher, ein Gottloser, ein Türke: Man verfluche den Ehebrecher, nicht den Menschen. Man verwerfe den Gottlosen, nicht den Menschen; man töte den Türken, nicht den Menschen. Man gebe sich Mühe, dass der Unfromme sterbe, der sich selbst dazu gemacht hat, dass aber der Mensch gerettet werde, den Gott geschaffen hat.[109]

Noch radikaler die Vorhaltung, die Sebastian Castellio 1554 an die Adresse des Reformators Calvin im Zusammenhang mit der Verbrennung von Michael Servet am 27. Oktober 1553 in Genf richtet: «Einen Menschen töten heißt nicht, eine Lehre verteidigen, sondern einen Menschen töten (*Hominem occidere, non est doctrinam tueri, sed est hominem occidere*).»[110] Was sich mit Aussagen wie diesen und vergleichbaren *ankündigt*, ist die Einsicht, dass das oberste ‹Worum-willen› der Toleranz nur der Mensch in seiner Würde und seinen unveräußerlichen Rechten sein kann.

Selbiges geschieht zeitgleich in Kreisen der spanischen Spätscholastik, die in ihren Werken auf die ethischen und rechtlichen Herausforderungen reagieren, die sich aus der Entdeckung und vor allem Eroberung (*Conquista*) Amerikas ergeben. So unterschiedlich die Veranlassung dazu ist, im Ergebnis läuft es da wie dort auf dieselbe Einsicht hinaus. Das kann wiederum nicht überraschen, teilt man doch im gesamten damaligen Europa das gleiche Menschenbild, das – wie dargelegt – weniger eine einheitliche theoretische Definition als die Aufforderung zur Anerkennung der Würde des Menschen impliziert. Unmittelbarer als in den Ländern, in denen die konfessionellen Auseinandersetzungen wüten, steht man (besonders) in Spanien vor der Frage, ob Menschen, die nie zuvor mit dem europäischen Kulturraum in Verbindung gestanden, geschweige denn vom Christentum je berührt worden waren, überhaupt als Menschen gelten können. Gewiss findet sich diese Frage nirgends so formuliert. Bei den Dominikanern Francisco de Vitoria (um 1483–1546)[111] und Bartolomé de Las Casas (1484–1566)[112] sowie den Jesuiten Luis de Molina (1535–1600)[113] und Francisco Suárez (1548–1617)[114] – um nur die prominentesten Namen zu nennen[115] – schienen vordergründig andere Themen von primärem Interesse zu sein: Gibt es eine Weltherrschaft des Papstes oder des Kaisers? Ist / war die Eroberung und Unterwerfung der neuen Länder rechtens? Wie weit darf die Missionierung der indigenen Bevölkerung gehen? Besteht eine Erlaubnis, die überfallenen Eingeborenen zu versklaven? Was impliziert das sogenannte Völkerrecht, das *ius gentium*? Über welche subjektiven Rechte (*dominia, facultates*) verfügt das menschliche Individuum? Selbst dort, wo explizit das ‹Wesen des Menschen› angesprochen wird, fallen die diesbezüglichen Äusserungen auffällig knapp aus. Die klassischen anthropologischen Aussagen, die man der Bibel (Gottebenbildlichkeit) sowie der antiken bzw. mittelalterlichen Philosophie (Definitionen aus Aristoteles, Cicero, den Kirchenvätern oder Thomas von Aquin) entnimmt, werden in aller Regel ‹nur› zitiert, um sie sogleich hinsichtlich spezieller und besonders aktueller Problemstellungen anzuwenden, jedoch nicht ausführlich reflektiert oder gar in sich problematisiert. Ein besonderes Beispiel dafür bieten die Vorlesungen (*Relectiones*) von Francisco de Vitoria, allen voran jene *Über die Indianer / De Indis* Ende 1538 / Anfang 1539. Hier findet sich wohl an prominenter Stelle das Zitat Gen 1, 26 «*Lasst uns den Menschen machen nach unserem Bild und Gleichnis, damit er herrsche über die Fische des Meeres usw*».[116] Die wenigen Wiederholungen dieser Aussage in derselben Vorlesung[117] und drei anderen[118] zeigen jedoch, dass Vitoria vor allem auf den zweiten Teil von Gen 1,2 abzielt – «damit er herrsche …». Mit ihm begründet er das Recht jeder menschlichen Gemeinschaft, jedes Volkes, sich eine Gemeinschaftsform bzw. eine Herrschaft zu geben. So überrascht es nicht, dass neben dieser biblischen Aussage ebenso viele – ich würde meinen an Zahl wesentlich mehr – Aussagen aus der philosophisch-humanistischen Tradition stammen, die demselben Begründungszwecke dienen. Dasselbe Fazit lässt sich aus den sozialethischen und staatsrechtlichen Schriften von Las Casas ziehen.[119]

Trotzdem bildet die Anerkennung des Menschen als Mensch, unabhängig davon, ob er Europäer oder indigener Amerikaner ist, den Kern sämtlicher Argumentationen – um ihn dreht sich letztlich alles. Direkten Ausdruck findet er nicht nur in der Bulle *Veritas ipsa* (auch *Sublimis Deus* genannt) Papst Pauls III. (1537), die ihn zentral anspricht: «[…] ebendiese Indianer [sind] als echte, wahre Menschen» anzusehen (*attendentes Indios ipsos, utpote veros homines*), die weder versklavt (*nec in servitutem redigi debere*) noch in ihren Rechten auf Freiheit und Besitz (*imo libertate et dominio huiusmodi uti et potiri et gaudere libere et licite posse*) beschnitten werden dürfen.[120] Ganz in diesem Sinne formuliert Las Casas mit Cicero:

Alle Völker der Welt bestehen ja aus Menschen, und für alle Menschen und jeden einzelnen gibt es nur eine Definition, und diese ist, dass sie vernunftbegabte Lebewesen sind; alle haben eigenen Verstand und Willen und Entscheidungsfreiheit, weil sie nach dem Ebenbild Gottes geschaffen sind. [...] So gibt es denn ein einziges Menschengeschlecht, und alle Menschen sind, was ihre Schöpfung und die natürlichen Bedingungen betrifft, einander ähnlich [...] und demzufolge haben alle die innere Kraft und Befähigung oder Eignung und den natürlichen Hang zum Guten, um in Ordnung, Vernunft, Gesetzen, Tugend und allem Guten unterwiesen, für sie gewonnen und zu ihnen geführt zu werden.[121]

Die Anerkennung des Menschen als solchem ist gleichermaßen zentral in den großen Auseinandersetzungen ‹De Indis›, wie sie vor allem Vitoria und Las Casas sowohl akademisch als auch politisch und juristisch zu bestehen hatten. Bei weitem nicht allein[122] in den vielbemühten Disputationen zwischen Las Casas und Juan Ginés de Sepúlveda (1490–1573) vom 15. August 1550 bis zum 4. Mai 1551 im Colegio de San Gregorio in Valladolid[123] stand immer wieder das Gegenteil im Raume, dass nämlich Indianer «Untermenschen *(homunculi)*» wären – «Barbaren», denen die «Sklaverei von Natur aus» angeboren sei,[124] und denen daher nichts anderes gebühre, denn als Sklaven behandelt zu werden.[125] Dem hält Vitoria – fast wortgleich wie Sebastian Franck – unmissverständlich entgegen: «Es ist nämlich nicht so, dass *der Mensch dem Menschen ein Wolf ist*, wie der Komödiendichter [Plautus[126]] sagt, sondern ein Mensch *(non enim homo homini lupus est, [...] sed homo)*».[127] Er zitiert dazu Augustinus: «Wenn man sagt: Du sollst deinen Nächsten lieben, dann ist offenkundig, dass jeder Mensch ein Nächster ist *(manifestum est omnem hominem proximum esse deputandum)*». Universell gelte daher die ‹Goldene Regel›: «Du sollst dem anderen nicht das zufügen, von dem du nicht willst, dass es Dir widerfahre *(non facies alteri, quod tibi fieri non vis)*.»[128] Darauf baut Vitoria das von ihm wesentlich mit-inaugurierte neuzeitliche Völkerrecht auf, «das entweder natürliches Recht ist oder aus dem natürlichen Recht hergeleitet wird», ein Recht also, das «die natürliche Vernunft unter allen Völkern festgesetzt hat *(quod naturalis ratio inter omnes gentes constituit)*».[129] Vitoria beruft sich auf die kosmopolitischen Konzepte, wie sie aus der antiken Stoa, besonders aus Cicero, aber auch aus dem Mittelalter bekannt sind, er reflektiert jedoch zugleich die Tatsache, dass sich die Völker der Welt nicht mehr unter dem Dach des *Imperium Romanum* bzw. unter der Klammer des *Orbis christianus* zusammenfassen ließen, sondern angesichts der Entdeckung neuer Kontinente und bisher unbekannter Völker darauf angewiesen waren, sich *untereinander* zu verständigen und zu respektieren. Das *ius gentium* konnte infolgedessen nicht nur aus jenem Recht bestehen, das sich ‹bei› allen Völkern findet, sondern aus einem Recht, das ‹zwischen› allen Völkern anerkannt wird. Neben das bloße Naturrecht als Quelle des Völkerrechts *(ex iure naturali)* hatte somit ein willensabhängiges Recht der Völker untereinander *(ex statuto humano)* zu treten. Aus beidem ließe sich «die gesamte Welt *(totus orbis)* [...] in gewisser Weise *(aliquo modo)* als ein einziges Gemeinwesen *(res publica)* [betrachten], das Vollmacht hat, Gesetze zu erlassen, die gerecht und angemessen für alle sind (*leges aequas et convenientes omnibus*); wie sie im Völkerrecht vorliegen».[130] Klassisch dazu der Jesuit Francisco Suárez:

> Der Grund für diese Art von Recht besteht darin, dass das menschliche Geschlecht, obwohl es sich in verschiedene Völker und Königreiche aufteilt, immer eine bestimmte Einheit (*aliquam unitatem*) aufweist, und zwar nicht bloß als natürliche Einheit, sondern auch als politisch-moralische (*non solum specificam, sed etiam quasi politicam et moralem*), wie sie im natürlichen Gebot wechselseitiger Liebe und Barmherzigkeit zum Ausdruck kommt (*quam indicat naturale praeceptum mutui amoris et misericordiae*), das sich auf alle Menschen (*quod ad omnes extenditur*), auch auf Fremde und Angehörige jeder Nation (*etiam extraneos et cuiuscumque nationis*), erstreckt.[131]

Welche Gesetze jedoch sind gerecht und angemessen für alle? Wie kommen diese – in anderen Worten – zustande, so dass sie auch als gerecht und angemessen für alle betrachtet werden dürfen? Mit Las Casas gesprochen ist dies nur möglich, wenn es – wie er vermutlich als Erster formuliert – «*según las reglas de los derechos humanos* (in Respektierung der Menschenrechte)» geschieht.[132] Das neuzeitlich-moderne ‹Worum-willen› von Toleranz zeichnet sich ab.

«Right of toleration» – Durchbruch im Zeitalter der Aufklärung

Im Zeitalter der Aufklärung, das während der zweiten Hälfte des 17. Jahrhunderts anhebt und gegen Ende des 18. Jahrhunderts zugleich seinen Höhepunkt sowie sein Ende erreicht, gelangt der europäische Toleranz-Gedanke zum Durchbruch – als philosophischer Gedanke sowohl wie als politische Forderung. Das zeigt sich schon allein daran, dass die Vokabel ‹Toleranz› bzw. ‹tolerieren› immer mehr in den allgemeinen Wortschatz eindringt, sozusagen zum stehenden Begriff wird und in aller Öffentlichkeit eine häufige Verwendung findet.[1] Zwar haftet ihm noch lange die herkömmliche Bedeutung von ‹erdulden› und ‹ertragen› an, nicht zuletzt dort, wo es im politischen Kontext um die Bezeichnung hoheitlicher Akte geht, aufgrund derer etwas ‹toleriert›, sprich ‹geduldet› oder ‹gewährt›, ‹zugestanden›, ‹eingeräumt› wird – beispielsweise in den sogenannten Toleranz-Patenten und Toleranz-Edikten der absolut regierenden Herrscher. Zugleich bricht sich jedoch jenes positive Verständnis von ‹Toleranz› Bahn, das Goethe später als ‹Anerkennung› definiert wissen wollte. John Lockes Rede von einem «absoluten und universalen Recht auf Toleranz (*absolute and universal right of toleration*)»[2] steht dafür ebenso wie Lessings *Ringparabel* im Drama *Nathan der Weise* von 1779, in dem wohl von ‹Toleranz› ausdrücklich nicht die Rede ist, das jedoch den neuen Geist von ‹Toleranz› ausdrückt, wie er für die Moderne kennzeichnend wird. Vor allem stehen am Ende der Epoche die ersten Deklarationen der Menschenrechte – 1776 in Virginia, 1789 in Frankreich –, in denen sich zwar das Wort ‹Toleranz› nicht findet, die Toleranz jedoch – auch nach dem Verständnis der Urheber und Zeitgenossen – implizieren, ja sich sogar als das endgültige ‹Woraufhin› bzw. das ‹Worum-willen› der Toleranz präsentieren.

Es wäre freilich übertrieben und unangebracht, die Aufklärung rundum als «Zeitalter der Toleranz» zu bezeichnen, wie es immer wieder geschehen ist. Gesellschaftlich betrachtet unterscheidet sich die Epoche noch kaum von früheren. Nicht zufällig kam es immer wieder zu Fällen krasser – religiös motivierter – Intoleranz, wie am 7. Dezember 1724 im polnischen Thorn, wo bei einem «Blutgericht» zehn unschuldige evangelische Ratsherren (samt Bürgermeister) aus purer Rache hingerichtet wurden,[3] oder wie am 9. März 1762, als in Toulouse der 68-jährige protestantische Kaufmann Jean Calas einem Justizskandal zum Opfer fiel und auf bestialische Weise öffentlich den Tod fand.[4] Und nicht von ungefähr endete die Französische Revolution im blutigen Terror, und selbst in Amerika galten die deklarierten Menschenrechte weder für die Sklaven noch für die Indianer. Abgesehen davon entbehrten die einfachen Leute, die Armen und Leibeigenen – der mit Abstand größte Teil der damaligen Bevölkerung –, jeglichen Rechtsstatus, sie tauchten, wenn überhaupt, höchstens als Adressaten von caritativen Zuwendungen in der öffentlichen Wahrnehmung auf. Die ‹soziale Frage› war noch kaum gestellt, sie besaß innerhalb der zeitgenössischen Toleranz-Diskurse noch keinerlei Aufmerksamkeit.[5] Toleranz – man kommt nicht umhin, es festzustellen – blieb überwiegend eine Angelegenheit der Intellektuellen und unter diesen wiederum eine Forderung des aufstrebenden Bürgertums. Selbst aus der Formulierung der Menschenrechte, wie sie vor allem in Frankreich erfolgte, spricht diese Tatsache. In ihr drücken sich genau jene bürgerlichen Werte aus, denen sich die intellektuellen Zirkel des gehobenen Bürgertums, besonders die sogenannten ‹Logen› der Freimaurer, verschrieben hatten.[6]

Unter den Intellektuellen wiederum ist der Einfluss gewisser geistiger Moden nicht zu unterschätzen, die die Diskurse über Toleranz zumindest atmosphärisch befeuerten. Dazu zählt *zunächst* die ständig wachsende Popularität des Epikureismus. Wohl war die antike Philosophie Epikurs und seines wohl einflussreichsten Schülers Lukrez schon viel früher wiederentdeckt worden, durch Lorenzo Valla, Giovanni Boccaccio, Poggio Bracciolini, Erasmus von Rotterdam, Thomas More und andere – nicht zuletzt Michel de Montaigne hatte sie in aller Munde gebracht –, erst im 17. Jahrhundert gehörte es jedoch zum guten Ton, zumindest in intellektueller Hinsicht Epikuräer zu sein.[7] In Richtung ‹Toleranz› trieb dabei vor allem zweierlei: Zum einen Epikurs zurückhaltende Einschätzung der menschlichen Erkenntnisfähigkeit, was ihn sowohl zu einer milden Gelassenheit angesichts menschlicher Meinungen veranlasste als auch zur ethischen Empfehlung des richtigen Maßes gelangen ließ;[8] zum anderen Epikurs Theologie, die sich jegliche Furcht vor den Göttern verbat, sofern diese in ihrer unerreichbaren Ferne an den Menschen kein Interesse haben, deshalb auch in keiner Weise in das menschliche Geschehen eingreifen. *Sodann* ist es die ebenfalls auf die Renaissance zurückgehende Begeisterung für das alte Ägypten. Angeregt durch die Wiederentdeckung der sogenannten ‹hermetischen› Weisheitstradition (des *Corpus hermeticum*) durch Marsilio Ficino, die man als die älteste Weisheitslehre der Menschheit betrachtete und in die Zeit Moses' in Ägypten datierte, entwickelte sich eine Relativierung der eigenen christlich-abendländischen Tradition dahingehend, dass man neben dieser plötzlich eine andere, ebenfalls aus göttlichen Ursprüngen hervorgegangene Weisheit zu erkennen meinte.[9] Hand in Hand damit kam im 18. Jahrhundert erstmalig die Theorie der – später, von Karl Jaspers so bezeichneten – «Achsenzeit» auf, die einen vergleichbaren Kulturschub während des 8. und 2. Jahrhunderts v. u. Z. in China, Indien, Persien, Palästina und Griechenland ausmachte und ihrerseits eine Vielheit – ähnlich strukturierter – Weisheitstraditionen in den Raum stellte, die es gleichermaßen zu schätzen galt. Ohne dass in diesem

Zusammenhängen schon ausdrücklich von Toleranz als ethischer Konsequenz aus dieser Einsicht gesprochen worden wäre, legte sie sich trotzdem im Vergleich der Weltkulturen immer mehr nahe.[10]

Schließlich, wenngleich völlig anders geartet, verfehlten auch die Berichte aus Amerika und deren literarische Romantisierungen ihre Wirkung nicht. Sie suggerierten für die meisten Menschen, selbst für jene, die sich durch harte Arbeit ihre Existenz sichern mussten, ein einigermaßen glückliches Leben, fern des Hungers und der schieren Not, nicht im Jenseits nach dem Tod, sondern im Hier und Jetzt. Dazu zählten nicht zuletzt die Erzählungen von Ländern, in denen religiöse Toleranz versucht wurde – 1643/44 in der Kolonie Rhode Island, gegründet durch den Baptisten Roger William (1603–1683), sowie 1682/83 in der Kolonie Pennsylvania (zeitweise auch Delaware), konstituiert durch den Quäker William Penn (1644–1718). Obwohl diese beiden Experimente nicht als repräsentativ für alle Neugründungen in Amerika gelten dürfen, und sich Roger William sicherlich nicht als der große Inspirator der amerikanischen Menschenrechtserklärung betrachten lässt,[11] so lösten die Berichte darüber in Europa doch Debatten aus und brachten das Denken in Richtung ‹Toleranz› zusätzlich in Bewegung. Ganz zu schweigen von den literarischen Fiktionen des ‹edlen Wilden›, der im alten Europa unter anderem deshalb auf so viel Bewunderung stieß, weil er eine natürliche menschliche Religiosität zu verkörpern schien, die ihn jeglicher religiösen oder gar konfessionellen Differenzen enthob und dadurch quasi zur Idealgestalt eines toleranten Menschen machte. Wie überhaupt vieles, was in Europa höchstens als Utopie vorstellbar war, beispielsweise der Vertragsabschluss gleichberechtigter, freier Menschen bei der Bildung eines Gemeinwesens, eines Staates, in den Kolonien Amerikas erlebbare Realität wurde.[12] Hannah Arendt:

> Am Anfang, sagt Locke einmal, war die ganze Welt Amerika.[13] Und die Kolonisation Amerikas hätte sich in der Tat vorzüglich dazu geeignet, den Gesellschaftsvertragstheoretikern jenen, wie sie meinten, nur fiktiven Anfang von Gesellschaft und Staat vor Augen zu führen, den sie sich nur ersonnen hatten, um die politischen Phänomene Europas zu erklären und zu rechtfertigen. Hierfür scheint das erstaunlich große Interesse und die reiche Mannigfaltigkeit solcher Theorien im Beginn der Neuzeit zu sprechen, um so mehr, als diese zweifellos von diesen frühen Pakten, Cosociationen, Confederationen und Combinationen in den nordamerikanischen Kolonien angeregt wurden und sie wie ein Echo begleiteten.[14]

Kritik der Vernunft

Der mit Abstand stärkste Impuls in Richtung Toleranz ging freilich von den alptraumartigen Erfahrungen mit ihrem Gegenteil aus, der krassesten Intoleranz, wie sie während der konfessionellen Religions- und Bürgerkriege in fast ganz Europa herrschte. Diese Kriege bedeuteten eine bis dahin ungekannte Katastrophe, die ganze Landstriche menschenleer machte und einzelne Staaten vor die schiere Existenzfrage stellte. Eine solche Erfahrung durfte sich nicht wiederholen, weckte sie doch bei den wachen Geistern bereits die Befürchtung, dass es im gesamten Lauf der Welt nicht mit rechten, geschweige denn gerechten Dingen zuginge.[15] Die fundamentale Konsequenz, die sich aus ihr je länger, je mehr ergab, war die Entmachtung der Religion bzw. die Relativierung ihrer Ansprüche auf Wahrheit und allgemeingültige Moral. Keine Religion konnte und sollte mehr das allein einigende Band eines Staates sein – es sei denn als fingierte ‹Naturreligion›, die aus einer möglicherweise angeborenen Religiosität resultierte, die jeder konkreten, kulturell-konnotierten Religion zugrunde liegen würde.[16] Auf lange, sehr lange Sicht vollzog sich stattdessen eine Entwicklung in Richtung ‹Toleranz› als Basis einer Gesellschaftsordnung, in der anstelle der Respektierung absoluter Ansprüche die Anerkennung der Pluralität von Weltanschauungen und Religionen – im Hinblick auf die Menschenrechte – die Norm des gegenseitigen Verhaltens sein sollte.

In diesem Zusammenhang spielte erwartungsgemäß die Frage, wie das menschliche Gewissen und die daraus entspringende Freiheit des Einzelnen einzuschätzen sei, eine zentrale Rolle. Im Gewissen steht nach traditioneller Auffassung jeder Mensch unmittelbar zu Gott, gehört er diesem an, ist er zugleich Souverän über sein moralisches Handeln, zu dem Gott ihn anleitet, und damit frei gegenüber allem, was ‹von außen›, sei es durch die Natur, sei es durch Gesellschaft und Staat, an ihn herangetragen wird. Zugleich bildet die Berufung auf eben dieses Gewissen aber auch die Hauptursache für die entsetzlichen Glaubenskriege, sofern sich jede der konfessionellen Streitparteien mit demselben Recht darauf beruft. Wie lässt sich angesichts dessen einerseits die Gewissensfreiheit des Einzelnen weiterhin anerkennen und andererseits die Existenz eines Gemeinwesens gewährleisten, welches jeglichen Versuch einer Zwangsausübung auf das Gewissen ausschließen muss? Bei der Beantwortung dieser Frage geht es um Grundsätzlicheres als um die unmittelbare Bewältigung der existenziellen Not, die dieses Dilemma dem Staat bereitet. Unabweislich stellt sich nämlich die Frage, wie die Stimme, die im Gewissen spricht, zu qualifizieren sei: Ist es wirklich Gott, der spricht? Und wenn ja, *was* spricht er? Sind es tatsächlich *ethische* Verpflichtungen, zu denen er anhält? Und wenn ja, verpflichtet er dann ebenso zum Bösen, was sich zu vermuten nahelegt, berufen sich doch Gute wie Böse auf ihr jeweiliges Gewissen und damit auf Gott? Wie hat man abgesehen davon den Atheismus zu bewerten, bei dem man in aller Regel meint, auf ein ‹irrendes Gewissen› schließen zu müssen, dem man jedoch nicht absprechen kann, dass sich die Früchte seiner Taten – im Guten wie im Bösen – kaum von jenen der Religionen unterscheiden?

Am intensivsten unter den Toleranz-Theoretikern der damaligen Zeit befasst sich Pierre Bayle (1647–1706) mit diesen Fragen.[17] Zunächst scheint er am traditionellen Verständnis von ‹Gewissen› festzuhalten:

> Wenn man sich nur ein wenig mit diesem Thema beschäftigt, wird man erkennen, dass für jeden einzelnen Menschen das Gewissen die Stimme und das Gesetz Gottes

ist, etwas, das von dem, der ein Gewissen hat, als solches erkannt und angenommen wird: Dieses Gewissen zu missachten bedeutet daher, sich bewusst zu sein, dass man das Gesetz Gottes missachtet. [...] Aus dem gleichen Grund ist es offensichtlich, dass Menschen, die Gesellschaft gebildet und sich geeinigt haben, ihre Freiheit in die Hand eines Herrschers zu geben, niemals gemeint haben, diesem Macht über ihr Gewissen gegeben zu haben.[18]

Dabei muss nach Bayle jedoch bewusst bleiben, dass dem Gewissen nie mehr als *subjektive* Evidenzen eignen – «l'évidence est une qualité rélative».[19] Daran ändert auch der Umstand nichts, dass das Gewissen bei vielen Menschen, die ein und dieselbe (religiöse oder nicht-religiöse) Weltanschauung teilen, dasselbe auszudrücken und zum selben Verhalten anzuleiten scheint. Die höchste Gewissheit, die sich aus ihm entnehmen lässt, ist nicht mehr als eine *Glaubensgewissheit*, und deshalb bleibt auch eine Gemeinschaft, die aus derselben Gewissheit lebt, allemal eine *Glaubensgemeinschaft*. Daraus folgt nicht allein, dass keine Glaubensgemeinschaft einen absoluten Anspruch, sei es auf Wahrheit, sei es auf das Gute erheben darf, der sie ermächtigen würde, Andersgläubige oder Gottesleugner zu verfolgen, es wird darüber hinaus deutlich, dass ihr nicht einmal das Kriterium für Wahrheit oder Gutheit innewohnt. Letzteres ergibt sich für Bayle schon aus dem (nach ihm benannten) «Paradox»,[20] dass Atheisten erwiesenermaßen zu genauso viel Gutem wie Bösem fähig sind wie Gottesfürchtige, ja dass ihre Untaten von den Auswüchsen des Aberglaubens sogar übertroffen werden.[21] Genauso wie die «Einsicht des Gewissens (*lumières de la conscience*)» für sich allein nicht bereits «die Regel unserer Handlungen» ist, sondern es vielmehr Leidenschaften und Gewohnheiten sind, die oft den Ausschlag geben,[22] leuchten Wahrheit und Gutheit dem Menschen offensichtlich aus einem anderen Vermögen als aus dem Gewissen ein. Dieses ist die Vernunft (*raison universelle*). In ihr «offenbart» sich *jedem* Menschen «die Wahrheit der ersten Prinzipien der Metaphysik und der Moral (*tous les hommes comprenent la verité des premiers principes des Métaphysique et de Morale*)» – auch dem Heiden, auch dem Atheisten.[23]

> Es gibt ein lebendiges und klares Licht, das alle Menschen erhellt, sobald sie aufmerksam die Augen öffnen, und das sie unbezwingbar von seiner Wahrheit überzeugt. [...] das natürliche Licht, das sind die metaphysischen Grundsätze, mittels deren man beim Vergleich der besonderen Lehren, die man in den Büchern findet oder die man von seinen Lehrern erfährt, wie anhand eines Maßes oder eines ursprünglichen Maßstabes, erkennen kann, ob sie berechtigt oder falsch sind.[24]

Speziell hinsichtlich Moral:

> Es gibt ein gewisses Gesetz der Natur (*une certaine loi de la nature*), das alle Menschen ohne Regeln und Vorschriften verstehen und das den Unterschied zwischen Gut und Böse festsetzt. Es gibt also hinsichtlich der Sitten gewisse Prinzipien, für die das natürliche Licht ausreicht (*dont la lumière naturelle suffit*), um sie als wahr zu erkennen [...]. Wir können also durch dieses Licht des natürlichen Gesetzes oder durch die rechte

Vernunft, die Gott unserer Seele eingeprägt hat, ehrenhafte Handlungen von solchen unterscheiden, die es nicht sind [...].[25]

Entscheidend dabei ist, «dass das natürliche Licht oder die allgemeinen Grundsätze unserer Erkenntnisse [auch] der formgebende und ursprüngliche Maßstab aller Auslegung der Heiligen Schrift (*la regle matrice & originale de toute interprétation de L'Ecriture*), besonders in Bezug auf die Sitten, sind».[26] Das besagt, dass das moralische Gesetz einem Glauben – im konkreten Fall dem biblischen – nicht nur zuvorkommt,[27] sondern völlig unabhängig von ihm aus der menschlichen Vernunft hervorgeht. Sie könnte anders nicht der «Maßstab» sein, an dem sich das Wahre und das Gute einer Konfession messen lassen. Damit kündigt sich an, was Kant hundert Jahre nach Bayle die *autonome Gesetzgebung* der praktischen Vernunft nennen wird. Bayle tut dies noch nicht, er sieht im Licht der Vernunft noch Gott am Werk,[28] er postuliert jedoch unmissverständlich die völlige Unabhängigkeit der Vernunft von jeglichem Glauben. Bayle nimmt Kant bei seiner Rede von der Vernunft als «Maßstab» aber noch in einer weiteren, grundsätzlichen Hinsicht vorweg: Er bestimmt als die wesentliche Tätigkeit der Vernunft nicht mehr so sehr die ‹Schau› höchster Prinzipien als vielmehr die *Kritik*, sprich – im Sinne des altgriechischen Wortes κρίνειν – die Prüfung von Ansprüchen auf Wahrheit und Gutheit. Kant hätte Bayle zitieren können, als er in der Vorrede seiner *Kritik der reinen Vernunft* von 1781 in einer Fußnote festhielt:

> Unser Zeitalter ist das eigentliche Zeitalter der *Kritik*, der sich alles unterwerfen muss. *Religion*, durch ihre *Heiligkeit*, und *Gesetzgebung*, durch ihre *Majestät*, wollen sich gemeiniglich derselben entziehen. Aber alsdenn erregen sie gerechten Verdacht wider sich, und können auf unverstellte Achtung nicht Anspruch machen, die die Vernunft nur demjenigen bewilligt, was ihre freie und öffentliche Prüfung hat aushalten können.[29]

Wie Kant «die Kritik der reinen Vernunft als den wahren Gerichtshof für alle Streitigkeiten derselben» betrachtet, sofern sie «dazu gesetzt [ist], die Rechtsame der Vernunft überhaupt nach den Grundsätzen ihrer ersten Institution zu bestimmen und zu beurteilen»,[30] spricht auch Bayle davon, «dass der höchste Gerichtshof die Vernunft (*le tribunal suprême*) ist, die in letzter Instanz und ohne Berufung auf all das, was uns vorgegeben ist, richtet (*qui juge en dernier ressort & sans apel de tout ce qui nous est proposé*): die Vernunft (*la Raison*), die durch die Axiome des natürlichen Lichts oder der Metaphysik spricht.»[31]

Übt nun die Vernunft ihre kritische Funktion aus, so stellt sie zunächst fest, dass kein – im Gewissen des bzw. der Einzelnen verankerter – religiöser Glaube für sich in Anspruch nehmen darf, die absolute Wahrheit verkünden sowie das alleinig Gute vorschreiben zu können. Sie sagt damit nicht, dass dem Ruf des Gewissens nicht mehr Folge zu leisten wäre bzw. dass es ungerechtfertigt sei, sich zu einer Glaubensgemeinschaft zu bekennen. Was sie jedoch zu sagen hat, ist: Jeder

Glaube lässt sich so lange berechtigt vertreten, als ihm bewusst bleibt, eben ein Glaube zu sein, dem keine absoluten Wissens- oder Forderungsansprüche zustehen, und er darüber hinaus die allen Menschen kraft ihrer Vernunft zugänglichen Kriterien für Wahrheit und Sittlichkeit berücksichtigt.[32] Dies gilt schließlich prinzipiell, nicht bloß vorübergehend oder vorläufig; der Glaube wird nie aufhören, ein Glaube zu sein, er kann sich niemals in definitives Wissen verwandeln. Daran vermag, selbst wenn sie es wollte, auch die Vernunft nichts zu ändern, erkennt sie sich doch an sich selbst als *endlich* – sowohl hinsichtlich der kulturellen Ausgangspunkte und Rahmenbedingungen ihres Agierens als auch hinsichtlich des Einsatzes ihrer eigenen Mittel, der Begründungen, Schlussfolgerungen und Interpretationen. «Man könnte meinen, um unseren Geist zu demütigen, will Gott wohl nicht, dass unser Geist sicheren Boden unter den Füßen findet, und dass er nur Fallstricke finde, wohin er sich auch wendet.»[33] Deshalb wird es nie den einen, allein geltenden Glauben geben, sondern allemal «eine Vielzahl an Religionen». Was wiederum für Bayle alles andere als ein Nachteil ist, «vielmehr das stärkste Argument für Toleranz»:

> Wenn jeder die Toleranz pflegen würde, für die ich eintrete (*si chacun avoit la tolérance que je soûtiens*), würde in einem aus zehn Sekten zusammengesetzten Staate dieselbe Eintracht herrschen wie in einer Stadt, in der sich Gewerbe verschiedener Art wechselseitig stützen. Alles, was sich daraus ergeben könnte, wäre ein ehrlicher Wettbewerb (*une honnête émulation*) darüber, wer sich in Frömmigkeit, guten Sitten und der Wissenschaft am meisten auszeichnen würde; eine jede würde sich in der Bezeugung eines großen Fleißes, gute Werke zu verrichten, rühmen, die beste Freundin Gottes (*la plus amie de Dieu*) zu sein; sie würde sich sogar einer größeren Zuneigung für ihr Vaterland rühmen, wenn der Herrscher sie alle gleichermaßen beschützte und in der Verteilung seiner Gunst und Billigkeit im Gleichgewicht hielte: Nun ist offensichtlich, dass ein solch schöner Wettbewerb (*si belle émulation*) Quelle unendlicher Segnungen wäre und Toleranz folglich das geeignetste Mittel auf der Welt ist, das goldene Zeitalter zurückzubringen (*la tolérance est la chose du monde la plus propre à ramener le siecle d'or*) und ein harmonisches Konzert verschiedener Stimmen und Instrumente unterschiedlicher Töne und Noten hervorzubringen, das mindestens ebenso angenehm wäre wie der gleichmäßige Klang einer einzigen Stimme. […] Mit einem Wort resultiert alle Unordnung nicht aus der Toleranz, sondern aus dem Mangel an Toleranz (*le désordre vient non pas de la tolérance, mais de la non-tolérance*).[34]

Gewissens- und Meinungsfreiheit

Im selben Jahr (1686), in dem die ersten zwei Teile von Bayles *Commentaire philosophique* in Amsterdam erscheinen, vollendet John Locke (1632–1702)[35] ebenfalls in Amsterdam seinen *Letter Concerning Toleration* (lateinisch 1689 in Gouda, englisch 1690 in London) – nach Rainer Forst die beiden «wichtigsten Werke der neuzeitlichen Toleranzphilosophie».[36] Auch Locke treibt die Frage an, wie sich die Religions- und Bürgerkriege, die er in England hautnah miterlebte, vermeiden und ein Gemeinwesen (*commonwealth*) auf Basis gegenseitiger Toleranz schaffen lasse. Nicht anders als bei Bayle spielt bei ihm eine neue Auffassung von ‹Gewissen› eine ausschlaggebende Rolle. Darin steht er freilich in der Nachfolge von Thomas Hobbes (1588–1679),[37] von dem er sich sonst vor allem in seiner Theorie vom Naturzustand des Menschen sowie von der Entstehung der Political bzw. Civil Society stark unterscheidet. Hobbes wiederum sieht in der Berufung auf das Gewissen, das sowohl als moralische Stimme Gottes in jedem Einzelnen als auch als letzte Urteilsinstanz über Gut und Böse betrachtet wird, die eigentliche Ursache der Glaubenskriege und die Quelle alles Bösen.

> Wer sich auf das Gewissen beruft, der will etwas. In der Gesinnung, auf die Hobbes alle religiösen Gehalte reduzierte, gründet der Ausschließlichkeitsanspruch der feindlichen Parteien; der Gemeinsamkeit dieser Haltung entspringt der Bürgerkrieg. Ein Bürgerkrieg rühre her vom Gift aufrührerischer Doktrinen, deren eine laute, dass jedermann Richter ist über gute und böse Taten, und deren andere laute, dass Sünde ist, was immer jemand gegen sein Gewissen tut. (Reinhart Koselleck)[38]

Diese Hypostasierung des Gewissens zu einer quasi göttlichen Instanz in jedem Menschen erscheint Hobbes völlig ungerechtfertigt. Gewissen (*Conscience* – im Englischen sowohl ‹Gewissen› als auch ‹Bewusstsein›) definiert er vielmehr als «nothing else but a man's settled judgment and opinion».[39] «Men, when they say things upon their conscience, are not therefore presumed certainly to know the truth of what they say [...] Conscience therefore I define to be opinion of evidence.»[40] «[...] in such diversity, as there is of private conciences, which are but private opinions», heißt es auch im *Leviathan* (1667).[41] Im Wissen, was ‹conscience› traditionell bedeutet,[42] zieht es Hobbes deshalb vor, stattdessen schlicht von «opinion», «inward thought», «heart» und dergleichen zu sprechen. Als Privatgesinnung schließt er das Gewissen aus jeglichem Staatsgeschehen kategorisch aus:

> Eine andere Lehre, die der bürgerlichen Gesellschaft widerspricht, lautet: *Alles, was man wider sein Gewissen tut, ist Sünde.* Sie ergibt sich aus der Anmaßung, sich zum Richter über Gut und Böse machen zu wollen. Denn das Gewissen und sein Urteil darüber sind dasselbe (*is the same thing*), und wie das Urteil, so kann auch das Gewissen irren (*and as the judgment, so also the conscience may be erroneous*). Obgleich daher jemand, der keinem bürgerlichen Gesetz (*civil law*) unterworfen ist, in allem sündigt, was er gegen sein Gewissen tut (*sinneth in all he does against his conscience*), [...] so trifft dies doch nicht auf den zu, der in einem Staate lebt, da das Gesetz das öffentliche Gewissen ist (*the law is the public conscience*), von dem er sich seither schon anleiten ließ.[43]

Wenn schon Toleranz zur Vermeidung von Bürgerkrieg bzw. zur Sicherung von Frieden einem Gewissen entspringen soll, so kann dieses ausschließlich das öffentliche Gewissen sein, welches wiederum das Gesetz bzw. der Wille des absoluten Souveräns ist. Eine solche Toleranz lässt sich lediglich *staatlich verordnen* und garantieren. Würde sie sich vom Gewissen / von der Meinung der Einzelnen abhängig machen, begänne der Kreislauf des Schreckens von neuem. Nur wenn es auf den Einzelnen nicht mehr ankommt, nur wenn sich innerhalb eines Staates niemand mehr auf sein Gewissen als (vermeintlich) moralische Instanz berufen kann, ist Toleranz in diesem Staat gewährleistet.[44] Streng genommen spielt es keine Rolle, ob der Einzelne tolerant sein will. Es genügt, dass er sich staatlich dazu angehalten fühlt. Indem er durch den Gesellschaftsvertrag vom Menschen zum Bürger wurde und damit seinen Willen und seine Rechte an den absoluten Souverän des Staates delegiert hat, verzichtet er zugleich darauf, seine private Gesinnung, sein sogenanntes Gewissen, politisch relevant zu machen. Seine Moral besitzt lediglich in seinem Inneren Geltung.

Bei der Lektüre von John Lockes *Letter Concerning Toleration*[45] gewinnt man aufs Erste den Eindruck, er habe hinsichtlich ‹Gewissen› noch dasselbe Verständnis wie die philosophisch-theologische Tradition, gegen das sich Hobbes wendet, das auch von den meisten zeitgenössischen Autoren Englands, vor und nach der Glorious Revolution von 1689, geteilt wurde – nicht zuletzt von William Penn.[46] Während er sich auf der einen Seite bei der Verwendung des Begriffs ‹conscience› auffällig zurückhält,[47] schreibt er auf der anderen Seite – und dies nicht nur einmal – Sätze wie diese:

> Kein Weg, welchen auch immer ich gegen die Aussprüche meines Gewissens (*the dictates of my conscience*) wandle, wird mich je zu den Wohnungen der Seligen bringen.[48]

> Ein guter Lebenswandel [...] geht auch die Obrigkeit an. Und in ihm liegt das Heil sowohl der Menschenseele (*of men's souls*) wie auch des gemeinen Wesens (*of the commonwealth*). Moralische Handlungen gehören daher zur Rechtssprechung sowohl des äußeren wie des inneren Gerichtshofes (*to the jurisdiction both of the outward and inward court*), sowohl des bürgerlichen wie des privaten Lenkers (*governor*) – ich meine, sowohl der Obrigkeit (*magistrate*) wie des Gewissens (*conscience*).[49]

> Und es ist ebenso offenkundig, welche Freiheit den Menschen in Bezug auf ihr Seelenheil bleibt (*wath liberty remains to men in reference to their eternal salvation*), nämlich, dass jeder tun soll, wovon er in seinem Gewissen (*in his conscience*) überzeugt ist [...][50]

> Jeder hat hier die höchste und uneingeschränkte Autorität, für sich selbst zu urteilen (*the supreme and absolute authority of judging for himself*).[51]

Diese Zitate müssen jedoch dem, wovon Locke im Anschluss an Hobbes ebenfalls überzeugt ist, dass nämlich «private Gewissen ... nur private Meinungen sind», nicht widersprechen.[52] Das ergibt sich schon daraus, dass Locke diese Formulierungen offensichtlich auf das ‹religiöse Sprachspiel› begrenzt – unabhängig davon, dass sich darin seine persönliche Glaubensüberzeugung ausdrückt. In der Aufzählung der «civil interests» nennt er schlicht «life, liberty, health, and indolency of body; and the possession of outward things»[53], nicht «conscience» bzw. «liberty of conscience». Das mag sich aus der Gegenüberstellung von privater und bürgerlicher Ordnung (*outward and inward court*) so ergeben. Ausschlaggebender scheint mir daher Lockes Beschreibung vom Naturzustand (*State of Nature*) des Menschen zu sein. Obwohl er auch hier deklariert:

> Alle Menschen nämlich sind das Werk eines einzigen allmächtigen und unendlich weisen Schöpfers, die Diener eines einzigen souveränen Herrn (*All the Servants of one Sovereign Master*), auf dessen Befehl und in dessen Auftrag sie in die Welt gesandt wurden. Sie sind sein Eigentum (*they are his Property*) [...],[54]

spricht er doch kaum einmal von ‹Gewissen› oder gar ‹Gewissensfreiheit›, sondern einfach von Freiheit (*Liberty* bzw. *Natural Liberty*): «Men being [...] by Nature, all free, equal and indipendent [...]»[55] Das kann wiederum nicht überraschen, ist die Freiheit hier wohl durch das Naturgesetz (*Law of Nature*) vorgesehen, doch dies nicht zum Zwecke der Erfüllung vorgegebener Pflichten, sondern als ein *Recht*, das auszuüben jedem Menschen obliegt:

> Es ist ein Zustand vollkommener Freiheit (*State of perfect Freedom*), innerhalb der Grenzen des Naturgesetzes seine Handlungen zu lenken und über seinen Besitz und seine Person zu verfügen, wie es einem am besten scheint (*as they think fit*) – ohne jemandes Erlaubnis einzuholen und ohne von dem Willen eines anderen abhängig zu sein.[56]

Was Leo Strauss bezüglich Hobbes festhält, gilt ebenso für Locke:

> Von Natur aus gibt es nur ein vollkommenes Recht und keine vollkommene Pflicht. Das die natürlichen Pflichten des Menschen formulierende Gesetz ist, genau genommen, kein Gesetz. Da das fundamentale und absolute moralische Faktum ein Recht ist und kein Gesetz, müssen die Funktion wie auch die Grenzen der bürgerlichen Gesellschaft im Sinne des natürlichen Rechts der Menschen und nicht im Sinne seiner natürlichen Pflicht definiert werden.[57]

Zur Ausübung des ursprünglichen, von Geburt an bestehenden Rechtes (*birthright*) auf Freiheit gehört schließlich die Bildung der eigenen Meinung – die ‹Meinungsfreiheit› im weitesten Sinne. Diese wiederum bezieht sich ganz wesentlich auch auf das, was bisher als ‹Gewissen› erschien, das also, wozu sich der Einzelne moralisch verpflichtet fühlt, bzw. wovon er religiös überzeugt ist – freilich nicht mehr allein, denn ‹Meinung› umfasst von Hause aus mehr als das religiöse Bekenntnis, genauso die politische Ideologie bzw. die Einschätzung öffentlicher Ereignisse und Entwicklungen, wie sie sich beispielsweise in den parlamentarischen Auseinandersetzungen sowie in deren Kommentierung durch die öffentliche Berichterstattung, durch die damals stark aufblühende Presse, manifestiert.[58]

Warum nun Locke – davon ausgehend – der Toleranz innerhalb des öffentlichen Geschehens einen ganz anderen Stellenwert als Hobbes einräumt, rührt daher, dass für ihn die Bildung der Gesellschaft und des Staates weniger das Ziel hat, den andauernden Bürger- und Glaubenskrieg – jeder gegen jeden, *homo homini lupus* – zu verhindern, die permanente Todesangst jedes Menschen zu lindern und den zwischenmenschlichen Frieden zu garantieren, als vielmehr dazu da ist, die Anerkennung und Gewährleistung der Rechte, die jedem Menschen von Geburt kraft Naturgesetz zustehen, in der menschlichen Gemeinschaft zu sichern:

Aber obwohl die Menschen mit ihrem Eintritt in die Gesellschaft auf die Gleichheit, Freiheit und Exekutivgewalt des Naturzustandes verzichten, um sie in die Hände der Gesellschaft zu legen, damit die Legislative so darüber verfügen kann, wie es das Wohl der Gesellschaft verlangt, so geschieht das doch nur mit der Absicht jedes einzelnen, sich seine Freiheit und sein Eigentum umso besser zu erhalten (*only with an intention in every one the better to preserve himself his Liberty and Property*) [...].[59]

Schon allein dadurch, dass jeder Einzelne die Wahrung seiner Rechte einmahnen kann, hat in Lockes Vorstellung einer gerechten Staatsverfassung die Partizipation der Bürger am politischen Geschehen unvergleichlich mehr Platz als im Absolutismus-Konzept von Hobbes. Das wirkt sich hinsichtlich ‹Toleranz› dahingehend aus, dass bei diesem Toleranz *dem Prinzip nach* eine staatliche Verordnung ist, die der absolute Souverän verfügt, um den ständig drohenden inneren Krieg auszuschließen, oder etwas, was durch den Souverän *gewährt* wird, weil es ihm aus bestimmten Gründen opportun zu sein scheint, ganz unabhängig davon, ob der einzelne Bürger tolerant gesonnen ist oder nicht, dass es hingegen in der Staatsauffassung Lockes für jeden einzelnen Bürger ein «Recht auf Toleranz (*right of toleration*)»[60] gibt, und dass seitens des Staates eine «Pflicht zur Toleranz (*duty of toleration*)»[61] besteht. Auf die tolerante Gesinnung jedes Einzelnen kommt es hier entscheidend an, hängt doch sowohl die Konstituierung als auch der Bestand des gesamten Gemeinwesens davon ab, dass das Recht auf Toleranz *gegenseitige* Respektierung findet. Wo es an *Gegenseitigkeit* fehlt, gerät das Gemeinwesen in Gefahr. Toleranz kann in diesem Fall – für Locke gegenüber Atheisten und Katholiken, weil sie zu toleranter Gesinnung nicht fähig bzw. zu deren Gegenteil ideologisch angehalten sind – nicht mehr herrschen, zu *ihrem* Schutz ist vielmehr Intoleranz angesagt.

Hat John Locke – ähnlich wie Pierre Bayle, der an ihm bekanntlich kein gutes Haar ließ[62] – Baruch de Spinoza (1622-1677),[63] vor allem dessen wiederum in Amsterdam 1670 erschienenen *Tractatus theologico-politicus*, wahrgenommen und sich mit ihm auseinandergesetzt? Es lässt sich kaum glauben, dass er es während seines Exils in den Niederlanden, das immerhin von September 1683 bis Februar 1689 andauerte, nicht getan haben sollte, zeigte er sich doch auf all seinen Reisen jedes Mal sehr interessiert an der wissenschaftlichen Szene des jeweiligen Landes und wusste er doch, dass Amsterdam ein Anziehungspunkt für viele freigesinnte Geister aus ganz Europa war, die in ihren Herkunftsländern nicht ‹toleriert› wurden, nicht zuletzt er selbst. Spinozas *Tractatus*, erschienen 1670, anonym zwar, bald aber unter dem richtigen Verfassernamen bekannt, löste gleich heftige Polemiken aus, so dass er 1674 verboten wurde, was ihn zusätzlich weithin bekannt machte. Dass vonseiten Lockes keine eingehendere Stellungnahme vorliegt, ist insofern bedauerlich, als der *Tractatus* dem *Letter Concerning Toleration* sowie dem *Second Treatise* in mancher Hinsicht nahesteht. Bekanntlich findet sich in ihm die berühmte Feststellung: «Der Zweck des Staates ist in Wahrheit die Freiheit (*finis ergo reipublicae revera libertas est*)».[64] Spinoza lässt auch keinen Zweifel darüber aufkommen, dass dieser Zweck am besten in einer Demokratie – auf «Basis einer demokratischen Herrschaft (*imperii democratici fundamenta*)» – erfüllt werde, «weil sie, wie mir scheint, die natürlichste [Staatsform] ist (*maxime naturale*) und der Freiheit, welche die Natur jedem einzelnen gewährt (*quam natura unicuique concedit*), am nächsten kommt. Denn bei ihr überträgt niemand sein Recht derart auf einen anderen, dass er selbst fortan nicht mehr zu Rate gezogen wird; vielmehr überträgt er es auf die Mehrheit der gesamten Gesellschaft (*in majorem totius societatis*), von der er selbst ein Teil ist. Auf diese Weise bleiben alle gleich (*omnes manent [...] aequales*), wie sie es vorher im Naturzustand waren.»[65] Freilich legt sich Spinoza auf die Demokratie nicht fest, hinsichtlich der Erfüllung des Staatszweckes spielt es eine nachrangige Rolle, ob «der König oder der Adel oder das Volk die höchste Macht [innehat]».[66] Entscheidend ist, dass zum einen «in einem freien Staate jedem erlaubt ist, zu denken, was er will, und zu sagen, was er denkt (*in libera republica unicuique et sentire, quae velit, et quae sentiat, dicere licere*)»,[67] und dass zum anderen «das höchste Recht vollkommener Meinungsfreiheit auch in der Religion einem jeden zusteht (*summum jus libere sentiendi, etiam de religione, penes unumquemque sit*)».[68] Beides gilt allerdings nur so weit, als sich der Staat dadurch nicht in seiner Existenz gefährdet – einerseits dadurch, dass jedem gestattet wäre, seine private Meinung zu seiner alleinigen Handlungsmaxime oder gar zu einer allgemein-verbindlichen Norm zu machen;[69] andererseits dadurch, dass «der innerliche Gottesdienst und die Frömmigkeit (*internus enim Dei cultus et ipsa pietas*) [...] als Recht jedes Einzelnen (*uniuscujusque jus*)» den öffentlichen Auftritt von Religion dominieren[70] bzw. die Religion einen Anspruch auf geltende Wahrheit erheben dürfte. Um genau dies zu vermeiden, ist es nach Spinoza zum Abschluss eines Gesellschaftsvertrages gekommen, durch den «die Menschen [...] bewirkten, dass sie das Recht, das von Natur jeder zu allem (*ex natura ad omnia*) hatte, nun gemeinsam besitzen und dass [dieses nun] nicht mehr von dem Vermögen und der Begierde des Einzelnen, sondern von der Macht und dem Willen der Gesamtheit bestimmt wird (*ex omnium simul potentia et voluntate determinaretur*).»[71] Mit dieser vertraglichen Übertragung der Rechte (*juris transferendi*) jedes Einzelnen geht die Bildung einer «höchsten Gewalt (*summa potestas*)» einher, die – unabhängig von der Staatsform, in der sie ausgeübt wird – «allen gegenüber das höchste Recht» innehat. Kraft dieses höchsten Rechts stellt sie – nicht anders als der «Leviathan» von Thomas Hobbes – überhaupt Recht im Staate her, weswegen sie ihrerseits «an kein Gesetz gebunden ist (*nulla legi teneri*)», vielmehr außerhalb desselben steht.[72] Das gilt sogar hinsichtlich Religion bzw. Gewissen:

> Weil aber die Menschen in Religionssachen (*quia circa religionem*) gewöhnlich am meisten irren und weil sie miteinander wetteifern, je nach ihrer verschiedenen Geistesart vielerlei zu erfinden (*multa magno certamine fingere*), wie es die Erfahrung übergenug bestätigt (*plus quam satis testatur*), so würde sicherlich das Recht des Staates von dem jeweiligen Urteil und Affekt des Einzelnen abhängig gemacht, wenn niemand rechtlich verpflichtet wäre, der höchsten Gewalt (*summae postestati*) in Dingen [zu] gehorchen, die er selbst der Religion zurechnet. Denn niemand wäre an dieses Recht

gebunden, sobald er es in Widerspruch zu seinem Glauben oder Aberglauben fände, und so könnte sich jeder unter diesem Vorwand alles erlauben. Da auf diese Weise das Recht des Staates im tiefsten verletzt würde, so steht der höchsten Gewalt [...] auch das höchste Recht (*jus summum*) zu, über Religionsangelegenheiten zu entscheiden (*jus summum competere de religione statuendi*), wie sie es für gut hält, und alle sind verpflichtet, ihren Entscheidungen und Geboten zu gehorchen, kraft der ihr gelobten Treue (*ex fide ipsi data*), die Gott unter allen Umständen zu halten befiehlt.[73]

Obwohl Spinoza – ganz im Unterschied zu Pierre Bayle und John Locke – den Begriff ‹Toleranz› (meines Wissens) nie explizit verwendet, räumt er der Toleranz in seiner *libera respublica* der Sache nach doch Platz ein. Das ergibt sich schon allein daraus, dass in einem freien Staat «das natürliche Recht (*jus naturale*)» jedes Menschen, «zu denken, was er will, und zu sagen, was er denkt», in seiner Unveräußerlichkeit und seiner Unübertragbarkeit respektiert werden muss – nicht nur, weil dessen Regierung gut beraten ist, wenn sie sich daran hält, sondern weil darin ein von Gott geschaffenes Naturrecht für jeden Einzelnen (*unusquisque maximo naturae jure*) anerkannt wird.[74] Dieses Naturrecht wiederum steht dem Menschen kraft seiner Vernunft zu, die für Spinoza gegenüber dem religiösen Glauben so stark autonom ist, dass sie sich von diesem nicht einmal «in Dienst nehmen (*ancilletur*)» lässt. Mehr noch: Vernunft (in Gestalt von Philosophie) und Religion (in Gestalt von Theologie) trennt bereits ihr jeweiliges Formalobjekt: «Das Ziel der Philosophie ist nur die Wahrheit, das Ziel des Glaubens aber [...] nur der Gehorsam und die Frömmigkeit (*philosophiae enim scopus nihil est praeter veritatem: fidei autem [...] nihil praeter obedientiam et pietatem*).»[75] Sofern demnach allen Menschen die Wahrheit dank der gemeinsamen Vernunft einleuchtet, erwächst nur aus ihr die Chance auf Frieden: «Wie heilsam und wie notwendig diese Lehre im Staate ist, damit die Menschen in Frieden und Eintracht miteinander leben, und namentlich wie viele Ursachen von Wirren und Verbrechen dadurch beseitigt werden, das überlasse ich jedem selbst zu beurteilen.»[76] Wahrheit fällt nicht in die Zuständigkeit einer Religion, eines Glaubens – allenfalls eine subjektive, niemals jedoch eine allgemein gültige oder gar verbindliche. Toleranz seitens des Staates gebührt ihr freilich insofern, als jeder Mensch das Recht hat, sein religiöses Leben nach eigenem Wissen und Gewissen frei zu gestalten, und dies so lange, als sie ihre Zuständigkeit auf die private Frömmigkeit sowie auf die Befolgung der Gebote, die mit dem Glauben einhergehen, begrenzt. So herrscht in der *libera respublica* des Spinoza Toleranz sowohl hinsichtlich der Meinungsfreiheit als auch hinsichtlich der Religions- bzw. Bekenntnisfreiheit. Auf beides hat jeder Mensch von Natur aus ein Recht. Dennoch gilt dessen konkret-praktische Respektierung nicht uneingeschränkt. Im Interesse der Existenz, der Friedenssicherung und des allgemeinen Wohlergehens eines Staates obliegt es vielmehr der jeweils «höchsten Regierungsgewalt (*summa potestas*)» das Ausmaß der Toleranz zu ermessen und gesetzlich zu regeln. Dazu kommt dieser eine uneingeschränkte Macht zu, die alle Staatsbürger zu unbedingtem, absolutem Gehorsam verpflichtet. Gehorsam wiederum ist nicht nur dahingehend geschuldet, dass Meinungsfreiheit lediglich Gedanken- und Redefreiheit bedeutet, keinesfalls die Freiheit nach eigener Meinung zu *handeln* – diese Freiheit gibt es nicht, weil alles Handeln innerhalb der Gesetze zu erfolgen hat, die festzulegen wiederum ausschließlich der Regierung zusteht –, sondern selbst dann, wenn die Staatsgewalt legislativ oder exekutiv gegen das Gewissen des Einzelnen entscheidet.[77] Auch in diesem Falle bleibt es Gottes Gebot, jedenfalls der *summa potestas* Gehorsam zu leisten. Daraus folgt, dass Toleranz in der *libera respublica* Spinozas *auf gesetzlicher und politischer Ebene* nur insoweit herrschen kann, als sie seitens der Staatsgewalt *eingeräumt* ist bzw. *gewährt* wird. Spinozas Konzept fügt sich so gesehen zwischen die Positionen ein, die Thomas Hobbes auf der einen Seite und John Locke auf der anderen Seite einnehmen – *hier* die Anerkennung eines Rechts auf Toleranz, das jedem Menschen kraft unveräußerlichem Naturgesetz durch Gott zuerkannt ist, *dort* das Recht der Staatsgewalt, anlässlich der konkreten Effektuierung des besagten Rechts das konkrete Ausmaß festzulegen, in dem sich diese im Interesse des Staates vollziehen lässt. Letzteres – aufgrund des Fehlens einer Gewaltenteilung – ohne die Notwendigkeit einer Rechtfertigung seitens der regierenden Staatsgewalt und ohne die Möglichkeit seitens der Bürger, diese Rechtfertigung einzuklagen, geschweige denn dagegen zu berufen.

Richtung Menschenrechte

Für den Durchbruch des Toleranz-Gedankens, der mit der gesetzlichen Verankerung der Menschenrechte Ende des 18. Jahrhunderts zuerst in den Vereinigten Staaten von Amerika und wenig später in Frankreich – in einer gewissen Abhängigkeit voneinander – erfolgte, sorgten freilich weniger die philosophischen Theorien, auch wenn diese dazu anregende Visionen gaben und als wichtige Stichwortgeber fungierten, in gewisser Weise Ausdruck und Reflex dieser Entwicklung sind, als vielmehr die gesellschaftlichen Veränderungen und politischen Prozesse, die diesseits und jenseits des Atlantiks zu den bekannten revolutionären Umwälzungen führten. An der Basis derselben steht da wie dort die Herausbildung der sogenannten ‹bürgerlichen Gesellschaft› – eine europäische Sonderentwicklung, die sich wohl schon im ausgehenden Mittelalter in den italienischen Handelszentren abzeichnet, jedoch erst im Zuge der Etablierung des Absolutismus in den souveränen Territorialstaaten der Neuzeit zur gesellschaftlichen Größe avanciert und je länger, je mehr zur bestimmenden politischen Kraft wird. Gewiss unterscheiden sich die Entwicklungen in den nordamerikanischen Kolonien wesentlich von jenen der europäischen Mutterländer. Wie verbunden auch immer die Menschen, die sich in den neuen Ländern ansiedelten, mit ihren Herkunftsländern – kulturell, gesellschaftlich, politisch und besonders religiös – bleiben mochten, kannten sie doch keine Form des Absolutismus mehr, weder jene eines Königs noch jene eines Parlaments,[78] es etablierte sich nicht einmal eine Adelsgesellschaft, und was an

Gesetzgebungen notwendig wurde, kam weniger durch die traditionell eingeübten Konstituierungen und Deklarationen als durch pragmatische Vereinbarungen zustande, die man im gegenseitigen Vertrauen miteinander einging.[79] Was jedoch die neu entstehende ‹bürgerliche Gesellschaft› anbelangt, so gibt es da wie dort mehr Übereinstimmungen als Differenzen.[80]

Dazu gehört, dass sich die bürgerliche Gesellschaft – wie es der Name schon sagt – aus jenen ‹mittelständischen› Kreisen rekrutiert, die ohne adelige Abstammung, jedoch ‹frei› von jeglicher Leibeigenschaft vor allem durch den wirtschaftlichen Handel, später auch durch Dienstleistungen aller Art, zu Wohlstand und damit zu gesellschaftlichem Einfluss gelangen.[81] Dieser Einfluss gewinnt erst mit der Zeit einen politischen Charakter, bleiben doch die ‹Bürger› – außer auf lokaler Ebene – zunächst von den überregionalen Machtpositionen ausgeschlossen. Selbiges zeigt sich am markantesten überall dort, wo der jeweilige Souverän eines Territorialstaates absolute Gewalt beansprucht.[82] Hier erscheint die Bezeichnung ‹bürgerlich› geradezu als ident mit ‹privat›, ja sogar mit ‹geheim›. Jedenfalls formieren sich aus diesem ‹unpolitischen›, weil inoffiziellen Bereich Zusammenschlüsse, die bald über bloße ‹Handelsgesellschaften› hinauswachsen und zu Gemeinschaften finden, die sich ihre Identität in einer gemeinsamen Ideologie und Moral geben und auf diese hin zu einer gesellschaftlich wirksamen Aktionsgemeinschaft werden.[83] In diesen Gemeinschaften – vor allem in den sogenannten ‹Logen› der Freimaurer – herrscht, was für die Entwicklung des Toleranz-Gedankens von Bedeutung sein wird, das Egalitätsprinzip. Die Mitglieder definieren sich nicht mehr über ihren gesellschaftlichen Stand, sondern über ihre Angehörigkeit zur Gemeinschaft, in der sie sich gegenseitig als ‹gleich› betrachten. Diese Gleichheit – wohl den Bräuchen des Handels geschuldet, aus dessen Bereich die meisten Mitglieder stammen – bezieht sich freilich auf den Besitz bzw. das Eigentum, über welches jeder verfügt. Mittellose, Arme können deshalb der bürgerlichen Gesellschaft nicht angehören, sie besitzen nicht die Freiheit, sprich das Vermögen, frei zu sein. Dennoch wächst dieses Gruppenverständnis von Gleichheit in dem Maße über sich hinaus, in dem sich die neuen Gemeinschaften ein ethisches Selbstverständnis aneignen, das früher oder später beansprucht, für *alle* Menschen, ja für die gesamte Menschheit zu gelten. Zu diesem Selbstverständnis mit universellem ethischem Anspruch wiederum sehen sie sich veranlasst, weil ihnen seitens der Staaten, in denen sie sich bilden, keinerlei Legitimität und ebenso wenig politisches Pouvoir zusteht.[84] Die Rechtfertigung ihres Anspruches, den sie mit der Zeit an den gesamten Staat sowie an die gesamte Gesellschaft herantragen, können sie daher nur aus einem übergeordneten, alle Menschen umfassenden Zusammenhang beziehen. Diesen Zusammenhang jedoch bildet für die Aufklärung die Gesamtentwicklung der Menschheit, die sich erst gegen Ende des 18. Jahrhunderts zu dem einheitlichen Subjekt ‹*die* Geschichte› formt.[85] Als Ziel der Geschichte, die eine Menschheitsgeschichte ist, lässt sich nichts anderes denken als das *Ideal eines Rechtszustandes*, der allen Menschen gleichermaßen die Erfüllung der ihnen von Natur zuerkannten Rechte verheißt. Geschichte als solche bildet die Konkretisierung des besagten Ideals zur Wirklichkeit. Dieses Geschehen der Geschichte ereignet sich schließlich nicht von allein, von sich aus. Es hängt vielmehr vom freien Willen und Handeln ‹des› Menschen ab, und so ergeht aus der Geschichte die ethische Verpflichtung, die Realisierung ihres Ziels *aktiv* herbeizuführen. Die neuen Gemeinschaften, in denen sich die bürgerliche Gesellschaft zum zentralen politischen Akteur heranbildet, sehen sich beauftragt, dieser Verpflichtung nicht nur geistig, sondern konkret politisch nachzukommen und somit in der einen Entwicklungsgeschichte der Menschheit die ausschlaggebende Rolle zu übernehmen. Daraus erklärt sich ihr Selbstverständnis, daraus resultiert ebenso der Anspruch, im Namen dessen sie in das gesellschaftlich-politische Geschehen eingreifen.

Es liegt auf der Hand, dass dieses ‹Eingreifen› nicht im privaten, geheimen, ‹a-politischen› Raum verbleiben kann, es lässt sich anders denn als ein *öffentliches* politisches Handeln nicht denken. Ebenso nahe liegt, dass solches politisches Handeln nichts anderem als einer *Kritik* entspringt, die im Hinblick auf das normativ verpflichtende Ziel der Geschichte an den bestehenden Verhältnissen geübt wird bzw. dazu veranlasst, entsprechende Veränderungen zu initiieren. Die *kritische Öffentlichkeit* bildet das *Proprium* der bürgerlichen Gesellschaft, *sie bringt sie hervor und sie agiert politisch als diese.*[86] Die zentrale Bedingung der Möglichkeit dazu liefert das dank der Erfindung des Buchdrucks rapide entstehende Pressewesen. Vor allem durch dieses etabliert sich im Gegenüber zu den staatlich-politischen Instanzen ein neuer Machtfaktor, der je länger, je mehr das gesamte politische Geschehen wesentlich mitbestimmt. Zu betonen ist ‹im Gegenüber›, denn das Verhältnis der Publikationsmedien ‹Buch› und ‹Presse› zu allen gesellschaftlichen und staatlichen Einrichtungen äußert sich in der Kritik. Mit ihr geht einher, dass die Öffentlichkeit als das *allgemeine Forum* fungiert, auf dem *jeglicher* Anspruch, der seitens einer gesellschaftlichen Instanz (des Staates, der Politik, der Religion, der Wirtschaft, der Kunst etc.) besteht, hinterfragt, geprüft und beurteilt wird. Es ergibt sich von selbst, dass das Organ, mittels dessen diese Kritik erfolgt, nur die Vernunft sein kann, ist diese doch *jedem* Menschen eigen, und lässt sich doch nur durch sie ein ‹aufgeklärter› Raum schaffen, der sich auf die *gesamte* Öffentlichkeit bezieht bzw. so weit erstreckt, dass er alles, was Menschen meinen, glauben, behaupten und beanspruchen, zu umfassen und so zu ‹durchleuchten› vermag. Woraus sich wiederum erklärt, weshalb – wie an den Philosophien von Pierre Bayle und Immanuel Kant erläutert[87] – im Zeitalter der Aufklärung als wesentliche Tätigkeit der Vernunft die Kritik erscheint. Womit sich zusätzlich verdeutlicht, weshalb die geschilderte Entwicklung zur definitiven Forderung nach Toleranz führt: Der Raum der kritischen Öffentlichkeit, das Forum der Vernunft, kann nur als ein Raum gedacht werden, in dem Toleranz herrscht. Das rührt schon daher, dass der Vernunft-Raum *prinzipiell* einen neutralen Boden bildet, auf dem sich die Möglichkeit eines Vernunft-Diskurses bietet, der *unabhängig und autonom* von den diversen Glaubens-, Meinungs- und Weltanschauungs-Standpunkten erfolgen kann.

Darüber hinaus geschieht die Kritik weder beliebig noch um ihrer selbst willen, sondern im Hinblick auf die normativ geltenden Ziele der Geschichte, zu denen das Ideal einer menschlichen Gemeinschaft gehört, in der die angeborenen Rechte (*birthrights*) jedes Menschen – wie jenes auf Meinungs-, (früher) Gewissens- oder (später) Religionsfreiheit – umfassend anerkannt werden.

Dass es da wie dort, zuerst in den Vereinigten Staaten von Amerika (1776),[88] dreizehn Jahre später in Frankreich (1789),[89] erstmals zu offiziellen Deklarationen von Menschenrechten kam, liegt freilich nicht darin, dass sich deren Erkenntnis sowie deren Postulierung als ethische Normen menschlichen Zusammenlebens zunehmend verbreitete, sondern vielmehr daran, dass in Gestalt der beiden Revolutionen, der amerikanischen wie der französischen, politische Ereignisse ihren Gang nahmen, die die Forderung nach ihrer gesetzlichen Anerkennung unausweichlich machten. Sowohl die kriegerische Loslösung der Kolonien jenseits des Atlantiks von der englischen Krone als auch der revolutionäre Umsturz des gesamten politischen Systems in Paris bedurften einer moralischen Legitimation, die ausschließlich die Inanspruchnahme der Menschenrechte bieten konnte. Seitens der Führer der amerikanischen Unabhängigkeitskämpfe wurde das eigene Vorgehen mit dem Vorwurf an den englischen König gerechtfertigt, dieser habe Menschenrechte verletzt – unter anderem ausgerechnet jenes, das die Versklavung von Menschen untersagt –;[90] seitens der französischen Nationalversammlung hingegen diente die *Déclaration des droits de l'homme et du citoyen* dazu, dem Gottesgnadentum des Absolutismus eine neue, anthropologisch-ethisch begründete ‹Deduktion› von staatlichen und gesellschaftlichen Rechtsansprüchen entgegenzusetzen. Dementsprechend lag der Akzent der amerikanischen Deklaration darauf, die Menschenrechte gegenüber staatlicher Tyrannei zu schützen und den neu zu errichtenden Staat rechtlich und politisch so zu strukturieren, dass diese immer gewahrt blieben und allezeit von jedem seiner Bürger eingeklagt werden konnten; während die französische Deklaration darauf abzielte, eine Aussage für *alle* Menschen zu treffen und auf deren Basis jeglicher Staatsform, die diese Rechte verletze, die moralische Existenzberechtigung abzusprechen.[91] Woraus sich wiederum erklärt, weshalb in den USA – ganz im Geiste von John Locke[92] – ein Staat entstand, der das *right of toleration* aller seiner Bürger anerkannte und in der Verpflichtung dazu (*duty of toleration*) seine höchste Bestimmung sah, weshalb umgekehrt in Frankreich die dem Prinzip nach ausgerufene Toleranz kaum eine Chance auf Verwirklichung fand, sondern an ihre Stelle sogleich das genaue Gegenteil, die Intoleranz einer blutigen Diktatur trat. Letzteres ergab sich nicht allein daraus, dass die Revolutionäre in Paris von Anfang an nicht Herren der Ereignisse waren, sondern vielmehr von diesen hinweggerafft wurden[93] und darüber hinaus – ganz im Unterschied zu den Vätern der amerikanischen Revolution – keine umsetzbare Vorstellung von einem Rechtsstaat verfolgten, den die Revolution hätte hervorbringen sollen; es lag vielmehr in der Konsequenz des Glaubens, dass sich der Absolutismus des Königtums durch einen Absolutismus der «volonté générale» schlicht ersetzen ließe.⁹⁴ Diese Idee einer «sittlichen Gesamtkörperschaft (*un corps moral et collectif*)», die im «Akt des Zusammenschlusses (*acte d'association*) [...] ihre Einheit, ihr gemeinschaftliches Ich, ihr Leben und ihren Willen erhält (*lequel reçoit de ce même acte son unité, son moi commun, sa vie et sa volonté*)», wodurch wiederum «jeder, indem er sich mit allen vereinigt, nur sich selbst gehorcht und genauso frei bleibt wie zuvor (*chacun s'unissant à tous n'obéisse pourtant qu'à lui-même et reste aussi libre qu'auparavant*)», scheiterte weniger an ihrem Inhalt, als an ihrer politischen Nicht-Praktikabilität.⁹⁵ Schon Jean-Jacques Rousseau (1712–1778), der diese Idee entwickelte,⁹⁶ fragt sich:

> Wie soll die verblendete Menge (*une multitude aveugle*), die oft nicht weiß, was sie will, weil sie nur selten weiß, was ihr zum Guten gereicht, durch sich selbst ein derart großes, derart schwieriges Unternehmen ausführen, wie ein System der Gesetzgebung (*un sistème de législation*) es ist? Von selbst will das Volk immer das Gute, aber es sieht es nicht immer von selbst. (*De lui-même le peuple veut toujours le bien, mais de lui-même il ne le voit pas toujours.*) Der Gemeinwille ist immer richtig, aber das Urteil, das ihn leitet, ist nicht immer aufgeklärt. (*La volonté générale est toujours droite, mais le jugement qui la guide, n'est pas toujours éclairé.*)⁹⁷

Der Ausweg aus diesem Grunddilemma kann nur die Diktatur sein:

> Das Volk, selbst in seiner Mehrheit unfähig, seinen wahren Willen zu erkennen, bedarf der *guides*, der *chefs*. Der Führer herrscht nicht kraft eigener Entscheidung, sondern weil er über den hypostasierten Allgemeinwillen besser aufgeklärt ist als die Summe der Individuen. Aufgabe des Führers ist es, die fiktive Identität von Moral und Politik zu schaffen. Das Volk will immer das Gute, aber es weiß nicht darum. Um zum Guten zu leiten, bedarf es – ganz im Sinne der Logen – mehr als absolutistischer Herrschaft, die nur das Äußere erfasst. (Reinhart Koselleck)⁹⁸

Es gehört zur Tragik Rousseaus, dass er als aufgeklärter Vordenker der religiösen Toleranz zum Stichwortgeber eines intoleranten politischen Totalitarismus wurde. Auf der *einen* Seite Sätze wie diese:

> Nun ist es ja für den Staat sehr wohl wichtig, dass jeder Bürger eine Religion hat, die ihn seine Pflichten lieben heißt; aber die Dogmen dieser Religion interessieren den Staat und seine Glieder nur insoweit, als sie sich auf die Moral beziehen und auf die Pflichten, die derjenige, der sie [die Religion] bekennt, gegenüber den anderen zu erfüllen gehalten ist. Darüber hinaus mag jeder Anschauungen hegen, wie es ihm gefällt, ohne dass dem Souverän eine Kenntnis davon zustünde. [...] Die Dogmen der bürgerlichen Religion müssen einfach, gering an Zahl und klar ausgedrückt sein, ohne Erklärungen und Erläuterungen. Die Existenz der allmächtigen, allwissenden, wohltätigen, vorhersehenden und sorgenden Gottheit, das zukünftige Leben, das Glück der Gerechten und die Bestrafung der Bösen sowie die Heiligkeit des Gesellschaftsvertrages und der Gesetze – das sind die positiven Dogmen. Was die negativen Dogmen anbelangt, so beschränke ich mich auf ein einziges: die Intoleranz (*je les borne à un seul, c'est intolérance*) [...]⁹⁹

Beziehungsweise die gleichzeitig entstandene *Profession de foi d'un vicaire savoyard* im Erziehungsroman *Émile ou De l'éducation* (1762):

> Ich diene Gott in der Einfalt meines Herzens. [...] die Dogmen, die weder die Handlungen noch die Moral beeinflussen und so vielen Menschen Sorge machen, kümmern mich überhaupt nicht. Ich betrachte alle Einzelreligionen als ebenso viele heilsame Institutionen, die in jedem Land durch einen öffentlichen Kult eine einheitliche Weise der Gottesverehrung vorschreiben und alle ihre Berechtigung haben können im Hinblick auf Klima, Regierung, Volksgeist oder irgendeine andere lokale Ursache, die, je nach Ort und Zeit, der einen den Vorzug vor der anderen gibt. Für mich sind sie alle gut, wenn Gott damit gedient wird, wie es ihm zukommt. Der wesentliche Gottesdienst ist der des Herzens. Gott weist diese Huldigung nicht von sich, wenn sie aufrichtig gemeint ist, in welcher Form sie ihm auch dargebracht werden möge.[100]
>
> [...] Gott möge verhüten, dass ich ihnen [den Menschen] jemals das grausame Dogma der Unduldsamkeit (*intolérance*) predige, dass ich sie jemals dahin bringe, ihren Nächsten zu verabscheuen und zu anderen Menschen zu sagen: Ihr werdet verdammt sein.[101]

Auf der *anderen* Seite treibt Rousseau den Absolutismus der *volonté générale* sogar noch über jenen des absoluten Herrschers, wie ihn Thomas Hobbes sieht, hinaus, sofern er nicht einmal mehr die innere Gesinnung des Einzelnen aus ihrem Wirkungsbereich ausnimmt. Was nur konsequent ist, lebt doch die *volonté générale* gerade daraus, dass sich jedes einzelne Gemeinschaftsmitglied in seiner Freiheit, sprich in seiner persönlichen Ganzheit, in sie integriert. Es kann mit anderen Worten seitens der offiziellen Vollstrecker der *volonté générale*, der Regierung, keinerlei Toleranz hinsichtlich dessen geben, was die Bürger empfinden oder denken.[102] Sie lässt nicht einmal mehr Privatheit bzw. die Berufung auf das persönliche Gewissen zu.[103] All dies löst sich in Öffentlichkeit auf, was wiederum in der zwingenden Logik einer *volonté générale* liegt, die als gesamtstaatlicher Freiheitsvollzug nicht anders denn als totale Transparenz denkbar ist. Hier, in der Öffentlichkeit, herrscht schon gar keine Toleranz mehr, hat doch die *volonté générale* immer recht (*la volonté générale est toujours droite*), und verfügt doch die ‹aufgeklärte Regierung› über die unbezweifelbare Kompetenz, diese auszulegen und umzusetzen. Neben einem absoluten Souverän wie der *volonté générale* ist Relativität und folglich Toleranz im zwischenmenschlichen Gefüge *prinzipiell* ausgeschlossen.

Es ist dasselbe Bekenntnis diesseits und jenseits des Atlantiks am Ende des 18. Jahrhunderts: «That all men are by nature equally free and independent, and have certain inherent rights, of which, when they enter into a state of society, they cannot, by any compact, deprive or divest their posterity; namly the enjoyment of life and liberty [...]» (Virginia 1776) bzw. «Les hommes naissent et demeurent libres et égaux en droits. [...] Le but de tout association politique est la conservation des droits naturels et imprescriptibles de l'homme. Ces droits sont: la liberté, la proriété, la sûreté et la résistance à l'oppression» (Paris 1789).[104] Die Toleranz hat damit erstmals in der Menschheitsgeschichte *die verfassungsrechtliche Bedingung ihrer Möglichkeit* innerhalb von Staaten erhalten, sofern der Mensch in seiner

Würde, ‹von Natur aus› ausgestattet mit unveräußerlichen Rechten, das Woraufhin bzw. Worum-willen von Toleranz bildet. Dass aus dieser Möglichkeit nicht sogleich Wirklichkeit wird, dass in anderen Worten aus dem, was als ‹geltend› zu öffentlichem Bewusstsein gelangt, noch lange keine Realisierung (Faktizität) in der jeweiligen Lebenswelt hervorgeht, dass – noch einmal anders, in der Formulierung von Kant – der Mensch nicht automatisch damit rechnen kann, seine «angeborene äußere Freiheit [...] in einem rechtlichen Zustande unvermindert wieder zu finden»,[105] zeigt sich – wenngleich in ganz unterschiedlichem Ausmaß – sowohl in den Vereinigten Staaten als auch in Frankreich. Ist es in den USA vor allem die politische Pragmatik, die es so weit kommen lässt, dass der großen Bevölkerungsgruppe der Sklaven keine Menschenrechte und somit auch kein «Right of Toleration» zuerkannt wird, so ist es in Paris überwiegend die politische Ideologie, die das Recht auf Toleranz beim einzelnen Bürger faktisch annulliert – sieht man davon ab, dass es zuvor noch die unvorstellbare Not des Volkes (*du peuple*), der *malheureux* und *misérables* war, «die, getrieben von einer gleichsam präpolitischen Not, alle noch bestehenden Institutionen vernichteten und neue zu schaffen außerstande waren. Mit diesem nackten Elend, so musste es scheinen, konnte nur noch die nackte Gewalt fertigwerden.»[106]

«Ringparabel»

Das Thema ‹Toleranz› im Zeitalter der Aufklärung wäre nur unvollständig behandelt, käme nicht abschließend jener Text zur Sprache, der die Toleranz-Auffassung dieser Epoche so klassisch zum Ausdruck bringt wie kaum ein anderer – obwohl das Wort ‹Toleranz› darin nicht aufscheint.[107] Das «dramatische Gedicht in fünf Aufzügen» *Nathan der Weise* des deutschen Dichters, Kunstkritikers, Theologen und Philosophen Gotthold Ephraim Lessing (1729–1781), welches 1779 erstmals erschienen ist und am 14. April 1783 im Theater in der Behrensstraße in Berlin uraufgeführt wurde,[108] zählt zu den *Maßstab setzenden* Texten der ganzen Geistes- und Kulturgeschichte, aus welcher der europäische Toleranz-Gedanke hervorgegangen ist und bis zum heutigen Tage lebt. Es darf aus drei Gründen als solcher bezeichnet werden:

Zum Ersten fasst es so gut wie alles, was vor Ende des 18. Jahrhunderts über die Toleranz an Großem, Wegweisendem und Unaufgebbarem gedacht und gesagt wurde, in einer Weise zusammen, dass man versucht ist, mit Hegel von einem synthetisierenden Resultat zu sprechen, in dem einerseits alles aufbewahrt und andererseits in einer neuen Form überboten wird. Geht man in die Details des motivgeschichtlichen Kontextes, so findet man bis in die jüdischen, christlichen und islamischen Quellen hinein Verbindungen zu fast allen theologischen, philosophischen und literarischen Traditionen, die den Toleranz-Gedanken auf den Weg gebracht haben. Wissenschaftliche Untersuchungen[109] konnten nachweisen, dass Lessings Anknüpfungen weit über Giovanni Boccaccio (1313–1375) hinausreichen, dessen 3. Novelle des 1. Tages aus dem *Decamerone* bekanntlich die unmittelbare Vorlage für die berühmte Ringparabel, das Herzstück des *Nathan*, bildete.[110] Wahrscheinlich führen sie über jüdische und arabische Quellen aus dem Umkreis des Hofes des Sultans Saladin (1138–1193) zu Texten aus dem Koran und der Bibel (Altes und Neues Testament). Hält man sich die einzelnen Motive vor Augen, die geistig und kulturell zur Toleranz geführt haben – die göttlichen Gebote im Bund mit Noah, im Liebesgebot Jesu sowie in der Aufforderung zum Wetteifer durch Mohammed,[111] die Wahrnehmung und Wertschätzung des Anderen und Fremden, das Bewusstsein um die ‹familiäre› Verbindung aller Menschen, die Erfahrung der Gottunmittelbarkeit jedes Einzelnen, der humanistische Glaube an die Kraft der Sprache, die philosophische Einsicht in die Begrenztheit aller menschlichen Erkenntnis sowie die Entdeckung von unveräußerlichen Rechten, die mit dem Menschsein als solchem gegeben sind –, so findet man zu jedem von ihnen eine Entsprechung im Lessing'schen Drama.

Zum Zweiten geht das Theaterstück aber auch über alles hinaus, was zuvor über Toleranz gedacht worden ist. Wie Karl-Josef Kuschel, der sogar von der «großen Wende in der Religionstheologie» spricht,[112] gezeigt hat, setzt Lessing bei der Anerkennung der prinzipiellen Gleichrangigkeit und Gleichwertigkeit der drei monotheistischen Religionen Judentum, Christentum und Islam an, *ohne* deshalb im Sinne der meisten Philosophen der Aufklärung die Überwindung oder gar die Abschaffung dieser Religionen zugunsten einer universellen Vernunft- oder Naturreligion zu fordern. Er bleibt Realist und geschichtsbewusster Denker genug, um zu sehen, dass sich Jahrtausende lang gewachsene Traditionen, wie sie in den Religionen Ausdruck finden, nicht einfach ungeschehen machen lassen. Ja, er betrachtet es nicht einmal als gut, wenn dies erfolgen würde, da *jede* der drei Religionen *alles* enthält, was die Menschlichkeit des Menschen zu fördern und voranzubringen vermag.[113] Deshalb liegt die Konsequenz, die Lessing daraus zieht, auch nicht in der Indifferenz gegenüber den Religionen, sondern vielmehr in der Aufforderung zum Wettstreit in der Liebe.

> Wahrheit einer Religion steht bei ihm (im Unterschied zu aller Orthodoxie) weder objektiv offenbarungstheologisch fest, noch bleibt sie neutralisiert in einer vergleichgültigenden Indifferenz. Wahrheit objektiviert sich für Lessing als Praxis der Liebe. […] *Wo geliebt wird, da ist wahre Religion.* ‹Wahrheit› ist nach dieser Konzeption weder exklusiver Besitz einzelner noch eine Sache beliebiger Offenheit, sondern als Praxis der Liebe Aufgabe für alle. Diese Wahrheit muss und kann durch Menschen aus allen Religionen in alltäglicher Praxis je neu bewahrheitet werden. […] Die durch die Ringparabel vorgeschlagene *Wende in der Religionstheologie* lässt sich somit als große Wende von einer Unkultur rechthaberischen Streites zu einer Kultur des liebenden Wettstreits beschreiben. […] Vom Objekt zum Subjekt, vom Inhalt zur Form der Aneignung, von der Theorie zur Praxis, vom Besitz zum Streben, vom Streit zum Wettstreit, vom Ausschließlichkeitsanspruch zur Toleranz […]. (Karl-Josef Kuschel)[114]

Zum Dritten ist sich Lessing der Tatsache bewusst, dass er in seinem Stück *Nathan der Weise* eine *Utopie* entwirft. Darüber, dass die Realität eine andere ist und dass der liebende Widerstreit der Religionen untereinander noch lange nicht geübte Praxis sein wird, gibt er sich keiner falschen Illusion hin. Es wäre auch seltsam gewesen, denn bereits die konkreten Umstände, die dazu geführt hatten, dass der *Nathan* überhaupt geschrieben wurde, liegen in einem Religionszwist, ausgetragen zwischen Lessing und dem orthodoxen Hamburger Hauptpastor Johann Melchior Goeze (1717–1786).[115] Wie noch einmal Karl-Josef Kuschel nachweisen konnte, ging es auch in dieser Kontroverse letztlich nicht um bloß innerchristliche Streitfragen – ausgelöst durch die Publikation von Nachlasstexten des Philosophen, Orientalisten und Bibelkritikers Hermann Samuel Reimarus (1694–1768) durch Lessing (zwischen 1774 und 1778 unter dem Titel *Fragmente eines Ungenannten*).[116] Vielmehr ging es um die Frage nach der Wertigkeit der drei Weltreligionen Judentum, Christentum und Islam. Kein Wunder, dass die Affäre früher oder später gesellschaftlich und politisch brisant wurde. Lessings oberster Dienstgeber, Herzog Karl von Brauschweig, verbot deshalb am 13. Juli 1778 die weitere Publikation der «Anti-Goezischen Blätter» und unterwarf die weitere Publikationstätigkeit Lessings der Zensur. Lessing sah sich daraufhin gezwungen, das Metier der Theologie mit jenem der Literatur zu vertauschen: «Ich muß versuchen, ob man mich auf meiner alten Kanzel, auf dem Theater wenigstens, noch ungestört will predigen lassen».[117] Dabei verfiel er auf den «närrischen Einfall», ein «vor vielen Jahren» entworfenes Schauspiel, «dessen Inhalt eine Art von Analogie mit meinen gegenwärtigen Streitigkeiten hat», auszuarbeiten und rund um «das ‹Decamerone› des Bocaccio [...] Giornata I, Nov. III.» eine «sehr interessante Episode» zu erfinden: das «dramatische Gedicht in fünf Aufzügen» *Nathan der Weise*.[118] Selbst als das Stück 1779 fertiggestellt war und in Berlin erscheinen konnte, gab sich Lessing keinen Illusionen hin. Er ahnte, dass es auf geteilte Aufnahme, ja auf Ablehnung stoßen würde:

> Es kann wohl sein, daß mein Nathan im Ganzen wenig Wirkung tun würde, wenn er auf das Theater käme, welches wohl nie geschehen wird. Genug, wenn er sich mit Interesse nur lieset, und unter tausend Lesern nur Einer daraus an der Evidenz und Allgemeinheit seiner Religion zweifeln lernt.[119]

Welches aber ist der Inhalt des *Nathan*-Dramas und worin liegt die Bedeutung der Ringparabel, rund um die das Stück geschrieben wurde und die zugleich sowohl die Aussage desselben als auch das Toleranz-Denken Lessings als Ganzes auf den Punkt bringt? Was Ersteres anbelangt, so lässt sich folgende Zusammenfassung geben: Die Handlung spielt in Jerusalem zur Zeit des dritten Kreuzzuges, genau 1191, als der muslimische Sultan Saladin die Stadt unter seine Herrschaft gebracht und mit den Kreuzfahrern einen Waffenstillstand vereinbart hat. Im Haus des reichen und edlen Juden Nathan ist Recha aufgewachsen, nicht ahnend, dass sie nicht seine Tochter, sondern eine Christin ist, die Nathan nach dem Verlust seiner sieben, von

Christen ermordeten Söhnen an Kindesstatt angenommen hat. Von einer Reise zurückgekehrt erfährt Nathan, dass Recha beinahe bei einer Feuersbrunst ums Leben gekommen wäre, hätte sie nicht ein junger Tempelherr gerettet. Nathan sucht daraufhin die Bekanntschaft desselben, um ihm zu danken. Doch dieser wehrt ab. Bei einer späteren Begegnung allerdings verliebt er sich in Recha. Als er zusätzlich in Erfahrung bringt, dass Recha ein «Christenkind» ist, verklagt er, um Recha heiraten zu können, Nathan beim christlichen Patriarchen von Jerusalem. Dieser freilich erweist sich als gnadenlos und will Nathan hinrichten lassen («der Jude wird verbrannt»). Entsetzt darüber wendet Nathan sich an Saladin. Dieser wiederum befindet sich soeben in Geldschwierigkeiten. Deshalb hatte er niemand anderen als Nathan zu sich gerufen. Im Zusammenhang des ersten Gespräches zwischen dem Moslem und dem Juden, das zum Beginn einer seltsamen Freundschaft wird, fragt er den Juden nach der einzig wahren Religion, worauf Nathan das Gleichnis von den drei Ringen, die berühmte Ringparabel, erzählt. In der Folge erkennt Saladin im Tempelherrn den Sohn seines verstorbenen Bruder Assad. Und nicht genug damit: Im Zuge der weiteren Geschehnisse und Enthüllungen wird zusätzlich klar, dass Recha ebenfalls Tochter Assads und somit Schwester des Tempelherrn ist. Zuletzt sind jedenfalls die christliche und die muslimische Seite miteinander blutsverwandt. Und Nathan, der an dieser leiblichen Verwandtschaft nicht teilhat, wird als Vater im Sinne höherer Seelen- und Geistesverwandtschaft anerkannt.

Im Kontext dieser Geschichte (im 3. Aufzug, 7. Auftritt)[120] erzählt, wie gesagt, Nathan seinem muslimischen Gesprächspartner Saladin die im Folgenden angeführte Ringparabel. Interessant ist noch einmal, wie Lessing seinen Nathan das Gleichnis vom kostbaren Ring erzählen lässt, den ein Vater seinen drei Söhnen, die er alle liebt, vererbt und zur weiteren Nutzung übergibt.[121] Bereits ein oberflächlicher Vergleich mit jenen Fassungen der Ringparabel, die seit dem Mittelalter und der frühen Neuzeit bekannt sind, gibt hier Aufschluss. Unverkennbar setzt Lessing neue, gegenüber allen früheren Fassungen unterschiedliche Akzente. Es sind dies vor allem vier:

Zunächst liebt der Vater seine drei Söhne *gleichermaßen* («[...] Die alle drei er folglich gleich zu lieben / Sich nicht entbehren konnte.»[122]). Keiner genießt in seiner väterlichen Liebe einen Vorzug. Es zählt weder Alter noch besonderes Verhalten. *Sodann* vermag auch der Vater, nachdem er vom echten Ring zwei andere Ringe – jenem «vollkommen gleich» – hat anfertigen lassen, den ursprünglichen Ring nicht mehr auszumachen («Da er [der Künstler] ihm die Ringe bringt, / Kann selbst der Vater seinen Musterring / Nicht unterscheiden.»[123]). Was der Vater selbst nicht mehr genau weiß, können selbstverständlich die Söhne noch viel weniger wissen. *Weiters* besitzt der Ring keine magischen Kräfte mehr, durch die Wunder irgendwelcher Art (wie Krankenheilungen und dergleichen) zustande kämen. Zwar ist er «von unschätzbarem Wert' [...] ein / Opal, der hundert schöne Farben spielte», doch das Besondere an ihm ist «die geheime Kraft, vor Gott / Und Menschen angenehm zu machen, wer / In dieser Zuversicht ihn trug».[124] *Schließlich* entscheidet der zum Schluss der Parabel eingeführte Richter zwischen den Ringen nicht. Vielmehr weist er alle drei Söhne an, die Kraft des Steins durch ihr Verhalten («mit Sanftmut, / Mit herzlicher Verträglichkeit, mit Wohltun, / Mit innigster Ergebenheit in Gott») wirksam werden zu lassen:

> Es eifre jeder seiner unbestochnen
> Von Vorurteilen freien Liebe nach! Es strebe von euch jeder um die Wette,
> Die Kraft des Steins in seinem Ring' an Tag
> Zu legen![125]

Schon allein diese wenigen Andeutungen machen klar, dass die Ringparabel im *Nathan* nicht eingefügt ist, um allein die Klugheit des jüdischen Kaufmanns hervorzuheben oder um bloß das edle Verhalten eines Juden und eines Muslimen darzutun (so war es in der Geschichtensammlung *Il Novellino*[126] oder im *Decamerone* Boccaccios der Fall), sondern vielmehr mit der Absicht, dass grundlegend Ethisches zur Sprache komme. Dieses grundlegend Ethische jedoch ist die Aufforderung zur Toleranz der drei Religionen Judentum, Christentum und Islam untereinander. Sie wiederum ergibt sich aus den folgenden vier Einsichten, denen entsprechend Lessing seine Ringparabel akzentuiert:

Zum Ersten sind vor Gott nicht nur alle Menschen, sondern auch alle Religionen gleich. (Im *Nathan* werden freilich nur die drei monotheistischen Weltreligionen angesprochen). Keine von ihnen besitzt vor Gott einen Vorrang. In diesem Sinne kann und darf auch keine von ihnen sich als besonders erwählt betrachten. *Zum Zweiten* verfügt keine Religion um ein gegenüber den anderen Religionen tieferes, privilegierteres oder sichereres Wissen hinsichtlich Gottes oder ihrer Berufung. («Denn gründen alle sich nicht auf Geschichte? / Geschrieben oder überliefert!»)[127] Es gibt daher auch keine Grundlage dafür, dass seitens einer Religion ein absoluter Anspruch irgendwelcher Art erhoben werden dürfte. («Wem eignet Gott? was ist das für ein Gott, / Der einem Menschen eignet? der für sich / Muß kämpfen lassen?»)[128] *Zum Dritten* liegt die eigentliche Funktion einer Religion nicht darin, höheres Wissen oder gar überirdische Kräfte zu vermitteln, sondern vielmehr darin, den Menschen menschlicher zu machen («Ich höre ja, der rechte Ring / Besitzt die Wunderkraft beliebt zu machen; / Vor Gott und den Menschen angenehm.»[129]). Die Güte einer Religion entscheidet sich mit anderen Worten nicht darin, ob sie mehr oder weniger recht hat als eine andere, als vielmehr darin, wie und in welchem Ausmaß sie Menschlichkeit bewirkt. *Zum Vierten*: Da die Wahrheit weder von Gott noch von den Menschen her absolut und definitiv entscheidbar ist –

> Umsonst. Der rechte Ring war nicht
> Erweislich;
> Fast so unerweislich als
> Uns itzt – der rechte Glaube.[130]

– bleibt als Konsequenz nur die aus der Zuversicht in die Kraft des eigenen Glaubens getragene Praxis der Liebe, die sich in der Begegnung der Religionen untereinander als Wetteifer um die Verwirklichung der Liebe im Miteinander aller Menschen äußert. Darin allein liegt das ausschlaggebende Maß. Selbst dann, wenn es doch zu einer Entscheidung darüber kommen sollte, welches der echte Ring, der wahre Glaube, ist, wird sich dies immer noch aus der Praxis der Liebe herausstellen. So jedenfalls heißt es im abschließenden Urteil des Richters:

> Und wenn sich dann der Steine Kräfte
> Bei euren Kindes-Kindeskindern äußern:
> So lad ich über tausend tausend Jahre,
> Sie wiederum vor diesen Stuhl. Da wird
> Ein weisrer Mann auf diesem Stuhle sitzen,
> Als ich; und sprechen.[131]

Das, was letztlich die Religionen untereinander verbindet, dasjenige, worum der Wetteifer in der Liebe geht, und dasjenige schließlich, worum willen auch Toleranz als ethische Norm Anerkennung fordert, ist die Realisierung des Menschlichen. So gesehen gilt für Lessing, was bereits für den griechischen Philosophen Protagoras gegolten hat: Der Mensch als Maß aller Dinge. Natürlich verbindet die drei monotheistischen Religionen auch derselbe Gott. Doch dessen Offenbarungen in der Tora, im Neuen Testament und im Koran zielen ihrerseits auf den Menschen. *Er* ist jedes Mal Grund und Zweck dafür, dass Gott sich offenbart hat. Jude-sein, Christ-sein oder Muslim-sein sind daher nichts anderes als drei unterschiedliche Weisen, Mensch zu sein und Mensch zu werden. So gesehen erweist sich am Ende auch Toleranz nicht bloß als eine notwendige Folgerung, welche die Menschen aus bestimmten – vorwiegend negativen – Erfahrungen in der Geschichte ziehen mussten, sondern ebenso als ein Gebot des einen Gottes, der in all seinen Offenbarungen immer dasselbe will, dass nämlich der Mensch ist und sich in seinen Möglichkeiten verwirklicht.

Von der Toleranz zur Anerkennung – 19. Jahrhundert

Auf den ersten Blick scheinen die Toleranz-Diskurse, die das Zeitalter der Aufklärung so nachhaltig geprägt haben, während des 19. Jahrhunderts – wie immer man diesen Zeitraum verstehen mag[1] – abzubrechen, zumindest was ihre explizite Form betrifft. Eingehendere Beschäftigungen mit dem Thema ‹Toleranz› – seien es philosophische, seien es theologische – sucht man vergebens.[2] Und dort, wo man auf den Begriff stößt, was selten genug geschieht, drängt sich der Eindruck auf, dass unter ‹Toleranz› weder etwas Positives noch etwas Erstrebenswertes verstanden wird – beispielsweise bei Schopenhauer[3] oder bei Nietzsche, der Toleranz gar als «moralischen Aufputz» einer «Zuchtlosigkeit des modernen Geistes», ja als «Herden-Tugend» sieht, die die «Unfähigkeit zu Ja und Nein» bzw. «die Furcht vor dem Ausüben des Rechts, des Richtens» zum «Prunkworte» erhebe.[4] Etwas anders sieht es im rechtlichen und politischen Bereich aus, sobald es um das staatliche «Grundrecht» auf Gewissensfreiheit bzw. um Fragen der gleichberechtigten Religionsausübung geht. Da fällt der Begriff häufiger, allerdings hält sich der Sprachgebrauch ganz an jenen des 18. Jahrhunderts, sieht man davon ab, dass sich die Forderung nach Toleranz immer weniger an die Konfessionsgemeinschaften, dafür deutlich vermehrt an die politischen Parteien richtet.[5] Als ein Beispiel darf Hegel genannt werden, der sowohl in den *Frühen Schriften* als auch in seinen *Grundlinien der Philosophie des Rechts* von 1821 im Sinne der Aufklärung die Verpflichtung zur Toleranz auf Religion und Staat verteilt.[6] Selbst hier lassen sich jedoch die einschlägigen Stellen an den Fingern einer Hand abzählen. Das verwundert zusätzlich, würde man doch annehmen, dass sich im Gefolge der Deklarationen der Menschenrechte von 1776 und 1789, die das ‹Worum-willen› und ‹Woraufhin› der Toleranzausübung bilden, zumindest in den rechtlichen und politischen Diskursen das Wort ‹Toleranz› in aller Munde findet. Von eben diesen Menschenrechten ist jedoch ebenfalls während des gesamten 19. Jahrhunderts – und darüber hinaus, bis in die Zeit nach den beiden Weltkriegen im 20. Jahrhundert – selten die explizite Rede.

> Die Verfassungen der europäischen Staaten des 19. Jahrhunderts vermieden einen Bezug auf ‹natürliche Rechte› oder Menschenrechte; gleichgültig ob es sich um Republiken oder konstitutionelle Monarchien handelte. Schon in der französischen Verfassung von 1799 tauchen sie nicht mehr auf. Der Verfassungsentwurf der Paulskirche von 1848 sah zwar noch einen Katalog an ‹Grundrechten› vor, wie die Menschenrechte

nun genannt wurden, um sich von der französischen Tradition zu distanzieren. Wie in anderen Verfassungen der Zeit handelte es sich aber um Bürgerrechte, gebunden an die nationale Zugehörigkeit («Grundrechte des deutschen Volkes») und nicht um Rechte aller Menschen. Dass die liberalen Professoren der Frankfurter Nationalversammlung über ihren Debatten die [französische] Revolution aus dem Blick verloren, gehörte zu den prägenden Erfahrungen von 1848/49. Seither trat der Staat als Garant von Rechten auf, die durch Gesetze geregelt wurden. Nicht das Naturrecht, sondern der Rechtspositivismus wurde zur herrschenden Lehre der Begründung von Rechten, und zwar nicht nur in den deutschen Staaten. In den Verfassungskonflikten der 1860er Jahre spielte die Frage der Menschenrechte ebenfalls keine Rolle; sie fehlen in der Verfassung des Deutschen Reichs von 1871 – […] weil keine der Parteien einer Grundrechteerklärung Bedeutung zumaß. (Stefan-Ludwig Hoffmann)[7]

Das alles kann kaum überraschen. Schon allein, dass es der Revolutionen bedurfte, um die Menschenrechte zu deklarieren und in staatliche Verfassungen zu gießen, zeigt, wie gewaltig die Hürden waren, die bei ihrer Integrierung in die konkreten Lebenswelten genommen werden mussten – diesseits und jenseits des Atlantiks in wohl unterschiedlichem Ausmaß, dramatisch jedoch allemal. Immense gesellschaftliche Verwerfungen, begleitet von heftigsten politischen Auseinandersetzungen standen unausweichlich an. Den meisten Menschen der damaligen Zeit dürfte die Idee der Menschenrechte weniger visionär als utopisch vorgekommen sein. Es fehlte daher auch nicht an prinzipiellem Widerspruch. Von Beginn der Französischen Revolution an kamen bekanntlich aus England – seitens des Philosophen und Politikers Edmund Burke (1729–1797)[8] sowie seitens des Philosophen und Sozialreformers Jeremy Bentham (1748–1832)[9] prominente Zurückweisungen. Was Burke als «metaphysics rights» brandmarkte, die auf einem falschen Menschenbild fußten und deshalb eine Überforderung des Einzelnen darstellten, die in gesellschaftliche Gewalt und Anarchie münden müsse, bezeichnete Bentham als «Unsinn auf Stelzen (*Nonsens upon Stilts*)», welcher Rechte – sogenannte «natürliche Rechte» des Einzelnen – außerhalb staatlicher Rechts- und Regierungssysteme imaginiere, die es nicht nur nicht geben könne, sondern die auch jeglichen Inhalts entbehrten – mit der Konsequenz, dass die Rechte von jedermann die Rechte von niemanden seien, was in ihrer Anwendung wiederum Anarchie nach sich ziehe. Nicht weniger Vorbehalte gegenüber dem Menschenrecht auf Gleichbehandlung unter deutschsprachigen Autoren, etwa beim Burke-Übersetzer Friedrich von Gentz (1764–1832): Die Natur bekundet «allen abgeschmackten Gleichheitsprätentionen zum Trotz, die wahrhafte Ungleichheit der Menschen … Man mag auf den faktischen Ursprung der Gesellschaft oder auf den rechtlichen (idealen) zurückgehen, immer ist die Ungleichheit, nicht die Gleichheit der Rechte, was man im Fundament ihrer Entstehung antrifft.» Deshalb sei es die «höchste Pflicht des Gesetzgebers, auf diese Ungleichheit … die strengste Rücksicht zu nehmen».[10] Oder der Rechtsphilosoph Friedrich Julius Stahl (1802–1861): «Die Gleichheitslehre in der modernen Welt ist lediglich eine Karikatur jener christlichen Wahrheiten», in denen «die Ungleichheit aufgehoben [ist], ohne das Ansehen der Herrschaft zu entfernen». So bleiben «die Losungsworte des Naturrechts Freiheit und Gleichheit ein logischer Widerspruch», eine reine «Gleichheit der leeren Möglichkeit» bzw. eine «bloße Gleichheit des Begriffs».[11] Es waren jedoch weniger diese intellektuellen Einsprüche, die sich besonders gegen das Menschenrecht auf Gleichbehandlung richteten. Dass alle Menschen gleich sein sollten, mochte vor Gott gelten, wenn er am Ende der Zeiten alle Menschen richtet, «zu ebener Erd'» jedoch, in den Lebenswelten, in denen sich das konkrete Leben aller Menschen – individuell und gesellschaftlich – abspielt, gab es nicht einmal eine Vorstellung davon, geschweige denn eine Praktikabilität derselben und schon gar nicht eine entsprechende Wertschätzung. Für die allermeisten Menschen des 19. Jahrhunderts, egal welcher sozialen Schicht sie angehörten, figurierte das Recht auf Gleichbehandlung nicht einmal als Utopie. Und wenn sie eines Beweises bedurft hätten, dass das Gegenteil der Fall sein muss, nämlich die Ungleichheit der Menschen, so ging er einmal mehr aus der Begegnung mit den indigenen Völkern hervor, die man vor allem in Afrika, aber auch in Asien kolonialisierte und die man verbreitet als nicht-zivilisierte ‹Naturvölker› betrachtete oder gar als ‹Wilde› empfand, vergleichbar den Barbaren in der Antike. Mit ihnen konnte und wollte ‹man› sich nicht gleich fühlen. Hannah Arendt vermutet in dieser Aversion eine der Wurzeln des späteren Rassismus. Je weniger nämlich sich – sogar wissenschaftlich – leugnen ließ, dass (wenigstens in biologischer und physiologischer Hinsicht) eine allen Menschen gemeinsame Natur anzunehmen sei, wurde die Zumutung dieser Vorstellung erst erträglich, als durch die Darwinische Evolutionstheorie der wiederum naturwissenschaftliche Nachweis erbracht schien, es gäbe – genauso wie unter den Tieren – höher und weniger hoch entwickelte ‹Menschen-Rassen›.[12] Mögen in anderen Worten alle Menschen von Natur aus gleich sein, so sind sie aufgrund derselben Natur, die eine Evolution als Ausleseverfahren zugunsten der Stärkeren und Besseren darstellt, doch auch verschieden. Aber nicht nur diese Entwicklung brachte sowohl die Menschenrechts- als auch die damit zusammenhängenden Toleranz-Diskurse um ihre Konjunktur, es drängten sich zugleich neue Leitdiskurse in den Vordergrund, um als ungute Sterne zu leuchten.

Ungute Voraussetzungen

Es beginnt mit dem *Nationalismus*,[13] der sich seinerseits in einem Neuverständnis und vor allem in einer Neubewertung der Begriffe ‹Volk› und ‹Nation› ankündigt. Beides geschieht vor allem in Frankreich und Deutschland genau in jener «Sattelzeit», die Reinhart Koselleck auf die zweite Hälfte 18. / erste Hälfte 19. Jahrhundert datiert.[14] Auslöser der Entwicklung ist eine Nobilitierung des Begriffes ‹Volk› bzw. ‹peuple›, der nun nicht mehr nur für eine soziale Klasse bzw. eine größere Gruppe von Menschen steht (zusammengefasst zu bestimmten Zeiten und an bestimmten Orten). ‹Volk› wird allmählich identisch mit ‹Nation› und bezeichnet alle Menschen, egal welchem gesellschaftlichen Stand sie angehören, sofern sie in einem überschaubaren Raum im Gefolge einer gemeinsamen Geschichte sowie aufgrund einer gemeinsamen Kultur eine Identität teilen und ein wie immer geartetes Gemeinwesen pflegen (das nicht zwingend ein Staat sein muss). Besagte Identität entsteht demnach nicht durch einen Gesellschaftsvertrag, den die Vertragspartner als Interessensgemeinschaft miteinander abschließen, sondern entwächst einem naturhaften Empfinden, Fühlen, Erfahren, Denken, sprich einer gemeinsamen ‹Seele›, die sich in einer besonderen Sprache ausdrückt und eine spezifische Kultur hervorbringt.[15] Aus all dem bildet sich der Charakter eines Volkes – im Guten wie im Schlechten. Was sich dabei ergibt, ist mehr als bloße Verbundenheit, nämlich Zusammengehörigkeit bis hin zu Familiarität, (Bluts-)Verwandtschaft, ‹Vaterland›, ‹Heimat› (*patrie*). Zwangsläufig stellen sich damit auch Differenzen und Grenzen ein – zwischen dem Eigenen und dem Fremden, zwischen dem, was dazugehört, und dem ‹Anderen›, wovon ‹man› sich distanziert.[16] Der Anstoß zu diesem Ganzen, der in einer natur-geschichtlichen Vergangenheit liegt, entzieht sich der rationalen ‹Aufklärung›. Wenn überhaupt, ist er in ‹mystischer› Annäherung erlebbar und allenfalls mythologisch deutbar. So liegt es nahe, in ihm etwas Göttliches und Heiliges zu erblicken – und mit ihm in dem, was aus ihm hervorgeht: das Volk, die Nation. Kein Wunder, dass für die Vordenker der Französischen Revolution «la Nation» an die Stelle des absolutistisch regierenden Königs trat, und zugleich alle Würden und Funktionen, die dieser in der Vermittlung zwischen dem Sakralen und dem Politischen beanspruchte, auf diese übergingen.[17] Die Nation wurde zum Souverän schlechthin: «Le principe de toute souveraineté réside essentiellement dans la Nation. Nul corps, nul individu ne peut exercer d'autorité qui n'en émane expressément.»[18] «La souveraineté reside dans le peuple; el est une et indivisible, imprescriptible et inalienable.»[19] Mehr noch als in Frankreich, wo der staatlich verordnete «Kult der Vernunft» eher auf eine Episode hinauslief, avancierte der Nationalismus in Deutschland wenig später zu einer neuen Religion:

> *Ein* Volk zu sein, *ein* Gefühl zu haben für *eine* Sache, mit dem blutigen Schwert der Rache zusammenzulaufen, das ist die Religion unserer Zeit; durch diesen Glauben müßt ihr einträchtig und stark sein ... Das ist die höchste Religion, zu siegen und zu sterben für die heilige Sache der Menschheit, die durch alle Tyrannei in Lastern und Schanden untergeht; das ist die höchste Religion, das Vaterland lieber zu haben als Herren und Fürsten, als Väter und Mütter, als Weiber und Kinder; das ist die höchste Religion, seinen Enkeln einen ehrlichen Namen, ein freies Land, einen stolzen Sinn zu hinterlassen; das ist die höchste Religion, mit dem teuersten Blut zu bewahren, was durch das teuerste, freieste Blut der Väter erworben ward. Dieses heilige Kreuz der Welterlösung, diese ewige Religion der Gemeinschaft und Herrlichkeit, die auch Christus gepredigt hat, macht zu eurem Banner, und nach der Rache und Befreiung bringt unter grünen Eichen auf dem Altar des Vaterlandes dem schützenden Gotte die fröhlichen Opfer.

So 1807 der Schriftsteller, Historiker und Politiker Ernst Moritz Arndt (1769–1860).[20] Mit Blick auf die Rolle des deutschen, besonders preußischen Volkes 1810

Turnvater Friedrich Ludwig Jahn (1778-1852): «Schwer zu erlernen, schwerer noch auszuführen ist des Weltbeglückers heiliges Amt – aber es ist eine Wollust der Tugend, eine menschliche Göttlichkeit, die Erde als Heiland zu segnen und den Völkern Menschwerdungskeime einzupflanzen.»[21]

Mit dem Nationalismus geht nicht von vornherein eine Absage an die Menschenrechte einher. Immerhin erfolgt die formelle Inthronisation der Nation zum Souverän in der «Déclaration des droits de l'homme et du citoyen». Nicht wenige Nationalismen sehen auch ihre Mission in einem menschheitsgeschichtlichen Zusammenhang und rechtfertigen sie deshalb mit Blick auf die Verwirklichung der Menschenrechte. Der Weg dorthin führt freilich über die Intoleranz gegenüber allem, was nicht als zugehörig zum eigenen Volk, zur eigenen Nation und ihrer Kultur, empfunden wird – nach außen wie nach innen. Sie beginnt mit der Hochhaltung der eigenen Sprache, gilt ja: «Die Sprache [...] macht die rechte Grenze der Völker ... Was beisammen wohnt und einerlei Sprache spricht, gehört von Gott und Natur wegen zusammen.» (E. M. Arndt)[22] Sehr rasch kippt diese Haltung jedoch ins Aggressive und Martialische: «Deutsche, fühlt wieder mit männlichem Hochsinn den Wert eurer edlen lebendigen Sprache, schöpft aus ihrem nie versiegenden Urborn, grabt die alten Quellen auf und lasset Lutetiens [= Paris] *stehende* Lache in Ruhe!» (F. L. Jahn)[23]

> Ich will den Haß gegen die Franzosen, nicht bloß für diesen Krieg, ich will ihn für lange Zeit, ich will ihn für immer ... Dieser Haß glühe als Religion des deutschen Volkes, als ein heiliger Wahn in allen Herzen und erhalte uns immer in unserer Treue, Redlichkeit und Tapferkeit; er mache Deutschland den Franzosen künftig zu einem unangenehmen Lande, wie England ihnen ein unangenehmes Land ist. (E. M. Arndt)[24]

Wenn dergleichen auch nicht ‹Rassismus› im engeren Sinne ist, wie er erst im letzten Drittel des 19. Jahrhunderts populär wird – noch fehlt die evolutionsbiologische Argumentation –, so klingt er doch schon deutlich an.[25] Die spätere, besonders sozialdarwinistische Ideologie von der evolutiven Höherentwicklung einer Volksrasse im Zuge der ausselektierenden Durchsetzung gegenüber anderen menschlichen Rassen konnte an solchem Nationalismus harmonisch anknüpfen. Nicht erst unter rassistischem Vorzeichen artete diese Intoleranz in gewalttätige Diskriminierung aus, was einmal mehr als «Unheil und [...] Pest unseres Volkes» die Juden, die «nicht in diese Welt und in diese Staaten hinein passen»,[26] am meisten zu spüren bekamen. Bereits bei Johann Gottlieb Fichte (1762-1814) ist zu lesen: Menschenrechte mögen den Juden zustehen,

> ob sie gleich uns dieselben nicht zugestehen. [...] Aber ihnen Bürgerrecht zu geben, dazu sehe ich wenigstens kein Mittel als das, in einer Nacht ihnen allen die Köpfe abzuschlagen und andere aufzusetzen, in denen auch nicht eine jüdische Idee sei. Um uns vor ihnen zu schützen, dazu sehe ich wieder kein Mittel, als ihnen ihr gelobtes Land zu erobern und sie alle dahin zu schicken.[27]

Wenngleich der Nationalismus nicht die einzige Ursache für den Antijudaismus in vielen Ländern Europas darstellt,[28] und obwohl es erst der sozialdarwinistische Rassismus ist, der aus dem Antijudaismus den Antisemitismus macht, so bereitet er diesem doch den Boden, was sich nicht zuletzt daran zeigt, dass er bei fast allen Ausschreitungen und Pogromen – wie sie vor allem in Russland und in Osteuropa mehrfach stattfanden – Pate stand.[29]

Analog zum Nationalismus verhält es sich im *Kolonialismus*, der anderen dominierenden Ideologie des 19. Jahrhunderts, die sich in der zweiten Hälfte desselben zum *Imperialismus* auswächst.[30] Auch er bedeutet nicht a priori eine Absage an die Menschenrechte. Was heute zynisch erscheint, bildete seinerzeit – diesseits aller Macht- und Wirtschaftsinteressen – den ideologischen Kernbestand seiner Rechtfertigung: Die kolonialisierten Völker waren zu zivilisieren – im Sinne der *europäischen* Zivilisation, zu der unter anderem die Etablierung eines Rechtssystems gehörte, welches nicht zuletzt Menschenrechte enthielt. Die damals größte Kolonialmacht Großbritannien brüstete sich sogar, mit ihrem Verbot der Sklaverei in allen Kolonien und zur See (1807) einen ähnlich universellen Durchbruch wie die Verkündigung der Menschenrechte erzielt zu haben. Es gehört «zur ideologischen Antwort Großbritanniens auf die Französische Revolution und Napoleon. [...] Der Erklärung der Menschen- und Bürgerrechte ließen sich nur konservative Defensivideologien entgegensetzen, es sei denn, man definierte ein eigenes Feld übernationaler Universalität. Ein solches Feld war die Sklaverei.» (Jürgen Osterhammel)[31] Das kann freilich nicht darüber hinwegtäuschen, dass fast die gesamte von Europa (im 19. Jahrhundert oder kurz davor) initiierte Kolonisation – egal, ob es im Einzelfall um imperiale Ausbeutung und Versklavung der Kolonisierten ging oder ob hehrere Ziele wie Kulturtransfer bzw. Missionierung im Spiel waren – unter dieser ideologischen Prämisse stand: Die europäische Kultur gibt für die ganze Welt – jedenfalls für die kolonisierbaren Erdteile – das Vorbild und den Maßstab ab. Jede andere Kultur ist ihr gegenüber inferior und genießt nur insofern Berechtigung und Duldung, als sie sich in die europäische Kultur transformieren bzw. ‹hin-zivilisieren› lässt. Ausnahmen wie beispielsweise die wissenschaftliche Anerkennung und Bewunderung nicht-europäischer Kulturleistungen bestätigen nur die Regel. Diesem Selbst- und Sendungsbewusstsein liegt die Überzeugung zugrunde, dass das europäische Menschenbild dem von der Natur vorgegebenen Wesen des Menschen am vollkommensten entspricht. Zusätzlich herrscht seit der Aufklärung der Glaube, dass jeder Mensch zu dieser seiner Idealgestalt ‹hin-erzogen› werden könne; es bräuchten nur die von Natur aus in jedem Menschen schlummernden Fähigkeiten der entsprechenden Weckung und Bildung.[32] Wo solche ‹Pädagogik› nicht greife bzw. – aus welchen Gründen immer – unmöglich sei, habe man es mit Menschen zweiter Klasse oder – wie es heißen sollte – mit ‹minderwertigen Rassen› zu tun. Die Kolonisatoren zogen daraus die unterschiedlichsten Konsequenzen. Die Bandbreite reichte von zivilisatorischen, auch karitativen Maßnahmen wie der Einrichtung eines Verwaltungssystems, der Gründung von

Schulen oder der medizinischen Versorgung bis hin zur faktischen Versklavung und Ausrottung ganzer Volksgruppen – mitunter genozidalen Ausmaßes wie in Südafrika, in Belgisch-Kongo oder unter den Indianern Nordamerikas.[33] All dies entsprang einer Weltanschauung, die im Kern zu Intoleranz veranlasste, da sie keinerlei Voraussetzung enthielt, dem Fremden oder Andersartigem – ‹Nicht-Europäischem› – Anerkennung und Wertschätzung entgegenzubringen. Toleranz hatte in ihr, wenn überhaupt, bestenfalls als jene ‹Duldung› eine Chance, die im Sinne der Goethe'schen Maxime ‹Beleidigung› bedeutet.

In diesen Zusammenhang gehört die philosophische Überzeugung, *absolutes Wissen* zu besitzen, näherhin die Ausarbeitung von *Geschichtsphilosophien*, die den Anspruch erheben, sowohl die Gesetzmäßigkeit des Verlaufs als auch das Ziel der einen Weltgeschichte treffsicher zu kennen.[34] Wie bereits dargelegt, entstand der Bedarf nach Geschichtsphilosophie, als die aus dem Bürgertum geborenen ideologisch-politischen Kräfte dazu übergingen, dem absolutistischen ‹Ancient Régime› die Existenzberechtigung abzusprechen. Mit ihr wurde der revolutionäre Umsturz der Gesellschaft moralisch legitimiert, aus ihr leitete sich das missionarische Mandat ab, der ganzen Menschheit eine definitive Richtung geben zu dürfen. Kein Zufall, dass zur selben Zeit der Begriff ‹Geschichte› die Bedeutung eines Kollektivsingulars (als Summe der Einzelgeschichten) sowie eines einheitlichen Ereignissubjekts (als sich entwickelndes Gesamtgeschehen) annahm.[35] Wer immer nun behauptete, eben diese gesamte Geschichte auf einen Nenner bringen zu können und dazu über ein entsprechendes, umfassend-absolutes Wissen zu verfügen, musste sich ausweisen – und dies nicht irgendwie, sondern wissenschaftlich. Dies geschah bereits bei den Enzyklopädisten, die ihre Thesen über den Fortschritt der Menschheit ausdrücklich mit den neuesten Erkenntnissen der Wissenschaften begründeten, ebenso bei den Protagonisten der Aufklärung in Deutschland, die alle wussten, dass nur Erkenntnisansprüche, die vor dem ‹Gerichtshof der Vernunft› standhielten, Glaubwürdigkeit besaßen.

Auf besondere, kaum mehr überbietbare Weise tat es Georg Wilhelm Friedrich Hegel (1770–1831). Er sah die Geschichte bereits an ihr Ziel, an ihr «Resultat» gelangt. Er meinte dies tun zu können, weil er als Prinzip derselben die Entwicklung des Selbstbewusstseins und damit der Freiheit betrachtete. Da er Freiheit im Gefolge Kants nur als *absolute* Autonomie, als *absolute* Selbstbestimmung verstehen konnte, musste er der Erlangung der Freiheit ein *absolutes* Wissen um sich selbst, ein *absolutes* Bewusstsein bzw. Selbstbewusstsein korrespondieren lassen. Von da her gesehen bildete die Weltgeschichte als «Entwicklung des Prinzips, dessen *Gehalt* das Bewusstsein der Freiheit ist,»[36] für ihn nichts Geringeres als den Prozess, durch den bzw. im Laufe dessen sich die Freiheit als das Absolute schlechthin ihrer selbst absolut bewusst wird. «Das Wahre ist das Ganze. Das Ganze aber ist nur das durch seine Entwicklung sich vollendende Wesen. Es ist von dem Absoluten zu sagen, dass es wesentlich *Resultat*, dass es erst am *Ende* das ist, was es in Wahrheit ist; und hierin eben besteht seine Natur, Wirkliches, Subjekt oder Sichselbstwerden zu sein.»[37] Hinsichtlich dessen blieb keine andere Schlussfolgerung übrig, als dass sich das Absolute *bereits* verwirklicht *hat*, sprich dass das absolute Selbstbewusstsein *schon* eingetreten *ist*, und sich damit gezeigt *hat*, dass die Weltgeschichte sich an ihrem Ziel, in ihrem Resultat, befindet. Hegel musste, wollte er konsequent und widerspruchslos in seiner Argumentation sein, eben dies zu wissen in Anspruch nehmen. Woraus aber ergab sich, dass die Weltgeschichte ihr Eschaton erreicht habe? Hegel erkannte es in der Freiheitsphilosophie von Kant einerseits und in der Französischen Revolution andererseits.[38] Was sich dort im Gedanken erfasste, setzte sich hier in Realität um:

> In diesen Philosophien [Kants und seiner Nachfolger] ist die Revolution als in der Form des Gedankens niedergelegt und ausgesprochen, zu welcher der Geist in der letzteren Zeit in Deutschland fortgeschritten ist. [...] An dieser großen Epoche in der Weltgeschichte, deren innerstes Wesen begriffen wird in der Weltgeschichte, haben nur zwei Völker teilgenommen, das deutsche und das französische Volk, sosehr sie entgegengesetzt sind, oder gerade weil sie entgegengesetzt sind. Die anderen Nationen haben keinen Teil daran genommen, wohl ihre Regierungen, auch die Völker, politisch, aber nicht innerlich. In Deutschland ist dies Prinzip als Gedanke, Geist, Begriff, in Frankreich in die Wirklichkeit hinausgestürmt.[39]

Um freilich die Philosophie Kants und die Französische Revolution[40] als Zeichen deuten zu können, dass «das letzte Stadium der Geschichte»[41] eingetreten ist, bedarf es – noch einmal – eines absoluten Wissens. Hegel begreift seine Philosophie, die er zugleich als höchsten Ausdruck von Wissenschaft versteht, als genau dieses. Schon allein deshalb kann es nicht verwundern, dass bei ihm das Thema ‹Toleranz› nicht einmal von ferne anklingt. Wer sich im Besitz des absoluten Wissens, damit auch der absoluten Wahrheit, fühlt – dessen also, was die drei Buchreligionen allein Gott am Ende der Zeiten anheimstellten –,[42] der hat nichts mehr zu tolerieren, dem bleibt nur noch die *Beurteilung und Bewertung* der gesamten Weltgeschichte an seinem absoluten Maß. Nichts anderes unternimmt Hegel in allen seinen Werken, die sich mit der Menschheitsgeschichte in der Vielfalt ihrer Kulturen, Religionen und ‹Ideologien› befassen. Sie allesamt erhalten in seiner systematischen Rekonstruktion einen definitiven Platz und eine endgültige Einschätzung. Müßig zu betonen, dass es die europäische, genauer deutsch-protestantische, ja sogar preußische Kultur ist, an der jede andere Kultur dieser Welt in Vergangenheit und Gegenwart gemessen und bewertet wird.

Keine andere Geschichtsphilosophie hat so explizit absolutes Wissen in Anspruch genommen wie die von Hegel, nicht einmal jene, die in unmittelbarer Abhängigkeit zu ihr standen, allem voran der dialektische und historische Materialismus von Karl Marx und Friedrich Engels. Darin aber, dass es ein *unbezweifelbares* Wissen darüber gäbe, nach welchen Gesetzmäßigkeiten die *gesamte* Welt- und Menschheitsgeschichte verlaufe und auf welches Ziel sich diese (mehr oder weniger notwendig) zubewege, war man sich einig – egal ob man soziologisch-ökonomisch, szientistisch-technologisch, evolutionistisch oder lebensphilosophisch argumentierte. Nur auf Basis eines solchen Wissens ließen sich die Ansprüche, die mit diesen Philosophien, besser wohl ‹Ideologien›, einhergingen, rechtfertigen. Anders hätten sie sich selbst widersprochen.[43] *De facto* liefen somit auch diese Theorien auf eine Inanspruchnahme *absoluten* Wissens hinaus – mit all den Konsequenzen, die derartige Behauptungen implizieren, wenn sie im Gesellschaftlichen, im Politischen, im Kulturellen, im Wissenschaftlichen und nicht zuletzt im Privaten zur praktischen Anwendung gelangen. Bedingungen der Möglichkeit von Toleranz eröffneten sie jedenfalls kaum – höchstens in einer Form von Duldung *ohne* Anerkennung. Dazu sahen sie sich nicht in der Lage, nötigte ihnen doch allen ihr absoluter Wissensstandpunkt früher oder später eine Unbedingtheit des Denkens und Handelns auf, die keinen Freiraum zulässt, in dem Toleranz zum Tragen kommen könnte. Anstelle dessen boten sie geistige Voraussetzungen für vielerlei Formen von Diskriminierung, Eliminierung und am Ende sogar Massenmord.[44]

Zu absolutem Wissen sahen sich schließlich auch die *christlichen Religionsgemeinschaften* berufen, wenngleich nicht aufgrund einer denkerischen Spekulation, sondern autorisiert durch die göttliche Offenbarung, deren man teilhaftig zu sein beanspruchte. Im 19. Jahrhundert macht dies keine andere Konfession so unmissverständlich wie der Katholizismus, wenngleich er hinsichtlich ‹Toleranz› bzw. ‹Intoleranz› keineswegs alleine dasteht. Was im neulutherisch geprägten *Kirchlichen Handlexikon*, erschienen 1900 in Leipzig, zu lesen ist, nämlich: «Eine christliche Kirche, welche die ihr eigene Auffassung der christlichen Wahrheit als die alleinig richtige anerkennt, kann weder in dogmatischer noch ethischer Hinsicht tolerant sein, sie müßte denn ihr eigenes Wesen ausheben»,[45] ist ein sowohl auf protestantischer als auch orthodoxer Seite verbreiteter Standpunkt. Keine Konfession wurde in dieser Hinsicht jedoch dogmatisch und politisch so explizit wie die katholische Kirche.[46] Symbolisch dafür steht die Dogmatisierung der Unfehlbarkeit des Papstes auf dem 1. Vatikanischen Konzil (1869–1870), die sich auf die gesamte «Glaubens- und Sittenlehre (*doctrina de fide vel moribus*)» bezieht.[47] Auch wenn diese Deklaration speziell auf die christlichen Glaubensfragen und die *daraus* entspringenden ethischen Normen eingeschränkt bleibt, steht sie doch im Zusammenhang mit der Verurteilung all dessen, was der Aufklärung gut und teuer war, im Widerspruch. Papst Gregor XVI. (1831–1846) bezeichnet in seiner Enzyklika *Mirari vos* von 1832 den Anspruch auf Gewissensfreiheit des Einzelnen als «widersinnige und irrige Auffassung bzw. vielmehr [als] Wahn (*absurda* [...] *ac erronea sententia seu potius deliramentum*)», die der «höchst abscheulichen Quelle des Indifferentismus (*ex hoc putidissimo indifferentismi fonte*)» bzw. dem geradezu «pesthaften Irrtum (*pestilentissimo errori*)» entspringe (*fluit*), es gäbe so etwas wie «Meinungsfreiheit (*libertas opinionum*)».[48] Nicht weniger drastisch die Verurteilungen neuzeitlicher Positionen im sogenannten «Syllabus» Pius' IX. (1846–1878), dem Anhang zur Enzyklika *Quanta cura* aus 1864. Auch hier wird nicht toleriert, was zur Toleranz gehört – die Gewissens-, Religions- und Meinungsfreiheit.[49] Zu verurteilen sind (*reprobantur, anathema sint*) – unter vielem anderem – Auffassungen wie diese:

> Es steht jedem Menschen frei, diejenige Religion anzunehmen und zu bekennen, die man, vom Lichte der Vernunft geführt, für wahr erachtet.
> Die Menschen können im Kult jedweder Religion den Weg zum ewigen Heil finden und das ewige Heil erlangen.
> Wenigstens muss man gute Hoffnung für das ewige Heil all jener hegen, die sich überhaupt nicht in der wahren Kirche Christi befinden.
> Der Protestantismus ist nichts anderes als eine unterschiedliche Form derselben wahren christlichen Religion, in der es ebenso wie in der katholischen Kirche möglich ist, Gott zu gefallen.[50]

Einen ähnlichen Syllabus an nicht tolerablen Ansichten ließ noch 1907 Pius X. (1903–1914) als Dekret des Heiligen Offiziums publizieren,[51] quasi als Einstimmung auf die gegen die sogenannten «Modernisten» gerichtete Enzyklika *Pascendi dominici gregis*[52] (aus demselben Jahr) sowie auf den «Antimodernisteneid»[53] von 1910, den «zunächst alle mit Seelsorge oder Lehrtätigkeit betrauten Priester [...], weiterhin alle Kleriker vor dem Empfang höherer Weihen, Pfarrer, kirchliche Würdenträger oder Obere sowie theologische Lehrer vor der Übernahme ihres Amtes» zu schwören hatten.[54] Durch diese rigorose Intoleranz nach innen, mit Repressalien, Verurteilungen und Exkommunikationen, aber auch nach außen, wenn sie auf andere Konfessionen oder Religionen stieß, provozierte die katholische Kirche geradezu die Diskriminierungen, die ihr selbst widerfuhren – anhaltend (seit der Reformationszeit) in Großbritannien, anlässlich des Kulturkampfes in Deutschland,[55] aber auch im Gefolge des Kulturkampfes in der Schweiz[56] (beide während der 1870er Jahre).

> Ganz in der Konsequenz des Syllabus [von 1864] bleibt ‹tolerantia› für [...] die große Mehrheit der Katholiken, die nicht eine extreme Minderheit darstellten, ein negativer Begriff, weil er gleichgesetzt wird mit einer Auffassung, für die Wahrheit und Unwahrheit, Sittlichkeit und Unsittlichkeit gleich gültig sind. Der positive und syllabus-fremde Begriff ist die ‹patientia›, mit der die Kirche zuwartet, bis die Menschen zur einen, nämlich der katholischen Wahrheit finden. Dieser Grundsatz wird angewendet auf die Religionsfreiheit, die unterschiedslos (*promiscue*) zu gewähren auf Atheismus hinauslaufe, auf die Freiheit der Rede, der Presse, der Lehre, die einzuschränken eine Pflicht des Staates ist, unbeschadet der nichtantastbaren Lehrfreiheit der Kirche. (Oskar Köhler)[57]

«West-östlicher Divan»

Trotz der geschilderten ‹unguten Voraussetzungen› gab es auch im 19. Jahrhundert eine Weiterentwicklung des Toleranz-Diskurses. Um diesen wahrzunehmen, gilt es, sich den bereits (im Kapitel *Faktoren der Entwicklung* dieses Buches) angesprochenen Bedeutungswandel im Begriff der ‹Toleranz›, der in der besagten «Sattelzeit» seit der Mitte des 18. Jahrhunderts einsetzt,[58] noch einmal zu vergegenwärtigen. Er lässt sich unter den Titel ‹von der Toleranz zur Anerkennung› stellen, wobei es immer wieder die Goethe'sche Maxime – «Toleranz sollte eigentlich nur eine vorübergehende Gesinnung seyn; sie muß zur Anerkennung führen. Dulden heißt beleidigen» – ist, die am besten ausdrückt, was der Wandel impliziert. Deshalb lohnt es, an dieser Stelle auf Johann Wolfgang von Goethe (1749–1832)[59] und seine Maxime aus seinem sogenannten Spätwerk[60] näher einzugehen. Goethe bringt mit ihr nicht nur den begriffsgeschichtlichen Wandel des Toleranz-Begriffs auf den Punkt, er vollzieht ihn darüber hinaus in seinem Denken und seinem Werk auf exemplarische Art und Weise. Nirgends zeigt sich dies wiederum so eindrucksvoll wie an seinem Verhältnis zum Islam, das für seine Zeit ein absolut singuläres war – verhielt sich doch diese Mohammed und dem Islam gegenüber genauso feindselig und vorurteilsbehaftet wie die gesamte christliche Tradition. Was zu Beginn von Goethes Schaffens unter die auch von ihm gepflegte allgemeine religiöse Toleranz fällt, steigert sich im Laufe seines Lebens zu einer Anerkennung, die an Identifizierung grenzt. Eine seiner umfangreichsten Gedichtsammlungen, der *West-östlichen Divan* (verfasst ab 1814, publiziert 1819, erweitert neu aufgelegt 1827),[61] steht für den Kulminationspunkt dieser Entwicklung. Sie darf deshalb – ähnlich wie Lessings *Nathan der Weise* (1779) – zu den Maßstab-setzenden Texten der ganzen Geistes- und Kulturgeschichte gezählt werden, in denen sich der europäische Toleranz-Gedanke kaum übertreffbar ausdrückt. Es empfiehlt sich, die Geschichte seiner Entstehung hier in Erinnerung zu rufen.

Goethes Gesinnung darf sowohl nach dem seinerzeitigen als auch nach dem heutigen Verständnis von ‹Toleranz› als tolerant bezeichnet werden – zumindest in dem Sinne, dass er in der nicht reduzierbaren Vielfalt der Weltanschauungen und Bekenntnisse etwas Positives sah, das nicht nur hinzunehmen, sondern zu respektieren und zu achten «wahre Liberalität» bedeutet, sprich das Freisein für die Vielfalt dessen, was sich in jedem Menschen an Gefühl des Göttlich-Unendlichen ausdrückt. Als einen Beleg dafür sei der 1772 entstandene *Brief des Pastors zu *** an den neuen Pastor zu **** herangezogen – eine frühe Schrift, die Goethe 1773 als Einzeldruck anonym sowie ohne Orts- und Jahresangabe über seinen Verleger-Freund Johann Heinrich Merck in Darmstadt publizierte.[62] Dieser *Brief*, offensichtlich inspiriert von der *Profession de foi d'un vicaire savoyard* im Erziehungsroman *Émile ou De l'éducation* (1762) von Jean-Jacques Rousseau, auf die ausdrücklich Bezug genommen wird,[63] ist wie kaum ein anderes Werk Goethes expressis verbis dem Thema der religiösen Toleranz gewidmet.[64] Goethe selbst erinnert sich Jahrzehnte später (1812/13) in *Dichtung und Wahrheit* daran: «Das Hauptthema desselbigen Schreibens war jedoch die Losung der damaligen Zeit, sie hieß *Toleranz*, und galt unter den besseren Köpfen und Geistern.»[65] Schon «der Savoyische Vikar» bei Rousseau bekennt:

> Ich diene Gott in der Einfalt meines Herzens. [...] die Dogmen, die weder die Handlungen noch die Moral beeinflussen und so vielen Menschen Sorge machen, kümmern mich überhaupt nicht. Ich betrachte alle Einzelreligionen als ebenso viele heilsame Institutionen, die in jedem Land durch einen öffentlichen Kult eine einheitliche Weise der Gottesverehrung vorschreiben und alle ihre Berechtigung haben können [...].

> Für mich sind sie alle gut, wenn Gott damit gedient wird, wie es ihm zukommt. Der wesentliche Gottesdienst ist der des Herzens.⁶⁶

In dieselbe Richtung zielt der Pastor in Goethes *Brief*:

> Da habt ihr also die eine Ursache, warum und wie tolerant ich bin, ich überlasse, wie ihr seht, alle Ungläubigen der ewigen wiederbringenden Liebe, und habe das Zutrauen zu ihr, daß sie am besten wissen wird, den unsterblichen und unbefleckllichen Funken, unsere Seele, aus dem Leibe des Todes, auszuführen und mit einem neuen und unsterblich reinen Kleide zu umgeben. Und diese Seligkeit meiner friedfertigen Empfindung vertausche ich nicht mit dem höchsten Ansehn der Infallibilität. Welche Wonne ist es zu denken, daß der Türke der mich für einen Hund, und der Jude der mich für ein Schwein hält, sich einst freuen werden meine Brüder zu sein.⁶⁷
>
> Wenn wir das immer bedächten, und recht im Herzen fühlten was das sei Religion, und jeden auch fühlen ließen wie er könnte, und dann mit brüderlicher Liebe unter alle Sekten und Parteien träten, wie würde es uns freuen, den göttlichen Samen auf so vielerlei Weise Frucht bringen zu sehen. Dann würden wir ausrufen: Gottlob, daß das Reich Gottes auch da zu finden ist wo ichs nicht suchte.⁶⁸

Genauso wie «der Savoyische Vikar» bei Rousseau nur Eines verurteilt, nämlich die Intoleranz – «[…] Gott möge verhüten, dass ich ihnen [den Menschen] jemals das grausame Dogma der Unduldsamkeit (*intolérance*) predige, dass ich sie jemals dahin bringe, ihren Nächsten zu verabscheuen und zu anderen Menschen zu sagen: Ihr werdet verdammt sein»⁶⁹ –, so verurteilt der Goethe'sche Pastor «das Haupt-Elend der Intoleranz»⁷⁰ und rät – bemerkenswerterweise – den Christen: «denn da Gott Mensch geworden ist, damit wir arme sinnliche Kreaturen ihn mögen fassen und begreifen können, so muß man sich vor nichts mehr hüten, als ihn wieder zu Gott zu machen».⁷¹

Nicholas Boyle hat sicherlich recht, wenn er in seiner monumentalen Goethe-Biographie betont: «Dieser Pastor vertritt natürlich nicht Goethes eigenen Standpunkt […], er repräsentiert vielmehr jene Spezies von christlichem Pfarrer, mit der Goethe vorzugsweise umging, und jene Überzeugungen, die er seinerseits tolerieren konnte».⁷² Andererseits scheint mir Goethe in Briefen, die er zeitnah zum *Brief des Pastors* an seinen damaligen Freund, den schwärmerischen Zürcher Theologen Johann Caspar Lavater (1741–1801) bzw. an dessen Verwandten Johann Konrad Pfenninger (1747–1792) richtet, sich die Position des Pastors selbst zu eigen gemacht zu haben. So heißt es in einem Brief vom 26. April 1774 an diese beiden:

> Nur so schäz, lieb, bet ich die Zeugniss an, die mir darlegen, wie tausende oder einer vor mir eben das gefühlt haben, das mich kräftiget und stärcket. / Und so ist das Wort der Menschen mir Wort Gottes es mögens Pfaffen oder Huren gesammelt und zum Canon gerollt oder als Fragmente hingestreut haben. Und mit inniger Seele fall ich dem Bruder um den Hals Moses! Prophet! Evangelist! Apostel, Spinoza oder Machiavell. Darf aber auch iedem sagen, lieber Freund geht dir s doch wie mir!⁷³

Acht Jahre später, am 4. Oktober 1782, antwortet Goethe speziell Lavater, der sich mit seiner Toleranz nicht anfreunden wollte, kannte er doch nur die Alternative «Atheist oder Christ!» bzw. hielt er doch «alle Theologie, Christentum, Hoffnung des ewigen Lebens, Glauben an Gott [für] Wahn, Traum, Unsinn, Abgötterei, Atheismus und Schwärmerei zugleich [...] ohne *unmittelbares* Christus-Gefühl»:[74]

> Großen Dank verdient die Natur daß sie in die Existenz eines jeden lebenden Wesens auch so viel Heilungskraft gelegt hat [...]; und was sind die tausendfältigen Religionen anders als tausendfache Äußerungen dieser Heilungskraft. Mein Pflaster schlägt bei dir nicht an, deins nicht bei mir, in unseres Vaters Apotheke sind viel Recepte [nach Joh 14,2]. So habe ich auf deinen Brief nichts zu antworten, nichts zu widerlegen, aber dagegen zu stellen habe ich vieles. Wir sollten einmal unsere Glaubensbekenntnisse in zwei Columnen neben einander setzen und darauf einen Friedens- und Toleranzbund errichten.[75]

Wie sehr sich Goethe in der Toleranz, die sich in diesen Zeilen kundtut, treu bleibt, steht schließlich in einem Brief an Friedrich Heinrich Jacobi (1743–1819) etliche Jahre später – am 6. Januar 1813:

> Die Menschen werden durch Gesinnungen vereinigt, durch Meinungen getrennt. Jene sind ein Einfaches, in dem wir uns zusammenfinden, diese ein Mannigfaltiges, in das wir uns zerstreuen. [...] Ich für mich kann, bei den mannigfaltigen Richtungen meines Wesens, nicht an einer Denkweise genug haben; als Dichter und Künstler bin ich Polytheist, Pantheist hingegen als Naturforscher, und eins so entschieden wie das andre. Bedarf ich eines Gottes für meine Persönlichkeit, als sittlicher Mensch, so ist auch dafür schon gesorgt. Die himmlischen und irdischen Dinge sind ein so weites Reich, daß die Organe aller Wesen zusammen es nur erfassen mögen.[76]

Nach dem soeben Zitierten irritiert die Maxime «Toleranz sollte eigentlich nur eine vorübergehende Gesinnung seyn; sie muß zur Anerkennung führen. Dulden heißt beleidigen.» Gewiss, die Maxime entstammt der Spätzeit Goethes, sie wurde 1829 erstmals publiziert und dürfte erst kurz davor geschrieben worden sein. Goethe könnte in Fragen der Toleranz eine sogenannte Altersentwicklung durchgemacht haben. Sie verblüfft trotzdem, weiß man doch, dass Goethe gerade auch bei sich selbst jegliche Entwicklung als organische Entfaltung dessen empfand, was von Anfang an ihn selbst ausmachen sollte. In der Tat liegt hier keine Unstimmigkeit, geschweige denn eine Widersprüchlichkeit oder gar ein Gesinnungswandel vor. Goethe reflektiert vielmehr jene Zäsur, die sich in der europäischen Verständnisgeschichte von ‹Toleranz› zu seinen Lebzeiten ergeben hat. Wie dabei Toleranz zu Anerkennung führt, illustriert – wie gesagt – seine verblüffend intensive Beschäftigung mit dem Islam[77] – mit dem Koran, mit Mohammed und der muslimischen Dichtung.

Es beginnt mit der bereits angesprochenen Toleranz, die Goethe von Jugend auf der Überzeugung sein lässt, dass jeder Mensch ein Recht auf seine eigene Religion habe: «Ich studierte fleißig die verschiedenen Meinungen, und da ich oft genug hatte sagen hören, jeder Mensch habe am Ende doch seine eigene Religion; so kam mir nichts natürlicher vor, als daß ich mir auch meine eigene bilden könne, und dies tat ich mit vieler Behaglichkeit.»[78] Philosophisch inspiriert dazu ist er vor allem durch den Pantheismus Baruch de Spinozas, der Gott mit allem Sein identifiziert – «Er [Spinoza] beweist nicht das Daseyn Gottes, das Daseyn ist Gott.»[79] – und deshalb jeder Religion eine Gleichunmittelbarkeit zu Gott zubilligt. Konkret auf den Islam bezogen, ist es sodann die Poesie des Korans sowie der arabischen Literatur, die Goethe sogleich in seinen Bann zieht. «In keiner Sprache ist vielleicht Geist, Wort und Schrift so uranfänglich zusammengekörpert»,[80] so dass «in dieser Literatur die Sprache als Sprache die erste Rolle spielt».[81] Vom ersten Augenblick an spürt er, dass im Islam an die Stelle der christlichen ‹Inkarnation› (Fleisch- bzw. Menschwerdung) die ‹Inlibration› (Schrift- bzw. Buchwerdung) tritt – ein immens poetischer Gedanke.[82] Er ahnt, dass sich im Koran die Schönheit Gottes vergegenwärtigt.[83] Deshalb verwirft er die 1771 erschienene Koran-Übersetzung von David Friederich Megerlin mit den Worten: «*Megerlins Koran. Diese elende Produktion* […]. Wir wünschten, daß einmal eine andere unter morgenländischem Himmel von einem Deutschen verfertigt würde, der mit allem Dichter- und Prophetengefühl in seinem Zelte den Koran läse, und Ahndungsgeist genug hätte, das Ganze zu umfassen.»[84] Zeitweise muss er sich selbst dazu berufen gefühlt haben, immerhin exzerpierte er etliche Suren, wobei er Megerlins deutsche Koran-Ausgabe mit der philologisch korrekten lateinischen Version von Ludovico Maracci von 1698 sowie mit jener englischsprachigen des Rechtsanwalts und Orient-Kenners George Sale von 1734 verglich, sie korrigierte und literarisch nachempfindend umformulierte,[85] zugleich machte er sich dichterisch ans Werk, indem er 1772 eine Tragödie über Mohammed («Mahomet») entwarf,[86] vor allem aber sich zu einer seiner umfangreichsten Gedichtsammlungen, den *West-östlichen Divan* (1819, erweitert 1827), hinreißen ließ – einem lyrisch-religiös gestalteten Dialog mit dem persischen Dichter Mohammed Schemsed-din Hafis (1315–1390).[87] Und Goethe verschwieg nicht, dass es ihm dabei um mehr als um bloße Literatur ging: «Wollen wir an diesen Productionen der herrlichsten Geister Theil nehmen, so müssen wir uns orientalisieren, der Orient wird nicht zu uns herüber kommen.»[88] «Und was sollte den Dichter hindern, Mahomets Wunderpferd zu besteigen und sich durch alle Himmel zu schwingen? warum sollte er nicht ehrfurchtsvoll jene heilige Nacht feyern, wo der Koran vollständig dem Propheten von obenher gebracht ward? Hier ist noch gar manches zu gewinnen.»[89] Er geht sogar so weit, in einer Ankündigung des *Divans* zu bekennen, «er [der Dichter, Goethe] lehnt den Verdacht nicht ab, daß er selbst ein Muselmann sei».[90] Denn – in Anspielung an Röm 14,8 –: «Wenn *Islam* Gott ergeben heißt, / Im Islam leben und sterben wir alle».[91]

Goethe ist damit nicht zu «einem zum Islam bekehrten Heiden» geworden, wie es Friedrich Schlegel behauptete und Heinrich Heine amüsiert kolportierte.[92] Das ergibt sich schon allein daraus, dass er zum Islam, besonders zu Mohammed und seinem politischen Agieren, auch durchaus kritische Worte fand; mehr aber noch ergibt es sich aus der Religiosität Goethes. In dieser Religiosität, die sich – wie gesagt – der pantheistischen Philosophie Spinozas nahe fühlte, hatten Grenzen keinen Platz, weder solche einer Religion noch solche einer Konfession. Authentische Religiosität als «erste und sicherste Annäherung an das höchste Wesen» erspürte er vielmehr in jeder Religion bzw. Konfession, in der sich eine «unbedingte Ergebenheit in den Willen Gottes» bzw. die «unbegrenzte Hingebung in seinen Heiligen Willen» glaubhaft äußert.[93] Auf sie stieß er – was bemerkenswert genug ist – im Islam nicht weniger als im Christentum oder in anderen Religionen. Deshalb gilt für ihn – übrigens im Anklang an Koran, Sure 2, 115 – was in allen Fassungen des *Divans* zu stehen kommt: «Gottes ist der Orient! / Gottes ist der Occident! / Nord- und südliches Gelände / Ruht im Frieden seiner Hände.»[94] Daraus kann wiederum nur eine Toleranz resultieren, die nicht allein jedem Menschen «seine eigene Religion» zubilligt, sondern darüber hinaus auch die Fähigkeit zur «Annäherung an das höchste Wesen» attestiert. Gerade weil jedoch diese Religiosität in jedem Menschen und in jeder Religion ebenso die eigene Religiosität ist, die sich im Anderen wiederfindet, erwächst aus solcher Toleranz wie von selbst, was Kant «Achtung» und Goethe «Anerkennung» nennt. Solche Anerkennung nähert sich – Goethes ‹Orientalisierung› bzw. künstlerische Auseinandersetzung mit dem Islam illustriert es beispielhaft – unverkennbar einer Identifizierung. Dies freilich nur insoweit, als darin die Differenz, die aus Goethes Pantheismus gegenüber der muslimischen Religion resultiert, erhalten bleibt – was wiederum der Toleranz entspricht, die (wie dargelegt) in der Anerkennung nicht aufhört, sondern eine tiefere Form findet.

Es ist kein Zufall, dass Goethe seine Maxime über Toleranz und Anerkennung zur selben Zeit schreibt, in der er auch sein Konzept von «Weltliteratur» entwickelt, nämlich in den Jahren, als die letzten Hefte seiner Zeitschrift *Ueber Kunst und Altertum* erschienen – ab 1827.[95] Am 31. Januar 1827 bekennt er gegenüber Johann Peter Eckermann (1792–1854): «Nationalliteratur will jetzt nicht viel sagen, die Epoche der Welt-Literatur ist an der Zeit und jeder muß jetzt dazu wirken, diese Epoche zu beschleunigen.»[96] Was er dabei unter «Weltliteratur» versteht, erhellt folgende Reaktion auf Rezensionen deutschsprachiger Literatur in einigen englischen Zeitschriften im Mai 1828: «Diese Zeitschriften [...] werden zu einer gehofften allgemeinen Weltliteratur auf das wirksamste beytragen; nur wiederholen wir, daß nicht die Rede seyn könne, die Nationen sollen übereindenken, sondern sie sollen nur einander gewahr werden, sich begreifen, und wenn sie sich wechselseitig nicht lieben mögen, sich einander wenigstens dulden lernen.»[97] Ausdrücklich betrachtet Goethe «Weltliteratur» an anderer Stelle (Ende 1827) als «mein hoffnungsreiches Wort»[98], womit er klar macht, dass er dabei weder an «einen Kanon weltweit und überzeitlich gültiger literarischer Werke» noch an «die Summe der Literatur aller Völker und Zeiten» denkt, sondern vielmehr an «einen Prozeß des Austauschs und des Gesprächs [...] zwischen den Nationen», bzw. eine «internationale und interkulturelle Kommunikation» im Blick hat.[99] Ist ‹Weltliteratur› für Goethe somit «kein normativer und auch kein additiver Begriff»[100], bezieht er sich also auf ein kommunikatives *Handeln*, so darf nach all dem hier Dargelegten behauptet werden, dass das Prinzip dieses Handelns genau jenes der Toleranz ist, die zu Anerkennung führt. Wir wissen nicht, ob Goethe dazu in dem noch geplanten, jedoch nicht mehr zustande gekommenen Aufsatz über ‹Weltliteratur› für den 6. Band seiner Zeitschrift *Ueber Kunst und Altertum* dahingehend explizit geworden wäre. Es bleibt mit Anne Bonnenkamp zu vermuten,[101] dass er es dort genauso wie an den anderen – übrigens nicht zahlreichen – Stellen, an denen er den Begriff ausdrücklich verwendet, vorgezogen hätte, sich weniger durch systematische Bestimmung oder Definition, als durch Praktizierung dessen, wozu ihn sein Verständnis von ‹Weltliteratur› aufforderte, zu äußern. Das allein würde die These bestätigen, liefe doch eine Literatur aus dem Geiste der Toleranz und der Anerkennung, die nicht praktizierte, wozu sie sich bekennt, auf einen Widerspruch in sich selbst hinaus.

Anerkennungs-Diskurse

Mit der Deklarierung der Menschenrechte am Ende des 18. Jahrhunderts erhält die Anerkennungskomponente, die jedem sittlichen Toleranz-Akt innewohnt, so stark Übergewicht, dass man von einer ‹Aufhebung› (im Sinne Hegels) des Toleranz-Begriffs in jenen der Anerkennung sprechen darf. Der Grund dafür liegt darin, dass es angesichts (zumindest) einiger der verkündeten und gesetzlich verankerten Menschenrechte – wie vor allem jenem der Gleichbehandlung – nichts mehr zu tolerieren gibt, sondern diese schlicht Anerkennung fordern. Toleranz tritt in dieser Hinsicht nur noch in Gestalt ihrer Negation auf, als Nicht-Tolerieren der Missachtung oder Verletzung dessen, was als Recht gilt bzw. anzuerkennen wäre. So erscheint sie in Bezug auf das Gleichbehandlungsrecht als das Nicht-Tolerieren jeglicher Form von Diskriminierung. Die Konsequenzen dieses Wandels im Verständnis von ‹Toleranz› sind weitreichend. Zum einen vergrößert sich das Spektrum dessen, was in den Toleranz-Diskurs einzubeziehen ist. Es erstreckt sich auf alle Menschenrechte, sofern deren Nicht-Respektierung zu dem zählt, was in einer an diesen Rechten orientierten Wertegemeinschaft auf ‹Null-Toleranz› stößt. Zum anderen treten neue Subjekte der Toleranz-Ausübung auf: Völker, Gesellschaften, Staaten. Nicht zufällig kommt in derselben Zeit, in der einerseits die Menschenrechte erstmals deklariert werden, andererseits der Nationalismus zu blühen beginnt, die Idee und Vorstellung von einem ‹Selbstbestimmungsrecht der Völker› auf.[102] Angeregt durch Jean-Jacques Rousseaus Begriff der «volonté générale», der die Bündelung und Vereinheitlichung des je individuellen und autonomen Willens aller Mitglieder eines Gemeinwesens ausdrückt,[103] vor allem aber unter dem Eindruck der Entstehung der Vereinigten Staaten von Amerika und der damit einhergehenden autonomen Bildung eines neuen Staates,[104] betrachtet man zunehmend auch ‹Völker› – was immer darunter konkret verstanden wurde – in Analogie zum menschlichen Individuum und dessen Fähigkeit zu autonom-freier Selbstbestimmung als Subjekte.[105] Dergestalt steht jedes Volk – wie ein Individuum –

unter einer ethischen Verpflichtung. Was hinsichtlich Toleranz bedeutet, dass sich ein Volk als ‹tolerant› bezeichnen lässt, sobald es die Menschenrechte anerkennt und sich dazu angehalten weiß, diese in seiner Gemeinschaft verfassungsmäßig zu verankern und gesellschaftlich zu verwirklichen. Es bildet dies die Grundlage dafür, dass es eines Tages eine Völkergemeinschaft gibt, die sich darauf einigt, auf Basis der Menschenrechte und eines darauf fußenden Völkerrechts die Toleranz zum normativen Prinzip einer Weltgemeinschaft zu machen. Die ‹Aufhebung› des Toleranz-Begriffs in jenen der Anerkennung kommt dieser Entwicklung entgegen.

Daraus ergibt sich noch einmal, dass das Thema ‹Toleranz› während des 19. Jahrhunderts keineswegs verschwindet, sondern präsent bleibt, wenngleich unter einem anderen Begriff – eben unter jenem der ‹Anerkennung›.[106] Beachtet man dies, zeichnen sich im Hinblick auf die Menschenrechte – auf die bereits deklarierten ebenso wie auf die erst noch zu erkennenden und erkämpfenden – neue und weitere Diskursfelder ab. Es sind dies für die fragliche Epoche vor allem drei Themen: die *Abschaffung der Sklaverei*, die *Gleichbehandlung der Frauen* sowie die *soziale Gerechtigkeit*. In allen drei Fällen ist Toleranz in der Form des Nicht-Tolerierens von Diskriminierung hinsichtlich der Menschenrechte auf Freiheit, Gleichheit und (gutes, glückliches) Leben gefordert – als Anerkennung dieser Rechte. Wie ‹Toleranz› dergestalt zum Tragen kam und als ‹Anerkennung› Wirklichkeit wurde, muss an dieser Stelle nicht *in extenso* dargelegt werden. Es genügen wenige Hinweise, um zu verdeutlichen, was gemeint ist.

Zunächst zur *Abschaffung der Sklaverei*:[107] Was schon vor dem 19. Jahrhundert – vereinzelt zwar, aber immerhin – kritisiert und abgelehnt wurde, begann sich zwischen 1807 (gesetzliches Verbot des Sklaven*handels* [der Sklaverei erst 1833/4] in sämtlichen britischen Hoheitsgebieten durch die beiden Häuser des Londoner Parlaments) und 1888 (die «Lei Áurea» zur Befreiung der Sklaven in Brasilien) durchzusetzen – zunächst auf gesetzlicher Ebene, sukzessive, in beträchtlich unterschiedlichem Ausmaß, auch in den Lebenswelten der Millionen an Betroffenen weltweit. Den Anstoß dazu boten die Menschenrechtserklärungen auf beiden Seiten des Atlantiks (1776 und 1789), die Revolution der Sklaven von Saint-Dominigue, später Haiti (ab August 1791)[108] sowie die Abolitionisten-Bewegung in England (seit Ende des 18. Jahrhunderts). Sozusagen ‹freiwillig› und aufgrund ethischer sowie christlich-religiöser Überzeugungen geschah es ausschließlich im britischen Empire, von wo aus ein gewisser Dominoeffekt in Richtung der weiterhin Sklaven-haltenden Staaten und Kolonien ausging.[109] Großbritannien legitimierte seinen Kolonialismus sogar damit, dass es durch diesen die Menschen von der Sklaverei befreie und auf diese Weise den Menschenrechten zum Durchbruch verhelfe. Anderswo bedurfte es der Revolutionen (wie in Haiti) oder eines Bürgerkrieges (wie in den USA 1861–1865). Selbst da gab es jedoch den Bezug zur Deklaration der Menschenrechte: auf Haiti in den Auseinandersetzungen mit dem Revolutionsregime in Paris (1791–1794), in den Vereinigten Staaten seit der Ausarbeitung der sie begründenden Unabhängigkeitserklärung (1776–1791).

Wurde es auch sonst im 19. Jahrhundert – wie erwähnt – um die Menschenrechte auffällig ruhig, hier war es nicht der Fall, hier bildeten sie den ‹nervus rerum›, um den es letztlich ging. Dies alles führte freilich nicht zum völligen Verschwinden der Sklaverei. Keineswegs, in einigen Ländern wie auf Kuba, in Brasilien oder in den Südstaaten der USA blühte der Sklavenhandel zeitweise wie nie zuvor; und als es ihn aufgrund des Verbots offiziell nicht mehr geben durfte, änderte dies nichts daran, dass viele der ‹befreiten› Sklaven massiv diskriminiert und *de facto* anhaltend versklavt blieben. Ganz zu schweigen von der faktischen Versklavung, die in einigen Fällen mit der kolonialistischen Repression einherging;[110] ganz zu schweigen auch von Ländern wie Indien, Ceylon sowie den muslimisch dominierten Staaten, in denen die Sklaven aus der jeweils eigenen Bevölkerung kamen, und wo Sklavenhaltung noch lange nichts Anrüchiges hatte. Obwohl es also Sklaverei nach wie vor gab, wurde sie Ende des Jahrhunderts nirgends mehr offiziell oder eingestandenermaßen toleriert.

Der Kampf um die *Gleichberechtigung der Frauen* fällt nicht nur zeitlich mit der Abschaffung der Sklaverei zusammen. Im Zuge der Auseinandersetzungen wird er sogar mit dieser auf eine Ebene gestellt, sehen doch nicht wenige ‹Feministinnen›[111] die Frau ob ihrer Rechtlosigkeit gegenüber dem Mann zur faktischen Sklaverei verurteilt.[112] So provozieren die Deklarationen der Menschenrechte auch die Forderung nach der gesellschaftlichen und gesetzlichen Gleichstellung der Frau.[113] Nicht zufällig adressiert schon 1790 – vor Thomas Paine in seiner bekannten Apologie *Rights of Man* (1791) – die englische Schriftstellerin, Philosophin und Frauenrechtlerin Mary Wollstonecraft (1759–1797) eine Verteidigung der Menschenrechte gegenüber der (erwähnten) Kritik Edmunds Burkes an diesen[114] und lässt sie zwei Jahre später in *A Vindication of the Rights of Woman with Strictures on Political an Moral Subjects*[115] einfließen. Wollstonecraft hält sich in Frankreich auf, als die Schriftstellerin und Publizistin Olympe de Gouges (1748–1793) eine noch spektakulärere Aktion setzt: Nachdem die Nationalversammlung am 3. September 1791 auf Basis der *Déclaration des droits de l'homme et du citoyen* von 1789 über die Verfassung Frankreichs entschied, richtete diese an dieselbe Nationalversammlung die von ihr verfasste *Déclaration des droits de la femme et de la citoyenne* und publizierte sie zeitgleich in Paris.[116] Darin stellte sie – angefangen von der Präambel – jedem Artikel der verfassungsmäßigen Erklärung der Menschen- und Bürgerrechte ihre ‹feministische› Formulierung gegenüber. Wenige Zitate aus ihrem Antragstext genügen:

> Wir Mütter, wir Töchter, wir Schwestern, Repräsentantinnen der Nation […] haben beschlossen, in einer feierlichen Erklärung die natürlichen, unveräußerlichen und heiligen Rechte der Frau festzulegen, auf dass diese Erklärung allen Mitgliedern des Sozialkörpers ständig vor Augen steht und sie ohne Unterlass an ihre Rechte und Pflichten erinnert. […] In Konsequenz dessen, erkennt und erklärt das an Schönheit und Mut im Ertragen der Mutterschaft überlegene Geschlecht, in Gegenwart und unter den Auspizien des Höchsten Wesens, die folgenden Rechte der Frau und

Bürgerin. [...] Die Frau ist frei geboren und bleibt dem Manne gleich an Rechten. Die sozialen Unterschiede können nur auf gemeinsamem Nutzen gegründet sein. [...] Der Zweck jeder politischen Vereinigung ist die Erhaltung der natürlichen und unantastbaren Rechte der Frau und des Mannes: diese Rechte sind Freiheit, Eigentum, (Rechts-) Sicherheit und vor allem das Recht auf Widerstand gegen Unterdrückung. [...] Das Gesetz ist das gleiche für alle: alle Bürgerinnen und alle Bürger, gleich in den Augen des Gesetzes, müssen gleichen Zugang haben zu allen Würden, Stellen und öffentlichen Ämtern, entsprechend ihren Fähigkeiten und ohne andere Unterschiede als die ihrer Tugenden und Talente. [...] Keine/r darf verfolgt werden wegen ihrer / seiner Meinung, wie grundsätzlich auch immer; die Frau hat das Recht, das Schafott zu besteigen, sie hat gleichermaßen das Recht, die Tribüne zu besteigen [...][117]

Olympe de Gouges stieß mit ihren Forderungen erwartungsgemäß auf kein positives Echo. Im Gegenteil, royalistischer Parteinahme verdächtigt und als Gegnerin der Revolution denunziert, wurde sie am 2. November 1793 vom Revolutionstribunal zum Tode verurteilt und am Tag danach hingerichtet.[118] In dieselbe Richtung wie die *Déclaration* von de Gouges weist mehr als fünfzig Jahre später die am 19./20. Juli 1848 in Seneca Falls, nahe New York unterzeichnete *Declaration of Sentiments*, die federführend von der amerikanischen Frauenrechtlerin Elizabeth Cady Stanton (1815–1902) verfasst wurde. Sie hält sich an die Unabhängigkeitserklärung der USA von 1776 und paraphrasiert diese wie de Gouges die *Déclaration des droits de l'homme et du citoyen* von 1789:

We hold these truths to be self-evident; / that all men and women are created equal; / that they are endowed by their Creator with certain inalienable rights; / that among these are life, liberty, and the pursuit of happiness; that to secure these rights governments are instituted, deriving their just powers from the consent of the governed. / Whenever any form of government becomes destructive of these ends, it is the right of those who suffer from it to refuse allegiance to it, and to insist upon the institution of a new government, laying its foundation on such principles, and organizing its powers in such form, as to them shall seem most likely to effect their safety and happiness.

Erneut wird die gesellschaftliche Ungleichbehandlung der Frau mit der Sklaverei verglichen, die hier «absolute tyranny» heißt und die zur «entire disfranchisement of one-half the people of this country» führt, was sich aber auch daraus ergibt, dass sich etliche Initiatorinnen der Zusammenkunft von Seneca Falls aus der Antisklaverei-Bewegung kannten und darin besonders engagierten.[119]

Aus der Geschichte der Kämpfe um die Gleichberechtigung von Frauen im 19. Jahrhundert, die von respektablen Erfolgen und gleichzeitig großen Rückschlägen gekennzeichnet ist,[120] sei hier nur noch der wohl bemerkenswerteste Beitrag seitens der Philosophie herausgegriffen: Dieser wurde nicht nur ‹literarisch›, sondern ebenso politisch durch das Ehepaar John Stuart Mill (1806–1873) und Harriet Taylor (1807–1858) erbracht. Selbst Mills berühmteste Schrift *On Liberty* (London 1859), die den modernen Liberalismus begründete und schon allein deshalb zu den Klassikern der englischsprachigen Toleranz-Literatur zählt, ist nach seiner dezidierten Aussage als Gemeinschaftswerk von ihm und seiner Frau zu betrachten.[121] Jedenfalls war Mill von 1865 bis 1868 als Abgeordneter der ‹Whigs› (‹Liberal Party›) Mitglied des Unterhauses im britischen Parlament. Als solcher trat er in mehreren Reden vor allem für das Frauenwahlrecht ein. 1869 erschien die aufsehenerregende Schrift *The Subjection of Women*, für welche Mill gemeinsam mit der Tochter seiner inzwischen verstorbenen Frau Helen Taylor firmierte, mit dem Hinweis, dass es «unter Rückgriff auf Gedanken von Harriet Taylor» (ab 1855) entstanden sei.[122] Nicht in diesem vielzitierten Buch, sondern in einem frühen Text von Harriet Taylor, *Sources of Conformity*, den sich Mill (wie sämtliche Texte seiner Frau) vollinhaltlich zu eigen machte, wird der sonst kaum so explizit reflektierte Zusammenhang zwischen dem Engagement für die Gleichberechtigung der Frau und der Toleranz hergestellt:

> Wäre der Geist der Toleranz überall anzutreffen, wäre der Name Toleranz unbekannt. Der Name impliziert die Existenz ihres Gegenteils. Toleranz kann nicht einmal zu den seltsam benannten ‹negativen Tugenden› gezählt werden: solange wir uns noch bewusst sein können, dass wir etwas tolerieren, muss ein Rest von Intoleranz geblieben sein – nicht tugendhaft zu sein lässt es doch auch zu, nicht böse zu sein: Das trifft hier nicht zu – nicht großherzig zu sein heißt hartherzig sein. Tolerieren heißt sich ungerechtfertigter Einmischung enthalten, eine Haltung, die gewiss eines Tages keinen Platz mehr in einem Tugendkatalog finden wird. Gegenwärtig wird der Geist der Toleranz jedoch leider von vielen nicht einmal verstanden. ‹Die Art von Gnade weiß von Zwang› [Shakespeare], und durch die Erziehung zu deren Gegenteil, wie sie die meisten von uns erhalten, wird sie, falls sie je erreicht wird, eine lobenswerte Fähigkeit statt eine nicht bewusste und nahezu instinktive Gegebenheit.[123]

Dabei gilt es zu beachten, dass sich in dieser Toleranz nicht allein die Anerkennung der Gleichberechtigung der Frau ausdrückt, sondern grundsätzlicher noch die Achtung ihres Selbstseins, das ein anderes ist als jenes des Mannes. In der Formulierung der deutschen Frauenrechtlerin Marie Stritt (1855–1928) am Internationalen Frauen-Kongress von 1904:

> Nicht um dem Manne *gleich* zu werden, sondern um mehr und ganz *sie selbst* sein zu können, fordert die Frau das Recht der freien Selbstbestimmung auch für sich […], sondern weil wir *andersartig*, der menschlichen Kultur, der Welt da draußen *als Frauen* ganz andere, neue, höchste Werte zu geben haben, Güter, die ihr bis heute gefehlt haben […][124]

Im Hinblick darauf gewinnt sowohl bei Harriet Taylor als auch in den frühen Gleichberechtigungsdebatten die Frage einer geschlechtergerechten Pädagogik einen zentralen Stellenwert – auch dies eine Facette der Toleranz-Thematik.

Die ‹soziale Frage›, verbunden mit dem *Kampf um soziale Gerechtigkeit*, steht in enger inhaltlicher und politischer Verbindung mit der Abschaffung der Sklaverei sowie mit dem Einsatz für die Gleichberechtigung der Frau. Das Schicksal der arbeitenden, proletarischen Bevölkerung wurde grundsätzlich als «Sklaverei» denunziert. Karl Marx sieht in der «Sklavenarbeit» den Menschen zum «Tier»,[125] zur «Ware»,[126] ja zur «Maschine»[127] degradiert. Noch einmal katastrophaler ist die Situation der arbeitenden Frau, sofern sie zugleich unter der Sklaverei des Patriarchats zu leiden hat, weshalb August Bebel (1840–1913), Gründer und Führer der SPD, in seinem einflussreichen Buch *Die Frau und der Sozialismus* (1879) festhält: «Es gibt keine Befreiung der Menschheit ohne die soziale Unabhängigkeit und die Gleichstellung der Geschlechter.»[128] Konkret kam die ‹soziale Frage› in ihrer seither bekannten Form im Gefolge der Industrialisierung seit Mitte des 18. Jahrhunderts auf – beginnend in England, von da aus in einigen Ländern des europäischen Festlandes, bald auch in den USA. Mit ihr entstanden die politisch-sozialen Bewegungen, die ab 1848 zur Gründung von Gewerkschaften, sozialistischen und kommunistischen Parteien sowie Genossenschaften führten. Im Vordergrund all dieser Initiativen stand die Bemühung, der massenhaften Verelendung des sogenannten ‹Proletariats›, sprich der Arbeiter und Arbeiterinnen, nicht zuletzt der Kinder, unter den Bedingungen der neuen kapitalistischen Wirtschaftsordnung entgegenzuwirken – was so gut wie überall auf Klassenkampf bzw. auf gesellschaftspolitische Revolutionen hinauslief. Im Kern ging es freilich um die Anerkennung eines weiteren Menschenrechtes, jenes auf Arbeit, genauerhin um jenes auf Arbeit unter menschenwürdigen Bedingungen sowie auf eine gerechte Entlohnung, beides als Bedingung der Möglichkeit eines menschenwürdigen Lebens. Das Recht auf Arbeit entspringt dem Recht auf Leben. Was umgekehrt bis zum Klassenkampf nicht mehr toleriert wurde, war die faktische «Versklavung»[129] der arbeitenden Bevölkerung zugunsten des Kapitalismus, die nicht nur ein schreiendes Unrecht darstellte, sondern die arbeitenden Menschen um ihr Menschsein brachte.

Es ist bekanntlich das Verdienst von Karl Marx (1818–1883), erstmals bewusst gemacht zu haben, dass die menschliche Arbeit als Grundvollzug des Menschseins überhaupt zu begreifen ist.[130] Was bis dahin in der Geschichte als das unvermeidliche Übel galt, welches der allergrößte Teil der Menschheit zu schultern hatte, der es sich anders nicht leisten konnte, als im Schweiße seines Angesichts sein Leben bis zum Tode zu fristen, der eben dazu schlicht verdammt war, das erscheint bei Marx als das Auszeichnende des Menschen schlechthin. Die Vermittlung zwischen Mensch und Natur, welche die Arbeit bewirkt, führt dahin, dass der Mensch das scheinbar Andere bzw. Fremde (die Natur im engeren Sinne) sich aneignet und so genau darin sich selbst findet. Nicht von ungefähr sieht Marx eine Entsprechung zwischen der Arbeit und dem Akt der natürlichen Zeugung. Da wie dort geschieht eine «Produktion» des Menschen als Menschen – einmal als die von ihm «werktätig» geschaffene Welt, das andere Mal als das durch Zeugung fortgepflanzte «Gattungsleben».[131] Wodurch mitgesagt ist, dass die Bedingung der Möglichkeit solcher «Produktion» in der Interaktion von Menschen, sprich in der «Gesellschaft» liegt:

> Das *menschliche* Wesen der Natur ist erst da für den *gesellschaftlichen* Menschen; denn erst hier ist sie für ihn da als *Band* mit dem *Menschen*, als Dasein seiner für den andren und des andren für ihn, wie als Lebenselement der menschlichen Wirklichkeit, erst hier ist sie da als *Grundlage* seines eigenen *menschlichen* Daseins. Erst hier ist ihm sein *natürliches* Dasein sein *menschliches* Dasein und die Natur für ihn zum Menschen geworden. Also die *Gesellschaft* ist die vollendete Wesenseinheit des Menschen mit der Natur, die wahre Resurrektion der Natur, der durchgeführte Naturalismus des Menschen und der durchgeführte Humanismus der Natur.[132]

Hieraus ergibt sich von selbst, dass eine Gesellschaft, die durch Unrecht zumindest einem Teil der Bevölkerung den Ertrag seiner «Produktion» verweigert, diesen nicht allein um den gerechten Lohn bringt, sondern ihm die Möglichkeit *Mensch zu sein* entzieht. Marx spricht in diesem Zusammenhang von einer «Entwirklichung», «Entäußerung» bzw. «Entfremdung» des Menschen.[133] Diese wiederum betrachtet er als zwangsläufige Konsequenz des kapitalistischen Wirtschaftssystems, welches das Produkt der Arbeit auf seinen Geldwert reduziert und es dadurch zu einer bloßen Ware auf dem Kapitalmarkt degradiert – was bedeutet: «Mit der *Verwertung* der Sachenwelt nimmt die *Entwertung* der Menschenwelt in direktem Verhältnis zu.»[134] Das führt letztlich zum Sterben des arbeitenden Menschen, denn «die Verwirklichung der Arbeit erscheint so sehr als Entwirklichung, dass der Arbeiter bis zum Hungertod entwirklicht wird.»[135] In anderen Worten: Der arbeitende Mensch geht aller Rechte, die ihm als Menschen zustehen, sogar jenes auf das bloße Leben, verlustig. Er entbehrt am buchstäblichen Ende jeglicher Anerkennung seiner selbst als Mensch. Was im Hinblick auf die Toleranz als Ausdruck der Achtung vor der Würde jedes Menschen und seiner unveräußerlichen Rechte nur besagen kann, dass angesichts dessen Nicht-Toleranz angesagt ist.

Europa-Visionen

Eine Vorreiterrolle für jenen Toleranz-Diskurs, der in der Zwischenkriegszeit des 20. Jahrhunderts mit Visionen von ‹Europa› verbunden sein wird, übernehmen schließlich vereinzelte Initiativen literarischer, wissenschaftlicher und politischer Art, die in einer transnationalen Ausrichtung auf die Schaffung der «Vereinigten Staaten von Europa» zielen.[136] Sie setzen ein bei dem Philosophen Karl Christian Friedrich Krause (1781–1832), einem Schüler J. G. Fichtes und Schellings, der bereits während des Wiener Kongresses 1814 den *Entwurf eines Europäischen Staatenbundes als Basis des allgemeinen Friedens und als rechtliches Mittel gegen jeden Angriff wider die innere und äußere Freiheit Europas* vorlegt und sich dabei sowohl an Kants Idee eines «Weltbürgertums» bzw. eines «ewigen Friedens» als auch am Vorbild der Verfassung der USA orientiert.[137] Die Philosophie Krauses findet erst um die Mitte des Jahrhunderts (nicht in Deutschland, sondern in Spanien und Südamerika) eine Rezeption – zur selben Zeit, in der weitere Initiativen Wirkung entfalten, die von England, Deutschland, Frankreich und Italien ausgehen und punktuell sogar voneinander abhängen. Die prominentesten Namen sind der schottische Schriftsteller und Journalist Charles Mackay (1814–1889), der erstmals von den «Vereinigten Staaten von Europa» spricht, Arnold Ruge (1802–1880), der Revolutionär im deutschen Vormärz und Abgeordnete zur Frankfurter Nationalversammlung, Giuseppe Mazzini (1805–1872), der Vorkämpfer für die Einigung Italiens, zugleich international anerkannter Philosoph, Journalist und Politiker, sowie der französische Dichter und Parlamentarier Victor Hugo (1802–1885), auf dessen Europa-Reden heute noch Bezug genommen wird. Angeregt zu ihren Initiativen waren sie unter anderem durch die Vision eines europäischen Parlaments und einer ebensolchen Regierung, wie sie Claude Henri von Saint-Simon (1760–1825) und Augustin Thierry (1795–1852) in ihrem einflussreichen Buch *De la réorganisation de la société Européenne* (1814, deutsch im selben Jahr) entwarfen, durch den ‹Europa-freundlichen Nationalismus› in den journalistischen Kämpfen von Joseph Görres (1776–1848), durch die Idee einer «heiligen Allianz der Nationen», die sich der «neuen Religion» der Freiheit und der Menschenrechte verschrieben hatte, wie sie Heinrich Heine (1797–1856) in seinen *Reisebildern* (1826–1831) imaginierte, oder durch den ‹europäischen Kosmopolitismus›, der aus den *Briefen aus Paris* (1831/33) des Publizisten und Kritikers Ludwig Börne (1786–1837) sprach. Kulturell-literarischen Ausdruck fand diese Europa-Stimmung auch in den Zeitschriften *Revue des deux mondes* (ab 1831) und *L'Europe littéraire* (ab 1832), die beide in Paris erschienen, an denen unter anderem Heinrich Heine mitwirkte, sowie in dem von August Lewald (1792–1871), später von Gustav Kühne (1806–1888) herausgegebenen Periodicum *Europa. Chronik der gebildeten Welt* (gegründet 1835 in Stuttgart) – mit seiner «genuin europäischen Ausrichtung […] einzigartig; weder vorher noch später hat es eine der Struktur nach vergleichbare deutsche Zeitschrift gegeben».[138] Nicht zu vergessen die zahlreichen Salons und künstlerisch-literarischen ‹Kreise› in mehreren Metropolen, in denen es nicht selten persönliche Beziehungen waren, in denen so etwas wie ‹Europa› lebte.[139]

Auch wenn in diesen Zusammenhängen das Wort ‹Toleranz› (meines Wissens) nie fällt, ist Toleranz doch schon allein durch das alternative Programm zum damals verbreitet herrschenden Nationalismus gemeint. (Wobei – wie das Beispiel Mazzini zeigt – ein gewisser Nationalismus mit der transnationalen Gesinnung durchaus einhergehen konnte.) Dafür spricht nicht zuletzt die Orientierung am Vorbild der Vereinigten Staaten von Amerika, welche eine Anerkennung der Menschenrechte impliziert. Darin unterscheiden sich diese Europa-Visionen von jenen, die im 19. Jahrhundert unter anderem dem Imperialismus Napoleons, dem auf Gleichgewicht der Mächte setzenden System des Wiener Kongresses, der «Heiligen Allianz» von Russland, Preußen und Österreich im Namen von Orthodoxie, Protestantismus und Katholizismus oder dem *Europa christiana*-Bild der französisch-deutschen Romantiker (eines François-René Chateaubriand [1768–1848] oder eines Novalis [1772–1801]) zugrunde lagen.[140] Antinationalismus für sich bedeutet freilich nicht automatisch Toleranz – wie es das Beispiel Friedrich Nietzsches zeigt. Wohl sieht dieser im «Nationalitäts-Wahnsinn»,[141] der «Vaterländerei»,[142] «die Krankheit dieses Jahrhunderts»,[143] «derenthalben sich jetzt in Europa Volk gegen Volk wie in Quarantänen abgrenzt»[144] und dessentwegen der heutige Europäer «eine *sublime Missgeburt* [ist ...], eine verkleinerte, fast lächerliche Art, ein Heerdenthier, etwas Gutwilliges, Kränkliches und Mittelmäßiges».[145] Die «guten Europäer» bzw. die «Europäer von Übermorgen» werden dem zwar entgegenwirken, indem sie «an der Verschmelzung der Nationen arbeiten» und «die Erzeugung einer möglichst kräftigen europäischen Mischrasse» herbeiführen,[146] deshalb werden sie aber nicht von Toleranz beseelt sein, von einer «Herden-Tugend», die nichts anderes als die «Zuchtlosigkeit des modernen Geistes», die «Unfähigkeit zu Ja und Nein»,[147] ausdrückt, sondern im Gegenteil «eine *stärkere* Art» Mensch von rücksichtloser Stärke und Härte, die nichts anderes kennt als einen «Willen zur Macht», der sich über jede moralische und rechtliche Schranke hinwegsetzt.

Darüber hinaus gilt es festzuhalten, dass die Initiativen zugunsten der «Vereinigten Staaten von Europa» weniger durch Reflexionen auf ‹Toleranz› oder ‹Anerkennung› als vielmehr durch einen Pazifismus motiviert waren, der auf eine Versöhnung der (zumindest) großen Länder Europas zielte.[148] Prominent geht dies aus der «Jahrhundertrede» (P.M. Lützeler) von Victor Hugo am 21. August 1849 anlässlich des «Congrès international de la Paix» in Paris hervor. Darin heißt es unter anderem:

> [...] nous disons à la France, à l'Angleterre, à la Prusse, à l'Autriche, à l'Espagne, à l'Italie, à la Russie, nous leur disons: Un jour viendra où les armes vous tomberont des mains, à vous aussi! Un jour viendra où la guerre paraîtra aussi absurde et sera aussi impossible entre Paris et Londres, entre Pétersbourg et Berlin, entre Vienne et Turin, qu'elle serait impossible et qu'elle paraîtrait absurde aujourd'hui entre Rouen et Amiens, entre Boston et Philadelphie. Un jour viendra où vous France, vous Russie, vous Italie, vous Angleterre, vous Allemagne, vous toutes, nations du continent, sans perdre vos qualités distinctes et votre glorieuse individualité, vous vous fondrez étroitement dans une unité supérieure, et vous constituerez la fraternité européenne [...] Un jour viendra où il n'y aura plus d'autres champs de bataille que les marches s'ouvrant au commerce et les esprits s'ouvrant aux idées. [...] Un jour viendra où l'on verra ces deux groups immenses, les États-Unis d'Amérique, les États-Unis d'Europe, place face l'un de l'autre, se tenant la main par-dessus les mers, échangeant leurs produits, leur commerce, leur industrie, leurs arts, leur genies, défrichant le globe, colonisant les déserts, améliorant le création sous le regard du créateur, et combinant ensemble, pour en tirer le bien-être des tous, ces deux forces infinies la fraternité des hommes et la puissance de Dieu [...][149]

Dass es dabei im Kern auch um die Anerkennung der Menschenrechte geht, verdeutlicht Victor Hugo in seinen Überlegungen zum *Cinquième anniversaire du 24 février 1848*, in denen er fordert, «que la révolution prochaine [...] confirme le droit de l'homme, mais qu'elle proclame le droit de la femme et qu'elle décrète le droit de l'enfant; c'est-à-dire l'égalité pour l'une et l'éducation pour l'autre. [...] que, par une immense réforme économique, par le droit du travail mieux compris, [...] par l'abolition des douanes et des frontières, [...] par la suppressions des armées permanentes [...]»¹⁵⁰ Auf diese Weise klingt das Thema der Toleranz bzw. Anerkennung unüberhörbar an. Im 19. Jahrhundert ist es noch nicht mehr als solches Anklingen. Erst in pazifistischen Texten während und nach dem 1. Weltkrieg liest man über das Junktim von ‹Europa› und ‹Toleranz› Expliziteres, wobei es dann wiederum bezeichnend ist, dass dabei ausdrücklich auf das Bezug genommen wird, was im 19. Jahrhundert über die Vereinigten Staaten von Europa – unter anderem von Hugo – vorausgedacht worden war.

Es gab freilich bis zum Ende des 1. Weltkrieges noch den Vielvölkerstaat Österreich, ab 1867 die Doppelmonarchie Österreich-Ungarn.¹⁵¹ Allein wegen dieser Tatsache, ein Vielvölkerstaat zu sein, setzte sich auf der Frankfurter Nationalversammlung 1848/49 – im Hinblick auf die Schaffung des deutschen Reiches – die sogenannte ‹kleindeutsche› Lösung durch, die Österreich als Ganzes nicht als Teil der deutschen Nation sehen konnte. Zu viel an ihm war ost- bzw. südosteuropäisch – ungarisch, böhmisch, tschechisch, slowakisch, polnisch, italienisch, kroatisch, slowenisch, bosnisch, rumänisch, jüdisch ... Umso selbstbewusster firmierte der österreichische Kaiser – «von Gottes Gnaden» – in einer endlosen Reihe an Würden und Titeln, von denen jeder seine Regentschaft über eines seiner Kronländer, seiner Nationen, ausdrückte. Sprach er seine Großmacht als Ganze an, adressierte er «An meine Völker» ... Ohne dass es beabsichtigt oder angestrebt gewesen wäre, resultierte aus diesem Kaisertum ein übernationaler staatlicher Zusammenhalt, mit dem so etwas wie ‹Toleranz› einhergehen musste, sonst hätte er nicht bestehen können.¹⁵² Diese Toleranz äußerte sich freilich mehr als ein Zustand denn als eine Tugend, die man pflegte – im Bewusstsein, dass von ihr die gedeihliche Weiterexistenz des Reiches abhing. Deshalb war sie auch zu kraftlos, um den Nationalismen, die sich unter allen Völkern ausbreiteten, gewachsen zu sein und ihrer Zersetzungsgewalt entgegenwirken zu können. Sie konnte nicht einmal verhindern, dass selbst in der Hauptstadt Wien der Antisemitismus zu blühen begann. Wenn überhaupt kam diese Art von Toleranz ästhetisch zum Tragen, in einem Mythos, der den Habsburgischen Staat idealisierte und als Ausfluss eines überirdischen «sanften Gesetzes» (Adalbert Stifter) verklärte. Hierin wiederum versinnbildlichte sie sich in der Gestalt des Kaisers – Franz Josephs I. (Regent 1848–1916) –, dessen Autorität bekanntlich weniger seiner politischen Macht entsprang als vielmehr daraus, dass er in seinem Amt den Vielvölkerstaat symbolisch verkörperte. Wie sehr ‹Toleranz› mit seiner Person schlicht gegeben und nicht etwa gewollt war, bezeugt unter anderem dies, dass man sie erst vermissen musste, um sie in ihrer Funktion und ihrem Wert zu erkennen – nach dem Untergang der Habsburger-Monarchie 1918, am Ende eines Krieges, den sie selbst mit ausgelöst hatte. Bezeichnenderweise sollten es vor allem Schriftsteller – Joseph Roth, Stefan Zweig, Franz Werfel, Robert Musil, Hugo von Hofmannsthal und andere – sein, die den «Habsburgischen Mythos» (Claudio Magris) aus der Taufe hoben und dabei erst bewusst machten, woraus diesem Staat seine Existenzgrundlagen erwachsen waren. Eine wohl praktizierte, kaum jedoch reflektierte Toleranz zählte dazu.

Weltethos Toleranz – 20./21. Jahrhundert

Heute ist das Wort ‹Toleranz› wieder in aller Munde, zugleich die damit angezeigte Thematik. Das mag insofern auffallen, als der Begriff ‹Toleranz› seit der Goethe-Zeit in jenen der ‹Anerkennung› aufgehoben zu sein schien, welcher sich seinerseits einer ständig wachsenden Aufmerksamkeit erfreut.[1] Man kann das nicht darauf zurückführen, dass ‹Toleranz› und ‹Anerkennung› inzwischen eben dasselbe bedeuteten, so dass die Konjunktur des einen Begriffs mit jener des anderen einhergehe. Denn spätestens dann, wenn vor lauter Anerkennung nichts mehr zu tolerieren übrigbleibt, zeigt sich, dass die Einheit von ‹Toleranz› und ‹Anerkennung› eine *differenzierte* Einheit bildet, in der die zwei Seiten der einen Medaille Unterschiedliches akzentuieren: ‹Toleranz› die *Anerkennung* der Differenzen und Unterschiede, die es in einer Gemeinschaft von Menschen unaufhebbar gibt, ‹Anerkennung› die Achtung der gemeinsam geteilten Werte, *auf die hin* die Differenzen und Unterschiede *toleriert* werden. Toleranz markiert somit allemal eine Differenz, die sich nicht aufheben lässt. Genau darin liegt (für mich) der Grund für die erst seit Mitte des 20. Jahrhunderts eintretende Hochkonjunktur des Begriffs ‹Toleranz›. Auch wenn es immer problematisch ist, eine Epoche oder ein Zeitalter mit wenigen Schlagworten oder gar mit einem Begriff charakterisieren zu wollen, so scheint mir doch die Betonung der unauflöslichen Differenzen eines der Hauptkennzeichen unserer Zeit zu sein. Paradigmatisch dafür steht das sogenannte postmoderne Denken,[2] das sich vom herkömmlichen (metaphysischen) Denken Europas gerade dadurch abwendet, dass es die Pluralität zum unhintergehbaren Prinzip erhebt und damit die Differenz sowohl im Sinne von ‹aktivem Differenzieren› (*différer*) als auch im Sinne von ‹Unterschied› als gesetzter Differenz (*différence*) zur Bedingung der Möglichkeit von Vernunft überhaupt macht.[3] Angesichts dessen besagt alles, was auf Einheit, Synthese, Identität, Objektivität, ‹reine› Gegenwart, Totalität oder Absolutheit hinausläuft, nicht bloß Negation bzw. Aufhebung der Unterschiede und Differenzen, sondern bedeutet genauer Unterdrückung, Vernichtung, Eliminierung oder Einebnung derselben, sprich Gewalt, Paternalismus, Despotismus, Imperialismus, Totalitarismus. Dergleichen hinsichtlich der nicht aufhebbaren Vielfalt und Pluralität zu ‹dekonstruieren› oder ‹destruieren› bildet den Anstoß zu dem, was in postmodernem Kontext ‹Toleranz› heißen mag. Davon bleibt nicht einmal das verschont, *woraufhin* toleriert wird bzw. was im gegenseitigen Tolerieren *Anerkennung* findet und somit das Verbindende in aller Unterschiedlichkeit und Pluralität ist. Dass gerade auch die Menschenrechte (als dieses verbindende Woraufhin) immer wieder unter Verdacht geraten, eine Erfindung des Westens bzw. ein Machtinstrument des westlichen Kolonialismus zu sein, belegt, was gemeint ist. Nicht zuletzt auf sie findet Anwendung, was Theodor W. Adorno «negative Dialektik» genannt hat,[4] sprich die permanent kritische Hinterfragung alles dessen, was sich als «Position» etabliert und Anerkennung verlangt. Ließ sich während der Aufklärungszeit eine ‹Aufhebung› der Toleranz in die Anerkennung konstatieren, so zeichnet sich seit Mitte des vergangenen Jahrhunderts die umgekehrte Entwicklung ab.

Die Postmoderne ist freilich der Reflex von globalen Entwicklungen bzw. von Ereignissen von globaler Relevanz, die sämtliche Toleranz-Diskurse seit Beginn des 20. Jahrhunderts anhaltend konnotieren. Dazu zählt in erster Linie die Entstehung der *pluralistischen Gesellschaften* modernen Zuschnitts. Zu betonen ist ‹modernen Zuschnitts›, denn in gewisser Weise gab es pluralistische Gesellschaften schon vor der sogenannten Moderne. Durch Eroberungen, Migrationen, Wirtschaftsbeziehungen und kulturellen Austausch kam es in Vielvölkerstaaten, Handelszentren sowie in Metropolen großer Reiche immer wieder zu Vorformen derselben, in denen Angehörige unterschiedlicher Völker, Kulturen und Religionen zu einem gemeinsamen *Modus vivendi* fanden. Gegenüber jenem gesellschaftlichen Pluralismus, wie er sich bereits im 19. Jahrhundert in Einwanderungsländern wie den USA, Kanada und Südamerika, später in den Kolonialmächten wie (besonders, aber nicht nur) England und Frankreich, schließlich im Zuge der ökonomischen, technologischen, verkehrstechnischen und medialen Globalisierung nahezu ubiquitär herausbildete, blieben diese Vorformen pluraler Gesellschaften Sondererscheinungen, die niemals eine jeweilige Gesellschaft als Ganze repräsentierten. Ihren Pluralismus verkrafteten sie in aller Regel pragmatisch – auf Basis einer Güterabwägung, so gut wie nie in Konsequenz eines argumentativen Diskurses. Toleranz manifestierte sich in dieser Pragmatik als faktisch gelebter Zustand, nicht als das deklarierte ethische Prinzip, gemäß dem man den Pluralismus bewältigte. Ab dem 20. Jahrhundert wird der Pluralismus vor allem im sogenannten ‹Westen›[5] zum dominierenden Kennzeichen von moderner Gesellschaft. In dieser lässt sich die Koexistenz unterschiedlicher Weltanschauungen, Wertvorstellungen, Kulturen, Religionen und Lebensformen nicht mehr rein pragmatisch bewerkstelligen, hängt doch nun die Lebensfähigkeit des Gemeinwesens *als Ganzem* davon ab, dass die Mitglieder der Gesellschaft zu einer wohlgeordneten Gemeinschaftlichkeit gelangen. Das kann zumindest in Gesellschaften, die sich auf die Freiheit ihrer Mitglieder verstehen, nur durch öffentliche argumentative Diskurse geschehen. *Idealiter* führen diese Diskurse zu einem gesellschaftlichen Grundkonsens hinsichtlich der Normen und Regeln, die das gemeinschaftliche Leben garantieren, und zu denen sich – im Interesse aller bzw. im Hinblick auf allseits empfundene Werte (wie Leben und Freiheit) – alle Mitglieder der Gesellschaft verpflichten. Entscheidend dabei ist, dass der Grundkonsens unter Wahrung der nicht aufhebbaren Unterschiede in den weltanschaulichen und handlungsanleitenden Überzeugungen der Mitglieder erfolgt. Damit es jedoch dazu kommen kann, ist bei allen Mitgliedern eine Gesinnung bzw. Haltung vorausgesetzt, die sowohl die Anerkennung besagter Unterschiede als auch die Absicht zur Herbeiführung eines gesellschaftlichen Konsenses impliziert. John Rawls nennt in seiner «Theory of Justice» die aus dieser Gesinnung und Haltung entspringende Umgangsform «Fairness»,[6] ich würde meinen, dass dies bereits *Toleranz* ist als die Anerkennung der bestehenbleibenden Differenzen, die aus der Achtung der verbindenden Werte und Rechte resultiert, die mit der Würde der menschlichen Person gegeben sind. So erweist die Entstehung einer pluralistischen Gesellschaft, die auf die freie Übereinkunft ihrer Mitglieder setzt, die gegenseitige Toleranz als Bedingung ihrer Möglichkeit. Was wiederum die paradoxe Grundsituation einer solchen pluralistischen Gesellschaft offenlegt: Gegenseitige Toleranz bildet sowohl *die Voraussetzung für das Entstehen* eines Grundkonsenses als auch *das, worüber* schließlich der Grundkonsens – einmal getroffen bzw. anhaltend beachtet – herrscht. In anderen Worten: *Toleranz ist als Ziel zugleich der Weg* – was offenkundig nicht nur im Prinzip gilt, sondern sich den konkreten, historisch verfolgbaren Entwicklungen der pluralistischen Gesellschaften entnehmen lässt.

Eine weitere, für die Geschichte des Toleranz-Gedankens im 20. Jahrhundert ausschlaggebende Entwicklung globalen Ausmaßes ist das *Ende des Kolonialismus* sowie des damit einhergehenden *Imperialismus* – jedenfalls jenes Kolonialismus und Imperialismus, der im Sinne einer deklarierten Staatsraison von europäischen Nationalstaaten, vor allem von England und Frankreich, aber ebenso von den Niederlanden, Belgien, Portugal, Italien und Deutschland, sich auf große Teile Asiens, den Pazifischen Raum, die Karibik sowie auf fast ganz Afrika erstreckte und ab der zweiten Hälfte des 19. Jahrhunderts – rechnet man die sogenannten ‹Dominions› Englands, nämlich Kanada, Australien, Neuseeland und Südafrika hinzu – den gesamten Globus erfasst hatte.[7] Der Erste Weltkrieg, der – global betrachtet – die politische Entmachtung ganz Europas einläutet, bedeutet erst den Anfang vom Ende des kolonialistischen Imperialismus. Zur tatsächlichen weltweiten Dekolonisation und damit zum verbreiteten Postkolonialismus kommt es nach dem Zweiten Weltkrieg – in einem verzweigten Prozess, der in den 1970er Jahren ausläuft.[8] Was jedoch schon während der Zwischenkriegszeit einsetzt, ist die zunehmende moralische Delegitimierung des Kolonialismus. Sie geschieht vor allem unter Berufung auf das ‹Selbstbestimmungsrecht der Völker›,[9] welches, erstmals Mitte des 19. Jahrhunderts explizit formuliert,[10] in aller Munde kam, als es der US-Präsident Woodrow Wilson am 8. Januar 1918 in sein berühmtes 14-Punkte-Programm aufnahm,[11] und schließlich am 14. Dezember 1960 durch die UNO-Generalversammlung – nicht schon durch den Völkerbund nach dem Ersten Weltkrieg – in der Resolution 1514 (XV) als allgemeines Menschenrecht Anerkennung fand: «Alle Völker haben das Recht auf Selbstbestimmung. Kraft dieses Rechts entscheiden sie frei über ihren politischen Status und gestalten in Freiheit ihre wirtschaftliche, soziale und kulturelle Entwicklung.»[12] Im Hinblick darauf sind Kolonialismus und

Imperialismus gleichermaßen als Inbegriff einer *Intoleranz* gebrandmarkt, die einem elementaren Menschenrecht die Anerkennung verweigert. Dies gilt wohl gemerkt nicht bloß in politischer und rechtlicher Hinsicht: Kolonialismus und Imperialismus wurzeln in einem zutiefst *intoleranten Denken*, das sowohl die Kolonialherren als auch die Kolonialisierten zu sich selbst zerstörenden Identitäten verdammt. Ein solches Denken kann nur kritisch dekonstruiert und destruiert werden. Anders hätte gegenseitige Toleranz, die in ihrem Kern die Achtung der Menschenwürde sowie die Anerkennung der Menschenrechte bedeutet, keine Chance auf Realisierung. Die vielen Formen antikolonialen bzw. dekonialisierenden Denkens sowie der sogenannten «Postcolonial Studies» setzen daher nicht allein auf die Brandmarkung und Bekämpfung der kolonialistischen Diskriminierungen, sondern auf ein neues Denken, das die Kategorien des ‹Kampfes zwischen Herrn und Knecht› hinter sich lässt.[13]

Die Toleranz-Diskurse des 20. Jahrhunderts stehen schließlich wesentlich unter den Erfahrungen mit den *totalitären Systemen* des Nationalsozialismus in Deutschland sowie des Stalinismus in der Sowjetunion. In beiden Fällen ist es nicht einmal mehr angebracht, von Intoleranz zu sprechen; angesichts des umfassenden Staatsterrors mit Millionen und Abermillionen Opfern erscheint es völlig verharmlosend, diesen Massenmord als ‹Intoleranz› zu bezeichnen. Es macht daher nicht viel Sinn, die Verwendung der Begriffe ‹Toleranz› bzw. ‹Intoleranz› in den Äußerungen der nationalsozialistischen oder stalinistischen Machthaber zu analysieren.[14] Vielmehr gilt es, sich darauf zu konzentrieren, was dem Morden und Ausrotten unzähliger Menschen jeweils vorausging, nämlich die gezielte Entrechtung, Entwürdigung und Entmenschlichung der Opfer – die systematische Negierung, Zerstörung und Auslöschung dessen, was als das ‹Worum-willen› bzw. als das ‹Woraufhin› von Toleranz bezeichnet wurde.[15] Wie Hannah Arendt (1906–1975) schon in ihrem frühen Aufsatz *Es gibt nur ein einziges Menschenrecht* (1949),[16] dann aber auch in ihrer großen Untersuchung *Elemente und Ursprünge totaler Herrschaft* (1951/55) nachgewiesen hat,[17] beginnt der Ausschluss aus der Menschenwelt mit der Entrechtung von Menschen, die man nicht aufgrund eines Verbrechens oder eines Verstoßes gegen ein Gesetz, «sondern aufgrund dessen, was sie unabänderlicherweise von Geburt sind – hineingeboren in die falsche Rasse oder die falsche Klasse oder von der falschen Regierung zu den Fahnen geholt», von der zivilisierten Menschheit ausschließt. «Absolute Rechtlosigkeit hat sich [...] als die Strafe erwiesen, die auf absolute Unschuld steht.»[18]

> Die Nazis haben mit der ihnen eigenen Gründlichkeit im Falle der Juden einen solchen langwierigen Prozess der Präparierung für die Ausrottung von Menschen aller Welt vordemonstriert; er begann mit der Erklärung, dass Juden Staatsbürger zweiter Klasse sind, ging über den Entzug der Staatsbürgerschaft auf dem Wege der Deportation in die Ghettos und Konzentrationslager, von wo sie nochmals, nun bereits als absolut Rechtlose, aller Welt öffentlich angeboten wurden, um zu sehen, ob sich einer fände, der sie reklamiere; erst als ihre ‹Überflüssigkeit› oder Standlosigkeit in der

gesamten Menschenwelt als erwiesen gelten konnte, ging man dazu über, sie auszurotten. Mit anderen Worten, das Recht auf Leben wird erst in Frage gestellt, wenn die absolute Rechtlosigkeit – und das heißt, dass niemand sich bereitfindet, Rechte für eine bestimmte Kategorie von Menschen zu garantieren – eine vollendete Tatsache ist.[19]

Aber auch dann, wenn es zu keiner Vernichtung im KZ, im Gulag oder im Zuge eines Genozids kommt, setzt der Totalitarismus auf die Entmenschlichung des Menschen:

> Menschen, sofern sie mehr sind als reaktionsbegabte Erfüllungen von Funktionen, deren unterste und daher zentralste die rein tierischen Reaktionen bilden, sind für totalitäre Regime schlechterdings überflüssig. Worum es ihnen geht, ist nicht, ein despotisches Regime über Menschen zu errichten, sondern ein System, durch das Menschen überflüssig gemacht werden. Totale Macht ist zu leisten und zu gewährleisten nur, wenn es auf nichts anderes mehr ankommt als auf absolut kontrollierbare Reaktionsbereitschaft, auf restlos aller Spontaneität beraubte Marionetten. Menschen sind, gerade weil sie so mächtig sind, vollkommen nur dann zu beherrschen, wenn sie Exemplare der tierischen Spezies Mensch geworden sind.[20]

Vor diesem Hintergrund kam es am 10. Dezember 1948 zu der *Allgemeinen Erklärung der Menschenrechte* durch die am 26. Juni 1945 offiziell gegründeten Vereinten Nationen, die sich bereits am 10. Dezember 1945 auf eine *Charta* verständigt hatten, in deren Präambel der «Glaube an die Grundrechte des Menschen, an Würde und Wert der menschlichen Persönlichkeit, an die Gleichberechtigung von Mann und Frau sowie von allen Nationen, ob groß oder klein» bekräftigt sowie (in Art. 1, Nr. 3) die Absicht bekundet wurde, «eine internationale Zusammenarbeit herbeizuführen, um [...] die Achtung vor den Menschenrechten und Grundfreiheiten für alle ohne Unterschied der Rasse, des Geschlechts, der Sprache oder der Religion zu fördern und zu festigen».[21] Auch wenn diese Erklärung nicht verhindern konnte, dass in nicht wenigen Staaten der Weltgemeinschaft weiterhin totalitäre Verhältnisse herrschen, in denen die Würde des Einzelnen sowie die daraus resultierenden Menschenrechte nichts gelten, ja systematisch und gezielt verletzt werden, bzw. dass das Völkerrecht trotz aller Berufung darauf wiederholt mit Füßen getreten wird, so blieb sie nicht wirkungslos, sondern führte in vielen Ländern zu unleugbaren Fortschritten in der Respektierung (zumindest) einzelner Menschenrechte. Vor allem wurde sie zum zentralen Referenzpunkt der meisten Toleranz-Diskurse in der zweiten Hälfte des 20. Jahrhunderts. Noch wichtiger: Sie bildet die Grundlage für eine zukunftsfähige Weltgemeinschaft, die als ‹Gemeinschaft› im engeren Sinne dieses Begriffs nur von Toleranz bestimmt sein kann – von dem Weltethos ‹Toleranz›.

Europa als Toleranz-Projekt

Für das Thema ‹Toleranz – auch eine Geschichte Europas› ist nun wichtig: Die geschilderten Entwicklungen und Ereignisse führen nach dem Ende des Zweiten Weltkrieges zu dem ‹Projekt Europa›,[22] von dem ich meine, dass es sich nur als ‹Toleranz-Projekt› verwirklichen lässt. Im Gefolge der kriegsbedingten Flüchtlingsströme, Migrationen und Umsiedelungen, aber ebenso durch den Zuzug zahlloser Menschen aus den ehemaligen Kolonien, durch die grenzüberschreitenden Arbeitsmärkte sowie durch beträchtliche Immigrationen, bedingt durch das weltweite Reich-Arm-Gefälle, Krisen aller Art in aller Welt bzw. die zunehmenden Umweltkatastrophen, intensiviert sich in vielen europäischen Ländern die Pluralisierung der jeweiligen Gesellschaft. Dazu kommt, dass sowohl durch die beiden Weltkriege als auch durch den Verlust der kolonialen Imperien Europa im globalen Zusammenhang an Macht und Einfluss verliert. Die Zentren der Weltpolitik – wie von Alexis de Tocqueville (1805–1859) schon 1835 prophezeit[23] – haben sich definitiv nach Amerika und nach Russland verlagert. Über all dies hinaus stürzen die beiden Menschheitskatastrophen unter dem Nationalsozialismus sowie unter dem Stalinismus nicht nur Deutschland und Russland, sondern ganz Europa in eine tiefe Identitätskrise. Die zahlreichen Bemühungen, Europa zu schaffen, sind veranlasst durch eben diese Herausforderungen und Krisen. Sie bilden eine Antwort darauf und stellen den Versuch dar, durch die Schaffung einer Einheit des Kontinents Europa eine Zukunft zu geben, ihm Gewicht im globalen Zusammenhang zu bewahren und ihm überhaupt eine Identität zu vermitteln.

Um zu sehen, was dies alles mit der Toleranz-Thematik zu tun hat, bedarf es zunächst folgender Präzisierungen: Wenn vom ‹Projekt Europa›, gar vom ‹Toleranz-Projekt Europa› die Rede ist, gilt es darauf zu achten, dass Europa *anhaltend* eine Idee ist, die angestrebt wird bzw. anzustreben *bleibt*. Europa ist noch nicht verwirklicht, so dass von einem ‹Projekt› nicht mehr gesprochen werden müsste. Obwohl die heutige Europäische Union den größten Teil Europas abdeckt und inzwischen zur gewichtigsten Stimme Europas avanciert ist, wäre es unrichtig, sie mit Europa schlicht gleichzusetzen. «Europa war nie die EU, und die EU inklusive ihrer Vorgänger nie Europa.» (Kiran Klaus Patel)[24] Das ergibt sich schon daraus, dass die zahlreichen Einigungsversuche, auch der EU, niemals alle Ländern Europas repräsentierten. Während des sogenannten ‹Kalten Krieges› bezogen sich diese gerade einmal auf Teile von Westeuropa. Dieser Zustand hält an und erleidet Rückschläge, denkt man den definitiven Brexit am 31. Januar 2020 oder an den Ausschluss Russlands aus dem Europarat am 16. März 2022. Dem fügt sich an, dass die Unternehmungen, Europa zu vereinigen, eben *zahlreiche* waren. Dass aus der 1952 in Paris – von 6 Staaten – gegründeten ‹Europäischen Gemeinschaft für Kohle und Stahl› (EGKS / ‹Montanunion›) sowie der ihr 1958 in Rom folgenden ‹Europäischen Wirtschaftsgemeinschaft› (EWG) 1992 mit dem Vertrag von Maastricht bzw. 2007 mit dem Vertrag von Lissabon die ‹Europäische Union› (EU) werden würde, die zurzeit (2024) insgesamt 27 Mitgliedsstaaten und 9 Beitrittskandidaten zählt, stand keineswegs von Anfang an fest. An dieser Entwicklung, reich an nie endenden wollenden Krisen und Rückschlägen, gab es neben allen Planungen und politischen Errungenschaften viel Zufall und Fügung.[25] So stellt das Projekt Europa

> […] nicht die [definitive] Umsetzung eines großen Planes dar, sondern den widersprüchlichen, konfliktreichen Weg zur EU unserer Tage. Unabhängig von allen Sachfragen zielte dieses Projekt darauf, die Zukunft [für den europäischen Kontinent] erwartbarer und berechenbarer zu machen. Es war diese Hoffnung, die in all den Verträgen und Richtlinien, Gipfeln und Kompromissen, Planungen und Vorschlägen ihren Niederschlag fand. Während viele Menschen genau dies als Wert an sich verstanden, steht das Projekt Europa als Versuch, die Zukunft einzuhegen, heute wieder einmal stärker zur Disposition. Was die Zukunft bringen wird, ist ungewiss. Sicher ist jedoch eines: Sie wird nicht zuletzt davon abhängen, welche Konsequenzen Europäerinnen und Europäer aus der [bisherigen] Geschichte des Projekts Europa ziehen werden. (K. K. Patel)[26]

Womit der vielleicht entscheidendste Grund genannt ist, warum Europa anhaltend ein Projekt bleiben wird: Es gilt erst noch, die Europäerinnen und Europäer zu schaffen. Schon oft wurde darauf hingewiesen – und alle wissen es –, dass Europa noch lange nicht in den Seelen seiner Menschen angekommen ist – gerade auch in der EU nicht. Die allermeisten von ihnen fühlen sich nach wie vor ihren eigenen Ländern und Nationen weit mehr verpflichtet als Europa. Nicht wenige von ihnen sehen in der EU nichts anderes als eine ökonomisch-technokratische Bürokratie, die sich imperialistisch über die Interessen ihrer Bürgerinnen und Bürger in den einzelnen Staaten hinwegsetzt. Wohl haben die Direktwahlen zum Europäischen Parlament seit Juni 1979 mehr Beteiligung der Bevölkerung an der Politik der Brüsseler Zentraler erwirkt, aber gerade diese Wahlen zeigen bis zum heutigen Tag, dass die Ergebnisse derselben eher die politische Szenerie der jeweiligen Länder widerspiegeln als eine Stimmung für oder gegen Europa. Und immer wieder punkten bei diesen Wahlen Parteien, die sich gegen Europa stellen. Mit einem Wort: Der Weg nach Europa bleibt auch sein Ziel.

Dass es sich bei diesem Projekt um ein ‹Toleranz-Projekt› handelt, ergibt sich aus zwei Gründen: Zum einen versteht sich die heutige EU als eine Wertegemeinschaft, die auf der Anerkennung der Menschenrechte fußt.[27] Zum anderen kommt keine europäische Gemeinschaft, wie immer sie aussehen mag, darum herum, in die von ihr repräsentierte Einheit die Vielfalt der europäischen Kulturen zu integrieren. Genauer: Schon durch die Gründung des Europarates am 5. Mai 1949 in London bekennen sich die Mitglieder desselben zur *Allgemeinen Erklärung der Menschenrechte* von 1948 durch die UNO, was sogleich in der durch diesen deklarierten *Europäischen Menschenrechtskonvention* von 1950 in Rom und vor allem durch den 1959 in Straßburg errichteten *Europäischen Gerichtshof für Menschenrechte* manifest wird. Die *Charta der Grundrechte der Europäischen*

Union im Jahr 2000 erneuert dieses Bekenntnis bzw. das Selbstverständnis der EU als Wertegemeinschaft. Es ist allerdings kein Zufall, dass die EU-Charta erst 50 Jahre nach der Menschenrechtskonvention zustande kam. Auch wenn seit der sogenannten *Robert Schuman-Erklärung* vom 9. Mai 1950, die als Ausgangspunkt der heutigen EU verstanden werden darf, immer wieder betont wurde, dass jegliche «europäische Föderation […] der Bewahrung des Friedens» diene und dass durch diese «ein Krieg […] nicht nur undenkbar, sondern materiell unmöglich» würde,[28] demnach also der Friede als zentraler Wert stets mitintendiert war, so dominierte doch die ökonomisch-wirtschaftliche Kooperation EGKS, EWG und EG dermaßen, dass von einer Wertegemeinschaft erst ab den 1970er-Jahren wirklich die Rede sein kann.[29] Den Anstoß dazu gab die Frage, wie es die europäische Gemeinschaft mit der Demokratie und mit der Rechtsstaatlichkeit halten würde – sowohl bei ihren Mitgliedstaaten als auch gegenüber Staaten, die ihr beitreten bzw. in ihr verbleiben wollen, obwohl sie keine Demokratien sind. Letzteres wurde aktuell, als Anfang der 1960er-Jahre Spanien – damals noch Diktatur unter Francisco Franco – der EWG beitreten wollte, bzw. 1967, als sich im Mitgliedstaat Griechenland eine Militärjunta an die Macht putschte. Dass es sich bei Europa um mehr als um einen mächtigen Wirtschaftsmarkt handeln müsse, wurde gänzlich klar, als sich nach 1989 die Frage der Osterweiterung stellte. Fast keiner der ostmitteleuropäischen Staaten, die seinerzeit in die EWG strebten, hätte aus sich heraus mit dieser wirtschaftlich mithalten können. Es ging ihnen daher von Hause aus um mehr als um Ökonomie:

> Sie woll[t]en Europa im Ganzen als Rechts-, Wirtschafts- und Kulturgemeinschaft angehören, unter Einbringung und Wahrung ihrer Identität […][30]
> Was [deshalb] Europa dringend braucht, […] ist eine politische Debatte über die Finalität der europäischen Einigung: Warum eigentlich Europa, zu welchem Endzweck – wohin Europa, auf welcher Grundlage Europa? Die Herausforderung der Osterweiterung macht diese Debatte vollends unabwendbar. Will Europa nicht stranden, darf es nicht länger als technisch-pragmatisches Konstrukt ökonomischer Rationalität erscheinen; es muss als Ordnungsidee vermittelt und in einem klaren politischen Willen der Völker sowie der einzelnen Menschen verankert werden. […] Wenn Europa eine Gemeinschaft von Zivilisationswerten ist, […] zu der Freiheit des Einzelnen, Demokratie, Rechtsstaatlichkeit, Bürgergesellschaft gehören, dann hat das zur Folge, dass das ‹europäische Haus› nicht unabhängig davon oder quer dazu, sondern nur auf dieser Grundlage gebaut werden kann und muss, und dass in einer gemeinsamen europäischen Politik für diese Werte auch eingetreten und Verantwortung übernommen wird. (Ernst-Wolfgang Böckenförde)[31]

In anderen Worten: Die europäische Integration wird sich nur voranbringen lassen, wenn sie in Solidarität und Verantwortungsbewusstsein von Toleranz getragen ist bzw. sich als Toleranz-Projekt versteht, was bedeutet, dass die Vereinigung Europas aus der gegenseitigen Wertschätzung der Vielfalt seiner Kulturen erwächst und dies in Anerkennung der Menschenrechte sowie des darauf aufbauenden Völkerrechts.

«Joseph und seine Brüder»

Zurück zu den geistigen Anfängen des Junktims von ‹Europa› und ‹Toleranz›: Wie eingangs, im 1. Kapitel dieses Buches ‹Das Thema›, festgehalten, sind diese erst in der Zeit zwischen den beiden Weltkriegen zu finden. Eine zentrale Rolle spielt dabei Stefan Zweig, der in seinen literarischen Biografien *Triumph und Tragik des Erasmus von Rotterdam* (1935), *Castellio gegen Calvin oder Ein Gewissen gegen die Gewalt* (1936) sowie *Montaigne* (Fragment, entstanden 1941/42, postum 1960 bzw. 1990 erschienen) diesen Zusammenhang explizit hergestellt. An dieser Stelle gilt es nun, auf einen fast zur selben Zeit verfassten und publizierten Roman hinzuweisen, der – meiner Einschätzung nach – als einer der großen Toleranz-Romane des 20. Jahrhunderts betrachtet werden muss, auch wenn der Autor – meines Wissens – weder im Roman selbst noch in den vielen Erläuterungen, die er selbst dazu gegeben hat, den Begriff ‹Toleranz› verwendet. Gemeint ist die zwischen 1926 und 1943 entstandene und 1933 bis 1943 erschienene Roman-Tetralogie *Joseph und seine Brüder* von Thomas Mann (1875–1955).[32] Die zeitliche Koinzidenz von Zweigs Biografien und Manns Roman mag ein Zufall sein, es steht aber zugleich fest, dass die beiden Schriftsteller einander kannten, trafen und miteinander korrespondierten,[33] jedenfalls sich gegenseitig achteten und den Schaffensprozess des jeweils anderen interessiert verfolgten. Im Hinblick auf die Toleranz-Thematik scheint mir bemerkenswert, dass beide Zweig-Biografien über Erasmus und Castellio Manns Aufmerksamkeit besonders erregten. Auch wenn er vor allem hinsichtlich der Erasmus-Biografie erhebliche Einwände hatte,[34] so beschäftigte ihn Zweigs Erasmus-Deutung doch so nachhaltig, dass er noch Ende seines Lebens geplant haben soll, seinerseits eine literarische Erasmus-Deutung zu schreiben.[35] Aber auch abgesehen davon steht *Joseph und seine Brüder* im selben thematischen und politischen Kontext. Dass es darin ebenfalls um ‹Toleranz› geht, ergibt sich bereits aus der biblischen Josephs-Geschichte (Genesis 12–50). Joseph, aus «Abrahams Samen», wird von seinen Brüdern nach Ägypten verkauft, in jenes «äffische Ägypterland», welches ihm sein Vater Jaakob als den Inbegriff der Fremde sowie der natürlichen und sittlichen Verworfenheit hinstellt[36] – «als die Heimat der Fronfuchtel und der Unmoralität auf einmal [...] ein Greuel und eine Narrheit, [...] gleichbedeutend mit Unzucht, [...] die Hölle, das Totenreich».[37] Er lernt dieses Land ganz anders kennen, in seiner Kultur schätzen und in seinen Menschen achten, «wird zusehends zum Ägypter»,[38] sogar «Herr über Ägypterland»,[39] und «war danach angetan, seinen Gesichtskreis zu erweitern und ihm eine Warnung zu sein, in der engsten geistigen Heimat, der Väterwelt und ihrer Gottesmühe, deren Sprößling und Zögling er war, etwas allzu Einzig-Einmaliges und Unvergleichliches zu erblicken. Nicht Jaakob allein sorgte sich in der Welt. Das geschah überall unter Menschen, und überall gab es den Gram, ob man sich denn auch noch auf den Herrn verstehe [...]».[40] Wie Stefan Zweig schreibt Thomas

Mann sodann *Joseph und seine Brüder* unter dem Eindruck des Nationalsozialismus und dessen Missbrauch des (deutsch-nationalen) Mythos zur Legitimierung von Gewalt und Verbrechen:

> [...] eine so krankhafte, so unverkennbar gefahrdrohende Spannung im politischen, sozialen und ökonomischen Leben der Völker zwischen Wahrheit und Wirklichkeit, zwischen dem im Geiste längst Erreichten und Vollzogenen und dem, was sich immer noch Wirklichkeit zu nennen erlaubte, hat es vielleicht nie zuvor gegeben [...][41]

Sein Roman ist dazu da, «den Mythos den fasc[h]istischen Dunkelmännern aus den Händen zu nehmen und ihn ins Humane ‹umzufunktionieren› [.., ja] die Welt der Zukunft, ein Menschentum, das gesegnet ist vom Geiste herab und ‹aus der Tiefe, die unten liegt› [...]», zu entwerfen.[42] Diese «Humanisierung des Mythos», die in dem «Menschheitssymbol» des ägyptischen Joseph verkörpert ist, «soll in der Demokratie der Zukunft, dem Zusammenwirken freier und unterschiedlicher Nationen unter dem Gleichheitszepter des Rechts» Erfüllung finden.[43] Es besteht schließlich kein Zweifel darüber, dass Thomas Mann zutiefst europäisch denkt und bei seiner Demokratie der Zukunft vor allem Europa im Blick hat. Dies ist ihm wiederholt vorgehalten worden,[44] und es lässt sich tatsächlich nicht verkennen, dass der stupenden literarischen Handhabung bibelexegetischer, ägyptologischer und orientalistischer Erkenntnisse ein zutiefst abendländisches, europäisches Denken zugrunde liegt. Es genügt ein Blick in die beiden «Vorspiele» des Romans – «Vorspiel: Höllenfahrt» und «Vorspiel in oberen Rängen»[45] –, um sich davon zu überzeugen. Keine Frage auch, dass der Humanismus, «der zu den Mächten der Unterwelt, des Unbewußten, des ‹Es› in einem keckeren, freieren und heitereren, in einem kunstreiferen Verhältnis stehen wird, als es einem in neurotischer Angst und zugehörigem Haß sich mühenden Menschentum von heute vergönnt ist»,[46] kein anderer als jener europäische Humanismus ist, in dessen Tradition unter anderen Erasmus von Rotterdam mit seiner Ironie und seinem aufbauenden Humor herausragt.

In *Joseph und seine Brüder* erscheint ‹Toleranz› zunächst als die Gesinnung des biblisch-ägyptischen Josephs, die sich in diesem zunehmend einstellt, je mehr er – seiner Herkunft entrissen – zum Ägypter wird. Dass es dabei dramatischer zugeht als in einem klassischen ‹Bildungsroman›, ist bekannt. Der Weg führt durch die «Grube» und das «Totenreich», so dass es einer mehrmaligen «Auferstehung» bedarf, um aus dem Dunkel ins Licht zurück zu gelangen. Die Befreiung, die durch die Auferstehung geschieht, bedeutet näher besehen eine Loslösung bzw. Distanzierung von der mythischen Welt, der Joseph entstammt. Zu dieser mythischen Welt wiederum gehört vor allem, dass die Menschen in ihr anders ‹ich› sind als in einer Welt, die von Einmaligkeit und Selbstbestimmung geprägt ist. Auf sie trifft die Metapher von dem «nach hinten offenstehenden» Ich bzw. von der «nach hinten offenen» Identität zu.[47] In ihr drückt sich aus, was Ich-Sagen bei Menschen heißt, «die so recht nicht wußten, wer sie waren, oder die es auf eine frömmere, tiefer-genaue Art wußten als das moderne Individuum»[48] bzw. von denen niemand «es mit der

Zeit und dem Fleische übertrieben genau genommen, seine Gegenwart von ehemaliger Gegenwart sonnenklar unterschieden und die Grenzen seiner ‹Individualität› gegen die Individualität früherer [...] sehr deutlich abgesetzt hätte».[49] Mit dieser nach hinten, in die unvordenkliche Vergangenheit reichenden Ich-Identität, die sich gewinnt, indem sie in die mythischen Erzählungen eintritt und das in diesen «urbildlich» Vorgezeichnete dergestalt ‹er-innert›, dass dieses in ihr immer wieder zu gelebter Gegenwart wird, geht eine spezifische Vorstellung von Zeit und Geschichte einher, die sich weniger am Bild einer Entwicklung als an jenem eines zyklischen Ablaufes orientiert – vergleichbar dem, was man damals auch in der Natur wahrzunehmen meinte. Thomas Mann prägt in diesem Zusammenhang den Begriff der «rollenden Sphäre».[50] Vor diesem Hintergrund erscheint eine Generation ebenso «zitathaft» wie die sie bildenden Individuen. Sobald nun über das mythische Weltbild ein Bewusstsein entsteht, eröffnet sich die Möglichkeit eines Abstandnehmens ihm gegenüber sowie die Möglichkeit eines freien Umgangs mit ihm. Dadurch wird Zukunft gestaltbar, und das Kennzeichnende des Menschen ergibt sich weniger daraus, wie er sich in die überkommene und erinnerte Geschichte einfügt, als vielmehr daraus, wie er diese kreativ gestaltet und so in eine neue Richtung lenkt. Seine Subjektivität ist auf diese Weise nicht mehr «nach hinten», sondern nach vorne offen. Aus dem, was er künftig sein will, kommt ihm seine Identität zu. Selbst wenn er sich an der Vergangenheit, am mythisch «Urgeprägten»[51] orientiert, entwirft er damit sich in die Zukunft hinein. Genau dazu gelangt Joseph:

> Da ist einer, der Gott nicht entdeckt hat, aber der ihn zu ‹behandeln› weiß; einer, der nicht nur der Held seiner Geschichten, sondern ihr Regisseur, ja ihr Dichter ist und sie ‹schmückt›; einer, der zwar auch noch teilhat am Kollektiv-Mythischen, aber auf eine witzig-vergeistigte und verspielte, zweckhaft bewußte Art. Kurz, man sieht, das sich befreiende Ich ist sehr bald ein künstlerisches Ich, reizvoll, heikel und gefährdet, eine zärtliche Sorge dem Ehrbar-Väterlichen, aber mit eingeborenen Möglichkeiten der Entwicklung und des Reifens, wie es sie vorher noch nicht gab.[52]

Mit diesem Erwachen aus der mythischen Welt geht für Joseph eine Einsicht einher, die ihn in seiner Gesinnung tolerant werden lässt und darüber hinaus Toleranz als das ethische Prinzip ausweist, das jegliches Zueinander der Menschen durchstimmen soll – gerade auch angesichts dessen, was immer als ‹Gott› gelten mag. Schon in der «Grube», in den ihn seine Brüder warfen, «[...] im schlimmsten Drange der Angst und Todesnot hatte er geistig die Augen aufgemacht, um zu sehen, was ‹eigentlich› geschah. Nicht als ob Angst und Not darum geringer geworden wären; aber auch eine Art von Freude, ja von Gelächter [...] und eine verstandesmäßige Heiterkeit hatte das Entsetzen der Seele durchleuchtet.»[53] Was dabei in ihm aufging, war der «Gedankensame», den «der Mann auf dem Felde»[54] – Götterbote Hermes und Engel am Grabe Jesu gleichermaßen – in den Verstand von Josephs Bruder Ruben senkte, «daß [nämlich] diese Geschichte hier bloß ein Spiel und ein Fest ist [...], ein Ansatz nur und Versuch der Erfüllung und eine

Gegenwart, die nicht ganz ernst zu nehmen, sondern nur ein Scherz und eine Anspielung ist, so daß wir blinzelnd und lachend einander anstoßen mögen dabei [...]»[55] So resümiert auch Joseph, der «immer viel zu gut wußte, was da gespielt wurde»,[56] weil er von Hause aus zum Spiele veranlagt war,[57] angesichts der Versöhnung mit seinen Brüdern:

> Denn die Heiterkeit [...] und der verschlagene Scherz sind das Beste, was Gott uns gab, und sind die innigste Auskunft vor dem verwickelten, fragwürdigen Leben. Gott gab sie unserem Geist, daß wir selbst dieses, das strenge Leben, mögen damit zum Lächeln bringen. Daß mich die Brüder zerrissen und mich in die Grube warfen und daß sie nun sollen vor mir stehen, das ist Leben; und Leben ist auch die Frage, ob man die Tat beurteilen soll nach dem Ergebnis und soll gut heißen die böse, weil sie notwendig war fürs gute Ergebnis. Das sind so Fragen, wie sie das Leben stellt. Man kann sie im Ernst nicht beantworten. Nur in Heiterkeit kann sich der Menschengeist aufheben über sie, daß er vielleicht mit innigem Spaß über das Antwortlose Gott selbst, den gewaltig Antwortlosen, zum Lächeln bringe.[58]

Im Bewusstsein um das «heilige Spiel» und um den «Gottes-Scherz» kann Joseph schließlich die mythische Welt, aus der er erwacht und von der er sich – zum Teil mit Abscheu – abwendet, nicht verurteilen und schon gar nicht versuchen wollen, «die kotige Wurzel» auszuroden. Schließlich kommt auch aus ihr «Segen», wie Joseph aus seiner Geschichte erfährt, weswegen ihn Vater Jaakob den «doppelt Gesegneten» nennt – «mit Segen von oben herab und von der unteren Tiefe, mit Segen quellend aus Himmelsbrüsten und Erdenschoß».[59] Selbst «die stille Hoffnung Gottes» gilt «der wechselseitigen Durchdringung der beiden Prinzipien [...] zur Gegenwart eines Menschentums, das gesegnet wäre mit Segen von oben vom Himmel herab und mit Segen von der Tiefe, die unten liegt.»[60] Deshalb wird Joseph seine mythische Welt «verschonen» und in «Güte» anerkennen.[61] Toleranz also im Geiste des Humors und der Schonung, eine Toleranz aber auch, die in der Interpretation von Jan Assmann «beides gelten lässt, Polytheismus und Monotheismus, Mythos und Logos, Ästhetik und Normativität».[62]

Toleranz ist jedoch nicht nur die inhaltliche Aussage des Romans, sie spricht ebenso *aus der Form*. Dazu gilt es zu beachten, dass der Autor seine eigene Rolle im besagten Spiel verortet, was wiederum bedeutet, dass sein Erzählen nur spielerisch sein kann, genauerhin ein sich selbst reflektierendes Spiel – das, was in der Erzählkunst als ‹Ironie› bzw. ‹Humor› bezeichnet wird.[63] Thomas Mann:

> Es ist freilich zweierlei: ein Ding sein und es betrachten. Und doch gibt es Ebenen und Sphären, wo beides auf einmal statthat: der Erzähler ist zwar in der Geschichte, aber er ist nicht die Geschichte; er ist ihr Raum, aber sie nicht der seine, sondern er ist auch außer ihr, und durch eine Wendung seines Wesens setzt er sich in die Lage, sie zu erörtern.[64]

> Das Buch weiß das und spricht es aus, indem es auch noch den Kommentar kommentiert. Es sagt von sich selbst, dass die oft erzählte und durch viele Medien gegangene Geschichte hier durch eines gehe, worin sie gleichsam Selbstbesinnung gewinne

und sich erörtere, indem sie sich abspiele. Die Erörterung gehört hier zum Spiel, sie ist eigentlich nicht die Rede des Autors, sondern des Werkes selbst, sie ist in seine Sprachsphäre aufgenommen, ist indirekt, eine Stil- und Scherzrede, ein Beitrag zur Schein-Genauigkeit, der Persiflage sehr nahe und jedenfalls der Ironie [...]⁶⁵

Was dies in Richtung ‹Toleranz› bedeutet, wird nirgends so klar wie im ‹Monotheismus-Gespräch› zwischen Joseph und Pharao Amenhotep-Echnaton,⁶⁶ wo es nicht allein um die ‹ab-solute› Transzendenz Gottes, sondern ebenso um die «Wahrheit» geht – um den Anspruch jedes Monotheismus auf sie, um die Basis der «mosaischen Unterscheidung» zwischen wahrer und falscher Religion. In Trance versetzt durch Joseph, der den Glauben seiner Väter vor Augen hat,⁶⁷ stimmt Echnaton in einen Hymnus auf seinen «Vater» bzw. den «Herrn des Atôn» ein, der in einer Mischung aus Zitat / Persiflage des Prologs im Johannes-Evangeliums (1, 1–18) mit neuplatonischer Seins-Philosophie lautet:

> [...] ja, ja, im Himmel und nicht am Himmel, ferner als fern, und näher als nah, das Sein des Seins, [...] die unwandelbare Quelle, aus der all Leben, Licht, Schönheit und Wahrheit quillt [...] Denn Er hat alles gemacht, und Seine Liebe ist in der Welt, und die Welt kennt ihn nicht. Pharao aber ist ein Zeuge und trägt Zeugnis von Seinem Licht und Seiner Liebe, daß durch ihn alle Menschen selig werden und glauben mögen, ob sie auch jetzt noch die Finsternis mehr lieben, als das Licht, das in ihr scheint [...]. Unstofflich ist Gott, wie sein Sonnenschein, Geist ist er, und der Pharao lehrt euch, ihn im Geiste und in der Wahrheit anzubeten. Denn der Sohn kennt den Vater, gleich wie der Vater ihn kennt [...]. Denn meine Worte sind nicht mein, sondern meines Vaters, der mich gesandt hat, damit alle eins werden im Lichte und in der Liebe, so wie ich und der Vater eins sind ...⁶⁸

Es ist die *Form*, nicht der Inhalt, aus der sich das Maß des Anspruches solcher Aussagen ergibt. Und so ist es diese Ironie – «deren Seele, bei allem menschlichen Ernst, der Humor ist» –, durch die die *Humanisierung* des Mythos gelingt. Was zugleich besagt, dass Ironie bzw. Humor hier alles andere als ein bloß ästhetisches Stilmittel sind, sondern vielmehr Ausdruck einer *aufbauend-toleranten Weltanschauung*, der sich Thomas Mann und sein biblisch-ägyptischer Joseph *ethisch verpflichtet* wissen. So illustrieren und bestätigen Inhalt und Form gleichermaßen das vielzitierte Dictum Friedrich Schillers: «[...] der Mensch spielt nur, wo er in voller Bedeutung des Worts Mensch ist, und *er ist nur da ganz Mensch, wo er spielt.*»⁶⁹

Theologie interkulturell

Interkulturelle Gesellschaft bedeutet auch interreligiöse Gesellschaft – schon gar in einem globalen Zusammenhang. Ist nun gegenseitige Toleranz als das ethische Prinzip des Grundkonsenses einer pluralistischen Gesellschaft die Bedingung der Möglichkeit einer globalisierten Gemeinschaft, bildet Toleranz in anderen Worten das fundamentale Prinzip eines «Weltethos», so gilt dies ebenso für die Religionen untereinander.[70] Wie schwer sich allerdings Religionen und Konfessionen in Toleranz tun, braucht nach den bisherigen – allein auf Europa fokussierten – Ausführungen nicht eigens dargelegt zu werden. Immerhin erheben zumindest einige von ihnen – nicht zuletzt drei der Weltreligionen – Anspruch auf die absolute Wahrheit, die andere Wahrheiten neben sich nicht gelten lassen können. Wiederum einigen von ihnen – ganz besonders in Europa – war diese Überzeugung fürchterliche Kriege sowie entsetzliche Auswüchse gewalttätiger Intoleranz wert, nicht nur gegenüber Andersgläubigen, sondern genauso gegenüber Glaubensbrüdern und -schwestern, die man als falschgläubig betrachtete. Schon im 19., jedenfalls im Laufe des 20. Jahrhunderts verschwinden diese Exzesse, bis ab der Mitte des Jahrhunderts ein regelrechtes Toleranz-Zeitalter zwischen den Religionen anzubrechen scheint, wie die inzwischen zahlreichen interreligiösen Initiativen und Dialoge – bis hin zu gemeinsamen Institutionen und Plattformen[71] – beweisen. Das heißt nicht, dass es nicht immer noch Kriege mit religiösen Konnotationen und anhaltend viel repressive Intoleranz einzelner Religionsgemeinschaften nach Außen und nach Innen gegeben hat. Nicht von ungefähr können sich bis heute fanatische und terroristische Gruppen auf den Willen Gottes berufen, und das breite Spektrum an Gewaltpotenzial religiöser Gemeinschaften darf nach wie vor nicht unterschätzt werden. Trotzdem lässt sich konstatieren, dass nicht allein im sogenannten Westen, aber vor allem in diesem, die Toleranz-Bereitschaft unter den Religionen markant zugenommen hat – wie gesagt im Laufe des 20. Jahrhunderts, nicht von Beginn desselben an und schon gar nicht von heute auf morgen. Zwei Faktoren waren es, die dazu besonders beigetragen haben: Zum einen die ‹Säkularisierung› vieler Lebensbereiche im Zuge der Modernisierung mit all ihrer Rationalisierung, Technologisierung und Globalisierung.[72] Sie führte überall, wo die damit einhergehende «Entzauberung der Welt» (Max Weber) – begleitet von Religionskritik bzw. von Unterdrückung im Namen des Atheismus – griff, nicht nur zu einem Einflussverlust des religiösen Weltbildes, sondern unter den Religionen auch zu der Einsicht, dass sie der Säkularisierung gegenüber im selben Boot saßen und angesichts der sie begleitenden Globalisierung für die Menschheit eine gemeinsame Verantwortung übernehmen mussten. Zum anderen kam ihnen eben dies unter dem Eindruck der beiden Weltkriege, aber auch anderer Kriege und angesichts der Möglichkeit einer atomaren Katastrophe, die die gesamte Welt in Mitleidenschaft ziehen würde, immer mehr zu Bewusstsein. Sie erkannten zunehmend, dass sie für den Frieden in der Welt gemeinsam mitverantwortlich sind. Dies galt und gilt umso mehr, als die behauptete «Entzauberung der Welt» bei weitem nicht überall im selben Ausmaß einsetzte und stattfand.[73] Selbst im Westen, vor allem in Europa, wo die Säkularisierung am stärksten voranschritt, blieb und bleibt der Einfluss der Religionen bzw. Konfessionen allen religionskritischen Prophezeiungen zum Trotz stark – gewiss unter anderen Formen und Gestalten sowie auf andere Weise als in früheren Zeiten und sicherlich nicht überall im selben Ausmaß. Der Formel «kein Weltfriede ohne Religionsfrieden» ist daher zweifellos zuzustimmen.[74]

Wie schwer sich Religionsgemeinschaften noch während des 20. Jahrhunderts, in mancher Hinsicht bis heute, in Theologie und Pastoral zur Toleranz untereinander, aber auch im jeweiligen Innenverhältnis, durchringen, möge hier beispiel- und skizzenhaft am Katholizismus sowie am Protestantismus illustriert werden – mit Fokus auf den europäischen Kontext. Schon im vorangegangenen Kapitel zum 19. Jahrhundert ist auf die überwiegend ablehnende Haltung des offiziellen katholischen Lehramtes gegenüber allem, was der Aufklärung und der Moderne zentral und teuer war, hingewiesen worden – bis hin zum sogenannten «Antimodernismus» unter Pius X. (Papst von 1903–1914), der das 20. Jahrhundert für den Katholizismus inaugurierte und bis zum 2. Vatikanischen Konzil (1962–1965) in Sachen ‹Toleranz› nach Außen und nach Innen bestimmen sollte. Es beginnt mit der Nicht-Anerkennung der Menschenrechte. Weder die *Allgemeine Erklärung der Menschenrechte* von 1948 durch die UNO noch die *Europäische Menschenrechtskonvention* von 1950 durch den Europarat werden vom Vatikan mitgetragen. Sogar mit der Rede von der ‹Würde› der menschlichen Person tut man sich schwer. Erst in einer Weihnachtsbotschaft von Pius XII. (Papst 1939–1958) im Jahre 1942 ist die Rede von der «Wiedereinsetzung der menschlichen Person in die ihr durch Gottes Schöpferwillen von Anbeginn verliehene Würde», aus der «grundlegende Rechte der Person» entspringen.[75] An ihr knüpfen die beiden Enzykliken Johannes' XXIII. (Papst 1958–1963) *Mater et Magistra* vom Mai 1961[76] sowie *Pacem in terris* vom April 1963[77] an. Letztere gilt als Durchbruch in Richtung Anerkennung der Menschenrechte:

> Ferner ist in jedem menschlichen Zusammenleben [...] das Prinzip zugrunde zu legen, dass jedem Menschen die Eigenart der Person (*personae ... proprietatem*) zukommt, das heißt, dass er eine mit Verstand und Willensfreiheit begabte Natur ist (*naturam esse, intelligentia et voluntatis libertate praeditam*) und dass er insofern durch sich selbst Rechte und Pflichten hat (*ipsum per se iura et officia habere*), die unmittelbar und gleichzeitig aus seiner eigenen Natur hervorgehen (*a sua ipsius natura directo et una simul profluentia*). Diese können deswegen, da sie allgemein und unverletzlich sind (*generalia et inviolabilia*), auf keine Weise veräußert werden (*mancipari nullo modo possunt*).[78]

Wenig überraschend, dass seitens des Lehramtes ebenfalls erst gegen Mitte des Jahrhunderts eine Bereitschaft zur Ökumene, sprich zum Dialog mit den anderen christlichen Konfessionen erwacht. An der ersten «Weltkonferenz für Glauben und Kirchenverfassung» 1927 in Lausanne lehnte es die katholische Kirche als einzige christliche Kirche ab, anwesend zu sein, auch an den weiteren Weltkirchenkonferenzen 1937 in Oxford und Edinburgh sowie 1938 in Tambaram in Indien – mit dem Hinweis, in ihr sei die angestrebte Einheit der Christenheit bereits verwirklicht. Bis heute ist sie nicht offiziell Mitglied des «Ökumenischen Rates der Kirchen». 1919 verbot das Heilige Officium jegliche Teilnahme an ökumenischen Konferenzen. In der Enzyklika *Mystici corporis* im Juni 1943 lud vielmehr Pius XII. alle «Menschen außerhalb der sichtbaren Kirche» ein, «sie mögen in die katholische Einheit eintreten (*ingrediantur igitur catholicam unitatem*) und alle [...] in der Gemeinschaft der herrlichsten Liebe (*gloriosissimae dilectionis societate*) zu dem einen Haupt hinstreben [...]».[79] Katastrophale Folgen zeitigte diese Verweigerung des interreligiösen Dialogs angesichts der Verfolgung der Juden während des Nationalsozialismus, als sich Pius XII. nicht dazu entschließen konnte, dem Holocaust offen entgegenzutreten, sondern seine Hilfe auf die getauften Juden beschränkte.[80] Ähnlich wie der Papst verhielten sich die meisten Bischöfe Europas, was zu einer unheilvollen Verquickung der Kirche mit dem Faschismus führte[81] – übrigens auch auf evangelischer Seite. Zu einer völligen Umkehr im Denken kam es, wie gesagt, erst während des 2. Vatikanischen Konzils unter Johannes XXIII. und Paul VI. (Papst 1963–1978). In mehreren Dokumenten revidierte das Konzil die bisherige Haltung – so in der Dogmatischen Konstitution über die Kirche *Lumen gentium* (November 1964),[82] im Dekret über den Ökumenismus *Unitatis redintegratio* (November 1964),[83] in der Erklärung über das Verhältnis der Kirche zu nichtchristlichen Religionen *Nostra aetate* (Oktober 1965)[84] sowie in der Erklärung über die Religionsfreiheit *Dignitatis humanae* (Dezember 1965)[85] bzw. in einigen anderen Konzilsdokumenten oder auch Papst-Ansprachen. Stellvertretend daraus nur folgende Zitate:

> Das Vatikanische Konzil erklärt, dass die menschliche Person das Recht auf religiöse Freiheit hat. Diese Freiheit besteht darin, dass alle Menschen frei sein müssen von Zwang sowohl von Seiten einzelner wie gesellschaftlicher Gruppen und jeglicher menschlichen Macht, und zwar so, dass im religiösen Bereich niemand gezwungen wird, gegen sein Gewissen zu handeln [...] Dieses Recht der menschlichen Person auf religiöse Freiheit muss in der rechtlichen Ordnung der Gesellschaft so anerkannt werden, dass es zum bürgerlichen Recht wird.[86]

> [Deshalb] verwirft die katholische Kirche nichts von dem, was diesen [nicht-christlichen] Religionen wahr und heilig ist. Mit aufrichtigem Ernst (*sincera observantia*) betrachtet sie jene Handlungs- und Lebensweisen, jene Gebote und Lehren, die [...] nicht selten einen Strahl jener Wahrheit wiedergeben, die alle Menschen erleuchtet. Also verwirft die Kirche jegliche Diskriminierung oder Misshandlung von Menschen um ihrer Rasse oder Farbe, ihres Standes oder ihrer Religion willen als im Widerspruch zum Geiste Christi geschehen. [Ganz besonders] beklagt (*deplorat*) die Kirche [...] im Bewusstsein des gemeinsamen Erbes mit den Juden (*memor communionis cum Iudaeis patrimonii*), [...] Hass, Verfolgungen und Manifestationen des Antisemitismus, die sich, zu welcher Zeit auch immer und durch wen auch immer, gegen die Juden gerichtet haben.[87]

Nicht erst durch diese Texte, jedoch massiv verstärkt durch sie beginnen ab dem Vaticanum II zahllose Bemühungen um die Ökumene mit den christlichen Konfessionen sowie um die interreligiösen Dialoge mit den nicht-christlichen Religionen. Es kann kein Zweifel daran bestehen, dass im Zuge dessen die Tugend der Toleranz, die aus der Achtung vor der Würde des Menschen und der Anerkennung der daraus resultierenden Rechte lebt, in der katholischen Kirche Einzug gehalten hat. Was nicht heißt, dass es in puncto Menschenrechte nicht noch einiges zu korrigieren gilt. Stichworte sind: die Gleichstellung von Mann und Frau, der Umgang mit verschiedenen sexuellen Orientierungen, die Respektierung der Freiheit der Wissenschaft, gerade auch wenn es um Theologie geht.[88]

Nicht zuletzt hinsichtlich des interreligiösen Dialogs, der Begegnung zwischen Christentum und anderen Religionen, muss im Interesse von Toleranz und Anerkennung die Position des Vaticanums II weitergedacht werden. Dies zeigt die Diskussion rund um den Begriff des «anonymen Christentums», den der einflussreiche Konzilstheologe Karl Rahner (1904–1984) in ausdrücklicher Anknüpfung an die genannten Konzilsdokumente schon während des Konzils vorgeschlagen hat.[89] Was Rahner damit meinte, geht bereits logisch aus seinem religionsphilosophischen Frühwerk *Hörer des Wortes* (1941) hervor,[90] in dem er das Wesen des Menschen daraus bestimmte, Empfänger einer möglichen Offenbarung Gottes bzw. Partner in der göttlichen Heilsgeschichte zu sein. Im Anschluss an Heidegger nannte er dieses Wesen in seinen Schriften zur Gnadentheologie ab den frühen 1950er-Jahren das «übernatürliche Existenzial» des Menschen.[91] Daraus schließt er: «Ist so ein Mensch, der als die innerste Mitte seiner Existenz die Selbstmitteilung Gottes, Gnade genannt, besitzt, der diese in der unbedingten Treue zu seinem Gewissen angenommen hat, der somit auch in einer zwar nicht verbal objektivierten, aber wirklichen Weise ein Glaubender ist, ist mit anderen Worten ein Mensch gegeben, der auch schon als ‹Heide› das Heilsgut besitzt, um das es dem Christentum, seinem Evangelium, seinen ganzen Institutionen im letzten allein geht, für das alles andere nur Mittel, geschichtliche Objektivation, sakramentales Zeichen, gesellschaftliche Erscheinung ist, dann sehe ich nicht ein, warum man einen solchen Menschen, an dessen Möglichkeit und Tatsächlichkeit man als katholischer Theologe nicht zweifeln darf, nicht einen anonymen Christen nennen dürfte, wenn er doch, sei es auch für sich und andere verborgen, das besitzt, was das Wesen des Christseins ausmacht: die Gnade Gottes, die im Glauben ergriffen wird.»[92] Diese Schlussfolgerung Rahners stieß auf Ablehnung von allen Seiten: Die einen, wie der Theologe Hans Urs von Balthasar (1905–1988), sahen darin eine Selbstaufgabe des Christentums:

> Wer ‹Theologie als Anthropologie› zu treiben behauptet, der sagt zumindest, dass jeder Satz, der in einer Wissenschaft über Gott gesagt wird, auch irgendwie über den Menschen gesagt wird; er lässt aber stillschweigend die Voraussetzung aller Theologie im Schatten, dass sie nämlich Logos des sprechenden Gottes ist, der zunächst den hörenden und nicht auch redenden Menschen trifft; das ‹-logie› in seiner scheinbaren Univozität ist eine Vernebelung. Wer von ‹anonymen Christen› redet, der kann nicht (und will wohl auch nicht) eine letzte Univozität zwischen Christen mit dem Namen und Christen ohne Namen abwehren, infolgedessen kann es [...] doch nicht erheblich sein, ob man den Namen bekennt oder nicht. [...] Aber während wir unsere Partner sehr ehrlich als anonyme Christen ansprechen können, falls sie immer Treu und Redlichkeit üben, und der liebe Gott ihre Tugenden immer schon übernatürlich als Glaube, Hoffnung und Liebe aufwertet und interpretiert, werden sie uns gewiss Gegenrecht halten, indem sie uns als anonyme Atheisten begrüßen, da unsere ganze

angebliche Dogmatik nur noch ein ideologischer Überbau sei über einem Feld-, Wald- und Wiesen-Humanismus und seiner Anthropologie. Haben sie unrecht?[93]

Die anderen, wie der Theologe Hans Küng (1928–2021), empfanden den Begriff als blanke Arroganz nicht-christlichen Religionen sowie Atheisten gegenüber:

> Außerhalb der Kirche kein Heil – die Formel stimmt wie eh und je, weil nämlich alle schon von vornherein drinnen sind: als nicht formelle, aber ‹anonyme› Christen oder – wie man eigentlich konsequent sagen müsste – ‹anonyme römische Katholiken›. [...] In Wirklichkeit jedenfalls bleiben sie, die Juden, Moslems, Hindus, Buddhisten und alle die andern, die selber sehr wohl wissen, was sie, völlig ‹unanonym›, sind, draußen. Sie wollen gar nicht drinnen sein. [...] Der Wille derer, die draußen sind, ist nicht nach eigenen Interessen zu ‹interpretieren›, sondern schlicht zu respektieren. Und rund um die Welt wird man keinen ernsthaften Juden, Moslem oder Atheisten finden, der die Behauptung, er sei ein ‹anonymer Christ›, nicht als Anmaßung empfände. Eine solche Vereinnahmung des Gesprächspartners beschließt den Dialog, bevor er überhaupt angefangen hat. [...] Und was würden die Christen sagen, wenn sie von den Buddhisten gnädig als ‹anonyme Buddhisten› anerkannt würden?[94]

In deutlicher Absetzung zur sogenannten ‹inklusivistischen Position› Karl Rahners startet derselbe Hans Küng 1989/90 sein Projekt «Kein Weltfrieden ohne Religionsfrieden. Globale Analysen und Perspektiven zur religiösen Lage der Menschheit», das er 1990 in dem weit verbreiteten Buch *Projekt Weltethos* präsentiert[95] und in mehreren Monographien zu den Weltreligionen exemplifiziert,[96] die er – eingebettet in einen Dialog mit dem Christentum – jeweils «als Ganze» zu begreifen versucht.[97] Angestoßen dazu ist er nun nicht mehr durch die konziliäre bzw. theologische Auseinandersetzung, sondern durch die zunehmende Erkenntnis, dass es für die globalisierte Welt «kein Überleben ohne ein Weltethos» geben wird,[98] dass dieses Ethos eine weltweite Verantwortung für den Frieden beinhaltet und dass dieser Friede nur durch einen ernsthaften Dialog der Weltreligionen erreicht werden kann.[99] Was Küng als «Dialog» begreift, deckt sich weitgehend mit dem, was in diesem Buch unter ‹Toleranz› verstanden ist. Er bedeutet grundsätzlich die gegenseitige Anerkennung, sprich den Verzicht auf eine gegenseitige Vereinnahmung (‹Inklusivismus›), vor allem aber das selbstkritische Eingeständnis, dass es «kein Monopol auf Wahrheit» gibt – für niemanden, auch für das Christentum nicht. Das entbindet nicht, im Dialog nach der Wahrheit zu suchen. «Das Bekenntnis zur Wahrheit schließt den Mut ein, die Unwahrheit zu erkennen und zur Sprache zu bringen.»[100] Ebenso wenig verlangt der Verzicht auf ein Wahrheitsmonopol das Aufgeben der eigenen Identität oder der eigenen Überzeugungen. Im Gegenteil, für Küng zählt zur «interreligiösen Kriteriologie für alle Religionen», dass eine Religion «ihrem eigenen *Ursprung* oder *Kanon* treu bleibt: ihrem authentischen ‹Wesen›, ihrer maßgeblichen Schrift oder Gestalt, auf die sie sich ständig beruft». Ohne «Standfestigkeit» keine Dialogfähigkeit. Was für das Christentum nur heißen kann: «[...] eine Religion ist wahr und gut, wenn und insofern sie in ihrer Theorie und Praxis den Geist Jesu Christi erkennen lässt.»[101] Das verbindende

‹Worum-willen› jedoch, das zum Führen des interreligiösen Dialogs veranlasst, ist aktuell wohl die Herbeiführung eines Weltfriedens, der das Überleben der Menschheit in Aussicht stellt, grundsätzlicher aber noch ist es «das Humanum»: «Sollte es nicht möglich sein, mit *Berufung auf die gemeinsame Menschlichkeit aller Menschen* ein allgemein-ethisches, ein wahrhaft *ökumenisches Grundkriterium* zu formulieren, das auf dem *Humanum*, dem *wahrhaft Menschlichen*, konkret auf der *Menschenwürde* und den ihr zugeordneten *Grundwerten*, beruht? Die kriteriologische ethische Grundfrage lautet ja: Was ist gut für den Menschen? Antwort: Was ihm hilft, das zu sein, was so gar nicht selbstverständlich ist: wahrhaft Mensch!»[102] Man mag diese Position Küngs aufgrund der Erfahrungen, die seit dem Erscheinen seines Buches *Projekt Weltethos* 1990 gemacht wurden, für allzu optimistisch halten, nicht zuletzt, weil sie die Schwierigkeiten des Religionsdialoges ‹zu ebener Erd'› wohl unterschätzt, auch weil sie vielleicht verkennt, wie sehr sie einseitig westlich-philosophische Maßstäbe allgemein anlegt, sie bleibt jedoch am Ausgang des 20. Jahrhunderts die (meines Erachtens) pointierteste Aussage zum Thema ‹Toleranz› seitens der katholischen Theologie.

Überboten wird sie von der pluralistischen Religionstheologie, wie sie im deutschen Sprachraum vor allem durch den Theologen und Religionswissenschaftler Perry Schmidt-Leukel (geb. 1954) bekannt geworden ist, der sich seinerseits an den englischen Presbyterianer-Theologen John H. Hick (1922–2012) anlehnt.[103] Kernthese dieser Position ist, dass das «Heil und die Erkenntnis der vom Christentum als ‹Gott› bezeichneten Wirklichkeit in mehreren Religionen auf unterschiedliche, aber *gleichermaßen gültige* Weise bezeugt und vermittelt werden, so dass keine Religion die andere überragt.»[104] Diese These setzt vor allem ein erweitertes Verständnis von ‹Inkarnation› voraus, «wonach [diese] einen Grundzug göttlicher Immanenz bezeichnet, die den Menschen zu einem Leben der Offenheit für Gott und damit zur Vermittlung göttlicher Selbsterschließung befähigt». Daraus folgt, dass «nicht mehr länger von einem Schnittpunkt zwischen Göttlichem und Menschlichem [die Rede ist], der per definitionem nur in diesem einzigen Fall gegeben wäre, sondern von einem, der in unterschiedlichen Formen und Ausmaßen in jeder menschlichen Offenheit und Antwort auf die göttliche Initiative gegeben ist.»[105] Was hinsichtlich der Inkarnation im Falle Jesu bedeutet, dass «die Wirksamkeit Gottes in Jesus von der gleichen Art ist wie die Wirksamkeit Gottes in anderen großen menschlichen Mittlern des Göttlichen»,[106] bzw. «dass sich die universale Gegenwart dieser Wirklichkeit [Gottes] auf menschliche Weise widerspiegelt (‹inkarniert›) im Leben der großen spirituellen Leitgestalten der Welt; und dass wir unter diesen in Jesus unsere hauptsächliche Offenbarung [...] sowie den hauptsächlichen Wegweiser für unser Leben gefunden haben.»[107] Anders als Hans Küng kommt Perry Schmidt-Leukel im Anschluss daran ausdrücklich auf das Thema ‹Toleranz› zu sprechen:

> Bei einer religionstheologisch pluralistischen Position geht es [...] gar nicht um Toleranz, sondern um Wertschätzung. Dort, wo man eine andere Religion nicht länger verachtet oder geringschätzt, sondern sie wertschätzt, erübrigt sich die Forderung nach Toleranz. Liegt es doch auf der Hand, dass man dem nicht das Existenzrecht streitig machen wird, dessen Glauben man als gleichwertig ansieht. Insofern aber auch ein religionstheologischer Pluralist niemals alles im Bereich von Religion schätzen oder teilen wird, wird es auch für den Pluralisten immer Situationen geben, in denen echte Toleranz gefordert ist. Wenn also Toleranz im ursprünglichen Sinn als Duldung des Nicht-Geschätzten verstanden wird, dann behält die Forderung nach religiöser Toleranz [...] ihren guten Sinn und ist von bleibender Bedeutung. Dann aber gilt auch, dass Grenzen der Toleranz bestehen, dass also das Nicht-Geschätzte bisweilen so negativ und bedrohlich sein kann, auch im Bereich von Religion, dass eine Toleranz beziehungsweise Duldung nicht länger zu verantworten ist.[108]

Ganz anders als der Katholizismus ist während der ersten Jahrzehnte des 20. Jahrhunderts die evangelische Kirche in Sachen ‹Toleranz› gefordert. Den Anstoß zu dieser Herausforderung liefert die «dialektische Theologie», die aufgrund einer rigorosen Unterscheidung zwischen der Offenbarung *Gottes* und der Religion *des Menschen* zu der kompromisslosen These gelangt, dass die Offenbarung in Christus zur «*Aufhebung* der Religion» führt, so dass Religion zur «Unwahrheit» und vor allem zum «Unglauben» gestempelt bzw. der christliche Glaube als die alleinige, von Gott beglaubigte «wahre Religion» zu betrachten ist.[109] Es war Sören Kierkegaard (1813–1855), der unter anderem 1847 in seiner Kleinschrift *Über den Unterschied zwischen einem Genie und einem Apostel* an den «ewig wesentlichen qualitativen Unterschied zwischen Gott und Mensch» erinnerte und die Verkündigung der christlichen Botschaft als Initiative Gottes, als «göttliche Bevollmächtigung», verstand, nicht als Leistung des Menschen.[110] Kierkegaard kritisierte damit nicht bloß die gesamte Theologie, wie sie seit der Aufklärung in evangelischen Kreisen herrschend geworden war, er löste zugleich – zumindest in Dänemark – einen veritablen Kirchenstreit aus, sofern er der etablierten Kirche vorwarf, ihre Bevollmächtigung durch Gott zu ignorieren und nur noch ‹Christentum› als bloße Kultur zu betreiben. Anfang des 20. Jahrhunderts, als das gesamte Werk Kierkegaards in den deutschsprachigen Ländern bekannt wurde, griff federführend der Schweizer evangelisch-reformierte Theologe Karl Barth (1886–1968) dessen dialektischen Ansatz auf und führte mit seinem Buch *Der Römerbrief* (1918/22) «die große Wende» für die protestantische Theologie und Kirche herbei.[111] Besagte Wende ist eine Wende vom Menschen zu Gott, man kann auch sagen: von der Religion als Werk *des Menschen* hin zu Gott als dem sich selbst offenbarenden *Absolutum*. Sie besteht in der Anerkennung, dass in der Offenbarung *ausschließlich* Gott handelt und spricht. Selbst die Reaktion des Menschen auf die Offenbarung ist Werk Gottes, sofern es Gottes Geist ist, der es dem Menschen ermöglicht zu antworten – zu antworten in Form einer Entscheidung «für Gott», was angesichts des *absoluten* Handelns Gottes nur heißen kann, dass diese Entscheidung *absolut* zu erfolgen hat:

Geist ist die ewige Entscheidung, in Gott gefallen für den Menschen, im Menschen gefallen für Gott. [...] Geist hat [...] nichts neben sich, nichts gegen sich. Geist ist Kampf, Übermacht, Sieg und Diktatur in Einem, nie, gar nie etwa zugleich Ruhe, Gleichgewicht, Ausgleich, Toleranz. Geist heißt Entweder – Oder, aber ein schon vorweggenommenes Entweder gegenüber einem schon erledigten Oder. Geist heißt Erwählt- und eben darum in keinem Sinn Verworfensein. Geist kennt als andre Möglichkeit nur die ausgeschlossene, die überwundene, die nicht mehr bestehende Möglichkeit.[112]

Dass aus einer absoluten Position keine Toleranz erwachsen kann, liegt auf der Hand.[113] Am Verständnis von ‹Religion›, wie Barth es zeit seines Lebens artikuliert, zeigt sich dies überdeutlich:

Greift der Mensch von sich aus nach der Wahrheit, so greift er von vornherein daneben. Er tut dann nicht das, was er tun müsste, wenn die Wahrheit zu ihm kommt. Er glaubt dann nämlich nicht. [...] Würde er glauben, so würde er Gott selbst für Gott eintreten lassen; in der Religion aber wagt er jenes Greifen nach Gott. Weil sie dieses *Greifen* ist, darum ist die Religion Widerspruch gegen die Offenbarung, der konzentrierte Ausdruck des menschlichen Unglaubens, d. h. die dem Glauben gerade entgegengesetzte Haltung und Handlung. Sie ist der ohnmächtige, aber auch trotzige, übermütige, aber auch hilflose Versuch, mittels dessen, was der Mensch wohl könnte aber nun gerade nicht kann, dasjenige zu schaffen, was er nur kann, weil und wenn Gott selbst es ihm schafft: Erkenntnis der Wahrheit, Erkenntnis Gottes. [...] Die Offenbarung knüpft nicht an die schon vorhandene und betätigte Religion des Menschen, sondern sie widerspricht ihr, wie zuvor die Religion der Offenbarung widersprach, sie hebt sie auf, wie zuvor die Religion die Offenbarung aufhob. Wie denn auch der Glaube nicht anknüpfen kann an den Falschglauben, sondern ihm als Unglauben [...] widersprechen, ihn aufheben muss.[114]

Vom Vorwurf, Religion zu sein, ist für Barth, genauso wie für Kierkegaard, auch das Christentum betroffen. Gerade ihm hält er entgegen, was Paulus in seinem *Römerbrief* als die menschliche Selbstgerechtigkeit «unter dem Gesetz» anprangert, als den Unglauben, der nicht auf Gott, sondern auf den Menschen setzt. ‹Religion› steht demnach nicht für eine bestimmte Religion, sondern prinzipiell für jenes «Unternehmen, Gott vorzugreifen, ein menschliches Gemächte an die Stelle seines Wortes zu schieben, sich von ihm, der nur erkannt wird, wenn er sich selbst zu erkennen gibt, eigene, zuerst geistliche, dann geistige, dann auch sichtbare Bilder zu machen».[115] Aber auch diese Auffassung bewirkt keine Toleranz zwischen Religionen. Vielmehr heißt es nach Barth anzuerkennen, dass durch die Offenbarung in Jesus Christus das Faktum einer «wahren Religion [ge]schaffen» wurde – das Faktum der christlichen Religion.[116] So gesehen gilt, «dass über die Wahrheit und Lüge zwischen den Religionen nur Eines entscheidet, [...] *der Name Jesus Christus*».[117] Wiederum konsequent, dass Barth jeglichen Versuch, so etwas wie eine «natürliche Theologie» oder gar eine «Ur-Offenbarung» zu postulieren, an der Gott seit Schöpfungsbeginn alle Menschen, somit auch die nicht-christlichen Religionen teilhaben lässt, eine schroffe Absage erteilt.[118] Von der Position eines christlichen Glauben aus, für die «unsere eigene Existenz und die der Welt als eine heute wie gestern und morgen durch den Namen Jesus Christus zu schaffende und geschaffene Wirklichkeit […] zu verstehen ist»,[119] scheint Toleranz als die gegenseitige Anerkennung, zur Wahrheit fähig zu sein sowie ein Recht auf Religionsfreiheit zu haben, die der Stimme des Gewissens folgt, undenkbar. «Für das, was die Neuzeit ‹Toleranz› nennt, lässt Barths Religionskritik keinen Raum: Neben Gott gibt es nur falsche Götter, neben dem Glauben nur Aberglauben oder Unglauben.» (Heinz Zahrnt)[120]

Barths Thesen provozieren die evangelische Theologie ungemein. Bei aller Bewunderung, die sie hervorrufen, lassen sie die Frage nach dem Menschen, konkret nach dem Menschen des 20. Jahrhunderts, den diese Botschaft erreichen soll, immer lauter werden – ist er doch aufgefordert, sich für sie zu entscheiden. Wie und wo lässt er sich für sie abholen? Muss es nicht doch so etwas wie ein ‹religiöses Apriori› geben, das ihn von Natur aus auf Gott und seine Offenbarung disponiert? Was besagt dies für den Menschen im Zeitalter der Säkularisation, der mit Gott nicht mehr rechnet, für den Gott tot ist und der ein Ende aller Religion für gekommen ansieht? Fragen wie diese erneuern die Suche nach einer ‹natürlichen Theologie› (*theologia naturalis*) bzw. die Annahme einer ‹Uroffenbarung› Gottes an alle Menschen, die mit der Schöpfung einhergeht – wie es der Apostel Paulus formuliert: «Denn es ist ihnen [den Menschen] offenbar, was man von Gott erkennen kann; Gott hat es ihnen offenbart.»[121] Sie führen darüber hinaus zu der kühnen These, wonach sich die Säkularisation einem zutiefst christlichen Impuls verdankt, der dem Bewusstsein entspringt, dass «uns Christus zur Freiheit befreit hat».[122] Damit erscheint die Autonomie des Menschen als das eigentlich Gott-Gewollte. Selbst die Errungenschaft der Moderne, ohne Gott das Auslangen zu finden und die Welt gestalten zu können, *etsi Deus non daretur*, gehört anerkannt und im Hinblick auf den gekreuzigten Gott begriffen.[123] Nicht zuletzt die Entmythologisierung des Neuen Testaments enthüllt sich als Chance, die eigentliche Glaubensentscheidung treffen zu können, vor die die Botschaft Jesu jeden Menschen stellt.[124] All diese theologischen Ansätze, die sich markant von Karl Barths Position absetzen, hätten es in sich gehabt, auch über ‹Toleranz› neu nachzudenken. Das ist de facto nicht geschehen. Weder die Frage nach der Wahrheit in anderen Religionen und Bekenntnissen noch eine Betrachtung des Christentums im Gesamt der Weltreligionen kamen zum Tragen. Zu sehr blieben sie – darin Barth nicht unähnlich – ‹christozentrisch› orientiert, sprich auf die christliche Binnendiskurse fokussiert.[125] Von Hause aus anders verhält es sich – während der ersten Hälfte des 20. Jahrhunderts – bei Paul Tillich (1886–1965), der 1933 in die USA emigrierte und dort am Union Theological Seminary in New York, an der Harvard University sowie an der Divinity School der University of Chicago lehrte. Der Grund für diesen Kontrapunkt liegt jedoch nicht darin, dass Tillich in den USA einer ganz anders gearteten multireligiösen Kultur begegnete und sich so der Toleranz-Frage unmittelbarer ausgesetzt sah als in Deutschland, sondern vielmehr darin, dass sein denkerischer Ansatz ein rein philosophischer war. Obwohl er sich als ordinierter

Pastor zeit seines Lebens als Theologen bezeichnete und sein Hauptwerk unter den Titel *Systematische Theologie* stellte,[126] überwog das Philosophische in seinen Argumentationen bei weitem. Nicht von ungefähr promovierte er 1910 in Breslau mit einer Arbeit über Schelling und ebenso wenig zufällig ist das alles fundierende Frühwerk eine *Religionsphilosophie*.[127] Das trug ihm Kritik sowohl von theologischer als auch von philosophischer Seite ein: «Verschwimmt damit nicht alles ins ungeschiedene Einerlei?» (Wilhelm Weischedel)[128] Trifft hier nicht zu, was aller ‹christlichen Philosophie› vorzuhalten ist: «[...] war sie *philosophia*, so war sie nicht *christiana*, war sie *christiana*, so war sie nicht *philosophia*» (Karl Barth)?[129] Spricht es schließlich nicht Bände, dass Tillich bei seinem Reden von Gott das Neutrum bevorzugt – «das Sein», «das Göttliche», «das Unbedingte»?

Die Toleranz-Thematik ergibt sich jedenfalls aus Tillichs Zentralgedanken – aus seiner Definition von ‹Religion›. Völlig konträr zu Barth[130] verortet er diese im menschlichen Grundvollzug der Sinn-Suche bzw. der Stiftung von Sinn zur Bewältigung der Wirklichkeit. Von da her gesehen zeichnet sich die Religion dadurch aus, dass ihre Intention auf den Grund allen Sinnzusammenhangs, auf den «Grund der Totalität des Sinns», geht, der wiederum nicht anders denn als «das Unbedingte» bezeichnet werden kann. Darin unterscheidet sich die Religion von der Kultur, deren unerlässliche Rolle es ist, den einzelnen oder bedingten Sinnzusammenhängen Formen zu geben. «Richtet sich das Bewusstsein auf die einzelnen Sinnformen und ihre Einheit, so haben wir es mit *Kultur* zu tun; richtet es sich auf den unbedingten Sinn, den Sinngehalt, so liegt *Religion* vor. *Religion ist Richtung auf das Unbedingte, Kultur ist Richtung auf die bedingten Formen und ihre Einheit [...]*».[131] Religion und Kultur bleiben aufeinander verwiesen: «[...] *die Kultur ist Ausdrucksform der Religion, und die Religion ist Inhalt der Kultur*».[132] Das Unbedingte vergegenwärtigt sich nirgendwo anders als in konkreten kulturellen Formen – «Symbolen» –, umgekehrt erhalten die kulturellen Formen erst durch ihre Funktion, das Unbedingte präsent werden zu lassen, ihre Berechtigung, ihren Sinn, ihre «Tiefe». Im Hinblick auf die Toleranz-Thematik ist nun entscheidend, dass Tillich die greifbare Realität der Religionen auf der Ebene der kulturellen Formen ansiedelt, was bedeutet, dass sie allesamt – inklusive Christentum – wohl auf das Unbedingte ausgerichtet sind, ihre konkrete Verwirklichung jedoch als Kulturen erfahren, die in jeder Hinsicht einen jeweils endlichen, begrenzten, relativen Status haben. Von Letzterem aus betrachtet müssten sich Religionen schon deshalb in gegenseitiger Toleranz üben, als keine von ihnen den Anspruch erheben dürfe, das Unbedingte absolut zu vergegenwärtigen. Zugleich bleibt aber die Frage, «wie Toleranz möglich ist, wenn Religion ihrem Wesen nach auf das Unbedingte gerichtet ist?»[133] Anders gefragt: «Muss die Begegnung einer Glaubensform mit einer anderen Glaubensform entweder zur unkritischen Toleranz oder zur Intoleranz ohne Selbstkritik führen?»[134] Für Tillich gibt es eine Möglichkeit jenseits dieser Alternative – dann nämlich, wenn unter den Religionen ein Bewusstsein darüber herrscht, dass das «unbedingte Ergriffensein» durch das Unbedingte sie von Hause aus eint, handelt es sich dabei doch um etwas Allgemein-Menschliches, um ein Existenzial des Menschen als solchem, und gleichzeitig die Bereitschaft zur «Erkenntnis der beschränkten Gültigkeit der konkreten Symbole» besteht, zu dem, was Tillich «Selbstkritik» nennt. Religiöse Toleranz hat somit beides zur Voraussetzung: die immer wieder neue Offenheit auf das verbindende Ergriffensein durch das Unbedingte – das nicht zwingend ‹Gott› heißen muss, nicht einmal «Gott über Gott», sondern «von der Tiefe in eurem Leben, vom Ursprung eures Seins, von dem, was euch unbedingt angeht, von dem, was ihr ohne irgendeinen Vorbehalt ernst nehmt», zeugt[135] – sowie das selbstkritische Bewusstsein um die Begrenztheit und Relativität des kulturellen Ausdrucks, in dem sich jedes religiöse Bekenntnis artikuliert.

> Das missionarische Werk der großen Religionen sucht durch Bekehrung zu einem Glauben die Einheit aller Glaubensformen zu erreichen. Niemand kann sicher sein, dass solche Einheit im Lauf der Menschheitsgeschichte gewonnen wird; niemand kann aber leugnen, dass sie die Sehnsucht und Hoffnung der Menschheit zu allen Zeiten und an allen Orten gewesen ist. Aber es gibt nur eine Möglichkeit, diese Einheit zu erlangen: der Glaube muss unterschieden werden von den [kulturellen] Ausdrucksformen, in denen er jeweils erscheint. [...] Es mag sein, dass es keinem Glauben gelingt, sich in einem universal gültigen Symbol auszudrücken – wenn es auch die Hoffnung jeder großen Religion ist, das umfassende Symbol zu schaffen, in dem der Glaube der Menschheit sich ausdrücken kann. Aber solche Hoffnung ist nur berechtigt, wenn eine Religion sich des bedingten Charakters ihrer eigenen Symbole bewusst ist. Das Christentum hat im ‹Kreuz Christi› ein Symbol, das das Bewusstsein um die eigene Bedingtheit ausdrückt und das gültig bleibt, auch wenn die christlichen Kirchen den Sinn dieses Symbols vergessen und besonderen Glaubensformen Unbedingtheit zusprechen. Um seiner radikalen Selbstkritik willen ist das Christentum von allen Religionen am meisten zur Universalität berufen – solange es diese Selbstkritik als Macht im eigenen Leben wirken lässt.[136]

Tillich ließ sich von der Begegnung mit den Weltreligionen zunehmend herausfordern. Das führte so weit, dass er wenige Tage vor seinem Tod bekannte, sein Hauptwerk *Systematische Theologie* im Dialog mit den anderen Religionen neu schreiben zu müssen.[137] Er wies damit der evangelischen Theologie einen ähnlichen Weg, wie ihn die katholische Theologie in Richtung einer Theologie der Religionen eingeschlagen hat.

Wissenschaft interdisziplinär

Anders als im 19. Jahrhundert wurde der Toleranz-Diskurs während des 20. Jahrhunderts in der Philosophie wieder häufiger und expliziter geführt, wobei zu berücksichtigen bleibt, dass zugleich die Tendenz anhält, den Begriff der ‹Toleranz› durch jenen der ‹Anerkennung› zu ersetzen. Ebenso bemerkenswert ist, dass sich der Diskurs nicht mehr nur in der Philosophie findet, sondern auch in anderen Disziplinen wie der Psychologie, den Sozialwissenschaften, der Pädagogik,[138] der

Kommunikationswissenschaft sowie den Rechtswissenschaften[139] geführt wird, wodurch Aspekte zur Sprache kamen, die davor weniger wahrgenommen worden waren. Wenn trotzdem mit der Philosophie begonnen werden darf, so fällt *prima vista* auf, dass so große und einflussreiche Denker wie Martin Heidegger und Ludwig Wittgenstein das Thema nicht einmal tangieren und dass zugleich Richtungen, wo man mit der Behandlung desselben rechnen würde, kaum darauf zu sprechen kommen. Letzteres trifft beispielsweise auf die Dialogphilosophie zu, wie sie von Ferdinand Ebner (1873–1919), Martin Buber (1878–1965) und Franz Rosenzweig (1886–1929) zu Beginn des Jahrhunderts begründet wurde. Hier herrscht sogar eine Abneigung gegenüber dem Begriff der Toleranz vor,[140] verbindet man mit diesem doch das bloße Dulden, das im Zwischenmenschlichen eine zerstörerische Wirkung entfalten kann, sobald daraus Geringschätzung, Nichternstnehmen oder Ignorierung spricht. Deshalb präferiert man den Begriff der Anerkennung, sofern man in dieser die angemessene Haltung innerhalb einer Ich-Du-Beziehung sieht, in welcher unbedingte Gegenseitigkeit herrscht und das jeweils beteiligte Ich am jeweils begegnenden Du *wird*. Wobei hinzuzufügen ist, dass nicht einmal das Wort ‹Anerkennung› bzw. ‹anerkennen› oft vorkommt.[141] Das trifft auch für jenen Zweig der Existenzphilosophie zu, der der Dialogphilosophie nahesteht – beispielsweise im Werk von Gabriel Marcel (1889–1973).[142] Eine Ausnahme bildet Karl Jaspers (1883–1969), was unter anderem damit zu tun haben dürfte, dass er seine Existenzphilosophie in der Begegnung mit den großen Weisheits- und Religionstraditionen der ganzen Welt entfaltet und seine Theorie vom «philosophischen Glauben» im Gegenüber zur jüdisch-christlichen Offenbarungstheologie entwickelt. Nicht von ungefähr erneuert er die Theorie der «Achsenzeit», sprich die historische These, dass es in der Zeit zwischen dem 8. und 2. Jahrhundert v. u. Z. zu vergleichbaren Geistes- und Kulturschüben in China, Indien, Persien, Palästina und Griechenland gekommen sei, auf denen die heutige Weltkultur fuße – eine Theorie, die seit ihrem Aufkommen im 18. Jahrhundert die europäischen Toleranz-Diskurse nachhaltig vorangetrieben hatte.[143] Ebenso wenig zufällig setzt er sich mit dem Anspruch der monotheistischen Offenbarungsreligionen auf absolute Wahrheit, nicht zuletzt mit der Theologie von Karl Barth und deren abfälligen Äußerungen zur Toleranz auseinander.[144] Seit seiner *Philosophie* von 1932 ist ihm Toleranz, ganz im Unterschied zur Dialogphilosophie, etwas Positives: «Toleranz kennt Maßstäbe, nur keine endgültigen, ist als positiver Vollzug der Anerkennung selbst in Bewegung, sich irrend und treffend, immer noch zu erwerben. Als Haltung ist sie Bereitschaft zu solcher Positivität.»[145] Und später:

> Toleranz ist nicht die Gleichgültigkeit gegen das heimlich Verachtete, das nun einmal so da ist und nicht ausgerottet werden kann. Toleranz ist vielmehr das Ernstnehmen des Fremden, das Hinhören und Sichangehenlassen. Toleranz will das, was in der Zeit nur in der Bewegung des Kampfes in grenzenloser Kommunikation möglich ist, nicht reduzieren lassen auf eine einzige Farbe. […] Im Raum des geistigen Kampfes aber wird die Toleranz nie die Hoffnung aufgeben, im Miteinanderreden den Anderen

doch auch kommunikativ aufzuschließen und zu jener Einmütigkeit zu kommen, die, zwar im Fragen bleibend, mit dem verbunden sein lässt, der nicht nur in besonderen Chiffern, sondern in der Grundverfassung zur Chiffernwelt Gegner bleibt [als der grundsätzlich Intolerante].[146]

Noch in seiner Auseinandersetzung mit Karl Barth 1962 hält er fest: «Innerlich aber ist die Toleranz wesentlich als der Ausdruck des Willens zur Kommunikation. Hier wäre Toleranz als bloße Duldung, wie sie politisch sinnvoll und erreichbar ist, eine Beleidigung. Offensein, sich angehen lassen, anerkennen ist das Wesen dieser Toleranz.»[147] Dieser Wille zur Kommunikation, der echte Toleranz beseelt, ist bei Jaspers tatsächlich grenzenlos. Er gilt sogar in der Begegnung mit der Intoleranz: «Die Intoleranz muss geduldig zur Toleranz geführt werden.»[148] Er lebt aus der Überzeugung, «jeder lebendige Mensch, mag er noch so intolerant sich gebärden, muss die Möglichkeit der Toleranz in sich haben, weil er Mensch ist.»[149] An ihre Grenze gelangt die Toleranz nur dort, wo Intoleranz gewalttätig wird, denn «es darf keine Freiheit geben zur Zerstörung der Freiheit».[150] Die Gewalttätigkeit der Intoleranz beginnt nicht erst im Zusammenhang mit physischer Gewalt, sondern bereits im Geistigen, wo fanatisch auf das monotheistische «Eine» gesetzt wird: «Gewaltsamkeit ist schon der Wille zum Glauben, ist schon der blinde Gehorsam gegenüber der gegenwärtigen heiligen Kirche, zur fides implicita. Von nun an wird das Leben zur Verschlossenheit. [...] Dort wird die Kommunikation zum Menschen abgebrochen durch das ganz Andere. Wem es genügt und schon die tiefste Befriedigung gewährt, in seinem Sinne für seinen Gott offen zu sein, der kann nicht mehr bedingungslos für die Kommunikation mit Menschen offen sein. Die Überwindung der Anfechtung entrückt, so scheint es, dem Wagnis, mit Menschen zu existieren.»[151] «Der Abfall [...] zur kommunikationslosen Ausschließlichkeit, in die Armut der Abstraktion des leeren Einen, führt zum Fanatismus.»[152] Was im Persönlichen, in der überschaubaren Kommunikation gilt, das trifft analog auf den Bereich des Politischen, ja Weltgeschichtlichen zu:

> Der Weg zur Weltordnung kann nur gelingen, wenn Toleranz herrscht. Intoleranz bedeutet Gewalt, Abstoßen und Eroberung. Toleranz aber heißt nicht Gleichgültigkeit. Gleichgültigkeit ist [...] geboren aus dem Hochmut eigener Wahrheit und die mildeste Form der Intoleranz: die verborgene Verachtung, – mögen die anderen glauben, was sie wollen, es geht mich nicht an. Toleranz dagegen ist aufgeschlossen, weiß um die eigene Beschränkung, will sie in der Verschiedenheit menschlich verbinden, ohne die Vorstellungen und Gedanken des Glaubens auf einen schlechthin allgemeingültigen Nenner zu bringen.[153]

Sowohl der Dialogphilosophie als auch dem Existenzialismus wurde nicht zu Unrecht vorgeworfen, zu sehr auf die persönliche Begegnung von Ich und Du, auf das Dialogische im persönlichen Bereich, auf die Existenzerhellung durch Kommunikation, fokussiert geblieben zu sein und die Bereiche von Gesellschaft, Politik und Staat allzu sehr aus diesem Blickwinkel betrachtet zu haben, ohne die

Eigen-Dimensionalität derselben entsprechend einzuschätzen. Das rief – nicht zuletzt hinsichtlich des Verständnisses von ‹Toleranz› – nach Präzisierungen und Korrekturen, die sich vor allem aus rechts- und sozialwissenschaftlichen Perspektiven nahelegten. Hier wiederum war es, nicht überraschend, das Thema ‹Gerechtigkeit›, welches die Diskussionen beherrschte und vorantrieb. Hans Kelsen (1881–1973), der ursprünglich österreichische Verfassungs- und Völkerrechtler, auch Rechtsphilosoph, einer der einflussreichsten Theoretiker des demokratischen Staatswesens,[154] bekennt in seiner erst 1953 erstmals publizierten Schrift *Was ist Gerechtigkeit?* resümierend:

> Da Demokratie ihrer innersten Natur nach Freiheit, und Freiheit Toleranz bedeutet, ist keine andere Staatsform der Wissenschaft so günstig wie die Demokratie [...], denn die Seele der Wissenschaft ist die Toleranz. [Freiheit, Demokratie und Toleranz eint dasselbe Verständnis von Gerechtigkeit:] Es ist die Gerechtigkeit der Freiheit, die Gerechtigkeit des Friedens, die Gerechtigkeit der Demokratie, die Gerechtigkeit der Toleranz.[155]

Worauf jedoch bezieht sich diese Gerechtigkeit? Sie ist die Einsicht, «dass die menschliche Vernunft nur relative Werte begreifen kann, und d. h. dass das Urteil, mit dem etwas für gerecht erklärt wird, niemals mit dem Anspruch auftreten kann, die Möglichkeit eines gegenteiligen Werturteils auszuschließen. Absolute Gerechtigkeit ist ein irrationales Ideal. [...] Das moralische Prinzip, das einer relativistischen Wertlehre zugrunde liegt oder aus ihr gefolgert werden kann, ist das Prinzip der Toleranz [...]».[156] Womit sich die Frage stellt: Wohnt sowohl der Demokratie als auch der Toleranz, sofern beides ebenso wenig absolute Geltung beanspruchen kann wie die Gerechtigkeit, prinzipiell die Möglichkeit ihrer Selbstzerstörung inne? Anfang der 1930er-Jahre war Kelsen geneigt, die Frage zu bejahen: «Bleibt sie [die Demokratie] sich selbst treu, muss sie auch eine auf Vernichtung der Demokratie gerichtete Bewegung dulden [tolerieren].»[157] Am eigenen Leib sollte er erleben, was dies heißt: Die Machtergreifung der Nationalsozialisten auf demokratischem Wege, die Vernichtung der Verfassung mit verfassungsmäßigen Mitteln, die Kassierung der freien Wahl mit dem Instrument der freien Wahl[158] – die Installierung einer Staatsdiktatur, die sein persönlicher Widersacher, der Verfassungs- und Völkerrechtler Carl Schmitt (1888–1985), als einen «totalen Staat» der «Stärke» verstand, für den Toleranz ein Zeichen der Schwäche ist, der «nicht daran denkt, die [...] Machtmittel seinen eigenen Feinden und Zerstörern zu überliefern und seine Macht unter irgendwelchen Stichworten, Liberalismus, Rechtsstaat oder wie immer man es nennen will, untergraben zu lassen»,[159] der im liberalen «stato neutrale e agnostico des 19. und 20. Jahrhunderts» den «Todeskeim [sieht], der den mächtigen Leviathan von innen her zerstört und den sterblichen Gott zur Strecke gebracht hat»,[160] in dem schließlich nur mehr der Führer (Adolf Hitler) das Recht schafft.[161] Unter diesem Eindruck kommt Kelsen 1953, in seiner Abhandlung über Gerechtigkeit, zu einer differenzierteren Einschätzung:

> Es versteht sich von selbst, dass sich aus einer relativistischen Weltanschauung kein Recht auf absolute Toleranz ergibt; Toleranz nur im Rahmen einer positiven Rechtsordnung, die den Frieden unter den Rechtsunterworfenen garantiert. [...] Aber kann Demokratie tolerant bleiben, wenn sie sich gegen anti-demokratische Umtriebe verteidigen muss? Sie kann es! In dem Maße, als sie friedliche Äußerungen anti-demokratischer Anschauungen nicht unterdrückt. [...] Demokratie kann sich nicht dadurch verteidigen, dass sie sich selbst aufgibt. Aber es ist das Recht jeder, auch einer demokratischen Regierung, Versuche, sie mit Gewalt zu beseitigen, mit Gewalt zu unterdrücken und durch geeignete Mittel zu verhindern. Die Ausübung dieses Rechts ist weder mit dem Prinzip der Demokratie noch mit dem der Toleranz in Widerspruch.[162]

Was Kelsen in dieser Argumentation trotzdem wieder einholt, sind die Implikationen seines Wertrelativismus, die letzten Endes auch seinen Rechtspositivismus begründen: Wenn es keine unbedingte Setzung eines Wertes geben kann, lässt sich ebenso wenig eine «positive Rechtsordnung» unbedingt begründen, sondern allenfalls postulieren bzw. als faktische Gegebenheit hinnehmen. Das Problem, das sich dadurch stellt, liegt sogleich auf der Hand: Die bloße Faktizität von Demokratie und Toleranz sagt nichts darüber aus, ob beide auch im Sinne ihrer Erfindung realisiert sind, sie bildet in anderen Worten kein hinreichendes Indiz für eine gerechte Gesellschaftsordnung. Zu Recht hat Herbert Marcuse (1898–1979) in seinem vielzitierten Essay über *Repressive Toleranz* von 1965 darauf hingewiesen.[163] Marcuse analysiert die demokratisch strukturierten Systeme der «fortgeschrittenen Industriegesellschaft» des Westens. Aus neomarxistischer Perspektive kommt er zu dem Schluss, dass diese Demokratien, die sich zu einer «allseitigen Toleranz» bekennen, in Wirklichkeit «repressive Systeme» sind, in denen Zustände krasser gesellschaftlicher Ungerechtigkeit perpetuiert werden. Was hier ‹Toleranz› heißt, ist eine «Perversion» dessen, was diese ursprünglich sein soll, nämlich eine «Parteinahme» für die «humane Gesellschaft», in der Gerechtigkeit durch die Anerkennung der Menschenrechte sowie durch die Einhaltung des Gleichheitsgrundsatzes herrscht. Hier dient Toleranz stattdessen der Zementierung von Ungerechtigkeit – konkret «als passive Duldung verfestigter und etablierter Haltungen und Ideen, auch wenn ihre schlagende Auswirkung auf Mensch und Natur auf der Hand liegt; [sowie] als aktive, offizielle Toleranz, die der Rechten wie der Linken gewährt wird, aggressiven ebenso wie pazifistischen Bewegungen, der Partei des Hasses ebenso wie der der Menschlichkeit. [...] diese unparteiische Toleranz [gilt] insofern als ‹abstrakt› und ‹rein›, als sie davon absieht, sich zu einer Seite zu bekennen – damit freilich schützt sie in Wirklichkeit die bereits etablierte Maschinerie der Diskriminierung.»[164] Das spricht weder gegen die Toleranz als solche noch gegen ihre Notwendigkeit in einer pluralistischen Gesellschaft. Auch die Inangriffnahme einer humanen Gesellschaft «erfordert [...] Denk- und Ausdrucksfreiheit als Vorbedingungen, den Weg zur Freiheit zu finden – [...] erfordert *Toleranz*».[165] Was jedoch zu Gebote steht, ist ein Kriterium für die Unterscheidung von echter und falscher Toleranz, so dass sich eine faktisch realisierte Toleranz beurteilen, bewerten und gegebenenfalls kritisieren lässt. Marcuse scheut sich nicht, dieses Kriterium als «Wahrheit» zu bezeichnen – «Das Telos der Toleranz ist die Wahrheit» –, wobei er darunter «eine andere Wahrheit [...] als die der Aussagenlogik und akademischen Theorie» versteht, jene Wahrheit nämlich, die «der Zweck der Freiheit ist» und um deretwillen «die Freiheit [...] begrenzt und umgrenzt werden muss».[166] Der Zweck der Freiheit, der hier Wahrheit heißt, kann nichts anderes sein als die Herstellung bzw. Herbeiführung der humanen, von umfassender Gerechtigkeit bestimmten Gesellschaft. Da es eine solche Gesellschaft noch nicht gibt, noch nie gegeben hat, besitzt diese Wahrheit einen normativen Charakter, und aus demselben Grund erscheint Freiheit allemal als «Befreiung»:

> Freiheit ist selbst für die freiesten der bestehenden Gesellschaften erst noch herzustellen. Und die Richtung, in der sie gesucht werden muss, und die institutionellen und kulturellen Veränderungen, die dazu beitragen können, dieses Ziel zu erreichen, sind – zumindest in der entwickelten Zivilisation – begreiflich, [...] lassen sich identifizieren und entwerfen auf der Basis der Erfahrung, durch Vernunft. Im Wechselspiel von Theorie und Praxis werden wahre und falsche Lösungen unterscheidbar – niemals im Sinne bewiesener Notwendigkeit, niemals als das Positive, sondern nur mit der Gewissheit einer durchdachten und vernünftigen Chance und mit der überzeugenden Kraft des Negativen. Denn das wahrhaft Positive ist die Gesellschaft der Zukunft und deshalb jenseits von Definition und Bestimmung, während das bestehende Positive dasjenige ist, über das hinausgegangen werden muss. [...] Freiheit ist Befreiung, ein spezifischer geschichtlicher Prozess in Theorie und Praxis und hat als solcher sein Recht und Unrecht, seine Wahrheit und Falschheit.[167]

Es liegt auf der Hand, dass Marcuse dem «wahrhaft Positiven», der normativen «Utopie» der humanen und umfassend gerechten Gesellschaft, das unterstellt, was Hans Kelsen prinzipiell keiner «positiven Rechtsordnung» zubilligen konnte – den Charakter des Unbedingten bzw. eine Dimension absoluter Gültigkeit. Nur im Hinblick darauf ist schließlich Marcuses These «Toleranz ist ein Selbstzweck» zu verstehen.[168]

Diese These erweist sich allerdings als fatal, denn eine absolut gesetzte Toleranz mutiert zwangsläufig in eine Diktatur der Toleranz, sprich in krasse Intoleranz. Was dies heißt, lässt sich zumindest an einigen der heute gängigen Diskurse im Zusammenhang mit Gender-Fragen, mit Cancel Culture, Antirassismus oder Postkolonialismus veranschaulichen.[169] Dabei wird nicht selten der Versuch unternommen, Toleranz autoritär einzufordern bzw. Toleranz durch dezidierte Intoleranz herbeizuführen. Dergleichen ist ein Widerspruch in sich, es endet in einer ‹Wiederholung› dessen, was es zu überwinden gilt bzw. was unter dem Verbot steht, sein zu dürfen. Dem fügt sich an, dass das Kriterium, welches die wahre Toleranz von der falschen Toleranz unterscheiden lässt, eine «Wahrheit» sein soll, sprich die *Vorstellung* von einer idealen gerechten und somit humanen Gesellschaft. Eine solche Vorstellung jedoch, die noch dazu als ethische Norm fungiert, lässt sich nicht als absolut geltend behaupten. Sie ist so relativ wie alle menschlichen Weltanschauungen, so begrenzt wie alle Bilder, die sich Menschen von der Wirklichkeit machen, so wenig evident wie jegliche Bewertung, die menschlicherseits vorgenommen wird. Nirgends zeigt sich dies so deutlich wie in einer pluralistischen Gesellschaft, in der *per definitionem* unterschiedliche Weltanschauungen und Wertauffassungen aufeinandertreffen. Es leuchtet unmittelbar ein, dass die Gerechtigkeit, die der Toleranz in solch einer Gesellschaft zugrunde liegen soll, nicht aus einer Vorstellung («Wahrheit») von idealer Gesellschaft resultieren kann, gilt doch keine dieser Vorstellungen für alle Mitglieder der realen Gesellschaft gleichermaßen. Wenn es aber keine Vorstellung zu sein vermag, was ist es dann, woran sich Gerechtigkeit in einer pluralistischen Gesellschaft festmachen lässt? Es sind die *Verfahren*, in denen die Mitglieder der Gesellschaft miteinander kommunizieren, und unter ihnen naturgemäß jene, die sowohl die Gleichbehandlung als auch die Freiheit aller Mitglieder garantieren. Prädestiniert dafür ist wiederum der argumentative Diskurs, weil in ihm *vom Prinzip her* gewährleistet ist, dass allen Teilnehmenden nicht nur die Kompetenz, sondern zugleich das Recht der freien Stellungnahme zu begründeten Behauptungen eingeräumt wird, und darüber hinaus die *gegenseitige* Verpflichtung auferlegt ist, sich hinsichtlich ihrer Behauptungen untereinander rechtfertigend zu verhalten. In dieser Richtung denken zu müssen, sind sich so divergierende philosophische Ansätze wie der kritische Rationalismus Karl Raimund Poppers (1902–1994)[170] und Hans Alberts (1921–2023),[171] die Theorie des kommunikativen Handelns von Jürgen Habermas (geb. 1929)[172] und Karl-Otto Apel (1922–2017)[173] sowie die liberalistische Gerechtigkeits-Theorie von John Rawls (1921–2002)[174] einig – so unterschiedlich deren Ansätze auch begründet und entfaltet sein mögen. Sie alle kommen darin überein, einen Idealzustand der Gesellschaft in Anspruch zu nehmen: Popper «die offene Gesellschaft», Habermas / Apel die «ideale Kommunikationsgemeinschaft» bzw. die «ideale Sprechsituation» und Rawls den «Urzustand (*original position*)» einer «wohlgeordneten Gemeinschaft (*well-ordered society*)». In jedem dieser Idealzustände ist Gerechtigkeit gewährleistet bzw. sind – um mit Kant zu sprechen – die Bedingungen der Möglichkeit gegeben, dass Gerechtigkeit verwirklicht werden kann. Wie gesagt, es geht um die *Bedingungen von deren Möglichkeit*, nicht um konkrete Vorstellungen – selbst, wenn diese eine gewisse Rolle spielen. Das zeigt ihre jeweilige Eruierung: bei Popper eine kritische Analyse der gesellschafts-politischen Implikationen freier wissenschaftlicher Diskurse in der historischen Kontrastierung von strukturell-geschlossener und strukturell-offener Gesellschaft, bei Habermas und Apel eine transzendental-pragmatische Analyse der *conditiones sine quibus non* von argumentativen Diskursen und dem sich darin äußernden kommunikativen Handeln,[175] sowie bei Rawls die fiktive Annahme eines gesellschaftlichen Urzustandes, in dem die Angehörigen einer pluralistischen Gemeinschaft die Prinzipien eines gerechten Miteinanders unter dem Zeichen von «Fairness» bindend vereinbaren. Jedenfalls zählt Toleranz zu den *Bedingungen der Möglichkeit der Verwirklichung von Gerechtigkeit innerhalb einer pluralistischen*

Gesellschaft. Das rührt schon allein daher, dass mit der Toleranz die Anerkennung der nicht behebbaren weltanschaulichen Unterschiede, aber auch der prinzipiellen Fallibilität menschlichen Wissens einhergeht. Es sind jedoch nicht nur die Unterschiede sowie die Fallibilität der Lebenskonzepte und Wissensansprüche, die respektiert werden. Zur Toleranz kommt entscheidend hinzu, dass darüber hinaus jedes menschliche Subjekt, das an einer argumentativen Kommunikation teilnimmt bzw. in diese einbezogen ist, als eine *zur Freiheit fähige und zur Freiheit verpflichtete Person* Achtung und Anerkennung findet. Kraft dessen ist es auch eine Person als *Inhaberin des fundamentalen Rechts auf verallgemeinerbare Rechtfertigung*. So stellt sich nach Rainer Forst (geb. 1964) «das Recht auf Rechtfertigung als Kern des Toleranzbegriffs heraus, da es bei der Toleranz im Wesentlichen um die rechtfertigenden Gründe für bestimmte Freiheiten bzw. Freiheitseinschränkungen geht»[176] – und ausführlicher:

> Die *vernünftige* Einsicht in die Geltung dieses Prinzips [der Rechtfertigung] ist selbst eine *normative*: die Einsicht, dass man es als Mensch, als rechtfertigendes Vernunftwesen, das Gründe geben kann und auf Begründungen angewiesen ist, anderen Menschen ‹schuldet›, diesem Grundsatz entsprechend zu handeln. […] Diese grundlegende moralische Einsicht zeichnet Personen aus, die sich und andere in einem ursprünglichen Verantwortungskontext stehen sehen, in dem sie sich immer schon finden und den aufrechtzuerhalten sie sich als autonome moralische Personen, die verantwortlich handeln können, verpflichtet sehen: und zwar durch *die Anderen*, nicht etwa durch ‹die Vernunft›. Sich und andere als endliche, gleichermaßen verletzbare, rechtfertigende Wesen anzuerkennen, bedeutet, sich und ihnen ein *Recht auf Rechtfertigung* zuzuschreiben und eine entsprechende Pflicht – als *unbedingte* Pflicht, die keine weitere Begründung benötigt. Mehr noch, schon die Frage nach weiteren Gründen dafür, den Anderen als ‹Zweck an sich selbst›, als Wesen mit einem Recht auf Rechtfertigung zu achten – seien es Gründe, die dies mit Gottes Geboten rechtfertigen, mit eigenen Interessen oder mit bestimmten Vorstellungen des Guten –, wäre aus der Perspektive der praktischen Vernunft eine Frage zu viel, die die Pointe der Moral verpasste: dass es keiner weiteren Gründe für die Achtung des Anderen bedarf. Sein ‹Menschsein› muss dafür genügen. Dies ist eine Einsicht in den ‹Grund› der Moral aus einer *ursprünglichen Verantwortung* anderen gegenüber heraus – und zugleich auch eine Einsicht in die Grenzen der moralischen Begründung, da jede weitere Begründung des moralischen Sollens aus externen Quellen, seien sie transzendenter oder empirischer Natur, die Moral zu relativieren drohte. […] Die ‹Würde› des Anderen und seiner selbst als freie und doch endliche, rechtfertigende Wesen muss auf eine Weise geachtet werden, die der gemeinsamen moralischen Identität in dem Sinne Vorrang vor all den Differenzen gibt, die die Einzelnen trennen, dass trotz all den Unterschieden die Bereitschaft besteht, die Grenzen von Reziprozität und Allgemeinheit zu beachten. […] Die Form der gegenseitigen Achtung, die der Respekt-Konzeption der Toleranz zu Grunde liegt, muss in diesem Sinne ‹rein› moralisch begründet sein: In der Würde des Anderen als eines rechtfertigenden Wesens, nicht in der Sorge um dessen auf spezifische Weise verstandenes Wohl (oder gar um das eigene).[177]

Toleranz ist allerdings nicht einseitig Bedingung der Möglichkeit der Verwirklichung von gesellschaftlicher Gerechtigkeit, *de facto* gilt ebenso das Umgekehrte: Wo in einer Gesellschaft Gerechtigkeit nicht gewährleistet erscheint, reduziert sich zugleich die Chance auf Toleranz. Darauf hat vor allem der Psychologe Alexander Mitscherlich (1908–1982) nachdrücklich hingewiesen.[178] Er setzt bei der sozial-psychoanalytischen Feststellung ein, dass «der Bereich unbewusst wirksamer Triebe, das ‹Es›, nichts kennt, was sich mit Toleranz bezeichnen ließe. Unsere libidinösen wie aggressiven Triebenergien drängen [...] ganz selbstbezogen und gegen andere Individuen rücksichtslos auf Befriedigung. Die Triebversagungen, die ihnen auferlegt werden müssen, damit besonnenes, soziales Verhalten zustande kommt, wirken [...] von außen auf sie ein.»[179] So gibt ‹naturgemäß› Intoleranz den Ton an. «Toleranz [hingegen] ist in einem von Natur aggressiven Wesen ein Anzeichen hoher Selbstüberwindung.»[180] Das bleibt sie *anhaltend*, auch wenn Primär- und Sekundär-Sozialisation so manchen Verzicht auf Triebbefriedigung zur vermeintlichen Selbstverständlichkeit gemacht haben.

> Wir vergessen bei diesen Selbstverständlichkeiten leicht, dass solch zivilisiertes Verhalten eine *Leistung* darstellt, dass wir, wie Freud einmal sagt, von einer langen Reihe von Mördern abstammen. Tolerant zu sein, wo meine Überzeugung, meine ‹Ideale› herausgefordert werden, ist eine Leistung geblieben, dazu noch eine, die des Widerspruchs, womöglich eines wütend intoleranten, gewiss sein kann.[181]

Es brauchen nur gesellschaftliche Zustände einzutreten, durch die Triebe geweckt, Aggressionen geschürt und vor allem Ängste erzeugt werden, und schon fallen selbst hochentwickelte Zivilisationen in die destruktivste Intoleranz zurück. «Vor solchem Zerfall war bisher keine Gesellschaft gesichert.» Je mehr in anderen Worten Gerechtigkeit abhandenkommt bzw. kaum Möglichkeit erhält zu herrschen, «desto rücksichtsloser, plumper, man kann sagen: prähistorischer ist das aggressiv-destruktive Verhalten, das sich ausbreitet.» Empfundene oder nicht-empfundene Gerechtigkeit korreliert je nachdem mit der Motivation zur Toleranz einerseits und dem Ausbruch an Intoleranz andererseits. «[...] Toleranz wird nur von Gesellschaften geschätzt, deren affektiver Gruppenzusammenhalt dem Individuum Zufriedenheit und das Gefühl von Freiheit vermittelt und deren Zusammenhalt nicht vorwiegend durch neurotische Mechanismen oder terroristische Sanktionsdrohungen hergestellt wird.» Andersherum: «Toleranz entsteht weder auf mythische Art noch durch moralische Willensakte, sondern durch Eindämmung des Elends, des ökonomischen, des neurotischen und des psychotischen Elends. Von diesem Wissen muss man ausgehen, wenn man sich ernstlich und nicht nur wunschdenkend um Toleranz bemüht.»[182] Letzteres nicht bedacht zu haben, «war der ehrenwerte, aber zu optimistische Irrtum der großen Aufklärer, Toleranz ließe sich allein aus dem Beweis der Vernunft herleiten, proklamieren und praktizieren, Toleranz hat ältere Feinde; nicht nur in der Intoleranz der anderen, sondern ebenso im ungeschlichteten Hass wegen der Verzichte, die wir selbst nicht verzeihen können und die wir in starre Selbstgewissheit verwandeln.»[183] Es lässt sich fragen, ob Mitscherlichs Kritik an der Aufklärung nicht auch auf die Theorie von der ‹Toleranz als Recht auf Rechtfertigung› zutrifft.

Noch grundsätzlicher scheint mir diese Theorie, wie sie am prominentesten von Rainer Forst vertreten wird, durch den ‹postmodernen Zweifel› an der Autonomie-Fähigkeit des menschlichen Subjekts herausgefordert zu sein.[184] Worum geht es? Ohne hier im Detail auf die breite – nicht selten als ‹postmodern› bezeichnete – Auseinandersetzung mit der neuzeitlichen Subjektphilosophie eingehen zu können, die dezidiert anthropozentrisch dachte und dem Menschen die Fähigkeit zubilligte, sich selbst in Freiheit und Autonomie zu konstituieren, sei doch darauf hingewiesen, dass die damit einhergehende Infragestellung der menschlichen Subjektivität in ihrem Vermögen zu personaler Freiheit zwangsläufig den Begriff der Toleranz tangiert.[185] Das liegt nicht nur insofern nahe, als der heutige Toleranz-Begriff ein Produkt genau jener Epoche ist, in der man vom Menschen als ‹starkem Subjekt› überzeugt war, sondern grundsätzlich deshalb, weil – nicht zuletzt in diesem Buch – als das ‹Worum-willen› bzw. ‹Woraufhin› der Toleranz der Mensch in seiner Würde und somit in seiner Rechtsfähigkeit gilt, was wiederum aus seiner Freiheit, aus seiner Fähigkeit, sich selbst zu bestimmen, resultiert. Ist dem gegenüber nun ein «schwaches Denken (*pensiero debole*)» angesagt,[186] ein Denken, das vom Menschen wegdenkt in die «Wahrheit des Seins»[187] bzw. «in der Leere des verschwundenen Menschen», sofern «der Mensch im Begriff ist zu verschwinden […] wie am Meeresufer ein Gesicht im Sand»,[188] hat der Mensch, ob er will oder nicht, dem Umstand Rechnung zu tragen, dass er auch dann, wenn er in seinem Innersten meint, nur noch sich selbst zu begegnen und somit frei zu sein, immer schon bestimmt ist von anonymen, sich selbst steuernden und differenzierenden Systemgrößen wie ‹Natur›, Sprache, Gesellschaft, Wirtschaft, Geschichte und dergleichen, an denen er *a priori* partizipiert,[189] muss er schließlich mit der Kränkung leben, dass das Allermeiste von dem, was er seinen freien Entscheidungen zuschreibt, kaum anderes ist als Abläufe neuronaler Prozesse im menschlichen Gehirn[190] – so fällt die Achtung vor der Würde des Menschen sowie die Anerkennung der daraus resultierenden Menschenrechte als das ‹Worum-willen› von Toleranz früher oder später aus. Rainer Forst setzt sich – fast gleichzeitig wie sein Frankfurter Kollege Axel Honneth (geb. 1949)[191] – diesbezüglich mit der US-amerikanischen bzw. kanadischen Variante postmodernen Denkens, dem Kommunitarismus, auseinander,[192] welcher in Sachen ‹Subjektphilosophie› wohl deutlich mildere Töne anschlägt als die poststrukturalistischen Autoren und Autorinnen in Frankreich und sich nicht zu vergleichbaren Thesen wie jener vom «Tod des Subjekts» versteigt,[193] der aber doch das menschliche Subjekt – in unverhohlener Kritik am Liberalismus von John Rawls – von Hause aus eingewurzelt sieht in Wertegemeinschaften wie Familie, Stamm, Kirche, Nation, Staat oder andere Sozialverbände. Der Kommunitarismus findet sich mit der kontinentalen Postmoderne allerdings darin, dass er folgerichtig auch die Identität bzw. die diversen

Identitäten des Subjekts durch diese Wertgemeinschaften bedingt sieht.[194] Auch für ihn gilt: Sobald dieses in irgendeiner Weise zu sich selbst ist, kommt ihm *a priori* zuvor, woraus es entwächst. Anders als der Poststrukturalismus betrachtet er es deshalb nicht als verschwunden, jedoch *markant reduziert* auf das, was ihm *identitätsstiftend zuvorkommt* – auf die natürlichen, kulturellen und gesellschaftlichen Faktoren, die es ausschlaggebend prägen in allem, was es zu einem Subjekt macht: das Geschlecht, die Hautfarbe, die Sexualität, die Ethnizität, das Selbstverständnis, die Rollenbilder, das Selbstwertgefühl usw.[195] Je weiter nun die Reduktion des Subjekts auf diese Faktoren erfolgt, umso weniger spricht aus der Toleranz noch die Achtung vor der Würde der Person bzw. die Anerkennung der *daraus* resultierenden Rechte. Am Ende steht Toleranz nur noch für die gegenseitige Akzeptanz der unausweichlichen Bedingtheit jeder menschlichen Subjektivität bzw. für das gegenseitige Zugeständnis, anders und different zu sein – bestenfalls «ein Gefühl der Geselligkeit» als «das rechte Verhältnis freier Individuen, diskret geschaffener Personen, das rechte Verhältnis wirklicher Menschen [...], welches [...] zwar nicht umfassende ‹Freundschaft› und auch nicht durchgängige ‹Solidarität› [...], aber Frieden verbürgt» (Dolf Sternberger).[196] Der ethische Impuls, der der Toleranz als Achtung sowie als Anerkennung innewohnen und dazu beitragen würde, mit den Differenzen ebenso kritisch wie konstruktiv umzugehen, verringert sich zwangsläufig. Um das sich damit abzeichnende ‹anything goes› zu vermeiden, welches letztlich auf die Etablierung des ‹Rechts des Stärkeren› hinausliefe, genügt es wohl nicht, bei der Bestimmung dessen, was in einer Gemeinschaft ‹Gerechtigkeit› heißen soll, ausschließlich auf das Verfahren zu setzen, in dem man dies vereinbart – unter völliger Absehung vom Subjekt in seinem Vermögen zur Freiheit. Welches andere Verfahren nämlich als der argumentative Diskurs sollte es sein, das zu der Vereinbarung darüber führte? Ein argumentativer Diskurs ohne die Unterstellung jedoch, dass alle daran Teilnehmenden wenigstens über die Fähigkeit zur *freien* Stellungnahme verfügen und imstande sind, einen gegenseitigen Anspruch auf Begründungen bzw. auf *Rechtfertigungen* zu respektieren und ihm auch nachkommen zu können, ist nicht denkbar. Er kann ernsthaft nur stattfinden, wenn an ihm *freiheits- und rechtsfähige Subjekte* beteiligt sind. Vor diesem Hintergrund bringt es wenig, wenn in Anlehnung an die Philosophie des litauisch-französischen Philosophen Emmanuel Levinas (1906–1995) von einem *apriorischen* Imperativ ausgegangen wird, der – vergleichbar dem kategorischen Imperativ von Kant – aus dem / der jeweils Anderen spricht und sein / ihr jeweiliges Gegenüber in eine ethische Verpflichtung nimmt.[197] So einleuchtend und auch bewundernswert ein solcher Ansatz ist – er bleibt eine Behauptung. Deshalb kommt im wissenschaftlichen Kontext alles darauf an, dass die stets aktuelle Diskussion darüber, ob der Mensch zu einem Selbst-sein und somit zur Freiheit fähig ist, Fortsetzung findet. Sie ist, wie gezeigt, nicht zuletzt für die Toleranz-Diskurse ausschlaggebend. Wem es – freilich nicht nur in der Wissenschaft – um Toleranz zu tun ist, sollte sich daran beteiligen.

Als Nachwort – ein Blick auf heute

‹Toleranz – auch eine Geschichte Europas› – der Akzent liegt auf dem ‹auch›. Dieses Buch möge genau dies verdeutlicht haben, dass die Geschichte Europas *auch* eine Toleranz-Geschichte ist. Das impliziert, dass sich die europäische Geschichte *nicht nur* als Toleranz-Geschichte begreifen lässt. Bei weitem überwiegend war sie das Gegenteil davon – eine Geschichte der Intoleranz. Dass es überhaupt zum Gedanken von bzw. zur Forderung nach Toleranz kam, ‹verdankt› sich vor allem Erfahrungen überwältigender Intoleranz. Umso bemerkenswerter, dass es in einem über Jahrhunderte dauernden Prozess dann doch dazu gekommen ist, und dies in einer Weise, dass Europa begann, sich selbst als ein Toleranz-Projekt zu verstehen, sprich Toleranz als das ethische Grundprinzip zu betrachten, nach dem es sich zu richten habe, um überhaupt entstehen und sein zu können. Wenn dies auch inzwischen nicht mehr nur für Europa gilt – die heute gebotene Weltgemeinschaft bedarf desselben Ethos –, so liegt doch für Europa aufgrund seiner Geschichte, die nun einmal den Toleranz-Gedanken bzw. die Forderung nach Toleranz spezifisch hervorgebracht hat, genau darin sein Proprium und seine Mission. Im Hinblick auf diese Geschichte bleibt sich Europa treu, solange es den Weg in Richtung einer von Toleranz bestimmten Gemeinschaft geht. In völligem Gegensatz zu dem, was sich Europa in den Jahrhunderten des Kolonialismus und Imperialismus durch Intoleranz an der ganzen Welt zu Schulden hat kommen lassen und in mancher Hinsicht immer noch kommen lässt, müsste es sich in der Weltgemeinschaft als eine umfassende Kultur der Toleranz positionieren. Den damit verbundenen ethischen Anspruch hätte es in erster Linie *an sich selbst* zu richten und *so* aller Welt zu signalisieren, wofür es genommen werden will bzw. was zu realisieren es anstrebt.

Welche Hürden es dabei zu nehmen gilt, entschließt sich Europa zu diesem Ziel, steht unmittelbar vor Augen: Toleranz ist heute wie seit je her in Zeiten von Intoleranz zu verwirklichen. Wohl zeigt Intoleranz immer wieder neue Gesichter, gegenwärtig bleibt sie allemal. Toleranz erringt sich nur im Gegenüber zu ihr eine Chance bzw. legt sich nur aus der Erfahrung mit ihr nahe. Was heute besonders auffällt: Noch nie war so viel die Rede von den ‹Grenzen der Toleranz›, und dies nicht etwa in den weltweit zahlreicher werdenden Ländern mit autoritären Regimen, sondern ausgerechnet in den rechtsstaatlichen Demokratien des Westens. Das rührt nicht allein daher, dass sich diese Rechtsstaaten im Gefolge terroristischer Aktionen oder Unterwanderungen immer wieder in ihrer Existenz gefährdet oder herausgefordert sehen, Intoleranz der schlimmsten Art zu erleben. Es hat auch nicht nur damit zu tun, dass sich das Ausmaß an Toleranz, welches im Hinblick auf die deklarierten Menschenrechte erwartet wird, für immer mehr Menschen zu einer Überforderung auswächst – sowohl was die schiere Zahl der Menschen betrifft, die es zu tolerieren gilt, als auch was die ständig zunehmende Zahl der Menschenrechte anbelangt, die zu respektieren sind. Gravierender scheint mir die Art und Weise, in der die bestehenden Demokratien ihre – auf Toleranz zugeschneiderte – Staatsform handhaben. Je weniger überzeugend, ja missbräuchlicher, verantwortungsloser und populistischer dies geschieht, umso mehr schwindet der gesellschaftliche Grundkonsens, was zwangsläufig bedeutet, dass Toleranz ab- und Intoleranz zunimmt – abgesehen davon, dass sich die demokratischen Systeme damit diskreditieren und als unfähig erweisen, die anstehenden Herausforderungen der Gesellschaft zu lösen. Dazu gesellt sich unheilvoll, dass gerade in der freien Medienwelt des Westens die öffentliche politische Auseinandersetzung ständig an rationaler, argumentativer Kultur einbüßt, was nicht allein, aber doch überwiegend auf den kontinuierlich zunehmenden Einfluss der sogenannten ‹Social Media› im weltweiten Internet zurückführen ist. In diesem Bereich, der einem immer größer werdenden Teil der Bevölkerung zur Grundlage seiner Weltanschauung sowie seines privaten und politischen Verhaltens wird, herrscht das tatsächliche ‹anything goes› in jeder erdenklichen Hinsicht. Auch wenn inzwischen die krassesten Formen an Menschenrechtsverletzungen strafrechtlich geahndet werden, von Staats wegen Ethik, Moral und Recht darin immer mehr Fuß fassen sollen, lässt sich dieser Bereich nach wie vor nicht anders denn als ein ethikfreier Raum bezeichnen (zumindest weitgehend). Gepaart damit, dass dieser Raum zur gezielten Desinformation genutzt wird, ja dass sich in ihm so etwas wie ‹Wahrheit› auflöst und deshalb wirklich ‹alles geht›, findet in ihm Platz und Ausdruck, was sowohl die Würde des Einzelnen missachtet als auch einen (normativ geregelten) gesellschaftlichen Konsens zerstört. Ganz zu schweigen von der Zerstörung jeglicher Sprach- und Kommunikationskultur. Aus einer solchen Informationsquelle und Auseinandersetzungsplattform kann unter den gegebenen Umständen nur Intoleranz erwachsen, und es fragt sich angesichts dessen unausweichlich, wie viel an Toleranz eine von Freiheit bestimmte Gesellschaft verkraftet, bzw. ob sie nicht in der Tat angehalten ist, Grenzen der Toleranz zu ziehen – im Interesse von Toleranz, nicht um sie zu verunmöglichen, sondern um sie nicht der Intoleranz zu opfern.

Vor diesem Hintergrund kann ein Versuch – wie der europäische –, sich dem Ideal einer pluralistischen Gesellschaft anzunähern, die ihren Grundkonsens im Geiste der Toleranz lebt, nur dann gelingen, wenn überhaupt *die Bedingungen der Möglichkeit* dazu gegeben sind. Was zählt zu diesen Möglichkeitsbedingungen? Nimmt man in Konsequenz zum eben Gesagten in den Blick, was Intoleranz zwangsläufig macht, und orientiert man sich zugleich an dem, was aus den Erfahrungen mit Intoleranz überall zum Ausdruck kommt, so ist es – im Anschluss an eine der ältesten Einsichten der Menschheit – zuerst dies:

Toleranz setzt *Frieden* voraus – sowohl im Innen- als auch im Außenverhältnis einer Gemeinschaft. Alles, was diesen Frieden gefährdet, ob gewaltsam oder durch Entwicklung, die Gemeinschaft als Ganze existentiell bedroht, als Infragestellung ihrer Lebensfähigkeit empfunden wird oder als Anschlag auf ihre Grundlage und ihren Zusammenhalt erscheint, erzeugt Ängste und provoziert entsprechende Reaktionen. Was im Zusammenhang mit Kriegen, terroristischen Anschlägen, jedenfalls mit Gewalt, aber auch im Kontext gesellschaftlicher Polarisierungen zum Tragen kommt, ist der Gegensatz zu Toleranz – Aggressivität, Rache, Hass, Abschottung, Unversöhnlichkeit und andere Absagen an ein gemeinschaftliches Miteinander. Deshalb bedeutet jeder Krieg, im Inneren wie nach außen, schon aufgrund der Traumatisierungen und Verletzungen, die er mit sich bringt, auch aufgrund der Verstöße gegen die Menschenrechte sowie das Völkerrecht, die damit unvermeidlich einhergehen, ein Ende der Toleranz auf Jahre und Jahrzehnte – eine Zukunftsberaubung für jede Gemeinschaft. Es muss aber nicht erst der Krieg sein, bereits die gezielte Gefährdung des gesellschaftlichen Grundkonsenses, wie sie von populistischen Bewegungen durch das Schüren von Ängsten und Aufstacheln von Ressentiments strategisch in Kauf genommen wird, impliziert eben dieses Ergebnis.

Die nächste Bedingung der Möglichkeit von Toleranz ist der *Rechtsstaat* auf Basis der Anerkennung der Menschenrechte. Betont werden muss ‹auf Basis der Anerkennung der Menschenrechte›, denn ein Rechtsstaat zu sein nehmen auch Diktaturen und totalitäre Systeme in Anspruch. Wo jedoch die Menschenrechte Anerkennung finden, genügt nicht die bloße Deklaration derselben. So wichtig und wertvoll diese Deklaration in vielfacher Hinsicht ist, so wenig selbstverständlich ist ihre faktische Anerkennung. Sogar in EU-Staaten, die sowohl die Menschenrechtsdeklaration von 1950 als auch die Charta der Grundrechte von 2000 unterzeichnet haben, gibt es fallweise eklatante, unverhohlene Verletzungen einzelner Menschenrechte, ganz zu schweigen davon, dass die Umsetzung der Menschenrechte allemal und überall ein anzustrebendes Ziel bleibt, das wohl nie definitiv erreicht sein wird. Deshalb gilt es präzisierend zu sagen: Bedingung der Möglichkeit von Toleranz ist nicht allein die Existenz des Rechtsstaates, sondern das *Vertrauen in ihn* – dass er die Anerkennung der Rechte seiner Bürger und Bürgerinnen garantiert bzw. alles unternimmt, um diese sicherzustellen. Letzteres wiederum berührt die Politik, hat diese doch dafür zu sorgen, dass im Hinblick auf die Rechtsstaatlichkeit innerhalb des Gemeinwesens *Gerechtigkeit* herrscht. Das Vertrauen in den Rechtsstaat hängt eng zusammen mit dem *Vertrauen in die Politik*, dass sich diese glaubwürdig dem Ziel verschreibt, gerechte Verhältnisse zu schaffen. Tut sie dies nicht, strebt sie Gerechtigkeit nicht an, nimmt sie Polarisierungen und soziale Verwerfungen in Kauf, erzeugt sie zwangsläufig Konflikte, die einen auf Gemeinschaftlichkeit gerichteten *toleranten* Umgang mit den gesellschaftlichen Herausforderungen durch Kampf und Rücksichtslosigkeit ersetzen. Oder aber: sie erzwingt innergesellschaftlich jene Toleranz, die Herbert Marcuse eine «repressive Toleranz» genannt hat, eine Toleranz nämlich, deren ‹Woraufhin› bzw. deren ‹Worum-willen› nicht in der Anerkennung der Menschenrechte und somit im Bemühen um Gerechtigkeit liegt, sondern in der simplen Akzeptanz der bestehenden Verhältnisse bzw. in der alternativlosen Einwilligung in das herrschende politische System. Was schließlich zeigt, dass Toleranz als frei gewähltes Ethos, nicht als verordnete Resignation, mit einem *kritischen* Bewusstsein einhergeht, das zwischen ‹gerecht› und ‹ungerecht› und vor allem zwischen ‹frei› und ‹unfrei› zu unterscheiden weiß.

Womit als weitere Bedingung der Möglichkeit von Toleranz die *Bildung* angesprochen ist. Dass von ihr Wesentliches abhängt, ergibt sich schon daraus, dass Toleranz als Gesinnung und Haltung keiner angeborenen Neigung des Menschen entspringt, sondern der Erziehung bedarf – genauso wie die Fähigkeit eines kritischen Bewusstseins, das Handeln *normativ* qualifiziert. Darüber hinaus steht fest, dass die ethische Gebotenheit sowie die Unerlässlichkeit von Toleranz für eine pluralistische Gesellschaft eingesehen werden müssen, was wiederum voraussetzt, dass gewusst wird, was ‹Toleranz› überhaupt ist und bedeutet, und zusätzlich kritisch beurteilt werden kann, ob Toleranz unter den herrschenden (privaten, sozialen, politischen) Verhältnissen eine Chance auf Verwirklichung besitzt. Schon allein daraus wird klar, dass eine Pädagogik, die sich auf Toleranz ausrichtet, gleichermaßen Persönlichkeitsbildung wie politische Bildung umfassen muss, wobei ihr übergeordnetes Ziel die Heranbildung einer *Fähigkeit zur Toleranz* ist – mit allem, was diese Fähigkeit an Kompetenzen voraussetzt: zur Kommunikation, zur argumentativen Kritik, zur Bewältigung von Konflikten, zur Übernahme von Verantwortung. Fundamentaler noch als dies scheint mir der Wiedererwerb einer Kultur der Sprache zu sein. An ihr gebricht es gegenwärtig am allermeisten, und dies untergräbt die Möglichkeit von Toleranz ebenso wie die politisch üblich gewordene Abschaffung der Wahrheit, das Ersetzen derselben durch *fake news*. Welchen Sinn sollte es machen, von Toleranz zu sprechen oder gar sie zu fordern, wenn nicht einmal die elementarste Voraussetzung besteht, nämlich die Möglichkeit, einen Konsens oder Dissens auch nur festzustellen? In einer pluralistischen Gesellschaft impliziert die Fähigkeit zur Toleranz darüber hinaus eine Bereitschaft zur Interkulturalität, die einer Wertschätzung derselben entspringt und deshalb auf sich nimmt, was zur Gestaltung von gesellschaftlicher Interkulturalität beiträgt – das Erlernen anderer Sprachen, das Interesse für die Vielfalt der Kulturen, das lebenslange Bemühen um das Verstehen unterschiedlicher Sozialisationen und vieles andere mehr. Dabei ‹allein› wird es nicht bleiben können: Wie die Erfahrungen mit den Migrations- und Flüchtlingsbewegungen der vergangenen Jahre – besonders seit 2015 – in vielen Ländern des Westens illustrieren, bedarf es darüber hinaus der Bereitschaft zu einer *engagierten* Toleranz, die das nach Hannah Arendt «einzige Menschenrecht», das «Recht auf Rechte», nicht nur anerkennt, sondern auch gesellschaftlich wirksam werden lässt. Wie viel an Entschlusskraft es braucht, sich zu dieser Toleranz durchzuringen, zeigen nicht erst die Erfahrungen mit den

Migrationswellen in jüngster und gegenwärtiger Zeit, allein die Vorstellung, dass jeder Mensch, tatsächlich jeder Mensch, über die gleiche Würde und damit über gleiche Rechte verfügt, es folglich eine diesbezüglich weltweite Solidarität geben muss, grenzte seit dem Augenblick, als dieser Gedanke erstmals gefasst bzw. als Forderung deklariert wurde, an das Unvorstellbare und löste deshalb – man kommt nicht umhin es zu sagen – mehr Intoleranz als Toleranz aus. Umso ausschlaggebender eine Pädagogik, die im Blick *darauf* zur Toleranz aufklärt – mit all den Implikationen, die dies enthält.

Es mag paradox klingen, zu den Bedingungen der Möglichkeit von Toleranz gehört jedoch auch ein *Bewusstsein um ihre Grenzen*. Das leuchtet unmittelbar ein, wenn man sich vergegenwärtigt, worauf Rainer Forst nachdrücklich hinweist, dass nämlich der Toleranz-Standpunkt innerhalb einer pluralistischen Gesellschaft wiederum *eine* Position («Partei») bildet. Als solche steht sie anderen Positionen gegenüber und ist deshalb angehalten, ihre Position zu diesen zu bestimmen. Nur um den Preis eines Selbstwiderspruches könnte sie dies tun, dächte sie es intolerant an. Dorthin gelangte sie allerdings zwangsläufig – der Logik der negativen Dialektik (im Sinne Adornos) unterliegend –, wenn sie ihre Begrenztheit ignorierte und sich verabsolutierte. Daraus folgte nichts anderes als das, was man überwunden zu haben meinte – die schiere Intoleranz. Was gemeint ist, lässt sich heute an jenen Entwicklungen ausmachen, die unter Titeln wie «Cancel Culture», «Critical Race Theory», «Postcolonial Studies» oder «Gender» figurieren. Sie alle, daran kann kein Zweifel bestehen, berufen sich auf Menschenrechte und bekämpfen im Namen dieser jegliche Form von Diskriminierung. Dies geschieht jedoch häufig durch erneute Diskriminierung, durch radikale Intoleranz. Daran mag berechtigt sein, dass Anti-Diskriminierung nun einmal Nicht-Tolerieren (von Menschenrechtsverletzungen) besagt, es wird zugleich aber der Versuch unternommen, Toleranz durch Intoleranz herzustellen, was unvermeidlich damit endet, dass Toleranz als ethisches Gemeinschaftsprinzip aufhört zu gelten und eine Diktatur der Toleranz entsteht. Soll es dazu nicht kommen, kann Intoleranz niemals zu dem zählen, was Toleranz toleriert. Schon allein deshalb bedeutet Toleranz keinesfalls ‹anything goes›, sondern *im Hinblick auf ihr ‹Worum-willen›* (die Achtung der menschlichen Würde sowie die Anerkennung der daraus resultierenden Rechte) die Respektierung einer Grenze zwischen dem, was geht, und dem, was nicht geht. Das entbindet freilich nicht von der Verpflichtung zu fragen, wie die Position der Toleranz ihr Verhältnis zur Position der Intoleranz gestaltet, so dass sie nicht in Intoleranz verfällt. Die Antwort kann nur lauten: Solange binnen-gesellschaftlich ein argumentativer Diskurs möglich ist, äußert sich die Anerkennung eines «Rechts auf Rechte» in der Anerkennung eines «Rechts auf Rechtfertigung» (so Rainer Forst im Anschluss an Jürgen Habermas), was im Hinblick auf die *Gegenseitigkeit* dieser Anerkennung und im Sinne der Gemeinschaftlichkeit zugleich die *Pflicht* zur Rechtfertigung bedeutet. Toleranz kommt nicht zustande, wo innerhalb einer Gemeinschaft einseitig das *Recht* auf Rechtfertigung beansprucht und nicht in eins damit die *gegenseitige Verpflichtung* zur Rechtfertigung empfunden wird, im Falle dass die Grenzziehung zwischen dem Tolerablen und Nicht-Tolerablen aus bestimmten Gründen ihre Plausibilität einbüßt. Um der Gegenseitigkeit und Gemeinschaftlichkeit willen impliziert hier die Anerkennung dieses Rechts eo ipso die Verpflichtung dazu. Selbst in der Konfrontation mit einer Diskursverweigerung kann die Position der Toleranz, will sie nicht ihrerseits in Intoleranz kippen, nicht anders, als an diesem Junktim festhalten.

Das Prinzip, dass Toleranz ihre Grenze an der Intoleranz erreicht, ja dass Toleranz ohne Grenze aufhörte, eine Tugend zu sein, weil es nichts mehr zu entscheiden gäbe zwischen dem, was geht, und dem, was nicht geht, bzw. weil Toleranz sich anders darauf beschränkte, die Pluralität der Positionen zur Kenntnis zu nehmen, ohne sich ethisch zu ihr zu verhalten, ist trotz seiner unmittelbaren Plausibilität oft als zu formal und allgemein eingeschätzt worden – vergleichbar der ‹Goldenen Regel› aus der Bergpredigt («Alles, was ihr von anderen erwartet, das tut auch ihnen!»), die sich auch auf den Fall von Toleranz und Intoleranz anwenden lässt. Das stimmt insofern nicht, als das ‹Worum-willen› der Toleranz in der Anerkennung der Menschenrechte liegt. Dies bringt bereits eine deutliche Konkretion dessen mit sich, was Toleranz, ohne sich selbst aufzugeben, nicht zu tolerieren vermag – die Verletzung der einzelnen Menschenrechte. Noch konkretere Grenzen werden der Toleranz durch die jeweilige Kultur der Lebenswelt gezogen, in der Toleranz ausgeübt wird. Bekanntlich verlaufen diese Grenzen sowohl hinsichtlich Weltanschauung als auch hinsichtlich Lebensform zwischen dem, was toleriert, und dem, was nicht toleriert wird, je nach Kultur überaus unterschiedlich. Diese Differenzen lassen sich wohl da und dort ausgleichen, sie sind in aller Regel jedoch zu tief in den konkreten Lebenswelten verwurzelt, als dass sie sich beheben ließen. Eine interkulturelle Gemeinschaft steht daher vor der Aufgabe, Toleranz unter differenten Toleranz-Auffassungen herbeizuführen – sozusagen Toleranz auf einer Metaebene. Das kann nur gelingen, wenn es möglich ist, die jeweiligen lebensweltlichen Toleranz-Kriterien in eine Verbindung mit jenen Normen zu bringen, die das «Worum-willen» der Toleranz bilden, die auf den Menschen als solchen bzw. auf eine Weltgemeinschaft ausgerichtet ist – mit den Menschenrechten. Sollen in anderen Worten aus pluralistischen Gesellschaften interkulturelle Gemeinschaften werden, möge tatsächlich so etwas wie eine Weltgemeinschaft entstehen, so müssen die Lebenswelten samt ihren Kriterien in diese Richtung wenigstens an Transparenz gewinnen. Anders wäre eine solche Gemeinschaft, deren Grundkonsens aus der Toleranz als ethischem Grundprinzip heraus lebt, nicht möglich.

Diese Überlegungen stehen am Ende einer Erzählung von der Geschichte der Entwicklung des Toleranz-Gedankens in Europa. Sie knüpfen an dieser Geschichte an und sind ihrerseits europäisch gedacht. Wenn sie nun trotzdem ‹Toleranz› als das ethische Grundprinzip einer Weltgemeinschaft postulieren, die es geben wird müssen, weil anders die Menschheit die globalen Herausforderungen des Anthropozäns nicht bewältigen wird können, so ist damit keiner Europäisierung der Welt das Wort geredet – keinesfalls. Vielmehr ist Europa von jener Toleranz-Forderung, die sich aus seiner eigenen Geschichte heraus ergeben hat, in die Pflicht genommen und hat ihr deshalb in dem Projekt, das es in seinem Einigungs- bzw. Integrationsprozess umzusetzen trachtet, zu entsprechen. Je mehr sich Europa zu einem Toleranz-Raum entwickelt, in dem die Vielfalt seiner Kulturen in einer interkulturellen *Gemeinschaft* – im Zeichen gegenseitiger Anerkennung – zusammenfindet, umso mehr würde es *Beispiel geben* in einer globalisierten Welt, die nicht umhin können wird, ähnliche Wege zu finden. Mehr als ein Beispiel zu geben, dürfte es allerdings nicht sein, sonst würde Europa von seiner Geschichte der Intoleranz eingeholt.

Anmerkungen

Das Thema

1   Vgl. B. Braun, *Die Herkunft Europas – Eine Reise zum Ursprung unserer Kultur*, Darmstadt 2022.
2   Er ist angelehnt an Johann Gottlieb Herders Schrift *Auch eine Philosophie der Geschichte zur Bildung der Menschheit* (Riga 1774) sowie an Jürgen Habermas' zweibändiges Monumentalwerk *Auch eine Geschichte der Philosophie* (Frankfurt 2019).
3   Erhellend in diesem Zusammenhang: A. Pleşu, *Die Toleranz und das Intolerable – Krise eines Konzepts*, Basel 2004, bes. 10 ff.; auch R. Bubner, *Die Dialektik der Toleranz* (1999), in: R. Forst (Hg.), Toleranz – Philosophische Grundlagen und gesellschaftliche Praxis einer umstrittenen Tugend, Frankfurt 2000, 45–59, bes. 48 ff.
4   Wie es der Sozialphilosoph Herbert Marcuse in seinem berühmten Essay *Repressive Toleranz* (1965) mehrmals behauptete (in: R. P. Wolff/B. Moore/H. Marcuse, Kritik der reinen Toleranz, dt. A. Schmidt, Frankfurt 1966, 91–128, hier 93, 96).
5   Rainer Forst verweist in diesem Zusammenhang auf die Paradoxie eines «toleranten Rassisten» (Forst [2003] 33 f., 530 ff. u. ö.)
6   Unter den vielen einschlägigen Publikationen von E. Lévinas siehe vor allem den Vortrag *Éthique comme science première* (1982), Bruxelles 1998.
7   «Im Reiche der Zwecke hat alles entweder einen *Preis*, oder eine *Würde*. Wer einen Preis hat, an dessen Stelle kann auch etwas anderes, als Äquivalent, gesetzt werden; was dagegen über allen Preis erhaben ist, mithin kein Äquivalent verstattet, das hat Würde. […] das aber, was die Bedingung ausmacht, unter der allein etwas Zweck an sich selbst sein kann, hat nicht bloß einen relativen Wert, d. i. einen Preis, sondern einen inneren Wert, d. i. *Würde*. […] Die Gesetzgebung selbst aber, die allen Wert bestimmt, muß eben darum eine Würde, d. i. unbedingten, unvergleichbaren Wert haben, für welchen das Wort *Achtung* allein den geziemenden Ausdruck der Schätzung abgibt, die ein vernünftiges Wesen über sie anzustellen hat.» (*Grundlegung zur Metaphysik der Sitten* BA 74–79) «Der Mensch ist zwar unheilig genug, aber die *Menschheit* in seiner Person muß ihm heilig sein. […] Er ist nämlich das Subjekt des moralischen Gesetzes, welches heilig ist, vermöge der Autonomie seiner Freiheit. […] Die Achtung erweckende Idee der Persönlichkeit, welche uns die Erhabenheit unserer Natur (ihrer Bestimmung nach) vor Augen stellt, indem sie uns zugleich den Mangel der Angemessenheit unseres Verhaltens in Ansehung derselben bemerken läßt, […] ist die echte Triebfeder der reinen praktischen Vernunft […]; sie ist keine andere, als das reine moralische Gesetz selber, so fern es uns die Erhabenheit unserer eigenen übersinnlichen Existenz spüren läßt, und subjektiv, in Menschen […] Achtung für ihre höhere Bestimmung wirkt.» (*Kritik der praktischen Vernunft* A 155–158)
8   An dieser Stelle vernachlässige ich, worauf Arnd Pollmann nachdrücklich aufmerksam gemacht hat, dass nämlich der Zusammenhang zwischen ‹Menschenwürde› und ‹Menschenrechten› erst nach dem 2. Weltkrieg, anlässlich der *Allgemeinen Erklärung der Menschenrechte* (1948) sowie im *Grundgesetz für die Bundesrepublik Deutschland* (1949), explizit hergestellt wur-

de. Vgl. dazu vor allem A. Pollmann, *Menschenrechte und Menschenwürde. Zur philosophischen Bedeutung eines revolutionären Projekts*, Frankfurt 2022; siehe auch C. Menke, *Menschenwürde*, in: HB-Menschenrechte (2012) 144–150.

9 Winkler (2009) 21.

10 Einen guten Überblick bietet P. Gerlitz, *Toleranz – III. Religionsgeschichtlich*, in: TRE 33 (2002) 668–676. Aufschlussreich hinsichtlich Asien (Zentralasien, Mongolei, China, Indien) auch J. Waardenburg, *Religionsgespräche I*, in: TRE 28 (1997) 631–640, bes. 636 ff.; vgl. ebenso Wierlacher (1996) 387–513 (Beiträge von J. Bendix, B. Dahm, M. Diawara, A. V. K. Findeis, M. Lackner, R. Schulze); Hinweise auch bei Schlette (1979) 18 f., 69.

11 J. Assmann, *Ägypten in der Gedächtnisgeschichte des Abendlandes* (1998), in: ders., Religion und kulturelles Gedächtnis, München 2000, 210–222.

12 J. Assmann, *Achsenzeit: Eine Archäologie der Moderne*, München 2018; siehe auch: H. Joas, *Was ist Achsenzeit? Eine wissenschaftliche Debatte als Diskurs über Transzendenz*, Basel 2014; ders., *Die Macht des Heiligen – Eine Alternative zur Geschichte von der Entzauberung*, Berlin 2017, 279–354; Habermas (2019) I, 175–459.

13 Für mich unübertroffen: R. Koselleck, *Geschichte – I. Einleitung*, in: GGB 2 (1975) 593–595; vgl. ders., *Historia Magistra Vitae. Über die Auflösung des Topos im Horizont neuzeitlich bewegter Geschichte* (1967), in: ders., Vergangene Zukunft. Zur Semantik geschichtlicher Zeiten, Frankfurt 1979 (TB 1989) 38–66.

14 Kommunikationstheoretisch, mit Jürgen Habermas formuliert: Lebenswelt ist «der transzendentale Ort, an dem sich Sprecher und Hörer begegnen; wo sie reziprok den Anspruch erheben können, dass ihre Äußerungen mit der Welt [...] zusammenpassen; und wo sie diese Geltungsansprüche kritisieren und bestätigen, ihren Dissens austragen und Einverständnis erzielen können» (*Theorie des kommunikativen Handelns*, Frankfurt 1982, II, 192). Darin fungiert die ‹Kultur› als der «Wissensvorrat, aus dem sich die Kommunikationsteilnehmer, indem sie sich über etwas in einer Welt verständigen, mit Interpretationen versorgen», ‹Gesellschaft› hingegen als das System «legitimer Ordnungen, über die die Kommunikationsteilnehmer ihre Zugehörigkeit zu sozialen Gruppen regeln und damit Solidarität sichern». An beidem partizipiert der / die Kommunikationsteilnehmer/in, indem er / sie «die Kompetenzen [einbringt], die ein Subjekt sprach- und handlungsfähig machen, also instandsetzen, an Verständigungsprozessen teilzunehmen und dabei die eigene Identität zu behaupten» (ebd. 209).

15 Vgl. wiederum J. Habermas: «Die Lebenswelt kann nur a tergo eingesehen werden. [...] Aus der Perspektive der Beteiligten lässt sich zwar das praktisch in Anspruch genommene, in Äußerungen sedimentierte Regelwissen rekonstruieren, nicht aber der zurückweichende Kontext und die im Rücken bleibenden Ressourcen der Lebenswelt im Ganzen.» (*Der philosophische Diskurs der Moderne*, Frankfurt 1988, 348 f.)

16 Vgl. noch einmal J. Habermas: «[...] aus der Perspektive von Teilnehmern erscheint die Lebenswelt als horizontbildender Kontext von Verständigungsprozessen, der, indem er den Relevanzbereich der jeweiligen Situation begrenzt, der Thematisierung innerhalb dieser Situation entzogen bleibt. Der aus der Teilnehmerperspektive entwickelte kommunikationstheoretische Begriff der Lebenswelt ist nicht unmittelbar für theoretische Zwecke brauchbar [...] Dafür empfiehlt sich eher das *Alltagskonzept der Lebenswelt*, mit dessen Hilfe kommunikativ Handelnde sich und ihre Äußerungen in sozialen Räumen und historischen Zeiten lokalisieren und datieren. In der kommunikativen Alltagspraxis begegnen Personen einander nicht nur in der Einstellung von Teilnehmern, sie geben auch narrative Darstellungen von Begebenheiten, die sich im Kontext ihrer Lebenswelt zutragen. Die *Erzählung* ist eine spezialisierte Form der konstativen Rede, die der Beschreibung von soziokulturellen Ereignissen und Gegenständen dient. Ihren narrativen Darstellungen legen die Aktoren ein Laienkonzept von ‹Welt› im Sinne der

Alltags- und Lebenswelt zugrunde, das die Gesamtheit der Sachverhalte definiert, die in *wahren Geschichten* wiedergegeben werden können. […] An der Grammatik von Erzählungen läßt sich ablesen, wie wir Zustände und Ereignisse, die in einer Lebenswelt auftreten, identifizieren und *beschreiben*; wie wir die Interaktionen von Gruppenangehörigen in sozialen und in historischen Zeiten zu komplexen Einheiten *vernetzen* und *sequentialisieren*; wie wir die Handlungen von Individuen und die Ereignisse, die ihnen zustoßen, wie die Taten von Kollektiven und die Schicksale, die sie erleiden, aus der Perspektive der Bewältigung von Situationen erklären. Mit der Form der Erzählung wählen wir eine Perspektive, die uns ‹grammatisch› nötigt, der Beschreibung ein Alltagskonzept von Lebenswelt als *kognitives Bezugssystem* zugrunde zu legen. [/] Dieser intuitiv verfügbare *Begriff* der *soziokulturellen* Lebenswelt kann theoretische Fruchtbarkeit gewinnen, wenn es gelingt, daraus ein Bezugssystem für Beschreibungen und Erklärungen zu entwickeln, die eine Lebenswelt im ganzen, und nicht nur Begebenheiten betreffen, die sich in ihr zutragen. Während sich die narrative Darstellung auf Innerweltliches bezieht, soll die theoretische Darstellung die Reproduktion der Lebenswelt selbst erklären. […] Narrative Darstellungen *verweisen* zwar auf höherstufige Reproduktionsprozesse, auf die Erhaltungsimperative von Lebenswelten, aber sie können die Strukturen einer Lebenswelt nicht in ähnlicher Weise wie das, was sich in ihr abspielt, zum Thema machen. Das Alltagskonzept der Lebenswelt, das wir narrativen Darstellungen als Bezugssystem zugrunde legen, muss für theoretische Zwecke erst zugerichtet werden, und zwar so, daß es Aussagen über die Reproduktion und Selbsterhaltung kommunikativ strukturierter Lebenswelten ermöglicht. [/] Während die Lebenswelt in der *Perspektive der Teilnehmer* nur als horizontbildender Kontext einer Handlungssituation gegeben ist, wird das in der *Erzählperspektive* vorausgesetzte Alltagskonzept der Lebenswelt immer schon zu kognitiven Zwecken verwendet.» (*Theorie* [↑14] II, 205–208)

17   Poetik, 9. Kapitel, 1451 a 37-b 12: «Aufgrund des Gesagten ist auch klar, dass nicht dies, die geschichtliche Wirklichkeit ‹einfach› wiederzugeben, die Aufgabe eines Dichters ist, sondern etwas so ‹darzustellen›, wie es gemäß ‹innerer› Wahrscheinlichkeit oder Notwendigkeit geschehen würde, d. h., was ‹als eine Handlung eines bestimmten Charakters› möglich ist. [/] Denn ein Historiker und ein Dichter unterscheiden sich nicht darin, dass sie mit oder ohne Versmaß schreiben (man könnte die Bücher Herodots in Verse bringen, und sie blieben um nichts weniger eine Form der Geschichtsschreibung, in Versen wie ohne Verse), der Unterschied liegt vielmehr darin, dass der eine darstellt, was geschehen ist, der andere dagegen, was geschehen müsste. Deshalb ist die Dichtung auch philosophischer und bedeutender als die Geschichtsschreibung. Die Dichtung nämlich stellt eher etwas Allgemeines, die Geschichtsschreibung Einzelnes dar.» (Übersetzung von A. Schmitt, in: *Aristoteles – Werke in deutscher Übersetzung*, Bd. 5: *Poetik*, Berlin 2008, 13 f.)
18   Vgl. vor allem Reinhard (2016).
19   Vgl. Osterhammel (2009) 1194 f.; auch: HB-Menschenrechte (2012) 106 f.
20   Unter vielem anderem siehe: O. Köhler, *Abendland*, in TRE 1 (1977) 17–42.
21   Vgl. unter vielem anderem J. Le Goff, *L'Europe est-elle née au Moyen-Âge?*, Paris 2003; M. Mitterauer, *Warum Europa? Mittelalterliche Grundlagen eines Sonderwegs*, München 2003, bes. 152–296.
22   Vgl. Schlette (1979); ebenso C. Amery, *Wegweisung Europa. Eine kritische Reflexion* (1984), in: ders., Bileams Esel. Konservative Aufsätze, München 1991, 63–88.
23   Dazu und zum Folgenden: P. M. Lützeler, *Die Schriftsteller und Europa – Von der Romantik bis zur Gegenwart*, München 1992, bes. 33–189.
24   Victor Hugo, *Oeuvres complètes, Actes et Paroles*, Paris 1875, II, 107 f.
25   Wertvolle Informationen zum Folgenden verdanke ich A. Larcati/K. Renoldner/M. Wörgötter (Hg.), *Stefan-Zweig-Handbuch*, Berlin/Boston 2018. Speziell zur Thematik ‹Europa und Toleranz› siehe S. Resch, *Stefan Zweig und der Europa-Gedanke*, Schriftenreihe des Stefan Zweig

Zentrums Salzburg 8, Würzburg 2017; sowie A. Larcati, «*Nostra res agitur*» – *Das Erbe der Aufklärung und des Humanismus bei Stefan Zweig*, in: R. Robertson/A. Larcati/M. Dirscherl (Hg.), The Heritage of Humanism and Enlightenmentin Exile Literature, Schriftenreihe des Stefan Zweig Zentrums Salzburg 18, Würzburg 2023, 129–146.

26   Außer Zweig wäre auch Heinrich Mann zu nennen, der dieses Thema 1924 in einem Essay explizit aufgreift: *VSE (Vereinigte Staaten von Europa)*, in: *Heinrich Mann – Essays*, Bd. 2, hg. A. Kantorowicz, Berlin 1956, 275–285.

27   In: S. Zweig, *Die schlaflose Welt – Aufsätze und Vorträge aus den Jahren 1909–1941*, GW in Einzelbänden, hg. K. Beck, Frankfurt 1983, 185–210, hier 201.

28   *Der Turm zu Babel*, ebd. 68–73.

29   K. Müller, *Aspekte des europäischen Erbes und die «Vereinigten Staaten Europas»*, in: M. H. Gelber/A.-D. Ludewig (Hg.), Stefan Zweig und Europa, Hildesheim 2011, 30–54, hier 31.

30   [↑28] 71 f.

31   In einem Brief vom 27. Oktober 1941 an seine Frau Friderike – zitiert in: K. Müller, *Montaigne*, in: *Stefan-Zweig-Handbuch* [↑25] 472.

32   Eigener Band in GW [↑25], Frankfurt ³2006. Vgl. *Stefan-Zweig-Handbuch* [↑25] 405–415 (B. Hamacher).

33   Eigener Band in GW [↑25], Frankfurt 1987. Vgl. *Stefan-Zweig-Handbuch* [↑25] 424–432 (C. Klein); Castellio (2024) 1063–1102 (B. Mahlmann-Bauer).

34   In: S. Zweig, *Zeiten und Schicksale – Aufsätze und Vorträge aus den Jahren 1902–1942*, GW [↑27], Frankfurt 1990, 468–556. Vgl. *Stefan-Zweig-Handbuch* [↑25] 471–476 (K. Müller).

35   *Castellio* [↑33] 18.

36   *Montaigne* [↑34] 530 f. Zum Thema vgl. ebd. 472 f., 504 f., 525 f., 538, 544.

37   *Erasmus* [↑32] 83–86.

38   *Die Welt von Gestern – Erinnerungen eines Europäers* (1942), GW [↑27], Frankfurt ⁵2007, 8.

39   Ebd. 491.

40   Abschiedsbrief («*Declaracão*») vom 22. Februar 1942 in Petropolis (Brasilien), in: *Stefan Zweig – Briefe 1932–1942*, hg. K. Beck/J. B. Berlin, Frankfurt 2005, 345 (vgl. 762 f.).

41   Vgl. K. K. Patel, *Projekt Europa. Eine kritische Geschichte*, München 2018; ders., *Europäische Integration – Geschichte und Gegenwart,* München 2022.

42   [↑9]

43   Vgl. u. a. E.-W. Böckenförde, *Welchen Weg geht Europa?* (1997), in: ders., Staat – Nation – Europa. Studien zur Staatslehre, Verfassungstheorie und Rechtsphilosophie, Frankfurt 1999, 68–102, bes. 89 ff.

44   Vgl. K. K. Patel: «Diese Probleme stellen sich umso dringlicher, da es der EU bis heute nicht gelungen ist, die Herzen und Hirne vieler Menschen in den Mitgliedstaaten für sich zu gewinnen. Dieser Befund ist bemerkenswert, da die Gemeinschaft […] die Blutbahnen des Wirtschaftsgeschehens oder des politischen Handelns der Mitgliedstaaten erreichte und […] die Haltung der meisten Bürgerinnen und Bürger zum Einigungsprozess distanzierter und kritischer blieb, als man bisher meinte. Das Projekt Europa war ein Projekt der Eliten mit einer stark technokratischen Dimension. Die Reformverträge der Doppeldekade seit den späten 1980er Jahren verstanden sich nicht zuletzt als Versuch, den Graben zu den Menschen zu schließen – ohne allzu großen Erfolg. Desinteresse, das in Krisenzeiten in Widerstand umschlagen kann, blieb vielmehr prägend. Da die Mehrheit jedoch lange davon ausging, dass die Europäische Gemeinschaft ihr Leben kaum berührte, kümmerten sich zumeist kaum um dieses Thema. Als die Effekte der Integration seit den 1990er und mehr noch den 2000er Jahren aber immer übersehbarer wurden, fragten sich viele, wann und in welcher Form sie diesen Veränderungen eigentlich zugestimmt hatten.» (*Projekt Europa* [↑41] 352 f.)

45   Schon an dieser Stelle vgl. J. Osterhammel/N. P. Petersson, *Geschichte der Globalisierung. Dimensionen – Prozesse – Epochen* (2003), München ⁵2015; J. Osterhammel, *Die Flughöhe des Adlers. Historische Essays zur globalen Gegenwart*, München 2017, bes. 11–79.
46   Vgl. u. a. J. Renn, *Die Evolution des Wissens. Eine Neubestimmung der Wissenschaft für das Anthropozän* (2020), dt. S. Scheer, Berlin 2022.
47   Daraus: «*Das größte Problem für die Menschengattung, zu dessen Auflösung die Natur ihn zwingt, ist die Erreichung einer allgemein das Recht verwaltenden bürgerlichen Gesellschaft*. Da nur in der Gesellschaft, und zwar derjenigen, die die größte Freiheit, mithin einen durchgängigen Antagonism ihrer Glieder, und doch die genaueste Bestimmung und Sicherung der Grenzen dieser Freiheit hat, damit sie mit der Freiheit anderer bestehen könne, – […] so muß eine Gesellschaft, in welcher die *Freiheit unter äußeren Gesetzen* im größtmöglichen Grade mit unwiderstehlicher Gewalt verbunden angetroffen wird, d. i. eine vollkommen *gerechte bürgerliche Verfassung*, die höchste Aufgabe der Natur für die Menschengattung sein […]» (A 394 f.)
48   Vgl. u. a. H. Joas, *Sind die Menschenrechte westlich?*, München 2015; M. Brandhorst/E. Weber-Guskar (Hg.), *Menschenwürde. Eine philosophische Debatte über Dimensionen ihrer Kontingenz*, Berlin 2017, bes. 7–44.
49   Vgl. A. Mitscherlich, *Toleranz – Überprüfung eines Begriffs* (1970), Frankfurt 1974, bes. 7–34; ders./M. Mitscherlich, *Die Unfähigkeit zu trauern – Grundlagen kollektiven Verhaltens* (1967), München 1988 (Ausgabe ‹Klassiker des modernen Denkens›, hg. J. Fest/W. J. Siedler), 276–288.

Faktoren der Entwicklung

1   Stellvertretend darf ich auf die drei umfangreichsten Lexikon-Artikel hinweisen, die ich zur Hand habe, und die ihrerseits auf jede Menge Fachliteratur weiterverweisen: GGB 6 (1990) 445–605 (K. Schreiner, G. Besier); HWP 10 (1998) 1251–1262 (G. Schlüter, R. Grötker); TRE 33 (2002) 646–676 (E. Stöve, H. Rosenau, P. Gerlitz).
2   [↑1] 448–450.
3   Zum Folgenden vgl. u. a. B. A. Catlos, *al-Andalus. Geschichte des islamischen Spanien* (2018), dt. R. Seuß, München 2019, bes. 85–211, 246–249; vgl. auch M. R. Menocal, *Die Palme im Westen. Muslime, Juden und Christen im alten Andalusien* (2002), dt. H. Thies, Berlin 2003.
4   Folgende Einschätzung von Brian A. Catlos scheint mir überzeugend zu sein: «Es wurde viel darüber geschrieben, ob al-Andalus eine Idylle aufgeklärter Toleranz und *convivencia* oder Schauplatz eines brutalen Kampfes der Kulturen war. Es war weder das Eine noch das Andere. Toleranz gilt heute oft nicht mehr als eine Tugend, und im Mittelalter war sie das noch viel weniger. Aber der Kampf fand zumeist innerhalb, nicht zwischen den ‹Kulturen› statt. […] al-Andalus sollte besser als ein Land der *conveniencia* betrachtet werden, der ‹Zusammenkunft› und Zusammenarbeit von Angehörigen unterschiedlicher ethnischer und religiöser Gemeinschaften – nicht im Namen der Toleranz, sondern der Zweckmäßigkeit und aus pragmatischem Nutzen. […] Christen und Muslime betrachteten die jeweils andere Religion als fehlgeleitet, jedoch nicht als böswillig, und ihnen war bewusst, dass sie alle denselben Gott verehrten. Die Christen, Muslime und Juden des Mittelmeerraumes teilten eine im abrahamitischen Monotheismus wurzelnde Kultur, sie teilten die persische und griechische Gelehrsamkeit, römische Institutionen, die ägyptische Esoterik, ein bestimmtes Geschichtsbewusstsein sowie volkstümliche Sitten und Gebräuche und kulturelle Traditionen, die sich im Zuge von jahrtausendelangen Handelsbeziehungen, von Migration, Eroberung und Besiedelung entwickelt hatten. Sie konnten einander verstehen und sich miteinander verständigen und auf diese Weise trotz aller Differenz einen gemeinsamen Boden finden, sich einander anpassen und sich die jeweils an-

dere Kultur zu eigen machen. [/] Und das taten sie aus Notwendigkeit. In der komplexen und diversifizierten Welt von al-Andalus wurde die Ausübung von Macht nicht dadurch erleichtert, dass man seine Feinde vernichtete, sondern dass man sie kooptierte. Al-Andalus konnte sich etablieren, weil die arabisch-muslimischen Oberherren die Kollaboration des westgotischen Adels und der Kirche gewannen; weil sie ihnen in ihrer neuen Gesellschaft einen formell rechtmäßigen Platz gaben und sie in ihr politisches Projekt integrierten. Nachdem sie die Einheimischen unterworfen hatten, gelang es den Eroberern, ‹Herz und Verstand› der eroberten zu gewinnen. [/] Dasselbe gilt für die christlichen Fürsten, die vierhundert Jahre später, zur Zeit ihrer eigenen Eroberung, die muslimischen Minderheiten unterwarfen und in ihre Reiche integrierten. Auch das geschah nicht aus Großmut oder als Solidarität, sondern aus Notwendigkeit. Die Eroberer brauchten die unterworfenen Minderheiten zur Sicherung ihres Wohlstandes, und die unterworfenen Minderheiten mussten sich mit ihren neuen Herrschenden arrangieren, um zu überleben. Das Prinzip heißt Pragmatismus. [...] Wenn also die Geschichte von al-Andalus eines zeigt, dann ist es die Komplexität und Ambivalenz von dessen Bewohnern, die, so stark ihr Glaube auch immer war, nicht nur ‹Christen›, ‹Muslime› und ‹Juden›, sondern Menschen waren.» ([↑3] 442–445).

5 H. Möhring, *Die Kreuzfahrerstaaten, ihre muslimischen Untertanen und die heiligen Stätten des Islam*, in: A. Patschovsky/H. Zimmermann (Hg.), Toleranz im Mittelalter, Sigmaringen 1998, 129–157.

6 W. Koller, *Toleranz im Königreich Sizilien zur Zeit der Normanen*, in: Patschovsky/Zimmermann (Hg.), *Toleranz* [↑5] 159–185.

7 Ausführlich dargestellt in: Lecler (1955).

8 Vgl. C. Meier, *Das Gebot zu vergessen und die Unabweisbarkeit des Erinnerns – Vom öffentlichen Umgang mit schlimmer Vergangenheit*, München 2010; A. Assmann, *Der europäische Traum – Vier Lehren aus der Geschichte*, München 2018.

9 Vgl. Arendt (1951) 627–979; HB-Menschenrechte (2012) 106–122.

10 Im Folgenden stütze ich mich auf E. Hornung, *Echnaton. Die Religion des Lichtes*, Zürich 1995; J. Assmann, *Monotheismus und Kosmotheismus. Ägyptische Formen eines «Denkens des Einen» und ihre europäische Rezeptionsgeschichte*, Heidelberg 1993, 25–35; ders., *Ägypten – Eine Sinngeschichte*, München/Wien 1996, 243–258; ders., *Moses der Ägypter – Entzifferung einer Gedächtnisspur* (^{1}1997), Frankfurt ^{8}2018, 47–87; ders., *Die mosaische Unterscheidung oder der Preis des Monotheismus* (2003), München ^{2}2018, 54–81; ders., *Thomas Mann und Ägypten – Mythos und Monotheismus in den Josephsromanen* (2006), München 2018, 151–172; C. Bayer (Hg.), *Echnaton – Sonnenhymnen (Ägyptisch/Deutsch)*, Stuttgart 2007, bes. 98–126. – Zugleich entnehme ich etliche Formulierungen meinem Beitrag: H. Schmidinger, *Wege zur Toleranz – Überlegungen zur Beschreibung ihrer Geschichte*, in: Philosophisches Jahrbuch der Görres Gesellschaft 129/2 (2022) 97–109, hier 103–105.

11 Zu diesem Begriff: Assmann, *Unterscheidung* [↑10] 26 ff.

12 Assmann, *Thomas Mann* [↑10] 169.

13 Assmann, *Sinngeschichte* [↑10] 253.

14 Ebd. 252.

15 Ebd. 256.

16 Ebd. 255.

17 Ebd. 252, 256.

18 Die zwischen 1926 und 1943 entstandene bzw. 1933 bis 1943 erschienene Roman-Tetralogie *Joseph und seine Brüder* in: Thomas Mann – Große kommentierte Frankfurter Ausgabe, Bände 7.1-2 u. 8.1-2. Hg. u. textkritisch durchgesehen von J. Assmann/D. Borchmeyer/S. Stachorski, unter Mitwirkung von P. Huber, Frankfurt 2018.

19 Dazu: T. Kobusch, *Die Entdeckung der Person – Metaphysik der Freiheit und modernes Menschenbild*, Freiburg 1993, 23–54.
20 Zum Folgenden: H. Schmidinger, *Der Mensch in Gottebenbildlichkeit – Skizzen zur Geschichte einer einflussreichen Definition*, in: H. Schmidinger/C. Sedmak (Hg.), Der Mensch ein Abbild Gottes? Geschöpf – Krone der Schöpfung – Mitschöpfer, Darmstadt 2010, 7–42.
21 Gen 1, 26 f.; vgl. 5, 3 und 9, 6; G. Fischer, *Genesis 1–11*: HThK-AT (2018) 148–155.
22 Ex 20,4: «Du sollst Dir kein Gottesbild machen und keine Darstellung von irgend etwas am Himmel droben, auf der Erde unten oder im Wasser unter der Erde.»
23 Dtn 4, 15–18: «Nehmt euch um eures Lebens willen in acht! Denn eine Gestalt habt ihr an dem Tag, als der Herr am Horeb mitten aus dem Feuer zu euch sprach, nicht gesehen. Lauft nicht in euer Verderben, und macht euch kein Gottesbildnis, das irgend etwas darstellt, keine Statue, kein Abbild eines männlichen oder weiblichen Wesens, kein Abbild irgendeines Tiers [...]» (vgl. Dtn 5, 7–9).
24 Psalm 8, 5: «Was ist der Mensch, dass du an ihn denkst, des Menschen Kind, dass du dich seiner annimmst?»
25 *Decretum Gratiani* (ca. 1140), pars II, cap. XIII, causa 35, q. 5: «mulier non est facta ad imaginem Dei».
26 Kol 1, 15–17; Eph 1, 3.9 f.
27 2 Kor 4, 4.
28 Röm 8, 29; 2 Kor 3, 18; Gal 4, 19; Phil 3, 10.21.
29 Gal 3, 27; Kol 3, 10; Eph 4, 24.
30 Vgl. vor allem A. Angenendt, *Toleranz und Gewalt – Das Christentum zwischen Bibel und Schwert* (2007), Münster ⁵2009 111, 114 f., 198, 209, 581
31 Besonders häufig wird auf die Vorlesungen *De Indis / Über die Indianer* von Francisco de Vitoria verwiesen. (Vgl. F. de Vitoria, *Vorlesungen II [Relectiones]*, hg. U. Horst/H.-G. Justenhoven/J. Stüben, Stuttgart/Berlin/Köln 1997, 370–541) Hier findet sich in der Tat, an prominenter Stelle (Pars I, Sectio I, Quaestiones 2–3 [389, 391]), gleich zweimal eine Bezugnahme auf Gen 1, 26 f. Leitfrage ist allerdings: «Waren die Barbaren [= die Indianer] vor der Ankunft der Spanier echte Herren?» (383) Die Antwort Vitorias darauf: Alle Herrschaft (*dominium*) leitet sich aus der Gottebenbildlichkeit ab: «Apparet, quod dominium fundetur in imagine Dei.» (388) Dies gilt selbst dann, wenn Herrschende Sünder (*peccatores*) oder Ungläubige (*infedeles*) sind, denn: «homo est imago Dei per naturam, scilicet per potentias naturales. Ergo non peritur per peccatum mortale.» (390) Davon ausgehend gesteht Vitoria den Indianern die Fähigkeit zu, herrschen und in menschlicher Gemeinschaft leben zu können. Das ist gewiss ein beachtlicher Schritt in Richtung Anerkennung allgemein-menschlicher Würde auf Basis von Gen 1, 26 f. Trotzdem bleibt selbst diese wegweisende Stelle im Gesamtwerk Vitorias singulär. Die Bezugnahmen auf die Definitionen bei Aristoteles, Cicero und Thomas von Aquin überwiegen bei weitem.
32 *Kategorien* 2–5 (1a20–4b19).
33 «Persona est naturae rationalis individua substantia» (*Contra Euthychen et Nestorium* III.V).
34 «Persona est intellectualis naturae incommunicabilis natura» (*De Trinitate* IV, 22).
35 *Glossa in III librum Sententiarum*, d. 6 (E) 87, 8 (Zitat in Kobusch, *Person* [↑19] 24).
36 *Quaestiones de incarnatione*, q. 2, n. 30 (Zitat in Kobusch, *Person* [↑19] 24).
37 Kobusch, *Person* [↑19] 11, 29 f.
38 Zum Folgenden: Habermas (2019) bes. I, 759–918; II, 7–187.
39 Zum Folgenden: H. Welzel, *Naturrecht und materiale Gerechtigkeit* (1951), Göttingen ⁴1962, 57–66; L. Strauss, *Naturrecht und Geschichte* (¹1953), dt. H. Boog, Stuttgart 1956, 124–170; N. Bobbio, *Das Zeitalter der Menschenrechte. Ist Toleranz durchsetzbar?* (1990), dt. U. Hausmann,

Berlin 1998, 50–55; Böckenförde (2002) 222–430; Ottmann II/2 (2004) 203–223; H. Schmidinger, *Naturrecht und Toleranz – Stationen einer verschlungenen Entwicklung*, in: S. Auer-Mayer/E. Felten/R. Mosler/B. Schrattbauer (Hg.), *Festschrift Walter Pfeil*, Wien 2022, 713–720.

40 H. Schmidinger, *Metaphysik – ein Grundkurs* (2000), Stuttgart ³2010, 151–157.
41 *Commentum in primum librum Sententiarum* II, 8.
42 Thomas von Aquin (1224/5–1274), *De Veritate* (I, 12): «Das Wort ‹Intellekt› ist daher genommen, dass dieses Vermögen das Innerste eines Dinges erkennt. ‹Intelligere› heißt nämlich so viel wie ‹im Inneren lesen› *(sed enim intelligere quasi intus legere)*. […] Allein die Vernunft erreicht also das Innere und die Wesenheit eines Dinges.»
43 Vgl. Winkler (2009) 61–64.
44 Wenn es einer philosophischen Autorität bedurfte, so bediente man sich der Ethik und Politik des Aristoteles: Sowohl dessen *Nikomachische Ethik* als auch seine *Politica* regten eine praktische Philosophie an, die sich eines ontologisch-metaphysischen Unterbaus entledigte und darauf beschränkte, unmittelbar und konkret – im Sinne einer gelingenden Praxis – zu dem glücklichen Leben anzuleiten, nach dem jeder Mensch sowohl für sich selbst als auch im städtischen Gemeinwesen von Natur aus strebt.
45 Dazu: H. Joas, *Die Sakralität der Person. Eine neue Genealogie der Menschenrechte*, Berlin 2011.
46 J. Casanova, *Europas Angst vor der Religion* (2009), Berlin ³2015, 16–20.
47 Dazu: W. Schadewald, *Die Anfänge der Philosophie bei den Griechen: Die Vorsokratiker und ihre Voraussetzungen*, Frankfurt 1978, 221–235.
48 Geradezu leitmotivisch dazu die Ansage des Sokrates im Dialog *Phaidros*: «Hab Nachsicht mit mir, mein Bester, ich bin nun einmal lernbegierig; die Landschaft und die Bäume wollen mich nichts lehren, wohl aber in der Stadt die Menschen.» (230d [dt. W. Buchwald in TA 1964, 15–17]).
49 M. Heidegger, *Der Satz vom Grund* (1957), GA 10, Frankfurt 1997.
50 H. Schmidinger, *Philosophie, christliche*, in: HWP 7 (1989) 886–898.
51 Folgendes entnehme ich Schmidinger, *Wege* [↑10] 107 f.
52 J. Habermas, *Theorie des kommunikativen Handelns*, Bd. 1, Frankfurt 1981, 25–71.
53 K.-O. Apel, *Die Idee der Sprache in der Tradition des Humanismus von Dante bis Vico* (1963) Bonn ³1980.
54 Forst (2003) 596.
55 Ebd. 597.
56 Ebd. 596.
57 Ebd. 591 ff.; vgl. 32 ff., 37 ff.
58 Zitiert in GGB [↑1] 509: «Je ne viens pas pêcher la tolérance … À mes yeux un droit si sacré, que le mot tolerance, qui essaye de l'exprimer, me paraît en quelque sorte tyrannique lui-même, piusque l'existence de l'autorité qui a pouvoir de tolérer attante à la liberté de penser, par cela même qu'elle tolère, et qu'ainsi elle pourrait ne pas tolérer.» Ebenfalls in der Französischen Nationalversammlung (am 23. August 1789) vertritt der Protestant Rabaut de Saint-Etienne die Auffassung: «Das Wort Intoleranz ist für immer geächtet; dieses barbarische Wort wird man nie mehr in den Mund nehmen. Aber ich will nicht Toleranz statt dessen: dieses Wort schließt die Vorstellung von Mitleid mit ein, das den Menschen entwürdigt: ich will die Freiheit dafür, die eine und dieselbe für jedermann sein muss.» (Zitiert bei Forst [2003] 455 f.)
59 *Beantwortung der Frage: Was ist Aufklärung?* (1783) A 491 f.: «Ein Fürst, der es seiner nicht unwürdig findet, zu sagen: daß er es für *Pflicht* halte, in Religionsdingen den Menschen nicht vorzuschreiben, sondern ihnen darin volle Freiheit zu lassen, der also selbst den hochmütigen Namen der *Toleranz* von sich ablehnt: ist selbst aufgeklärt, und verdient von der dankbaren Welt

und Nachwelt als derjenige gepriesen zu werden, der zuerst das menschliche Geschlecht der Unmündigkeit, wenigstens von Seiten der Regierung, entschlug, und jedem frei ließ, sich in allem, was Gewissensangelegenheit ist, seiner eigenen Vernunft zu bedienen.»

60 In: *The Rights of Man* (1791): «Die Französische Konstitution hat die *Toleranz* sowie die *Intoleranz* abgeschafft und eine ALLGEMEINE GEWISSENSFREIHEIT eingeführt. Toleranz ist nicht das *Gegenteil* von Intoleranz, sondern ihr *Nachbild*. Beide sind Despotismus. Die eine maßt sich des Rechts an, die Gewissensfreiheit zu rauben, die andere, sie zu gewähren. Die eine ist der Papst, mit Feuer und Scheiterhaufen bewaffnet; die andere der Papst, der Ablass verkauft oder verschenkt.» (Zitiert bei Forst [2003] 456)

61 *Maximen und Reflexionen über Ethik und Literatur* (1829) 2.111.1: «Toleranz sollte nur eine vorübergehende Gesinnung seyn: sie muß zur Anerkennung führen. Dulden heißt beleidigen.»

62 Vgl. U. Eisenhardt, *Der Begriff Toleranz im öffentlichen Recht*, in: JuristenZeitung 23/7 (1968) 214–219, bes. 216–218; Schmidinger (2002) 249–261; Forst (2003) 437–442.

63 *Grundlegung zur Metaphysik der Sitten*, BA 74 f.

64 Im folgenden Abschnitt übernehme ich einige Sätze aus meinem Vortrag *Von der Duldung zur Anerkennung – Zum Toleranz-Diskurs der Goethe-Zeit*, gehalten am 26. April 2023 auf Einladung der Österreichischen Goethe-Gesellschaft in Wien. Publikation ist in den Mitteilungen der Gesellschaft vorgesehen.

65 Ende des 18. Jahrhunderts waren es noch wenige: Das Recht auf Leben, Freiheit und Streben nach Glück in der amerikanischen, jenes auf Gleichheit vor dem Gesetz, Freiheit und Schutz des Eigentums in der französischen Verfassung.

66 Nach einer Formulierung von Hannah Arendt, in: *Es gibt nur ein einziges Menschenrecht*, in: Die Wandlung 4 (1949) 754–770.

67 Was gemeint ist, formuliert der italienische Rechtsphilosoph Norberto Bobbio in seiner Textsammlung *L'età dei diritti* (Turin 1990): «Wenn man vom Toleranzbegriff in dem Sinne spricht, wie er historisch überwiegend verwendet wurde, dann bezieht er sich auf das Zusammenleben zunächst der unterschiedlichen Religionen, später auch der verschiedenen politischen Anschauungen. Heute wird der Begriff Toleranz weiter gefasst und auf die Fragen des Zusammenlebens mit ethnischen, sprachlichen und rassischen Minderheiten ausgedehnt, so wie auf alle, die sich ganz allgemein als ‹verschieden› betrachten oder so betrachtet werden, wie beispielsweise Homosexuelle, Geisteskranke oder Behinderte. Die Probleme, auf die sich diese beiden Auffassungen von Toleranz, ihre Betrachtung und Begründung beziehen, sind nicht dieselben. Der Respekt vor anderen Glaubensüberzeugungen und politischen Ansichten ist das eine: er impliziert einen Diskurs über Wahrheit und theoretische wie praktische Kompatibilität verschiedener, auch gegensätzlicher Wahrheiten. Etwas anderes ist es, denjenigen zu tolerieren, der sich durch physische oder soziale Merkmale unterscheidet. Hier stehen die Probleme des Vorurteils und der sich daraus herleitenden Diskriminierung im Vordergrund. Die Gründe, die man zur Verteidigung der Toleranz in der ersten der beiden Bedeutungen anführen kann, […] sind nicht dieselben, mit denen man die Toleranz in der zweiten Bedeutung verteidigt. Ebenso unterscheiden sich auch die dazugehörigen Formen der Intoleranz. […] Die Argumente, mit denen der Anhänger einer Kirche oder der Gefolgsmann einer Partei überzeugt werden, die Präsenz anderer Konfessionen oder Parteien zu akzeptieren, sind gänzlich andere als die, mit denen ein Weißer dazu gebracht wird, friedlich mit einem Schwarzen zusammenzuleben, ein Turiner mit einem Süditaliener, oder auch, dass Homosexuelle juristisch und sozial nicht diskriminiert werden usw. Die grundlegende Frage, die sich die Verteidiger der religiösen und politischen Toleranz immer gestellt haben, lautet: Wie kann man theoretisch und praktisch zwei gegenläufige Wahrheiten vereinbaren? Die grundlegende Frage für denjenigen, der für Toleranz gegenüber anderen eintritt, ist dagegen eine andere: Wie kann man beweisen, dass eine bestimmte Unduldsamkeit gegen eine Minderheit, also in Wahrheit gegen das, was außerhalb der Norm liegt, gegen den, der ‹anders› ist, aus altüberkommenen Vorurteilen herrührt, aus irrationalen und rein emotiven Beurteilungen von Menschen und Situationen? Der beste Beleg für den Unterschied zwischen diesen beiden Formen der Toleranz, ist die Tatsache, dass im zweiten Fall die übliche Bezeichnung dessen, was man zu bekämpfen sucht, sogar in den offiziellen internationalen Dokumenten nicht Intoleranz lautet, sondern rassistische, sexuelle, ethnische o. ä. Diskriminierung.» (Bobbio, *Zeitalter* [↑39] 87–89) Vgl. dazu auch P. Ricoeur, *Tolérance, intolérance, intolérable*, in: Bulletin de la Société de l'Histoire du Protestantisme 134 (1988) 435–450; W. Brown, *Reflexionen über Toleranz im Zeitalter der Identität*, in R. Forst (Hg.), Toleranz, Frankfurt 2000, 257–281.

68 Vgl. A. Honneth, *Kampf um Anerkennung – Zur moralischen Grammatik sozialer Konflikte*, Frankfurt 1994 (¹⁰2018), bes. 11–105; ders., *Anerkennung – Eine europäische Ideengeschichte*, Berlin 2018, bes. 131–181; C. Taylor, *Die Politik der Anerkennung* (1992), in: C. Taylor, Multikulturalismus und die Politik der Anerkennung, dt. R. Kaiser, Frankfurt 2009, 11–66; R. Forst, *Das Recht auf Rechtfertigung*, Frankfurt 2007, 65–70; E. J. Bauer, *Toleranz und Responsivität*, in: F. Gmainer-Pranzl/M. Schmidhuber (Hg.), Der Anspruch des Fremden als Ressource des Humanum, Frankfurt 2011, 131–153..

69 Vgl. dazu HB-Anerkennung (2021).

Anknüpfungen in der Antike

1 Vgl. W. Rüegg, *Cicero und der Humanismus. Formale Untersuchungen über Petrarca und Erasmus*, Zürich 1946; Grundriss/Ueberweg – *Die Philosophie der Antike*, IV/2 (1994) 991–1168 (G. Gawlick, W. Görler); G. Gawlick, *Cicero – Person und Lehre im Urteil der Jahrhunderte*, Stuttgart-Bad Cannstatt 2022.

2 Die folgenden Ausführungen zum Humanismus entnehme ich meinem Vortrag: *Humanismus in Zeiten wie diesen*, in: M. Dürnberger (Hg.), Die Komplexität der Welt und die Sehnsucht nach Einfachheit, Innsbruck/Wien 2019, 167–179.

3 M. Heidegger, *Wegmarken*, GA 9, Frankfurt ³2004, 313–364.

4 J. P. Sartre, *Der Existenzialismus ist ein Humanismus und andere philosophische Essays 1943–1948*, dt. W. Bökenkamp u. a., Reinbek bei Hamburg 1994, 145–192.

5 R. Rieks, *Humanitas*, in: HWP 3 (1974) 1231 f.

6 Erasmus von Rotterdam: «Einer ist ein Ehebrecher, ein Gottloser, ein Türke: Man verfluche den Ehebrecher, nicht den Menschen. Man verwerfe den Gottlosen, nicht den Menschen; man töte den Türken, nicht den Menschen. Man gebe sich Mühe, dass der Unfromme sterbe, der sich selbst dazu gemacht hat, dass aber der Mensch gerettet werde, den Gott geschaffen hat.» (*Enchiridion militis christiani* [1503] in: Erasmus von Rotterdam – Ausgewählte Schriften, lateinisch-deutsch, in 8 Bänden, hg. W. Welzig (¹1968), Darmstadt ²1990, I, 140/1). Bzw.: «Warum will nicht lieber der Mensch dem Menschen (*cur non potius bene vis homo homini*), der Christ dem Christen wohl?» (*Querela Pacis* [1516] ebd. V, 430/1). Sebastian Frank: «ich bin billig ein mensch einem menschen» (*verbüthschiert mit siben Sigeln verschlossen Buch* [1539] 247b, 429a [zitiert in: Lecler [1955] I, 265 f.]).

7 Francisco de Vitoria: «Es ist nämlich nicht so, dass *der Mensch dem Menschen ein Wolf ist*, wie der Komödiendichter [Plautus] sagt, sondern ein Mensch (*non enim homo homini lupus est, [...] sed homo*)» (*De Indis* [1538/9], in: Francisco de Vitoria, Vorlesungen (Relectiones) – Völkerrecht, Politik, Kirche, 2 Bde., hg. U. Horst/H.-G. Justenhoven/J. Stüben, Stuttgart/Berlin/Köln 1995/97, II, 465/6).

8 Gen 1, 26 f.; vgl. 5, 3 und 9, 6.

9 Mt 7, 12 («Alles, was ihr also von anderen erwartet, das tut auch ihnen! Darin besteht das Gesetz und die Propheten.»); Lk 6, 31.

10 *Commentaire philosophique sur ces paroles de Jésus-Christ ‹Contrai-les d'entrer›; Ou la prouve, par plusieurs raisons démonstratives qu'il n'y a rien de plus abominable que de faire des conversions par la contrainte, et où l'on refute tous les sophisms des convertisseurs à contrainte, et l'apologie que St. Augustin a faite de persecutions* (1686), Übersetzung: *Pierre Bayle, Toleranz – Ein philosophischer Kommentar*, hg. E. Buddeberg/R. Forst, dt. E. Buddeberg/F. Heimburger, Berlin 2016, 77 f.

11 Vgl. David Humes «Dissertation» *The Natural History of Religion* (verfasst ab ca. 1755, publiziert 1757), in: David Hume – The philosophical works, ed. Th. H. Green/Th. Hodge Grose, Vol. IV (¹London 1882), Aalen 1964, 336–339 (bes. 337 f.); Übersetzung: *Die Naturgeschichte der Religion*, dt./hg. von L. Kreimendahl, Hamburg ²2000, 37–39.

12 «Aus jeder Seite von David Hume ist mehr zu lernen, als aus Hegels, Herbarts und Schleiermachers […] philosophischen Werken zusammengenommen.» (*Die Welt als Wille und Vorstellung*, Bd. II, zum 4. Buch, Kap. 46, [SW, hg. W. von Löhneysen, Frankfurt 1986, II, 745])

13 *Parerga und Paralipomena II – Kap. 16: Über Religion, § 177: Über das Christentum*, in: SW [↑12] V, 423 f.

14 Dt.: *Das postmoderne Wissen*, hg. P. Engelmann, Wien ⁷2012.

15 Zuerst erschienen in: H. Poser (Hg.), *Philosophie und Mythos. Ein Kolloquium*, Berlin/New York 1979, neu in: O. Marquard, *Abschied vom Prinzipiellen. Philosophische Studien*, Stuttgart 1981, 91–116. Vgl. dazu vor allem A. Halbmayr, *Lob der Vielheit. Zur Kritik Odo Marquards am Monotheismus*, Salzburger Theologische Studien 13, Innsbruck 2000.

16 In diesem Kapitel verwende ich einige Textpassagen, die ich bereits unter dem Titel *Monotheismus = Intoleranz? Polytheismus = Toleranz? Hinterfragung einer verbreiteten These* publiziert habe in: G. Kreuz (Hg.), ΜΥΚΗΛΙΟΝ – Für Dorothea Weber zum 65. Geburtstag Gesammeltes, private Festgabe 2022, 9–25. Dieser Beitrag wird ebenso erscheinen in: F. Gmainer-Pranzl/M. Rötting (Hg.), *Ulrich Winkler Lecturers – Salzburger Theologische Studien – interkulturell*, Innsbruck 2024.

17 In 2 Chr 36, 22; Esra 1; Is 44, 28; 45, 1–2 wird Kyros sogar als «Gesalbter» (Messias) des Herrn angesprochen.

18 Vgl. B. Braun, *Die Herkunft Europas – Eine Reise zum Ursprung unserer Kultur*, Darmstadt 2022, 195–211.

19 Vgl. Lecler (1955) I, 101–109. Zum Thema der ‹multinationalen Imperien› siehe auch M. Walzer, *Über Toleranz. Von der Zivilisierung der Differenz* (1997), hg. O. Kallscheuer/dt. C. Goldmann, Hamburg 1998, 23–28.

20 J. Assmann., *Die mosaische Unterscheidung oder der Preis des Monotheismus* (2003), München ²2018, 32 f. Vgl. ders., *Praktiken des Übersetzens und Konzepte von Toleranz im Alten Orient und in der hellenistisch-römischen Antike*, in: Wierlacher (1996) 283–306.

21 Jan Assmann dazu: «Mit Bezug auf die Polytheismen der heidnischen Antike kann man […] streng genommen gar nicht von ‹Toleranz› sprechen, weil hier die Kriterien der Unvereinbarkeit fehlen und es daher, was die Religion der anderen betrifft, gar nichts zu ‹dulden› gibt. Daher habe ich unter Verweis auf die seit den Sumerern bezeugte Praxis der Übersetzung von Götternamen (erst von einer Sprache in eine andere, dann aber auch von einer Religion in die andere) vorgeschlagen, statt von Toleranz von ‹Übersetzbarkeit› zu sprechen.» (Ebd. 32)

22 Vgl. u. a. St. Greenblatt, *Die Erfindung der Intoleranz. Wie die Christen von Verfolgten zu Verfolgern wurden*, Göttingen 2019; differenzierter: Schlette (1979) 14–20.

23 J. Assmann, *Exodus. Die Revolution der Alten Welt*, München 2015, 106–119; ders., *Totale Religion. Ursprünge und Formen puritanischer Verschärfung*, Wien 2016, 29–57.

24 Assmann, *Exodus* [↑23] 113; vgl. Assmann, *Religion* [↑23] 43–45.
25 J. Assmann, *Thomas Mann und Ägypten – Mythos und Monotheismus in den Josephsromanen* (2006), München 2018, 169.
26 Assmann, *Unterscheidung* [↑20] 61 f. (Kursivsetzungen von mir). Siehe bereits ders., *Monotheismus und Kosmotheismus. Ägyptische Formen eines «Denkens des Einen» und ihre europäische Rezeptionsgeschichte*, Heidelberg 1993; vgl. ebenso: E. Hornung, *Der Eine und die Vielen. Ägyptische Gottesvorstellungen*, Darmstadt 1971·
27 Ebd. 52–54. Vgl. dazu E. Nordhofen, *Coropora – Die anarchische Kraft des Monotheismus*, Freiburg 2018, bes. 25–126, hier 27: «Schrift ist [so] das Schicksal des Monotheismus. Ohne sie gäbe es ihn nicht. […] die Schrift [war] der entscheidende Katalysator für die Entstehung des biblischen Monotheismus. Der lag intellektuell in der Luft, früh schon in Echnatons Ägypten, in Persien, in Griechenland vor allem. Um ihn wirksam durchzusetzen, bedurfte es aber eines geeigneten Mediums. Das war die Schrift. Sie kann zaubern. Sie macht, dass in unserem Bewusstsein etwas Abwesendes auf eigentümliche Weise anwesend sein kann. Mit dieser Simultaneität von Abwesenheit und Da-Sein wird der monotheistische Punkt getroffen.»
28 Vgl. u. a. Nikolaus von Kues, *De pace fidei* (1453): «religio una in rituum varietate» (in: Nikolaus von Kues – Philosophisch-Theologische Schriften, hg. L. Gabriel, dt. D./W. Dupré, Wien 1967, III, 710).
29 Neben den genannten Publikationen von Jan Assmann siehe für das Folgende O. Keel, *Die Geschichte Jerusalems und die Entstehung des Monotheismus*, 2 Bde., Göttingen 2007, 338–1282; Th. Römer, *Die Erfindung Gottes – Eine Reise zu den Quellen des Monotheismus* (2014). Darmstadt 2018.
30 Vgl. C. Bayer (Hg.), *Echnaton – Sonnenhymnen (Ägyptisch/Deutsch)*, Stuttgart 2007, 95–97, 125 f.; siehe ebenso J. Assmann/A. Kucharek (Hg.), *Ägyptische Götterliteratur*, Frankfurt 2018, 389–394, 887 f., 894–900.
31 Assmann, *Exodus* [↑23] 91 ff., 249 ff.
32 Ebd. 100.
33 Ex 19–24; Dtn 4–11.
34 Assmann, *Religion* [↑23] 45.
35 Ex 34, 14: «Du darfst dich nicht vor einem anderen Gott niederwerfen. Denn Jahwe trägt den Namen ‹der Eifersüchtige›; ein eifersüchtiger Gott ist er.» Dtn 4, 24: «Denn der Herr, dein Gott, ist verzehrendes Feuer. Er ist ein eifersüchtiger Gott.»
36 Siehe das erste und zweite Gebot des Dekalogs (Ex 20, 3–5; Dtn 5, 8 f.).
37 Hos 11, 1.8–11, vgl. 2, 16–25.
38 Dtn 7, 7 f.
39 Assmann, *Religion* [↑23] 131–157; M. Hengel, *Judentum und Hellenismus. Studien zu ihrer Begegnung unter besonderer Berücksichtigung Palästinas bis zur Mitte des 2. Jahrhunderts vor Christus* (1969), Tübingen ³1988.
40 Assmann, *Unterscheidung* [↑20] 34 f.
41 Ex 23, 31 f.; 34, 12–16; Dtn 7, 1–6; 12, 2–3; 20, 16–33.
42 Assmann, *Exodus* [↑23] 273–281; Assmann, *Religion* [↑23] 29–57.
43 Is 40–54; zu den einschlägigen Stellen: U. Berges, *Jesaja 40–48*: HThK-AT (²2020); ders., *Jesaja 49–54*: HThK-AT (2015).
44 Is 45, 5 f. 12.
45 Is 41, 24. 29; vgl. 44, 9–20; 46, 1–7.
46 Man denke an die Abrahams-Geschichte Gen 12–25, bes. an die Segnung Abrahams durch Melchisedek, dem König von Salem im Namen «des höchsten Gottes, der Himmel und Erde erschaffen hat» (Gen 14, 18–20). Vgl. Assmann, *Religion* [↑23] 144 ff.

47 Is 56-66.
48 Is 66, 18; vgl. 60, 1-22 (der große Zug «aller Nationen» nach Jerusalem, zur «Stadt Jahwes, [dem] Zion des Heiligen Israels» [V. 14]).
49 P. Schäfer, *Judenhaß und Judenfurcht. Die Entstehung des Antisemitismus in der Antike* (1998), dt. C.-J. Thornton, Berlin 2010, 177-233; vgl. ebenso D. Nirenberg, *Antijudaismus. Eine andere Geschichte des westlichen Denkens* (2013), dt. M. Richter, München 2015, 25-57.
50 J. Assmann, *Moses der Ägypter – Entzifferung einer Gedächtnisspur* ([1]1997), Frankfurt [8]2018, 53.
51 Ebd. 55.
52 Schäfer, *Judenhaß* [↑49] 31-176.
53 Siehe *Historien* V 2, 1-5, 5 (TA, hg. J. Borst u. a., Düsseldorf/Zürich [6]2002, 512-519); vgl. *Annalen*, XV 44, 3-4 (TA, hg. E. Heller, Düsseldorf [5]2005, 749-751); ebenso Plinius der Jüngere, *Epistula ad Traianum* X 96 (TA hg. H. Kasten, Düsseldorf/Zürich [7]1995, 641-645)·
54 Schäfer, *Judenhaß* [↑49] 278; vgl. 281: «[...] sogar in ihrem Hass zollten sie [die Römer] dieser *sceleratissima, despectissima* und *taeterrima gens* der Juden Respekt.»
55 Zitat aus Sulpicius Severus – Titus und seinen Freunden bei der Zerstörung Jerusalems im Jahr 70 in den Mund gelegt (ebd. 276).
56 [↑26].
57 Zum neueren Forschungsstand über die stoische Philosophie siehe: Grundriss/Ueberweg – *Die Philosophie der Antike*, IV/2 (1994) 491-716 (P. Steinmetz) sowie V/1 (2018) 140-181 (G. Reydams-Schils).
58 *De natura deorum* I 39 (zitiert nach TA Stoa und Stoiker – Auswahl der Fragmente und Zeugnisse, hg./dt. R. Nickel, 2 Bde., Düsseldorf 2008, hier I, 464 f.).
59 Cicero, *De legibus* I 25 (TA, hg./dt. R. Nickel, Zürich 1994, 30 f.).
60 ἐξομοιοῦσθαι ἐκείνοις (*Diatriben* II 1).
61 ἐξομοιοῦσθαι ἑαυτοῖς (*In seipsum* X 8 [Kaiser Marc Aurel, Wege zu sich selbst, hg./dt. W. Theiler, Zürich 1951, 234 f.]).
62 *De legibus* I 28-30 (zitiert nach: Stoa und Stoiker [↑58] I, 726-729). Vgl. Seneca, *De beneficiis* III, 28,1-4: «Alle Menschen haben dieselben Anfänge und denselben Ursprung; niemand ist adeliger als der andere, nur wenn jemand eine ‹gradere› (*rectius ingenium*) und leistungsfähigere Naturanlage hat. [...] Der alleinige Vater von allen ist das Weltganze (*unus omnium parens mundus est*); der erste Ursprung eines jeden Menschen lässt sich entweder über glänzende oder über gewöhnliche Stufen zurückverfolgen.» (Zitat ebd. 731).
63 *De beneficiis* III, 18, 2 (Zitiert ebd. 735).
64 *Epistula* 47, 1-2. 16-17 (Zitiert nach: Seneca, Philosophische Schriften in 5 Bänden, hg./dt. M. Rosenbach, Darmstadt [4]1995, III, 361, 371, 373).
65 Zum Folgenden: M. Nussbaum, *Kosmopolitismus – Revision eines Ideals* (2019), dt. M. Weltecke, Darmstadt 2020, bes. 28-127.
66 Cicero, *De legibus* I 28 (zitiert nach: Stoa und Stoiker [↑58] I, 726 f.).
67 Strabon, *Geographica* I 4,9 (zitiert ebd. 728 f.).
68 Seneca, *De otio* IV 1 (Seneca, Philosophische Schriften [↑64] II, 86 f.).
69 *In seipsum* IV 4 ([↑61] 76 f.).
70 *In seipsum* VI 44 (ebd. 144 f.).
71 *De officiis* III 17, 69 (TA, hg./dt. K. Büchner, München/Zürich [3]1987, 274 f.). Vgl. ders., *De re publica* III 22, 33 (TA, hg./dt. K. Büchner, München/Zürich [5]1993, 204 f.): «Es ist aber das wahre Gesetz die richtige Vernunft (*vera lex recta ratio*), die mit der Natur in Einklang steht (*naturae congruens*), sich in alle ergießt, in sich konsequent, ewig ist, die durch Befehle zur Pflicht ruft, durch Verbieten von Täuschung abschreckt [...] Diesem Gesetz etwas von seiner Gültigkeit zu

nehmen, ist Frevel (*fas est*), ihm irgend etwas abzudingen, unmöglich, und es kann ebensowenig als Ganzes aus der Kraft gesetzt werden (*neque tota abrogari potest*). Wir können aber auch nicht durch den Senat oder das Volk von diesem Gesetz gelöst werden, [...] noch wird in Rom ein anderes Gesetz sein, ein anderes in Athen, ein anderes jetzt, ein anderes später, sondern alle Völker und zu aller Zeit (*omnes gentes et omni tempore*) wird ein einziges, ewiges und unveränderliches Gesetz beherrschen (*una lex et sempiterna et inmutablilis continebit*) und einer wird der gemeinsame Meister gleichsam und Herrscher aller sein: Gott!»

72   Vgl. K. Aland/B. Aland, *Der Text des Neuen Testaments*, Stuttgart 1989.
73   Zum Folgenden u. a.: Lecler (1955) I, 68–130; Fetscher (1990) 16–20; I. Broer/R. Schlüter (Hg.), *Christentum und Toleranz*, Darmstadt 1996; K. Schreiner, «*Tolerantia*». *Begriffs- und wirkungsgeschichtliche Studien zur Toleranzauffassung des Kirchenvaters Augustinus*, in: A. Patschovsky/H. Zimmermann (Hg.), Toleranz im Mittelalter, Sigmaringen 1998, 335–389; Forst (2003) 23–127; T. Kobusch, *Christliche Philosophie – Die Entdeckung der Subjektivität*, Darmstadt 2006; Greenblatt, *Intoleranz* [↑22].
74   Gal 5, 1; vgl. 2, 4: «[...] die Freiheit, die wir in Christus Jesus haben [...]»; 5, 13: «Ihr seid zur Freiheit berufen, Brüder.»
75   Mt 15, 7.17–20: «Nicht das, was durch den Mund in den Menschen hineinkommt, macht ihn unrein, sondern was aus dem Mund herauskommt, das macht ihn unrein. [...] Was aber aus dem Mund herauskommt, das kommt aus dem Herzen, das macht den Menschen unrein».
76   Röm 2, 14–15.
77   Röm 9, 1. Dazu gehört auch Joh 4,24: «Gott ist Geist, und alle, die ihn anbeten, müssen im Geist und in der Wahrheit anbeten.»
78   1 Kor 4, 4. Vgl. V. 5: «Richtet also nicht vor der Zeit; wartet, bis der Herr kommt, der das im Dunkeln Verborgene ans Licht bringen und die Absichten des Herzens aufdecken wird.»
79   1 Kor 8, 7–13.
80   Röm 14, 22–23.
81   Zum Folgenden: Schmidinger (2002) 29–31.
82   *Brief an Scapula* II 2, CSEL Tertulliani Opera, II (Turnhout 1954) 1125–1132, hier 1127.
83   Zitate aus *Divinarum Institutionum* V 20–21 bzw. *Epitome Divinarum Institutionum*, in: CSEL 19/1 Lactanti opera omnia (Prag/Wien/Leipzig 1890) 468–472, 673–761 (bes. 728).
84   *Historia arianorum*, 67 (P. G. XXV, 773) – zitiert in Lecler (1955) I, 111.
85   *Ad Constantium Augustum* I, 6 (P. L. X, 561) – zitiert in Lecler (1955) I, 111.
86   *In Johannis* 26, 2, in: Opere di Sant'Agostino – Edizione latino-italiana, Vol. XXIV: Commento al Vangelo di San Giovanni, Roma 1968, 596 f.
87   Das ‹Mailänder Edikt› ist überliefert bei Lactanz (*De mortibus persecutorum*, cap. 48) und Eusebius von Caesarea (*Historia ecclesiastica* ['Ἐκκλησιαστικὴ ἱστορία], X, 5, 2–14). Zitate aus: Eusebius von Caesarea – Kirchengeschichte, hg. H. Kraft/dt. P. Haeuser, München 1967, 430–432. Vgl. auch A. Läpple (Hg.), *Kirchengeschichte in Dokumenten*, Düsseldorf 1958, 36–38.
88   Einschlägige Zitate bei Lecler (1955) 104 f. – Zu Symmachus und dessen Disput mit Ambrosius von Mailand vgl. R. Klein, *Der Streit um den Victoriaaltar – Die dritte Relation des Symmachus und die Briefe 17, 18 und 57 des Mailänder Bischofs Ambrosius*, Darmstadt 1972, bes. 104–107: «Es ist billig, dass das, was alle Menschen verehren, als Eines angesehen wird. Wir sehen die gleichen Sterne, der Himmel ist uns gemeinsam, das gleiche Weltall schließt uns ein. Warum ist es so wichtig, nach welcher Lehre jeder die Wahrheit sucht? (*Quid interest, qua quisque prudentia verum requirat?*) Man kann nicht nur auf einem einzigen Weg zu einem so erhabenen Geheimnis finden. Aber solche Fragen mögen Leute erörtern, die dafür Muße haben (*otiosorum disputatio est*).»
89   *De gubernatione Dei* V 2, CSEL 8 Salviani Presbyteri Massiliensis (Wien 1883) 102–105.

90 *Rerum gestarum liber* XXII, 5, 2-4 – zitiert in Lecler (1955) I, 104.

91 Mt 13, 24-30: Auf die Frage der Knechte, ob sie das vom Feind gesäte Unkraut ausreißen sollen, antwortet Jesus: «Nein, sonst reißt ihr zusammen mit dem Unkraut auch den Weizen aus. Lasst beides wachsen bis zur Ernte. Wenn dann die Zeit der Ernte da ist, werde ich den Arbeitern sagen: Sammelt zuerst das Unkraut und bindet es in Bündeln, um es zu verbrennen; den Weizen aber bringt in die Scheune.» Vgl. J. Gnilka, *Das Matthäusevangelium 1-13*: HThK-NT (³1993) 488-493; J. Jeremias, *Die Gleichnisse Jesu* (1947), Göttingen ⁹1977, 79-84, 222 f.

92 Lk 14, 15-24: Nachdem die Gäste zu einem Gastmahl, zu dem «ein Mann» geladen hatte, die Einladung ausschlagen, heißt «der Herr» seinen Diener: «Geh schnell auf die Gassen und Straßen der Stadt und hol die Armen und die Krüppel, die Blinden und die Lahmen herbei! Bald darauf meldete der Diener: Herr, dein Auftrag ist ausgeführt; aber es ist immer noch Platz. Da sagte der Herr zu dem Diener: Dann geh auf die Landstraßen und vor die Stadt hinaus und nötige die Leute zu kommen (*compelle intrare*), damit mein Haus voll wird.» Vgl. dazu G. Schneider, *Das Evangelium nach Lukas, Kapitel 11-24*: ÖTBK-NT 3/2 (1977) 316-319.

93 Mt 22, 34-40; Mk 12, 28-34; Lk 10, 25-28.

94 Mt 5, 38-48; Lk 6, 27 f., 32-36.

95 Vgl. u. a. Mt 11, 28-30: «[…] Nehmt mein Joch auf euch und lernt von mir; denn ich bin gütig und von Herzen demütig; so werdet ihr Ruhe finden für eure Seele. Denn mein Joch drückt nicht, und meine Last ist leicht.» Mt 12, 18-21 (Zitat aus Jes 42, 1-4): «Seht, das ist mein Knecht […] Er wird nicht zanken und nicht schreien, und man wird seine Stimme nicht auf den Straßen hören. Das geknickte Rohr wird er nicht zerbrechen und den glimmenden Docht nicht auslöschen, bis er dem Recht zum Sieg verholfen hat. Und auf seinen Namen werden die Völker ihre Hoffnung setzen.»

96 Vgl. u. a. Lk 12, 49-53 (Mt 10, 34-36): «Ich bin gekommen, um Feuer auf die Erde zu werfen. Wie froh wäre ich, es würde schon brennen! […] Meint ihr, ich sei gekommen, um Frieden auf die Erde zu bringen? Nein, sage ich euch, nicht Frieden, sondern Spaltung. Denn von nun an wird es so sein: Wenn fünf Menschen im Haus leben, wird Zwietracht herrschen: Drei werden gegen zwei stehen und zwei gegen drei […]».

97 Mt 7, 12; vgl. Lk 6, 31.

98 Apg 5, 35-40: «Darum rate ich euch jetzt: Lasst von diesen Männern [den Jüngern Jesu] ab, und gebt sie frei; denn, wenn […] dieses Werk von Menschen stammt, wird es zerstört werden; stammt es aber von Gott, so könnt ihr es nicht vernichten; sonst werdet ihr noch als Kämpfer gegen Gott dastehen.»

99 *Epistula* 53, 6 (in: Opere [↑86] Vol. XXI: Le Lettere I, 1-123, Roma 1969, 432 f.); *Epistula* 43, 21 (ebd. 346-349); *De civitate Dei* XX, 5 (in: Aurelius Augustinus – Vom Gottesstaat, hg. C. Andresen/dt. W. Thimme, München 2007, 591 f.).

100 *Epistula* 76, 2 (in: Opere [↑99] 636-639).

101 *Contra epistulam Parmeniani* I, X, 16; III, II, 13 (zitiert in: Lecler [1955] 119 f.; Forst [2003] 75 f.).

102 *Epistula* 105, 10 (in: Opere [↑99] 1032 f.).

103 *Epistula* 93, 16 (in: Opere [↑99] 828 f.).

104 *Epistula* 185, 24 (in: Opere [↑86] Vol. XXIII: Le Lettere III, 185-270, Roma 1974, 44 f.); vgl. *Epistula* 208,7 (ebd. 491); *Epistula* 93, 5 (in: Opere [↑99] 828 f.).

105 Dazu: *Logik des Schreckens – Augustinus von Hippo. Die Gnadenlehre von 397* (hg. K. Flasch/dt. W. Schäfer, Mainz 1990 [²2012], darin der Text von *De diversis quaestionibus ad Simplicianum I 2* [139-239]); K. Flasch, *Christentum und Aufklärung. Voltaire gegen Pascal*, Frankfurt 2020, (darin 29-45, 50-71 u. ö.). Zum Thema siehe auch: K. Schreiner, *«Duldsamkeit» (tolerantia) oder «Schrecken» (terror). Reaktionsformen auf Abweichungen von der religiösen Norm untersucht und*

dargestellt am Beispiel des augustinischen Toleranz- und Gewaltkonzeptes und dessen Rezeption im Mittelalter und in der frühen Neuzeit, in: D. Simon (Hg.), Religiöse Devianz. Untersuchungen zu sozialen, rechtlichen und theologischen Reaktionen auf religiöse Abweichung im westlichen und östlichen Mittelmeer, Frankfurt 1990, 159–210 (bes. 165–175).

106 Ausdrücklich festgehalten in *De praedestinatione Sanctorum* (3, 7–4, 8), *De dono perseverantiae* (20, 52; 21, 55) und *Retractationes* (II 1).
107 Die Zitate stammen aus Flasch, *Christentum* [↑105] 13, 33, 35, 180.
108 Arendt (1951) 961.

Die «Leute der Schrift» und das «Wetteifern um das Gute»

1 Dazu und zum Folgenden: E. Nordhofen, *Corpora – Die anarchische Kraft des Monotheismus*, Freiburg 2018, bes. 27–126.
2 Ebd. 63–90.
3 Ebd. 27.
4 K. Rahner, *Hörer des Wortes* (1941), SW 4, Freiburg 1997.
5 J. Assmann, *Die mosaische Unterscheidung oder der Preis des Monotheismus* (2003), München ²2018, 62.
6 So in der vielzitierten Sure 5, 48 (vgl. 2, 148) aus dem Koran: «Für jeden von euch haben wir ein (eigenes) Brauchtum (Gesetz) und einen (eigenen) Weg bestimmt. Und wenn Gott gewollt hätte, hätte er euch zu einer einzigen Gemeinschaft gemacht. Aber er wollte euch in dem, was er euch gegeben hat, auf die Probe stellen. Wetteifert nun nach den guten Dingen [...]».
7 Zu diesem und zum Folgenden K.-J. Kuschel, *Streit um Abraham. Was Juden, Christen und Muslime trennt – was sie eint*, München 1994.
8 Vgl. u. a. Is 41, 8 f.; 2 Chr 20, 7; Ps 105, 6; 136, 2; Jak 2, 23.
9 *Koran* Sure 3, 67: «Abraham war weder Jude noch Christ. Er war viel mehr ein [Gott] ergebener Ḥanīf, und kein Heide.» (Vgl. Suren 2, 135; 6, 161; 16, 120–123)
10 Vgl. u. a. Psalm 105, 6–10: «Bedenkt es, ihr Nachkommen seines Knechtes Abraham, / ihr Kinder Jakobs, die er erwählt hat. / Er, der Herr ist unser Gott. / Seine Herrschaft umgreift die Erde. / Ewig denkt er an seinen Bund, / an das Wort, das er gegeben hat für tausend Geschlechter, / an den Bund, den er mit Abraham geschlossen hat, / an den Eid, den er Isaak geschworen hat. / Er bestimmte ihn als Satzung für Jakob, / als ewigen Bund für Israel.»
11 Kuschel, *Streit* [↑7] 26–98.
12 Vgl. u. a. Gal 3,29: «Wenn ihr aber zu Christus gehört, dann seid ihr Abrahams Nachkommen, Erben kraft der Verheißung.»; ebenso Gal 3,14: «Jesus Christus hat uns freigekauft, damit den Heiden durch ihn der Segen Abrahams zuteil wird und wir so aufgrund des Glaubens den verheißenen Geist empfangen.»
13 Kuschel, *Streit* [↑7] 99–167.
14 Vgl. u. a. *Koran* Sure 4, 125 f.: «Wer hätte eine bessere Religion, als wer sich Gott ergibt, und dabei rechtschaffen ist und der Religion Abrahams folgt, eines Ḥanīfen? Gott hat sich Abraham zum Freund [Ḥalīl] genommen.»
15 Kuschel, *Streit* [↑7] 168–212.
16 Ebd. 248.
17 Mt 5, 17–19.
18 Gal 3, 28: «Es gibt nicht mehr Juden und Griechen, nicht Sklaven und Freie, nicht Mann und Frau; denn ihr alle seid ‹einer› in Christus Jesus.» Vgl. Kuschel, *Streit* [↑7] 109–125.
19 2 Kor 11, 22 f.: «Sie sind Hebräer – ich auch. Sie sind Israeliten – ich auch. Sie sind Nachkommen Abrahams – ich auch. Sie sind Diener Christi [...]».

20 Gal 3, 8 f. (das angeführte Zitat Gen 12, 3; vgl. 18, 8).
21 Dazu und zum Folgenden: Kuschel, *Streit* [↑7] 78–97; vgl. H. Küng, *Das Judentum*, München 1991, 148–189.
22 Entstanden im letzten Jahrzehnt des 1. Jahrhunderts u. Z. Vgl. Kuschel, *Streit* [↑7] 125–153 (speziell zu Johannes 145 ff.).
23 Ebd. 144 f.
24 Zumindest ebenso unheilvoll wie Mt 27, 25 (aus der Passionsgeschichte: «Da rief das ganze Volk: Sein [Jesu] Blut komme über uns unsere Kinder!») oder Lk 14, 23 (im Gleichnis vom Festmahl: «Da sagte der Herr zu dem Diener: Dann geh auf die Landstraßen und vor die Stadt hinaus und nötige die Leute zu kommen […] Das aber sage ich euch: Keinen von denen, die eingeladen waren, wird an meinem Mahl teilnehmen.»).
25 Joh 8, 39–47; dies, obwohl 4, 22 festhält: «[…] das Heil kommt von den Juden». Dazu: R. Schnackenburg, *Das Johannes-Evangelium 1–4*: HThK-NT (1965) 470 f.; ders., *Das Johannes-Evangelium 5–12*: HThK-NT (1970) 237–301.
26 «Hört es, alle Geschlechter der Völker, und seht es: Ein nie dagewesener Mord geschah in Jerusalem […] der, der das All festgemacht hat, ist am Holz festgenagelt worden! Gott ist getötet, der König Israels ist durch Israels Rechte beseitigt worden!» (Osterpredigt περὶ πάσχα gehalten vor 180 u. Z.; vgl. J. auf der Maur, *Meliton von Sardes ‹Über das Pascha› – Die älteste bekannte christliche Osterpredigt (2.Jh.). Jüdische Wurzeln – christliche Neuinterpretation – antijüdische Polemik*, in: IDCIV – Vorträge [Informationszentrum im Dienste der christlich – jüdischen Verständigung] Nr. 36, Wien 1988).
27 *Antisemitismus IV*, in: TRE 3 (1978) 128–137, hier 131 f.; vgl. zum Ganzen D. Nirenberg, *Antijudaismus. Eine andere Geschichte des westlichen Denkens* (2013), dt. M. Richter, München 2015, 59–143.
28 Den folgenden Abschnitten lege ich zugrunde: Neben der Koran-Übersetzung von R. Paret (Koran) die Ausgabe *Der Koran, Handkommentar mit Übersetzung von Angelika Neuwirth* (ab Band II/2 mit Dirk Hartwig), Berlin 2011 ff.; bisher 3 Bde.: I: *Frühmekkanische Suren. Poetische Prophetie* (2011); II/1: *Frühmittelmekkanische Suren. Das neue Gottesvolk: Die ‹Biblisierung› des altarabischen Weltbildes* (2017); II/2: *Spätmittelmekkanische Suren. Von Mekka nach Jerusalem: Der spirituelle Weg der Gemeinde heraus aus säkularer Indifferenz und apokalyptischem Pessimismus* (2021); A. Khoury, *Toleranz im Islam*, München/Mainz 1980; Kuschel, *Streit* [↑7] 168–212; H. Bobzin, *Der Koran. Eine Einführung*, München 1999; ders., *Mohammed*, München 2000; N. Kermani, *Gott ist schön. Das ästhetische Erleben des Koran*, München 1999; H. Küng, *Der Islam. Geschichte, Gegenwart, Zukunft*, München 2004; A. Neuwirth, *Der Koran als Text der Spätantike. Ein europäischer Zugang*, Berlin 2010.
29 A. Schall, *Islam I*, in: TRE 16 (1987) 315–336, hier 316. – Gut möglich, dass auch der Manichäismus seinen Anteil an der Verkündigung Mohammeds hat, der von Ägypten her in den «küstennäheren Teilen Arabiens» Fuß fasste. Mani, der sich als Nachfolger Zarathustras, Buddhas und Jesu empfand, betrachtete sich als der von Jesus verheißene ‹Parakleitos› (Joh 14, 16.26) und damit als ‹Siegel der Propheten›, sprich als endgültigen Stifter der monotheistischen Religion. (Ebd. 317 f.)
30 Sure 29, 46 (Übersetzung von Neuwirth, *Spätantike* [↑28] 152).
31 Sure 3, 64 (dt. R. Paret, bearbeitet von A. Schall [↑29] 329).
32 Neuwirth, *Spätantike* [↑28] 135 f.
33 Sure 5, 3.
34 Sure 33, 40.
35 Sure 16, 106 f.
36 Sure 2, 109.

37 Sure 5, 82: «Du wirst sicher finden, dass diejenigen Menschen, die sich den Gläubigen am meisten feindlich zeigen, die Juden und die Heiden sind. Und du wirst sicher finden, dass diejenigen, die den Gläubigen in Liebe am nächsten stehen, die sind, welche sagen: Wir sind Christen […]». Zum Verhältnis Judentum-Islam vgl. Nirenberg, *Antijudaismus* [↑27] 145–190.
38 Dazu A. Schall, in: *Islam I* [↑29] 334 f.: «Die letzte Verkündigung Mohammeds […] enthält am Schluss ab Vers 110 eine geradezu ergreifende innere Auseinandersetzung mit Isa Ibn Maryam, ‹Jesus, Sohn Mariens›. Die Perikope Vers 112–115 bezieht sich dabei offensichtlich auf die Einsetzung des Abendmahls. Der Text hat unverkennbare Anklänge an Joh 17, das ‹Hohepriesterliche Gebet›. ‹Solange ich bei ihnen war, bewahrte ich sie …› (Joh 17, 12) […] und so schließt Muhammad Ibn Abdallah seine Verkündigung mit einem Hymnus auf Jesus, Mariens Sohn.»
39 «Und sagt zu denen, die die Schrift erhalten haben […]: Wollt ihr (jetzt) den Islam annehmen? Wenn sie ihn annehmen, sind sie rechtgeleitet. Wenn sie sich aber abwenden, so hast du nur die Botschaft auszurichten […]» (Sure 3, 20; vgl. 36, 17; 16, 82; 29, 18; 42, 48). «[…] Gott ist unser und euer Herr. Uns kommen (bei der Abrechnung) unsere Werke zu, und euch die euren. […] Gott wird uns allesamt bei sich versammeln. Bei ihm wird es (schließlich alles) enden.» (Sure 42, 15; vgl. 10, 41; 34, 25).
40 Schall, *Islam I* [↑29] 323 f.; Neuwirth, *Spätantike* [↑28] 152.
41 Schall, *Islam I* [↑29] 327.
42 Neuwirth, *Spätantike* [↑28] 379.
43 Sure 5, 44–48.
44 Vgl. Kuschel, *Streit* [↑7] bes. 305–322.
45 Vgl. A. Angenendt, *Toleranz und Gewalt – Das Christentum zwischen Bibel und Schwert* (¹2007), Münster ⁵2009, 150–152, 370.
46 Vgl. G. Scholem, *Die jüdische Mystik in ihren Hauptströmungen* (1957), Frankfurt 1967, 9–11, 135 ff. u. ö.
47 Gen 8, 20–9, 17. «Und Gott sprach: Das ist das Zeichen des Bundes, den ich stifte zwischen mir und euch und den lebendigen Wesen bei euch für alle kommenden Generationen: Meinen Bogen setze ich in die Wolken […] Steht der Bogen in den Wolken, so werde ich auf ihn sehen und des ewigen Bundes gedenken zwischen Gott und allen lebenden Wesen, allen Wesen aus Fleisch auf der Erde.» (V. 12 f., 16).
48 Dazu und zum Folgenden: K. Müller, *Tora für die Völker. Die noachidischen Gebote und Ansätze zu ihrer Rezeption im Christentum* (¹1994), Berlin 1998, bes. 25–33, 47–64.
49 Vgl. D. Flusser/R. Heiligenthal, *Noachitische Gebote*, in TRE 24 (1994) 582–587, hier 582. – Diese Gebote gab es schon vor ihrer Integration in die Noah-Erzählung durch die Schule von Rabbi Aqiva im 2. Jh. Ein Beleg dafür ist u. a. das sogenannte ‹Apostteldekret› in der neutestamentlichen *Apostelgeschichte* (15, 19–29), welches bezeichnenderweise die Frage beantwortet, ob neben den Juden auch ‹Heiden› Christen werden können. Siehe Müller, *Tora* [↑48] 137–199.
50 Ausgabe: Nach dem Manuskript des Verfassers neu durchgearbeitet und mit einem Nachwort versehen von Bruno Strauß, Darmstadt 1966, 2. Auflage Dreieich 1988.
51 Ebd. 143 f., vgl. 141 ff.
52 Ebd. 381.
53 *Hilchot melachim 8, 11* – zitiert in Müller, *Tora* [↑24] 83.
54 *Brief an Rav Chasdai Ha-Levi* – zitiert in Müller, *Tora* [↑48] 102.
55 [↑53] Zum Begriff des ‹ger toschav› Müller, *Tora* [↑48] 72–80.
56 Ebd. 86.
57 Dazu und zum Folgenden: F. Niewöhner, *Maimonides. Aufklärung und Toleranz im Mittelalter*, Heidelberg 1988; F. Niewöhner, *Veritas sive varietas. Lessings Toleranzparabel und das Buch Von den drei Betrügern*, Heidelberg 1988.

58 Ausgabe: Mose Ben Maimon, *Führer der Unschlüssigen*, hg./dt. A. Weiß, eingeleitet von J. Maier (1972), Hamburg ²1995 (3 Teile in einem Band).
59 Ebd. III, 54 (368 f.); vor allem Niewöhner *Maimonides* [↑57] 24–31; siehe auch F. Niewöhner, *Middot*, in: HWP 5 (1980) 1388–1391.
60 Mt 13, 24–30: Auf die Frage der Knechte, ob sie das vom Feind gesäte Unkraut ausreißen sollen, antwortet der Herr: «Nein, sonst reißt ihr zusammen mit dem Unkraut auch den Weizen aus. Lasst beides wachsen bis zur Ernte. Wenn dann die Zeit der Ernte da ist, werde ich den Arbeitern sagen: Sammelt zuerst das Unkraut und bindet es in Bündeln, um es zu verbrennen; den Weizen aber bringt in die Scheune.»
61 Sure 42, 15; vgl. 10, 41; 34, 25 – [↑39].
62 Textzitate aus der *Mischneh Torah* siehe Schmidinger (2002) 43–45 (übernommen aus Maimonides, *Über den König Messias und das messianische Zeitalter*, in: Judaica. Beiträge zum Verständnis des jüdischen Schicksals in Vergangenheit und Gegenwart 42/2 [Juni 1986] 75–78); ebenso Niewöhner, *Maimonides* [↑57] 12 ff.; Niewöhner, *Veritas* [↑57] 104–119; zentral in diesem Zusammenhang Niewöhners Abdruck der deutschen Übersetzung von Buch 14, Kap. XI, 4 durch M. David Friedrich Mergelin von 1751 (Niewöhner, *Maimonides* [↑57] 43–54; Niewöhner, *Veritas* [↑57] 117 f.)
63 Niewöhner, *Veritas* [↑57] 104–119.
64 Zitat in Schmidinger (2002) 45.
65 Zitat in Niewöhner, *Maimonides* [↑57] 30.
66 Zitat ebd. 17.
67 Zitat in Schmidinger (2002) 44. Vgl. die Übersetzung von Megerlin [↑62] in Niewöhner, *Veritas* [↑57] 117 f.
68 Ausgabe: *Peter Abaelard – Gespräch eines Philosophen, eines Juden und eines Christen*, lat./dt./hg. von H.-W. Krautz, Frankfurt/Leipzig 1995, 8/9. – Zum neueren Forschungsstand über Petrus Abaelard siehe: Grundriss/Ueberweg – *Die Philosophie des Mittelalters*, III/1 (2021) 668–690 (J. Marenbon).
69 Ebd. 10–13.
70 Ebd. 15. – Vgl. A. Grabois, *Le dialogue religieux aus XIIe siècle. Pierre Abélard et Jehudah Halévi*, in: B. Lewis/F. Niewöhner (Hg.), Religionsgespräche im Mittelalter, Wiesbaden 1992, 149–168; G. Wieland, *Das Eigene und das Andere: Theoretische Elemente zum Begriff der Toleranz im hohen und späten Mittelalter*, in: A. Patschovsky/H. Zimmermann (Hg.), Toleranz im Mittelalter, Sigmaringen 1998, 11–25, bes. 15 ff.
71 Ausgaben: *Ibn Kammuna's Examiniation of the Three Faths. A Thirteenth-Century Essay in the Comparative Study of Religion*, translated from the Arabic, with an Introduction and Notes bey Moshe Perlmann, Berkeley/Los/Angeles/London 1971; Ibn Kammuna, *Examen de la critique des trois religions monotheists*, Avant-propos et traduction de Simon Bellahsen, Paris 2012; Auszüge in: Schmidinger (2002) 45–51.
72 Angeblich soll der Khubilai Khan, Nachfolger Dschingis Khans, gesagt haben: «Es gibt vier Propheten, die von vier Geschlechtern der Welt verehrt und angebetet werden. Die Christen betrachten Jesus Christus als ihren Gott, die Sarazenen Mohammed, die Juden Moses und den Heiden [= Buddhisten] ist Sogomombarkhan [= Buddha] der höchste ihrer Götter. Ich achte und verehre alle vier und bitte den, welcher in Wahrheit der höchste unter ihnen ist, um seine Hilfe.» (Vgl. Schmidinger [2002] 46).
73 Zitat in: Schmidinger (2002) 49 und 51. Vgl. F. Niewöhner, *Die Wahrheit ist eine Tochter der Zeit. Ibn Kammuna's historisch-kritischer Religionsvergleich aus dem Jahre 1280*, in: Lewis/Niewöhner, *Religionsgespräche* [↑70] 357–369; Niewöhner, *Veritas* [↑57] 227–232.
74 Ausgaben: *Die Hauptlehren des Averroes. Nach seiner Schrift: Die Widerlegung des Gazali*,

aus dem Arabischen übersetzt und erläutert von M. Horten, Bonn 1913; *Averroes – Tahafut al-Tahafut (The Incoherence of the Incoherence)*, translated from the arabic and with introduction and notes by Simon van den Bergh, London 1954.

75   Sämtliche Zitate dieses Abschnitts aus: Schmidinger (2002) 159–162.

76   «Aus diesem Grund wurden die Gelehrten, die das Volk in Alexandria lehrten, Muslime, als der Islam zu ihnen gelangte, und die Gelehrten des Römischen Reiches Christen, als die Religion Jesu dort eingeführt wurde. Und niemand bezweifelt, dass es unter den Israeliten viele Weise gab, was insbesondere aus den Schriften, die man unter den Israeliten findet und die Salomo zugeschrieben werden, klar ersichtlich ist.» (Ebd. 161)

Impulse aus dem christlichen Mittelalter

1   Vgl. dazu und zum Folgenden K. Schreiner, «*Tolerantia*». *Begriffs- und wirkungsgeschichtliche Studien zur Toleranzauffassung des Kirchenvaters Augustinus*, in: A. Patschovsky/H. Zimmermann (Hg.), Toleranz im Mittelalter, Sigmaringen 1998, 335–389; siehe ebenso: ders., «*Duldsamkeit» (tolerantia) oder «Schrecken» (terror)*, in: D. Simon (Hg.), Religiöse Devianz, Untersuchungen zu sozialen, rechtlichen und theologischen Reaktionen auf religiöse Abweichung im westlichen und östlichen Mittelmeer, Frankfurt 1990, 159–210.

2   Aufschlussreich in diesem Zusammenhang: W. Hartmann, *Toleranz im Investiturstreit*, in: Patschovsky/Zimmermann, *Toleranz* [↑1] 27–51; J. Laudage, *Gregor VII. – ein intoleranter Papst?*, ebd. 53–73.

3   Die beiden Zitate in Schreiner, «*Tolerantia*» [↑1] 370 f.

4   Schreiner, ebd. 386 f.

5   A. Patschovsky, *Toleranz im Mittelalter – Idee und Wirklichkeit*, in: Patschovsky/Zimmermann, *Toleranz* [↑1] 391–402, hier 402.

6   B. Lewis/F. Niewöhner (Hg.), *Religionsgespräche im Mittelalter*, Wiesbaden 1992, 7 f.; zur Gesamtthematik vgl. auch U. Müller, *Toleranz zwischen Christen und Muslimen im Mittelalter?*, in: Wierlacher (1996) 307–353.

7   Ausführlich dazu: O. Limor, *Religionsgespräche III: Jüdisch-christlich*, in: TRE 28 (1997) 649–654.

8   Ebd. 649; zur Gesamtthematik siehe auch A. Angenendt, *Toleranz und Gewalt – Das Christentum zwischen Bibel und Schwert* (2007), Münster ^{5}2009, 486–533; D. Nirenberg, *Antijudaismus. Eine andere Geschichte des westlichen Denkens* (2013), dt. M. Richter, München 2015, 191–223.

9   Vgl. Ramon Llull, *Llibre del gentil e dels tres savis*, in: Nova edició de les obras de Ramon Llull, hg. A. Bonner, Bd. 2, Palma de Mallorca 1993; Ramon Lull, *Das Buch vom Heiden und den drei Weisen*, dt./hg. Th. Pindl, Stuttgart 1998 (die erste deutschsprachige Gesamtübersetzung); Ramon Lull, *Das Buch vom Heiden und den drei Weisen*, dt. X. M. u. E. Schaible/E. Lorenz, mit Beiträgen von R. Panikkar, A. Bonner, Ch. Lohr u. H. Herder, Freiburg 1986 (Auswahl). – Zum neueren Forschungsstand über Ramon Llull siehe: Grundriss/Ueberweg – *Die Philosophie des Mittelalters*, IV/2 (2017) 1051–1087, 1098–1107 (F. Domínguez Reboiras/J. Uscatescu Barrón); Forst (2003) 100–105; Th. Pindl, *Nachwort – Ramon Lull, Protagonist des interkulturellen Dialogs*, in der (in dieser Anm.) genannten Ausgabe 259–306.

10   Pindl-Ausgabe [↑9] 16 f.

11   Ebd. 17.

12   Ebd. 21–57 («Jeder der beiden anderen Weisen hielt für gut, was der eine sagte.» [57]).

13   Ebd. 248.

14   Ebd. 246.

15 Ebd. 248 f.
16 Ebd. 249.
17 Dazu und zum Folgenden: E. Colomer, *Raimund Lulls Stellung zu den Andersgläubigen: Zwischen Zwie- und Streitgespräch*, in: Lewis/Niewöhner, *Religionsgespräche* [↑6] 217–236.
18 Ebd. 228.
19 Ebd. 225.
20 Nikolaus von Kues, *De pace fidei* (1453), in: Philosophisch-Theologische Schriften – Lateinisch-Deutsch, hg. L. Gabriel, dt. D./W. Dupré, Wien 1967, III, 705–797. – Vgl. zum Folgenden: K. Jaspers, *Nikolaus Cusanus*, München 1964; Guggisberg (1984) 35–45; K. Flasch, *Nikolaus von Kues. Geschichte einer Entwicklung*, Frankfurt 1998 (Sonderausgabe 2001), bes. 330–379; Forst (2003) 106–110.
21 Ch. Lohr, *Roman Lull und Nikolaus von Kues. Zu einem Strukturvergleich ihres Denkens*, in: Theologie und Philosophie 56 (1981) 218–231; E. Colomer, *Die Vorgeschichte des Motivs des Friedens im Glauben von Raimund Llull*, in: Mitteilungen und Forschungsbeiträge der Cusanus-Gesellschaft 16 (1984) 82–112; W. A. Euler, *Unitas et Pax. Religionsvergleich bei Raimundus Lullus und Nikolaus von Kues* (1990), Würzburg ²1995; Pindl, *Nachwort* [↑9] 260 ff.
22 *De pace fidei* [↑20] 706/7.
23 Ebd. 796/7.
24 Ebd. 706/7.
25 Ebd. 716/7.
26 Ebd. 718/9 ff.
27 Ebd. 714/5.
28 Ebd. 706/7.
29 Ebd. 714/5, vgl. 742/3–752/3.
30 *Sermo 126*, gehalten am 29. Juni 1453 in Brixen, in: Nicolai de Cusa, Opera omnia, Bd. 18, Fasc. I (Hamburg 1995). Dazu Flasch, *Nikolaus* [↑20] 331–334.
31 Ebd. n. 5, p. 22.
32 Ebd. n. 7, p. 23.
33 Ebd. n. 7, p. 22.
34 Siehe u. a. sein Werk *De docta ignorantia / Die belehrte Unwissenheit* (1440).
35 Siehe u. a. sein Werk *De coniecturis / Mutmaßungen* (vor 1444).
36 *Confessiones* 3, 11; vgl. *Confessiones / Bekenntnisse – Lateinisch und Deutsch*, hg./dt. J. Bernhart, München ⁴1980, 114/5.
37 *Enneaden* IV 7: δὲ ἡ ψυχὴ αὐτός; vgl. IV 8: ἐμαυτοῦ δὲ εἴσω; siehe *Plotins Schriften*, hg. R. Harder, Bd. I, Hamburg 1956, 26/7, 128/9 ff.
38 Röm 1, 20: «Seit Erschaffung der Welt wird seine unsichtbare Wirklichkeit an den Werken der Schöpfung mit der Vernunft wahrgenommen, seine ewige Macht und Gottheit.»
39 Phil 2, 6–8.
40 Gal 5, 1; vgl. 2, 4: «[…] die Freiheit, die wir in Christus Jesus haben […]»; 5, 13: «Ihr seid zur Freiheit berufen, Brüder.»
41 Vgl. Gal 5, 1–26. Darin V. 16–18. 25: «Lasst Euch vom Geist leiten, dann werdet ihr das Begehren des Fleisches nicht erfüllen. Denn das Begehren des Fleisches richtet sich gegen den Geist, das Begehren des Geistes aber gegen das Fleisch; beide stehen sich als Feinde gegenüber, so dass ihr nicht imstande seid, das zu tun, was ihr wollt. Wenn ihr euch aber vom Geist führen lasst, dann steht ihr nicht unter dem Gesetz. […] Wenn wir aus dem Geist leben, dann wollen wir dem Geist auch folgen.»
42 Vgl. Röm 2, 15.

43 Vgl. 1 Tim 1, 5; siehe auch 1 Tim 1, 19; 3, 9; ebenso Mt 15, 10: «Nicht das, was durch den Mund in den Menschen hineinkommt, macht ihn unrein, sondern was aus dem Mund des Menschen herauskommt, das macht ihn unrein.» (vgl. ebd. V. 17–20).

44 Gal 3, 28: «Es gibt nicht mehr Juden und Griechen, nicht Sklaven und Freie, nicht Mann und Frau; denn ihr alle seid ‹einer› (εἷς ἐστε) in Christus Jesus»; vgl. 1 Kor 12, 13–14: «Durch den einen Geist wurden wir [...] alle in einzigen Leib aufgenommen, Juden und Griechen, Sklaven und Freie; und alle wurden wir mit dem einen Geist getränkt.»

45 Platon, *Apologie* 29e: «[...] für Einsicht aber und Wahrheit und für deine Seele, dass sie sich aufs Beste befinde, sorgst du nicht (τῆς ψυχῆς ὅπως ὡς βελτίστη ἔσται οὐκ ἐπιμελῇ) [...]?»; 30a-b: «Denn nichts anderes tue ich, als dass ich umhergehe, um Jung und Alt unter euch zu überreden, ja nicht für den Leib und für das Vermögen zuvor noch überall so sehr zu sorgen als für die Seele (ἐπιμελεῖσθαι [...] τῆς ψυχῆς), dass diese auf das Beste gedeihe, zeigend, wie [...] aus der Tugend der Reichtum und alle anderen menschlichen Güter insgesamt, eigentümliche und gemeinschaftliche.»

46 Vgl. M. Foucault, *Hermeneutik des Subjekts – Vorlesung am Collége de France (1981/82)* (2001), dt. U. Bokelmann, Frankfurt 2004.

47 *Enneaden* I 6 [↑37] I, 2/3 ff.

48 *De vera religione* 72, 202–204; vgl. *De vera religione / Über die wahre Religion – Lateinisch / Deutsch*, übers. W. Thimme, Nachwort K. Flasch, Stuttgart 1983, 122/3.

49 So Paulus an die Galater und an die Korinther [↑44].

50 Apg 2, 44–47.

51 Dazu und zum Folgenden: L. Siedentop, *Die Erfindung des Individuums. Der Liberalismus und die westliche Welt* (2014), dt. H. Kober, Stuttgart ²2016, bes. 67–139.

52 Ebd. 123.

53 Ebd. 125.

54 Ebd. 189–222.

55 Ebd. 241–277; vgl. dazu und zum Folgenden ebenso H. E. Feine, *Kirchliche Rechtsgeschichte. Die katholische Kirche* (1950), Darmstadt ⁵2019, 143–443; H. Hattenauer, *Europäische Rechtsgeschichte* (1992), Heidelberg ³1999, 129–346; ebenso Winkler (2009) 52–61.

56 Dazu und zum Folgenden: H. J. Berman, *Recht und Revolution. Die Bildung der westlichen Rechtstradition* (1983), dt. H. Vetter, Frankfurt 1991.

57 Ebd. 327–370.

58 «Im späten 11., im 12. und im frühen 13. Jahrhundert veränderte sich in Westeuropa die Grundbeschaffenheit des Rechts als politischer Institution wie auch als geistiger Vorstellung. Das Recht löste sich ab. Auf der politischen Bühne erschienen zum ersten Mal starke kirchliche und weltliche Zentralgewalten, die durch Abgesandte bis auf die lokale Ebene hinunterwirkten. Teilweise im Zusammenhang damit entstand eine Klasse von Berufsjuristen, darunter Berufsrichter und -anwälte. Auf der geistigen Ebene erlebte Europa damals die Schaffung seiner ersten Rechtsschulen, die ersten juristischen Abhandlungen wurden geschrieben, die riesige Masse überkommenen juristischen Materials wurde bewusst gesichtet, und es entwickelte sich die Vorstellung vom Recht als einem selbständigen, einheitlichen, sich entwickelnden Korpus von Rechtsgrundsätzen und -verfahren. / Die Verbindung dieser beiden Faktoren, des politischen und des geistigen, trug zur Bildung des modernen westlichen Rechtssystems bei, deren erstes das neue System des kanonischen Rechts der römisch-katholischen Kirche war [...] Vor dem Hintergrund dieses neuen Systems des kanonischen Rechts, und oft in Konkurrenz zu ihm, begannen die europäischen Königreiche und sonstigen politischen Gebilde ihre eigenen weltlichen Rechtssysteme zu schaffen. Zur gleichen Zeit bildeten sich in den meisten Teilen Europas freie Städte, jede mit ihren eigenen Regierungs- und Rechtsinstitutionen, die ein Stadtrecht neuen Typs bildeten. Des

weiteren wurden die feudalen (Herr-Vasall) und grundherrlichen (Grundherr-Bauer) Rechtsinstitutionen systematisiert, und es entwickelte sich ein neues System des Handelsrechts [...]» (Berman, ebd. 145 f.; vgl. 193–198 u. ö.).

59 «Die Idee des weltlichen Staates, die von Anfang an in der päpstlichen Revolution faktisch enthalten war, und die Wirklichkeit des weltlichen Staates, wie sie sich aus dem historischen Kampf zwischen kirchlichen und weltlichen Mächten entwickelte, der die päpstliche Revolution bildete, diese Idee und diese Wirklichkeit waren wesentlich die eines vom Recht beherrschten Staates, eines Rechtsstaates. Das bedeutete erstens, dass die Oberhäupter des kirchlichen und des weltlichen Gemeinwesens jeweils ein eigenes Rechtssystem einführen und praktizieren würden, das heißt, Gesetze erlassen, Rechtssprechungssysteme errichten, Regierungsabteilungen einrichten und ganz allgemein *durch* das Recht regieren würden. Zweitens bedeutete es, dass die kirchlichen und die weltlichen Oberhäupter durch das von ihnen selbst gesetzte Recht gebunden sein würden; sie konnten es zwar rechtmäßig ändern, aber vorher mussten sie sich daran halten – sie mussten *unter* dem Recht regieren. (Das lag schon in der Unterordnung der gesetzgebenden Gewalt des Herrschers unter seine richterliche beschlossen.) Drittens bedeutete es, dass jede Jurisdiktion auch durch das Recht anderer Jurisdiktionen gebunden sein würde, soweit dieses rechtmäßig war; jeder Staat existierte in einem System pluraler Jurisdiktionen. Diese dritte Bedeutung fundierte die beiden anderen. Sollte die Kirche unverletzliche rechtliche Befugnisse haben, so musste diese der Staat als rechtmäßige Beschränkung seiner eigenen Souveränität anerkennen. Ebenso bildeten die Rechte des Staates eine rechtmäßige Einschränkung der Souveränität der Kirche. Die beiden Mächte konnten nur friedlich zusammenleben, wenn sie beide die Herrschaft des Rechts über sich anerkannten.» (Ebd. 468).

60 *Corpus iuris canonici*, Bd. I: Gratian, *Concordantia discordantium canonum (Decretum Magistri Gratiani)*, hg. A. Friedberg, Leipzig 1879, Nachdruck Graz 1959, prima pars, distinctio prima, p. 1.

61 Siedentop, *Erfindung* [↑51] 270.

62 Ebd. 303 f.; zum *Decretum Gratiani* siehe auch Bermann, *Recht* [↑56] 234–241.

63 Ebd. 356–361.

64 Vgl. B. Tierney, *Origins and the Origin oft individual Rigths*, in: History of Political Thought 10 (1989) 615–646; T. Kobusch, *Die Entdeckung der Person – Metaphysik der Freiheit und modernes Menschenbild*, Freiburg 1993, 31–36; J. Habermas (2019) I, 759–918.

65 Berman, *Recht* [↑56] 471 f.

66 Vgl. u. a. Böckenförde (2002) 273–338.

67 J. Riley-Smith, *Die Kreuzzüge* (1987, ³2014), dt. T. Gabel/H. Möhring, Darmstadt 2015, 62.

68 Ebd. 112 f.

69 J. Riley-Smith, *Kreuzzüge*, in: TRE 20 (1990) 1–10, hier 2.

70 Vgl. u. a. H. Möhring, *Die Kreuzfahrer, ihre muslimischen Untertanen und die heiligen Stätten des Islam*, in: Patschovsky/Zimmermann, *Toleranz* [↑1] 129–157; B. A. Catlos, *al-Andalus. Geschichte des islamischen Spanien* (2018), dt. R. Seuß, München 2019, bes. 246–249.

71 M. Kern, *Einführung in Gegenstand und Konzeption*, in: M. Kern/A. Ebenbauer (Hg.), Lexikon der antiken Gestalten in den deutschen Texten des Mittelalters, Berlin 2003, S. IX–LVII, hier XIV.

72 N. Naumann, *Der wilde und der edle Heide. Versuch über die höfische Toleranz*, in: P. Merker/W. Stammler (Hg.), Vom Werden des deutschen Geistes. Festgabe für Gustav Ehrismann, Berlin/Leipzig 1925, 80–101.

73 Ausgabe: Wolfram von Eschenbach – *Willehalm*, in: Deutscher Klassiker Verlag – Bibliothek des Mittelalters Bd. 9, übers./hg. J. Heinzle, Frankfurt 1991. Zum Folgenden siehe auch B. Sabel, *Toleranzdenken in mittelhochdeutscher Literatur*, Wiesbaden 2003, bes. 3–11, 79–162.

74　Ausgabe: *Das Rolandslied des Pfaffen Konrad - Mittelhochdeutsch / Neuhochdeutsch*, hg./ übers. D. Kartschoke, Stuttgart 2011.
75　Ebd. V. 5157 f. (356/7).
76　V. 4758 f. (330/1).
77　V. 285-298 (26/7-28/9).
78　V. 3492 f. (246/7).
79　V. 3531 (248/9).
80　V. 3365 (236/7).
81　V. 4760 (330/1).
82　*Willehalm* [↑73] IX 450, 17-18 (758/9).
83　Ebd. I 12, 1-17 (28/9).
84　Das Leid, das Christen wie Heiden im selben Maße trifft, bzw. von ihnen herbeigeführt wird, durchzieht den gesamten Roman wie ein Leitmotiv. Vgl. dazu die wiederholten Aussagen Giburgs, u. a.: «Giburg war der Grund für all das Leid (*durch Gîburge al diu nôt geschah*) [...] ‹Gott ist mein Zeuge, dass ich so viel Leid / in mein Herz gelegt hab, / dass der Körper es kaum trägt. [...] Das große Sterben (*der tôtlîche val*), / der hier geschah auf beiden Seiten, / das mir den Hass der Christen / und der Heiden eingetragen hat, / vergelte beiden Gott an mir, der ich schuldig bin.›» (VI 1-17 [520/1]).
85　Ebd. IX 467,4 (786/7).
86　Ebd. VI 306, 1-310, 30 (520/1-528/9).
87　Ebd. IX 462, 26-463, 1 (778/9-780/1).
88　Ebd. IX 466, 8-9 (784/5). «Ich ehre damit sein Geschlecht» (IX 466, 19).
89　Ebd. IX 461, 30-462, 11 (778/9). Vgl. Giburgs Bekenntnis zu ihrem ersten Mann Tîbald: «Wahr ist: ich ließ auch Liebe dort / und großen Reichtum, / schöne Kinder von einem Mann, / von dem ich nicht sehen kann, dass er jemals Böses tat, / seit ich die Krone von ihm empfing. Tîbald von Arâbî / ist ohne jeden Fehl [...]» (VI 310, 9-16 [526/7]).
90　R. C. Schwinges, *Kreuzzugsideologie und Toleranz. Studien zu Wilhelm von Tyrus*, Stuttgart 1977, 145 (vgl. 107 f., 142-155).
91　*Willehalm* [↑73] I 1-2, 25 (10/11 f.).
92　Ebd. V 215,1-222, 3 (368/9-378/9).
93　Ebd. IX 466, 10-13 (784/5): «[...] nur nicht so, / dass ich den höchsten Gott aufgäbe / und mein Christentum verlöre / und meine schöne Frau zurückerstattete.»
94　Joachim Heinzle, in: *Willehalm* [↑73] 800.
95　Die folgenden beiden Textabschnitte übernehme ich aus Schmidinger (2002) 60 f.
96　Ausgabe: *Ludus de Antichristo / Das Spiel vom Antichrist - Lateinisch und Deutsch*, hg./dt. R. Engelsing, Stuttgart 1968. Meine Interpretation des Stückes folgt H.-D. Kahl: *Der sogenannte Ludus de Antichristo (De finibus saeculorum) als Zeugnis frühstauferzeitlicher Gegenwartskritik*, in: Mediaevistik 4 (1991) 53-148.
97　Zu Wilhelm von Tyrus siehe vor allem: Schwinges, *Kreuzzugsideologie* [↑90]; ders.: *Die Wahrnehmung des Anderen durch Geschichtsschreibung. Muslime und Christen im Spiegel der Werke Wilhelms von Tyrus (+ 1186) und Rodrigo Ximénez' de Rada (+ 1247)*, in: Patschovsky/ Zimmermann, *Toleranz* [↑1] 101-127.
98　Zu Rodrigo Ximénez de Rada besonders: M. Maser, *Die Historia Arabum des Rodrigo Jiménez de Rada. Arabische Traditionen und die Identität der Hispania im 13. Jahrhundert. Studie - Übersetzung - Kommentar*, Berlin 2007. Diesem Buch entnehme ich auch die Übersetzung der *Historia Arabum* (303-589).
99　Schwinges zitiert wiederholt Adam von Bremen (*Gesta Hammaburgensis ecclesiae pontificium* I 61: «inutile videtur eorum acta scrutari, qui non credderunt») sowie Otto von Freising

(*Chronica* V, Prolog: «vix aliqua ab eis [Juden und Heiden] gesta stilo digna vel posteris commendanda inveniuntur»), vgl. Schwinges, *Kreuzzugsideologie* [↑90] 118, 199; ders., *Wahrnehmung* [↑97] 101 f.
100   Schwinges, *Wahrnehmung* [↑97] 109.
101   Maser, *Historia* [↑98] 297.
102   Ebd. 293.
103   Ebd. 37–40, 55–57.
104   Ebd. 299, vgl. 207 f.
105   Ebd. 211.
106   Ebd. 210.
107   Schwinges, *Kreuzzugsideologie* [↑90] 41.
108   Ausgaben der Kreuzfahrerchronik: *Geschichte der Kreuzzüge und des Königreiches Jerusalem aus dem Lateinischen des Erzbischofs Wilhelm von Tyrus*, dt. E. u. R. Klausler, Stuttgart 1840; *A History of Deeds done beyond the Sea by William Archbishop of Tyre*, 2 Bde., hg./übers. E. A. Babock/A. C. Krey, New York 1943; *Guillaume de Tyr: Chronique*, 2 Bde., hg. R. B. C. Huygens, Turnhout 1986.
109   Schwinges, *Kreuzzugsideologie* [↑90] 285. – *L'Estoire de Eracles* liegt ediert im *Recueil des Historiens des Croisades – Historiens occidentaux* Bd. 1 (Paris 1844) und Bd. 2 (Paris 1859) vor.
110   Schwinges, *Kreuzzugsideologie* [↑90]187–199 u. ö.; ders., *Wahrnehmung* [↑97] 115 f.
111   Schwinges, *Kreuzzugsideologie* [↑90] 283; vgl. 155–214.
112   Ebd.; vgl. 214–261.
113   Ebd. 90–92, 119–141.
114   Ebd. 120.
115   Ebd. 83 f., 133 f.
116   Auf sie kommt Wilhelm in seinem noch zugänglichen Werk allerdings nie zu sprechen.
117   Ebd. 219, 244 f.
118   Schwinges, *Wahrnehmung* [↑97] 127.
119   Schwinges nennt diese Toleranz eine «*informelle* Toleranz», die sich dadurch auszeichnet, dass sie «auf das persönliche Verhalten abzielt, das trotz formaler oder inhaltlicher Toleranz oder Intoleranz des Staates oder der Kirche sehr wohl eigene Wege ohne offiziellen Auftrag gehen kann.» (*Kreuzzugsideologie* [↑90] 67) «Wilhelms Toleranz ist selbst in ihrer Humanität [beispielsweise gegenüber der höfischen Toleranz eines Wolfram von Eschenbach] überlegen. Sie enthält ein niveaugleiches ethisches System, das sich dadurch auszeichnet, dass es ideologische Einflüsse auf die Beurteilung andersgläubiger Menschen weitgehend ausschalten kann.» (Ebd. 213).
120   Dies geschah mit Nachhaltigkeit erst durch die zitierten Publikationen von Rainer C. Schwinges 1977 (*Kreuzzugsideologie* [↑90]) bzw. 1998 (*Wahrnehmung* [↑97]).

«homo homini homo» – Toleranz zu Beginn der Neuzeit

1   J. Habermas, *Strukturwandel der Öffentlichkeit – Untersuchungen zu einer Kategorie der bürgerlichen Gesellschaft* (¹1962), Frankfurt ¹⁷2021, bes. 54–85.
2   «Bei der Reformation handelt es sich weder um ein Schisma, das heißt um den Bruch zwischen bestehenden Teilen der Kirche, wie zwischen der morgenländischen und abendländischen Kirche im Jahre 1054, noch um eine einfache Häresie. Sie setzt einen einigermaßen begrenzten Raum und abgrenzbare Kardinalthesen voraus. Und wenn auch die römische Kirche die Reformation als Häresie verstand, so doch nicht umgekehrt die Reformation die römische Kirche. Die Reformatoren sahen sie zwar in die Hände von Häretikern gefallen, welche das Evangelium verfälscht und unterdrückt hatten. Aber sie identifizierten sie nicht mit ihnen. Nicht die Kirche ist

häretisch, sie gehörten ja selbst zu ihr. Was geschehen war, überstieg alle geschichtlich vergleichbaren Ausmaße. Durch die Reformation war die abendländische Kirche als ganze wieder in einen feuerflüssigen Zustand versetzt worden. Kein europäisches Land blieb von diesem Geschehen unerschüttert […] Das hat es weder vorher noch nachher in der Kirchengeschichte gegeben.» (H. Bornkamm, *Die religiöse und politische Problematik im Verhältnis der Konfessionen im Reich* [1965], in: H. Lutz [Hg.], Zur Geschichte der Toleranz und Religionsfreiheit, Darmstadt 1977, 252–262, hier 253 f.)

3   Vgl. dazu: Lecler (1955); H. Schilling, *Das Christentum und die Entstehung des modernen Europa – Aufbruch in die Welt von heute*, Freiburg 2022.

4   Vgl. dazu: Reinhard (2016) 289–401.

5   Vgl. dazu: A. Angenendt, *Toleranz und Gewalt – Das Christentum zwischen Bibel und Schwert* (2007), Münster ⁵2009, 465–473, 681 f.

6   Zum Folgenden: Schmidinger (2002) 92–98.

7   Bernardino de Sahagún, *Aus der Welt der Azteken. Die Chronik des Fray Bernardino de Sahagún*, hg. C. Litterscheid, dt. L. Schulz, Frankfurt 1989.

8   Unter anderen Bernardino de Sahagún: «Denn es ist ganz sicher, dass alle diese Völker [Amerikas] unsere Brüder sind, hervorgegangen aus dem Stamm Adams wie wir; sie sind unsere Nächsten, die wir verpflichtet sind zu lieben wie uns selbst.» (Zitat aus Schmidinger [2002] 98)

9   Reinhard (2016) 313.

10 Siehe dazu: Lecler (1955) I, 491.

11 Ebd. 376–379.

12 Ebd. 542 f.; Zitat aus: K. Völker, *Stefan Barthorys Kirchenpolitik in Polen* (1937), in: Lutz, Toleranz [↑2] 64–92, hier 67.

13 Zitat in: Lecler (1955) I, 537.

14 Ebd. 521–567; Völker, *Barthory* [↑12].

15 O. H. Richardson, *Religiöse Toleranz unter dem Großen Kurfürsten und ihre praktischen Ergebnisse* (1910), in: Lutz, Toleranz [↑2] 1–16.

16 Schilling, *Christentum* [↑3] 198, vgl. 198–209.

17 Ebd. 198 f., 209.

18 Es wird diese Verständigungen auf diskursiver theologischer Ebene – nach meiner Einschätzung – nicht vor dem 20. Jahrhundert geben. Zum Thema vgl. Schilling, *Christentum* [↑3] 117–127.

19 «Aber das Entscheidende, nämlich der Gedanke einer *Verpflichtung* des Staates zur Toleranz, ist nicht aus der Toleranzidee selber entsprungen, sondern verdankt seine Entstehung der Rivalität der beiden großen Konfessionen: Einerseits wollten die Anhänger der Augsburgischen Konfession die Ausbreitung ihrer Sache in den katholischen Gebieten fördern, andererseits wünschten die Altgläubigen die Rechte katholischen Kirchenwesens in den protestantischen Territorien nach Möglichkeit zu erhalten; beides führte zu Abmachungen, die den Obrigkeiten die Rechtspflicht zur Duldung andersgläubiger Untertanen auferlegte.» (F. Dickmann, *Das Problem der Gleichberechtigung der Konfessionen im Reich im 16. und 17. Jahrhundert* [1965] in: Lutz, Toleranz [↑2] 203–251, hier 248 f.).

20 Lecler (1955) I, 365.

21 Dickmann, *Gleichberechtigung* [↑19] 219.

22 Ebd. 249.

23 Zitat aus H. R. Guggisberg, *Religiöse Toleranz. Dokumente zur Geschichte einer Forderung*, Stuttgart-Bad Cannstatt 1984, 107–110, hier 109.

24 Zitat ebd. 111 f., hier 112.

25 Zitiert in: Lecler (1955) II, 245. Der Autor des Briefes ist nicht bekannt. – Zur Thematik auch: R. Saage, *Herrschaft, Toleranz, Widerstand. Studien zur politischen Theorie der Niederländischen und der Englischen Revolution*, Frankfurt 1981, 63–71; sowie *Toleranz*, in: GGB 6 (1990) 445–605 (K. Schreiner, G. Besier), hier 537 f.
26 Vgl. seine berühmte Denkschrift *Mémoire sur l'état critique des Pays-Bas et les moyens d'y porter remède* von November 1566, abgedruckt und übersetzt in: Guggisberg, *Toleranz* [↑23] 121–130; zu Wilhelm von Oranien siehe auch Lecler (1955) II, 242–306.
27 Lecler (1955) II, 258.
28 «Denn über die Seele kann und will Gott niemand regieren lassen, als sich selbst allein. Darum: Wo weltliche Gewalt sich anmaßt, der Seele Gesetze zu geben, da greift sie Gott in sein Regiment und verführt und verdirbt nur die Seelen. Das wollen wir so klar machen, dass man's mit Händen greifen kann, auf dass unsere Junker, die Fürsten und Bischöfe, sehen, was sie für Narren sind, wenn sie die Menschen mit ihren Gesetzen und Geboten zwingen wollen, so oder so zu glauben. [...] Der Seele soll und kann niemand gebieten, er wisse ihr denn den Weg zum Himmel zu weisen. Das kann aber kein Mensch tun, sondern Gott allein. Darum soll in den Sachen, die der Seele Seligkeit betreffen, nichts als Gottes Wort gelehrt und angenommen werden. [...] Darum ist es umsonst und unmöglich, jemandem zu gebieten oder ihn mit Gewalt zu zwingen, so oder so zu glauben. Es gehört ein anderer Griff dazu, die Gewalt tut's nicht. [...] Auch liegt für jeden seine eigene Gefahr daran, wie er glaubt, und muss für sich selbst sehen, dass er recht glaube. Denn so wenig wie ein anderer für mich in die Hölle oder den Himmel fahren kann, so wenig kann er auch für mich glauben oder nicht glauben; und so wenig er mir Himmel oder Hölle auf- und zuschließen kann, so wenig kann er mich zum Glauben oder Unglauben treiben. Weil es denn einem jeglichen auf seinem Gewissen liegt, wie er glaubt oder nicht glaubt [...] Denn es ist ein freies Werk um den Glauben, dazu man niemand zwingen kann. Ja, es ist ein göttliches Werk im Geist [...] Daher ist das allgemein verbreitete Wort genommen, das Augustin auch kennt: Zum Glauben kann und soll man niemanden zwingen.» (*Martin Luther – Ausgewählte Schriften*, hg. K. Bornkamm/G. Ebeling, Bd. IV: Christliches und weltliches Regiment, Frankfurt 1982 (TB 1995), 36–84, hier 60 f., 63.
29 Sowohl Erasmus als auch Luther verstehen sich auf Antijudaismus. Alle sind sich einig im Ausschließen von Gottesleugnern oder ‹Türken›, sprich Muslimen. Luther weiß von seiner zitierten Obrigkeits-Schrift bald nichts mehr und stellt sich angesichts der Bauernaufstände bekanntlich ganz auf die Seite der Fürsten und Landesherren. Selbst die Verfolgung der Wiedertäufer heißt er unvermeidlich und notwendig.
30 So der Titel des verbreitetsten und einflussreichsten Werkes dieser Bewegung, entstanden 1441 aus der Feder des Thomas Hemerken, bekannt als Thomas von Kempen (1379/80–1471).
31 Schilling, *Christentum* [↑3] 72–76.
32 Johannes Tauler, *Predigten – Vollständige Ausgabe*, neu-dt./hg. G. Hofmann/A. M. Haas, 2 Bde., Einsiedeln/Freiburg ⁶2020 (¹1961).
33 H. Schmidinger, *Der Mensch in Gottebenbildlichkeit – Skizzen zur Geschichte einer einflussreichen Definition*, in: H. Schmidinger/C. Sedmak (Hg.), Der Mensch ein Abbild Gottes? Geschöpf – Krone der Schöpfung – Mitschöpfer, Darmstadt 2010, 7–42, bes. 18.
34 So bei Meister Eckhart: «[...] dies Fünklein [*vünkelin*] ist Gott so verwandt, dass es ein einiges Eines ist, unterschiedslos, das doch die Urbilder aller Kreaturen in sich trägt, bildlose und überbildliche Urbilder.» (Predigt 22, in: Meister Eckhart, Werke in 2 Bänden, hg. N. Largier, Frankfurt 1993, I, 258 f.)
35 Predigt 16A (ebd. 184 f.).
36 Predigt 16B (ebd. 188–191). – Ebenso Johannes Tauler, *Predigten* [↑32] Nr. 37 (Sonntag nach Dreifaltigkeit III): «Dieses Bild bedeutet nicht nur, dass die Seele nach Gott gebildet sei;

sondern es ist dasselbe Bild, das Gott in seinem eigenen, lauteren, göttlichen Sein selbst ist; und hier in diesem Bild, da liebt, erkennt und genießt Gott sich selber. Gott lebt, west und wirkt in der Seele. Dadurch wird die Seele ganz gottfarben (*gotvar*), göttlich (*gotlich*), gottförmig (*gottig*). Sie wird durch Gottes Gnade all das, was Gott von Natur ist, (und zwar) in der Vereinigung mit Gott, in dem Einsinken in Gott, sie wird über sich hinaus in Gott geholt. Ganz gottfarben wird sie da; könnte sie sich selbst erblicken, sie hielte sich für Gott.» (277) Nr. 43 (*Fest des hl. Johannes des Täufers I*): «[...] wenn der Mensch nur Gott in Lauterkeit im Sinn hat, nichts sonst, kein Warum als nur Gott durch sich selbst und in sich selbst. Die erste Kehre besteht jedoch in einem form- und weiselosen, inneren Gefühl der Gegenwart (Gottes), in einem Hineintragen des geschaffenen Geistes jenseits alles Seins in den ungeschaffenen Geist Gottes.» (332) Nr. 53 (*Sonntag nach Dreifaltigkeit* III): «Die Meister sagen, dieses ‹Gemüt› (*gemüete*) [...] habe ein gottförmiges, ständiges, ewiges Rückblicken auf Gott [...] es erkennt sich als Gott in Gott, und dennoch ist es geschaffen.» (411)

37 Vgl. J. Kühn, *Toleranz und Offenbarung*, Leipzig 1923, 140–161, 223–238, 271–301; R. A. Knox, *Christliches Schwärmertum – Ein Beitrag zur Religionsgeschichte* (1949), dt. P. Havelaar/A. Schorn, Köln/Olten 1957, 116–133; H. S. Bender, *Täufer und Religionsfreiheit im 16. Jahrhundert* (¹1953), in: Lutz, *Toleranz* [↑2] 111–134; Lecler (1955) I, 253–323; H.-J. Goertz, *Die Täufer – Geschichte und Deutung* (¹1980), München 1987; Guggisberg, *Toleranz* [↑23] 58–138; Schmidinger (2002) 138–153.

38 S. Franck, *Paradoxa [ducenta octoginta. Das ist CCLXXX Wunderred und gleichsam Rhäterschafft ...]* (1534), eingeleitet W. Lehmann, hg. H. Ziegler, Jena 1909, Nr. 50 (82). – Vgl. L. Blaschke, *Der Toleranzgedanke bei Sebastian Franck* (¹1928), in: Lutz, *Toleranz* [↑2] 42–63; M. Barbers, *Toleranz bei Sebastian Franck*, Bonn 1964; Castellio (2024) 711–727.

39 Ebd. Nr. 50 (84).

40 Ebd. Vorrede (8 f.).

41 «Ich will und mag nitt Bäpstisch sein, ich will und mag nitt Lutherisch sein, ich will und mag nitt Zwinglisch sein, Kein Widerthauffer will ich sein» (zitiert in H. S. Bender, *Täufer* [↑37] 112). «Mir ist ein Paptist, Lutheran, Zwinglian, Täuffer, ja ein Türck ein guter Bruder, der mich zu gut hat und neben im leyden kan, ob wir gleich nit ainerley gesinnt, durchauss eben sind, biss uns Gott ein mal inn seiner schul zusammen hillfft und eins sinns macht [...] Ich bin billig ein mensch einem menschen ... Bin auch wiederumb von kayner (Sekte) getrennet und geschyden, wol wissend das die gemayne Gottes nicht fingerzayg ist, das man möcht sagen, die sect ists hie oder da, sondern glaub an ein H. Christliche Kirchen, ein gemeinschafft der heiligen, ja lieb und hakt für mein bruder, nechsten, flaisch und blut, alle Menschen, fürnemlich die Christen angehören unter allen secten, glauben und völkern.» (*Das verbüthschiert mit siben Sigeln verschlossen Buch* [1539] 247b, 429a [zitiert in: Lecler [1955] I, 265 f.]).

42 «Ein geborner Deutscher ist vonn natur gleych wie ein Türck / Hayd etc. und nit eins loth besser oder böser / Die leyblich geburt thut nichts zu diesem handel / Es sind alles zu mal menschen kinder / und haben ein unpartheyische gleychen werkmeyster Gott / der kein person ansihet / Also ist der beste Mensch Türck oder Hayd / von natur eben so wol ein mensch / und so gut gemacht / als S. Peter» (*Die Guldin Arch darein der kern und die besten hauptsprüch der Hayligen Schrift [...] getragen verfasset und eingeleybt sind ...* [1538] [zitiert in: Schmidinger [2002] 139]).

43 Siehe Zitat [↑41].

44 *Paradoxa* Nr. 92/93 [↑38] 126.

45 *Sendbrieff Seb. Francken von Wörd an etliche in der Eyffel* (1540, auch 1541/2 [nach K. Kaczerowsky, *Sebastian Franck Bibliographie*, Würzburg 1976, 128 f.]); Zitat aus: Schmidinger (2002) 140.

46 F. Heer, *Die dritte Kraft – Der europäische Humanismus zwischen den Fronten des konfessionellen Zeitalters*, Frankfurt 1959.

47 R. Aubert, *Das Problem der Religionsfreiheit in der Geschichte des Christentums* (1969), in: Lutz, *Toleranz* [↑2] 422–454, hier 429.
48 Mt 5, 9: «Selig, die Frieden stiften; denn sie werden Söhne Gottes genannt werden.» Joh 14, 27: «Frieden hinterlasse ich euch, meinen Frieden gebe ich euch; nicht einen Frieden, wie die Welt ihn gibt, gebe ich euch.» Ebd. 16, 33: «Dies habe ich zu euch gesagt, damit ihr in mir Frieden habt. In der Welt seid ihr in Bedrängnis; aber habt Mut: Ich habe die Welt besiegt.»
49 Dazu und zum Folgenden vor allem K.-O. Apel, *Die Idee der Sprache in der Tradition des Humanismus von Dante bis Vico*, Bonn 1963; ders., *Transformation der Philosophie*, Bd. I, Frankfurt 1973, 108–137; Th. Leinkauf, *Grundriss Philosophie des Humanismus und der Renaissance (1350–1600)*, Hamburg 2017, Bd. I, 113–221, 315–795; ders., *Die Philosophie des Humanismus und der Renaissance*, in: Geschichte der Philosophie, hg. W. Röd, Bd. VI, München 2020, bes. 103–273.
50 Vgl. W. Rüegg, *Cicero und der Humanismus. Formale Untersuchungen über Petrarca und Erasmus*, Zürich 1946; G. Böhme, *Bildungsgeschichte des frühen Humanismus*, Darmstadt 1984, bes. 102–161; A. Buck, *Humanismus. Seine europäische Entwicklung in Dokumenten und Darstellungen*, Freiburg / München 1987, 123–288.
51 Apel, *Idee* [↑49] 130–158.
52 E. Grassi, *Einführung in philosophische Probleme des Humanismus*, Darmstadt 1986, bes. 18–68.
53 G. Böhme, *Bildungsgeschichte des europäischen Humanismus*, Darmstadt 1986.
54 Die Eindeutschung des lateinischen Wortes ‹tolerantia› erfolgt bekanntlich durch Martin Luther, der in seinem Brief vom 12. Juni 1541 an die Fürsten Johann und Georg von Anhalt erstmals den Ausdruck «tollerantz» verwendet (G. Schlüter/R. Grötker, *Toleranz*, in: HWP 10 [1998] 1251–1262, hier 1253 f.).
55 Vgl. u. a. Marsilio Ficino, *Über die Liebe oder Platons Gastmahl.*, hg. P. R. Blum, Hamburg 2004; zu Ficino: P. O. Kristeller, *Die Philosophie des Marsilio Ficino*, Frankfurt 1972.
56 *Marsilii Ficini Florentini de Christiana religione liber*, Florenz 1474, Caput 4, pagina 4 (Faksimile-Ausgabe von P. O. Kristeller, Turin 1959): «Daher lässt die göttliche Vorsehung nicht zu, dass zu irgendeiner Zeit oder irgendwo auf der Welt jemand ohne Religion ist, wiewohl sie aber zulässt, dass an verschiedenen Orten und Zeiten verschiedene Formen der Anbetung beobachtet. Vielleicht ist es gerade diese Verschiedenheit, die nach Gottes Willen im Universum eine wunderbare Anmut erzeugt.» (dt. G. Petersmann, in: Schmidinger [2002] 104).
57 Giovanni Pico della Mirandola, *Neunhundert Thesen – Lateinisch / Deutsch*, hg./dt. N. Egel, Hamburg 2018.
58 Johannes Reuchlin, *Ratschlag, ob man den Juden alle ihre Bücher nehmen, abtun und verbrennen soll – Frühneuhochdeutsch / Neuhochdeutsch*, hg. J.-H. de Boer, Stuttgart 2022, 108 f.
59 Die von mir verwendete Ausgabe: Thomas Morus, *Utopia*, dt. G. Ritter, hg. E. Jäckel, Stuttgart 1983. Zu Th. More siehe auch: Lecler (1955) I, 214–224; Forst (2003) 136–144.
60 *Erasmus von Rotterdam – Ausgewählte Schriften, lateinisch-deutsch*, in 8 Bänden, hg. W. Welzig (¹1968), Darmstadt ²1990; *Erasmus von Rotterdam – Briefe*, dt./hg. W. Köhler/A. Flitner, Darmstadt ⁴1995. Zu Erasmus siehe auch Lecler (1955) I, 190–213; H. Lutz, *Erasmus – Machiavelli: Krieg und Frieden im Werden der neuzeitlichen Staaten*, in: Tätigkeitsbericht der Österreichischen Akademie der Wissenschaften 1984/85, Sonderdruck Nr. 2, Wien 1985; Forst (2003) 144–147; Castellio (2024) 661–710.
61 «Das befiehlt, das will Gott, dass der Mensch den Menschen allein durch die Tatsache, dass er Mensch ist, liebt, dass er somit weder auf die Rasse, den Stand, noch irgendwelche andere Dinge außer auf das Menschsein und auf Gott blickt. Die, die diesem Gebot folgen, sind genau die Israeliten Gottes, die vom Herrn geliebt werden. Mit ihnen ist, wie der heilige Paulus sagt, der Friede. [...] Unser Herr, der Vater aller Menschen, der alle mit Liebe eines Vaters umarmt,

versöhnt [...] alle mit allen, wie Brüder unter sich. Und auf diese Weise will er, dass wir für alle dasselbe Empfinden haben, das er selbst empfunden hatte, er, der für alle kam und, soweit er vermochte, alle wieder zur Rettung und zum Leben lenkte: Freunde, Feinde, Verwandte, jene aus demselben Stamm, jene aus derselben Gemeinde, jene aus demselben Dorf, die Fremden, sofern man überhaupt sagen kann, dass etwas dieser Natur, die alles umfasst, fremd sein kann.» (J. L. Vives, *Über Eintracht und Zwietracht im Menschengeschlecht*, Buch 4, Kap. 12, dt. R. Bachinger, in: Schmidinger [2002] 122).

62 Vgl. H. A. Obermann, *Wurzeln des Antisemitismus – Christenangst und Judenplage im Zeitalter von Humanismus und Reformation*, Berlin 1981, 30–39 (hier auch die Zitate); vgl. Winkler (2009) 104–110.

63 *Utopia* [↑59] 130 f.

64 Forst (2003) 146 f.

65 Vgl. u. a. P. Blickle, *Der Bauernkrieg – Die Revolution des Gemeinen Mannes*, München ⁴2012, bes. 63–66 u. ö.

66 Obermann, *Wurzeln* [↑62] 56–63, 123–165; vgl. auch R. Lewin, *Luthers Stellung zu den Juden. Ein Beitrag zur Geschichte der Juden in Deutschland während des Reformationszeitalters*, Berlin 1911 (Reprint Aalen 1973).

67 Obermann, *Wurzeln* [↑62] 48–51; vgl. auch G. Kisch, *Erasmus' Stellung zu Juden und Judentum*, Tübingen 1969.

68 Brief an Jakob Hochstraten vom 11. August 1519. Der Brief findet sich in *Briefe* [↑60] 258 f. (Nr. 154), dort allerdings ohne das Zitat (dieses in Obermann, *Wurzeln* [↑62] 51).

69 Brief an Wolfgang Fabritius Capito vom 26. Februar 1517. Der Brief findet sich in *Briefe* [↑60] 167–169 (Nr. 101), dort ohne das Zitat (dieses in Obermann, *Wurzeln* [↑62] 50).

70 Selbst der österreichische Schriftsteller Stefan Zweig, der 1935 in seiner weltbekannte «Studie» *Triumph und Tragik des Erasmus von Rotterdam* in diesem «den ersten bewussten Europäer [...], den ersten streitbaren Friedensfreund, den beredten Anwalt des humanistischen, des welt- und geistesfreundlichen Ideals» erblickte (GW in Einzelbänden, hg. K. Beck, Frankfurt ³2006, 9), mit dessen Geisteshaltung er sich gegenüber der Zerstörung Europas und der Toleranz-Idee durch den Nationalsozialismus positionierte, musste am Beispiel der Ablehnung des Humanisten Ulrich von Hutten den tiefen Zwiespalt in dessen Haltung eingestehen (143–149).

71 Ebd. 187.

72 Ebd. 14.

73 AS [↑60] II, 1–211 (dt. W. Schmidt-Dengler).

74 Zitat in der Einleitung von W. Köhler zu *Briefe* [↑60] S. X. Vgl. zu diesen Zusammenhängen H. Schmidinger, *Ironie und Christentum* (1990), in: H. Schmidinger, Grenzgänge – Philosophische Erkundungen des Christentums, Innsbruck/Wien 2018, 39–62.

75 1 Kor 1, 25–29. Vgl. H. Schmidinger, *Schönheit der Sprache und Weisheit des Kreuzes – Erasmus von Rotterdam* (1992), in: Schmidinger, Grenzgänge [↑74] 79–90.

76 *Philosophische Brosamen und Unwissenschaftliche Nachschrift* (¹1959), hg. H. Diem/W. Rest/N. Thulstrup, München 1976, 753–759; vgl. H. Schmidinger, Demut – Humor – Toleranz – Zur christlichen Motivation eines humanistischen Ethos (2004), in: Schmidinger, Grenzgänge [↑74] 63–78.

77 *Castellio gegen Calvin oder Ein Gewissen gegen die Gewalt* (1936), GW [↑70] ²2002.

78 Deutsche Ausgaben von Castellios *De haereticis an sint persequendi* auszugsweise in: Guggisberg [↑23] 89–102; gesamt: *Das Manifest der Toleranz – Sebastian Castellio: Über die Ketzer und ob man sie verfolgen soll*, hg. W. F. Stammler, dt. W. Stingl, Essen 2013, 49–207; Castellio (2024) 2–575.

79 Dazu und zu Castellio insgesamt: H. R. Guggisberg, *Sebastian Castellio 1515–1563 – Humanist und Verteidiger der religiösen Toleranz*, Göttingen 1997 (zum Einfluss von Franck ebd.

145–149). Siehe auch: Kühn, *Toleranz* [↑37] 327–344; Lecler (1955) I, 447–495; Forst (2003) 166–172; Castellio (2024) 579–1102.

80 *Chronica, Zeitbuch und Geschychtbybell*, aus der Vorrede, in: Guggisberg, *Toleranz* [↑23] 82–86, hier 82 f.
81 Guggisberg, *Toleranz* [↑23] 95; Castellio (2024) 60/1.
82 Ebd. (Guggisberg) 97; ebd. (Castellio [2024]) 72–77.
83 Ebd. (Guggisberg) 95; ebd. (Castellio [2024]) 60–63.
84 Erste lateinische Gesamtausgabe des *Colloquium heptaplomeres*, hg. L. Noack, Schwerin 1857 (Reprint Stuttgart-Bad Cannstatt 1966); bisher einzige deutsche – ausgewählte – Übersetzung von G. E. Guhrauer, *Das Heptaplomeres des Jean Bodin. Zur Geschichte der Cultur und Literatur im Jahrhundert der Reformation*, Berlin 1841; auszugsweise auch in Guggisberg, *Toleranz* [↑23] 114–121.
85 Forst (2003) 192 f.; vgl. Winkler (2009) 133–136.
86 Zitat aus Guggisberg, *Toleranz* [↑23] 116; *Heptaplomeres* – Lat. Ausgabe [↑84] 115.
87 Forst (2003) 194.
88 *Heptaplomeres* – Lat. Ausgabe [↑84] 130.
89 Ebd. 131.
90 Zitat aus Guggisberg, *Toleranz* [↑23] 121; *Heptaplomeres* – Lat. Ausgabe [↑84] 358.
91 Michel de Montaigne, *Les Essais*. Texte établi et annoté par A. Thibaudet, Paris 1939 (zuletzt 1967); Übersetzung: Michel de Montaigne, *Essais – Erste moderne Gesamtübersetzung*, dt. H. Stilett, Frankfurt 1998 (nach dieser wird zitiert). Zum Folgenden siehe bes. H. Friedrich, *Montaigne* (1949), Bern/München ²1967; K. Stierle, *Montaigne und die Moralisten. Klassische Moralistik – Moralistische Klassik*, Paderborn 2016; Forst (2003) 201–210.
92 *Essais* II, 12 (278 f.).
93 Ebd. I, 23 (66).
94 Ebd. I, 39 (126).
95 Friedrich, *Montaigne* [↑91] 48–80, bes. 68–79.
96 *Essais* II, 12 (299).
97 Ebd. II, 37 (390). Vgl. III, 13 (537): «Die Ähnlichkeit vereinheitlich weniger, als die Unähnlichkeit trennt. Die Natur hat es sich zur Aufgabe gesetzt, nie ein Zweites zu schaffen, das nicht vom ersten abweiche.»
98 Ebd. II, 1 (168): «Nous sommes tous des lopins, et d'une contexture si informe et diverse, que chaque piece, chaque moment, faict son jeu. Et se trouve autant de difference des nous à nous mesme, que de nous à autruy.» Dazu Karlheinz Stierle: «Die Progression der Vielheiten ist eine Erfahrung des auf sich selbst gestellten Ich, das sich in einer Welt zu orientieren sucht, in der jedes verbindliche Zentrum fehlt. Diese Freisetzung der Vielheit hat bei Montaigne ein nicht mehr überbietbares Maximum erreicht. Doch das Ich, das sich in seiner Vereinzelung der Vielheit standhält, ist selbst nicht mehr in sich substantiell geeint. Der Zerfall der Einheit in Vielheiten macht an der Grenze des Ich nicht halt. So wird das Ich sich selbst zum Schauplatz seiner eigenen Vielheit. Der Pluralität der Welten korrespondiert die Pluralität des Ich.» (*Montaigne* [↑91] 46 f.)
99 *Essais* III, 2 (402).
100 Ebd. III, 2 (399) – Kursivsetzung von mir.
101 Ebd. III, 13 (565).
102 Ebd.
103 Dazu Hugo Friedrich: «[...] wir stehen an einem der Punkte, wo Montaigne den negativen Akt der Erniedrigung umleitet zur Einstimmung in das Erniedrigte. Zunächst ist es eine Einstimmung psychologisch-anthropologischer Art, die feststellt, wie wir beschaffen sind, und nicht mehr klagt; dann wird es eine Einstimmung der persönlichen Haltung sein, die sich erlaubt, was

verächtlich schien: Selbstwiderspruch, Erkenntnisohnmacht, Subjektivität, Meinungsbildung aus dem Moment und unendliche Beweglichkeit.» (*Montaigne* [↑91] 120)

104 Zur ‹cura sui› bei Montaigne vgl. Stierle, *Montaigne* [↑91] 73–83.

105 Dazu Hugo Friedrich: «Weniger auf den Schutz der Sittlichkeit (*vertu*) und ihres absoluten, im Gewissen bestätigten Wertes ist Montaigne bedacht, als auf den Schutz des Selbstseins. Er sucht nach der Schicht, wo der Mensch ganz er selbst ist, unverfälschte Individualität.» (*Montaigne* [↑91] 154)

106 Den Montaigne allerdings wenig gelesen haben dürfte (Friedrich, *Montaigne* [↑91] 58 f.), der aber quasi kanonisch formulierte: «Vollkommen ist die Freundschaft der Tugendhaften und an Tugend Ähnlichen. Diese wünschen einander gleichmäßig das Gute, sofern sie gut sind, und sie sind gut an sich selbst. Jene aber, die den Freunden das Gute wünschen um der Freunde willen, sind im eigentlichen Sinne Freunde (denn sie verhalten sich an sich so, und nicht zufällig. [...] Denn jede Freundschaft existiert wegen des Guten und wegen der Lust, entweder schlechthin oder für den Liebenden, und beruht auf einer gewissen Ähnlichkeit. In dieser Freundschaft nun findet sich alles Genannte an sich (denn darin sind sie einander ähnlich usw.), und das Schlechthin Gute ist auch schlechthin angenehm.» (Nikomachische Ethik VIII/4, 1156 b, dt. O. Gigon/R. Nickel, TA, Düsseldorf 2001, 330 f.)

107 *Essais* I, 28 (101).

108 [↑41]

109 *Enchiridion militis christiani* (1503) in: AS [↑60] I, 140/1. Vgl. *Querela Pacis* (1516): «Warum will nicht lieber der Mensch dem Menschen (*cur non potius bene vis homo homini*), der Christ dem Christen wohl?» (AS [↑60] V, 430/1).

110 So in seiner Replik auf Calvins *Defensio orthodoxae fidei de sacra trinitate contra prodigiosos errores Michaelis Serveti Hispani* (Genf 1554) in der Schrift *Contra libellum Calvini in quo ostendere conatur haereticos jure gladii coercendos esse* (erstmals postum 1612 in Holland publiziert; siehe: Sebastian Castellio, *Gegen Calvin / Contra libellum Calvini*, hg. W. F. Stammler/dt. U. Plath, Essen 2015, 131). Häufig zitiert, u. a. auch in: Lecler (1955) I, 484 f.; H. R. Guggisberg, *Castellio* [↑79] 116–122 (bes. 121). Ins Zentrum seiner Biographie *Castellio gegen Calvin* [↑77] rückt diesen Satz auch Stefan Zweig, um ihn zu kommentieren: «[...] herrliches, in seiner Wahrheit und Klarheit unvergängliches und allerhumanstes Wort. Mit diesem einen wie aus hartem Erz gehämmerten Satz hat Sebastian Castellio für alle Zeiten jeder weltanschaulichen Verfolgung das Urteil gesprochen. Was immer für ein logischer, ethischer, nationaler oder religiöser Vorwand vorgetäuscht oder vorgeschoben werde, um die Beiseiteschaffung eines Menschen zu rechtfertigen, keiner dieser Gründe entlastet den Menschen, der die Tat begangen oder befohlen, von seiner persönlichen Verantwortung. [...] Überzeugungen sind individuelle Erlebnisse und Ereignisse, niemandem untertan als dem Individuum, dem sie zugehören; sie lassen sich nicht reglementieren und korporalisieren, und mag sich tausendmal auch eine Wahrheit auf Gott berufen und sich eine heilige nennen, niemals darf sie sich für berechtigt halten, das Heiligtum eines gottgeschaffenen Menschenlebens zu zerstören.» (177 f.) «Vergeblich darum, wenn Machthaber meinen, sie hätten den freien Geist schon besiegt, weil sie ihm die Lippe versiegeln. Denn mit jedem neuen Menschen wird ein neues Gewissen geboren und immer wird eines sich besinnen seiner geistigen Pflicht, den alten Kampf aufzunehmen um die unveräußerlichen Rechte der Menschheit und der Menschlichkeit, immer wieder wird ein Castellio aufstehen gegen jeden Calvin und die souveräne Selbständigkeit der Gesinnung verteidigen gegen alle Gewalten der Gewalt.» (227)

111 Francisco de Vitoria, *Vorlesungen (Relectiones) – Völkerrecht, Politik, Kirche*, 2 Bde., hg. U. Horst/H.-G. Justenhoven/J. Stüben, Stuttgart/Berlin/Köln 1995/97. Zu Vitoria vgl. J. Höffner, *Kolonialismus und Evangelium – Spanische Kolonialethik im Goldenen Zeitalter* ([1]1947), in: Joseph Höffner – AS, Bd. 2: Christentum und Menschenwürde, hg. U. Nothelle-Wildfeuer/J. Althammer, Paderborn 2017, 41–434, hier 255–402; Böckenförde (2002) 339–366; Ottmann III/1 (2006) 106–112; Winkler (2009) 129–131; Habermas (2019) I, 907–918.

112 *Bartolomé de Las Casas – Werkauswahl*, 4 Bde., hg. M. Delgado, Paderborn 1994–1997. Zu Las Casas vgl. Höffner, *Kolonialismus* [↑111] 206–255; Böckenförde (2002) 366–378; Ottmann [↑111] 113–118; G. Gutiérrez, *Gott oder das Gold. Der befreiende Weg des Bartolomé de Las Casas* (1989), dt. H. Goldstein, Freiburg/Basel/Wien 1990; sowie die Einleitungen und Studien der genannten *Werkauswahl* von M. Delgado, H. Pietschmann, M. Sievernich (in Bd. I), H.-J. König, J. Meier (in Bd. II), N. Brieskorn, D. Deckers (in Bd. III/1), Th. Eggensperger, A. Langenhorst, W. Lustig sowie I. Pérez Fernández (in Bd. III/2).

113 Vor allem *De iustitia et iure / Über Gerechtigkeit und Recht*, 2 Bde., hg./lat.-dt. M. Kaufmann/D. Simmermacher/A. Loose, Stuttgart-Bad Cannstatt 2019. In diesem Traktat *De iustitia et iure* (Teile I bis III/1 publiziert 1593–1600; Teile III/2 bis VI postum 1609 erschienen) setzt sich Molina mit dem Thema der Sklaverei auseinander, das er unter dem Gesichtspunkt, ob ein Mensch berechtigterweise ein «dominium» über einen anderen Menschen haben könne (Tract. II, disp. 32–33 [II, 572–607]), sowie unter Anwendung einer empirischen Analyse der Versklavung von Afrikanern im Zuge der portugiesischen Handelsexpansion behandelt (Tract. II, disp. 35–36 [II, 608–719]). Vgl. Höffner, *Kolonialismus* [↑111] 326–328, 355–360, 374–378.

114 Francisco Suárez, *Ausgewählte Texte zum Völkerrecht*, lat./dt./hg. J. de Vries, Tübingen 1965; bes. Francisco Suárez, *De legibus ac deo legislatore / Über die Gesetze und Gott den Gesetzgeber*, hg./dt. O. Bach/N. Brieskorn/G. Stiening, 7 Bde., Stuttgart-Bad Cannstatt 2014 ff. (bis 2019: Bde. 1–3/2). Zu Suárez siehe T. Kobusch, *Die Entdeckung der Person – Metaphysik der Freiheit und modernes Menschenbild*, Freiburg 1993, 55–66; Ottmann [↑111] 119 f.; Winkler (2009) 131 f.

115 Zu weiteren Protagonisten der diesbezüglichen Diskussionen und Auseinandersetzungen vgl. Höffner, *Kolonialismus* [↑111] 255 ff.

116 *Vorlesungen* [↑111] II, 388/9, 390/1.

117 Ebd. II, 402/3, 409–413.

118 *Über die politische Gewalt / De postestate civili* (1527) I, 130/1; *Über die Gewalt der Kirche / De potestate ecclesiae II* (1533) I, 448/9; *Über das Maßhalten / De temparantia* (Mai/Juni 1536) II, 318/9. Ebenso Las Casas, in *Traktat über die zwölf Zweifelsfälle / Tratado sobre las doce dudas* (1563), Werkauswahl [↑112] III/2: Sozialethische und sozialrechtliche Schriften (1997), 280.

119 Beispielsweise aus jener über die *Principia quaedam ex quibus procedendum est in disputatione ad manifestandam et defendendam iustitiam Indorum / Einige Rechtsprinzipien zur Behandlung der westindischen Frage* (Sevilla 1522), Werkauswahl [↑112] III/1: Sozialethische und sozialrechtliche Schriften (1996), 41–66, hier 41–43; oder aus der *Apologética Historia Sumaria / Kurze apologetische Geschichte* (entstanden 1550–1557), ebd. II: Historische und ethnographische Schriften (1995), 343–512, bes. 376–379.

120 *Die katholische Sozialdoktrin in ihrer geschichtlichen Entfaltung: eine Sammlung päpstlicher Dokumente vom 15. Jahrhundert bis in die Gegenwart*, hg. A. F. Utz/B. v. Galen, Bd. I, Aachen 1976, 380 f. Diese Bulle entstand unter dem Eindruck der Berichte aus ‹Westindien›, die dem Papst durch Missionare hinterbracht wurden. Wie sehr sie das wunde Zentrum der Conquista traf, zeigt der Umstand, dass sie zeitgleich wie die unter dem Einfluss von Las Casas erlassenen *Leyes nuevas* Kaiser Karls V. (1542) bereits 1545 zurückgenommen bzw. totgeschwiegen wurde. [↑5] Möglicherweise bezieht sich *Veritas ipsa* auf die am 21. Dezember 1511 gehaltene Predigt des Dominikaners Fray Antón Montesino (ca. 1475–1540), die Las Casas überliefert: «Sagt: Mit welchem Recht und mit welcher Gerechtigkeit haltet ihr diese Indios in solch grausamer und entsetzlicher Knechtschaft? Mit welcher Machtbefugnis habt ihr solch verabscheuungswürdige Kriege gegen diese Menschen geführt, die ruhig und friedlich in ihren Ländern lebten, in denen ihr so unendlich viele von ihnen getötet und mit unerhörten Verheerungen ausgerottet habt? [...] *Sind* *sie etwa keine Menschen? Haben sie keine vernunftbegabten Seelen? Seid ihr nicht verpflichtet, sie wie euch selbst zu lieben?*» (*Historia de las Indias / Geschichte Westindiens* [1527–1561], in: Werkauswahl [↑112] II, 226) Zu den näheren Umständen rund um die Bulle *Veritas ipsa / Sublimis Deus* von Paul III. Werkauswahl [↑112] I: Missionstheologische Schriften (1994), 244–251.

121   *Apologética Historia* [↑119] 376 f.

122   Dazu: Höffner, *Kolonialismus* [↑111] 225–255; M. Delgado, *Las Casas als ‹Anthropologe des Glaubens›*, Einleitung in: Werkauswahl [↑112] II, 327–342, hier 331 ff.

123   Werkauswahl [↑112] I, 337–436. Die diesbezügliche Hauptschrift von Sepúlveda, *Democrates secundus*, ist 2018 in neuer deutscher Übersetzung erschienen: Juan Ginés de Sepúlveda, *Democrates secundus. Zweiter Demokrates, Deutsch/Latein*, hg./dt. Ch. Schäfer, Stuttgart-Bad Cannstatt 2018.

124   Im Anschluss an Aristoteles, Politik I, 8 (1254 b 16–21): «Diejenigen, die voneinander so weit unterschieden sind wie Seele und Körper, Mensch und Tier – und (einige Menschen) sind tatsächlich in dieser Weise voneinander unterschieden, wenn ihre Leistung der Gebrauch des Körpers ist und dies als das Beste von ihnen (zu gewinnen) ist – diese sind von Natur aus Sklaven. Für sie ist es vorteilhafter, dieser Herrschaft zu unterstehen [...]» (Übersetzung E. Schütrumpf [Berlin 1991] 17).

125   In diesem Zusammenhang gehört berücksichtigt, worauf Hannah Arendt als «höchst bemerkenswerten Tatbestand» hinweist, dass nämlich «das lateinische Wort für ‹Mensch›, *homo*, ursprünglich jemandem galt, der ‹nur ein Mensch› war und kein Bürger, und dass als ‹Menschen› im Wesentlichen die Sklaven bezeichnet wurden. Mit anderen Worten, erst wenn ein ‹Mensch› Mitglied eines bestimmten Gemeinwesens wurde, ein Römer oder ein Engländer, konnte er Rechte erwerben; solange er nichts war als ein Mensch, war er rechtlos.» (H. Arendt, *Über die Revolution* [1963/65], München 2011 [TB], 55 f.)

126   In seiner Komödie *Asinaria* (2, 4 [495]): «Lupus est homo homini, non homo, quom qualis sit, non novit.»

127   *Vorlesungen* [↑111] II, 465/6

128   Ebd. – Das Augustinus-Zitat stammt aus *De doctrina christiana* (I, 30, 32), die Goldene Regel aus Mt 7, 12; Lk 6, 31. – In diesem Zusammenhang wies mich Volker Leppin auf Thomas von Aquin und seine Formulierung, dass der Mensch dem Menschen ein Freund sei, hin: «Cum amicitia in quadam aequalitate consistat, ea quae multum inaequalia sunt, in amicitia copulari non posse videntur. Ad hoc igitur quod familiarior amicitia esset inter hominem et Deum, expediens fuit homini quod Deus fieret homo, quia etiam naturaliter homo homini amicus est: ut sic, dum visibiliter Deum cognoscimus, in invisibilium amorem rapiamur.» (*Summa Contra Gentiles* IV, 54, 6)

129   Ebd. 460 f. – Vgl. Höffner, *Kolonialismus* [↑111] 313–329; Böckenförde (2002) 365 f.; Ottmann III/1 [↑111] 111 f.

130   *De potestate civili* 21, in: Vorlesungen [↑111] I, 156/7.

131   Suárez, *De legibus ac deo legislatore* [↑114] II 19 (2016) 424–427.

132   *Tratado sobre los Indios que han sido hecho esclavos* (1552 in Sevilla von Las Casas selbst publiziert). Dieser Text, nicht in die *Werkauswahl* [↑112] aufgenommen, findet sich in Bd. 10 der *Obras completas: Tratados de 1552 impresos por LAS CASAS en Sevilla*, hg. P. Castaneda Delgado, Madrid 1992, 217–284, Zitat 236. – Die Formulierung von Las Casas unterscheidet sich von jener Martin Luthers in seiner *Magnificat*-Auslegung von 1521. Dazu W. Huber, *Menschenrechte/Menschenwürde*, in: TRE 22 (1992) 577–602, hier 580: «Neben der Bedeutung des Ansatzes reformatorischer Theologie für die späteren Menschenrechte tritt die Tatsache, dass schon die Reformatoren selbst Kataloge elementarer menschlicher Rechte formuliert haben. Besonders bemerkenswert ist dafür Luthers Rechtsunterricht in der Auslegung des *Magnificat* von 1521. Er

erstreckt sich vom ‹groben menschlichen recht› – ‹Geld, Gut, Leib, Weib, Kind und Freund etc.› – bis zu den ‹höchsten gütern› des Glaubens und des Evangeliums [‹in gotlichen Sachen ... als mit dem glauben und Euangelio›] (Weimarer Ausgabe 7, 578–585 [genau 580 und 584]).»

«*Right of toleration*» – Durchbruch im Zeitalter der Aufklärung

1   Beispielhaft mögen dafür die Titel der thematisch einschlägigen Schriften von John Locke stehen: *An Essay on Toleration* (1667), *A Letter concerning Toleration* (1689), drei weitere *Letters concerning Toleration* (1690, 1692, 1704); ebenso die Einträge zum Stichwort *Tolérance* im *Dictionnaire philosophique, portatif* des Voltaire (1764) sowie im 16. Band der französischen *Encyclopédie* (1765), bzw. der Artikel *Tolerantz* im 44. Band von *Zedlers Universallexicon* (1745). 1689 erlassen der englische König William III. und seine Frau Mary den bekannten *Toleration Act* (in dessen Text freilich das Wort ‹toleration› nicht fällt). R. Forst macht u. a. auf die Schrift *Tolleration Justified, and Persecution Condemned* (1645/46) von William Walwyn aufmerksam (Forst [2003] 232), I. Fetscher auf die Schrift *Of true Religion, Heresy, Schism and Toleration* (1673) von John Milton (Fetscher [1990] 37). Zahlreiche Hinweise und Belege in *Toleranz*, in: GGB 6 (1990) 445–605 (K. Schreiner, G. Besier), bes. 495 ff., 524 ff.
2   *An Essay on Toleration* (1667), in: John Locke, *Political Essays*, hg. M. Goldie, Cambridge 1997, 134–159, hier 136.
3   Was den Philosophen, Literaturtheoretiker, Kritiker und Dramatiker Johann Christoph Gottsched (1700–1766) zu seiner akademischen Rede *Von dem verderblichen Religionseifer und der heilsamen Duldung aller christlichen Religionen* (1725) veranlasst, in der er festhält: «Das meiste Blut, so jemals die Erde in sich getrunken hat, ist durch die Religion vergossen worden. Ich sage noch mehr! Die Religion allein hat mehr Menschen gefressen, als das Schwert jemals ermordet hat, als das Wasser jemals ersäufet, als das Feuer jemals verzehret hat.» (Vgl. Schmidinger [2002] 239–248, Zitat 243) Zum Thema auch H. Joas, *Die Sakralität der Person. Eine neue Genealogie der Menschenrechte*, Berlin 2011, 63–107.
4   Was bekanntlich Voltaire (François-Marie Arouet, 1694–1778) zu seinem *Traité sur la tolérance, à l'occasion de la mort de Jean Calas* (1763) veranlasste – einem der prominentesten Toleranz-Texte der Aufklärung, der mit den Sätzen schließt: «Möge dies Beispiel dazu dienen, sich von der Toleranz leiten zu lassen, ohne welche der Fanatismus die Erde verwüsten oder wenigstens für immer trübselig machen würde! Gewiss, es handelt sich hier nur um eine einzelne Familie, und die Wut der Sekten hat Tausende vernichtet; aber heute, wo die christlichen Gesellschaften nach Jahrhunderten des Gemetzels in einer Ahnung von Frieden sich erholen, in dieser Zeit der Ruhe muss das Unglück der Calas einen weit größeren Eindruck machen, wie der Donner, der die Heiterkeit eines schönen Tages zerschlägt. Diese Fälle sind selten, aber sie ereignen sich dennoch, und sie sind die Folgen jenes finsteren Aberglaubens, der schwache Seelen dazu bringt, jeden, der nicht denkt wie sie, des Verbrechens zu zeihen.» (Voltaire, *Über die Toleranz*, hg. L. Joffrien/dt. A. Oppenheimer, Berlin 2015, 41–197, Zitat 197) Zu Voltaire vgl. Fetscher (1990) 51–57.
5   Dazu vor allem Hannah Arendts Analyse *Über die Revolution* (bes. H. Arendt, *Über die Revolution* [1963/65], München 2011 [TB], 57–124). Daraus (zum Ausbruch der französischen Revolution): «Wir meinen zu sehen, wie der Aufstand des Volkes für Freiheit sich sogleich mit dem Aufruhr des Großstadtmobs verbindet, wie sie beide zugleich auftreten, unwiderstehlich in ihrer Massenhaftigkeit. Und es ist, als erscheine diese Masse des Volkes zum erstenmal im hellen Licht der Öffentlichkeit und mit ihr das Elend, die Erniedrigung und Beleidigung der Armen und Unterdrückten, die durch Jahrhunderte hindurch in der Finsternis ihrer ‹Schande› gehalten worden waren. Das Unwiderrufliche, das damals geschah in der Hauptstadt der zivilisierten Welt

und was Führern und Zuschauern der Ereignisse gleichermaßen schlagartig evident wurde, war, dass der öffentliche Raum – der, soweit unsere Erinnerung reicht, immer denen vorbehalten war, die bereits frei waren, nämlich befreit von der Sorge und Not um die Lebensnotwendigkeiten, um die unabweisbaren Bedürfnisse des menschlichen Körpers – plötzlich sich dieser ungeheuren Mehrheit der Menschen öffnen sollte, die nicht frei sind, weil sie getrieben werden von der Sorge um den täglichen Lebensunterhalt.» (58 f.) Siehe ebenso aus dem gleichzeitig (zwischen 1965 und 1967) entstandenen Essay *Die Freiheit, frei zu sein* (erstmals publiziert 2018, dt. München 2018): «Was also geschah 1789 in Paris? Erstens ist die Freiheit von Furcht ein Privileg, das selbst die wenigen nur in relativ kurzen Zeiträumen in der Geschichte genießen konnten, doch die Freiheit von der Not war das große Privileg, das einen kleinen Prozentsatz der Menschheit durch Jahrhunderte auszeichnete. Was wir als die (dokumentierte) Menschheitsgeschichte bezeichnen, ist größtenteils die Geschichte dieser wenigen Privilegierten. Nur diejenigen, die die Freiheit von Not kennen, wissen die Freiheit von der Furcht in ihrer vollen Bedeutung zu schätzen, und nur diejenigen, die von beidem frei sind, von Not wie von Furcht, sind in der Lage, eine Leidenschaft für die öffentliche Freiheit zu finden, in sich diesen *goût pour la liberté* und den spezifischen Geschmack an der *egalité* zu entwickeln, den die Freiheit in sich trägt.» (26)

6 Dazu vor allem J. Habermas, *Strukturwandel der Öffentlichkeit* (¹1962), Frankfurt ¹⁷2021, 148–160, bes. 153 f.

7 Vgl. L. Strauss, *Die Religionskritik Spinozas als Grundlage seiner Bibelwissenschaft* (¹1930), in GS Bd. 1, hg. H. Meier, Stuttgart/Weimar ³2008, 65–82.

8 Nicht zufällig steht der Garten (κῆπος) symbolisch für den Ort dieser Philosophie.

9 Vgl. J. Assmann, *Moses der Ägypter – Entzifferung einer Gedächtnisspur* (¹1997), Frankfurt ⁸2018, 36–43 (auch 88–170); in diesem Zusammenhang ebenso: ders., *Religio duplex. Ägyptische Mysterien und europäische Aufklärung* (¹2010), Berlin 2017.

10 Es ist der Indologe und Iranist Abraham-Hayacinthe Anquetil-Duperron (1731–1805), der 1771 in seinem monumentalen Werk *Zend-Avesta, Ouvrage de Zoroastre. Contenant les Idées Théologiques, Physiques et Morales de ce Législateur, les Cérémonies du Culte Religieux qu'il a établi, & plusieurs traits importans relatifs à l'ancienne Histoire des Perses* [...], verbunden mit einer Reisebeschreibung, die 1762 unter dem Titel *Relation Abrégée Du Voyage Que M. Anquetil Du Perron a Fait Dans l'Inde* (beides in Paris) diese These erstmals aufstellt. Vgl. zu ihm und zur gesamten Theorie der ‹Achsenzeit› J. Assmann, *Achsenzeit. Eine Archäologie der Moderne*, München 2018, bes. 27–41; ders., *Wahr ist, was uns verbindet. Das Konzept der ‹Achsenzeit›, ein Ansatz kultureller Toleranz*, in: A.-W. Asserate/A. Friese (Hg.), Toleranz – Schaffen wir das? Die wichtigsten Stimmen Deutschlands zur Frage des Jahrhunderts, Asslar 2020, 39–44.

11 Das haben zu Recht Justus Hashagen (in: *Zur Entstehungsgeschichte der nordamerikanischen Erklärungen der Menschenrechte* [1924], in: R. Schnur [Hg.], Zur Geschichte der Erklärung der Menschenrechte, Darmstadt 1964, 129–165, bes. 132–136), sowie Otto Vossler (in: *Studien zur Erklärung der Menschenrechte* [1930], in: Schnur, ebd. 166–201, bes. 181–185) gegenüber Georg Jellineks bekannter Studie *Die Erklärung der Menschen- und Bürgerrechte* (¹1895, zahlreiche Auflagen) hervorgehoben. Zu Roger Williams siehe auch Le Roy Moore, *Religionsfreiheit: Roger Williams und die revolutionäre Ära* (1965), in: H. Lutz (Hg.), Zur Geschichte der Toleranz und Religionsfreiheit, Darmstadt 1977, 276–307; sowie Fetscher (1990) 38 f.

12 Arendt, *Revolution* [↑5] 214–231; Vossler, *Studien* [↑11] 179–181.

13 *The Second Treatise of Government / Über die Regierung*, hg. P. C. Mayer-Tasch/dt. D. Tidow, Stuttgart 2012, V 49 (82/3).

14 Arendt, *Revolution* [↑5] 222; vgl. L. Strauss, *Naturrecht und Geschichte* (¹1953), dt. H. Boog, Stuttgart 1956, 240 f.

15 Nicht zufällig etabliert sich während der Aufklärung die Theodizee als zentrale Disziplin der Philosophie. Vgl. u. a. H.-C. Janssen, *Gott – Freiheit – Leid. Das Theodizeeproblem in der Philosophie der Neuzeit*, Darmstadt 1989, bes. 7–71; auch E. Cassirer, *Die Philosophie der Aufklärung*, Hamburg 2007, 140–167.

16   Cassirer, *Aufklärung* [↑15] 168–205.

17   Zu Pierre Bayle siehe vor allem Forst (2003) 312–351; Grundriss/Ueberweg – *Die Philosophie des 17. Jahrhunderts*, II/2 (1993) 1023–1050 (E. Labrousse); G. Gawlik/L. Kremendahl, *Einleitung*, in: *Pierre Bayle, Historisches und kritisches Wörterbuch – Eine Auswahl*, 2 Teile, Hamburg 2003/2006, Tl.1, IX–LVI; auch Cassirer, *Aufklärung* [↑15] 210–219.

18   *Commentaire philosophique sur ces paroles de Jésus-Christ ‹Contrai-les d'entrer›; Ou la prouve, par plusieurs raisons démonstratives qu'il n'y a rien de plus abominable que de faire des conversions par la contrainte, et où l'on refute tous les sophisms des convertisseurs à contrainte, et l'apologie que St. Augustin a faite de persecutions* (1686), Übersetzung in: Pierre Bayle, *Toleranz – Ein philosophischer Kommentar*, hg. E. Buddeberg/R. Forst, dt. E. Buddeberg/F. Heimburger, Berlin 2016, I 6 (147).

19   Ebd. II 1 (186 f.).

20   *Historisches und kritisches Wörterbuch* [↑17] Tl.1, 577 (Erste Klarstellung XII).

21   *Pensées diverses, écrites à un docteur de Sorbonne, à l'occasion de la comète qui paru au mois de décembre 1680* (1683), Übersetzung: Pierre Bayle, *Verschiedene Gedanken über einen Kometen*, hg. J. C. Gottsched, dt. J. C. Faber, Hamburg 1741, Neuausgabe (hg. K.-M. Guth), Berlin 2017, § 159 (279); vgl. §§ 139–141 (240–245), § 155 (272–275).

22   Ebd. § 135 (233–235).

23   Ebd. § 178 (315–317, Zitat 317).

24   *Commentaire philosophique* [↑18] I 1 (92 f.).

25   Zitate aus *Système abrégé de philosophie* (1675–1677), zitiert in G. Gawlik/L. Kremendahl, *Einleitung* [↑17] XLIII f. (aus *Pierre Bayle, Oeuvres diverses*, hg. E. Labrousse, Bd. IV [Hildesheim 1968] 259).

26   *Commentaire philosophique* [↑18] I 1 (89).

27   «Adam glaubte sich […] nicht so sehr verpflichtet, Gott zu gehorchen, weil ein bestimmtes Gebot an sein Ohr gedrungen war, als vielmehr, weil das innere Licht, das ihn erhellt hatte, noch bevor Gott sprach, ihm beständig die Idee von seiner Pflicht und seiner Abhängigkeit vom höchsten Wesen vor Augen hielt. So ist es, selbst was Adam angeht, richtig zu sagen, dass die offenbarte Wahrheit gleichsam unter das natürliche Licht gestellt war, um daraus ihre bindende Kraft, ihre Besiegelung und Kodifizierung, ihre Bestätigung sowie das Recht zu empfangen, verpflichtend als offizielle zu gelten.» (Ebd. I 1 [94]).

28   «Daher muss man schließen, dass es Gott selbst, als wesentliche und substanzielle Wahrheit, ist, der uns also auf sehr unmittelbare Weise erhellt und der uns in seinem Wesen die Ideen ewiger Wahrheiten schauen lässt, wie sie in den Grundsätzen oder in den allgemeinen Begriffen der Metaphysik enthalten sind.» (Ebd. I 1 [92]).

29   KrV A XI Anm. – Vgl. dazu vor allem R. Koselleck, *Kritik und Krise – Eine Studie zur Pathogenese der bürgerlichen Welt* (¹1959), Frankfurt 1973 (Suhrkamp TA), 89–103; auch Cassirer, *Aufklärung* [↑15] 12 f.

30   KrV A 751 / B 779.

31   *Commentaire philosophique* [↑18] I 1 (91 f.).

32   Dazu Forst (2003) 318–320, 331–334.

33   *Commentaire philosophique* [↑18] II 6 (253).

34   Ebd. II 6 (253 f.).

35   Zu John Locke: Grundriss/Ueberweg – *Die Philosophie des 17. Jahrhunderts*, III/2 (1988) 608–713 (R. Brandt); auch Cassirer, *Aufklärung* [↑15] 103–105, 129–131, 137–139; Strauss,

Naturrecht [↑14] 210–262; Koselleck, *Kritik* [↑29] 41–48; Forst (2003) 276–312; Ottmann III/1 (2006) 343–384; Winkler (2009) 175–185; Habermas (2019) II, 163–187.

36 Forst (2003) 316 (vgl. 317: «Höhepunkt der neuzeitlichen Toleranzauseinandersetzung»). In seiner Einleitung zum *Commentaire philosophique* [↑18] (11) fügt er Spinozas *Tractatus theologico-politicus* (1670) hinzu.

37 Zu Thomas Hobbes: Grundriss/Ueberweg – *Die Philosophie des 17. Jahrhunderts*, III/1 (1988) 91–185 (E. G. Jacoby/J. Bernhardt/F. Tricaud); auch Cassirer, *Aufklärung* [↑15] 276–272; Strauss, *Naturrecht* [↑14] 172–209; Koselleck, *Kritik* [↑29] 18–32; Fetscher (1990) 43–47; Forst (2003) 245–276; Ottmann III/1 (2006) 265–321; Winkler (2009) 136–142; Habermas (2019) II, 137–151; vgl. auch L. Strauss, GS Bd. 3: *Hobbes' politische Wissenschaft und zugehörige Schriften – Briefe*, hg. H. Meier/W. Meier, Hamburg 2022.

38 Koselleck, *Kritik* [↑29] 22.

39 *Elements of Law* II 6, 12.

40 Ebd. I 6, 8.

41 *Leviathan* II, 29 (Ausgabe hg. I. Fetscher, dt. W. Euchner, Frankfurt 1984, 247).

42 «Und da [...] Menschen die geeignetsten Zeugen für die Tat des anderen oder eines Dritten sind, galt es und wird es als eine besonders böse Tat gelten, seinem *Gewissen* zuwider auszusagen oder andere dazu anzustiften oder zu zwingen, so sehr, dass die Stimme des Gewissens zu allen Zeiten sorgfältig beachtet wurde. Später gebrauchte man dasselbe Wort in übertragener Bedeutung, um die eigenen geheimen Taten und Gedanken zu bezeichnen. [...] Und Leute, die in ihre eigenen – wenn auch noch so absurden – Meinungen heftig verliebt und hartnäckig darauf versessen waren, sie beizubehalten, gaben diesen zu guter Letzt ebenfalls den respekterheischenden Namen ‹Gewissen› – als wollten sie den Anschein erwecken, es sei unrechtmäßig, sie zu ändern oder etwas dagegen zu sagen. Und so geben sie vor, ihre Meinungen seien wahr, während sie sehr wohl wissen, dass sie nur so glauben.» (*Leviathan* I 7 [↑41] (50).

43 Ebd. II 29 (247; vgl. The English Works of Thomas Hobbes, hg. W. Molesworth, Bd. III, London 1849 [Neudruck Aalen 1966], 311). «Wenn jedoch einzelne Bürger für sich selbst ein Wissen über *Gut* und *Böse* beanspruchen, streben sie danach, wie Könige zu sein (*esse sicut Reges*), was nicht mit dem Wohl des Staates vereinbart werden kann.» (*De Cive / Vom Bürger*, hg. A. Hahmann/D. Hüning, dt. A. Hahmann, Stuttgart 2017, XII 1 [382/3]).

44 «Eines von den *natürlichen Gesetzen* [...] lautet, *dass das Recht aller auf alles nicht beibehalten werden darf, sondern bestimmte Rechte entweder übertragen oder aufgegeben werden müssen.* Denn wenn jeder Einzelne sein *Recht auf alles* beibehält, so würde notwendig folgen, dass die einen mit Recht angreifen und die anderen mit Recht verteidigen. [...] Ein *Krieg* wäre also die Folge. Wer von seinem *Recht auf alles* nicht zurückträte, würde gegen die Gründe des Friedens handeln, d. h. gegen das *Gesetz der Natur*.» (Ebd. II 3 [80/81])

45 Im Folgenden zitiert nach der englisch-deutschen Ausgabe von J. Ebbinghaus, *John Locke, Ein Brief über Toleranz*, Hamburg 1996 (Nachdruck der Ausgaben von 1957 und 1975).

46 Vgl. Forst (2003) 231–245, 273–276; siehe auch Lecler (1955) II 463–578.

47 Hier präferiert er Ausdrücke wie «men's minds» (*Letter* [↑45] 32/3), «in my own mind» (52/3) oder «inward sincerity» (54/5) bzw. «inward persuasion of the mind» (14/5).

48 Ebd. 52/3.

49 Ebd. 80/1.

50 Ebd. 86/7.

51 Ebd. 82/3. Vgl. 14/5: «Alles Leben und alle Macht wahrer Religion besteht in der inneren und vollkommenen Gewissheit des Urteils (*in the inward and full persuasion of the mind*) [...]».

52 Leo Strauss dazu: «Nach ihm [Locke] ist das Gewissensurteil so weit davon entfernt, Gottes Urteil zu sein, dass das Gewissen ‹nur die eigene Meinung oder Beurteilung von der moralischen

Richtigkeit oder Verworfenheit unserer Handlungen ist›. Oder, um Hobbes zu zitieren, dem Locke stillschweigend zustimmt: ‹Private Gewissen ... sind nur private Meinungen›.» (Strauss, *Naturrecht* [↑14] 232)
53   *Letter* [↑45] 12/3.
54   *The Second Treatise* [↑13] II 6 (14/5).
55   Ebd. VIII 95 (156/7) u. ö.
56   Ebd. II 4 (10/1).
57   Strauss, *Naturrecht* [↑14] 188.
58   Siehe dazu vor allem J. Habermas, *Strukturwandel* [↑6] 122–141.
59   *The Second Treatise* [↑13] IX 131 (206/7).
60   [↑2]
61   *Letter* [↑45] 36/7.
62   *Historisches und kritisches Wörterbuch* [↑17] Tl.1, 367–439.
63   Zu Spinoza siehe Grundriss/Ueberweg – *Die Philosophie des 17. Jahrhunderts*, II/2 (1993) 893–986 (W. Bartuschat); Cassirer, *Aufklärung* [↑15] 194–201; Fetscher (1990) 43–47; W. Röd, *Benedictus de Spinoza – Eine Einführung*, Stuttgart 2002, bes. 291–341; Forst (2003) 260–273; Ottmann III/1 (2006) 313–315; Habermas (2019) II, 151–163; vgl. auch L. Strauss, GS Bd. 1: *Die Religionskritik Spinozas und zugehörige Schriften*, hg. H. Meier/W. Meier, Stuttgart/Weimar ³2008.
64   Ausgabe Spinoza, *Opera / Werke*, Bd. 1: *Tractatus theologico-politicus*, hg. G. Gawlick/F. Niewöhner, Darmstadt 1979 (²1989), XX 227 (604/5).
65   Ebd. XVI 181 (482/3).
66   «[...] mag es nun einer, mögen es wenige oder endlich alle sein [...]» (ebd.)
67   Überschrift des 20. Kapitels (XX 225 [600/1]).
68   Ebd. VII 103 (274/5).
69   «Darum kann zwar niemand unbeschadet des Rechts der höchsten Gewalten (*salvo summarum potestatum jure*) deren Beschluss entgegen*handeln* (*contra earum decretum agere*), wohl aber unbeschränkt denken und urteilen und damit auch sprechen (*omnino sentire et judicare, et consequenter etiam dicere*), vorausgesetzt, dass er einfach spricht oder lehrt und bloß mit Hilfe der Vernunft (*sola ratione*), aber nicht durch Täuschung, Zorn und Hass seine Meinung vertritt noch auch mit der Absicht, etwas im Staate auf seinen Beschluss hin (*ex authoritate sui decreti*) einzuführen.» (Ebd. XX 227 [606/7]).
70   Ebd. XIX 214/5 (572–575).
71   Ebd. XVI 177 (472/3).
72   Ebd. XVI 178 ff. (476/7 ff.).
73   Ebd. XVI 185/6 (494–497).
74   Ebd. XX 225 ff. (600 ff.).
75   Ebd. XIV 165 (442/3).
76   Ebd. XIV 165 (440/1).
77   «Wir sehen also, wie jedermann unbeschadet des Rechts der Autorität der höchsten Gewalten, d. h. unbeschadet des Friedens im Staat, alles, was er denkt, sagen und lehren kann; wenn er nämlich den Beschluss über alle Handlungen den höchsten Gewalten überlässt und nicht gegen ihren Beschluss handelt, auch wenn er oft gegen das handeln muss, was er für gut hält und unverhohlen denkt. Das kann er unbeschadet der Gerechtigkeit und der Frömmigkeit tun, ja mehr noch, er muss es tun, wenn er wirklich gerecht und fromm sein will. [...] Das aber ist [...] die höchste Frömmigkeit, die den Frieden und die Ruhe des Staates zum Zweck hat, und diese lassen sich unmöglich erhalten, wenn jeder nach seinem Gutdünken leben darf. Darum ist es auch gottlos, nach eigenem Gutdünken gegen den Beschluss der höchsten Gewalt, deren Untertan man ist,

zu handeln, weil wenn dies jedem erlaubt wäre, der Untergang des Staates die notwendige Folge sein würde.» (Ebd. XX 227/8 [606–609])

78 Vossler, *Studien* [↑11] 173–181; G. Ritter, *Ursprung und Wesen der Menschenrechte* (1948), in: Schnur, *Menschenrechte* [↑11] 202–237, bes. 208–217.

79 Bes. Arendt, *Revolution* [↑5] 221–231, 275.

80 Zum Folgenden vor allem Koselleck, *Kritik* [↑29] und Habermas, *Strukturwandel* [↑6] 86–195.

81 «Eine völlig entgegengesetzte, aber mächtige Gruppe der neuen Gesellschaft entfaltete sich unter der Regentschaft. Sie bestand aus den Kaufleuten, Bankiers, Steuerpächtern und Geschäftsleuten. Es waren arbeitende und spekulierende Bürger, die zu Reichtum und sozialem Ansehen gelangten, oft sich den Adelstitel kauften, und die wirtschaftlich – keineswegs aber in der staatlichen Politik – die führende Rolle spielten. [...] Selbstbewusstsein und soziale Macht der Financiers wuchs in dem Maße, als sie zum Gläubiger des Staates wurden, dessen politische Herrschaft nicht in ihren Händen lag.» (Koselleck, *Kritik* [↑29] 50)

82 Ebd. 49–52, 154 f.

83 Ebd. 52–61.

84 Reinhart Koselleck: «Der durch das Geheimnis ermöglichte Abschluss von der Außenwelt bewirkte eine soziale Existenzform, die als solche schon die moralische Qualifikation in sich schloss, über die Außenwelt zu Gericht zu sitzen. Das private Gewissen erweitert sich durch das Medium des Geheimnisses zur Gesellschaft, die Gesellschaft wird zu einem großen Gewissen, und zwar zu einem Gewissen der Welt, von der sich die Gesellschaft voluntativ durch das Geheimnis ausspart. Mit der Ablehnung der Politik etablieren sich die Maurer [in den Logen] zugleich als das bessere Gewissen der Politik. Die Trennung von Moral und Politik implizierte ein moralisches Verdikt über die herrschende Politik. [...] Vom Boden der Logen aus wird bewusst neben die geltende politische Ordnung ein völlig neues Wertesystem gestellt.» (Ebd. 67)

85 Ebd. 105–115; ders.: *Historia Magistra Vitae. Über die Auflösung des Topos im Horizont neuzeitlich bewegter Geschichte* (1967), in: ders., *Vergangene Zukunft. Zur Semantik geschichtlicher Zeiten*, Frankfurt 1979 (TB 1989) 38–66 (bes. 47 ff.); ders.: *Geschichte V. Die Herausbildung des modernen Geschichtsbegriffs*, in: GGB 2 (1975) 647–691.

86 Koselleck, *Kritik* [↑29] 81–103; Habermas, *Strukturwandel* [↑6] 122–160.

87 [↑29–31]

88 Zum Folgenden vor allem Arendt, *Revolution* [↑5] sowie M. Gauchet, *Die Erklärung der Menschenrechte. Die Debatte um die bürgerlichen Freiheiten 1789* (1989), dt. W. Kaiser, Reinbek bei Hamburg 1991. Speziell zu den Vereinigten Staaten: G. Oestreich, *Geschichte der Menschenrechte und Grundfreiheiten im Umriss* (1968), Berlin ²1978, 57–63; T. Kobusch, *Die Entdeckung der Person – Metaphysik der Freiheit und modernes Menschenbild*, Freiburg 1993, 101–106; HB-Menschenrechte (2012) 91–98 (H. Brunkhorst); Grundriss/Ueberweg – *Die Philosophie des 18. Jahrhunderts*, I/2 (2004) 1009–1142 (A. J. Reck); Ottmann III/2 (2008) 1–78; Winkler (2009) 259–310; J. Lepore, *Diese Wahrheiten. Geschichte der Vereinigten Staaten von Amerika* (2018), dt. W. Roller, München 2019, 137–140, 151–197.

89 Gauchet, *Erklärung* [↑88]; Oestreich, *Geschichte* [↑88] 64–74; Kobusch, *Entdeckung* [↑88] 106–113; HB-Menschenrechte (2012) 99–105 (H. Brunkhorst); Grundriss/Ueberweg – *Die Philosophie des 18. Jahrhunderts*, II/2 (2008) 897–970 (S. Krause, K. Malowitz; H. Münkler); Ottmann III/2 (2008) 79–132; Winkler (2009) 315–374.

90 Dazu vor allem Jill Lepore mit einem Zitat aus Thomas Jeffersons Entwurf zur Unabhängigkeitserklärung: Georges III. wird beschuldigt eines «[...] grausamen Krieges gegen die menschliche Natur selbst, der Verletzung der heiligsten Rechte auf Leib & Leben in der Gestalt eines weit entfernt lebenden Volkes, das ihm niemals etwas zu Leide getan hatte, der Gefangennahme & Verschlep-

pung dieser Menschen in die Sklaverei [...]» (Lepore, *Wahrheiten* [↑88] 139). Vgl. J. Fisch, *Das Selbstbestimmungsrecht der Völker – Die Domestizierung einer Illusion*, München 2010, 79–82.

91   Hannah Arendt: «Die *Bills of Rights* [...] sollten zuverlässige Beschränkungen und Kontrollen jeglicher politischen Macht schaffen, und sie haben daher auch nie den Anspruch gestellt, selbst einen politischen Körper etablieren zu können; sie setzen die Existenz einer Regierung und das Funktionieren eines Machtapparates vielmehr voraus und sind daher im wesentlichen negativ. Aber die französische Erklärung der Menschenrechte zielte von vornherein darauf ab, eine Quelle politischer Macht und Autorität zu etablieren; sie erhob den Anspruch, der Grundstein des Staates zu sein und nicht nur das wesentliche Mittel, den Staat am Missbrauch der Macht zu hindern. Der Staat selbst sollte auf den natürlichen Rechten des Menschen beruhen, d. h. auf den Rechten des Menschen, insofern er nichts ist als ein natürliches Wesen [...] Diese Rechte galten nicht als präpolitische Rechte, die keine Regierung und keine Staatsmacht anzutasten das Recht hat, weil sie die aller Politik gezogene Grenze markieren, sondern als der Inhalt und als das letzte Ziel jeglicher Regierung und jeder politischen Macht.» (Arendt, *Revolution* [↑5] 138 f.)

92   John Locke war freilich nicht der einzige Philosoph, der zur amerikanischen Unabhängigkeitserklärung und Verfassung inspirierte. Ebenso zu nennen sind die römischen Historiker (allen voran Polybios, Cicero und Livius) sowie Montesquieu (Charles de Secondat, Baron de Montesquieu, 1689–1755) und Emer de Vattel (1714–1767). Vgl. dazu Arendt, *Revolution* [↑5] 239–245, sowie die [↑88] zitierte Literatur.

93   Bes. Arendt, *Revolution* [↑5] 139–146, vgl. 93 ff.

94   Marcel Gauchet: «Der Unterschied [...] liegt vielleicht im Wesentlichen daran, dass in Frankreich jenes abgründige Misstrauen gegen die korrumpierenden und repressiven Virtualitäten jedweder Macht fehlte, das die amerikanische Revolution so tiefgreifend geprägt hat, und das beispielsweise einen Teil ihrer Protagonisten dazu bestimmt hat, die Rechteerklärungen als Schutz gegen ihre eigenen Repräsentanten zu interpretieren. [...] Daher rührt zumindest ein stärkeres, umsichtiges Augenmerk für den Unterschied zwischen Regierung und Gesellschaft. Hinzu kommen der ebenso starke Argwohn der Mitglieder des Verfassungskonvents von 1787 gegenüber unmittelbaren Ausdrucksformen des Volkswillens sowie die Wirkung eines föderativen politischen Aufbaus, der gewissermaßen dem Abstand zwischen den Ebenen materielle Gestalt gibt. So können die Amerikaner in kontinuierlicher und ‹natürlicher› Weise die Trennung zwischen bürgerlicher und politischer Sphäre bewerkstelligen, die die Bedingung eines geregelten Funktionierens der Gesellschaft der Individuen bildet. Sie gibt dem Verständnis der Repräsentation als Pluralität und Gleichgewicht der Interessen Sinn; sie ist es ebenfalls, die zweckentsprechend die Möglichkeit eines Schiedsspruchs über die Verfassungsgemäßheit der Gesetze unterstützt, indem sie im Prinzip ermöglicht, gegen die Beschlüsse der Repräsentanten ein Gericht anzurufen. In Frankreich tappte die Gesellschaft stattdessen voll in die Falle der Macht. Nicht etwa, weil es keinen äußersten Argwohn gegen ihre Beamten und Inhaber gegeben hätte. Aber das Misstrauen gegen die Inhaber der Macht war nur die Kehrseite eines gewaltigen Glaubens an den positiven Charakter der Macht selbst – wenn man sich erst einmal der Usurpatoren entledigt hatte. [...] Aus ihren Streitigkeiten und ihrem Bruch mit einer parlamentarischen Regierung hatten die Amerikaner die Vorstellung gewonnen, dass man sich selbst gegen die Herrschaft eines Parlaments wappnen müsse. Sie gewannen ihre Souveränität nur mit den größten Vorbehalten gegenüber den Bedingungen der Ausübung dieser Souveränität zurück. Umgekehrt haben die Franzosen in ihrer Auseinandersetzung mit dem monarchischen Staat die Souveränität, die er enthielt und versprach, in ihrer ganzen Fülle im Wortsinn sich zu eigen gemacht. Sie lehnten zwar die überkommene Umgangsweise mit ihr ab, nicht aber diese selbst, als ob die Einsetzung der ‹Nation› auf der Kommandobrücke jede Belastung ihres Prinzips und ihrer Ausübung von ihr nehmen würde.» (Gauchet, *Erklärung* [↑88] 64 f.)

95 J.-J. Rousseau, *Du contrat social / Vom Gesellschaftsvertrag* (1762), hg./dt. H. Brockard/E. Pietzcker, Stuttgart 1977, I 6, 32–35. – Zu Rousseau: Grundriss/Ueberweg – *Die Philosophie des 18. Jahrhunderts*, II/2 (2008) 615–713 (F. Cheneval); Cassirer, *Aufklärung* [↑15] 160–165, 270–287; Strauss, *Naturrecht* [↑14] 263–307; Koselleck, *Kritik* [↑29] 132–144; Arendt, *Revolution* [↑5] 96–103; T. Kobusch, *Entdeckung* [↑88] 121–129; Forst (2003) 363–379; Ottmann III/1 (2006) 462–510; Winkler (2009) 205–225; A. Honneth, *Anerkennung. Eine europäische Ideengeschichte*, Berlin 2018, 24–72.

96 Nicht erst in dem 1762 wiederum in Amsterdam erstmals erschienenen Traktat *Du contrat social*, sondern bereits in dem 1755 für die Encyclopédie verfassten Artikel *Économie politique* (siehe *Die Welt der Encyclopédie*, hg. A. Selg/R. Wieland, Frankfurt 2001, 280–294). Darin die berühmte Definition: «Le corps politique est donc aussi un être morale qui a une volonté; et cette volonté générale, qui tend toujours à la conservation et au bien-être du tout et de chaque partie, et qui est la source des lois, est pour nous les membres de l'état par rapport à eux et à lui, la règle du juste et de l'injuste» (dt. ebd. 282).

97 *Du contrat social* [↑95] II 6, 85/5.

98 Koselleck, *Kritik* [↑29] 137 f. Siehe dazu ebd. 136 f.: «Die Paradoxie von Rousseau aber, dass das Staatsvolk einen Gesamtwillen habe, durch den es erst zu einem Staatsvolk wird, ist [...] politisch nicht unvermittelt vollstreckbar: sie setzt einen Willen frei, der zunächst gar keinen Vollstrecker hat. Undelegierbar, unrepräsentierbar verschwindet der Wille als Souverän im Unsichtbaren. Die Identität von Staat und Gesellschaft, von souveräner Entscheidungsinstanz und Gesamtheit der Bürger ist von Anfang an dazu verurteilt, ein Mysterium zu bleiben. Der reine Wille als solcher, der sich selbst Ziel seiner Erfüllung ist, ist der wahre Souverän. [...] Das Ergebnis ist der totale Staat. Er beruht auf der fingierten Identität von bürgerlicher Moral und souveräner Entscheidung. [...] Die Souveränität von Rousseau enthüllt sich damit als eine permanente Diktatur. Sie ist gleichursprünglich mit der permanenten Revolution, in die sich sein Staat verwandelt hat. Die Funktion der Diktatur erfüllt der, dem es gelingt, den hypostasierten Gemeinwillen zu vollstrecken.»

99 *Du contrat social* [↑95] IV 8, 308–311.

100 *Émile oder Über die Erziehung*, dt. E. Sckommodau/M. Rang, hg. T. Zumhof, Stuttgart 1963, 531.

101 Ebd. 533. – Rousseaus Dilemma zeigt sich gerade auch an seiner Vorstellung von ‹Gewissen›. Heißt es doch im Bekenntnis des Vikars: «Gewissen! Gewissen! göttlicher Instinkt, unsterbliche und himmlische Stimme, sicherer Führer eines unwissenden und beschränkten, aber vernünftigen und freien Wesens; unbestechlicher Richter über das Gute und Böse; du, der du den Menschen Gott ähnlich machst, du gibst seiner Natur die Vollkommenheit und seinen Handlungen Moralität; ohne dich fühle ich nichts in mir [...] als das traurige Vorrecht, durch [...] eine grundsatzlose Vernunft von einem Irrtum in den anderen zu fallen.» (Ebd. 496) Dem gegenüber im *Contrat social*: «Die Einzelnen sehen das Gute und weisen es zurück: die Öffentlichkeit will das Gute und sieht es nicht. Beide bedürfen gleicherweise der Führung (*tous ont également besoin des guides*): Die einen müssen gezwungen werden, ihren Willen der Vernunft anzupassen, die andere muss erkennen lernen, was sie will. Dann führt die öffentliche Aufklärung die Einheit von Urteilskraft und Wille im Gemeinschaftskörper herbei, was das reibungslose Zusammenspiel der Teile und schließlich die höchste Kraft des Ganzen ergibt.» ([↑95] II 6, 84–87)

102 Dazu *Du contrat social* [↑95] I 7, 40–43: «Der Souverän ist, allein weil er ist, immer alles, was er sein soll (*Le Souverain, par cela seul qu'il est, est toujours tout ce qu'il doit être*). Nicht so verhält es sich aber mit den Untertanen (*sujets*) gegenüber dem Souverän, dem nichts, trotz des gemeinsamen Interesses, für deren Verpflichtung einstünde, wenn er nicht Mittel fände, sich ihrer Treue (*fidélité*) zu versichern. In der Tat kann jedes Individuum als Mensch (*chaque individu [...]*

comme homme) einen Sonderwillen (*volonté particuliere*) haben, der dem Gemeinwillen (*volonté générale*), den er als Bürger (*comme Citoyen*) hat, zuwiderläuft oder sich von diesem unterscheidet. Sein Sonderinteresse kann ihm ganz anderes sagen als das Gesamtinteresse [...] Damit nun aber der Gesellschaftsvertrag (*le pacte social*) keine Leerformel sei, schließt er stillschweigend jene Übereinkunft ein, die allein die anderen ermächtigt, dass, wer immer sich weigert, dem Gemeinwillen zu folgen, von der gesamten Körperschaft dazu gezwungen wird (*y sera contraint par tout le corps*), was nichts anderes heißt, als dass man ihn zwingt, frei zu sein (*ce qui ne signifie autre chose sinon qu'on le forcera d'être libre*) [...]»

103 Hannah Arendt: «Rousseau selbst aber ging einen Schritt weiter. Ihm genügte der äußere Feind als das die Nation einigende Prinzip nicht, er wollte, dass die Einheit und Einmütigkeit aus der Nation selbst aufsteige [...], dass der allen gemeinsame Feind im Innersten jedes Bürgers existiere als dessen Einzelwille und Eigeninteresse. Der, wenn man so sagen will, Trick dieser Lösung besteht darin, dass dieser verborgene innere Feind in der Brust jedes Einzelnen [...] zum Rang eines die Nation von innen vereinigenden Prinzips aufsteigen kann, wenn man jeden bestimmten einzelnen Willen und alle Interessen zu einer alles umfassenden Summe aufaddiert. Der gemeinsame Feind im Inneren der Nation ist die Gesamtsumme der Einzelinteressen aller ihrer Bürger. [...] Nur wenn jeder Einzelne sich selbst in seiner Vereinzelung den Krieg erklärt, kann er in die Lage kommen, in sich selbst seinen eigenen Feind zu erzeugen, und dieser Feind jedes Einzelnen als Einzelnen ist der Allgemeinwille; wenn ihm dies gelingt, ist er ein wirklicher und verlässlicher Bürger des Nationalstaats geworden.» (Arendt, *Revolution* [↑5] 98 f.) Gelingt es ihm nicht, ist der Staat berechtigt, ihn dazu zu zwingen.

104 Vgl. auch Rousseau, *Du contrat social* [↑95] II 11, 114 f.: «Wenn man untersucht, worin das höchste Wohl aller (*le plus grand bien de tous*) besteht, das den Endzweck jeder Art von Gesetzgebung (*la fin de tout sistême de législation*) bilden soll, so wird man finden, dass es sich auf jene zwei Hauptgegenstände *Freiheit* und *Gleichheit* (*ces deux objets principaux, la liberté, et l'égalité*) zurückführen lässt. Auf die Freiheit, weil jede Sonderabhängigkeit dem Staatskörper im gleichen Maße Kraft entzieht, auf die Gleichheit, weil die Freiheit ohne sie nicht bestehen kann.»

105 *Metaphysik der Sitten – Rechtslehre* (§ 47), A 169, B 199.

106 Arendt, *Revolution* [↑5] 115, vgl. 73–124.

107 Den folgenden Abschnitt entnehme ich weitgehend textgleich meinem Buch Schmidinger (2002) 283–297.

108 Verwendete Ausgabe: Gotthold Ephraim Lessing, *Werke und Briefe in zwölf Bänden*, hg. W. Barner u.a., Frankfurt 1985–2003, Bd. 9: *Theologie-Kritische Schriften II. Nathan – Werke 1778–1780*, hg. K. Bohnen/A. Schilson, Frankfurt 1993, 483–666, 1129–1294.

109 Vor allem F. Niewöhner, *Veritas sive varietas. Lessings Toleranzparabel und das Buch Von den drei Betrügern*, Heidelberg 1988.

110 Vgl. u.a. Giovanni Boccaccio, *Decameron – Zwanzig ausgewählte Novellen Italienisch/Deutsch*, hg./dt. P. Brockmeier, Stuttgart 1988, 53–59; Giovanni Boccaccio, *Das Dekameron*, dt. K. Witte/H. Bode, Düsseldorf/Zürich ²¹1999, 51–54. Vgl. K.-J. Kuschel, *Vom Streit zum Wettstreit der Religionen – Lessing und die Herausforderung des Islam*, Düsseldorf 1998, 299–305.

111 Siehe in diesem Band das Kapitel *Die «Leute der Schrift» und das «Wetteifern um das Gute»*. Vgl. auch K.-J. Kuschel, *Streit um Abraham. Was Juden, Christen und Muslime trennt – was sie eint*, München 1994.

112 In Kuschel, *Lessing* [↑110] 314.

113 Ebd. 314–316.

114 Ebd. 315.

115 Lessing, *Werke und Briefe* [↑108] IX, 9–482, 768–1128.

116 Lessing, *Werke und Briefe* [↑108] Bd. 8: *Theologie-Kritische Schriften I – Werke 1774–1778*,

hg. A. Schilson, Frankfurt 1989, 173–350, 841–874. – Vgl. Kuschel, *Lessing* [↑110] 167–183; ebenso: W. Oelmüller, *Die unbefriedigte Aufklärung. Beiträge zu einer Theorie der Moderne von Lessing, Kant und Hegel*, Frankfurt 1969, 35–102; W. Jens/H. Küng, *Dichtung und Religion* (1985), München 1988, 81–119; Grundriss/Ueberweg – *Die Philosophie des 18. Jahrhunderts*, V/1 (2014) 319–344 (W. Sparn/S. Nachtsheim); H. Kerber, *Die Aufklärung der Aufklärung. Lessing und die Herausforderung des Christentums*, Göttingen 2021.

117 *Brief an Elise Reimarus vom 6. September 1778*, in: Lessing, Werke und Briefe [↑108] Bd. 12: *Briefe von und an Lessing 1776–1781*, hg. H. Kiesel u. a., Frankfurt 1994, 192 f.
118 *Brief an Karl Lessing vom 11. August 1778*, ebd. 185 f.
119 *Brief an Karl Lessing vom 18. April 1779*, ebd. 247 f.
120 *Nathan* [↑108] 554–562.
121 Die folgenden Überlegungen sind angelehnt an Kuschel, *Lessing* [↑110] 264–316.
122 *Nathan* [↑108] 556.
123 Ebd. 556 f.
124 Ebd. 555 f.
125 Ebd. 559.
126 *Il Novellino / Das Buch der hundert alten Novellen. Italienisch / Deutsch*, hg./dt. J. Riesz, Stuttgart 1988, Nr. LXXIII (164–167). Vgl. Kuschel; *Lessing* [↑110] 295–299.
127 *Nathan* [↑108] 557.
128 Ebd. 542.
129 Ebd. 558 f.
130 Ebd. 557.
131 Ebd. 559 f.

Von der Toleranz zur Anerkennung – 19. Jahrhundert

1 Vgl. dazu vor allem Osterhammel (2009) 23–180.; ebenso A. Iriye/J. Osterhammel (Hg.), *Geschichte der Welt. 1750–1870 – Wege zur modernen Welt* (hg. S. Conrad/J. Osterhammel), München 2016, bes. 9–34.

2 Dazu lohnt ein Blick in die Nachschlagwerke, die unter dem Stichwort ‹Toleranz› am ausführlichsten sind: GGB 6 (1990) 445–605 (K. Schreiner, G. Besier); HWP 10 (1998) 1251–1262 (G. Schlüter, R. Grötker); TRE 33 (2002) 646–676 (E. Stöve, H. Rosenau, P. Gerlitz). In ihnen allen fallen, was Nachweise aus Philosophie und Theologie hinsichtlich 19. Jahrhundert anbelangt, spärlich aus.

3 Sieht man von der religionswissenschaftlichen Klassifikation von Monotheismus und Polytheismus ab – «In der Tat ist Intoleranz nur dem Monotheismus wesentlich. […] Hingegen sind die polytheistischen Götter, ihrer Natur nach, tolerant […]» (*Parerga und Paralipomena* II – Kap. 16, in: SW, hg. W. von Löhneysen, Frankfurt 1986, V, 423 f.) –, so spielt Schopenhauer nur einmal kritisch auf das Dictum Friedrichs des Großen an, «Die Religionen müssen alle tolleriert werden […], denn hier muss ein jeder nach seiner Façon selig werden» (bei Schopenhauer in der Formulierung «In meinem Lande soll jeder seine Seligkeit nach seiner eigenen Façon besorgen können»), indem er diesem unterstellt, dass es ihm eher wie «einigen deutschen Philosophastern» darum gegangen sei, den Staat «zu einer Moralitäts-Erziehungs-und-Erbauungs-Anstalt zu verdrehen: wobei im Hintergrunde der jesuitische Zweck lauert[e], die persönliche Freiheit und individuelle Entwicklung des einzelnen aufzuheben, um ihn zum bloßen Rade einer chinesischen Staats- und Religionsmaschine zu machen. Dies aber ist der Weg, auf welchem man weiland zu Inquisitionen, Autos da Fé und Religionskriegen gelangt ist» (*Preisschrift über die Grundlage der Moral* § 17, in SW [wie angeführt] III, 750).

4   Zitate aus dem *Nachlass der Achtzigerjahre*, in: Werke in drei Bänden, hg. K. Schlechta, München 1966, hier III, 516, 888. Siehe aber auch:
Jenseits von Gut und Böse – Vorspiel einer Philosophie der Zukunft (1886), Drittes Hauptstück: *das religiöse Wesen* Nr. 58: «Die praktische Gleichgültigkeit gegen religiöse Dinge, in welche er [der deutsche Gelehrte] hineingeboren ist, pflegt sich bei ihm zur Behutsamkeit und Reinlichkeit zu sublimiren, welche die Berührung mit religiösen Menschen und Dingen scheut; und es kann gerade die Tiefe seiner Toleranz und Menschlichkeit sein, die ihn vor dem feinen Nothstande ausweichen heisst, welche das Toleriren selbst mit sich bringt. – Jede Zeit hat ihre eigene göttliche Art von Naivetät, um deren Erfindung sie andre Zeitalter beneiden dürfen: – und wie viel Naivetät, verehrungswürdige, kindliche und unbegrenzt tölpelhafte Naivetät liegt in diesem Überlegenheits-Glauben des Gelehrten, im guten Gewissen seiner Toleranz, in der ahnungslosen schlichten Sicherheit, mit der sein Instinkt den religiösen Menschen als einen minderwerthigen und niedrigeren Typus behandelt, über den er selbst hinaus, hinweg, *hinauf* gewachsen ist, – er, der kleine anmaassliche Zwerg und Pöbelmann, der fleissig-flinke Kopf- und Handarbeiter der «Idee», der «modernen Ideen»!» (SW, hg. G. Colli/M. Montinari, Kritische Studienausgabe, München/Berlin/New York 1980, V, 77).
Götzendämmerung oder wie man mit dem Hammer philosophirt (1889), *Streifzüge eines Unzeitgemäßen* Nr. 18: «Ohne Zweifel ist heute eine sehr viel grössere Anzahl von Überzeugungen möglich als ehemals: möglich, das heisst erlaubt, das heisst *unschädlich*. Daraus entsteht die Toleranz gegen sich selbst. – Die Toleranz gegen sich selbst gestattet mehrere Überzeugungen: diese selbst leben verträglich beisammen, – sie hüten sich, wie alle Welt heute, sich zu compromittiren. Womit compromittirt man sich heute? Wenn man Consequenz hat. Wenn man in gerader Linie geht. Wenn man weniger fünfdeutig ist. Wenn man echt ist … Meine Furcht ist gross, dass der moderne Mensch für einige Laster einfach zu bequem ist: so dass diese geradezu aussterben. Alles Böse, das vom starken Willen bedingt ist – und vielleicht giebt es nichts Böses ohne Willensstärke – entartet, in unsrer lauen Luft, zur Tugend …» (SW [wie angeführt] VI, 122 f.).
5   Vgl. GGB 6 (1990) 510 ff. (G. Besier), 564–588 (K. Schreiner).
6   Darum wissend, dass es Rousseau und Voltaire waren, die «die Grundsätze des Deismus, der religiösen Toleranz und der Moralität […] zur allgemeinen Denkweise der höheren Klassen in Frankreich und außer Frankreich erhoben haben» (Rezension zu *Hamanns Schriften* [1828], in: G. W. F. Hegel, Berliner Schriften 1818–1831, Werke, hg. E. Moldenhauer/K. M. Michel, XI, 275–352, hier 278), sieht er die «Intoleranz» der Religionen darin begründet, dass sich die christliche Religion «in das, was Verfassung heißt, hineingeflochten, daß sie Bedingung von Staatsrechten ist», ja dass «sogar Bürgerrechte an sie geknüpft sind». Dieser «reichsgesetzmäßigen Intoleranz» bzw. dieser «Barbarei von Rechten» konnte nur dadurch entgegengewirkt werden, dass von Staats wegen die «religiöse Gewissensfreiheit für höher geachtet» wurde. (*Die Verfassung Deutschlands* [1800/02], in: G. W. F. Hegel, Frühe Schriften, Werke [wie angeführt] I, 451–610, hier 518) Der Staat habe dabei keine Toleranz geübt, sondern in der «Einräumung» dieser Rechte unstreitig weiter nichts als die Aufhebung einer großen Ungerechtigkeit und also eine Pflicht» erfüllt. Nur für die Religionsgemeinschaft «ist es immer Duldung, […] wenn der Staat es als Pflicht fordert, die Rechte Andersgläubiger zu respektieren» (*Die Positivität der christlichen Religion* [1795/96], ebd. 104–229, hier 151 f.). Wo diese Verpflichtung nicht besteht, wird die jeweils «herrschende Kirche» zwangsläufig intolerant, sofern sie «ihr Recht behauptet und den Andersgläubigen aus ihrer Gemeinschaft und damit zugleich aus dem Staate ausschließt». (Ebd. 153 f.) Der Fall, «daß der Staat *Toleranz* ausübt», ist streng genommen nur dann gegeben, wenn Angehörige einer Religionsgemeinschaft «die direkten Pflichten gegen den Staat [nur] auf eine passive Weise erfüllen», zugleich aber «Anspruch machen», als «aktive Mitglieder der bürgerlichen Gesellschaft» anerkannt bzw. geduldet zu werden – und der Staat

dies akzeptiert. (*Grundlinien der Philosophie des Rechts* [1821], in: Werke [wie angeführt] VII, 421 Anm. [§ 270]).

7 HB-Menschenrechte (2012) 107; vgl. Winkler (2009) 606–628, 833–852.

8 In seiner Streitschrift *Reflections on the Revolution in France* (1790), die schon 1793 in Berlin auf Deutsch erschienen ist (*Betrachtungen über die französische Revolution nach dem Englischen des Herrn Burke, neu-bearbeitet mit einer Einleitung, Anmerkungen, politischen Abhandlungen und einem critischen Verzeichniß der in England über diese Revolution erschienenen Schriften von Friedrich Gentz* [Neuausgabe in: Edmund Burke, *Betrachtungen über die Französische Revolution*, hg. U. Frank-Planitz, Zürich 1986/7, 33–475]) und viel gelesen wurde. Zu Burke vgl. auch L. Strauss, *Naturrecht und Geschichte* (¹1953), dt. H. Boog, Stuttgart 1956, 307–336.

9 In seiner zwischen 1791 und 1795 verfassten Abhandlung *Anarchical Fallacies; Being an Examination of the Declarations of Rights Issued During the French Revolution*, die später (1795) unter dem Titel *Nonsens upon Stilts, or Pandora's Box Opened, or the French Declaration of Rights prefixed to the Constitution of 1791 laid open and exposed* überarbeitet erschien. (Deutsche Ausgabe: Jeremy Bentham, *Unsinn auf Stelzen – Schriften zur Französischen Revolution*, hg. P. Niesen, Berlin 2013, bes. 121–197.)

10 Zitate aus F. Gentz, *Über die Deklaration der Rechte* (1837), in: O. Dann, *Gleichheit*, in: GGB 2 (1992) 997–1046, hier 1027.

11 Zitate aus F. J. Stahl, *Philosophie des Rechts* (1830), ebd. 1027 f.

12 Arendt (1951) 405–428.

13 Im Deutschen verwendet Johann Gottlieb Herder erstmals diesen Begriff. Zur Begriffsgeschichte siehe vor allem GGB 7 (1992) 141–431 (F. Gschnitzer/R. Koselleck/B. Schönemann/K. F. Werner); HWP 6 (1984) 406–414 (U. Dierse/H. Raht) sowie 11 (2001) 1080–1090 (P. Brandt), 1102–1107 (A. Grossmann), 1109–1111 (K. Röttgers/R. Linvers).

14 *Einleitung*, in: GGB 1 (1972) XIII–XXVII, hier XV.

15 Vgl. vor allem J. G. Herder: «Wer in derselben Sprache erzogen ward, wer sein Herz in sie schütten, seine Seele in ihr ausdrücken lernte, der gehört zum Volk dieser Sprache. […] Mittels der Sprache wird eine Nation erzogen und gebildet; mittels der Sprache wird sie ordnungs- und ehrliebend, folgsam, gesittet, umgänglich, berühmt, fleißig und mächtig. Wer die Sprache einer Nation verachtet, […] wird ihres Geistes … gefährlichster Mörder.» (*Briefe zur Beförderung der Humanität* V, 57 Beilage) Auch der Begriff «Seele des Volks» wird im Deutschen besonders durch Herder eingeführt. Belege dazu in HWP 6 (1984) 1102–1107, bes. 1102 (A. Grossmann).

16 Nicht von ungefähr definiert die französische Verfassung vom 24. Juni 1793 in ihrem Artikel 7: «Le peuple souverain est l'universalité des citoyens français.»

17 M. Gauchet, *Die Erklärung der Menschenrechte. Die Debatte um die bürgerlichen Freiheiten 1789* (1989), dt. W. Kaiser, Reinbek bei Hamburg 1991, 43–62; P. Nora, *Nation*, in: Kritisches Wörterbuch der Französischen Revolution, hg. F. Furet/M. Ozouf, Frankfurt 1996, 1221–1238; vgl. auch Arendt (1951) 472–515.

18 Artikel 3 der Menschen- und Bürgerrechtserklärung der Verfassung vom 3. September 1791.

19 Artikel 25 der Verfassung vom 24. Juni 1793.

20 In seinem Werk *Geist der Zeit*, Teil I, Leipzig o. J. [1808] (Zitat aus Winkler [2009] 402 f.). Zum Nationalismus in Deutschland: Th. Nipperdey, *Deutsche Geschichte 1800–1866*, Bd. I: *Bürgerwelt und starker Staat*, München 1983, 300–313.

21 In seinem Werk *Deutsches Volkstum*, Lübeck 1810 (Zitat aus Winkler [2009] 401).

22 In seinem Werk *Über Volkshaß und den Gebrauch einer fremden Sprache*, Leipzig 1813 (Zitat aus Winkler [2009] 403).

23 [↑20]

24 [↑22]
25 Zum Thema ‹Rassismus› im 19. Jahrhundert siehe Osterhammel (2009) 1214–1228, 1236 ff.; Ch. Geulen, *Geschichte des Rassismus*, München ⁴2021, 63–92; vgl. auch Arendt (1951) 351–515.
26 E. M. Arndt, *Noch etwas über die Juden*, in: ders., *Blick aus der Zeit auf die Zeit* [1814] (Zitat aus Winkler [2009] 405). Zum Antisemitismus im 19. Jahrhundert: Osterhammel (2009) 1229–1238; Ch. Geulen [↑25] 89 ff.
27 So bereits 1793 in seiner Schrift *Beitrag zur Berichtigung der Urtheile des Publicums über die französische Revolution* (Fichtes Werke, hg. I. H. Fichte, Berlin 1845/46 [Nachdruck Berlin 1973], VI, 39–288, hier 149 f.) – Zum Antijudaismus in den Werken des deutschen Idealismus sowie von Arthur Schopenhauer siehe D. Nirenberg, *Antijudaismus. Eine andere Geschichte des westlichen Denkens* (2013), dt. M. Richter, München 2015, 389–423.
28 Vor allem in Deutschland und Frankreich sah man in den Juden die international agierenden Börsenspekulanten, die man für die wirtschaftlichen Miseren der diversen Volkswirtschaften verantwortlich machte. «Im Zeichen von Börsenkrach und Wirtschaftskrise breitete sich der Antisemitismus nicht nur in Deutschland aus. In Österreich, Ungarn und Frankreich hatten die Judengegner vor allem in den achtziger Jahren starken Zulauf, und um dieselbe Zeit mehrten sich in Russland antijüdische Ausschreitungen.» (Winkler [2009] 842, vgl. 838 ff.) Vgl. auch Arendt (1951) 17–272.
29 Dazu Winkler (2009) 405–408, 838–843, 920 f., 1012–1017, 1071 ff.
30 Vgl. Reinhard (2016) 601–1043; Winkler (2009) 687–1187; Osterhammel (2009) 1172–1238; ders./J. C. Jansen, *Kolonialismus – Geschichte, Formen, Folgen*, München ⁹2021; C. Aydin, *Regionen und Reiche in der politischen Geschichte des langen 19. Jahrhunderts (1750–1924)*, in: Conrad/Osterhammel (Hg.), *1750–1870* [↑1] 35–253.
31 Osterhammel (2009) 1194 f.
32 Jürgen Osterhammel: «In der frühen Neuzeit fehlte noch die Überzeugung, es gebe auf der Welt nur eine einzige maßstäbliche Zivilisation: die europäische. Diese Globalisierung zivilisatorischer Normen war etwas Neues im langen 19. Jahrhundert. [...] Das ursprüngliche Ideal der Zivilisierungsmission war strikt eurozentrisch, und in seinem Absolutheitsanspruch gegen jegliche Form von kulturellem Relativismus gerichtet. Es war dabei inklusiv: Die Europäer wollten ihre höhere Zivilisation nicht für sich behalten, die anderen sollten daran partizipieren dürfen. [...] Sie baute auf dem optimistischen Gedanken des Fortschritts und der zunehmenden Annäherung zwischen den Kulturen der Welt auf. Sie eignete sich zugleich zur Rechtfertigung und propagandistischen Begleitung von ‹Projekten› aller Art, die vorgaben, solchem Fortschritt zu dienen. [...] Die Sattelzeit um 1800 war die Epoche, in welcher die Zivilisierungsmission praktisch zu werden begann. Dies setzte ideengeschichtlich zweierlei voraus: zum einen das Vertrauen der späten europäischen Aufklärung in Pädagogik, also den Glauben, dass Wahrheiten, einmal erkannt, dazu da seien, gelehrt und angewendet zu werden; zum anderen die Formulierung universaler Stufenmodelle der Menschheitsentwicklung von schlichten Urzuständen bis zur vollen Entfaltung einer auf Recht und Arbeitsfleiß beruhenden Bürgergesellschaft.» (Osterhammel [2009] 1174 f.) Vgl. Aydin, *Regionen* [↑30] 146 f.
33 Winkler (2009) 885–889, 940 f., 1051–1053.
34 Vgl. dazu auch K. R. Popper, *Das Elend des Historizismus* (1960), Tübingen ⁵1979.
35 R. Koselleck, *Historia Magistra Vitae. Über die Auflösung des Topos im Horizont neuzeitlich bewegter Geschichte* (1967), in: ders., Vergangene Zukunft. Zur Semantik geschichtlicher Zeiten, Frankfurt 1979 (TB 1989) 38–66 (bes. 47 ff.); ders.: *Geschichte V. Die Herausbildung des modernen Geschichtsbegriffs*, in: GGB 2 (1975) 647–691.
36 *Vorlesungen über die Philosophie der Geschichte* (ab 1822/23), in: Werke [↑6] XII, 77.
37 *Phänomenologie des Geistes* (1807), in: Werke [↑6] III, 24 (Vorrede).

38   Vgl. J. Ritter, *Hegel und die französische Revolution* (1956), in: ders., *Metaphysik und Politik – Studien zu Aristoteles und Hegel*, Frankfurt 1969, 183-255.

39   *Vorlesungen über die Geschichte der Philosophie* (ab 1805/06), in: Werke [↑6] XX, 314; vgl. *Philosophie der Geschichte* [↑36] XII, 525.

40   An der Französischen Revolution interessieren Hegel nicht die Menschenrechte, obwohl er die «*Droits de l'homme et du citoyen*» ausdrücklich anspricht. (*Philosophie der Geschichte* [↑36] XII, 525: «[…] der Zweck der Gesellschaft ist selbst politisch, der des Staats [s. *Droits de l'homme et du citoyen*, 1791], nämlich der, die *natürlichen Rechte* aufrechtzuerhalten; das natürliche Recht aber ist die *Freiheit*, und die weitere Bestimmung derselben ist die *Gleichheit* in den Rechten vor dem Gesetz. Dies hängt unmittelbar zusammen, denn die Gleichheit ist durch die Vergleichung Vieler, aber eben diese Vielen sind Menschen, deren Grundbestimmung dieselbe ist, die Freiheit.») Vgl. das ganze Kapitel «Die Aufklärung und die Revolution» ebd. 520-540. Was Hegel von der Revolution schwärmen lässt, ist einzig das weltgeschichtliche Signal, das von ihr ausgeht: «Solange die Sonne am Firmament steht und die Planeten um sie herumkreisen, war das nicht gesehen worden, dass der Mensch sich auf den Kopf, d. i. auf den Gedanken stellt und die Wirklichkeit nach diesem erbaut. […] nun aber erst ist der Mensch dazu gekommen, zu erkennen, dass der Gedanke die geistige Wirklichkeit regieren solle. Es war dieses somit ein herrlicher Sonnenaufgang. Alle denkenden Wesen haben diese Epoche mitgefeiert. Eine erhabene Rührung hat in jener Zeit geherrscht, ein Enthusiasmus des Geistes hat die Welt durchschauert, als sei es zur wirklichen Versöhnung des Göttlichen mit der Welt nun erst gekommen.» (Ebd. 529)

41   Ebd. 524.

42   «Dass die Weltgeschichte […] das wirkliche Werden des Geistes ist, unter dem wechselnden Schauspiele ihrer Geschichten – dies ist die wahrhafte *Theodizee*, die Rechtfertigung Gottes in der Geschichte. Nur *die* Einsicht kann den Geist mit der Weltgeschichte und der Wirklichkeit versöhnen, dass das, was geschehen ist und alle Tage geschieht, nicht nur nicht ohne Gott, sondern wesentlich das Werk seiner selbst ist.» (Ebd. 540)

43   Vgl. K. R. Popper, *Die offene Gesellschaft und ihre Feinde*, Bd. II: *Falsche Propheten: Hegel, Marx und die Folgen* (1945), Tübingen ⁸2003.

44   Vgl. Arendt (1951) 907-943.

45   Zitat in G. Besier, *Toleranz*, in: GGB 6 (1990) 514.

46   Zum Folgenden vgl. die Bde. VI/1-2 des HKG (J) *Die Kirche in der Gegenwart* (1971/73), bes. VI/1, 311-476, 650-796 (R. Aubert/R. Lill), VI/2, 391-500 (R. Aubert).

47   In der dogmatischen Konstitution *Pastor aeternus* vom 18. Juli 1870, hier in Kapitel 4: «Wenn der Römische Bischof ‹ex cathedra› spricht, das heißt, wenn er in Ausübung seines Amtes als Hirte und Lehrer aller Christen kraft seiner höchsten Apostolischen Autorität entscheidet, dass eine Glaubens- oder Sittenlehre von der gesamten Kirche festzuhalten ist, dann besitzt er mittels des ihm […] verheißenen göttlichen Beistands jene Unfehlbarkeit (*ea infallibilitate*), mit der der göttliche Erlöser seine Kirche bei der Definition der Glaubens- oder Sittenlehre ausgestattet sehen wollte; und daher sind solche Definitionen des Römischen Bischofs aus sich, nicht aber aufgrund der Zustimmung der Kirche unveränderlich (*ideoque eiusmodi Romani Pontificis definitiones ex sese, non autem ex consensu Ecclesiae, irreformabiles esse*).» (H. Denzinger, Enchiridion symbolorum definitionum et declarationum de rebus fidei et morum / Kompendium der Glaubenszeugnisse und kirchlichen Lehrentscheidungen, hg. P. Hünermann ³⁷1991, Nr. 3074 (833).

48   Enzyklika *Mirari vos arbitramur* vom 15. August 1832, ebd. Nr. 2730-2732 (758).

49   *Syllabus* vom 8. Dezember 1864, ebd. Nr. 2901-2980 (798-810). Zu Pius IX. und seinem Syllabus H. Wolf, *Der Unfehlbare – Pius IX. und die Erfindung des Katholizismus im 19. Jahrhundert*, München 2020, bes. 219-255.

50   Denzinger, *Enchiridion* [↑47] Nr. 2915-2918 (801).

51 Dekret des Hl. Offiziums *Lamentabili* vom 3. Jul 1907, ebd. Nr. 3401–3466 (932–939).
52 Enzyklika *Pascendi dominici gregis* vom 8. September 1907, ebd. Nr. 3475–3500 (940–953).
53 Motu proprio *Sacrorum antistitum* vom 1. September 1910, ebd. Nr. 3537–3550 (961–964).
54 Nach einer Formulierung von P. Neuner, *Der Streit um den katholischen Modernismus*, Frankfurt/Leipzig 2009, 106 f. Der Eid wurde erst 1967 abgeschafft.
55 HKG (J) VI/2 (1973) 28–48 (R. Lill); Th. Nipperdey, *Deutsche Geschichte 1866–1918*, Bd. II: *Machtstaat vor Demokratie*, München 1992, 364–381; Winkler (2009) 825–829, 835–839.
56 HKG (J) VI/1 (1971) 736 f. (R. Aubert), VI/2 (1973) 78–86 (O. Köhler).
57 HKG (J) VI/2 (1973) 202–204, hier 203.
58 [↑14]; zudem R. Koselleck, *Über die Theoriebedürftigkeit der Geschichtswissenschaft* (1972), in: ders., Zeitschichten – Studien zur Historik, Frankfurt 2003, 298–316, hier 302.
59 Den folgenden Teil entnehme ich wortgleich meinem Vortrag *Von der Duldung zur Anerkennung – Zum Toleranz-Diskurs der Goethe-Zeit*, gehalten am 26. April 2023 auf Einladung der Österreichischen Goethe-Gesellschaft in Wien. Publikation ist in den Mitteilungen der Gesellschaft für 2024 vorgesehen.
60 FA I. Abt., Bd. 13: Sprüche in Prosa. Sämtliche Maximen und Reflexionen (1993), 249 (Nr. 2.111). In dieser Edition gehört die «Maxime» zur sogenannten «Thesengruppe». Sie wurde 1829 erstmals publiziert, dürfte allerdings etwas früher entstanden sein.
61 FA, I. Abt., Bd. 3/1–2 (1994).
62 FA, I. Abt., Bd. 18: Ästhetische Schriften 1771–1805 (1998), 119–130 (Kommentar 1111–1115); vgl. dazu N. Boyle, *Goethe – Der Dichter in seiner Zeit – Bd. I: 1749–1790* (1991), dt. H. Fliessbach, München ²1999, 171 f., 181 f.; vgl. K.-J. Kuschel / S. Alam, *Goethe und der Koran*, Ostfildern 2021, 170–173.
63 FA, I. Abt., Bd. 18 [↑62] 123.
64 Der schreibende Pastor bezeichnet sich selbst als tolerant: «Zwar müßt Ihr nicht denken, daß meine Toleranz mich indifferent gemacht habe. [...] So wenig die ewig einzige Quelle der Wahrheit indifferent sein kann, so tolerant sie auch ist, so wenig kann ein Herz, das sich seiner Seligkeit versichern will, von der Gleichgültigkeit Profession machen.» (Ebd. 120) «So wenig bin ich indifferent, darf ich deswegen nicht tolerant sein?» (121) Diese seine Toleranz hebt er deutlich ab von der vorgespielten Toleranz jener «Leute [...], die sich Philosophen nennen, [...] unaufhörlich von Vernunft reden [...], mittlerweile sie allein nach Vorurteilen handeln. Es liegt ihnen nichts so sehr am Herzen als die Toleranz, und ihr Spott über alles was nicht ihrer Meinung ist, beweist wie wenig Friede man von ihnen zu hoffen hat.» (122) Solches musste ein «Portugiesischer Jude» von Seiten Voltaires erfahren: Es «fertigte ihn dieser sehr tolerant ab und sagte: Bleibt denn Jude weil ihr es einmal seid.» (Ebd.)
65 FA, I. Abt., Bd. 14: Aus meinem Leben – Dichtung und Wahrheit (1986), hier 3. Teil, 12. Buch (557). Geschrieben 1812/13, erstmals erschienen 1814 (1002 f., vgl. 1207 f.).
66 *Émile oder Über die Erziehung*, dt. E. Sckommodau/M. Rang, hg. T. Zumhof, Stuttgart 1963, 531.
67 *Brief* [↑62] 123.
68 Ebd. 125.
69 *Émile* [↑66] 533.
70 *Brief* [↑62] 123.
71 Ebd. 122.
72 Boyle, *Goethe* [↑62] 173.
73 FA, II. Abt., Bd. 1 (28): Von Frankfurt nach Weimar – Briefe, Tagebücher und Gespräche vom 23. Mai 1764 bis 30. Oktober 1775 (1997), 358 f. (Kommentar 864–870). Zum Verhältnis Lavater-Goethe siehe Kuschel/Alam, *Goethe* [↑62] 201–204.

74 *Brief Lavaters an Goethe am 1. Mai 1774* zitiert FA, II. Abt., Bd. 1 (28) [↑73] 867–869, hier 868.
75 FA, II. Abt., Bd. 2 (29): Das erste Weimarer Jahrzehnt – Briefe, Tagebücher und Gespräche vom 7. November 1775 bis 2. September 1786 (1997), 448–451, hier 449 (Kommentar 995–997).
76 FA, II. Abt., Bd. 7 (34): Napoleonische Zeit – Briefe, Tagebücher und Gespräche vom 10. Mai 1805 bis 6. Juni 1816 (1994), 146–148 (Kommentar 672 f.).
77 Dazu und zum Folgenden beziehe ich mich auf Kuschel/Alam, *Goethe* [↑62] sowie auf K. Mommsen, *Goethe und der Islam*, Frankfurt/Leipzig 2001.
78 *Aus meinem Leben* [↑65], hier 2. Teil, 8. Buch (382).
79 *Brief an F. H. Jacobi vom 9. Juni 1785*, in: FA, II. Abt., Bd. 2 (29) [↑75] 582–584, hier 582 f. (Kommentar 1093 f.).
80 *Brief an Ch. Schlosser vom 23. Januar 1815*, in: FA, II. Abt., Bd. 7 (34) [↑76] 397–400, hier 398 (Kommentar 772–774).
81 FA, I. Abt., Bd. 3/1 [↑61] 200 (Kommentar FA, I. Abt., Bd. 3/2 [↑61] 1488 f., 1494 f.). Vgl. ebd 197: «Hier sieht man daß die Sprache schon an und für sich productiv ist und zwar, in so fern sie dem Gedanken entgegen kommt, rednerisch, in so fern sie der Einbildungskraft zusagt, poetisch.»
82 Vgl. H. Belting, *Florenz und Bagdad – Eine westöstliche Geschichte des Blicks*, München 2008, 80–92.
83 Vgl. N. Kermani, *Gott ist schön. Das ästhetische Erleben des Koran*, München 1999.
84 *Rezension in den Frankfurter Gelehrten Anzeigen 1772*, in: FA, I. Abt., Bd. 18 [↑62] 104 (Kommentar 1103 f.).
85 Vgl. Kuschel/Alam, *Goethe* [↑62] 46–49, 146–163, 270–275; sowie Mommsen, *Goethe* [↑77] 13 f., 31–47. – Später, in der Zeit der Entstehung des *Divans*, verwendete Goethe auch die Übersetzungen des Leipziger Anglisten Theodor Arnold (1746) sowie des Wiener Orientalisten Joseph von Hammer-Purgstall (1809–1818).
86 Vgl. ebd. Kuschel/Alam, *Goethe* [↑62] 181–210; Mommsen, *Goethe* [↑77] 47–95; auch Boyle, *Goethe* [↑62] 173 f.
87 Vgl. ebd. Kuschel/Alam, *Goethe* [↑62] 241–367; Mommsen, *Goethe* [↑77] 121–410.
88 FA, I. Abt., Bd. 3/1: *Divan* [↑61] 200.
89 Ebd. 228 (Kommentar FA, I. Abt., Bd. 3/2 [↑61] 1534 f.).
90 Ebd. 549.
91 Ebd. 65 (Kommentar FA, I. Abt., Bd. 3/2 [↑61] 1144 f.).
92 *Die romantische Schule*, in: Heinrich Heine – Historisch-kritische GA der Werke, Bd. 8/1, Hamburg 1979, 162.
93 *Sanct Rochus-Fest zu Bingen am 16. August 1814*, in: FA, I. Abt., Bd. 16: Campagne in Frankreich – Belagerung von Mainz – Reiseschriften (1994), 343–372, hier 367 (Kommentar 894–899).
94 FA, I. Abt., Bd. 3/1: *Divan* [↑61] 15, 307, 462, 552, 663 (Kommentar FA, I. Abt., Bd. 3/2 [↑114] 904–906).
95 Näheres zu Goethes Verständnis von «Weltliteratur»: A. Bonnenkamp, «*Den Wechseltausch zu befördern*» – *Goethes Entwurf einer Weltliteratur*, in FA, I. Abt., Bd. 22: Ästhetische Schriften 1824–1832 – Über Kunst und Altertum V–VI (1999), 937–964; vgl. P. Weber, *Weltliteratur*, in: Goethe-Handbuch Bd. IV/2, Stuttgart 1998, 1134–1137.
96 FA, II. Abt., Bd. 12 (39): Johann Peter Eckermann – Gespräche mit Goethe in den letzten Jahren seines Lebens (1999), 225 (Kommentar 1201 f.).
97 Unter dem Titel ‹EDINBURGH REVIEWS› in FA, I. Abt., Bd. 22: Ästhetische Schriften [↑95] 491–493, hier 491 (Kommentar 1298–1301).

98 Unter dem Titel *BEZÜGE NACH AUSSEN* in ebd. 427 (Kommentar 1238–1240).
99 So Anne Bonnenkamp in «*Den Wechseltausch zu befördern*» [↑95] 938 f.
100 Bonnenkamp, ebd. 938.
101 Ebd. 939 f., vgl. 949 ff.
102 Dazu und zum Folgenden: J. Fisch, *Das Selbstbestimmungsrecht der Völker – Die Domestizierung einer Illusion*, München 2010.
103 J.-J. Rousseau, *Du contrat social / Vom Gesellschaftsvertrag* (1762), hg./dt. H. Brockard/E. Pietzcker, Stuttgart 1977, I 6, 32–35. – Vgl. auch den 1755 für die Encyclopédie verfassten Artikel *Économie politique*: «Le corps politique est donc aussi un être morale qui a une volonté; et cette volonté générale, qui tend toujours à la conservation et au bien-être du tout et de chaque partie, et qui est la source des lois, est pour nous les membres de l'état par rapport à eux et à lui, la règle du juste et de l'injuste» (Die Welt der Encyclopédie, hg. A. Selg/R. Wieland, Frankfurt 2001, 280–294, hier 282).
104 Fisch, *Selbstbestimmungsrecht* [↑102] 79–82.
105 Ebd. 25–70.
106 Vgl. vor allem A. Honneth, *Kampf um Anerkennung – Zur moralischen Grammatik sozialer Konflikte*, Frankfurt 1994 ([10]2018), bes. 11–105; ders., *Anerkennung – Eine europäische Ideengeschichte*, Berlin 2018, bes. 131–181; ebenso C. Taylor, *Die Politik der Anerkennung* (1992), in: C. Taylor, Multikulturalismus und die Politik der Anerkennung, dt. R. Kaiser, Frankfurt 2009, 11–66.
107 Dazu: J. Osterhammel, *Sklaverei und die Zivilisation des Westens*, München [2]2009; Osterhammel (2009) 1188–1214; Winkler (2009) 409, 740–757, 873 ff.; J. Lepore, *Diese Wahrheiten. Geschichte der Vereinigten Staaten von Amerika* (2018), dt. W. Roller, München 2019 (das ganze Buch kreist schwerpunktmäßig um dieses Thema in der gesamten Geschichte der USA).
108 Vgl. S. Hazareesingh, *Blac Spartacus. Das große Leben des Touissant Louverture*, dt. A. Nohl, München 2022.
109 Osterhammel (2009) 1190 ff. spricht von «Kettenreaktion». Siehe auch Osterhammel, *Sklaverei* [↑107] 54 f. (vgl. 60 f.): «Zu diesem Impuls [zur Sklavenbefreiung] kamen weniger nutzenorientierte Überzeugungen hinzu. Man kann sie unter dem Sammelnamen des ‹Humanitarismus› bündeln, einer mit der Sklavereifrage eng verbundenen Haltung, die sich definieren lässt als ‹the disposition of members of one race to hink of members of other races as equal human beings›. Die machtvollsten unter diesen Überzeugungen, aber keineswegs alle, waren religiös motiviert, zuerst bei den Quäkern, die man die erste ‹international pressure group› genannt hat, dann beim Evangelical Revival, jener protestantischen Erneuerungsbewegung des späten 18. Jahrhunderts, dem die Hauptvertreter des britischen Abolitionismus entstammten.»
110 Winkler (2009) 885–888, 1051–1053.
111 Zur Entstehung dieses Begriffs ab 1880: U. Gerhard, *Frauenbewegung und Feminismus – Eine Geschichte seit 1789* (2009), München [5]2022, 9, 54.
112 So bereits die holländische Pionierin im Kampf um die Frauenrechte Etta Palm d'Aelders (1743–1799), die 1790 vor der einflussreichen Confédération des Amis de la Vérité in Paris ihren *Appel aux Françoises sur la régénération des meures et nécessité de l'influence des femmes dans le gouvernement libre* (publiziert ebd. im Juli 1791) den «pénible et affreux esclavage» anprangert: «Ah! Messieurs, si vous voulez que nous soyons zèlées pour l'heureuse constitution, qui rend aux hommes leurs droits, commencez donc par être justes envers nous; que dorénavant nous soyons vos compagnes volontaires & non vos esclaves? […] n'est-ce pas une même absurdité, que si l'on avait dit aux François le 15 de juil'et 1789: Laissez-là vos justes réclamations; vous êtes né pour esclavage; rien ne peut vous dispencer d'obeir eternellement à une volonté arbitraire?» (Erstdruck p. 4–5).

113 Am 31. März 1776 schreibt Abigail Smith Adams (1744–1818), Frau des 2. Präsidenten der USA John Adams (1735–1826), an diesen anlässlich der Ausarbeitung der Unabhängigkeitserklärung der Vereinigten Staaten, die er mitkonzipiert: «Ich wünsche mir, dass Du Dich der Frauen erinnerst und ihnen mehr Großzügigkeit und Wohlwollen erweist als Deine Vorfahren […] Lege nicht so viel unbegrenzte Macht in die Hände der Ehemänner. Denke daran, dass alle Männer Tyrannen wären, wenn sie nur könnten. Wenn den Frauen keine besondere Sorgfalt und Aufmerksamkeit zuteilwird, sind wir entschlossen, einen Aufstand zu schüren, und wir werden uns nicht an irgendwelche Gesetze gebunden fühlen, die uns weder eine Stimme noch eine parlamentarische Vertretung zugestehen.» (Zitiert in Lepore, *Wahrheiten* [↑107] 136).

114 *A Vindication of the Rights of Men, in a Letter to the Right Honourable Edmund Burke; Occasioned by His Reflections on the Revolution in France*, London 1790 (Übersetzung: *Verteidigung der Menschenrechte*, dt. J. Schlösser, in: H. Klenner [Hg.], Haufe-Schriftenreihe zur rechtswissenschaftlichen Grundlagenforschung, Bd. 8, Berlin 1996).

115 London 1792 (Übersetzung: *Die Verteidigung der Frauenrechte*, dt. P. Altschuh-Riederer, in: U. I. Meyer, *Philosophinnen*, Bd. 21, Aachen 2008).

116 Vgl. Schmidinger (2002) 274–281.

117 Ebd. 276–279.

118 Nicht genug damit: Ihre *Déclaration des droits de la femme et de la citoyenne* geriet in Vergessenheit und kam erst 1972 in der Pariser Nationalbibliothek wieder zum Vorschein. Entdeckt wurde sie durch die deutsche Politikwissenschaftlerin Hannelore Schröder, die sie 1995 kommentiert und übersetzt publizierte: H. Schröder, *Olympe de Gouges – Mensch und Bürgerin*, Aachen 1995.

119 Gerhard, *Frauenbewegung* [↑111] 47 f.

120 Ebd. 29–82.

121 Siehe die Widmung in: John Stuart Mill – AW, hg. U. Ackermann/H. J. Schmidt, Bd. III: Freiheit, Fortschritt und die Aufgaben des Staates, Tl.1: Individuum, Moral und Gesellschaft, hg. M. Schefczyk/C. Schmidt Petri, dt. E. Gomperz/Th. Gomperz/A. Marciniak/C. Schmidt-Petri/E. Wessel/F. Wolfrum, 303–440, hier 305. Zu Mill siehe auch Forst (2003) 478–495.

122 Die Schriften zu den Gleichberechtigungsfragen sind gesammelt erschienen in: Mill – AW [↑121] Bd. I: John Stuart Mill und Harriet Taylor – Freiheit und Gleichberechtigung, hg. U. Ackermann, dt. S. Freud/J. Hirsch/H.-G. Holl/S. Kohlhammer/H. Schröder/F. Wolfrum, Hamburg 2012 (*The Subjection of Women* ebd. 439–560).

123 *Ursprünge von Konformität (Über Toleranz)* (1832), ebd. 319–325, hier 321 f.

124 Zitiert in: Gerhard, *Frauenbewegung* [↑111] 78.

125 «Das Tierische wird das Menschliche und das Menschliche das Tierische.» (*Zur Kritik der Nationalökonomie [Pariser Manuskripte 1844]*, in: Karl Marx, Frühe Schriften – Klassiker des modernen Denkens, hg. I. Fetscher, München 1985, 208.

126 «Die [kapitalistische] Produktion produziert den Menschen nicht nur als eine *Ware*, die *Menschenware*, den Menschen in der Bestimmung der *Ware*, sie produziert ihn, dieser Bestimmung entsprechend, als ein ebenso *geistig* wie *körperlich* entmenschtes Wesen.» (Ebd. 220; vgl. 155, 203 f.)

127 «Also selbst in dem Zustand der Gesellschaft, welcher dem Arbeiter am günstigsten ist, ist die notwendige Folge für den Arbeiter Überarbeitung und früher Tod, Herabsinken zur Maschine, Knecht des Kapitals […]» (Ebd. 158; vgl. 157, 160, 207)

128 Ausgabe (letzter Hand 1913) im Dietz-Verlag: Berlin 1964, 50.

129 Marx, *Manuskripte* [↑125] 157, 215, 222 f. u. ö.

130 Vgl. u. a. H. Arendt, *Vita activa oder vom tätigen Leben* (1958/67), München ^{12}2001 (TB), 98–160 u. ö.

131 «Das Tier ist unmittelbar eins mit seiner Lebenstätigkeit. Es unterscheidet sich nicht von ihr. Es ist *sie*. Der Mensch macht seine Lebenstätigkeit selbst zum Gegenstand seines Wollens und seines Bewusstseins. [...] Eben nur dadurch ist er ein Gattungswesen. Oder er ist nur ein bewusstes Wesen, d. h., sein eignes Leben ist ihm Gegenstand, eben weil er ein Gattungswesen ist. Nur darum ist seine Tätigkeit freie Tätigkeit. [...] Das praktische Erzeugen einer *gegenständlichen* Welt, die *Bearbeitung* der unorganischen Natur ist die Bewahrung des Menschen als eines bewussten Gattungswesens, d. h. eines Wesens, das sich zu der Gattung als seinem eignen Wesen oder zu sich als Gattungswesen verhält. [...] Diese Produktion ist sein werktätiges Gattungsleben. Durch sie erscheint die Natur als *sein* Werk und seine Wirklichkeit. Der Gegenstand der Arbeit ist daher die *Vergegenständlichung des Gattungslebens des Menschen*: indem er sich nicht nur eine im Bewusstsein intellektuell, sondern werktätig, wirklich verdoppelt und sich selbst daher in einer von ihm geschaffenen Welt anschaut.» (*Manuskripte* [↑125] 210 f.)

132 Ebd. 237.
133 Ebd. 204 f.
134 Ebd. 204.
135 Ebd. 205.
136 Dazu und zum Folgenden: P. M. Lützeler, *Die Schriftsteller und Europa – Von der Romantik bis zur Gegenwart*, München 1992, bes. 33–189. Siehe dazu auch in diesem Buch 16–21.
137 K. C. F. Krause, *Das System der Rechtsphilosophie / Entwurf eines europäischen Staatenbundes*, hg. B. P. Göcke/E. M. Catania/C. Dierksmeier, Hamburg 2024, hier 707-725. Zu Krause: Grundriss/Ueberweg – *Die Philosophie 19. Jahrhunderts*, I/1 (2020) 298-318 (P. Landau/W. Forster).
138 Lützeler, *Schriftsteller* [↑136] 143.
139 Vgl. dazu unter anderem: O. Figes, *Die Europäer – Drei kosmopolitische Leben und die Entstehung europäischer Kultur* (2019), dt. B. Rullkötter, Berlin 2020.
140 Vgl. Osterhammel (2009) 144–148 (bes. 145).
141 *Jenseits von Gut und Böse* [↑4] V, 201.
142 Ebd. V, 200.
143 *Menschliches, Allzumenschliches. Ein Buch für freie Geister* (1878/86), in SW [↑4] II, 593.
144 *Die fröhliche Wissenschaft* (1882), SW [↑4] III, 630.
145 *Jenseits von Gut und Böse* [↑4] V, 83.
146 *Menschliches, Allzumenschliches* [↑143] II, 309 f.
147 [↑4]
148 Über die Frage, welche Länder den «Vereinigten Staaten von Europa» angehören sollten, differierten die Meinungen erheblich. Frankreich und Deutschland (Preußen) waren allemal im Blick, deutlich weniger England, Österreich-Ungarn oder Italien, noch weniger Russland, Süd- und Nordeuropa. (Vgl. Lützeler, *Schriftsteller* [↑136])
149 *Discours inaugural du Congrès de la paix, prononcé à Paris, le 21 août 1849*, in: Victor Hugo, Oeuvres complètes, Actes et Paroles, Paris 1875, I, 154 f.
150 Oeuvres complètes, Actes et Paroles, Paris 1875, II, 107 f.
151 Zum Folgenden siehe vor allem: C. Magris, *Der habsburgische Mythos in der österreichischen Literatur* (1963), dt. M. v. Pásztory, Salzburg 1966. – Zum Thema der ‹multinationalen Imperien› siehe auch M. Walzer, *Über Toleranz. Von der Zivilisierung der Differenz* (1997), hg. O. Kallscheuer/dt. C. Goldmann, Hamburg 1998, 23–28.
152 Pathetisch brachte es Franz Werfel (1890–1945) im Vorwort seines 1937 in New York erschienenen Bandes *Twilight of a World* auf den Punkt: «Auch die Idee des alten Österreichs wollte es, daß der Mensch, der es bewohnte, umgeschaffen, umgeschmolzen werde. Sie forderte von ihm, daß er nicht nur ein Deutscher, ein Ruthene, ein Pole sei, sondern mehr, etwas darüber hinaus. Es wäre sehr übertrieben, dieses Mehr, das die Idee forderte, ein volles sacrificium nationis

zu nennen. Etwas Ähnliches war es aber doch. Ein Verzicht auf bequeme Selbstbeschränkung, ein Verzicht auf begeisternde Hingabe an bluthafte Instinkte, ein Verzicht auf das wilde Bedürfnis nach dem Triumph des eigenen Herkommens. Nur wer diesen Verzicht leistete, zu solchem Opfer entschlossen war, konnte die höheren Weihen der Idee erhalten, wurde umgeschaffen, verwandelte sich aus einem Deutschen oder Tschechen in den neuen Menschen, den Österreicher.» (*Ein Versuch über das Kaisertum Österreich* [geschrieben 1936 in Locarno], in: Franz Werfel, GW, Bd.: Zwischen oben und unten – Prosa • Tagebücher • Aphorismen • Literarische Nachträge, München/Wien 1975, 493–520, hier 500).

Weltethos Toleranz – 20./21. Jahrhundert

1   Vgl. bes. A. Honneth, *Kampf um Anerkennung – Zur moralischen Grammatik sozialer Konflikte*, Frankfurt 1992; ders., *Anerkennung – Eine europäische Ideengeschichte*, Berlin 2018; ebenso HB-Anerkennung (2021).
2   Dazu beziehe ich mich auf M. Frank, *Was ist Neostrukturalismus?*, Frankfurt 1983; W. Welsch, *Unsere postmoderne Moderne*, Weinheim 1991; ders., *Vernunft. Die zeitgenössische Vernunftkritik und das Konzept der transversalen Vernunft*, Frankfurt 1995.
3   Klassisch dazu J. Derrida, ‹La différance› (1968), in: ders., Marges – de la philosophie, Paris 1972, 1–29.
4   Th. W. Adorno, *Negative Dialektik*, Frankfurt 1966.
5   Zur Definition dessen, was ‹Westen› heißen kann, siehe Winkler (2009) 17–24.
6   «[…] dadurch wird auch hervorgehoben, dass der Begriff der Fairness, der sich auf den richtigen Umgang von Personen untereinander (*right dealing between persons*) bezieht, die miteinander kooperieren oder gegeneinander konkurrieren, für Gerechtigkeit grundlegend ist, wie wenn man von fairen Spielen, fairem Wettbewerb oder fairen Verhandlungen spricht. Die Fairnessfrage stellt sich dann, wenn freie Personen, die keine Autorität übereinander haben, sich in einer gemeinsamen Aktivität engagieren und untereinander die Regeln festlegen oder anerkennen (*settling or acknowledging*), die sie definieren und die jeweiligen Anteile an ihren Vorteilen und Lasten bestimmen. Eine Praxis wird den Parteien dann fair vorkommen, wenn keine von ihnen den Eindruck hat, dass sie selbst oder eine der anderen Parteien durch die Teilnahme an ihr ausgenutzt oder gezwungen wird, Ansprüchen nachzugeben, die sie nicht für berechtigt hält. Das schließt ein, dass jede Partei eine Konzeption von berechtigten Ansprüchen hat, von denen sie meint, dass es für andere wie für sie selbst vernünftig wäre, sie anzuerkennen (*reasonable for others as well as himself to acknowledge*).» (J. Rawls, *Justice as Fairness / Gerechtigkeit als Fairness* (1958), hg./dt. C. Mieth/J. Rosenthal, Stuttgart 2021, 54–57.
7   Dazu und zum Folgenden vgl. J. C. Jansen/J. Osterhammel, *Dekolonisation – Das Ende der Imperien*, München 2013; A. Iriye/J. Osterhammel (Hg.), *Geschichte der Welt. 1870–1945 – Weltmärkte und Weltkriege* (dieser Band hg. E. S. Rosenberg), München 2012; Reinhard (2016) 1045–1222. – An dieser Stelle vernachlässige ich den Kolonialismus bzw. Imperialismus, wie er im 20. Jahrhundert von der UdSSR sowie vom japanischen Kaiserreich betrieben wurde.
8   Jansen/Osterhammel, *Dekolonisation* [↑7] 12, 80–83; Reinhard (2016) 1165 ff., 1180 ff. – Was nicht zu Ende geht, ist der wirtschaftliche Imperialismus bzw. der Imperialismus des Kapitalmarktes, ganz zu schweigen vom Neoimperialismus der derzeitigen Weltmächte.
9   Dazu und zu Folgendem: J. Fisch, *Das Selbstbestimmungsrecht der Völker – Die Domestizierung einer Illusion*, München 2010.
10 Ebd. 134–136.
11 Ebd. 151–157; vgl. Jansen/Osterhammel, *Dekolonisation* [↑7] 12.
12 Artikel I der Resolution, siehe ebd. 226, vgl. 218–232.

13 Vgl. Jansen/Osterhammel, *Dekolonisation* [↑7] 107–116.
14 Siehe GGB 6 (1990) 445–605, hier 519 f., 594 f. (K. Schreiner, G. Besier).
15 Arnd Pollmann: «Die bestialische Gewaltherrschaft der Nazis führte ersichtlich nicht nur zu einer massenhaften Verletzung einzelner Menschenrechte […], sondern auch zu einer vollständigen Entrechtung der Opfer, und zwar auf dem Wege roher ‹Entmenschlichung›. Trotz der historisch bereits greifbaren Idee universeller Menschenrechte wurden unzählige Menschen als ‹unwert› in die Konzentrationslager deportiert und mit bürokratischer sowie industrieller Akribie ‹vergast›. Das Nazi-Regime hatte diesen Menschen folglich jeden Wert und damit auch jede Würde abgesprochen.» (A. Pollmann, *Menschenrechte und Menschenwürde – Zur philosophischen Bedeutung eines revolutionären Projekts*, Frankfurt 2022, 29 f.; vgl. auch C. Menke, *Menschenwürde*, in: HB-Menschenrechte [2012] 144–150, hier 145 f.).
16 In: Die Wandlung 4 (1949) 754–770.
17 Arendt (1951) 564–625.
18 Ebd. 610 f.
19 Ebd. 612, vgl. 921 ff.
20 Ebd. 937.
21 Vgl. H. Joas, *Die Sakralität der Person. Eine neue Genealogie der Menschenrechte*, Berlin 2011; 251–281; S. Jötten/C. J. Tams, *Die Charta der Vereinten Nationen und die Allgemeine Erklärung der Menschenrechte*, in: HB-Menschenrechte (2012) 116–122; zum Ganzen auch W. Huber, *Menschenrechte/Menschenwürde*, in: TRE 22 (1992) 577–602.
22 Dazu und zum Folgenden: E.-W. Böckenförde, *Welchen Weg geht Europa?* (1997), in: ders., *Staat – Nation – Europa. Studien zur Staatslehre, Verfassungstheorie und Rechtsphilosophie*, Frankfurt 1999, 68–102; K. K. Patel, *Projekt Europa. Eine kritische Geschichte*, München 2018; ders., *Europäische Integration – Geschichte und Gegenwart*, München 2022; B. Rittberger, *Die Europäische Union – Politik, Institutionen, Krisen*, München 2021.
23 *De la Démocratie en Amérique*, 2 Bde., Paris 1835/40, hier in der Conclusion zu Bd. I (2); dt. Übersetzung: Über die Demokratie in Amerika, dt. H. Zbinden, 2 Bde., Zürich 1987, hier I, 613 f.: «Es gibt heute auf Erden zwei große Völker, die, von verschiedenen Punkten ausgegangen, dem gleichen Ziel zuzustreben scheinen: die Russen und die Angloamerikaner. Beide sind im Verborgenen groß geworden, und während die Blicke der Menschen sich anderswohin richteten, sind sie plötzlich in die vorderste Reihe der Nationen getreten, und die Welt hat fast zur gleichen Zeit von ihrer Geburt erfahren. Alle anderen Völker scheinen die Grenzen ungefähr erreicht zu haben, die ihnen die Natur gezogen hat, und nur noch zum Bewahren dazu sein; sie aber wachsen […]. Ihr Ausgangspunkt ist verschieden, ihre Wege sind ungleich; dennoch scheint jeder von ihnen nach einem geheimen Plan der Vorsehung berufen, eines Tages die Geschicke der halben Welt in seiner Hand zu halten.» Vgl. Winkler (2009) 502–507.
24 Patel, *Projekt* [↑22] 23, vgl. 13 ff.
25 Ebd. 22–64.
26 Ebd. 361 f.
27 In diesem Zusammenhang fällt auch zum (meines Wissens) einzigen Mal explizit der Begriff «Toleranz», und zwar in Artikel 1a des Vertrages von Lissabon (13. Dezember 2007): «Die Werte, auf die sich die Union gründet, sind die Achtung der Menschenwürde, Freiheit, Demokratie, Gleichheit, Rechtsstaatlichkeit und die Wahrung der Menschenrechte einschließlich der Rechte der Personen, die Minderheiten angehören. Diese Werte sind allen Mitgliedstaaten in einer Gesellschaft gemeinsam, die sich durch Pluralismus, Nichtdiskriminierung, *Toleranz*, Gerechtigkeit, Solidarität und die Gleichheit von Frauen und Männern auszeichnet.» (Kursivierung von mir)
28 Vgl. Patel, *Integration* [↑22] 14 f.
29 Vgl. Patel, *Projekt* [↑22] 186–223.

30 Böckenförde, *Welchen Weg geht Europa?* [↑22] 95.
31 Ebd. 99. – Vgl. dazu auch A. Assmann, *Der europäische Traum – Vier Lehren aus der Geschichte*, München 2018, bes. 56–82.
32 *Thomas Mann – Große kommentierte Frankfurter Ausgabe*, Bände 7.1–2 u. 8.1–2. Hg. u. textkritisch durchgesehen J. Assmann/D.Borchmeyer/S. Stachorski unter Mitwirkung von P. Huber, Frankfurt 2018. – Zum Folgenden siehe auch: J. Assmann, *Thomas Mann und Ägypten – Mythos und Monotheismus in den Josephsromanen* (2006), München 2018; H. Schmidinger, *Die Erzvätererzählung (Gen 12–50) und Thomas Manns Josephs-Tetralogie (1933–1943): mythologische Aspekte der Generationenthematik*, in: J. Holzner/H. Grugger (Hg.), Der Generationenroman, Berlin/New York 2021, Bd. 1, 128–139; ders., *Wege zur Toleranz – Überlegungen zur Beschreibung ihrer Geschichte*, in: Philosophisches Jahrbuch der Görres Gesellschaft 129/2 (2022) 97–109. (Aus diesen beiden Publikationen werden im Folgenden einzelne Passagen in den Text übernommen.)
33 *Thomas Mann – Stefan Zweig: Briefwechsel, Dokumente und Schnittpunkte*, hg. K. Bedenig/F. Zeder, Frankfurt 2018.
34 B. Hamacher, *Triumph und Tragik des Erasmus von Rotterdam* (1934), in: A. Larcati/K. Renoldner/M. Wörgötter (Hg.), *Stefan-Zweig-Handbuch*, Berlin/Boston 2018, 405–415, hier 411. Die Einwände bezogen sich mehr auf Zweigs Luther- als auf seine Erasmus-Interpretation. «Hitlers Ähnlichkeit mit Luther wird überhaupt viel empfunden.» «Die historische Anspielung und Parallele ist schon unerträglich, weil sie der Gegenwart zuviel schwächliche Ehre erweist. […] Wer erkennt nicht Hitler? Aber das ist es ja gerade – daß die ekle Travestie, die niedrige, hysterische Afferei für mythische Wiederkehr genommen wird. Das ist schon Unterwerfung.» (Ebd.). – Das Castellio-Buch hingegen empfindet Th. Mann als «Sensation, tief erregend, […] trostlos und tröstlich zugleich» (vgl. C. Klein, *Castellio gegen Calvin oder Ein Gewissen gegen die Gewalt* [1936], ebd. 424–432, hier 423).
35 Wozu er bereits 1925 eine Novelle geplant hatte bzw. 1928 seitens des S. Fischer-Verlages eingeladen worden war, ein Erasmus-Porträt zu verfassen. (Ebd. 411)
36 *Joseph und seine Brüder* [↑32] I/1 (Vom äffischen Ägyptenland) 43–50.
37 Ebd. II/1 (Von Körper und Geist) 387; vgl. III/1 (Nachtgespräch) 698–700.
38 Ebd. III/5 (Joseph wird zusehends zum Ägypter) 987–1007.
39 Ebd. IV/4 (Herr über Ägyptenland) 1571–1579.
40 Ebd. III/4 (Joseph erwägt diese Dinge) 904 f.
41 *Joseph und seine Brüder. Ein Vortrag* (1942), in: GW in Einzelbänden, hg. Peter de Mendelssohn, Band *Rede und Antwort*, Frankfurt 1984, 102–117, hier 117.
42 *Brief an Karl Kerény* aus dem Exil in Princeton, *am 18. Februar 1941*, in: Thomas Mann – Karl Kerény. Gespräch in Briefen, Zürich 1960, 98. – Vgl. *Ein Vortrag* [↑41] 106: «Der Mythos wurde in diesem Buch dem Faschismus aus den Händen genommen und bis in den letzten Winkel der Sprache hinein *humanisiert*, – wenn die Nachwelt irgend etwas Bemerkenswertes daran finden wird, so wird es dies sein.»
43 *Ein Vortrag* [↑41] 115.
44 Vgl. u. a. Assmann, *Thomas Mann* [↑32] 172.
45 Roman [↑32] IX–LVIII; 1335–1348. – Vgl. dazu auch die Stellenkommentare in Bd. 7.2, 442–510 bzw. Bd. 8.2, 1296–1306.
46 *Freud und die Zukunft* (1936), in: GW in Einzelbänden, hg. Peter de Mendelssohn, Band *Leiden und Größe der Meister*, Frankfurt 1982, 905–929, hier 927 f.
47 Roman [↑32] I/2 (Mondgrammatik) 72.; vgl. *Ein Vortrag* [↑41] 107; *Freud* [↑46] 922.
48 *Ein Vortrag* [↑41] 107; vgl. Roman [↑32] I/2 (Wer Jaakob war) 77.
49 Roman I/2 (Wer Jaakob war) 78. Vgl. dazu *Freud* [↑46] 921 f., 924: «Der Charakter ist eine mythische Rolle, die in der Einfalt illusionärer Einmaligkeit und Originalität gespielt wird, gleich-

sam nach eigenster Erfindung und auf eigenste Hand, dabei aber mit einer Würde und Sicherheit, die dem gerade obenauf gekommenen und im Lichte agierenden Spieler nicht seine vermeintliche Erst- und Einmaligkeit verleiht, sondern die er im Gegenteil aus dem tieferen Bewußtsein schöpft, etwas Gegründet-Rechtmäßiges wieder vorzustellen und sich, ob nun gut oder böse, edel oder widerwärtig, jedenfalls in seiner Art musterhaft zu benehmen. Tatsächlich wüßte er sich, wenn seine Realität im Einmalig-Gegenwärtigen läge, überhaupt nicht zu benehmen, wäre ratlos, verlegen und verwirrt im Verhältnis zu sich selbst, wüßte nicht, mit welchem Fuße antreten und was für ein Gesicht machen. Seine Würde und Spielsicherheit aber liegt unbewußt gerade darin, dass etwas Zeitloses mit ihm wieder am Lichte ist und Gegenwart wird [...] Der Mythus ist die Legitimation des Lebens; erst durch ihn und in ihm findet es sein Selbstbewußtsein, seine Rechtfertigung und Weihe.»

50 Roman I/4 (Der Rote) 145; vgl. II/2 (Vom ältesten Knechte) 397–398; II/2 (Der Herr des Boten) 414.
51 Ebd. II/5 (In der Höhle) 569.
52 *Ein Vortrag* [↑41] 114.
53 Roman [↑32] II/5 (In der Höhle) 570.
54 Ebd. II/5 (Der Mann auf dem Felde) 519–532.
55 Ebd. II/6 (Ruben kommt zur Höhle) 613.
56 Ebd. IV/7 (Der gewaltige Zug) 1919.
57 «Die liebste und lieblichste Form des Spieles aber war ihm die Anspielung, und wenn es anspielungsreich zuging in seinem aufmerksam überwachten Leben und die Umstände sich durchsichtig erwiesen für höhere Stimmigkeit, so war er schon glücklich, da durchsichtige Umstände ja nie ganz düster sein können.» (Ebd. IV/1 [Joseph kennt seine Tränen] 1350).
58 Ebd. VI/6 (Sie kommen) 1678.
59 Ebd. IV/7 (Die Sterbeversammlung) 1901. Vgl. IV/7 (Von absprechender Liebe) 1837: «gesegnet vom Himmel herab und von der Tiefe, die unten liegt, gesegnet mit Heiterkeit und mit Schicksal, mit Witz und mit Träumen» (ebenso [Nach dem Gehorsam] 1864).
60 Ebd. (Vorspiel: Höllenfahrt 9) LII.
61 «Gescheitheit und Verschonung [...], die ihr Kleid trugen im Austausch und wohl gar einen gemeinsamen Namen trugen: den Namen der Güte» (Ebd. III/4 [Joseph erwägt diese Dinge] 905 f.).
62 Assmann, *Thomas Mann* [↑32] 195–208, Zitat 201.
63 Vgl. B. Allemann, *Ironie und Dichtung*, Pfullingen 1956, 137–175.
64 Roman [↑32] III/4 (Wie lange Joseph bei Potiphar blieb) 847 f.; vgl. IV (Vorspiel in oberen Rängen) 1347.
65 *Ein Vortrag* [↑41] 103 f.
66 Roman [↑32] IV/3 (Allzu selig) 1528–1540.
67 Und sich fragt: «Ist nicht etwas von mir von dem, wofür alles Seiende zeugt, vom Sein des Seins, das größer ist als seine Werke, und ist außer ihnen? Es ist außer der Welt, und ist es der Raum der Welt, so ist doch die Welt nicht sein Raum [...] ferner als fern und doch nah in demselben Maß – näher als nah [...] und ist gleich die Welt in ihm, so ist doch er nicht in der Welt.» (Ebd. 1538 f.)
68 Ebd. 1539 f.
69 *Über die ästhetische Erziehung des Menschen in einer Reihe von Briefen – Fünfzehnter Brief* (1795), in: Friedrich Schiller Werke und Briefe in zwölf Bänden, hg. Otto Dahn u. a., Bd. 8: Theoretische Schriften, Frankfurt 1992, 614.
70 Vgl. u. a. H. Küng, *Projekt Weltethos*, München 1990; U. Beck, *Der eigene Gott – Von der Friedensfähigkeit und dem Gewaltpotential der Religionen*, Frankfurt/Leipzig 2008.

71 Überblicke: R. Frieling, *Ökumene*, in: TRE 25 (1995) 46–77, bes. 51–70; U. Bechmann/A. Klein/P. Nordhues/I. Riedel-Spangenberger, *Ökumene*, in: LThK 7 (1998) 1017–1028.

72 Aus der uferlosen Literatur zur ‹Säkularisierung› siehe Th. Schmidt/A. Pietschmann (Hg.), *Religion und Säkularisierung – Ein interdisziplinäre Handbuch*, Stuttgart 2014.

73 Vgl. vor allem H. Joas, *Die Macht des Heiligen – Eine Alternative zur Geschichte von der Entzauberung*, Berlin 2017, hier bes. 165–277, 355–417; H. Joas bereits in: *Glaube als Option – Zukunftsmöglichkeiten des Christentums*, Freiburg 2012, bes. 13–105.

74 Küng, *Weltethos* [↑70] 97–135.

75 Vgl. dazu H. Schmidinger, *Der Mensch ist Person – Ein christliches Prinzip in theologischer und philosophischer Sicht*, Innsbruck/Wien 1994, 30–32.

76 H. Denzinger, Enchiridion symbolorum definitionum et declarationum de rebus fidei et morum / Kompendium der Glaubenszeugnisse und kirchlichen Lehrentscheidungen, hg. P. Hünermann [37]1991, Nr. 3935–3953 (1114–1129).

77 Ebd. Nr. 3955–3997 (1129–1154).

78 Ebd. Nr. 3957 (1131).

79 Ebd. Nr. 3800–3822 (1046–1058), hier Nr. 3821 (1057 f.).

80 Vgl. dazu die Untersuchungen von David I. Kertzer: *The Popes against the Jews*, New York 2001; *The Pope and Mussolini – The Secret History of Pius XI and the Rise of Fascism in Europe*, New York 2014; *The Pope and War – The Secret History of Pius XII, Mussolini, and Hitler*, New York 2022; vgl. auch S. Friedländer, *Pius XII. und das Dritte Reich – Eine Dokumentation* (1964), München 2011; M. Hesemann, *Der Papst und der Holocaust – Pius XII. und die geheimen Akten im Vatikan*, Stuttgart 2018.

81 Vgl. u. a. K. Repgen, *Judenpogrom, Rassenideologie und katholische Kirche 1938*, in: Kirche und Gesellschaft 152/153 (1988) 3–36; E. Weinzierl, *Prüfstand – Österreichs Katholiken und der Nationalsozialismus*, Wien 1988.

82 Denzinger, *Enchiridion* [↑76] Nr. 4101–4179 (1172–1239).

83 Ebd. Nr. 4185–4192 (1241–1245).

84 Ebd. Nr. 4195–4199 (1245–1249).

85 Ebd. Nr. 4240–4245 (1265–1268).

86 *Dignitatis humanae* [↑85] Nr. 4240 (1266).

87 Zitate aus *Nostra aetate* [↑84] Nr. 4196 (1246 f.), 4198 (1249), 4199 (1249).

88 Vgl. H. Schmidinger, *Hat Theologie Zukunft? Ein Plädoyer für ihre Notwendigkeit*, Innsbruck/Wien 2000, bes. 91–102.

89 Seine diesbezüglichen Publikationen finden sich gesammelt in: *Dogmatik nach dem Konzil*, Karl Rahner SW 22/2, Freiburg 2008, Teil C (283–353).

90 SW 4, Freiburg 1997.

91 Vgl. dazu SW 5/1, Freiburg 2015, 66, 70 f., 78–82, 101–104, 110 u. ö.

92 *Bemerkungen zum Problem des «anonymen Christen»* (1971), in: SW 22/2 [↑89] 335 f.

93 H. U. v. Balthasar, *Cordula oder der Ernstfall*, Einsiedeln 1966, 103–105.

94 H. Küng, *Christ sein*, München 1974, 90.

95 [↑70]

96 Vgl. u. a. (nach 1990) *Das Judentum – Wesen und Geschichte*, München 1991; *Das Christentum – Wesen und Geschichte*, München 1994; *Der Islam – Geschichte, Gegenwart Zukunft*, München 2004. Schon vor 1990: (gemeinsam mit J. v. Ess, H. Stietencron, H. Bechert) *Christentum und Weltreligionen. Hinführung zum Dialog mit Islam, Hinduismus und Buddhismus*, München 1984; (gemeinsam mit J. Ching) *Christentum und chinesische Religion*, München 1988.

97 «Es gilt, soweit dies möglich ist, das *Ganze einer Religion* zu Gesicht zu bekommen […]. Das Ganze einer Religion jedoch zeigt nicht nur Entwicklungen, historische Abläufe und Lebensdaten,

sondern auch Strukturen, ‹Patterns› von Glauben, Denken, Fühlen und Handeln. Es geht um ein lebendig sich weiterentwickelndes, hochkomplexes ‹System› von religiösen Überzeugungen, liturgischen Riten, geistlichen Praktiken und Institutionen verschiedenster Art.» (*Weltethos* [↑70] 141).
98 Ebd. 13–57.
99 Ebd. 97–103, 134 f.
100 Ebd. 126 f.
101 Ebd. 127.
102 Ebd. 119.
103 In diesem Zusammenhang ließe sich auch auf den belgischen Jesuiten Jacques Dupuis (1923–2004) hinweisen, dessen «Gesammelte Aufsätze aus den letzten Lebensjahren» mein Fakultätskollege in Salzburg Ulrich Winkler (1961–2021) in der Salzburger Theologischen Zeitschrift 10/1 (2006) unter dem Titel «Ein Testament katholischer Religionstheologie» auf Deutsch herausgegeben hat. Dupuis bezeichnet sich im Unterschied zu Schmidt-Leukel als «inklusivistischer Pluralist», sofern er einerseits am «singulär einzigartigen Ereignis Jesu Christi» und dessen universeller Heilsbedeutung festhält, dieses andererseits aber als «in den umfassenden Bereich des persönlichen geschichtlichen Umgangs Gottes mit der Menschheit eingeschrieben und daher bezogen […] auf alle anderen möglichen göttlichen Manifestationen für Menschen in der einen Heilsgeschichte» betrachtet. (30) Das mehrfach aufgelegte und vielfach übersetzte Hauptwerk von Dupuis: *Toward a Christian Theology of Religious Pluralism* (Maryknoll 1997). Mir ist nicht bekannt, ob sich Dupuis ausdrücklich zur ‹Toleranz› geäußert hat.
104 P. Schmidt-Leukel, *Gott ohne Grenzen – Eine christliche und pluralistische Theologie der Religionen*, Gütersloh 2005, 25 (Kursivsetzung im Zitat von mir).
105 Ebd. 293 (im zweiten Teil des Zitats wird J. Hick zitiert).
106 Ebd. 294 (J. Hick zitierend).
107 Ebd. 191 (abermals J. Hick zitierend). – Es kann kaum überraschen, dass die römisch-katholische ‹Kongregation für die Glaubenslehre› in ihrer Erklärung *Dominus Iesus* vom 6. August 2000 diese Auffassung ablehnt.
108 Ebd. 182 f.; vgl. 485 f.; sowie P. Schmidt-Leukel, *Ist das Christentum notwendig intolerant?*, in: R. Forst, Toleranz – Philosophische Grundlagen und gesellschaftliche Praxis einer umstrittenen Tugend, Frankfurt/New York 2000, 177–213.
109 Die Zitate stammen aus K. Barth, *Der Römerbrief (Zweite Fassung) 1922*, Karl Barth – GA II. Akademische Werke 1922, Zürich 2010, 316–450; sowie K. Barth, *Kirchliche Dogmatik*, Bd. I/2 (1938), Zollikon-Zürich ⁴1948, 304–397.
110 S. Kierkegaard, *Kleine Schriften 1848/49*, GW 21.-23. Abt., hg./dt. E. Hirsch/R. Hirsch, Gütersloh/Köln 1960, 115–134, bes. 124 ff.
111 Vgl. H. Zahrnt, *Die Sache mit Gott – Die protestantische Theologie im 20. Jahrhundert* (1966), TB München 1972, bes. 13–57. – Auffallend ist, dass Karl Barth in seinem Buch *Die protestantische Theologie im 19. Jahrhundert – Ihre Vorgeschichte und ihre Geschichte* von 1947 (Zollikon-Zürich ⁴1981) Kierkegaard kaum erwähnt. Auch wenn «der Leser eingeladen ist, sich das Fehlende hinzuzudenken», es verblüfft trotzdem, weist Barth doch an etlichen Stellen seines Werkes auf den ausschlaggebenden Einfluss Kierkegaards auf seine Theologie hin.
112 *Römerbrief* [↑109] 388 f. – Unter anderem hat der katholische Theologe Hans Urs von Balthasar in seiner Monografie *Karl Barth – Darstellung und Deutung seiner Theologie* (1951) darauf hingewiesen, wie sehr sich Barth in seiner Argumentation *formal* Hegels Logik des absoluten Geistes annähert (Einsiedeln ⁴1976, mehrfach).
113 Es stellt für mich keinen Zufall dar, dass das Wort / der Begriff ‹Toleranz› sowohl bei Kierkegaard als auch bei Barth kaum vorkommt. Ein Blick in die einschlägigen Indices ihrer Werke ist diesbezüglich aufschlussreich.

114 *Dogmatik* [↑109] I/2, 330 f.
115 Ebd. 337.
116 Ebd. 357.
117 Ebd. 376.
118 Siehe die Streitschrift *Nein! Antwort an Emil Brunner* (München 1934), in der er auf dessen Buch *Natur und Gnade*. Zum Gespräch mit Karl Barth (Tübingen 1934) antwortet. Vgl. Zahrnt, *Sache* [↑111] 58–73 u. ö.
119 *Dogmatik* [↑109] I/2, 380 f.
120 Zahrnt, *Sache* [↑111] 99.
121 Röm 1, 19 f. – So vor allem in der Theologie von Emil Brunner [↑118].
122 Gal 5, 1. – So besonders bei Friedrich Gogarten (1887–1967) in: *Verhängnis und Hoffnung der Neuzeit – Die Säkularisierung als theologisches Problem*, Stuttgart 1953. Vgl. Zahrnt, *Sache* [↑111] 153–159.
123 Dietrich Bonhoeffer (1906–1944) in: *Widerstand und Ergebung – Briefe und Aufzeichnungen aus der Haft*, hg. E. Bethge, München 1949. Vgl. Zahrnt, *Sache* [↑111] 159–183.
124 Rudolf Bultmann (1884–1976), bes. die vier Bände *Glauben und Verstehen* (Tübingen 1933, 1952, 1960, 1965).
125 Dies scheint mir auch noch bei Gerhard Ebeling (*Die Toleranz Gottes und die Toleranz der Vernunft*, in: Zeitschrift für Theologie und Kirche 78/4 [1981] 442–464) und Wolfhart Pannenberg (*Systematische Theologie*, Bd. 1, Göttingen 1988, hier 58–205) der Fall zu sein.
126 3 Bände, Stuttgart 1955, 1958, 1966. Zu Tillich vgl. Zahrnt, *Sache* [↑111] 327–399.
127 *Mystik und Schuldbewusstsein in Schellings philosophischer Entwicklung*, in: Paul Tillich, GW I (Frühe Hauptwerke), Stuttgart ²1959, 13–108; *Religionsphilosophie* (1925), ebd. 297–364. Vgl. dazu C. Danz/W. Schüßler/E. Sturm, *Paul Tillich Online. Werkgeschichtliche Einleitung*, in: Tillich Online, Berlin/Boston 2021, 1–17, hier 2–12.
128 Zitat in: Zahrnt, *Sache* [↑111] 376.
129 *Kirchliche Dogmatik*, Bd. I/1 (1932), Zollikon-Zürich ⁵1947, 4.
130 Mit dem sich Tillich wiederholt auseinandersetzt, unter anderem in: *Natürliche Religion und Offenbarungsreligion* (1935), in: Paul Tillich, GW VIII (Offenbarung und Glaube), Stuttgart 1970, 47–58.
131 *Religionsphilosophie* [↑127] 320.
132 Ebd. 329.
133 *Religion und die freie Gesellschaft* (1958), in: Paul Tillich, GW X (Die religiöse Deutung der Gegenwart), Stuttgart 1968, 303–312, hier 305.
134 *Wesen und Wandel des Glaubens* (1957/61), in: Paul Tillich, GW VIII [↑130] 111–196, hier 194.
135 *In der Tiefe ist die Wahrheit*, in: P. Tillich, Religiöse Reden, Bd. I, Stuttgart 1952, 64 f.
136 [↑134] 195.
137 Vgl. dazu Küng, *Weltethos* [↑70] 153.
138 In diesen Zusammenhang gehört die UNESCO-Deklaration «Prinzipien der Toleranz» vom 16. November 1995, in: Wierlacher (1996) 678–682; vgl. W. D. Otto, *Toleranzkultur oder Pädagogik oder: wie reden deutsche Pädagogen über Toleranz?*, in: ebd. 565–631.
139 Nicht zu vergessen die Rechtsprechung. Vgl. dazu u. a. U. Eisenhardt, *Der Begriff der Toleranz im öffentlichen Recht*, in: Juristenzeitung 23/7 (1968) 214–219; G. Püttner, *Toleranz als Verfassungsprinzip. Prolegomena zu einer rechtlichen Theorie des pluralistischen Staates*, Berlin 1977; F. E. Schnapp, *Toleranzideee und Grundgesetz*, in: Juristenzeitung 40/19 (1985) 857–863; U. Volkmann, *Grund und Grenzen der Toleranz*, in: Der Staat 39/3 (2000) 325–353; J. Raz, *Autonomie, Toleranz und das Schadensprinzip*, in: Forst, Toleranz [↑108] 77–102; Forst (2003) 708–746; S. Huster, *Toleranz als politisches Problem in der pluralistischen Gesellschaft*, in: Archiv für Rechts-

und Sozialphilosophie (2005) Heft 1, 20–35; M. Holoubek, *Meinungsfreiheit und Toleranz – von den Schwierigkeiten einer Verantwortungsteilung zwischen Staat und Gesellschaft*, in: Journal für Rechtspolitik 14 (2006) 84–87; C. Enders, *Toleranz als Rechtsprinzip? – Überlegungen zu den verfassungsrechtlichen Maßgaben anhand höchstrichterlicher Entscheidungen*, in: C. Enders/M. Kahlo (Hg.), Toleranz als Ordnungsprinzip. Die moderne Bürgergesellschaft zwischen Offenheit und Selbstaufgabe, Paderborn 2007, 243–265; S. L. Rödiger/D. S. Valentiner, *«living together»: Zum Pluralismuskonzept des EGMR unter besonderer Berücksichtigung der Burka-Entscheidung*, in: Archiv des Völkerrechts 53/3 (2015) 360–389; L. Häberle, *Religionsfreiheit und Toleranz. Herausforderungen durch Islam, Relativismus und Säkularismus*, in: Der Staat 57 (2018) 35–76.

140   Vgl. A. Wierlacher, *Toleranzdiskurse in Deutschland. Prolegomena zu einer Geschichte des öffentlichen Toleranzgespräches in der Bundesrepublik Deutschland (1949–1989)*, in: Wierlacher (1996) 515–564, hier 524 f.

141   Vgl. dazu in HB-Anerkennung (2021) die Beiträge: D. Bourel, *Martin Buber* (174–177), N. Mooren, *Anerkennung in der Dialogphilosophie* (313–322).

142   Vgl. ebd. den Beitrag: C. Bauer, *Gabriel Marcel* (249–252).

143   In: *Vom Ursprung und Ziel der Geschichte*, München/Zürich 1949, in: GA Bd. I/10, Basel 2017; vgl. dazu J. Assmann, *Achsenzeit: Eine Archäologie der Moderne*, München 2018, 165–227; auch Habermas (2019) I, 175 ff.

144   In: *Der philosophische Glaube angesichts der Offenbarung*, München 1962, in: GA Bd. I/13, Basel 2016, bes. 477–480. Die Aussagen Barths, die Jaspers vor Augen hat, finden sich vor allem in dessen *Kirchlicher Dogmatik*: «An der Wahrheit des Satzes, dass Gott Einer ist, wird das Dritte Reich Adolf Hitlers zu Schanden werden. Wird dieser Satz so ausgesprochen, dass er gehört und begriffen wird, dann pflegt es immer gleich 450 Baalspfaffen miteinander an den Leib zu gehen. Gerade das, was die Neuzeit Toleranz nennt, kann dann gar keinen Raum mehr haben.» (Bd. II/1, Zollikon-Zürich ³1948, 501) «Um das etwas öde Gebot der Toleranz, d. h. der Unterlassung aller ‹Verabsolutierungen›, in Wirklichkeit: der Vermeidung aller positiven Aussagen über ihren allfälligen Gehalt oder ihre allfällige Weisung scheint das einzige, relativ Sichere zu sein, was sich aus der Anschauung dieses Gespenstes ergeben kann.» (Bd. III/4, Zollikon-Zürich 1951, 549).

145   *Philosophie*, Bd. II: *Existenzerhellung* (1932), in: GA Bd. I/7.2, Basel 2022, 373.

146   *Offenbarung* [↑144] 255 f.

147   Ebd. 488. Vgl. *Philosophie*, Bd. III: *Metaphysik* (1932), in: GA Bd. I/7.3, Basel 2022, 109.

148   *Offenbarung* [↑144] 192.

149   Ebd. 256.

150   *Geschichte* [↑143] 156.

151   *Offenbarung* [↑144] 517.

152   Ebd. 264.

153   *Geschichte* [↑143] 206.

154   Siehe sein Klassiker *Vom Wesen und Wert der Demokratie* (1920, ²1929) – hier in der Ausgabe von K. Zeleny, Stuttgart 2018. Vgl. auch H. Kelsen, *Staatsform und Weltanschauung*, Tübingen 1933. Kelsen war 1919/20 Mitverfasser der Österreichischen Bundesverfassung.

155   *Was ist Gerechtigkeit?* (1953), hg. R. Walter, Stuttgart 2000, 51 f.

156   Ebd. 49 f.; vgl. ebd. 26: «Das Absolute im allgemeinen und absolute Werte im besonderen sind jenseits der menschlichen Vernunft, für die nur eine bedingte und in diesem Sinne relative Lösung des Problems der Gerechtigkeit als des Problems der Rechtfertigung menschlichen Verhaltens möglich ist.»

157   In: *Verteidigung der Demokratie* (1932), in: H. Kelsen, Demokratie und Sozialismus, hg. N. Leser, Wien 1967, 60–68, hier 68.

158 Formulierungen von Dolf Sternberger, in: *Grund und Abgrund der Macht* (1962), in: ders., Schriften, Bd. 7, Frankfurt 1986, 266 f.
159 C. Schmitt, *Weiterentwicklung des totalen Staates in Deutschland* (1933), in: ders., Positionen und Begriffe im Kampf mit Weimar – Genf – Versailles 1923–1939, Hamburg 1940, 186.
160 C. Schmitt, *Der Leviathan in der Staatslehre des Thomas Hobbes* (1938), hg. G. Maschke, Köln 1962, 85 f.
161 C. Schmitt, *Der Führer schützt das Recht – Zur Reichstagsrede Adolf Hitlers am 13. Juli 1934*, in: Deutsche Juristenzeitung 39/15 (1934) 945–950. Darin die Sätze (946 f.): «Der Führer schützt das Recht vor dem schlimmsten Mißbrauch, wenn er im Augenblick der Gefahr kraft seines Führertums als oberster Gerichtsherr unmittelbar Recht schafft. […] Der wahre Führer ist immer auch Richter. Aus dem Führertum fließt das Richtertum. […] In Wahrheit war die Tat des Führers echte Gerichtsbarkeit. Sie untersteht nicht der Justiz, sondern war selbst höchste Justiz. […] Das Richtertum des Führers entspringt derselben Rechtsquelle, der alles Recht jedes Volkes entspringt.»
162 *Gerechtigkeit* [↑155] 50 f.
163 H. Marcuse, *Repressive Toleranz*, in: R. P. Wolff/B. Moore/H. Marcuse, Kritik der reinen Toleranz, dt. A. Schmidt, Frankfurt 1966, 91–128.
164 Ebd. 96 f.
165 Ebd. 99.
166 Ebd. 102.
167 Ebd. 98 f. – Vgl. 116 f.: «Ich gab zu verstehen, dass die Unterscheidung zwischen wahrer und falscher Toleranz, zwischen Fortschritt und Regression sich rational auf empirischem Boden treffen lässt. Die realen Möglichkeiten menschlicher Freiheit sind relativ zur erreichten Zivilisationsstufe. Sie hängen von den auf der jeweiligen Stufe verfügbaren materiellen und geistigen Ressourcen ab, und sie lassen sich weitgehend quantifizieren und berechnen. Das gilt auf der Stufe der fortgeschrittenen Industriegesellschaft für die rationalsten Weisen, diese Ressourcen zu nutzen und das Sozialprodukt bei vorrangiger Befriedigung der Lebensbedürfnisse und mit einem Minimum von harter Arbeit und Ungerechtigkeit zu verteilen. Mit anderen Worten: es ist möglich, die Richtung zu bestimmen, in der die herrschenden Institutionen, politischen Praktiken und Meinungen geändert werden müssten, um die Chance eines Friedens zu vergrößern, der nicht mit Kaltem Krieg identisch ist, sowie einer Befriedigung der Bedürfnisse, die nicht von Armut, Unterdrückung und Ausbeutung lebt. Es ist dem zufolge auch möglich, politische Praktiken, Meinungen und Bewegungen zu bestimmen, die diese Chance befördern würden, und diejenigen, die das Gegenteil täten; die Unterdrückung der regressiven ist eine Vorbedingung für die Stärkung der fortschrittlichen.»
168 Ebd. 93, 96; zu Marcuse vgl. Schlette (1979) 44–48, 56–59.
169 Vgl. u. a. U. Ackermann, *Die neue Schweigespirale – Wie die Politisierung der Wissenschaft unsere Freiheit einschränkt*, Darmstadt 2022; J. Nida-Rümelin, *«Cancel Culture» – Ende der Aufklärung? Ein Plädoyer für eigenständiges Denken*, München 2023; P. Blom, *Aufklärung in Zeiten der Verdunkelung*, Wien 2023.
170 Vgl. u. a. *Die offene Gesellschaft und ihre Feinde* (1945), 2 Bde. in: GW in deutscher Sprache, hg. H. Kiesewetter, Tübingen ⁸2003, bes. I (*Der Zauber Platons*) 202–239, II (*Falsche Propheten*) 262–328.
171 Vgl. u. a. *Traktat über kritische Vernunft*, Tübingen 1968; *Traktat über rationale Praxis*, Tübingen 1978.
172 Vgl. u. a. *Theorie des kommunikativen Handelns*, 2 Bde., Frankfurt 1981; *Diskursethik – Notizen zu einem Begründungsprogramm*, in: ders., Moralbewusstsein und kommunikatives Handeln, Frankfurt 1983, 53–126; *Wahrheitstheorien* (1973), in: ders., Vorstudien und Ergänzungen zur Theorie des kommunikativen Handelns, Frankfurt 1984, 127–183; *Richtigkeit versus Wahr-*

heit. *Zum Sinn der Sollgeltung moralischer Urteile und Normen*, in: ders., *Wahrheit und Rechtfertigung*, Frankfurt 1999, 271–318; *Die Zukunft der menschlichen Natur*, Frankfurt 2001.

173 Vgl. u. a. *Transformation der Philosophie*, 2 Bde., Frankfurt 1973, bes. II (*Das Apriori der Kommunikationsgemeinschaft*) 155–435.

174 Vgl. u. a. *Justice as Fairness*, in: Journal of Philosophy 54 (1957) 653–662; *The Theory of Justice*, Cambridge-Massachusetts 1971; *Political Liberalism*, New York 1993.

175 Keiner ist in dieser transzendentalen Analyse so weit gegangen wie Karl-Otto Apel (vgl. u. a. *Das Problem der philosophischen Letztbegründung im Lichte einer transzendentalen Sprachpragmatik. Versuch einer Metakritik des ‹kritischen Rationalismus›*, in: ders., *Auseinandersetzungen in Erprobung des transzendentalpragmatischen Ansatzes*, Frankfurt 1998, 33–79; siehe auch *Das Apriori der Kommunikationsgemeinschaft und die Grundlagen der Ethik* [1967], in: Apel, *Transformation* [↑173] II 358–435).

176 Forst (2003) 20.

177 Ebd. 596–599. Von Forst siehe auch: *Kontexte der Gerechtigkeit. Politische Philosophie jenseits von Liberalismus und Kommunitarismus*, Frankfurt 1994; sowie *Das Recht auf Rechtfertigung. Elemente einer konstruktivistischen Theorie der Gerechtigkeit*, Frankfurt 2007.

178 In: A. Mitscherlich, *Toleranz – Überprüfung eines Begriffs – Ermittlungen*, Frankfurt 1974, 7–34; vgl. ders./M. Mitscherlich, *Die Unfähigkeit zu trauern – Grundlagen kollektiven Verhaltens* (1967), München 1988 (Ausgabe ‹Klassiker des modernen Denkens›, hg. J. Fest/W. J. Siedler), 276–288. Über Mitscherlich: T. Hoyer, *Die leise Stimme der Toleranz – Überprüfung eines Begriffs im Werk Alexander Mitscherlichs*, in: Weimarer Beiträge 64/3 (2018) 382–406.

179 Mitscherlich, *Toleranz* [↑178] 21 f.

180 Mitscherlich, *Unfähigkeit* [↑178] 276.

181 Ebd. 288.

182 Zu den letzten vier Zitaten: Mitscherlich, *Toleranz* [↑178] 27–29.

183 Mitscherlich, *Unfähigkeit* [↑178] 288.

184 Meine Fragen an Rainer Forst mögen nicht in die Nähe der (meiner Ansicht nach) unseligen Kritik von Christoph Schefold in seinem Buch *Regime verkehrter Toleranz – Untersuchungen zu John Rawls, Rainer Forst und aktuellen Fragen* (Berlin 2013) gerückt werden.

185 Zu den Auseinandersetzungen rund um die sogenannte Postmoderne siehe [↑2].

186 G. Vattimo/P. A. Rovatti, *Il pensiero debole*, Milano 1983.

187 M. Heidegger, *Brief über den Humanismus* (1946), in: ders., *Wegmarken*, GA 9, Frankfurt ³2004, 313–364.

188 M. Foucault, *Die Ordnung der Dinge – Eine Archäologie der Humanwissenschaften* (Les mots et les choses 1966), dt. U. Köppen, Frankfurt 1971, 412, 460 f., 462.

189 Ausführlich dazu Schmidinger, *Person* [↑75] 16–23.

190 Vgl. unter vielem anderen W. Singer, *Ein neues Menschenbild? Gespräche über Hirnforschung*, Frankfurt 2003.

191 A. Honneth (Hg.), *Kommunitarismus – Eine Debatte über die moralischen Grundlagen moderner Gesellschaften*, Frankfurt 1993.

192 Forst, *Kontexte* [↑177]. – Zum Thema siehe auch: U. Volkmann, *Grund und Grenzen* [↑139].

193 Vgl. dazu vor allem Ch. Taylor, *Sources of the Self. The Making of the Modern Identity*, Harvard 1989.

194 Besonders wichtig in diesem Zusammenhang: M. Walzer, *Spheres of Justice. A Defense of Pluralism and Equality*, New York 183.

195 W. Brown, *Reflexionen über Toleranz im Zeitalter der Identität*, in: Forst, *Toleranz* [↑108] 257–281 (272 ff.).

196 *Toleranz als Leidenschaft für die Wahrheit* (1946), in: D. Sternberger, Gut und Böse – Moralische Essais aus drei Zeiten, Schriften, Bd. 9, Frankfurt 1988, 141–166, hier 164 f.
197 Vgl. u. a. E. Levinas, *Humanisme de l'autre homme*, Montpellier 1972 (dt. Humanismus des anderen Menschen, übers. L. Wenzler, Hamburg 1989).

Abkürzungen sowie Verzeichnis häufig verwendeter Literatur

[↑xx]	Verweis auf eine Fußnote im jeweiligen Kapitel
Arendt (1951)	H. Arendt, Elemente und Ursprünge totaler Herrschaft – Antisemitismus, Imperialismus, totale Herrschaft (1951/55), München 2019 (TB)
AS	Ausgewählte Schriften
AW	Ausgewählte Werke
Bibel	Einheitsübersetzung, Stuttgart 1980
Böckenförde (2002)	E.-W. Böckenförde, Geschichte der Rechts- und Staatsphilosophie (2002), Tübingen ²2006
Castellio (2024)	Sebastian Castellio, De haereticis an sint persequendi – Von Ketzeren – Traicté des heretiques, Synoptische Edition mit Kommentaren zu den Textauszügen, hg. B. Mahlmann/K. Schindler/S. Klimek/D. Kohler, Basel/Berlin 2024
CSEL	Corpus Scriptorum Ecclesiasticorum Latinorum, Wien 1866 ff.
FA	Frankfurter Ausgabe: Johann Wolfgang Goethe, Sämtliche Werke. Briefe, Tagebücher und Gespräche, 40 Bde., Frankfurt 1985–2013
Fetscher (1990)	I. Fetscher, Toleranz – Von der Unentbehrlichkeit einer kleinen Tugend für die Demokratie, Stuttgart 1990.
Forst (2003)	R. Forst, Toleranz im Konflikt – Geschichte, Gehalt und Gegenwart eines umstrittenen Begriffs, Frankfurt 2003
GA	Gesamtausgabe
GGB	Geschichtliche Grundbegriffe. Historisches Lexikon zur Politisch-sozialen Sprache in Deutschland, hg. O. Brunner u. a., 8 Bde., Stuttgart 1972–1997
Grundriss/Ueberweg	Grundriss der Geschichte der Philosophie begründet von Friedrich Ueberweg, hg. Basel 1983 ff.
GS	Gesammelte Schriften
GW	Gesammelte Werke
Habermas (2019)	J. Habermas, Auch eine Geschichte der Philosophie, 2 Bde., Frankfurt 2019
HB-Anerkennung (2021)	L. Siep/H. Ikäheimo/M. Quante (Hg.), Handbuch Anerkennung, Wiesbaden 2021
HB-Menschenrechte (2012)	A. Pollmann/G. Lohmann, Menschenrechte – Ein interdisziplinäres Handbuch, Stuttgart 2012
HKG (J)	Handbuch der Kirchengeschichte, hg. H. Jedin, 7 Bde., Freiburg/Basel/Wien 1962–1979
HThK-AT	Herders Kommentar zum Alten Testament, hg. E. Zenger u. a., Freiburg 1999 ff.

HThK-NT	Herders Kommentar zum Neuen Testament, hg. J. Gnilka u. a., 21 Bde., Freiburg 1965–1996
HWP	Historisches Wörterbuch der Philosophie, hg. J. Ritter u. a., 13 Bde., Basel 1971–2007
Koran	Koran, dt. R. Paret, 2 Bde., Stuttgart/Berlin/Köln/Mainz 1979/80
KrV	Immanuel Kant, Kritik der reinen Vernunft (1781/88)
Lecler (1955)	J. Lecler, Geschichte der Religionsfreiheit in der Reformation (1955), dt. E. Schneider, 2 Bde., Stuttgart 1965
ÖTBK-NT	Ökumenischer Taschenbuch-Kommentar zum Neuen Testament, hg. E. Gräßer/K. Kertelge, Gütersloh/Würzburg 1977 ff.
Osterhammel (2009)	J. Osterhammel, Die Verwandlung der Welt – Eine Geschichte des 19. Jahrhunderts, München 2009
Ottmann	H. Ottmann, Geschichte des politischen Denkens, 4 Bde., Stuttgart 2001–2012
P. G.	Patrologiae cursus completus – Series Graeca, Hg. J.-P. Migne, Paris 1857–1936
P. L.	Patrologiae cursus completus – Series Latina, Hg. J.-P. Migne, Paris 1841–1864
Reinhard (2016)	W. Reinhard, Die Unterwerfung der Welt – Globalgeschichte der europäischen Expansion 1415–2015 (^{1}2016), München ^{5}2020
Schlette (1979)	H. R. Schlette, Zum Thema Toleranz, Hannover 1979
Schmidinger (2002)	H. Schmidinger, Wege zur Toleranz. Geschichte einer europäischen Idee in Quellen, Darmstadt 2002
SW	Sämtliche Werke
TA	Ausgabe Sammlung Tusculum
TB	Taschenbuch-Ausgabe
TRE	Theologische Realenzyklopädie, hg. G. Krause – G. Müller, 38 Bde., Berlin-New 1976–2007
Wierlacher (1996)	A. Wierlacher (Hg.), Kulturthema Toleranz: zur Grundlegung einer interdisziplinären und interkulturellen Toleranzforschung, München 1996
Winkler (2009)	H. A. Winkler, Geschichte des Westens – Von den Anfängen in der Antike bis zum 20. Jahrhundert, München 2009

Personenregister

Abaelard, Petrus 80 f., 85–89, 123, 243
Abraham 69–72, 106, 191, 236
Ackermann, Ulrike 286
Adam von Bremen 248
Adams, Abigail Smith 276
Adams, John 276
Adorno, Theodor W. 184, 221, 278
al-Ghazali 81 f.
al-Malik al Kamil (Sultan) 86
Alam, Shahid 273 f.
Aland, Barbara 238
Aland, Kurt 238
Albert, Hans 212, 286
Alexander von Hales 35 f.
Alfons VI. (Kastilien) 29 f.
Alfons VIII. (Kastilien) 103
Allemann, Beda 281
Ambrosius von Mailand 238
Amery, Carl 227
Amos (Prophet) 52, 54
Amquetil-Duperron, A.-H. 260
Angenendt, Arnold 231, 242, 244, 250
Anhalt, Georg von 253
Anhalt, Johann von 253
Apel, Karl-Otto 42, 212, 232, 253, 287
Aqiva (Rabbi) 76 f.
Arendt, Hannah 66, 133, 159, 186 f., 220, 230, 233, 240, 258–260, 264–267, 270–272, 276, 289
Aristoteles 16, 33, 35, 81, 98, 118 f., 127 f., 227, 231, 256, 258
Arndt, Ernst Moritz 160 f., 270 f.
Arnold, Theodor 274
Assmann, Aleida 230
Assmann, Jan 32, 51–59, 68, 226, 230, 235–237, 240, 260, 280 f., 285
Athanasius der Große 63 f., 238
Aubert, Roger 118, 253, 272 f.
Auf der Maur, Hansjörg 241

Augustinus 64–66, 84, 91 f., 238–240, 245 f., 258
Averroes (Ibn Ruschd) 81 f., 243 f.
Aydin, Cemil 271

Balduin IV. (Jerusalem) 103
Balthasar, Hans Urs 199 f., 282, 283
Bar Kochba 75
Barbers, Meinulf 252
Barth, Karl 202–205, 208, 283–285
Barthory, Stefan (Polen) 111
Bartuschat, Wolfgang 263
Bauer, Christian 285
Bauer, Emmanuel 234
Bayer, Christian 230, 236
Bayle, Pierre 50, 59, 134–137, 141–143, 146, 235, 261
Bebel, August 177
Bechmann, Ulrike 282
Beck, Ulrich 282
Belting, Hans 274
Bender, Harold S. 252
Bendix, John 226
Bentham, Jeremy 158, 270
Berges, Ulrich 236
Berman, Harold J. 246 f.
Bernandino de Sahagún 110 f., 250
Bernhard von Clairveaux 83, 102
Bernhardt, Jean 262
Besier, Gerhard 229, 251, 259, 268 f., 272, 279
Blaschke, Lotte 252
Blickle, Peter 254
Blom, Philipp 286
Bobbio, Norberto 231 f., 233 f.
Bobzin, Hartmut 241
Boccaccio, Giovanni 132, 150, 152, 154, 267
Böckenförde, Ernst W. 190, 228, 232, 247, 257 f., 279 f., 289
Bodin, Jean 122, 123–125, 255

Boethius 35
Böhme, Günther 253
Böhme, Jakob 112
Bonhoeffer, Dietrich 284
Bonnenkamp, Anne 274 f.
Börne, Ludwig 17, 179
Bornkamm, Heinrich 249 f.
Bourel, Dominique 285
Boyle, Nicholas 168, 273 f.
Bracciolini, Poggio 132
Brandhorst, M. 229
Brandt, Peter 270
Brandt, Reinhard 261
Braun, Bernhard 225, 235
Brieskorn, Norbert 257
Broer, Ino 238
Brown, Wendy L. 234, 287
Brunkhorst, Hauke 264
Brunner, Emil 284
Buber, Martin 207
Bubner, Rüdiger 225
Buck, August 253
Buddha 243
Bultmann, Rudolf 284
Burke, Edmund 158, 174, 270

Calas, Jean 131, 259
Calvin, Johannes 127, 254–256
Capito, Wolfgang f. 254
Casanova, José 232
Cassirer, Ernst 261–263, 266
Castellio, Sebastian 19, 115, 122 f., 127, 191, 228, 254–256, 280
Catlos, Brian A. 229 f., 247
Chateaubriand, François R. 17, 179
Cheneval, Francis 266
Cicero 47–49, 60–62, 125, 128 f., 231, 237 f.
Cohen, Hermann 76, 242
Colomer, Eusebio 88, 245
Conrad, Sebastian 269, 271
Costa, Uriel da 75
Coudenhove-Calergi, R. 18

Daniel (Prophet) 52, 79
Dann, Otto 270
Deckers, Daniel 257
Delgado, Mariano 257 f.
Denzinger, Heinrich 272 f., 282

Derrida, Jacques 278
Deuterojesaja (Prophet) 52, 57
Diawara, Mamadou 226
Dickmann, Fritz 250
Dierse, Ulrich 270
Diogenes Laertius 125
Domínguez Reboiras, F. 244
Duns Scotus, Johannes 96
Dupuis, Jacques 283

Ebeling, Gerhard 284
Ebner, Ferdinand 207
Ebner, Margareta 116
Echnaton (Amenhotep IV) 32 f., 52–54, 58, 68, 195
Eckermann, Johann Peter 171, 274
Eckhart, Meister 116 f., 251 f.
Eggensperger, Thomas 257
Eisenhardt, U. 233
Eisenhardt, Ulrich 284
Enders, Christoph 285
Engels, Friedrich 164 f.
Epiktet 60, 92, 237
Epikur 49, 125, 132
Erasmus von Rotterdam 19 f., 47, 114, 120 f., 124, 127, 132, 191 f., 228, 234, 253, 256, 280
Esra (biblische Person) 235
Euler, Walter Andreas 245
Eusebius von Caesarea 238

Feine, Hans Erich 246
Ferdinand III. (Kastilien) 103
Fetscher, Iring 238, 259 f., 262 f., 289
Fichte, Johann Gottlieb 45, 161, 178, 271
Ficino, Marsilio 119, 132, 253
Figes, Orlando 277
Findeis, Annakutty V. K. 226
Fisch, Jörg 265, 275, 278
Fischer, Georg 231
Flasch, Kurt 65 f., 239 f., 245 f.
Flusser, David 242
Forst, Rainer 42, 123 f., 137, 213, 215, 221, 225, 232–234, 253–255, 259, 261–263, 266, 276, 284, 287, 289
Foucault, Michel 246, 287
Franck, Sebastian 116 f., 122 f., 127, 129, 234, 252 f., 254 f.

Personenregister 293

Franco, Francisco 190
Frank, Manfred 278
Franz Joseph I. (Kaiser) 181
Franz von Assisi 86
Fried, Alfred H. 18
Friedrich II. (Staufer) 86
Friedrich II. (Preußen) 268
Friedrich Wilhelm (Kurfürst) 111
Friedrich Wilhelm II. 44
Friedrich, Hugo 255 f.
Frieling, Reinhard 282

Gauchet, Marcel 264 f., 270
Gawlick, Günter 234, 261
Gentz, Friedrich von 158, 270
Georges III. (England) 264
Gerhard, Ute 275 f.
Gerlitz, Peter 226, 229, 268
Geulen, Christian 271
Ginés de Sepúlveda, Juan 129, 258
Gnilka, Joachim 239
Goertz, Hans-Jürgen 252
Goethe, Johann Wolfgang 43, 131, 166–172, 183, 233, 273–275
Goeze, Johann Melchior 152
Gogarten, Friedrich 284
Görler, Woldemar 234
Görres, Joseph 17, 179
Gottsched, Johann Ch. 259, 261
Gouges, Olympe de 174 f., 276
Grabois, Aryeh 243
Grassi, Ernesto 253
Gratian von Bologna 95 f., 231, 247
Greenblatt, Stephen 235
Gregor VII. (Papst) 94
Gregor XVI. (Papst) 165, 2732
Grossmann, Andreas 270
Grötker, Ralf 229, 268
Gschnitzer, Fritz 270
Guggisberg, Hans R. 250 f., 254 f.
Gutiérrez, Gustavo 257

Häberle, Lothar 285
Habermas, Jürgen 42, 212, 221, 225–228, 231 f., 249, 257, 260, 262, 263 f., 285–287, 289
Hadrian (Kaiser) 69, 75
Halbmayr, Alois 235

Hamacher, Bernd 228, 280
Hammer-Purgstall, J. von 274
Hartmann, Wielfried 244
Hartwig, Dirk 241
Hashagen, J. 260
Hattenauer, Hans 246
Hazareesingh, Sudhir 275
Heer, Friedrich 252
Hegel, Georg Wilhelm F. 45, 150, 157, 163 f., 172, 269 f., 271 f., 284
Heidegger, Martin 48, 199, 207, 232, 234, 287
Heiligenthal, Roman 242
Heine, Heinrich 17, 170, 179, 274
Heinrich von Nördlingen 116
Heinzle, Joachim 248
Hengel, Martin 236
Henri IV. (Frankreich) 112 f.
Heraklit von Ephesus 60
Herder, Johann Gottlieb 225, 270
Hick, John H. 201, 283
Hilarius von Poitiers 64, 238
Hitler, Adolf 209, 280, 282, 286
Hobbes, Thomas 138–144, 149, 262 f.
Hochstraten, Jakob 254
Hoffmann, Stefan-Ludwig 158
Höffner, Joseph 256–258
Hofmannsthal, Hugo von 181
Holoubek, Martin 285
Honneth, Axel 215, 234, 266, 275, 278, 287
Horaz 58
Hornung, Erik 230, 235
Hosea (Prophet) 52, 54, 56, 236
Hoyer, Timo 287
Huber, Wolfgang 258 f., 279
Hugo von St. Viktor 35
Hugo, Victor 17, 179–181, 227, 277
Hume, David 19, 50, 59, 235
Huster, Stefan 284 f.
Hutten, Ulrich von 254
Ibn Kammuna, Ibn Mansur 80 f., 243 f.

Iriye, Akira 268, 278
Isidor von Sevilla 83
Ismael 72

Jacobi, Friedrich Heinrich 169, 274
Jacoby, Eduard George 262

Jahn, Friedrich Ludwig 161, 270
Jakobus (Apostel) 240
Janssen, Hans-Gerd 261, 271, 278 f.
Jaspers, Karl 132, 207 f., 245, 285
Jefferson, Thomas 264
Jellinek, Georg 260
Jens, Walter 268
Jeremia (Prophet) 52
Jeremias, Joachim 239
Jesaja (Prophet) 54, 78, 88, 235–237, 240
Jesus / Christus 33 f., 36, 64, 69–72, 73, 79, 82, 89 f., 91 f., 95, 97, 121 f. 150, 203 f., 243
Joas, Hans 226, 229, 232, 259, 279, 282
Johannes (Evangelist) 63 f., 70 f., 75, 195, 238, 241 f.
Johannes XXIII. (Papst) 197 f.
Joschija (Jerusalem) 55
Joseph II. (Kaiser) 43
Jötten, Sara 279
Juan d'Austria 114
Julian Apostata (Kaiser) 64
Juvenal 58

Kahl, Hans-Dietrich 248
Kant, Immanuel 12, 24, 38, 43 f., 45, 136, 146, 150, 163 f., 171, 216, 225, 229, 232 f., 261, 267, 290
Karl der Große 93 f.
Karl V. (Kaiser) 110, 120, 257 f.
Karl von Braunschweig 152
Keel, Othmar 236
Kelsen, Hans 209, 211, 285 f.
Kennan, George Forst 18
Kerber, Hannes 268
Kerény, Karl 280
Kermani, Navid 241, 274
Kern, Manfred 247
Kertzer, David I. 282
Khoury, Adel Th. 241
Khubilai Khan 243
Kierkegaard, Sören 121, 202 f., 254, 283
Kisch, Guido 254
Klein, Aloys 282
Klein, Christian 228, 280
Klein, Richard 238
Knox, Ronald A. 252
Kobusch, Theo 231, 238, 247, 257, 264, 266

Köhler, Oskar 166, 227, 273
Koller, Walter 230
König, Hans-Joachim 257
Konrad III. (Kaiser) 102
Konstantin (Kaiser) 64
Koselleck, Reinhart 138, 148, 159, 226, 261–262, 264, 266, 270–272
Krause, Karl Christian F. 178, 277
Krause, Skadi 264
Kremendahl, Lothar 261
Kühn, Johannes 252, 255
Kühne, Gustav 179
Küng, Hans 200 f., 241, 268, 282 f., 281–284
Kuschel, Karl-Josef 70 f., 151 f., 240–242, 267 f., 273 f.
Kyros II. (Persien) 51

L'Hôpital, Michel de 113
Labrousse, Elisabeth 261
Lackner, Michael 226
Laktanz 63, 238
Lange, Nicholas R. M. de 71 f., 241
Langenhorst, Annegret 257
Läpple, Alfred 238
Larcati, Arturo 227 f.
Las Casas, Bartolomé de 35, 47, 128–130, 257–259
Laudage, Johannes 244
Lavater, Johann Caspar 168 f., 273 f.
Le Goff, Jacques 227
Le Roy Moore 260
Lecler, Joseph 230, 235, 239, 250–253, 255, 262, 290
Leinkauf, Thomas 253
Lepore, Jill 264 f., 275 f.
Leppin, Volker 258
Lessing, Gotthold Ephraim 75, 123, 131, 150–155, 167, 267 f.
Lessing, Karl 268
Levinas, Emmanuel 12, 216, 225, 288
Lewald, August 179
Lewin, Reinhold 254
Lewis, Bernhard 85, 243 f.
Licinius (Kaiser) 64
Lill, Rudolf 272 f.
Limor, Ora 244
Linvers, Ralf 270

Llull, Ramon 86–89, 123 f., 244 f.
Locke, John 19, 131, 137–144, 147, 259, 260–263
Lohr, Charles H. 245
Ludwig VII. (Frankreich) 102
Ludwig XIV. (Frankreich) 43
Ludwig XVI. (Frankreich) 44
Lukas (Evangelist) 65, 70 f., 239, 241
Lukrez 49, 125
Lustig, Wolfgang 257
Luther, Martin 63, 114 f., 116, 120, 251, 258 f., 280
Lutz, Heinrich 250–253
Lützeler, Paul Michael 180, 227, 277
Lyotard, Jean-François 51, 235

Machiavelli, Niccolò 168
Mackay, Charles 17, 179
Magris, Claudio 181, 277
Maimonides, Moses 76–79, 81, 242 f.
Malowitz, Karsten 264
Mann, Heinrich 227 f.
Mann, Thomas 32, 121, 191–195, 230, 280–282
Manuel I. Komnenos 106
Maracci, Ludovico 170
Marc Aurel 60–62, 91 f., 237
Marcel, Gabriel 207
Marcellinus, Ammianus 64, 239
Marcus von Toledo 104
Marcuse, Herbert 210 f., 219 f., 225, 286
Marenbon, John 243
Maria (Mutter Jesu) 72
Marquard, Odo 51, 235
Marsilius von Padua 39, 96
Marx, Karl 164 f., 177 f., 276 f.
Maser, Matthias 103, 248 f.
Matthäus (Evangelist) 69–71, 239–241, 243, 253
Maximilian I. (Kaiser) 119
Maximilian II. (Kaiser) 111
Mazzini, Giuseppe 17, 179
Megerlin, David Friedrich 170, 243
Meier, Christian 230
Meier, Johannes 257
Melchisedek 236
Melito von Sardes 71, 241
Menke, Christoph 226, 279

Menocal, María Rosa 229
Merck, Johann Heinrich 167
Merswin, Rulman 116
Micha (Prophet) 54
Mill, John Stuart 175 f., 276
Milton, John 259
Mirabeau, H.-G. Riqueti 43, 232
Mitscherlich, Alexander 214 f., 229, 287
Mitscherlich, Margarete 229
Mitterauer, Michael 227
Mohammed 69–75, 79, 82, 85, 103 f., 151, 167–170, 240–243
Möhring, Hannes 230, 247
Molina, Luis de 128, 257
Mommsen, Katharina 274
Montaigne, M. de 19 f., 102, 122, 124–126, 132, 191, 228, 255 f.
Montesino, Antón 257 f.
Montesquieu, Charles de 265
Mooren, Nadine 285
More, Thomas 114, 120 f., 132, 253 f.
Moses 56 f., 69, 72, 132, 168, 243
Müller Ulrich 244
Müller, Karl 228
Müller, Klaus 77, 242 f.
Münkler, Herfried 264
Musil, Robert 181
Mussolini, Benito 282

Nachtsheim, Stephan 268
Napoleon 162
Naumann, Hans 247
Neuner, Peter 273
Neuwirth, Angelika 73 f., 241 f.
Nida-Rümelin, Julian 286
Nietzsche, Friedrich 157, 179 f., 269, 277
Niewöhner, Friedrich 85, 242–244, 267
Nikolaus von Kues 86–90, 119, 123, 236
Nipperdey, Thomas 270, 273
Nirenberg, David 241 f., 244, 271
Noah 72, 76–78, 151, 242
Nora, Pierre 270
Nordhofen, Eckhard 68, 236, 240
Nordhues, Paul 282
Novalis, Hardenberg F. 179
Nur ad-Din (Sultan) 106
Nussbaum, Martha 237

Obermann, Heiko A.   254
Oelmüller, Willi   268
Oestreich, Gerhard   264
Osterhammel, Jürgen   162, 227, 229, 268, 271, 275, 277–279, 290
Ottmann, Henning   232, 257 f., 262 f., 264–266, 290
Otto von Freising   248 f.
Otto, Wolf Dieter   284

Paine, Thomas   43, 174, 233
Palm d' Aelders, Etta   275
Pannenberg, Wolfhart   284
Paret, Rudi   241
Pasquier, Estienne   113
Patel, Kiran Klaus   188 f., 228, 279 f.
Patschovsky, Alexander   84, 230, 243 f., 247
Paul III. (Papst)   110, 128, 257 f.
Paul VI. (Papst)   198
Paulus (Apostel)   34, 63, 70 f., 89, 91 f., 106, 121, 204, 231, 238, 240 f., 245 f., 253
Penn, William   133, 139
Pérez Fernández, Isacio   257
Petersson, Niels P.   229
Petrus (Apostel)   89
Petrus Venerabilis   104, 106
Pfenninger, Johann Konrad   168
Philipp der Kanzler   36
Philipp II. (Spanien)   114
Pico della Mirandola, G.   119, 253
Pietschmann, Annette   282
Pietschmann, Horst   257
Pindl, Theodor   244 f.
Pius IX. (Papst)   165 f., 272 f.
Pius X. (Papst)   166, 197, 273
Pius XII. (Papst)   197 f., 282
Platon   15, 40, 80, 118 f., 246
Plautus   129, 234, 258
Pleşu, Andrei   225
Plotin   91 f., 245 f.
Plutarch   92, 125
Pollmann, Arnd   225 f., 279
Pomerius, Henri   115
Popper, Karl Raimund   212, 271, 286
Priscillianus   75
Protagoras   155
Püttner, Günter   284

Rahner, Karl   199 f., 240, 282
Rath, Hans   270
Rawls, John   185, 212, 215, 278, 287
Raz, Joseph   284
Reck, Andrew J.   264
Reimarus, Elise   268
Reimarus, Hermann Samuel   152
Reinhard, Wolfgang   227, 250, 271, 278, 290
Renn, Jürgen   229
Renoldner, Klemens   227 f.
Repgen, Konrad   282
Resch, Stefan   227 f.
Reuchlin, Johannes   119 f., 253
Reydams-Schils, Gretchen   237
Richard von St. Viktor   35
Richardson, Oliver H.   250
Ricoeur, Paul   234
Riedel-Spangenberger, Ilona   282
Rieks, Rudolf   234
Riley-Smith, Jonathan   96 f., 247
Rittberger, Berthold   279
Ritter, Gerhard   264
Ritter, Joachim   272
Robert von Ketton   104
Röd, Wolfgang   253, 263
Rödiger, Sara Leyli   285
Rolland, Romain   18
Römer, Thomas   236
Rosenau, Hartmut   229, 268
Rosenzweig, Franz   207
Roth, Joseph   181
Röttgers, Kurt   270
Rousseau, Jean-Jacques   147–149, 167 f., 172, 266 f., 269, 273–275
Rovatti, Pier Aldo   287
Rüegg, Walter   234, 253
Ruge, Arnold   17, 179
Ruysbroeck, Jan von   116

Saage, Richard   251
Sabel, Barbara   247
Saint-Etienne, Rabaut de   232
Saint-Simon, Claude Henri   17, 179
Saladin (Sultan)   77, 151 f.
Sale, George   170
Salvianus von Marseille   64, 238
Sartre, Jean-Paul   48, 234
Schadewald, Wolfgang   232

Schäfer, Peter 58 f., 237
Schall, Anton 72 f., 241 f.
Schefold, Christoph 287
Schelling, Friedrich W. J. 178, 205
Schemsed-din Hafis, M. 170
Schiller, Friedrich 195, 281
Schilling, Heinz 250 f.
Schlegel, Friedrich 170
Schlette, H. R. 226 f., 235, 286, 290
Schlosser, Christian 274
Schlüter, Gisela 229
Schlüter, Richard 238, 268
Schmidinger, Heinrich 230 f., 232, 235, 238, 243 f., 248, 250, 252–254, 267, 273, 276, 280, 282, 290
Schmidt-Leukel, Perry 201 f., 283
Schmidt, Thomas 282
Schmitt, Carl 209, 286
Schnackenburg, Rudolf 241
Schnapp, Friedrich E. 284
Scholem, Gershom 242
Schönemann, Bernd 270
Schopenhauer, Artur 50, 59, 157, 235, 268
Schreiner, Klaus 27, 83, 229, 238 f., 244, 251, 259, 268 f., 279
Schröder, Hannelore 276
Schulze, Reinhard 226
Schuman, Robert 190
Schwinges, Rainer C. 101, 105–107, 248 f.
Seneca 61, 91 f., 237
Seuse, Heinrich 116
Severus, Sulpicius 237
Sextus Empiricus 125
Shakespeare 176
Siedentop, Larry 93–95, 246 f.
Sievernich, Michael 257
Sigismund III. (Polen) 111
Singer, Wolf 287
Sokrates 35, 92, 232
Sparn, Walter 268
Spinoza, Baruch de 75, 141–144, 168, 170, 262–264
Stahl, Julius 158 f., 270
Stanton, Elizabeth Cady 175
Steinmetz, Peter 237
Stephani, Joachim 112
Stephani, Matthias 112
Sternberger, Dolf 216, 286, 288

Stierle, Karlheinz 255 f.
Stifter, Adalbert 181
Stöve, Eckehart 229, 268
Strabon 237
Strauss, Leo 140, 231, 260–263, 266, 270
Stritt, Marie 176
Suárez, Francisco 128, 130, 257 f.
Suttner, Berta von 18

Tacitus 58 f., 237
Tams, Christian, J. 279
Tauler, Johannes 116, 251 f.
Taylor, Charles 234, 275, 287
Taylor, Harriet 175 f., 276
Taylor, Helen 176
Tertullian 63, 238
Thales von Milet 40
Thierry, Augustin 179
Thomas von Aquin 84, 128, 231 f., 258
Thomas von Kempen 251
Tierney, Brian B. 247
Tillich, Paul 204–206, 284 f.
Titus (Kaiser) 237
Tocqueville, Alexis de 188, 279
Tolstoi, Leo 18
Tricaud, François 262
Tritojesaja (Prophet) 57
Turgot, A. R. J. 44

Urban II. (Papst) 97
Uscatescu Barrón, Jorge 244

Valentiner, Dana-Sophia 285
Valentinian I. (Kaiser) 64
Valla, Lorenzo 132
Vattel, Emer de 265
Vattimo, Gianni 287
Vitoria, Francisco de 35, 47, 128–130, 231, 234, 256 f.
Vives, Juan Lluís 47, 120, 253 f., 257 f.
Völker, Karl 250
Volkmann, Uwe 284, 287
Voltaire (F.-M. Arouet) 19, 259, 269
Vossler, Otto 260, 264

Waardenburg, Jean Jacques 226
Walwyn, William 259
Walzer, Michael 235, 277, 287

Weber-Guskar, Eva 229
Weber, Dorothea 235
Weber, Max 196
Weber, Peter 274
Weinzierl, Erika 282
Weischedel, Wilhelm 205
Welsch, Wolfgang 278
Welzel, Hans 231
Werfel, Franz 181, 277 f.
Werner, Karl Ferdinand 270
Wieland, Georg 243
Wierlacher, Alois 226, 285, 290
Wilhelm von Ockham 38 f., 96
Wilhelm von Oranien 114, 251
Wilhelm von Tyrus 102–107, 248 f.
William III. (England) 259
William Roger 133, 260
Wilson, Woodrow 185
Winkler, Heinrich August 12 f., 21, 226, 232, 246, 254 f., 257, 262, 264–266, 270 f., 273, 275, 278 f., 290
Winkler, Ulrich 283
Wittgenstein, Ludwig 207
Wolf, Hubert 272
Wolfram von Eschenbach 98–101, 106, 247 f.
Wollstonecraft, Mary 174, 276
Wörgötter, Martina 227 f.

Ximénez de Rada, Rodrigo 102–104, 248 f.

Zahrnt, Heinz 204, 283 f.
Zimmermann, Harald 230, 243 f., 247
Zweig, Friderike 228
Zweig, Stefan 18–21, 121 f., 181, 191, 227 f., 254, 256 f., 280

Das Signet des Schwabe Verlags
ist die Druckermarke der 1488 in
Basel gegründeten Offizin Petri,
des Ursprungs des heutigen Verlags-
hauses. Das Signet verweist auf
die Anfänge des Buchdrucks und
stammt aus dem Umkreis von
Hans Holbein. Es illustriert die
Bibelstelle Jeremia 23,29:
«Ist mein Wort nicht wie Feuer,
spricht der Herr, und wie ein
Hammer, der Felsen zerschmeisst?»